이 책에 쏟아진 서평들

"약하고 힘없고 낙인찍힌 이들을 무대 중앙에 내세운 미국사. 하워드 진처럼 대안적인 역사 해석을 제안하지만 낸시 아이젠버그의 이야기는 훨씬 사적이고 내밀하다. 간담을 서늘케 하는 이 책은 당신을 의자에서 몸부림치게 할 것이다."　　　　　　　　　　　　　　　　　**－「뉴욕타임스」**

"백인 하층민의 분노로 우리 역사의 심층을 보여준다. 기존의 역사 서술과 달리 백인의 빈곤 문제에 집중함으로써 과거와 현재에 대한 우리의 그릇된 시각에 일침을 가한다."　　**－「뉴요커」**

"미국의 신화, 즉 허구 만들기를 여실히 드러내고 무자비하게 공격한다. 백인의 계급 분화라는 프리즘을 통해 역사를 재해석하고 자유의 땅에 만연한 카스트제도를 심층 조사한다."
　　　　　　　　　　　　　　　　　　　　　　　　　　　　　　　　　　－「워싱턴포스트」

"놀라운 소설의 은총과 가장 뛰어난 역사가의 법의학적인 열정으로 쓰인 책. 미국 정신의 구석구석을 찌르고 우리 자아상의 뒤안길을 거닌다. 미국의 정체성 형성에 결정적 역할을 했지만 부당하게 도외시된 가난한 백인들에 대한 권위 있는 연구. 숨 막히게 놀라운 사회사이자 눈부신 문화 분석이다."　　　　　　　　　　　　　**－ 마이클 에릭 다이슨, 조지타운 대학교 교수**

"우생학 운동에서 레드넥의 발흥에 이르기까지, 인간을 계급으로 분류하는 견고한 시스템에 대한 엄밀한 연구. 미국의 정체성에 관한 여러 신화들을 말끔히 날려버린다."　**－「커커스 리뷰」**

"앤드루 잭슨에서 시작한, 국민을 선동하는 정치공작의 기나긴 역사를 선명하게 밝힌다. 도널드 트럼프가 유례없이 하늘에서 뚝 떨어진 건 아님을 알게 될 것이다."　　　　　**－「슬레이트」**

"특유의 심오한 연구와 도발적인 통찰로 미국사에서 가난한 백인의 중추적 역할을 드러낸다. 이 책은 과거와 현재에 대해 우리가 생각하는 방식을 완전히 바꿀 것이다."
　　　　　　　　　　　　　　　　　　　　　　　　　　　－ T. J. 스타일스, 퓰리처상 수상자

"우리가 지금 인종 문제를 다루는 것처럼 계급 문제에도 깊은 관심을 가져야 한다는 중요한 사실을 환기시킨다. 이 책은 그 진보에 중요한 역할을 할 것이다."　　　　　　　　**－「타임」**

"인종과 계급 문제를 다룬 기존 책들에서는 거의 말해지지 않았던 주제에 대한 천착. 계급이 어떻게 사람이 사는 방식을 규정하는지를 능숙하게 입증한다. 특히 사회 실세들(정치인, 입법자, 정신의학자, 사회학자, 신문기자, 작가)이 미국에서 계급을 정의하고 강화하는 데 어떤 역할을 했는지가 강조된다. 모든 챕터에서 눈을 뗄 수가 없다."　　　　　**－「퍼블리셔스 위클리」**

"끊임없이 멸시받아온 백인 최하층을 위한 도발적인 연구" 　　　　　　　　　 －「애틀랜틱」

"미국 계급제도 형성의 역사에 대한 웅변적인 종합이자 미국이 만인에게 평등한 곳인지에 대한 질문. 계급이란 개념이 어떻게 국가 구조에 철저하게 스며들어 있는지를 보여주기 위해 경제, 정치, 문화, 과학의 역사 400년을 통합한다." 　　　　　　　　 －「보스턴글로브」

"확고한 학구적 토대와 이해하기 쉬운 목소리로 계급 차별의 고질적인 뿌리를 밝혀낸다." 　　　　　　　　　　　　　　　　　　　　　　　　　　 －「엔터테인먼트 위클리」

"미국의 견고한 사회 서열에 대한 이 경이로운 조사는 예리하고 유의미하다."　－「오프라 매거진」

"흔치 않은 포부와 거장다운 솜씨. 〈포카혼타스〉에서 〈베벌리 힐빌리스〉에 이르기까지 영화와 드라마를 통해 '계급'과 '열등함'이란 개념이 문화사적으로 어떻게 변화했는지 서술한다." 　　　　　　　　　　　　　　　　　　　　　　　　　　　 －「뉴욕타임스 북리뷰」

"엘비스 프레슬리, 오벌 포버스, 〈베벌리 힐빌리스〉에서 〈서바이벌 게임〉, 앤드루 잭슨, 지미 카터, 클린턴 대통령에 이르기까지, '레드넥'과 '트레일러 쓰레기'의 다채로운 이미지가 어떻게 미국인의 의식에서 발전해왔는지를 보여준다." 　　　　　　　 －「피츠버그 포스트-가제트」

"미국 역사상 가장 오래되고 가장 골치 아픈 주제를 다룬 대담하고 파란만장한 이야기" 　　　　　　　　　　　　　　　　　　　　　 － 에드워드 L. 에이어스, 베스트셀러 저자

"깊이 있고 다채로운 증거. 계급이 어떻게 국가의 풍경, 유전, 정부 정책, 대중문화에 놀라운 방식으로 관련되는지를 보여준다. 뿌리 깊은 미국의 위선에 대한 세심한 고발장이며 현대 미국에 대한 병리학 보고서다." 　　　　　　　　　　　　　　　　 －「크리스천 사이언스 모니터」

"두터운 분량의 책을 덮고도 끊임없이 질문하게 하고 새로운 사례를 찾게 만드는 중요한 책" 　　　　　　　　　　　　　　　　　　　　　　　　　　　　　　　 －「헤럴드」

"미국사 중심에 있는 어둡고 뒤엉킨 우리의 비밀을 폭로한다. 소위 '평등한 기회의 땅'이라는 이곳에서, 가난한 백인을 대하는 데 조롱과 거부가 어떻게 작동하는지를 능숙하게 탐구한다. 역사적 자료와 대중매체를 바탕으로 바로 눈앞에 두고도 보지 못했던 냉혹한 현실을 드러낸다." 　　　　　　　　　　　　　　　　　　　　　 － 앨런 테일러, 퓰리처상 수상자

"우리가 믿도록 강요받아온 것과 달리 미국은 결코 평등한 나라인 적이 없었음을 증언한다. 크래커, 힐빌리, 레드넥 등 우리의 증오와 불안을 표상하는 다양한 사람들에 대한 놀라운 조사."
— 「뉴스데이」

"계급 없는 미국이라는 허구에 대한 박학하고 전면적인 공격. 미국의 이데올로기와 대중문화에 '폐기물' 인간이 끊임없이 잠복해왔음을 밝힌다." — 에이미 그린버그, 베스트셀러 저자

"포카혼타스에서 세라 페일린에 이르기까지 현기증 나는 아찔한 400년간의 미국사 여행. 지금까지 거의 다루어지지 않던 시점에서 역사를 보게 한다." — 「뉴 리퍼블릭」

"매력적이고 선동적이다. 건국 이래 저임금 노동의 근원이었던 미국의 부유한 엘리트층과 가난한 하류층 사이의 장구한 상호관계를 추적하다." — 「애틀랜타 저널 컨스티튜션」

"경탄할 만한 박식함. 누구나 평등하고 또 한없이 기회가 있다는 우리의 근본적인 믿음에 대한 연타 공격" — 「댈러스 모닝뉴스」

"잔혹한 불평등의 시대를 깊이 이해하길 원하는 모든 사람을 위한 필독서" — 마커스 레디커, 피츠버그 대학교 역사학과 교수

"허위와 착취로 이루어진 400년에 대한 솔직하고 중요한 조사. 기회의 균등을 금과옥조처럼 여기는 사회가 소외된 사람들의 존재를 과연 어떻게 설명하는지, 혹은 사실상 용인하는지에 대한 문제 제기" — 존 콜린스, 칼럼니스트

"매력적이다. 이 책을 읽고 나면 당신은 트레일러 공원에 대해서 다시는 전과 같은 방식으로 생각할 수 없을 것이다." — 「프로비던스 저널」

"교육적이고, 충격적이고, 소름 끼치고, 도전적인 책. 우리를 나누는 간격이 결코 우연이 아님을 극명하게 상기시킨다." — 「프로그레시브」

"대단히 상세하고 필수적인 연구. 아이젠버그의 연구가 지니는 한계 중 하나는 그 지역적 편중 현상으로, 미국 노동자 계층의 인종 간 갈등을 사실상 남부의 문제로만 보이게 한다는 것이다. 그럼에도, 미국의 빈곤층을 화나게 하는 일반인들의 믿음이 얼마나 복잡한 기원을 가지고 또 그 표현들이 다양한지를 폭로한다는 점에서, 그녀는 더없이 귀한 봉사를 했다." — 「북포럼」

"저자가 '백인 쓰레기'를 주로 남부의 현상으로 간주하긴 하지만(도시의 빈곤층은 조사 대상이 아니다) '백인 쓰레기'가 대중문화, 정치적 수사, 과학 이론, 사이비 과학 정책, 문학에서 나타나는 방식들을 서술함으로써 놀라울 정도로 광범위한 그림을 제공한다."　－「라이브러리 저널」

"논란이 많은 책. 그러나 연구의 엄밀함, 문체의 명료성, 그리고 이 난제를 천착한 아이젠버그의 용기엔 누구도 이의를 제기할 수 없다. 이 책은 계급에 대해 우리가 생각하고 말하는 방식을 영구히 바꿀 것이고 우리의 민주주의가 유지될지 아니면 무너질지 그 위태로운 상황을 증언한다."　－「아메리칸 스칼러」

"역사학자가 썼지만 모든 심리학자들이 읽어야 할 중요한 책. 지난 80년간 빈곤을 연구해온 심리학자들은 소외된 그룹 연구에 헌신했지만 사회 계급 연구에는 그렇지 못했다. 결과적으로 이 책은 미국 계급사 연구에 중요한 입문서이다. 사회경제적 하류층의 오명을 벗고 그들이 겪은 폐해를 해소하기 위해서 심리학자들은 미국 계급사를 알아야 한다."　－「미국심리학회」

"'백인 쓰레기'라는 고르디아스의 매듭을 풀려는 시도. 식민지 건설에서 시작해서 클린턴 시대에 이르기까지 그 주제에 대해 명쾌하고 읽기 쉽게 설명한다. 갈수록 부자와 노동자, 상류층과 하류층, 상위 1퍼센트와 나머지로 구성되는 세상에서, 아래로부터의 다면적 비평이 시급하다."　－「파리 리뷰」

알려지지 않은
미국 400년 계급사

알려지지 않은
미국 400년 계급사

White Trash·미국 백인 민중사

낸시 아이젠버그

강혜정 옮김

살림

거다 러너^{Gerda Lerner}와 폴 보이어^{Paul Boyer}를 기리며

머리말

역사상 가장 인상적인 영화 가운데 하나는 1962년에 제작된 〈앵무새 죽이기To Kill a Mockingbird〉로 미국 남부의 노예제도 유산과 인종차별의 전형적인 모습을 보여주는 작품이다. 내가 20년 넘게 수업 시간에 가르치는 영화이자 오바마Barack Obama 대통령이 특히 좋아하는 영화이기도 하다. 그런데 수업 시간에 영화를 보여주면 학생들은(심지어 어린 고등학생에게 보여줘도) 보자마자 영화 안에서 전개되는 드라마가 하나가 아니라 두 가지 불편한 메시지를 담고 있다는 것을 알아챘다.

하나의 줄거리는 용감한 원칙주의 변호사 애티커스 핀치를 둘러싼 것이다. 핀치는 인종차별적인 이중 잣대가 고착되는 현실에 반대하는 인물이다. 이런 신념으로 그는 주변의 반대를 무릅쓰고 가난한 백인 아가씨 메이엘라 이월을 강간했다는 혐의로 체포된 흑인 톰 로빈슨의 변호를 맡기로 한다. 영화 속 법원은 로빈슨이 유죄라고 생각하지만 영화를 보는 관객은 그가 무죄라는 사실을 알고 있다. 근면하고 정직하며 가정적인 남자인 톰 로빈슨은 그를 고소한, 타락한 이월가家 사람들보다 도덕적으로 훨씬 높은 위치에 있다. 허름한 입성의 메이엘라는 걸핏하면 폭력을 휘두르는 아버지에게 주눅이 들어 있다. 아버지 밥 이월은 작업용 멜빵바지를 입은 깡마른 남자로 올바른 가치관과

도덕성이 결여된 인물이다. 밥 이월은 백인 남성들로만 구성된 배심원 단을 향해 자기편을 들어달라고 강력히 요구했고, 결국 배심원들은 그의 손을 들어준다. 법정에서 밥은 딸의 명예를 더럽힌 톰에게 복수할 수 있도록 배심원단이 자기를 도와주어야 한다고 집요하게 주장했다. 두려움에 사로잡힌 톰이 이송 도중 도망치다 보안관의 총에 맞아 죽은 뒤에도, 분이 다 풀리지 않은 밥 이월은 할로윈데이 저녁에 애티커스 핀치의 두 아이를 공격한다.

밥 이월의 이름을 줄이지 않고 제대로 말하면 로버트 E. 리 이월 Robert E. Lee Ewell이다. 그러나 뭔가 있어 보이는 이름과 달리 그는 구舊남부Old South 어느 귀족 집안의 후손이 아니다. 원작 소설에서 작가 하퍼 리Harper Lee가 설명한 바에 따르면, 이월가家는 그야말로 찢어지게 가난한 사람들로, 그들의 경제적 지위는 주변 경기가 어떻게 되든 절대로 올라갈 수도, 그렇다고 더는 떨어질 데도 없는 그런 상태였다. 1929년에 시작된 대공황마저도 그들의 밑바닥 삶에 변화를 줄 수는 없었다. 말하자면 그들은 구제불능의 인간 폐기물human waste이었다. 작가의 표현을 빌자면 "어떤 무단결석 학생 조사관도 이런 집안의 수많은 아이를 학교에 다니게끔 할 수 없었고, 어떤 공중보건 담당관도 불결한 환경에서 기인하는 선천적 결함, 각종 기생충과 질병으로부터 그들을 구할 수 없었다". 그들은 마을 쓰레기장 뒤편에 살면서 매일같이 쓰레기를 뒤지고 다녔다. 그들이 사는 황폐한 판잣집은 '한때 흑인이 살던 오두막'이었다. 사방에 흩어진 쓰레기 때문에 오두막은 '정신이 온전치 못한 아이의 놀이방'처럼 보였다. 동네 사람 누구도 그 집 아이들이 정확히 몇 명인지 알지 못했다. 아홉이라는 사람이 있는가 하면 여섯이라는 사람도 있었다. 앨라배마주 메이컴 주민들에게 이월가 아이들은 '지나가다 보면 창문에 다닥다닥 붙어서 밖을 내다보는 땟국물 질질 흐르는 지저분한 얼굴들'[1] 정도로만 기억되었다. 어느 모로 보나 이월가 사람들은 남부 사람들이 (그리고 다른 많은 사람이) 백인 쓰레기[white trash]라고 부르는 그런 사람들임이 분명했다.

오늘날 미국인들은 백인 쓰레기라는 말을 편협하고 왜곡되게 이해하고 있다. 이들 불운한 집단과 관련된 후진적인 태도를 보여주는 가장 강렬하고도 친숙한 상징 가운데 하나가 1957년 여러 신문과 TV 화면에 담겨 있다. 아칸소주 리틀록에서 학내 인종차별 폐지에 항의하는 성난 백인의 얼굴을 보여주는 장면이 그것이다. 2015년 사우스캐롤라이나주 찰스턴의 주의회 의사당 밖에 걸린 남부연합기 철거에 반대하며, 깃발 문신을 새기고 항의에 나선 KKK단 시위자들의 모습 역시 비슷한 느낌을 불러일으킨다. 참으로 부끄러운 사회현상이 얼마나 끈질기게 지속하는가를 여실히 보여주는 장면이 아닐 수 없다. 조지아주 출신으로 콜레스테롤 함량이 높은 요리법으로 유명한 폴라 딘$^{Paula Deen}$은 2013년 무렵 푸드 네트워크 채널의 요리쇼 진행자로 높은 인기를 구가했다. 이런 그녀의 주가가 곤두박질친 것은 흑인 비하 발언인 소위 'N word'를 사용했다는 사실이 알려진 순간이었다. 꾸밈없이 소박한 남부 사람이라는 명성이 하룻밤 새에 바닥으로 떨어졌고, 무례하고 경솔하고 무식한 남부 백인, 즉 '레드넥^{redneck}'이라는 전혀 다른 이미지로 바뀌었다. 다른 극단적인 형태로 텔레비전 시청자들은 〈해저드 마을의 듀크 가족$^{The\ Dukes\ Of\ Hazzard}$〉에 나오는 제퍼슨 데이비스 '보스' 호그 같은 재포장된 희극적인 캐릭터들을 접해왔다[드라마에서 호그는 타락하고 부패한 백인 쓰레기 정치인의 전형으로 그려진다]. 〈해저드 마을의 듀크 가족〉은 1979년부터 1985년 사이에 미국 CBS에서 방영된 TV 시리즈로, 2015년까지는 재방송을 통해 시청이 가능했지만, 이후 주인공 형제인 보 듀크와 루크 듀크의 차 '제너럴 리$^{General\ Lee}$'에 그려진 남부연합기를 이유로 재방송이 금지되었다. 알고 보면 〈해저드 마을의 듀크 가족〉이라는 제목 자체가 그들의 아이러니한 계급 정체성을 드러내는 일종의 언어유희다. 듀크^{Duke}가는 조지아 산골 마을의 가난한 밀주업자 집안이지만 이름 자체는 영국의 왕족을 의미하기 때문이다.[2]

이런 백인 쓰레기에 대한 단편들은, 알고 보면 오랜 역사를 가지고 있지만 일상적으로 사람들이 인식하지 못하는 이른바 백인 쓰레기 문제에 대해 불완전한 그림을 제공한다. 위에 언급한 장면들처럼 입소문을 타고 널리 퍼진 여러 사건에 대한 미국인들의 대화를 들어보면, 계급에 대한 깊이 있는 이해가 현저히 결여된 것을 알 수 있다. 여기에는 백인의 분노와 무지를 넘어 훨씬 복잡한 계급 정체성의 역사가 숨어 있으며, 연원을 찾자면 미국 식민지 시대와 당시 모국이었던 영국의 빈곤에 대한 개념까지 거슬러 올라간다. 여러 면에서 지금까지 미국의 계급제도는 주류 사회의 일부로 들어올 능력이 없어 보이는 시골의 백인 낙오자들을 무시하고 악마화하는 데 활용되는, 정치적 합리화 논리에 따라 좌우되었다. 그리고 이런 정치적 합리화 논리는 시대에 따라 새로운 논리를 개발하면서 진화해왔다.

그러니까 이월가 사람들은 미국 역사에 잠깐 등장하는 단역이 아니다. 사실 그들의 역사는 흔히들 알고 있는 1900년대가 아니라 1500년대에 이미 시작되었다. 그들의 역사는 빈민 재정착에 집중된 영국의 각종 식민정책과 향후 미국의 계급 개념을 좌우하고 영원히 지워지지 않을 흔적을 남겼던 여러 결정에서 유래한다. 처음에는 '폐기물 인간waste people'으로 나중에는 '백인 쓰레기'로 알려진, 이들 극빈층 미국인은 생산적으로 일할 능력, 재산을 소유할 능력, 신분 상승을 지향하는 건강한 자녀를 낳을 능력, 즉 소위 '아메리칸드림American dream'의 토대가 되는 신분 상승에 대한 의지가 없는 무능한 존재라는 낙인이 찍혔다. 빈곤과 사회적 낙오에 대한 미국의 해결책은 우리가 생각하는 것과는 달랐다. 20세기에 들어와서도 한동안은 이들 '낙오자'가 국가 전체 경제에 주는 부담을 줄이고자 했던 사람들에게는 추방과 불임수술 등을 통한 단종斷種이 합리적인 해법처럼 생각되었다.

이들 달갑지 않은 사람들을 향한 미국인들의 태도는 서서히 변화하고 발전해왔는데, 이들을 부르는 가장 극적인 표현은 아마도 19세기 중엽에 붙여지지 않았나 싶다. 이때는 시골의 가난한 백인이 왠지 일반 백인만 못한 범주로 구분되었던 시기로, 누르스름한 피부와 병들고 허약한 아이들이 뭔가 다른 '별종'이라는 인상을 주었다. '폐기물waste'과 '쓰레기trash'라는 단어는 이 끈질긴 생명력을 자랑하는 강력한 어휘를 이해하는 데 있어 결정적이다. 역사 전체를 통틀어 미국은 항상 계급제도를 가지고 있었다. 미국에는 나라를 이끄는 1퍼센트의 최상위 계급과 나라를 지탱하는 만족한 중산계급만 있는 것이 아니다. 발전 없이 정체된 상태에서 소모품 취급을 받는 사회 최하층이 있다. 그리고 미국이라는 나라의 정체성을 설명하면서 이들의 존재를 더는 무시할 수 없게 되었다.

빈민, 폐기물, 쓰레기 등등 다양한 이름으로 불리는 이들은 국가 형성 과정에서 정쟁政爭이 두드러지던 여러 시기에 전면적으로 중요하게 부각되었다. 식민 정착기에 이들은 반골 기질 다분한 골칫덩이일 뿐만 아니라 땅이 없는 무단토지점유자squatter들의 대규모 이주 속에서 대륙을 가로질러 끈질기게 서진西進을 고집하는 패턴을 보였던 장기판의 유용한 졸이기도 했다. 남부의 가난한 백인은 링컨Abraham Lincoln이 이끄는 공화당의 약진에서도 눈에 띄는 역할을 했으며, 남북전쟁 기간에 남부연합 내부 극빈층 사이에 만연한 불화를 야기한, 불신 분위기에서도 마찬가지였다. 백인 쓰레기는 남북전쟁 이후 재건시대Reconstruction에 연방을 재건하는 과정에서는 위험한 국외자였다. 그리고 20세기 초반 20년, 우생학 운동이 승승장구하던 시기에 이들은 단종의 목표가 된 퇴화한 계급이었다. 이어서 이들 백인 빈민층은 프랭클린 루스벨트^{Franklin Delano Roosevelt}의 뉴딜정책, 린든 베인스 존슨^{Lyndon Baines Johnson}의 '위대한 사회^{Great Society}' 기간에는 재활과 갱생 정책의 수혜자들이기도 했다.

항상, 백인 쓰레기는 우리에게 미국이라는 나라의 불편한 진실 하나를 상기시킨다. 가난한 사람들이 항상 우리와 함께 있다는 사실이다. 백인 빈민층을 폄하하고 벌하려는 집착은, 미국인들이 국가의 약속이라고 생각하고 있는 이상(즉 신분 상승의 꿈)과 계급 장벽이 그런 이상 실현을 거의 불가능하게 만든다는 달갑지 않은 진실 사이에 불편한 긴장관계를 드러낸다. 물론, 인종과 계급의 교차는 전체 서사의 부인할 수 없는 일부로 남아 있다.

여기서 소개하는 연구 결과는 미국이라는 나라의 복잡한 유산을 드러낸다. 어느 때고 밑바닥 하층민에게 좋지 않은 꼬리표를 붙여왔다는 문제만이 아니다. 그동안 국민이 부지불식간에 받아들이는 신념의 일부인 경제적 불평등의 합리화에 미친 영향도 무시할 수 없다. 빈곤은 자연법칙으로 설명되며 종종 인간의 통제를 넘어선 어떤 것으로 간주된다. 이런 기준에 따라 백인 빈민층은 다른 종으로 분류되어야 했다.

즉, 이들의 번식은 자손을 낳고 사회 예절이나 기술 등을 함양하는 행위가 아니라, 훨씬 불길한 어떤 것이었다. 바로 강요된 유전. 미국인이 받아들였던 계급 언어는 부랑자를 대하는 영국인의 태도를 계승하고 있었다. 대서양 저편 영국인이 보여준 축산업, 인구통계, 가계도 등에 대한 집착이 신대륙 미국에서도 그대로 나타났다. 말하자면 가난한 사람들은 폐기물로 일컬어졌을 뿐만 아니라, 열등한 동물 종으로 묘사되었다.

그동안 좀 더 친숙한 경멸적인 이미지들과 함께 포퓰리즘에서 기인한 주제들 역시 대두되었지만 시골의 가난한 백인에게 투사되는 적의를 줄일 정도로 강하지는 못했다. 최근 몇십 년 동안은 '레드넥 뿌리'의 재발견을 통한 별개의 정체성을 강조하는 트라이벌리즘tribalism 정서가 커지는 모습이 보였다. 1980년대와 1990년대를 세차게 흘러온 자존감 운동proud movement이 대표적이다. 이런 전환은 인종 관계의 점진적 변화에 대한 반응을 넘어, 정체성 정치identity politics에 대한 매료에 자극받은 바가 크다. 계급은 특정 민족 유산의 특징(그리고 매력)을 띤다는 생각이 근간이었으며, 나아가 이는 계급을 단순히 문화적 현상으로만 평가하려는 현대인의 욕망을 반영했다. 그러나 최근 〈덕 다이너스티$^{\text{Duck Dynasty}}$〉〈허니 부부가 왔어요$^{\text{Here Comes Honey Boo Boo}}$〉 같은 '리얼리티 TV 쇼'의 인기가 증명하듯 21세기에도 백인 쓰레기는 가망 없는 망나니라는 오랜 고정관념에 그대로 노출되어 있다.

때로는 유명하고 때로는 그다지 유명하지 않은 수십 명의 실존 인물이, 부단히 공세에 시달려온 미국 하층민의 기나긴 역사에 이런저런 기여를 했다. 몇몇만 예를 들어보자면, 벤저민 프랭클린$^{\text{Benjamin Franklin}}$, 토머스 제퍼슨$^{\text{Thomas Jefferson}}$, 데이비 크로켓$^{\text{Davy Crockett}}$, 해리엇 비처 스토$^{\text{Harriet Beecher Stowe}}$, 제퍼슨 데이비스$^{\text{Jefferson Davis}}$, 앤드루 존슨$^{\text{Andrew Johnson}}$, 듀보이스$^{\text{Du Bois}}$, 시어도어 루스벨트$^{\text{Theodore Roosevelt}}$, 어스킨 콜드웰$^{\text{Erskine Caldwell}}$, 제임스 에이지$^{\text{James Agee}}$, 엘비스 프레슬리$^{\text{Elvis Presley}}$, 린든 베인스 존슨, 제임스 디키$^{\text{James Dickey}}$, 빌리 카터$^{\text{Billy Carter}}$, 돌리 파튼$^{\text{Dolly Parton}}$, 윌리엄 제퍼슨 클린턴$^{\text{William Jefferson Clinton}}$, 세라 페일린$^{\text{Sarah Palin}}$ 등이 포함된다. 이들의 생각, 대중이 보는 이미지 변화, 자신의 자아상 변화 등을 살펴보는 것은 흥미로운 작업이자, 미국인의 계급 정체성에 얽힌 복잡다단한 이야기를 더욱 명쾌하게 이해하는 데도 도움이 된다.

그 밖에도 이 책은 여러 가지 이야기를 들려준다. 미국 농촌 지역 과거사의 중요성도 그 가운데 하나다. 어쩌면 가장 중요할지 모르는 또 다른 이야기는 미국 국민으로서 우리가 받아들이기 힘든 내용이기도 하다. 바로 미국에 만연한 계급 질서다. 이런 위계질서의 시작이자 끝은 바로 토지와 재산 소유라는 개념이다. 계급 정체성과 토지의 실질적, 비유적 의미는 밀접하게 연관되어 있다. 대부분의 미국 역사에서 최하층 계급들은 최악의 토지로 내몰렸다. 관목이 우거지거나 척박하거나 질퍽질퍽한 황무지로. 또한 주택 소유는 현재도 사회적 신분 상승의 중요한 척도로 남아 있다.

내가 이런 주제에 관심을 두게 된 것은 대학원 시절까지 거슬러 올라간다. 대학원에서 나는 역사학자로서 진로에 큰 영향을 미친 두 명의 걸출한 학자와 함께할 기회를 얻었다(그들을 만난 것은 내게 크나큰 행운이 아닐 수 없다). 내 박사학위 논문 지도교수였던 거다 러너^{Gerda Lerner}는 각종 이데올로기라는 외피를 벗기고 알맹이를 드러내는 데 굉장한 열정을 가지고 있었고, 사회 통념의 한계를 항상 경계해야 한다는 생각을 심어주었다. 폴 보이어^{Paul Boyer}는 놀랍도록 다양한 방면에 걸친 지식을 자랑하는 박식한 역사가로서 예리하고도 우아한 필치로, 19세기에는 도덕적 개혁가였고 20세기에는 종교적 근본주의자였던 뉴잉글랜드 청교도의 양면성을 파헤쳤다. 텍사스주, 멕시코와의 국경지대에 있는 샌베니토 역시 이런 주제에 대한 내 관심에 딱 맞는 곳이었다. 어머니가 태어난 곳이었다. 그녀의 아버지 존 맥두걸[John MacDougall]은 캐나다에서 정착민들을 데리고 와서 그곳 토지를 경작한 현대판 식민지 개척자였다.

여러 친구와 동료가 본서 집필 작업에 결정적인 방식으로 도움을 주었다. 책의 여러 장을 읽어주고, 의견을 내놓고, 자료를 보내준 모든 이들에게 감사하다는 인사를 하고 싶다. 톰린스[Chris Tomlins], 맥크로슨[Alexis McCrossen], 바론[Liz Varon], 데니스[Matt Dennis], 라이스[Lizzie Reis], 그린버그[Amy Greenberg], 루이지애나 주립대학교 동료 시한-딘[Aaron Sheehan-Dean]에게 감사한다. 버지니아주 샬러츠빌에서 토머스 제퍼슨 서한집을 준비하던 편집자 프랭커빌라[Lisa Francavilla]는 귀중한 편지 하나로 내 주의를 환기시켰다. 로버츠[Charles Roberts]는 고맙게도, 앨라배마주 팔머데일이라는 (뉴딜 시대) 재정착 마을에 관한 신문기사를 공유해주었다. 뉴올리언스 출신인, 바이킹 출판사 편집자 웬디 울프[Wendy Wolf]는 논리를 강화하고 문장을 정돈하는 데서 중요한 역할을 해주었다. 웬디는 정말로 많은 시간과 능력, 관심을 들여 내 원고를 편집해주었다. 그녀의 사려 깊은 편집 덕분에 독자가 훨씬 친숙하고 편안하게 복잡한 역사를 접할 수 있게 되었다. 웬디가 작업한 결과물을 보면 학문적 엄격함이 반드시 독자에게 다가가는 데 한계로 작용하는 것은 아니라는 귀중한 교훈을 얻게 된다. 무엇보다도 막역한 친구이자 동료 역사가인 앤디 버스테인Andy Burstein에게 고맙다는 인사를 하지 않을 수 없다. 앤디의 날카로운 안목이 있었기에 나의 졸고가 훨씬 양질의 책으로 탄생할 수 있었다.

차례

제3부 백인 쓰레기의 변모

서론

망각을 부르는 신화

우리는 계급이 무엇인지 알고 있다. 혹은 그렇다고 생각한다. 부와 특권이 만든 경제적 계층이 바로 계급 아닌가? 문제는 일반적인 미국사에서는 보통 사회 계급의 존재를 거의 언급하지 않는다는 점이다(어쩌면 미국 역사가 그렇게 각색된다고 말할 수도 있으리라). 마치 미합중국이 영국에서 떨어져 나오면서 마법처럼 계급이라는 속박에서 벗어나고 한층 풍부해진 가능성과 기회라는 고차원적인 의식을 얻기라도 한 것처럼. 아무튼 미국 상원은 (주로 귀족들로 구성된) 영국 상원과는 다르긴 다르다. 교과서는 선조들이 '어떻게 토지와 자유를 쟁취했는지' '어떻게 보통 사람들이 기회를 잡았는지' 등을 이야기하며 감동적인 국가의 서사를 가르친다. 신성한 아메리칸드림은 정치인과 투표자 공히 삶의 질을 평가하는 황금 기준이다. 각각의 세대가 출생(부모가 누구인지)이나 신분(계급제도에서의 출발 위치)으로 인한 한계에 구속받지 않고 각자가 생각하는 행복의 정의를 추구하는 것이야말로 삶의 질을 평가하는 척도가 아니겠는가!

우리가 소중히 여기는 신화들은 우리에게 힘이 되지만 한편으로는 우리를 약화하는 원인이 되기도 한다. '모든 인간은 평등하게 창조되었다'는 독립선언서의 문구는 그동안 미국이 열려 있는 기회의 땅이라는 약속과 미국을 해외의 희망 없는 사회와 구별해주는, 합중국 국민의 도덕적 자부심을 규정하는 구호로 성공적으로 활용되었다. 핵심 주창자들에 의해 위풍당당하게 제시된 이런 이념은, 군주제와 확고한 귀족제에 따라 지배되는 세계에서 근대의 신생 공화국이 사회계층이동이라는 측면에서 혁명적으로 다른 사회라는 사실을 스스로 입증하는 핵심 비전이었다.

그렇게만 보면 참으로 고무적이다. 그러나 과거에도 지금도 현실은 사뭇 다르다. 앞으로 살펴보겠지만, 근본적으로 영국 식민주의자들은 두 가지 목표를 홍보하고 독려했다. 하나는 영국에서 빈곤을 줄이는 방법과 관련된 것이고, 다른 하나는 나태하고 비생산적인 사람들을 신세계로 추방해야 한다는 요구였다. 정착 이후 식민지 전초기지들에서는 자유가 없는 노동자(연한계약하인, 노예, 어린이)들을 착취했고, 사용하고 버리는 소모품 같은 이런 계급들을 인간 폐기물로 여겼다. 이들 빈민, 즉 폐기물들은 사라지지 않았고, 18세기 초가 되면 상존하는 부류로 간주되었다. 이런 식의 낙오자 구분이 미국에서 확립된 것이다. 대륙의 자랑스러운 발전사를 살펴보면 모든 시대에 자체적인 폐기물 인간, 즉 달갑지 않은 구제불능 인간들에 대한 나름의 분류 체계가 있었다. 말하자면 각각의 시대에는 자체적인 백인 쓰레기를 이상적인 주류 사회와 구별하고 그들과 거리를 두는 나름의 수단이 있었다.

이런 분류 체계는 하층계급을 치유나 교정할 수 없는 별개의 '종'으로 간주함으로써 인종과 계급의 관계를 재구성한다. 계급은 인종과의 교차점 이외에도 자체적인 독특하고 강력한 동력을 가지고 있었다. 그리고 그것은 미국 하층계급에 부여된 다양한 명칭에 딸린 풍부하고 강력한 의미에서 시작된다. 오늘날 많이 쓰이는 '트레일러 쓰레기trailer trash'와 '레드넥redneck'이 되기 오래전에 그들은 '느림보lubber' '폐물rubbish' '클레이이터clay-eater' '크래커cracker' 등으로 불렸는데, 이상은 대충 훑어본 것으로 이외에도 많이 있다.

이쯤에서 독자가 본서의 목적을 오해하지 않도록 분명하게 취지를 밝히는 편이 좋겠다. 나는 여기서 미국의 역사적 경험을 계급이라는 관점에서 재평가함으로써 미국인의 정체성과 관련하여 너무나 자주 무시되었던 진실을 드러내고자 한다. 그러나 우리가 그동안 과거에 대해 잘못 알고 있었던 내용을 지적하는 것이 전부는 아니다. 나는 또한 현대 미국 사회에 여전히 존재하는 우리를 괴롭히는 모순을 독자 여러분이 더욱 잘 인식하도록 돕고 싶다.

기회의 균등을 금과옥조처럼 여기는 사회가 자체 내에 끈질기게 남아 있는 소외된 사람들의 존재를 과연 어떻게 설명하는지, 혹은 사실상 용인하는지 21세기 미국인들은 이런 오랜 난제를 똑바로 보아야 한다. 먼저 우리 사회 최하층 계급의 존재를 인정하자. 최하층 계급은 최초의 유럽 정착민들이 이곳 연안에 도착한 그때부터 우리와 함께했다. 또한 이들은 오늘날 엄청난 수를 자랑하는 국가 전체 인구의 대수롭지 않은 일부가 아니다. 백인 쓰레기가 어떻게 사회 긴장을 만들어내는가라는 문제는 여기서 해답을 찾고자 하는 핵심 질문 가운데 하나다.

　미국의 계급을 둘러싼 언어와 사고방식은 영국 식민지 건설이 남긴 강력한 흔적에서 시작되었다. 영국이 아메리카의 자연환경을 폭넓게 활용하는 쪽에 무게를 두었던 1500년대와 1600년대 세대들은 이런 목적의식이 반영된 묘사와 날것 그대로의 심상이 혼합된 하나의 어휘를 사용했다. 그들은 고운 말에 탐닉하지 않았다. 식민지라는 개념이 조심성 많은 투자자들에게 먹혀야 했다. 신세계 아메리카 식민지 건설이 구세계의 목적 달성에 기여해야 했다. 전반적으로 식민지 건설 기획자들은 아메리카를 기회가 넘치는 에덴동산이 아니라 생산적인 공간으로 바꿀 수 있는 거대한 쓰레기더미로 생각했다. 소모품, 즉 폐기물 같은 사람들이 영국을 떠나 그곳으로 갈 것이다. 그들의 노동이 머나먼 황무지에 싹을 틔울 것이다. 가혹하다 싶을지 모르지만 이들 게으른 가난뱅이, 사회의 찌꺼기들을 저쪽으로 보내 황무지에 거름을 뿌리고 흙먼지 속에 죽게 할 수밖에 없다. 성서에 나오는 기독교 이상향인 '언덕 위의 도시City upon a Hill'로 그럴듯하게 포장되기 전의 아메리카는 16세기 모험가들의 눈에는 지저분한 잡초투성이 황야, 무지렁이 서민에게 어울리는 하수구 같은 곳이었다. 신세계에 대한 이런 암울한 이미지는 그보다 매혹적인 이미지와 함께 제시되었다. 초기 영국에서 식민지 건설을 주도하고 홍보한 이들은 북아메리카를 풍요롭고 비옥한 땅으로 그릴 때면 엄청나게 과장을 했다(아마도 자신도 과장이라는 것을 인식하고 있었을 것이다). 물론, 그들 대부분은 한 번도 직접 본 적이 없는 땅에 대해 떠들고 있었다. 경계심 많은 투자자와 공무원들이 위험한 해외로 나가는 모험에 뛰어들게 확신을 주어야 했기 때문이다. 그러나 가장 중요한 것은 역시 그곳이 내부의 소외계층들을 내보낼 수 있는 좋은 장소라는 점이었다.

'세계 최고의 희망'으로서 아메리카라는 개념은 훨씬 나중에 나타났다. 역사적 기억은 그동안 '자유의 땅과 용자들의 고향'[미국 국가 「성조기여 영원하라^{The Star-Spangled Banner}」의 후렴구]의 고상하지 못한 기원을 가리고 위장해왔다. 오늘날 애국자들이 자신들의 나라가 과거에도 지금도 항상 '특별한' 곳이라는 확증을 찾을 때 머릿속에 떠오르는 심상이 무엇인지 우리 모두 잘 알고 있다. 그것은 바로 인심 좋은 아메리카 원주민에게 씨 뿌리기를 배우는 겸손한 필그림 파더스^{Pilgrim Fathers} [1620년 메이플라워호를 타고 건너가 북아메리카에 플리머스 식민지를 건설한 청교도들], 제임스강을 따라 늘어선 세련된 주택에서 손님을 접대하는 버지니아 왕당파의 모습이다. 나아가 역사를 가르치는 방식 때문에 미국인들은 최초 식민지인 플리머스와 제임스타운 하면 계급이 나뉜 사회보다는 계급이 없는 협력적인 사회를 떠올리는 경향이 있다.

역사적 기억은 점점 감상적으로 미화된다. 무질서와 불협화음을 이야기하는 것은 국민적 자부심을 키운다는 긍정적인 목표에 도움이 되지 않기 때문이다. 흔히들 간과하지만 초기 아메리카 식민지에 대한 여러 가정에서 사실 계급은 가장 두드러지는 요소다. 심지어 지금도 완충지대 역할을 하는 광범위하게 퍼진 중산계급이라는 개념이 강력한 진통제 겸 연막 기능을 하고 있다. 우리는 하층 없이는 중산층도 있을 수 없다는 사실을 망각하고, 중산층이라는 위안에 매달리고 있다.

이런 생각은 가끔만 흔들린다. 최근 월스트리트 점령 시위[Occupy Wall Street: 2011년 9월부터 11월까지 빈부 격차 심화와 금융기관의 부도덕성에 반발하면서 미국 월가에서 일어난 시위]에서 금융 부문, 그리고 1퍼센트와 99퍼센트 사이의 기묘한 분리라는 당혹스러운 현실이 부각됐을 때가 대표적이다. 그러나 공룡 언론들이 다른 새로운 위기들을 찾아내 지면을 장식하면, 대대로 내려오는 미국인의 계급 무시 전통이 다시 고개를 들고, 관련 주제들은 스르르 관심의 뒷전으로 물러난다.

상상 속의 계급이 없는(즉 무계급인) 미국의 과거는 찰스 머리^{Charles} ^{Murray}가 저서 『분리: 백인국가 미국, 1960-2010$^{Coming Apart: The State of White America,}$ $_{1960-2010}$』(2012)에서 마법처럼 불러낸 미국이다. 대중 심리 분야 권위자인 머리가 보기에 대규모 사회이동이 일어나는 1963년의 유동적인 미국 사회는 핵가족이라는 공통의 경험 때문에 통합되었다. 평범한 미국인들은 〈오지와 해리엇의 모험$^{The\ Adventures\ of\ Ozzie\ and\ Harriet}$〉[1952년 3월부터 1966년 4월까지 ABC에서 방영된 시트콤]을 시청하면서 작은 TV 화면에서 자신들의 삶을 보고 있다고 믿었다.[1]

하지만 그것은 전혀 사실이 아니었다. 심지어 순수했던 초창기에도 텔레비전에서는 사람들을 계급 유형에 따라 희화화했다. 한창 잘나가던 시기의 인기 쇼 몇 개만 생각해봐도 이는 자명해진다. 〈페티코트 교차로$^{Petticoat\ Junction}$〉(1963)는 셰이디 레스트 호텔을 중심으로 전개되는 시골 생활을 그리면서, 이곳의 순진한 사람들과 도시의 영악한 친척들을 대비시킨다. 〈농부의 딸$^{The\ Farmer's\ Daughter}$〉(1963)은 시골 농장 출신으로 미국 하원 의원 밑에서 일을 하게 된 스웨덴계 미국인 가사도우미가 주인공이다. 〈그린 에이커스$^{Green\ Acres}$〉(1965)에서는 아널드라는 돼지가 후터빌이라는 외진 시골 마을에서 제일 똑똑한 주민으로 나온다. 그리고 신분 상승을 희화화한 대표적 풍자극인 〈베벌리 힐빌리스The Beverly Hillbillies〉(1962)가 있다. 집안 소유 소택지에서 석유가 나오면서 하루아침에 백만장자가 된 산골 촌뜨기들이 도시민의 눈에는 진화가 덜 된 원시인처럼 보인다. 〈오지와 해리엇의 모험〉이 〈신혼 여행자The Honeymooners〉와 동시에 장기 흥행을 시작했다는 점도 잊지 말아야 할 부분이다. 〈신혼 여행자〉는 버스 운전사, 배관공, 그리고 가난한 노동계급인 그들의 아내가 보여주는 재치 넘치는 조롱과 풍자를 담고 있다. 채널을 고정한 모든 사람이 오지와 해리엇의 세계가 〈신혼 여행자〉에 나오는 랠프 크램든과 앨리스 크램든 부부의 세계와는 닮은 구석이 하나도 없다는 점을 완벽하게 이해하고 있었다. 이처럼 패러디는 미국인이 안전한 방향으로 사회 양극화를 이해하는 한 방식이었다.

미국인 정체성을 지키는 영원한 부적처럼 기능하는 일종의 황금기를 택해 미국 사회를 미화하고 이상화하는 것도 역사에 대한 선택적 기억 덕분에 가능해진다. 나라의 긴 역사를 무시하는 찰스 머리에게는 그 황금기가 1963년이다. 이때는 갤럽의 어느 여론조사 결과에 미국적 신념의 정수가 그대로 담겼던 시기다. 당시 응답자들은 빈곤층이나 부유층으로서 자기 정체성을 거부했다. 대략 절반 정도가 자신이 노동계급이라고 말했고, 나머지 절반은 자신을 중산계급이라고 생각했다. 사회학자인 찰스 머리는 마치 이 하나의 통계가 전체 이야기를 들려주기라도 하는 양 글에서 다음과 같이 주장한다. "이런 거부는 나라 초창기부터 널리 퍼져 있었던, 미국에는 계급이 존재하지 않는다(강조표시는 내가 추가한 것이다)는 국민적 자부심을 보여주었다. 혹은 그런 만큼 미국인이라면 모름지기 그런 것이 있어도 없는 양 행동해야 한다는 자부심을." 계급 부정이라는 찰스 머리의 신화는 그렇지 않음을 증명하는 풍부한 역사적 증거를 제거함으로써만 존재할 수 있다. 그런데 문제는 그런 증거가 사실상 제시된 적이 없고, 때문에 온갖 허위 진술이 난무하고 있다는 것이다.[2]

우선 식민지 환경에 대한 이해를 높이고, 다음으로 현대 계급 정의가 확립된 단계를 일목요연하게 정리함으로써 관념과 이상이 시간을 거치면서 어떻게 통합되었는가를 볼 수 있을 것이다. 빈곤과 계급에 대한 옛날 영어 정의가 지금까지도 지속적인 영향을 미치고 있다는 사실을 인정하는 것도 중요하다. 그렇게 함으로써 계급 정체성이 조지 갤럽George Gallup이 여론의 창조물로 보기 훨씬 전에 미국에서 (아주 깊고도) 분명하게 나타났다는 사실을 인식하게 될 것이다. 사실 이민의 파도가 19세기 대륙 연안을 휩쓸고, 어색하고 때로는 격렬한 문화변용 과정이 뒤따르기 훨씬 전부터 계급은 미국 사회에 널리 퍼져 있었다. 무엇보다도 미국인은 보기 드문 행운 덕분에 모국인 영국에 만연한 계급이라는 짐을 피했다는 명백한 허위 주장 펴기를 그만두어야 한다. 미국에서 끈질기게 이어지는 계급제도는 토지의 특성과 잠재 가치, 노동의 가치에 대한 농업적인 사고(시대가 지나도 변하지 않고 되풀이 된다), 혈통과 자손 번식에 대한 비판적인 개념에서 발전했으며 우리가 순순히 인정하려는 정도보다 훨씬 깊고 넓게 사회에 퍼져 있었다. 부끄러운 하층계급 인구는 항상 수없이 많았고, 북아메리카 대륙에서 이들은 늘 폐기물 인간으로 간주되어 왔다.

역사와 관련된 신화, 즉 허구 만들기는 망각에 의해서만 가능하다.

그러므로 우리는 현실을 직시하려는 최초의 거부를 시작해야 한다. 17세기와 18세기 영국령 아메리카에 뿌리를 내렸던 대부분의 식민지 건설 계획은 모종의 원시 민주주의가 아니라 특권과 종속 관계에 근거하고 있었다. 1776년(독립선언) 세대는 분명 그런 사실을 소홀히 취급했다. 그리고 이후의 모든 세대가 이들 건국자를 본보기로 삼았다.

전설처럼 이야기되는 필그림 파더스, 또는 미국인들이 성인처럼 떠받드는 1776년 세대에게만 의지한 과거는 여러 가지 의미로 우리를 기만한다. 역사 속에서 펼쳐지는 남부와 북부의 건국 이야기를 둘러싼 중요한 경쟁, 계급의 중요성을 최소화하는 독특한 비유를 놓치게 된다. 독립선언서, 연방헌법을 비롯한 중요한 건국 문서들을 보면 국부國父 워싱턴George Washington의 존재감이 압도적으로 느껴지는 것을 어쩔 수 없다. 188센티미터의 장신을 자랑하는 버지니아 사람 워싱턴은 나라의 상징적인 '아버지'라는 점에서 우뚝 솟은 키만큼이나 동료들을 압도한다. 건국 기원이 버지니아 식민지에 있다는 주장을 의식해서인지 다른 건국의 아버지 애덤스John Adams는 매사추세츠 식민지의 초대 지사, 윈스럽John Winthrop을 (워싱턴보다) 시기적으로도 앞서고 더욱 강력한 미국의 귀족적인 가부장 모델이라고 주장했다. 여기서 얻는 교훈은 간단하다. 그때나 지금이나 나라의 기원은 경쟁력 있는 영역이라는 것이다. 그러나 부인할 수 없는 부분은 바로 기름 부음을 받은 지도자들의 계급적인 기원이다.[3]

그렇다고 건국 세대 스스로가 엮은 서사가 오늘날 우리가 가지고 있는 미국의 과거에 대한 여러 믿음에 가장 큰 영향을 미쳤다는 것은 아니다. 가장 밀접한 관련이 있는 사람들은 오히려 19세기의 저명한

'신화 작가'들이다. 당대의 탁월한 역사가들은 대부분이 뉴잉글랜드 출신이었다. 그들은 역사 서사 만들기라면 따라올 자가 없었고, 따라서 지배적인 건국 기원 이야기가 그들에게 유리하게 각색되었다. 그리하여 오늘날 우리가 인정 많은 공동체와 훌륭한 직업윤리를 중심으로 하는 초기 청교도 서사를 가지게 된 것이다. 물론 종교적 자유와 근면이라는 두 가지 속성이 부각되면서 이런 고매한 이상에 부합하지 못하는 모든 정착민은 아예 기록에서 지워져버린다. 땅을 가지지 못한 사람, 빈곤한 사람, 즉 미래 백인 쓰레기 세대의 선조들은 건국 이야기에서는 편리하게 사라져버리는 것이다.

초기 정착지들을 건설한 청교도 분리주의자들을 찬양하면서 보스턴 사람들이 만들어낸 결과물에는 일반 역사 기록뿐만 아니라 희곡과 시도 있었다. 뉴잉글랜드 사람들은 이미 1769년 무렵 플리머스에서 선조의 날Forefathers' Day이라 하여, 1620년 12월 21일 청교도의 아메리카 상륙 기념일을 축하하기 시작했다. 보스턴 출신 화가 사전트Henry Sargent는 1815년 자신의 그림 「건국의 아버지들의 상륙Landing of the Fathers」을 공개했다. 그러나 필그림 파더스를 태운 메이플라워호와 존 윈스럽이 이끄는 또 다른 집단을 태운 아벨라호가 해변에 상륙하여 신대륙에 자유에 대한 사랑의 씨앗을 뿌리는 과정을 보여주는 최고의 작품은 역시 밴크로프트George Bancroft의 널리 사랑받는 『미국사History of the United States』(1834) 제1권이 아닐까 싶다. 밴크로프트는 19세기 다수의 사람이 참석한 기념행사에서 웹스터Daniel Webster 같은 이들이 선보인 미국인으로서 대단한 자부심을 보여주는 연설들 속에서 이런 씨앗이 더없이 농익은 열매를 맺었다고 보고 있다. 이런 노력은 미국 식민지 부인회

Colonial Dames of America 같은 비영리 민간단체들이 보여준 홍보기술 덕분에 한층 확대되었다. 이들 단체는 메이플라워호의 필그림 파더스와 아벨라호를 타고 윈스럽과 함께 건너온 청교도들을 국민 전체의 기억에서 가장 중요한 인물들로 격상시키기 위해 비상한 노력을 했다.[4]

1889년 (지금은 국립 필그림 파더스 기념비라고 불리는) 필그림 기념비가 플리머스에 세워졌다. 보스턴 출신 건축가 겸 조각가인 빌링스Hammatt Billings가 제출한 50미터 높이의 최초 설계안을 보면 원래 계획이 얼마나 '거창했는지'를 잘 알 수 있다. 빌링스는 기념비를 세계 7대 불가사의 중의 하나인 로도스섬 거상의 미국판으로 생각했다. 최종 조각은 처음 계획보다 규모가 작아지고 (예상대로) 우의적으로 표현되었지만 그렇다고 빌링스의 애초 의도까지 무효가 된 것은 아니었다. 오른손은 하늘을 가리키고 왼손에는 성경을 들고 있는 신앙을 상징화한 여신상인데 전체적인 모양은 횃불을 높이 쳐든 자유의 여신상과 흡사하다.[5]

다들 알다시피 기념비란 과거의 불완전한 기록이다. (어디서나 흔히 볼 수 있는) 끌로 조각한 윤곽 뚜렷한 여성상과 그것이 상기시키는 사건 사이에는 묘한 불일치가 있다. 개스트John Gast의 1872년 그림 「미국의 진보American Progress」를 보면, 들판에 대륙을 가로질러 서진하는 서부 개척자 무리가 보이고, 그들 위로 공기처럼 가벼워 보이는 여신이 날고 있는 모습이 담겨 있다. 서진에 방해되는 원주민과 버펄로들은 승합마차, 짐마차, 기차선로, 전신선 등에 의해 옆으로 밀려났다. 빌링스의 조각상 역시 신앙의 여신 도래를 알리는데, 개스트 그림 속의 여신이 그렇듯이 메이플라워호에 탔던 실제 사람들 위로 우뚝 솟은 모습이다. 조각상의 기단에 해당하는 구조물 측면을 보면, 메이플라워호

탑승자들의 이름이 별로 눈에 띄지 않게 나와 있다. 이리하여 최초의 영국인 정착자들이 신대륙으로 이동한 개인적인 동기가 종교적 자유라는 하나의 압도적인 요인으로 포괄되었다. 이들 최초 정착자들은 말이 없다. 그리고 모든 인간(기단에 기록된 이들과 연결되는 실제 사람들)의 흔적이 사라졌기 때문에 식민지 건설의 복잡한 과정은 더없이 간략하게 압축되고 망각되었다. 실패한 사람, 후손과 유산이 없는 사람들에 관한 기억은 남지 않는다. 대신에 행진 중인 진보라는 공허한 상징을 가진 후대들이 남았다.[6]

이처럼 역사를 압축하고 키질하듯 걸러내는 것이 자연스럽고 중립적인 행동처럼 보일지 모르지만, 결코 그렇지 않다. 초등학교 수준 역사가 일반 성인의 역사가 되는 것이 바로 이런 수단을 통해서다. 그런 식으로 우리가 배운 위대한 미국의 전설은 1630년대 이후 종교적인 이유로 매사추세츠 식민지에 온 사람이 채 절반도 되지 않는다는 엄연한 사실을 배제하고 있다. 한편으로 우리가 어린 시절 생각 없이 받아들인 과장된 이야기들은 어떤 식으로든 우리 내면에 남아 있게 된다. 결과는 마음에 드는 신화들에 대한 더없이 단호하고 강경한 신념을 만들어내는, 편협하게 형성된 국가에 대한 소속감이다. 그것이 바로 '미국 예외주의American exceptionalism'다. 다시 말해 우리는 다르고 독특하며, 계급의 부재는 우리의 우월함을 보증하는 중요한 특징 중의 하나라는 생각이다.

예외주의는 구원과 선의 등에 관한 초기의 여러 신화에서 나온다. 구세계에서 박해를 받던 필그림들이 아메리카 연안에 가면 종교적 자유를 찾으리라는 꿈을 안고 용감하게 대서양을 건넜다. 희망으로 부푼 개척자 가족을 태운 마차 대열이 새로운 삶을 찾아 서부로, 서부로 향했다. 미국만큼 개인의 자유를 소중히 했던 곳은 없었다고 이해할 수밖에 없다. 이주라는 행위 자체가 관련자들을 하나의 동질적인, 사실상 계급이 없는 사회로 만들고, 따라서 그들을 평등하게 대할 것을 요구한다. 통합을 강조하는 이야기들은 불평불만을 틀어막고 명약관화한 구분과 차별조차 숨기고 감춘다. 또한 이런 구분이 계급에 기초한 것일 경우 (대부분은 그러한데) 공공연한 형태의 기억상실이 시작된다. 미국인들은 계급에 관해 이야기하기를 좋아하지 않는다. 계급은 우리 역사에서 중요한 것이 되어서는 안 된다. 계급은 우리의 정체성에 속하지 않는다.

대신에 우리에게는 플리머스록(Plymouth Rock: 해당 지역이 플리머스록이라 불리기 시작한 것은 18세기 말에 와서다)이라고 불리는 해안에 상륙한 필그림 파더스가 있다(오늘날 우리는 추수감사절에 그들을 기리는데, 알고 보면 추수감사절은 남북전쟁까지는 존재하지도 않았던 휴일이다). 미국의 대표적 국경일인 추수감사절은 남북전쟁 기간 고전하던 축산업 활성화에 도움이 되는 토종 칠면조와 관련이 있다. '필그림Pilgrim'이라는 단어는 1794년까지는 널리 보급되지도 않았다. 그런데도 '최초의' 추수감사절은 1621년의 어느 날, 선의를 가진 필그림들과 공정한 태도의 왐파노아그족이 그해 수확을 축하하며 식사를 같이 한 날이었다. 당시 행사 주관자는 원주민 통역사 스콴토Squanto로 영국인이 힘든 겨울을 날 수 있도록 도와주던 인물이었다. 이처럼 아름다운 이야기에서 빠진 것은 (결코 사소하지 않은) 디테일인데, 스콴토가 납치되어 영국 배를 모는 선장에게 노예로 팔렸기 때문에 일대에서 영어를 할 줄 아는 유일한 원주민이 되었다는 점이다(이런 유의 강제 노동은 다수의 백인 하인들이 신대륙에 건너온 과정을 떠올리게 한다). 유감스럽게도 스콴토의 우정은 동화 같은 이야기에서 말하는 것보다 훨씬 복잡한 사정을 안고 있었다. 이듬해 스콴토는 왐파노아그 부족연합의 '위대한 추장' 마사소이트Massasoit 와의 권력투쟁 도중, 원인 불명의 열병으로 사망했다.[7]

조지 워싱턴, 토머스 제퍼슨의 남다른 위상, 버지니아 식민지 건설이 (매사추세츠 식민지를 건설한) 필그림 파더스의 도미보다 13년이나 앞섰다는 점에도 불구하고, 남부 주들은 포괄적인 식민 신화를 만들어 내 신세계에서 자신들의 문화적 지배력을 부각하는 데 있어서 닥치는 대로 이야기를 써대는 북부 사람들에게 뒤처졌다. 그리하여 남부 식민지와 관련하여 남아 있는 것은 신화나 이야기가 아니라 미스터리다. 1587년 (버지니아주) 로어노크섬의 '사라진 식민지'에 관한 병적인 호기심은 그런 미스터리에서 기인한다[1587년 화이트John White 가 120명의 영국인을 이끌고 가서 로어노크섬에 식민지를 건설했다. 같은 해 보급을 위해 영국으로 돌아갔다가 전쟁 등으로 3년 뒤인 1590년에 돌아왔으나 100명이 넘는 주민 모두가 사라진 뒤였다]. 태평양 상공에서 사라진 비행사 에어하트Amelia Earhart 의 실종을 둘러싼 미스터리에 두고두고 관심이 지속되는 것도 마찬가지다. 수수께끼처럼 사라진 사람들 주변에는 묘한 매력이 남게 마련이다. 널리 사랑받았던 텔레비전 드라마 〈로스트Lost〉를 생각해보라. 플라톤이 말한 사라진 대륙 아틀란티스는 어떤가! 선원들이 사라져버린 유령선, 주민이 사라져버린 유령 식민지는 항상 경이감을 불러일으킨다. 그런데 이런 것들은 우리가 아는 일반적인 역사 규칙 밖에 존재한다. 바로 그래서 로어노크 미스터리는 우리가 본능적으로 알고 있는

초기 식민지 정착민들이 직면해야 했던 냉혹한 현실을 가벼이 여기게 한다.[8]

로어노크가 연기처럼 사라져버린 세계의 감질나는 골동품 같은 것이라면, 로어노크의 확실한 후신인 제임스타운은 북부에서 내세우는 필그림 파더스 이야기와 겨룰, 버지니아 식민지의 기원을 상징한다. 1607년 제임스타운 설립을 기념하는 국경일 같은 것은 없을지 몰라도 '원주민 공주' 포카혼타스Pocahontas가 설립자 스미스John Smith를 구조했다는 드라마틱한 이야기는 그보다도 훨씬 매력적으로 다가온다. 전하는 이야기에 따르면 공들여 준비한 (처형) 의식 도중, 당시 열한 살이던 '왕이 아끼던 딸' 포화탄Powhatan이 달려 나와 스미스 머리 위로 자기 머리를 들이밀어 부족민들이 몽둥이로 스미스의 두개골을 박살내려는 것을 막았다. 자부심 넘치는 영국인 남자와 어리고 순수한 원주민 소녀 사이에 구세계와 신세계를 갈라놓는 온갖 언어적, 문화적 장벽을 뚫고 마법 같은 유대가 형성되었다.

참으로 용감한 원주민 소녀는 그동안 많은 시인, 극작가, 화가, 영화 제작자들을 매료시켰고 그들의 관심을 한 몸에 받았다. 그녀는 제임스타운의 '수호신'이자 버지니아주와 미국의 '어머니'로 불리고 있다. 1908년 어느 작가는 포카혼타스가 사실은 로어노크 식민지에서 최초로 태어난 데어Virginia Dare의 딸이었다는 신빙성이 상당히 의심스러운 주장을 내놓았다. 이 주장에 따르면 원주민 공주가 갑자기 황야에서 길을 잃은 유럽 혈통이 되어버린다. 이후 3년 뒤에 출판된 버로스Edgar Rice Burroughs의 『타잔Tarzan of the Apes』 이야기와 흡사해져버리는 것이다.[9]

가장 널리 알려진 최신 버전은 1995년 월트디즈니사에서 내놓은 만화영화다. 눈길을 끄는 미모에 굉장히 육감적이고 풍만한 몸매를 자랑하는 디즈니의 포카혼타스는 세너카머커 부족의 일원이라기보다는 대중문화 디바에 가까워 보인다. 특히 동물과 공감하는 능력이 놀랍도록 뛰어나서 너구리와 친구가 되고 나무와 대화를 나눈다. 그녀는 디즈니의 다른 주인공인 백설공주나 신데렐라와 흡사한데, 이들 역시 동물 친구들과의 공감을 자랑한다. 왜일까? 자연과의 교감은 인류 타락 이전 계급 없는 사회라는, 매력적이고 낭만적인 신세계 이미지에 가깝기 때문이다. 과거의 수사와 비유가, 지극히 새롭고 현대적인 영화라는 형식과 매끄럽게 혼합된 사례다. 서구 문화의 여성들은 일관되게 어머니, 자연, 풍요, 에덴동산의 평온함과 비옥함에 가까운 존재로 묘사됐다. 이런 식의 제임스타운 재창조에는 고약한 냄새가 나는 습지도 없고 지독한 질병과 굶주림도 없다.[10]

한편 학자들은 스미스의 구출 자체가 애초에 있었던 일인가를 놓고 논쟁을 벌여왔다. 증언이라고는 스미스 자신의 이야기밖에 없고, 가장 정교한 버전이 포카혼타스가 죽고 여러 해가 지난 뒤에 출판되었기 때문이다. 스미스는 서민 출신 군인이자 모험가이며, 무엇보다 자기 홍보에 능한 사람으로 자신의 업적을 과장하는 나쁜 버릇이 있었다. 그가 말하는 구출담은 당시 인기를 끌었던 스코틀랜드 담시譚詩와 완벽하게 흡사한데, 터키 왕자의 아름다운 딸이 목숨을 잃을 뻔한 영국 모험가를 구출한다는 내용이다. 영국 성공회 목사가 공주 포카혼타스와 대농장주 롤프John Rolfe의 결혼식을 주재했지만, 제임스타운 시의회 어느 의원은 '저주받은 세대'의 이교도 핏줄이라고 일축하면서, 그녀에게 '본데없이 자란 야만인' 여자라는 딱지를 붙였다. 심지어 롤프

자신도 둘의 결합을 연애결혼이라기보다는 이익을 생각한 정치적 결합으로 생각했다.[11]

(종교적 신념을 공유하는) 계급 없는 사회라는 미국 정체성의 근본 원칙이 위기에 처한 시점에서 디즈니가 그것을 바로잡아주기를 기대해서는 곤란하다. 디즈니 만화영화는 그동안 자주 이야기되던 또 다른 허구의 흐름 위에서 전개된다. 포카혼타스의 연인 역을 맡은 사람이 롤프가 아니라 스미스라는 것이다(영화에서 그는 금발에 건장한 체격으로 등장한다). 포카혼타스의 아름다움을 과장하고, 스미스를 구하고 영국인의 협력자가 되는 그녀의 선택을 강조하는 서술 태도가 새로울 것은 없다. 1842년 포카혼타스를 자그마한 몸집에 사랑스러운 원주민 공주가 아니라 통통하고 볼품없게 표현한, 말하자면 과장하지 않은 초상화가 나오자 이를 두고 항의가 빗발치기도 했다(어느 비평가는 '조잡하고 범속한' 연출이라고 부르기도 했다). 그녀의 영국화한 아름다움은 협상이 불가한 절대적인 부분이었다. 타고난 우아함이 있었기에 그녀의 영국인으로의 동화를 용인할 수 있었다. 말하자면 원주민 처녀를 영국인으로 받아들이는 것이 가능했던 것은 모두 그것 때문이었다.[12]

사랑받는 포카혼타스 이야기에는 자신의 부족과 문화를 거부한 공주가 있어야 한다. 이런 강한 주제 의식은 끈질기게 이어져왔다. 슈메이커[Nancy Shoemaker]의 주장처럼 그런 관점이 아메리카 원주민이 자발적으로 자신의 종말에 참여했다는 더욱 넓은 범위의 국민적 합리화에 기여하기 때문이다. 그렇지만 소녀는 자발적으로 제임스타운에서 산 것이 아니었다. 그녀는 붙잡혀왔다. 결코 존재한 적이 없는 초기 버지니아의 평범한 낙원 이야기에서 전쟁, 고통, 탐욕, 식민 정복은 편리하게 자취를 감춘다. 계급 간, 문화 간 불협화음 역시 마법처럼 시야에서 사라진다. 미국의 기원이 유토피아적인 러브스토리로 각색되는 순간 이다.[13]

　우리가 진실을 감당할 수 있을까? 식민지 정착 초기, 주목받던 합자 회사 몇몇을 이끈 연줄 좋은 남자의 이익 중심 사고 속에서 신대륙 아 메리카는 서로 모순되는 용어들이 혼재해 있었다. 비옥한 가능성의 땅 이자 한편으로 문제 많은 불모지, '악취가 진동하고', 잡초가 무성한 벽지, 습하고 쓸모없는 늪지대로. 영국 처지에서 이곳은 수천 명의 죄 수를 내보내 교도소 인원을 줄일 또 다른 의미에서 기회의 땅이었다. 원치 않는 사회의 불청객들을 내보낼 배출구였고, 부랑자와 거지를 제 거하고, 런던의 눈엣가시 같은 주민들을 없앨 수단이었다. 이익만을 생각하는 제국의 모리배들 처지에서 타의로 신대륙으로의 위험한 여 정에 올라 힘들게 살아남은 사람들이 달성해야 할 목적은 간단했다. 영국의 이익에 기여하고 그 과정에서 사라지는 것. 그런 의미에서 마 법 같은 매력을 가진 '필그림 파더스'라는 단어가 자리를 잡기 전에 그들을 불렀던 '선착자[first comer]'라는 말은 신앙의 자유에 고무되어 움 직이는 집단으로 미화하기에는 무리가 있었다. 메이플라워호에서 내 린 수십 명이 바로 그해에 굶주림과 비타민 결핍 관련 질병으로 죽음 을 맞이했다. 괴혈병으로 잇몸이 썩고 몸의 여러 구멍에서 피를 흘렸 다고 한다. 1630년대 무렵 뉴잉글랜드 주민들은 지배 엘리트부터 집 안 하인까지 위계질서가 분명한 '신분' 사회를 재창조했다. 신대륙에 서 노동 착취 대상에는 다수의 빈민 소년들이 포함되어 있었다. 이들 중에 일부는 종교적인 이유로 이주했지만 윈스럽이 이끈 아벨라호 상륙 이후 이어진 이주 물결 속에서 그런 목적을 지닌 소년들은 오히려 소수에 불과했다. 상류층은 원주민과 흑인 노예들을 소유했지만, 그들이 가장 많이 착취했던 인구는 바로 이런 아동 노동자들이었다. 심지어 교회도 이런 계급 관계를 고스란히 반영했다. 교회 신도 석의 지정 좌석이 계급 지위를 확인해주는 식이었다.[14]

버지니아 식민지는 더더구나 희망의 공간과는 거리가 멀었다. 여기에는 도박에는 기꺼이 인생을 걸면서 생계를 위해 일할 각오는 되어 있지 않은, 툭하면 싸우고 규율이라고는 없는 영국 남자들이 있었다. 영국은 그들을 척박한 땅의 '거름' 정도로 생각했다. 이런 게으른 남자에게 통하는 것으로는 용병 존 스미스 식으로 가하는 잔인한 징벌뿐이었고, 땅을 개량하기 위한 노동은 그들이 원하는 것과는 거리가 멀어도 한참 멀었다. 결국 신생 식민지를 유지하게 하는 것은 군대식 강제 노동 수용소였다. 똑같이 교활한 에스파냐, 프랑스, 네덜란드 정부와의 지속적인 경쟁에서 영국의 이익을 지키려는 목적에서 만들어진 것이었다. 식민 초기 20년 동안 살아남은 식민지 개척자가 소수에 불과하다는 사실은 고국에서는 전혀 놀라운 일이 아니었고, 런던의 엘리트들은 거기에 크게 신경을 쓰지도 않았다. 사람에 대한 투자는 없었고, 건너간 사람들의 원래부터 거칠고 투박하던 습성은 시간이 흐를수록 악화되었고, 원주민과 폭력적인 대결이 거듭되면서 한층 심화되었다. 식민지 이주민들은 금을 찾아내어 영국에 있는 투자자 계급의 주머니를 불려주기 위한 존재였다. 이런 과제 완수를 위해 보내진 사람들은 당연히 쓰고 버리는 일종의 소모품이었다.[15]

아무튼 우리나라 식민지 역사가 일종의 세탁 과정을 거쳤다는 점은 분명하다. 신세계 정착민들이 신분 이동 가능성을 상징하고 필그림 파더스가 오늘날 우리가 가지고 있는 자유에 대한 신성한 믿음을 만들어냈다고 해도, 역설적으로 19세기 미국인은 '민주주의' 왕족이라는 터무니없는 카스트, 즉 계층적 신분제도를 창조했다. 이들 후손은 1840년대에 최초의 계보협회genealogical society를 설립했고, 20세기로 넘어갈 즈음에는 메이플라워호 후손 총회General Society of Mayflower Descendants, 미국건국·애국자단Order of the Founders and Patriots of America 같은, 세습 혈통을 강조하는 애국단체들이 전국 곳곳에 지부를 두고 세를 넓혀갔다. 매우 배타적인 성격의 버지니아 초기 가계협회Order of the First Families of Virginia 는 1912년에 설립되었고, 자신들의 혈통이 영국 귀족과 롤프 부인Lady Rebecca Rolfe까지 거슬러 올라간다고 주장하는 이들이 주요 구성원이었다. 롤프는 귀족 작위를 받고 영국인이 된 유명한 포카혼타스의 영국식 이름이다.[16]

조각상은 부계 혈통과 새로운 귀족계급을 기리고 찬양하는 엘리트 사회의 동반자이다. 조각상은 일부 집안(그리고 일부 계급)이 건국의 아버지들의 후손으로서 다른 이들보다 많은 지분을 가지고 있다고 말해준다. 그동안 지방자치단체와 주의 지도자들은 식민 도시 설립자들에게 바치는 거대한 기념물을 건립함으로써 아주 대담한 형태로 국가 성인 열전에 힘을 보태왔다. 독립운동 지도자 존 애덤스가 특히 좋아했던, 존 윈스럽의 동상이 1880년 처음으로 보스턴 백베이를 장식했다. 셰익스피어 시대, 즉 튜더-스튜어트 왕조 시대 복장이 인상적이다. 풍성한 주름 장식 깃에 무릎까지 올라오는 긴 양말을 신은 모습이다. 그러나 이런 기념물 가운데 최대 규모를 자랑하는 것은 역시 필라델피아 시청 꼭대기에 자리 잡은 펜[William Penn]의 27톤짜리 조각상이다. 1901년 완성 이후 1987년까지는 도시 전체에서 어떤 구조물 높이도 펜이 쓰고 있는 퀘이커교도 특유의 모자 위를 넘어갈 수 없었다. 이는 형제애의 도시를 누구보다 높은 위치에서 내려다보는 도시 설립자의 특권을 보장하는 한편으로, 영토 소유라는 식민지 건설 행위를 축하하는 의미를 담고 있다. 영국법에 따르면, 소유권은 위치 점유로 결정된다. 즉, 땅을 확보하고 점유하는 행위를 통해서. 그리고 땅 자체가 시민 정체성의 원천이었다. '플리머스록'이 지니는 토템 가치 역시 이런 원칙을 통해서 설명할 수 있다. 사실 플리머스록이라는 커다란 바위는 마지막 필그림 파더스가 신대륙에서 숨을 거두고 오랜 시간이 흐른 뒤인 18세기에 발견되어, 메이플라워호를 타고 온 이주민들이 상륙하여 처음 밟은 신대륙 땅으로 명명되었다.[17]

이런 유의 기념은 다음과 같은 질문을 던진다. 식민지 정복이라는 거대한 게임에서 누가 승자이고 패자였는가? 토지 분할을 넘어 어떻게 사유지의 경계를 짓고, 재산을 축적하고, 노동력을 확보했는가? 유럽에서 넘어온 최초의 미국인들은 실제로 어떤 사회구조, 어떤 식의 사회관계를 만들어냈는가? 이들 질문에 대한 답을 찾으면, 오래전에 확립된 빈자와 부자의 정체성이 미국인의 집단정신에 어떻게 영원한 흔적을 남겼는지를 온전히 이해할 수 있을 것이다.

식민지 건국 초기에 대한 미국인들의 피상적인 이해는 수 세기에 걸친 현실 회피성 결정, 모호한 기준, 분명한 실패를 망각하려는 (혹은 적어도 얼버무리고 넘어가려는) 광범위한 문화적 충동을 반영한다. '사라진 식민지' 로어노크는 여러 차례의 실패한 식민지 건설 계획 중의 하나였을 뿐이다. 야심차게 들리는 신세계 식민 계획들은 임시변통의 즉흥적인 발상이나 잔뜩 부풀려진 홍보용 소책자 이상이 결코 아니었다. 이런 계획에 동참한 이들이 청동상의 주인공이 된, 원칙을 가진 지도자들, 즉 존 윈스럽과 윌리엄 펜의 신념을 반드시 공유했던 것도 아니었다(윈스럽과 펜은 각자가 세운 식민지의 한층 확장된 운명을 내다보고 계획했다고 하여 추앙을 받은 인물들이다).

17세기 대부분의 식민지 이주자들은 자신들의 강제추방을 (위대한) '언덕 위의 도시'의 시작으로 생각하지 않았다. 그들은 윌리엄 펜이 품었던 '거룩한 실험Holy Experiment'에 대한 불멸의 확신을 이야기하지도 않았다. 꿈을 꾸는 몽상가들은 있었지만, 어떤 신성한 계획을 완수하기 위해 아메리카에 왔던 이주자는 거의 없었다. 1600년대 초기 식민지 개척자의 절대다수는 소중한 영국 백성으로 평가되기는커녕 잉여인구, 소모용 '쓰레기', 미개한 야만인으로 분류되었다. 영국인은 사회의 찌꺼기 같은 이들 빈민을 네 가지 방법으로 영국 사회에서 솎아내야 한다는 생각을 지지했다. 우선, 자연이 식량 부족, 기아, 질병을 통해 이들 빈민에 대한 사회의 부담을 줄여주는 방법이 있다. 두 번째는 그들 스스로 범죄의 유혹에 빠져 교수대에서 생을 마감하는 방법이다. 그리고 총칼 같은 무력에 매력을 느끼고 포상금에 끌려 해외 전쟁터에서 싸우다 죽는 경우가 세 번째 방법이고, 마지막은 그들을 여러 식민지로 보내는 것이다.

이들 가치 없는 게으름뱅이들을 신체 건강한 노동력과 (잊지 말아야 할 부분으로) '아이를 잘 낳는' 젊은 여자들의 공급이 달리는, 식민지 건설 전초기지로 보내버릴 수 있다. 영국인은 일단 그곳에 가서는 게으름뱅이들이 일벌처럼 왕성하게 일하기를 바랐다. 실제로 벌은 영국인이 각별하게 생각하는 곤충으로, 순결해 보이는 피조물이라는 점도 중요하지만 매우 생산적인 동물이라는 점이 더욱 중요했다.[18]

말하자면 식민지 개척자들은 일종의 잡탕이었다. 무리의 최하층에는 빈곤 계급과 범죄자가 있었다. 영웅과는 거리가 있는 이들 이주민 가운데에는 발칙한 노상강도, 비열한 부랑자, 아일랜드 출신 반역자, 이름깨나 알려진 매춘부, 중罪절도죄나 재산 범죄 등을 범하고 교수형을 피해 일종의 집행유예로 식민지에 가게 된 각종 죄수가 있었다. 비천한 거리의 부랑자부터 엄청난 채무에 허덕이는 과거 장인까지, 출신 계급이 널리 분포되어 있는 연한계약하인들도 그리 나은 처지는 아니었다. 그들은 식민지에서 모험을 선택했다. 체포되어 콩나물시루처럼 비좁은 공간에, 질병이 창궐하는 담장 안에 갇혀 지내는 것보다 식민지로의 추방을 선택한 것이다. 신대륙의 노동력 부족 때문에 일부 선장과 중개상이 런던을 비롯한 여러 도시의 거리에서 아이들을 모아 바다 저편 대농장주에게 돈을 받고 팔아넘기는 사태도 빚어졌다. 이는 몰래 데리고 간다는 의미의 'spiriting'으로 불렸다. 어린아이들이 아주 사소한 범죄로 추방되기도 했다. 그런 사례 중의 하나가 엘리자베스 '리틀 베스' 암스트롱Elizabeth 'Little Bess' Armstrong이 숟가락 두 개를 훔친 죄로 버지니아로 추방된 사건이다. 다수의 빈곤층 성인과 아버지 없는 소년들이 자유를 포기하고 연한계약하인이 되었다. 그들은 누군지도 불분명한 상대와 4년에서 길게는 9년 계약을 맺고, 신대륙으로 가는 뱃삯을 마련했다. 신대륙에 도착하자마자 계약서가 다른 사람에게 팔리는 경우도 허다했다. 결혼할 수도, 다른 주인을 선택할 수도 없었으므로 주인들은 자기 맘대로 그들을 벌주고 채찍질했다. 그들이 감내해야 했던 열악한 노동조건 때문에 어느 비평가는 그들의 운명을 '이집트 노예'에 비유하기도 했다.[19]

하층계급 출신 퇴역 군인도 식민지로 가는 배를 탔다. 다양한 이유로 독신 남녀, 하층 신사 계급gentry, 장인과 요먼yeoman, 독립 자영농 계급이 대규모 신대륙 이주 무리에 합류했다. 자칫 투옥으로 이어질지 모르는 난감한 상황을 피해 고국을 떠나는 이들도 있었다. 어떤 이들, 특히 독일과 프랑스 출신 다수는 신대륙을 종교적 신념으로 인한 박해에서 벗어날 피난처로 보기도 했다. 많은 경우 신대륙 이주는 자신들의 직업에 가해지는 경제적 제약으로부터의 탈출이었다. 더럽혀진 명성과 경제적 실패를 뒤로하고 아메리카 신대륙으로 가는 모험을 감행하는 이들도 있었다. 또한 역사학도라면 누구나 알고 있듯이 결국에는 노예들이 자유가 없는 신대륙 노동자 집단, 그것도 최대 규모를 자랑하는 집단 중의 하나가 되었다. 이들은 아프리카와 카리브해에서 영국으로 이송되고, 거기에서 다시 영국령 아메리카 식민지 본토로 보내졌다. 이들의 숫자는 18세기 말이 되면서 60만 명을 넘어섰다. 식민지 곳곳에서 흑인들이 발견되었다. 영국 정부가 1663년 왕립 아프리카회사Royal African Company에 흑인 노예무역 독점권을 주면서 노예무역을 전폭적으로 장려하자 특히 널리 퍼졌다. 그 후 독점권이 폐지되고 미국 식민지 주민들이 직접 외국인 상인에게서 전보다 낮은 가격으로 노예를 구매할 수 있게 되면서 노예무역은 더욱 급속히 성장했다.[20]

미국에서의 계급을 원래 자리로 돌려놓기 위해서 우리는 기존에 알고 있던 것과는 많이 다른 풍경을 상상해야 한다. 평등한 기회의 땅이 아니라 죽음과 가혹한 노동환경이 대부분의 이주자를 기다리고 있는 그다지 매력적이지 않은 땅을. 깊이 뿌리박힌 영국인의 이데올로기가 사회이동 가능성 없이 경직된 계급 지위를 정당화했다. 청교도의 종교적 신념이 계급적 위계질서를 대체하지는 않았다. 식민지 초기 뉴잉글랜드 사람들은 하인이나 노예에게 일상적으로 의존하는 생활을 비난하기는커녕 줄이려고도 하지 않았다. 땅이 부의 주된 원천이었고, 따라서 땅이 없는 사람들은 노예 상태를 벗어날 길이 거의 없었다. 이때 이후 줄곧 '땅 없는 사람'이라는 낙인이 백인 쓰레기를 따라다니게 된다.

있는 그대로의 미국의 과거에 오신 것을 환영한다. 미국이 독립한 1776년이라는 해는 어느 모로 보나 진정한 새로운 출발점이 아니다. 독립이 무슨 마법처럼 영국식 계급제도를 없애지도 않았고, 빈곤에 대한 뿌리 깊은 통념과 의도적인 인간 노동 착취를 근절하지도 않았다. 폐기물 혹은 '쓰레기'라고 생각되었던 불우한 사람들은 현대에 와서도 한참 동안 일회용 소모품 취급을 받았다.

제1부

세상을 처음부터 다시 시작하다

제1장

쓰레기 치우기: 신세계의 폐기물 인간

식민지 건설이 시작되던 1500년대에 세련된 영국 남녀의 머릿속에 북아메리카는 괴물들이 사는 불확실한 세계, 금이 있는 산들로 둘러싸인 텅 빈 땅이었다. 직접 본 사람이 거의 없는 낯선 땅이었기 때문에 극적이고 화려한 이야기들이 현실적인 주장보다 호소력이 있었다. 영국에서 아메리카 탐험을 홍보하고 촉진한 인물로 유명한 두 사람은 알고 보면 신대륙에 발을 들인 적이 없었다. 손위 리처드 해클루트^{Richard Hakluyt, 1530~1591}는 미들템플법학원 출신 변호사였는데, 런던 중심지에 있는 미들템플법학원은 지적 교류의 장이자 활발한 법정 정치가 이뤄지는 곳으로 유명했지 신대륙 탐험과는 거리가 멀었다. 같은 이름을 가진 그보다 훨씬 어린 사촌(1552~1616)은 옥스퍼드 크라이스트처치 칼리지에서 공부했고, 프랑스 연안을 넘어가는 항해가 필요한 모험 따위는 해본 적이 없다.[1]

'손위' 해클루트는 우연히 해외 투자를 통한 이익을 꿈꾸는 사람들과 친분을 갖게 된 책벌레 변호사였다. 해클루트의 인맥에는 상인, 왕실 관료, 롤리$^{Walter\ Raleigh}$ 경, 길버트$^{Humphrey\ Gilbert}$ 경, 프로비셔^{Martin} ^{Frobisher} 같은, 어떻게든 한몫 잡아보려는 다양한 사람들이 포함되어 있었는데, 하나같이 신대륙 탐험을 통해 명성과 영광을 얻으려 했다. 허풍에 호들갑 떨며 자기를 과대 포장하는 성격을 타고난 행동파들이었고, 대담한 영웅적 자질로 유명하지만 동시에 공공연히 드러내는 고약한 성미로도 악명 높은, 말하자면 선배들과는 다른 신종 모험가들이었다.[2]

'손아래' 리처드 해클루트는 탐험가들의 여행담을 편찬하는 일에 평생을 바친 옥스퍼드 연구원이자 성직자였다. 1589년 출간한 『주요 항해$^{Principall\ Navigations}$』는 그런 부류의 여행기 가운데에서도 가장 야심 찬 저서였다. 아메리카는 물론이고 동쪽, 북쪽 가릴 것 없이 세계를 탐험한 영국 여행자들의 이야기를 자신이 파악 가능한 선에서 모두 다루고 있다. 셰익스피어 시대에 한다 하는 사람이라면 누구나 해클루트의 글을 읽었다. 못 말리는 성격의 존 스미스는 해클루트의 작품을 마음대로 인용하면서, 자신이 야만적인 용병 이상의 존재였다고 과시하곤 했다.[3]

『주요 항해』 발간 전에도 손아래 해클루트는 여왕의 환심을 사려고 노력했다. 엘리자베스 1세와 최고위 보좌관들을 대상으로 영국의 식민지 개척 이론을 펼치는 논문을 준비한 것이 대표적이다. 「서부 식민에 대한 담론$^{Discourse\ of\ Western\ Planting}$」(1584)이 바로 그것인데, 아메리카 식민지 개척의 이점을 부각해 여왕을 설득하려는 목적에서 준비된, 순수한 선전물이었다. 롤리 경이 의뢰한 작업으로 신대륙 원정에 앞서 그동안 받아보지 못한 국가의 재정지원을 받았으면 하는 마음에서 의뢰한 것이었다. 이때 원정 결과로 롤리 경은 캐롤라이나 연안에 단기간 존재했던 로어노크 식민지를 건설하게 된다.[4]

해클루트가 말하는 영국의 식민지 비전에서 머나먼 아메리카는 상상을 초월할 정도로 거대한 황무지였다. 1580년 프랑스의 지성 몽테뉴Michel de Montaigne에게 아메리카는 그가 반어적으로 '식인종cannibal'이라고 불렀던 타락하지 않고 순수한 사람들의 땅이었다. 식인종이라는 표현은 인육을 게걸스럽게 먹는 야만인이라는 널리 퍼진 이미지에 몽테뉴 특유의 기발한 표현으로 이의를 제기한 것이었다. 물론 몽테뉴도 해클루트처럼 한 번도 원주민들을 직접 본 적이 없다. 그러나 해클루트는 적어도 원주민에 대한 견해에서는 몽테뉴보다 현실적이었다 (어쩌면, 보다 영국 성교회교도다운 견해였다고 말할 수도 있으리라). 해클루트는 원주민이 위험하다고 생각하지 않고 그렇다고 마냥 순수하다고 생각하지도 않는다. 오히려 기독교 (그리고 마찬가지로 상업적) 진리로 채워지기를 기다리는 빈 그릇이라고 보았다. 그는 인디언들이 영국의 염원 실현에 도움이 되는 동맹자, 잠재적 무역 상대국, 부하는 물론이고 무엇보다도 더 큰 이익을 위해 활용될 천연자원이라고 생각했다.[5]

이곳 불가사의한 땅에 대한 비유로 '텅 빈'을 첨가하면 영국의 합법적 목적에 도움이 되었다. 해당 지역이 공인된 주인 없이 이용 가능하며, 누군가의 점령을 기다리고 있다는 의미가 되기 때문이다. 그가 사용한 신대륙 정복에 관한 비유를 보면, 책벌레 목사였던 해클루트조차 신대륙 아메리카를 영국인의 구애와 청혼을 기다리는 사랑스러운 여자로 소개하고 있다. 영국인이 그녀의 정당한 소유자이자 자격을 갖춘 관리인이 될 것이라는 논리다. 당연히 이는 완전한 허구다. 그 땅은 사실 '이나네 아크 바쿠움inane ac vacuum', 즉 아무도 없이 비어 있는 상태가 아니었기 때문이다. 그러나 영국인이 인식하기로는 그랬다. 영국인의 개념에서는 어떤 땅이든 자연 상태에서 탈피하여 상업적으로 이용될 때 비로소 진정으로 누군가의 소유라고 볼 수 있기 때문이었다.[6]

당연히 인디언 거주자들은 진정한 소유권을 가질 수 없다고 간주되었다. 영국 식민지 개척자들은 그럴듯한 비유를 뒷받침할 예전 법들을 샅샅이 뒤져서 원주민들을 미개인, 때로는 야만인으로 분류했다. 인디언들은 영국인이 영구적인 주거나 도시라고 인정할 만한 것을 건설하지 않았다. 그들은 경작 가능한 땅에 담장을 치거나 울타리를 두르지도 않았다. 그들이 사용하는 땅은 경계도 없고 경작되지도 않은 것처럼 보인다. 버지니아 이야기, 나중에는 뉴질랜드 이야기를 하면서 존 스미스가 '매우 무성하고' 잡초가 우거졌다고 묘사한 그런 상태다. 인디언들은 수동적인 유목민으로서 땅에 의지하여 살고 있었다. 반면에 이윤을 추구하는 대농장주와 부지런한 농부들은 부를 위해 땅을 경작할 필요가 있었고, 그렇게 하면서 확실한 지배권을 행사할 필요가 있었다.[7]

이런 강력한 토지 사용 개념은 새로운 실험이 이루어지는 신대륙에서 미래의 인종과 계급을 분류하는 데에 결정적인 역할을 한다. 이런저런 새로운 협회들이 자리를 잡기도 전부터 식민지 개척자들은 일부 사람들을 이용 가능한 토지의 기업가 관리인이라고 지칭했다. 또한 (절대다수인) 다른 사람들을 단순한 사용자라고 선언했는데, 생산성이나 상업성 부분에 눈에 띄는 투자를 하지 않는 사람들을 말한다.

척박하든 비어 있든, 경작되지 않고 버려져 있든, 무성한 잡초투성이든, 땅은 철저하게 영국적인 의미를 획득했다. 영국인은 황폐하다는데 집착했고, 그것이 바로 그들의 눈에 아메리카가 다른 무엇보다도 '황무지wasteland'였던 이유다. 황무지란 미개발 토지, 즉 상업적 교환을 통한 유통 구조 밖에 있고, 암묵적인 농업 생산 규칙에서도 동떨어진 토지를 의미했다. 성서의 표현에 따르면 황폐한 상태에 있는 것은 (지나가는 사람조차 없이) 동떨어져 방치되어 있다는 의미였다. 농업적인 견지에서는 놀리면서 경작하지 않고 둔다는 의미였다.

말하자면 황무지는 놀고 있는 땅이다. 경작 가능한 지역의 바람직한 부동산은 고랑진 들판, 늘어선 작물과 과실수, 황금빛 곡식의 물결, 소와 양을 먹이기 위한 목초지로 쓰여야만 가치가 있었다. 존 스미스는 똑같은 이념적인 전제를 정확하지만 (다소 저속한) 비유를 통해 받아들였다. 영국인의 토지에 대한 권리는 천연 거름으로 토양을 덮겠다는 의지와 헌신에 의해 보장된다는 것이다. 가축 배설물이라는 영국인의 묘약이 마법처럼 버지니아 황무지를 바꿀 것이다. 경작하지 않는 황무지를 값진 영국의 영토로 만들면서. 말하자면 황무지는 어떤 처치를 하고 활용해야 하는 대상이었고, 아직 실현되지 않은 부富였다.[8]

「서부 식민에 대한 담론」에서 해클루트는 대륙 전체를 '아메리카라는 단단한 황무지waste firm'라고 자신 있게 설명했다. (물 위·공중과 대조되는 육지를 말하는) 단단한 대지terra firma가 아니라 **단단한 황무지**waste firm라고. 그는 천연자원을 가치 있는 상품으로 전환 가능한 원료로 보았다. 동시대 다른 영국인과 마찬가지로 해클루트도 황무지를 공유지, 숲,

소택지, 즉 16세기 토지개량론자들이 기대 이익을 생각하며 주목했던 그런 땅과 동일시했다. 황무지가 상업적인 시장에서 개인 소유주의 이익에 도움이 되었고, 그러자 공유지에 울타리가 쳐지고 양과 소가 거기서 풀을 뜯게 되었다. 또한 숲은 벌목하여 목재를 확보하거나 제거하고 정착지를 건설할 수 있었다. 소택지나 습지는 물을 빼내고 비옥한 경작지로 바꿀 수 있었다.[9]

당장 쓸모없는 황무지waste가 될 수 있는 것이 토지만은 아니었다. 사람들도 역시 그런 존재가 될 수 있었다. 여기서 우리는 아주 중요한 출발점에 도달한다. 해클루트의 아메리카는 그가 '폐기물 인간waste people'이라고 분류하는 노동자 부대를 필요로 했다는 점이다. 나무를 자르고, (삼실로 밧줄을 만들기 위해) 마를 두드리고, 꿀을 채집하고, 생선에 소금을 뿌려 건조하고, 동물 가죽을 손질하고, 땅을 파서 광물을 채취하고, 올리브와 누에고치를 기르고, 새틴을 분류하는 일을 위해서.[10]

해클루트는 극빈자, 부랑자, 죄수, 채무자, 일자리가 없는 건장한 젊은이들이 그런 모든 일을 하는 모습을 상상했다. "아무 일도 하지 않고 해만 끼치면서 왕국에 부담을 주는 존재로 자라는, 떠돌이 거지들의 치어稚魚(어린아이)들이 나라의 짐을 덜고 지금보다 나은 모습으로 자랄 것이다." 인디언과의 교역을 위해 상인들을 보내 자질구레한 장신구며 천 제품을 팔고, 대륙의 내륙 지방에 대한 정보도 좀 더 많이 수집해야 할 것이다. 장인도 필요했다. 목재를 다룰 기술자, 목수, 벽돌공, 정착지를 건설할 미장이, 요리사, 세탁업자, 제빵사, 재단사, 구두 수선공 등이 가서, 사람으로 치면 유아 단계에 해당하는 식민지 건설을 도와야 한다.[11]

이들 일꾼이 어디서 올까? 해클루트는 장인들은 영국 경제를 약화하지 않고도 확보할 수 있다고 생각했다. 그러나 대부분의 노동력은 급증하는 빈민층과 노숙자에서 나와야 했다. 해클루트는 그들은 이미 영국 경제를 잠식하면서 '서로를 잡아먹을 준비가' 되어 있다는 충격적인 발언도 서슴지 않았다. 쓰임새 없이 빈둥거리는 이들은 아메리카 대륙으로 이주시켜 (인도적이지는 않을지라도) 한층 유용하게 활용해야 한다는 것이 해클루트의 생각이었다.[12]

빈민을 보는 이런 관점은 당시 사람들 사이에 널리 퍼져 있었다. 1580년에 처음 기획되었지만 결코 실현되지는 않은, 집요하게 제기된 프로젝트가 하나 있는데 남자 1만 명을 실은 100톤짜리 어선 선단을 만들자는 내용이었다. 고대 로마 갤리선의 노예노동을 연상시키는 이런 계획은 어업에서 근면하기로 유명한 네덜란드 사람들을 이겨보자는 발상에서 나왔다.[13] 당대의 대표적인 수학자이자 지리학자인 디[John Dee]는 해상 활동을 통한 빈곤 문제 해결을 생각했던 또 다른 인물이었다. 1577년 영국 해군 규모가 커지자 디는 빈민을 선원으로 전환할 것을 제안했다. 다른 이들도 어떻게 해서든 빈민이 거리에서 일소되기를 바랐다. 도로나 성채를 건설하는 노동력으로 강제 징발되든, 교도소나 구빈원 같은 빈민 수용 작업 시설 등에 밀어 넣든, 방법이야 어떻든 상관없었다. 1553년 특허장을 받아 설립된 런던의 브라이드웰 교도소는 부랑자 교화를 꾀한 최초의 교정 시설이었다. 이후 1570년대가 되면 더욱 많은 교정 시설이 문을 열었다. 이들 시설의 설립자들은 빈민층 아이들을 교육해 '노동과 일 속에 성장할 수 있도록 하여', 결과적으로 부모의 전철을 밟아 '나태한 악당'이 되지 않게끔 해야 한다고 주장했다.[14]

이런 의미에서 해클루트가 식민지 아메리카에서 기대했던 것은 거대한 구빈원이었다. 이런 점은 아무리 강조해도 지나치지 않다. 사람들이 '아메리카라는 단단한 황무지'에 이주하여 그곳을 개발하면, 그곳은 남아도는 빈민, 영국의 폐기물 인간이 경제적 자산으로 변모할 수 있는 그런 장소가 될 것이다. 토지와 빈민 정책 모두에서 결실을 거두고 국가의 부가 (지속해서 빠져나가는 것이 아니라) 오히려 증가하게 된다. 최초의 이주노동자 물결에는 죄수들이 있었는데, 이들은 나무를 베어 불태운 다음 수지, 타르, 세탁용 재 등을 얻는 중노동에 동원되었다. 금, 은, 철, 구리 등을 채굴하는 작업에 동원되기도 했다. 죄수들은 임금을 받지 못했다. 채무 노예로서 그들은 수출 상품을 만들어서 자신이 저지른 범죄 대신 영연방에 빚을 갚을 의무가 있었다. 대가로 그들은 범죄를 저지르는 생활을 하지 않게 되고, 해클루트의 표현을 빌자면, '비참하게 교수형을 당하거나' 인파가 넘치는 교도소에 갇혀 '가련하게 여위어가다' 죽는 상황을 모면할 수 있었다.[15]

해클루트는 다음 세대로 갈수록 더욱 많은 수확을 거둬들일 것으로 보았다. 신세계에서 원료를 수입한 다음 직물을 비롯한 여러 상품을 만들어 수출함으로써, 본국의 빈민은 일자리를 찾을 테고, '단 한 명의 빈민도 지금처럼 남의 것을 훔치고 굶주림에 시달리며 구걸해야' 한다는 압박을 받지 않게 될 것이다. 그들은 식민지 교역 성장과 함께 번성할 것이다. '거리를 배회하던 걸인'의 아이들은 '나태함을 멀리하고 정직하고 손쉬운 자신의 노동으로 생활하는 능력을 갖추게' 되어, '남에게 부담되지 않는' 책임감 있는 사람으로 성장할 것이다. 궁핍을 벗어나 국가에 짐이 되지 않는 아이들이 정직한 노동자로서 노동인구에 재편입될 것이다. 해외로 보내진 빈민층의 '치어'들은 이제 '보다 바람직한 모습으로 성장해' 영국인의 삶을 한층 풍요롭게 하고, 근로 빈곤층을 더욱 근면하게 노력하게끔 할 것이다. 이런 모든 것이 완벽하게 논리적이고 실현 가능한 이야기처럼 들렸다.[16]

빈곤한 사람들을 쓸모없는 폐물wastrel, 사회의 찌꺼기로 보는 이런 시각은 전혀 새로운 것이 아니었다. 영국인은 이미 여러 세대에 걸쳐 빈민, 특히 부랑자와 떠돌이 퇴치를 위한 전쟁을 수행해왔다. 14세기에는 단결하여 이들 끔찍한 '만악의 근원'을 뿌리 뽑자는 내용을 담은 일련의 법들이 제정되었다. 16세기 무렵이 되면 가혹한 법과 처벌이 자리를 잡았다. 도망 노예를 공개적으로 묶어놓는 형구가 마을에 들어섰고, 이들을 가둬두는 우리, 태형 기둥 등이 런던 여러 지역에 설치되었다. 뜨거운 인두로 지져 낙인을 남기고 귀를 뚫는 등의 방법으로 이들 하층계급을 범죄 집단으로 구별하고 외모부터 다르게 보이게 만들었다. 1547년 어느 법률은 부랑자vagrant의 가슴에 'V'라는 낙인을 찍어 노예화하는 것을 허락했다. 이런 특이한 입법이 실행에 옮겨진 것으로 보이지는 않지만, 그런데도 이런 법률은 빈곤층을 만악의 근원으로 보고 비방하고 공격하는 정서가 팽배한 사회에서 나타나는 자연스러운 귀결이었다.[17]

해클루트가 「서부 식민에 대한 담론」 초안을 작성한 1584년 무렵 빈민들은 '절약을 모르고', '게으르고', 병든 상태로 위험하게 돌아다니고, 소속감을 모르는 사람들, '왕국 전체를 사방으로' 휘젓고 다니는 사람들로 일상적인 비난의 대상이었다. 곤충 떼에 비유되고, '넘쳐흐르는 군중'이라는 딱지가 붙으면서 그들은 언어상으로 영국의 경제적

건전성을 오염시키고 부담을 주는, 악취가 진동하는 흐름으로 간주되었다.[18]

빈민가가 런던을 뒤덮었다. 1608년에 어느 평자가 언급한 것처럼 빈민의 밀집은 '동굴'에서 생활하는 지저분하고 흉측한 '괴물들'의 지하 식민지를 만들어냈다. 그들은 급속하게 번식하면서 빈곤이라는 '역병'으로 도시를 감염시킨다는 비난을 받았고, 비유적으로 실업은 전염병으로 불렸다. 멀리 떨어진 아메리카 식민지들이 치료제로 제시되었다. 골칫덩어리 가난뱅이들을 몰아낼 길이 생긴 것이다. 유명한 시인이자 성직자인 던John Donne은 1622년 글에서 버지니아 식민지에 대해 이런 관점을 피력했다. 새로운 식민지를 '몸 안의 잘못된 체액'을 배출하고 '좋은 피를 만들어내는' 나라의 비장이자 간이라고 묘사하면서. 비장이나 간이라는 표현은 시인이었기에 사용 가능한 우아한 비유에 속했다. 시인이 아닌 이들의 비유는 그렇지 못했다. 아메리카 식민지는 정치적 유기체인 국가에서 인간 폐기물을 배설하는 '배설기관'이었다. 손위 해클루트는 빈민을 '우리 국민 중의 찌꺼기'라는 대담한 비유로 불렀고 (필요에 따라) 이리저리 이동시켜도 무방한 존재로 보았다.[19]

가난한 사람들은 인간 폐기물이었다. 쓰레기. 신체 이상 없이 건강한 빈민은 나태하다 하여 분노를 샀다. 그런데 한 달에 평균 30킬로미터에서 120킬로미터를 이동하는 부랑자들을 어떻게 게으르다고 할 수 있는가? 해리슨William Harrison은 인기 저서 『잉글랜드 인상서Description of England』(1577)에서 그렇게 보는 한 가지 이유를 제시했다. 나태함은 에너지 낭비라는 것이었다. 부랑자들의 끊임없는 이동은 어디에도 도움이 되지 않는다. 떠돌이 생활을 하는 그들은 하인, 소작인, 장인처럼 건강하게 뿌리를 내리고 사는 정착 노동인구에 합류하지 못했다(인디언과 같은 꼴이다). 해리슨의 게으름에 대한 생각은 오늘날 우리가 차량 공회전에 대해 말하는 방식과 같았다. 공회전은 모터가 제자리에서 도는 것이고, 게으른 사람들은 경제적으로 제자리를 맴맴 도는 덫에 빠진 것이다. 황무지가 그렇듯이 폐기물 인간은 정체되어 있었다. 그들의 에너지는 가치 있는 어떤 것도 생산하지 못했다. 그들은 아무도 돌보지 않는 밭에서 점점 퍼져, 결국 밭을 망치는 잡초 같은 존재였다.[20]

황무지는 흉물, 즉 영국인이 '하수구'라고 부르는 것이었다. 폐기물 인간은 잡초, 혹은 분변 더미 위에서 풀을 뜯는 병약한 소에 비유되었다. 그러나 울타리를 두른 일정한 구역 안에서 세심한 보살핌을 받는 유순한 소 떼와 달리 빈민들은 파괴적이고 무질서해질 수가 있다. 때로 폭동을 일으키기도 한다. 사회 최상층도 골칫거리인 빈곤층이라는 공해에서 벗어날 수는 없었다. 그들은 장례식, 교회 예배, 간선도로는 물론 으슥한 샛길, 선술집 등등 어디에나 편재하고, 의회 주변, 심지어 왕이 있는 궁정 주변까지 어슬렁거렸다. 1619년 뉴마켓에 있는 왕궁 주변을 떼로 서성이는 부랑 소년들 때문에 짜증이 난 제임스 1세가 런던에 본사가 있는 버지니아 회사에 편지를 써서 이들 불쾌한 사람들을 해외로 데려가 자기 눈앞에서 제거해달라고 요청하기도 했다.[21]

소속된 주인 없이 소원하게 생활하는 비생산적인 존재인, 이들 부랑자 빈민은 식민지에서 주인을 얻을 것이다. 해클루트를 비롯한 여러 사람에게는 준군사적인 모델이 설득력이 있어 보였다. 과거 아일랜드에서 활용된 모델이다. 신세계에서는 원주민 진압 때든, 식민 야욕으로 다른 유럽 국가와 싸울 때든, 방어 시설 구축, 참호 파기, 화약 제조, 활 사용법 등을 배운 남자가 필요해질 것이다. 이들의 군사화는 다른 중요한 목적에도 도움이 된다. 재향군인들은 영국의 부랑자를 구성하는 가장 큰 하위 집단 중의 하나였다. 선원들은 해상의 부랑자들이었고 종종 해적질 유혹에 빠졌다. 16세기에 가장 흔한 전쟁 방식에는 거의 난공불락인 요새 공격이 포함되게 마련이었고, 거기에는 장기간의 포위 공격과 다수의 보병이 필요했다. 따라서 전쟁이 일어날 때마다 빈민들은 군대로 소집되었다. 말하자면 그들은 어느 학자의 표현처럼 '실업자 예비군'이 되었다.[22]

근대 초기 병사의 삶은 혹독하고 앞날을 예측하기 힘든 것이었다. 해산된 군대가 집으로 돌아가는 길에 양민을 약탈하는 일도 잦았다. 당대의 인기 문학작품들을 보면 도둑으로 변한 병사가 등장하는 짜릿한 이야기들이 여럿 있다. 오들리John Awdeley의 『떠돌이들의 형제애The Fraternity of Vagabonds』(1561)를 비롯해 유사한 여러 작품에서 떠돌이 가난뱅이들이 거대한 조직망을 갖춘 약탈자 패거리로 묘사되었다. 군인 출신들은 '대빵', 즉 도적의 우두머리로서 갱 집단의 빈틈을 채웠다. 소위 '토끼잡이'들은 글자 그대로 전리품을 자루에 넣고 다녔다[토끼잡이cony catcher는 사기꾼을 뜻하는 말로, 피해자를 토끼몰이하듯 함정에 빠뜨려 돈을 빼앗는다는 의미를 가지고 있다]. 완벽에 가까운 신공을 자랑하는 이들 강도는 갈고리를 업무용 도구로 가지고 다니면서 열린 창문으로 밀어 넣어 귀중품을 훔쳤다. 해클루트는 '게으름뱅이 병사들'을 해외로 실어가라고 제안하면서 이들 사기꾼을 실제 '토끼잡이'로 변모시키려고 했다.

총으로 실제 토끼를 잡아 아메리카 식민지 개척자들이 일용할 스튜 재료를 제공하는 역할을 맡기라는 것이었다. 토끼 정도면 영양분이 풍부한 식재료가 아닐 수 없었다. 즉, 퇴역 군인과 죄수들을 아메리카로 보내는 것은 범죄와 빈곤을 동시에 줄이는, 말하자면 일거양득의 효과가 있는 절묘한 조치였다.[23]

신세계로 추방되어 그곳 땅에 '이식된' 부랑자, 걸인의 아이들, 퇴역 군인 등은 그들의 노동으로 황무지를 비옥하게 만들고 있다고 여겨졌다. 이외에 그들의 삶에 수반되는 것이 무엇이든 상관없이. 그들의 가치는 인도적 (심지어 인간적인) 측면에서가 아니라 그와는 동떨어진 상업적인 기준으로 계산되었다. 너무 냉정하고 계산적이라는 생각이 드는가? 실제로 그랬다. 요즘 쓰는 사무적인 건조한 어투로 말하자면, 그들의 죽음은 '부수적 피해' 정도로 치부되었다. 영국 처지에서 그들은 본국에 있는 나태한 폐기물일 때보다 사망한 식민지 개척자일 때 더욱 가치가 있었다. 식민지에서 힘들게 살아남은 영국 걸인들의 규율을 잘 따르는 아이들은 어떨까? 거창한 식민지 건설 청사진에서 해클루트는 이들을 미래의 군인과 선원 공급원에 불과한 존재로 생각했다.[24]

쓸모없는 사람들을 신대륙으로 이주시킨다는 것은 이들이 범죄를 저지르는 생활을 할 유혹이 줄어든다는 의미였다. 일부는 아메리카의 비어 있는 광활한 땅에서 번성할지도 모른다. 인구과잉인 고국 노동시장에서는 전혀 가망이 없는 사람들이지만 거기 가면 달라질지도 모르기 때문이다. 그래도 빈민 아이들이 재활용 폐기물로 간주되었다는 결론을 부정할 수는 없다. 예전에는 병사와 선원으로 '길러지던' 이들의 운명은 잉여 인간으로 식민지의 노동력을 채우는 예비군이 되고, 영국이 전쟁에 돌입했을 때는 총알받이로 보내져 장렬한 죽음을 맞이하는 것이었다. 무자비한 착취는 16세기 말 (실제 식민지가 들어서기 전에) 아메리카 식민체제를 구상했던 영국의 기획자들이 생각하는 당연한 절차였다.[25]

1607년 마침내 체서피크만에 영국의 식민지 전초기지인 제임스타운이 설립되었고, 이후 정착민들이 현장에서 겪는 어려움을 통해 해클루트의 식민지 건설 청사진에 전반적인 오류가 있음이 밝혀졌다. 머릿속의 구상과 현실은 달랐다. 런던 버지니아 회사의 식민지 건설 옹호자가 소책자, 설교집, 직접 체험담 등을 내놓았는데, 하나같이 제임스타운에 나타나는 기이한 현상들을 어떻게든 설명해보려고 하는 것이 공통점이었다. 우선, 사회적 관행이 존재하지 않았다. 남자는 작은 요새 안의 공공장소에서 용변을 보았다. 사람들은 굶주리면서도 일을 하지 않고 빈둥거렸다. 가혹한 법이 강요되었다. 채소를 훔치거나 신성모독을 하면 사형으로 벌할 수 있었다. 노동자와 그들의 자녀는 사실상 상품, 즉 실질적인 노예였다. 아내를 죽인 다음 그 인육을 먹은 남자도 있었다.[26]

월터 롤리 경의 로어노크 식민지 건설 계획이 결실을 보지 못하고 유산된 이후, 제임스타운은 영국이 낳은, 세례를 받은 최초의 유아라고 할 수 있었다. 1622년 시인이자 성직자인 존 던은 제임스타운이 탄생하기까지 영국이 들인 노고와 인내심을 이야기하면서 '위대한 피조물은 자궁에 오래 머문다'고 설교했다. 제임스타운의 탄생은 앞날을 확신할 수 없는 느리고도 고통스러운 과정이었다. 탄생한 첫해 인디언의 일방적인 공격으로 인구 전체가 전멸할 뻔하기도 했다.[27]

제임스타운 초창기 내내 만연했던 각종 트라우마는 전설처럼 내려온다. 1625년 이전 식민지 이주민들이 대규모로 죽어나갔다. 최초 정착한 6,000명 중에 80퍼센트가 사라졌다. 군대의 여러 지휘관이 강제노동 체제를 강요했다. 신생 식민지를 포로수용소로 바꿔버린 것이다. 그러나 제임스타운을 찾은 사람들은 금광 발견으로 일확천금을 꿈꾸는 이들이었고, 따라서 힘든 노동을 견딜 각오도 없었다. 굶주림조차도 그들이 금광 발견의 꿈에서 깨어나게 하지는 못했다. 1611년 새로운 집단이 도착했고, 전임자들의 '느려터진 게으름'에 '짐승 같은 나태함'을 비난했지만 그들 역시 나을 것은 없었다.[28]

해클루트의 생생한 표현을 인용하자면 버지니아에는 '원기 왕성한 남자'는 거의 없었다. 자발적으로 밖으로 나가 나무를 베고, 집을 짓고, 땅을 경작하고, 물고기를 잡고, 야생동물들을 사냥할 사람들을 찾기는 여전히 어려웠다. 초기 제임스타운 남자는 카드 게임을 하고, 불쾌한 선원들과 각종 거래를 하고, 인디언 여자들을 강간하는 데 탐닉했다. 본국에서는 인디언들에게 장신구로 판매할 색색의 구슬을 만들 유리 공예가를 보냈다. 그것이 해클루트의 아이디어였다. 그렇지만 식량 공급원인 작물을 기를 농부는 어디에 있는가?[29]

현실성 결여, 잘못된 결정, 실패한 이주자 모집 전략 등으로 인해 식민지는 영국에서 실어온 소들을 돌보고 논밭을 일굴 농부와 경작자가 턱없이 부족한 상황이 되었다. 모어^Thomas More 의 『유토피아^Utopia』(1516)에 나오는 '모든 생산적인 사회는 땅을 경작하는 사람을 소중히 여긴다'는 영국인의 신념을 제임스타운에서는 찾아볼 수 없었다. 말이 나온 김에 보태자면 『유토피아』에서는 농업 장려에 실패하면 '어떤 나라도 1년 이상 유지될 수 없다'는 굳은 신념을 설파한다.[30]

포카혼타스의 남편 롤프는 이런 주장을 진지하게 받아들이고 실천한 사람이었다. 1609년 롤프는 버뮤다에서 담배를 들여왔다. 버지니아 식민지 정착민들이 재배에 성공한 작물이었다. 금세 담배는 새로운 금, 즉 부를 얻는 확실한 수단이 되었다. 담배의 발견은 경제 호황을 이끌었고 덕분에 '지저분한 잡초'가 비싸게 팔려나갔다. 담배는 인기 품목이면서 동시에 골칫거리였다. 담배는 식민지를 폐허에서 구출한 공도 크지만 한편으로 건강한 경제 발전을 저해하고 편향된 계급제도를 만들어냈다. 식민지 통치위원회에서는 머지않아 식민지의 가장 귀중한 자원이 될 대상을 빈틈없이 단속했다. 바로 노동자들을. 해클루트의 여러 가르침 중에 그들이 세심하게 주의를 기울인 유일한 지침은 바로 의존적이고 취약한 노동력을 착취하는 것이었다.[31]

총독과 통치위원회 위원들은 버지니아 회사에 더욱 많은 연한계약하인이나 노동자를 보내달라고 탄원했는데, 이들은 노예처럼 최고가 입찰자에게 판매되었다. 연한계약하인들은 일종의 사재기 대상이었고, 과로에 혹사당하는 것은 물론 부당하게 기간이 연장되는 일도 비일비재했다. 토지 역시 불공평하게 분배되었는데 그로 인해 계급분화가 한층 심화되었다. 1616년 이전에 직접 뱃삯을 내고 이주해 온 사람들은 100에이커의 땅을 받았다. 이후로 빚을 지지 않고 자력으로 건너온 사람들은 50에이커만 받았다. 토지 분배 불평등을 부채질한 더욱 중요한 요인은 1618년부터 연한계약하인 한 명을 데려온 사람은 추가로 50에이커를 받게 되었다는 것이다. 인두권 제도^{headright system}라고 알려진 것으로 두당 일정한 토지를 나누어주는 방식이었다. 이는 대농장주 밑에서 일하는 하인이 많을수록 토지도 많아진다는 의미였다. 여기서 중요한 것은 연한계약한 하인이 배를 타고 오는 도중 죽어도 계약서의 주인은 약속된 땅 전체를 보장받았다는 것이다. 최종 생사에 상관없이 노동자를 수입한 것에 대한 대가였다.[32]

이들의 계약 기간은 본국 영국에서보다 길었다. 영국 본토에서 계약 기간이 보통 1년에서 2년이었던 데 비해 여기서는 4년에서 9년이었다. 1662년 버지니아 법에 따르면, 아이들은 스물네 살까지 하인으로 남아 있었다. 연한계약은 임금계약과는 달랐다. 하인은 동산이나 부동산처럼 일종의 소유물로 분류되었다. 계약을 양도할 수도 있었고, 하인은 주인이 이동하라고 하는 장소와 시기에 맞춰 움직여야 했다. 가구나 가축처럼 상속자에게 넘겨줄 수도 있는 대상이었다.[33]

제임스타운의 유력 대농장주에게는 자신들이 계급 없는 사회를 만들고 있다는 환상 따위는 없었다. 1618년부터 1623년 사이 상당수의 고아가 영국에서 버지니아로 실려 왔다. 그들의 뒤를 따른 대부분의 연한계약하인들은 사춘기 소년들이었다. 대농장주라는 소수의 특권 집단은 토지, 노동자, 부를 얻었고, 이들 핵심 집단 이외 사람들은 낮은 지위를 벗어나기 힘들었다. 연한계약기간이 끝나고 가난한 소작인이 된 사람들도 상황의 차이를 거의 느끼지 못했다. 하인일 때 했던 일을 똑같이 해야 하는 경우도 많았다. 또한 연한계약기간이 끝나기 전에 죽는 사람들이 상당수였다. 즉, 1624년 존 스미스가 『버지니아, 뉴잉글랜드, 서머제도의 역사^{The General Historie of Virginia, New England, and the Summer Isles}』(이하 『역사』)에서 한탄하며 말한 것처럼 "엄청난 피와 비용이라는 비싼 대가를 치른 이 땅은 소수만을 부자로 만들고, 나머지 모두를 패배자가 되게 했다".[34]

더구나 은밀하게 이뤄지는 식민지 관행에 따라 부인과 아이들이 남편이나 아버지의 연한계약 노동기간에 대한 책임을 져야 했다. 1622년 원주민의 공격 이후, 디킨슨Jane Dickenson이라는 식민지 주민은 그들에게 붙잡혀 10개월 동안 억류되어 있었다. 힘들게 풀려나 제임스타운에 돌아온 그녀는 자신이 죽은 남편의 전 주인에게 150파운드어치 담배를 빚지고 있다는 말을 들었다. 갚을 돈이 없는 그녀는 일해서 죽은 남편이 다하지 못한 의무를 해결해야 했다. 디킨슨은 이런 취급은 자신이 '잔인한 미개인들' 속에서 경험한 '노예 상태'와 같다고 주장하면서 총독에게 탄원서를 냈다. 영국의 문명이 이곳 식민지의 황무지에서 무시되고 있지 않은가? 디킨슨이 말하려는 무언의 메시지는 이것이었다. 디킨슨이 받는 처우는 결코 특별한 것이 아니었다. 존 스미스는 『역사』에서 '아버지 없는 아이들은 노예보다 나을 것이 없는 상황'에 놓인다고 인정했다. '부모가 빚을 진 채 죽으면 아이들이 빚을 갚을 때까지 농노가 되어야 했기 때문'이다.[35]

제임스타운의 지도자들은 로마 노예제도 모델을 직접적으로 빌려왔다. 버려진 아이들과 채무자는 노예가 되었다. 연한계약을 맺은 성인이 미국으로 가는 뱃삯을 대가로 자신의 노동을 팔기로 하는 순간 그들은 채무자가 된다. 그리고 (불행하게도 자신이 일찍 죽게 되면) 고아가 되는 자식 역시 빚의 담보물이 된다. 이는 셰익스피어가 『베니스의 상인The Merchant of Venice』에서 묘사한 세계와 다르지 않은데, 책에서 유대인 고

리대금업자 샤일록은 채무자의 살 1파운드를 요구한다. 버지니아 대농장주는 죽은 하인의 무고한 배우자와 자손이라는 형태로 채무자의 살은 물론 피까지도 가질 권리가 있다고 생각했다.[36]

문명이 확고하게 뿌리를 내리려면, 제임스타운은 주민들 사이에 바람직한 관행을 독려하는 노력뿐만 아니라 마을 자체가 일반적인 영국 마을의 모습을 띠어야 했다. 식민지는 죄수 유배지 이미지를 벗고 좀 더 견고하게 자리를 잡을 필요가 있었다. 그러자면 담배 이상의 것이 필요했다. 소 떼, 들판의 작물, 주인과 노예 사이의 개선된 관계 등이 필요했다. 그리고 무엇보다 더욱 많은 여자가 필요했다. 1620년 버지니아 회사는 57명의 '젊고, 예쁘고, 올바르게 교육받은 처녀들'을 식민지로 보냈다. 이후 3년에 걸쳐 157명의 여자가 추가로 대양을 건넜다. 그들은 새로운 도덕 질서를 전파하는 사절로 간주되었다. 버지니아 회사 기록을 보면 그것이 전부가 아니었다. '고귀한 작업'에 '최대 장애'는 '편안함의 결여'에 있었다. 식민지 남자는 '만족스럽게 생활'할 자격이 있었다. 여성 화물의 수송은 '아내와 아이들과의 결속으로 대농장주의 마음이 버지니아와 연결되고 이곳에 뿌리를 내리도록' 할 것이다. 성적 만족과 자손이 제공되면, 나태한 남자가 더욱 생산적인 식민지 개척자로 바뀔 것이다.

여자들의 의무는 결혼하는 것이었다. 미래의 남편이 그들의 뱃삯과 식비를 갚아주는 조건으로 그들을 사게 된다. 여자들 각각이 150파운드의 담배로 평가되었는데, 이는 디킨슨이 마침내 돈을 주고 자신의 자유를 살 때, 지급해야 했던 금액과 동일하다. 가치가 담배로 계산되는 실정이니 버지니아에서 여자들이 생식이 가능한 상품으로 취급받

왔던 것도 이상한 일이 아니다. 그들은 덕성을 보장하는 추천서를 가지고 왔다. '근면한 대농장주'에게 엉터리 상품을 사는 것이 아니라는 인상을 주기 위해서다. 어느 대농장주는 글에서 이전의 여성 화물이 '타락했다'면서 따라서 자신은 출산에 호의적이고 건강한 다음 무리를 기다리고 있다고 말했다. 기다리던 여성 수하물과 함께 대략 200마리의 소가 도착했는데, 영국 출신이라는 뿌리 회복을 위해 버지니아 농부들이 원하는 종축種畜, 즉 씨짐승이 두 종류였다는 사실을 새삼 상기시키는 일화가 아닐 수 없다.[37]

이런 모든 것에도 불구하고 제임스타운은 결코 안정적인 농업사회가 되지 못했다. 버지니아 대농장은 17세기 전반 동안 기묘하게 황량한 상태로 남아 있었다. 우선 현지 천연자원에서 기대했던 수확이 나오지 않았다. (숙련 노동자와 육체 노동자 사이에 균형을 잡아주는) 여러 계급과 신분 역시 계획대로 형성되지 않았다. 1663년까지도 총독 버클리William Berkeley는 해클루트가 제안했던 상품들을 생산해야 한다고 주장했다. 아마, 삼, 목재, 타르, 그리고 실크, 올리브유 같은 이국적인 상품까지. 현실을 탓하는 버클리의 표현을 빌자면 '파멸을 부르는 사악한 식물인 담배' 때문에 버지니아는 다채로운 경제를 구축하지 못했다.[38]

제임스타운 체제의 중심에는 노동자를 일회용 소유물로 만드는 연한 계약이 있었다. 그렇게 열악한 환경에서는 생존 자체가 쉽지 않았고, 가치를 인정받지 못한 폐기물 인간들은 글자 그대로 죽도록 일했다. 가족 없이 건너온 젊은이와 소년들은 가장 취약한 계층이었고 그만큼 집중적으로 착취를 당했다. 결국 그들은 신대륙에 제대로 뿌리를 내리지 못했다. 다수가 후손을 낳지 못했고, 토지에 대한 애착이라는 소중한 영국의 이상을 지키지도 못했다.

반면 계급 분화는 더없이 확고하게 뿌리를 내렸다. 토지 소유 여부를 중심으로 생긴 더없이 넓은 간극은 대농장주를 소규모 특권 집단으로 격상시켰다. 동시에 노동 시스템은 연한계약하인들을 채무 노예로 만들었고, 그들은 이역만리에 와서도 고국에서보다 나은 처우를 요구할 수 없었다. 고립된 환경은 착취와 학대 가능성을 키웠다. 식민지 하인들이 자유를 얻을 유일한 수단은 자신들의 두 다리뿐이었다. 말하자면 도망치는 것 말고는 다른 길이 없었다. 제임스타운 설립자들은 미개한 신대륙에 문명의 상징인 영국 마을을 재현하지 않았다. 오히려 무자비한 계급 질서를 만들어냈다.

제임스타운이 안고 있는 고질적이고 난해한 문제들에도 불구하고, 일단의 영국 투자자들과 종교적 분리주의자들이 버지니아 회사로부터 특허권을 확보하여, 허드슨강 유역을 목표로 항해를 떠났다. 우연이든, 아니면 일부의 추측처럼 은밀한 계획에 의한 것이든, 그들을 태운 최초의 배 메이플라워호는 1620년 버지니아 회사 권한 밖에 있는 케이프코드에 도착했다. 애초 규모가 크지 않았던 이들 무리는 생활고에 시달렸고 상륙 첫해에 굶주림과 질병으로 구성원 절반을 잃었다. 지도자 중의 하나인 브래드퍼드^{William Bradford}의 아내는 메이플라워호 측면에서 미끄러져 미스터리한 죽음을 맞기도 했다. 이들 매사추세츠의 영국인 정착민들이 이곳으로 새로운 정착민을 끌어오는 작업을 본격적으로 시작하기까지는 꼬박 10년의 세월이 걸렸다.[39]

1630년 진정한 대규모 이주가 일어났다. 당시 11척의 선단을 이끈 인물은 준비성이 좋은 윈스럽이었다. 11척의 배에는 700명의 승객과 가축이 탔고, 이들은 신대륙에 영구적인 공동체를 건설하겠다는 분명한 목표를 품고 있었다. 이곳 식민지에는 버지니아보다 훨씬 많은 온전한 가족들이 이주해왔는데 핵심은 청교도들이었다. 안식일을 지키지 않았다고 사형선고 위협에 시달리는 엄혹한 환경을 원치 않았던 사람들이다(제임스타운 초기에 행해진 여러 가혹한 조치들 가운데 하나였다).

그러나 뉴잉글랜드 지역의 가장 큰 매력은 토지 소유 부분이었다. 처음 10년 동안 매사추세츠만 식민지는 대략 2만 1,000명의 정착민을 받았는데, 그들 중에 대략 40퍼센트만이 청교도 개종자 비율이 높은 이스트앵글리아 지역과 연안 도시 출신이었다. 1630년대 대규모 이주 당시, 종교적인 이유로 이주 대열에 합류한 사람과 런던이나 잉글랜드 다른 지역에서 상업적인 이유로 합류한 사람의 비율이 거의 같았다. 이 시기 다수는 하인까지 거느린 대가족 단위로 이주해왔다. 그리고 도착자의 60퍼센트 가까이는 24세 이하, 그들 중에 3분의 1은 결혼하지 않은 남자였다.[40]

윈스럽이 식민지 이주를 주장했을 때 그는 옥스퍼드와 케임브리지 같은 '타락한' 상아탑으로부터 자유로운 종교 공동체 건설을 원했다. 그러나 매사추세츠 식민지의 초대 총독을 지낸 윈스럽은 가톨릭의 적 그리스도며 타락한 지성에 맞서 싸우는 투사에 그치지 않고 지극히 현실적인 관점 역시 겸비한 사람이었다. 윈스럽은 식민지 이주자를 끌어오기 위해서 잉글랜드에서 서너 에이커에 불과한 코딱지만 한 땅을 사는 데 필요한 돈이면 매사추세츠에서는 수백 에이커를 가질 수 있다는 것을 강조했다. 윈스럽은 인구과잉인 영국에서 토지가 '주민들 밑에서 신음하고 있다'고 말했다. 그런데도 윈스럽은 모든 빈민을 구원할 계획은 아니었고, 이들을 '토지의 찌꺼기'라고 불렀다. 불쾌한 폐기물 인간들을 보는 윈스럽의 시각은 영국성공회 성직자 해클루트의 그것과 거의 다르지 않았다.[41]

신대륙에 건설한 이상향인 '언덕 위의 도시'에서 불평등은 기정사실이었고, 상하 관계가 인간의 자연스러운 상황으로 간주되었다. 「기독교 자애의 본보기A Model of Christian Charity」라는 연설에서 윈스럽은 어떤 사람은 지배하게 되어 있고, 어떤 이들은 자기보다 나은 사람들에게 복종하게 되어 있다고 선언했다. "전능하신 신께서 더없이 신성하고 현명한 섭리로, 인류의 조건을 그렇게 안배하셨으니, 모든 시대에 어떤 사람은 부자이고 어떤 사람은 가난하며, 어떤 이는 남다른 권력과 높은 지위를 누리고, 반면에 다른 이들은 비천한 지위에 복종하도록 하신다." 설마 하고 생각하는 독자들이 있을지 모르겠는데 사실 총독 윈스럽은 민주주의를 경멸했다. 그는 민주주의에 '모든 형태의 통치 체제 중에 가장 형편없는 최악의 체제'라는 꼬리표를 붙였다. 청교도들에게 교회와 국가는 상호 협력하에 일하는 관계였다. 치안판사가 가진 강압적인 공권력은 공공질서와 계급 구분 모두를 유지하기 위한 것이었다.[42]

청교도 사회에서는 '젠틀맨gentleman'이라는 호칭이 일반적으로 귀족 혈통을 가진 남자에게 적용되었다. 교회에서 높은 지위에 오른 부유한 상인들도 그렇게 불릴 수 있었지만 일반적으로는 그랬다. '마스터Master' '미스터Mister' '미스트리스Mistress'는 교육받은 전문가와 성직자, 그들의 아내에게 쓰이는 호칭이었다. '굿맨Goodman'은 훌륭한 농부에게 붙는 호칭으로, 이들은 토지를 가지고 있지만 치안판사나 목사처럼 눈에 띄는 지위에 있지는 않다. 뉴잉글랜드 사람들은 이런 호칭을 드물게 사용했지만 차이를 분명하게 인식하고 있었다. 무엇보다 그들이 따르는 정부가 다량의 토지를 소유한 엘리트가 정부 관료를 독점하는 영국 자치주의 과두 지배 형태를 모방하고 있었다.[43]

청교도 엘리트는 비천한 노동인구에 의존하고 있었다. 이들 사이에도 서열이 있었는데, 맨 위에는 도제와 고용 하인이었다. 하단에는 채무 때문에 혹은 버지니아 식민지에서 본 것처럼 범죄를 저지른 뒤에 어쩔 수 없이 노예 상태에 있는 이들이 있었다. 이해를 도울 좋은 예를 보자면 이렇다. 1633년 윈스럽은 강도 혐의로 기소된 남자의 재판을 주재했다. 유죄판결이 나자마자 남자의 재산이 팔려 피해자들에게 피해액을 변제하는 데 쓰였다. 이어서 남자는 3년 동안 노예 상태로 묶였고, 그의 딸은 추가 담보로서 14년 동안 노예 상태로 매여 있게 되었다. 이런 상황이 일반적이었다. 1648년 『법과 자유*Law and Liberties*』라는 제목의 매사추세츠 식민지 법전은 자유를 박탈당할 수도 있는 그보다 낮은 두 계급을 규정했다. '정당한 전쟁'에서 생포된 인디언, '자진하여 자신을 판, 즉 우리가 사들인 이방인'이다. 이때 '이방인'에는 수입한 아프리카계 노예뿐만 아니라 식민지 밖에서 온 연한계약하인도 포함되었다.[44]

하인 대신 17세기 뉴잉글랜드 사람들은 일을 시켜도 되는 집안의 10세에서 20세까지의 젊은 남녀에게 가장 많이 의존했다. 법적으로 결혼하지 않은 남녀는 가족과 함께 거주하고 집안 결정에 복종해야 했다. 아이들은 이웃이나 친지의 집에 가서 일하라고 '내몰리기' 일쑤였다. 1642년 매사추세츠 입법의회에서 내놓은 적절한 아동교육에 관한 명령을 보면, 도제, 하인, 어린이를 서로 호환 가능한 동급으로 다루고 있다. 부모와 주인 모두 '지극히 합법적인 소명 안에서 어린이와 도제를 기르고 양육할' 책임을 지고 있었다. 가족의 감독은 그렇지 않았으면 '무례하고, 고집스럽고, 다루기 힘들었을지 모르는' 이들을 단속하고 감시하는 효과가 있었다.[45]

자식의 노동을 감시하는 일이 일상이 되었고, 땅을 가진 집안에서는 성인이 되고 한참 지난 뒤까지도 남성 구성원에 대해 통제력을 가졌다. 젊은 남자는 집안 소유 부동산을 떠날 수 없었고, 아버지의 지배를 벗어날 수도 없었다. 이를 어겼다가는 유산상속이 위험했다. 따라서 다양한 신분의 하인들과 마찬가지로 가족 구성원도 장시간 노동을 했다. 기본적으로 담배 산업 호황기에 버지니아 식민지에서 채택한 무자비한 시스템에 비하면 매사추세츠의 청교도 확대가족은 훨씬 온건한 시스템 안에서 굴러갔다. 하지만 법적, 문화적 관행들을 보면 아들과 하인의 차이가 모호했다는 것도 사실이다.[46]

이처럼 당시 청교도 가정은 현대 미국의 핵가족이나 그와 유사한 가족 형태와는 완전히 달랐다. 청교도 가정은 부모가 다른 아이들로 구성되는 경우도 종종 있었는데, 한쪽 부모가 젊은 나이에 사망할 확률이 높았고 따라서 재혼이 아주 흔한 일이었다. 좋은 예로 윈스럽은 네 아내와의 사이에서 열여섯 명의 자녀를 낳았으며, 마지막 아내와는 윈스럽이 죽기 2년 전인 59세의 나이에 결혼했다. 또한 대부분 가정에는 가장과 무관한 어린이 하인들이 있었다. 바쁜 수확 철에는 임시 일꾼으로 임금계약 하인들을 데려왔고, 가난한 집의 아이들은 집안일이나 농장 일을 거드는 허드레 일꾼으로 비용을 받고 장기간 팔려나가기도 했다. 최초의 노예 화물이 보스턴에 도착한 것은 1638년이었다. 윈스럽 자신이 인디언 노예를 여럿 소유하고 있었고, 그의 아들은 흑인 노예 한 명을 사들이기도 했다.[47]

하인들은 당연히 주인에게 복종해야 했지만 실상은 많이 달랐다. 하인의 나태, 절도, 무례, 반항, 오만, 도망 등의 혐의는 물론이고 불복종 문제를 호소하며 주인들이 법원에 소송을 내는 일이 비일비재했다. 뉴잉글랜드 청교도 사회에서 강력한 지배력을 행사했던 매더^{Cotton} ^{Mather} 목사는 1696년 『주인과 하인_{A Good Master Well Served}』이라는 책을 발간했는데, 매사추세츠만 식민지의 무질서한 하인들을 단속하려는 분명한 의도를 보여주고 있다. 하인들에게 직접 이야기하는 형식을 취하면서 매더는 이렇게 주장했다. "너희는 다른 사람의 **독립적이고, 능동적이며, 살아 움직이는 도구다.**" 이해되지 않는 말투로 그는 재차 이렇게 말했다. "하인들이여, 너희의 혀, 너희의 손, 너희의 발은 너희 주인의 것이며, 따라서 너희 주인의 의지에 따라서 움직여야 한다." 비천한 혈통의 하인들에게는 따끔한 훈계 혹은 채찍질을 통해 마땅한 복종을 가르쳐야 한다고도 했다.[48]

청교도의 경계심은 거기서 끝이 아니었다. 하인 중에, 그리고 그들보다 신분은 높지만 '열악한 조건'에 있는 사람 중에는 분수에 맞지 않는 야심을 품은 이들이 있었다. 적어도 걱정하는 과두 지배층이 보기에는 그랬다. 청교도들은 (하층민이) 상업적으로 성공하고 부를 축적하는 데 대해서는 절대 반대하지 않았지만, 신분 이동 문제가 나오면 확실히 모순된 모습을 보여주었다. 정부는 자기 계급에 걸맞지 않게 값비싼 비단옷을 입거나 금 단추를 다는 사람들을 처벌하는 사치 금지법을 제정했다. 청교도 정통 신앙에서는 지나치게 성공한 사람은 시기심을 불러일으키기 마련이라면서 오만, 자만, 거만 등을 드러내지 않도록 명하고 있다. 영국 청교도 성직자 퍼킨스^{William Perkins}는 1592년에 나온 소책자 『올바르고, 합법적이며, 신성한 의류 활용에 관하여^{On the Right, Lawful, and Holy Use of Apparel}』에서 외모가 어떻게 존재의 거대한 고리^{Great Chain of Being}, 즉 신의 위계질서에서 개인의 지위를 구분하는가를 이야기한다. 승인되지 않은 화려한 옷과 장식의 과시는 위험하고 파괴적이며, 하인을 지나치게 관대하게 대하는 주인들과 마찬가지로 일종의 법규 위반에 해당했다. 어느 쪽이든 은총으로부터 멀어지는 사회의 타락을 말해주는 지표로 인식되었다.[49]

개인은 매사추세츠 청교도 사회에서 자신의 위치를 알고 걸맞게 처신해야 했다. 법정과 여타 장소에서 이미 확립된 위계질서에 더해 또 하나의 특권이 되는 것이 교회 신도 자격이었다. 교회에서 제명은 엄청난 낙인이었다. 허친슨^{Ann Hutchinson}과 다이어^{Mary Dyer}처럼 이단으로 규정되면 물리적으로 추방되고, 제명되고 배제되었다. 법정과 교회 두 권위 앞에서 용서를 빌고 자신을 낮추는 이들만이 공동체로 돌아왔다. 다이어는 뉘우치지 않았고 지배 질서에 도전하기로 했다. 1659년과 1661년 사이 다이어와 다른 세 명의 퀘이커교도는 행정 당국에 대한 '주제넘은 고질적인 무시' 혐의로 기소되었다. 그리고 재판 뒤에 즉석에서 교수형에 처해졌다.[50]

앤 허친슨은 1638년 마을 성직자들의 권위에 맞섰다는 이유로 보스턴 교구에서 파문당하고, 매사추세츠만 식민지에서 추방되었다. 그녀는 다음과 같은 엄중한 경고를 받았다. "당신은 아내가 아니라 남편, 회중이 아니라 설교자, 신하가 아니라 통치자처럼 행동했다." 허친슨은 집에서 종교 관련 수업을 진행하면서 다수의 추종자를 확보했는데, 이는 사회의 위계질서를 엉망으로 만들고, 청교도 예배당 내의 세심하게 정비된 도덕적 지형을 훼손하는 행위였다. 남성의 우월한 지위에는 이론의 여지가 없었고, 교회 내의 지위와 등급은 좌석 배치를 통해 워낙 분명하게 드러나서 누구라도 그 안의 권력구조를 알 수 있었다. 신도와 비신도가 따로 앉았다. 남편과 아내가 분리되었다. 남자가 예배당의 한쪽에 앉았고, 여자들은 그 반대쪽에 앉았다. 중요한 지위에 있는 남자가 신도 석의 앞쪽 두 줄을 차지했다. 첫 번째 줄은 행정관 전용이었고, 두 번째 줄은 목사와 총독의 가족, 부유한 상인들을 위한 자리였다. 또한 아들이 많을수록 신도 석의 좋은 자리를 차지했다. 개인의 나이, 명성, 결혼 여부, 재산 등을 모두 적절히 계산하여 교회 자리가 배당되었다.[51]

청교도들은 계급 질서에 집착했다. 계급 질서는 안전을 의미했고, 그것의 붕괴(혹은 해체)를 생각만 해도 불안해지는 마음을 숨길 수가 없었다. 킹필립전쟁King Philip's War [1675–1676, 뉴잉글랜드 식민지 주민과 왐파노아그족 추장 킹필립을 수장으로 하는 인디언 사이의 전쟁]이라는 유혈충돌 이후 롤런드슨Mary Rowlandson의 교훈적인 이야기 『신의 주권과 선량함The Sovereignty and Goodness of God』이 발간되어 널리 읽혔다. 복구 작업이 진행되는 이 민감한 순간에 계급이 어떤 역할을 했는지에 대한, 설득력 있는 예를 제공하고 있다. 롤런드슨은 전쟁 초기 매사추세츠, 랭커스터에 있는 자기 집이 불타는 와중에 나라간세트족 인디언에게 잡혀가 11주 동안

포로 생활을 했다. 1682년 발표한 책에는 자신을 붙잡아간 인디언들 밑에서 노예 상태로 지내면서 영국 신사 계급의 일원으로서 정체성을 유지하고자 노력하는 동안 견뎌야 했던 정신적 투쟁에 대해 상세히 서술하고 있다. 목사의 아내이자 부유한 지주의 딸로서 롤런드슨은 저서에서 두 가지 이야기를 동시에 들려준다. 어떤 면에서 그것은 영적인 구원의 여정이고, 다른 한편으로 포로 생활 도중 자녀를 잃고, 포로 신세를 벗어난 다음 예전 계급으로 복귀하기까지의 이야기를 다루고 있다.[52]

롤런드슨의 이야기에서 악당은 인디언 여주인이다. 위타무Weetamoo는 포카셋 왐파노아그족의 강력한 추장(여왕)이었다. 위타무는 세 명의 유력 추장들과 결혼을 하는 남다른 능력 덕분에 그런 지위에 오를 수 있었다. 조가비 구슬 장식 허리띠를 차고, 풍성한 속치마를 입고, 목걸이와 팔찌 등으로 단장하느라 위타무는 몸치장에 오랜 시간을 보냈다. '독하고 오만한 여자'인 위타무는 롤런드슨에게 자꾸 이래라저래라 명령했고 손찌검을 하기도 했다. 롤런드슨이 보기에 그녀의 혐오스러운 여주인 모습은 인디언 판 영국 귀족 부인, 즉 자신의 권력을 과시하는 신세계의 왕당파였다. 청교도가 자기 하인에게 요구하는 수준의 복종은 롤런드슨에게는 쉬운 일이 아니었다. 한때 자부심 넘치는 목사 부인이었던 그녀가 비천한 하녀가 되었다. 역시 인디언 포로였던 버지니아 식민지의 디킨슨은 원주민을 원시적인 야만인과 동일시했지만 롤런드슨은 그렇지 않았다. 그녀의 눈에 그들은 강탈자이면서 동시에 젠체하고 뻐기는 거만한 사람들이었다. 무엇보다 그들은 부여된 지위라는 신성한 질서를 심각하게 파괴하고 있었다.[53]

청교도들은 법으로 강화되는 가정의 권위를 활용하여 하인 인구를 통제했다. 또한 그들은 이방인과 종교가 다른 외부인들을 믿지 못했기 때문에 종교적 '선민選民', 즉 교회 평신도라는 핵심 유권자를 구성하는 사람들에게 특권을 부여했다. 선택된 사람들의 자녀는 더욱 쉬운 교회 신도 자격 획득이라는 종교적 특권을 누렸다. 일종의 상속 특권인 셈이다. 실제로 1662년에 채택한 '불완전 언약Half-Way Covenant'은 부모의 신앙에 따라 자식에게 (제한적인) 신도 자격이 보장되는, 말하자면 종교적 특권이 혈통에 따라 상속되고 보장되는 체제를 확립시켰다. 코튼 매더의 장수했던 아버지, 인크리스 매더Increase Mather 목사는 이를 다음과 같이 설명했다. 신께서 '선택의 동아줄을 던지셨고 그것이 독실한 부모의 몸을 통과'한 것이다. 신도에서 제명되는 파문만이 이런 특권을 종식할 수 있었고, 파문은 또한 타락한 혈통으로부터 신도들을 지키는 수단이기도 했다. 목사 셰퍼드Thomas Shepard는 선택받은 백성의 아이는 적절한 가지치기와 자양분, 수분 공급을 통해 정신적으로 올바르게 성장하게 된다면서 '불완전 언약' 개념에 동의하는 태도를 취했다. 이런 논리와 방법을 통해 종교적 지위가 계급 지위를 한층 강화하는 결과를 낳았다. 이처럼 혈통을 기림으로써 청교도들이 강조했던 소위 보이는 성도visible saints가 분간이 가능한 하나의 종족이 되었다[청교도는 신의 선택을 받은 구원이 예정된 개인은 온전한 생활과 경제적 성공 등의 눈에 보이는 신호를 통해 일상생활 속에서 선택받은 자라는 것을 증명할 수 있다고 믿었고, 그런 의미에서 '보이는 성도'라는 개념을 주장했다].[54]

식민지 건설 계획은 하나같이 번식 언어에 의지했다. 생식능력은 가족과 마을 어르신들의 주의 깊은 감독하에 글자 그대로 그리고 비유적으로 감시되어야 했다. 규칙을 따르지 않는 아이들을 벌하고, 하인을 우리에 가두고, 종교 구성원의 특권을 다음 세대에 (즉 독실한 신자의 후손에게) 나누어주는 것도 마찬가지였다. 좋은 번식 관행은 그렇지 않았으면 다루기 힘든 쓰레기 같은 자원을 길들이는 역할을 했다. 그것이 척박한 황무지든, 폐기물 인간이든. 번식은 이미 엘리자베스 시대와 연관되는 목가적 전통을 유지하고 있었는데, 시골 특유의 소박한 아름다움과 우주의 조화를 보여주는 최고의 문학적 표현을 찾아냈다.

부자와 빈자의 구별은 땅이 없는 사람은 물려줄 것이 없다는 데서 기인했다. 그들은 후계자가 없었다. 죽은 하인의 자식이 담보권이 행사되는 재산으로 소유물처럼 팔려나가는 제임스타운에는 더더구나 맞는 말이었다. '찢어지게 가난한 자손'으로서 빈민들은 땅과 동떨어져 있었다. 비옥한 토지의 정당한 관리인들만이 각종 권리를 누릴 자격이 있었다.

사랑스러운 인디언 공주 포카혼타스, 미국의 어머니를 영국 사회와 결혼한 자연의 아이라고 표현하는 것은 단순한 수사가 아니었다. 흔한 비유로 영국 탐험가는 자신이 발견한 땅과 '결혼했다'는 표현이 있다. 결혼은 지구의 한 모퉁이에 대한 양육권과 주권을 의미했다. 1587년 후원자인 롤리 경에게 책을 헌정하면서 손아래 해클루트는 '가장 매력적인 요정'인 버지니아의 '달콤한 포옹'이라는 표현을 쓴다. 버지니아는 여왕이 롤리 경에게 신부로서 하사한 요정이라는 의미다. 이처럼 토지 소유 허가는 일종의 혼인 계약이었다.[55]

문학뿐만 아니라 시각적인 이미지를 통해서도 사람들은 땅의 생식

능력을 찬미했다. 플랑드르 출신 화가 스트라트^{Jan van der Straet}의 유명한 작품 「아메리카 발견^{The Discovery of America}」(1575)에서 탐험은 비유적으로 성적인 접촉이었다. 화가는 베스푸치^{Amerigo Vespucci}의 신세계 상륙을 묘사하면서 배를 비롯한 항해 도구에 둘러싸여 있는 탐험가와 나체의 통통한 인디언 여인이 해먹 위에 노곤한 표정으로 누워 손을 내미는 모습을 나란히 그렸다. 영국 작가들도 이런 강력한 비유를 받아들이고 여성 모습의 북아메리카가 자신의 손(그리고 땅)을 마음에 드는 구애자인 '잉글랜드에만' 내밀고 있다고 주장했다.[56]

신세계의 생식능력에 대한 미화가 가장 풍부하게 나타나는 사례는 모턴^{Thomas Morton}을 통해서다. 모턴의 저서 『새로운 영국의 가나안, 혹은 새로운 가나안-뉴잉글랜드에 대한 개요 포함^{New English Canaan, or New Canaan-containing an abstract of New England}』(1637)을 보면, 신세계를 한껏 미화한 과장된 표현 중에, 해학적이면서 성적인 이중의 의미를 지니는 문구들이 많이 나온다. 모턴에 대한 평가와 이해는 역사학자들 사이에서도 의견이 갈리는 논란이 많은 주제이다. 모턴을 무뢰한에 난봉꾼으로 치부하는 이들이 있는가 하면, 총독 존 윈스럽과 청교도 지배층을 일반 대중 관점에서 비평하는 비평가라고 생각하는 이들도 있다.[57]

모턴은 1624년에 30명의 하인을 데리고 신대륙에 도착해 시골 영지에 자리를 잡았다. 그리고 원주민 부족들과 모피 무역을 진행할 전초기지를 세웠다. 변호사로서 모턴은 다른 비청교도 투자자들이 국왕으로부터 받은 뉴잉글랜드 북부 지역에 대한 특허권을 방어하는 데 힘을 쏟았다. 또한 윈스럽이 이끄는 청교도들과 싸우다 세 번이나 체포되고, 재산을 몰수당하고, 집은 불에 탔다. 식민지에서 재차 추방된 모턴은 영국으로 망명한 상태에서 『새로운 영국의 가나안』을 집필하는 한편으로 윈스럽을 중심으로 하는 청교도들이 받은 매사추세츠만 식민지 건설 특허를 폐지하려 했지만 실패했다.[58]

모턴의 청교도에 대한 반감은 청교도들의 토지 사용에 대한 지적에서 분명하게 드러난다. 청교도들은 '두더지'나 다름없었다고 그는 말한다. 자연의 아름다움을 인식하지 못하고 맹목적으로 땅을 파기만 한다는 것이었다. 청교도들이 개종의 대상이라는 것 말고는 원주민들에게 실질적인 관심이 없다는 점도 모턴에게는 마음에 들지 않는 부분이었다. 모턴은 윈스럽과 추종자들을 '연약한 여성 같다'고 무시했다. 말하자면 그곳 땅에 어울리는 든든한 남편이 아니라는 것이다. 모턴은 『새로운 영국의 가나안』에서 청교도들을 미망인이 된 땅과 결혼한, 성적으로 무력한 두 번째 남편이라고 조롱했고, (스스로 미망인과 결혼한) 모턴과 동업자들이 그 땅을 구할 수 있다고 말했다. 그들은 무능한 청교도들에 맞설 모든 조건을 갖추고 있었다. 모턴은 자신들이 무능한 청교도들 지척에서 존재를 과시하는, 매력적이고 단연코 남성적인 연인들이라고 주장했다.

모턴이 그리는 뉴잉글랜드 풍경에는 '튼실한 나무'에 달린 '잘 익은 포도' '앙증맞은 곡선미를 자랑하는 낮은 언덕들' '기분 좋은 잠으로 감각을 달래듯이 감미롭게 속삭이는 매혹적인 개울' 등이 있었다. 모턴은 당시 지배적이던 의학적 맥락에서 신대륙의 비옥한 자연과 생식 능력을 쾌락과 연결했다. 당시 의학에 따르면, 여자는 성적 만족감을 경험하는 경우 임신할 확률이 한층 높아진다. 비옥한 물리적 환경에 워낙 매료되었던 모턴은 인디언 여자들이 너무나 쉽게 임신하는 것처럼 보이는 현상에 경탄했다. 현지 동물들도 유달리 생식능력이 왕성해서 야생 암컷들이 한 번에 두세 마리 새끼를 낳았다. 여성의 수도 적고 식민지 역사도 짧았지만 뉴잉글랜드는 버지니아보다 많은 아이를 낳았다. 적어도 모턴에 따르면 그랬다. 이런 생각을 하는 모턴이다 보니 『새로운 영국의 가나안』에 '아이를 낳지 못하던 여성'에 얽힌 신기한 이야기를 포함하지 않을 수 없었다. 북부로 여행 오기 전까지는 불임 상태였던 버지니아 출신의 독신 여성에 관한 이야기다.[59]

무척 흥미로운 내용이지만 알고 보면 모턴이 이전부터 내려오던 이야기에서 도용한 것이었다. 1614년 글에서 해머^{Ralph Hamor}는 버지니아에서는 사자, 곰, 사슴이 일반적으로 한 번에 서너 마리 새끼를 낳았다고 썼는데 출처는 밝히지 않았다. 이는 롤리 경의 신부 버지니아가 '새로운 후손을 가장 많이 낳을 것'이라고 말했던 해클루트 주장의 실현이었다. 다른 이들도 유사한 주장들을 반복한다. 『캐롤라이나로의 새로운 여행^{A New Voyage to Carolina}』(1709)에서 로슨^{John Lawson}은 '다른 지역에서 결혼하고 장시간 아이가 없었던 여자들이 캐롤라이나로 이사 와서 행복한 어머니가 되었다'고 주장했다. 그들은 '분만의 고통도 크지 않아 분만 도중에도 오히려 행복해했고 유산하는 일도 아주 드물었다'. 로슨은 계속해서 행복하고 건강한 유럽 여자들이 아메리카로 건너와 자연과 한층 가까워졌다는 주장을 편다. 야생 사슴처럼 신세계 여자들은 본능에 충실하면서 유순한 씨짐승이 된다는 내용이었다.[60]

생식능력은 여러 시장에서 유리한 위치를 차지하게 해주었다. 17세기 초 버지니아를 비롯한 체서피크만 인근 지역을 보면, 연한계약하인의 남녀 성비가 6 대 1로 불균형이 심각했고, 당연히 영국에서 오는 여자들이 결혼에서 유리한 위치를 갖게 해주었다. 과거 연한계약하인이었던 올솝George Alsop은 1660년 메릴랜드 식민지에 대해 이야기하면서 여자들이 배에서 내리자마자 그들의 환심을 사려고 경쟁하는 일단의 남자를 보게 된다고 말했다. 여성들이 상대를 고르고 선택할 수 있었다. 심지어 하인이라도 돈 많은 대농장주와 결혼을 생각해볼 수 있었다. 올솝은 그런 조합을 '교미 결혼copulative marriage'이라고 불렀는데, 이를 통해 여자들은 부유한 남편들에게 자신의 생식능력을 팔았다. 올솝은 전혀 거리낌 없는 어조로 여자들이 '처녀성을 가지고 시장으로 갔다'고 썼다. 다른 식민지 이주 홍보자도 캐롤라이나에 대한 글에서 외모에 상관없이 여자는 아메리카에서 남편을 찾을 수 있다고 말할 정도였다. 새로 도착한 여자가 '예의 바르게' 보이고 나이가 '50세 이하'라면 남자가 그녀를 아내로 사들일 것이라고.[61]

'교미 결혼'은 하나의 선택지고 재혼도 마찬가지였다. 제임스타운 남자는 죽은 남편의 땅을 물려받은 미망인과 재혼하는 방법으로 땅을 늘리고 일꾼도 보낼 수 있다고 생각했다. 담배 호황기에 토지와 노동력을 확보하려는 쟁탈전이 한창인 상황에서 시의회 의원들은 토지를 손에 넣을 다양한 방법들을 생각해냈는데, 그것들이 항상 윤리적이지는 않았다. 여자의 전남편 성이 자기보다 부유한 죽은 남자의 성과 같다는 이유로 미망인과 결혼한 남자도 있었다. 그리고 성이 같다는 점을 이용해 사기를 쳐서 좀 더 좋은 토지에 대한 법적 소유권을 확보했다. 미망인들은 부와 토지를 얻을 확실한 통로였고, 17세기 내내 지속한 높은 사망률로 인해 만연한 질병을 이기고 살아남은 사람들은 두 번 혹은 세 번까지 결혼할 확률이 높았다.[62]

자연히 버지니아 사람들 사이에 계급적 이해, 토지, 미망인을 둘러싼 다툼이 일어났고, 때로는 상당히 심각한 수준으로 전개되었다. 1676년 베이컨 반란Bacon's Rebellion은 식민지에서 일어난 대규모 분쟁 중의 하나였다. 이는 고집스러운 총독 버클리와 나름의 포부를 가지고 최근 이주했으나 좌절감을 맛보던 베이컨Nathaniel Bacon이 맞선 싸움이었다. 당시 위기의 원인과 궁극적인 의미를 놓고 역사학자들 사이에 지금도 논쟁이 있지만, 반란 참여자들이 상황을 계급투쟁과 관련된 것으로 인식했음을 보여주는 풍부한 증거가 있다. 베이컨은 버클리 총독이 버지니아 변경의 사회적으로 취약한 사람들을 대놓고 위협하는 인디언 부족민을 공격해주기를 바랐지만 뜻대로 되지 않자, 직접 불만을 품은 사람들의 지도자가 되었다. 그리고 권력투쟁이 일어났다.

제임스타운에 사는 총독이 보기에 최근에야 연한계약하인 지위에서 '기어' 나온 가장 비천한 사람들만이 반역자들과 함께할 공통의 대의를 찾을 수 있을 것이었다. 버클리는 베이컨을 오만방자한 선동가라고 일축했다. 총독을 지지하는 실세들은 반역자들을 나라의 '찌꺼기', 사회의 '오물'이라고 불렀다. (인간의 배설물을 일컫는) '오물offscouring'은 연한계약하인과 영국의 떠돌이 부랑자들을 조롱하는 가장 흔한 표현 중의 하나였다. 한편, 베이컨 편을 들었던 토지 소유자들은 즉석에서 '게으르고 무능한' 사람들이라고 무시를 당했다. 자신의 '방탕한 생활'과 '서툰 농사' 때문에 빚에 빠지게 되었다는 식이었다. 반대편 사람들은 이들 반란자를 배설물을 뒤지는 돼지에 직접 비유했다.[63]

버클리와의 마지막 결전 뒤에 자유를 약속받은 노예와 하인들도 베이컨의 반란군에 합류했다. 버지니아에서는 일찍이 없었던 사태였다.

노예제가 자리를 잡기까지는 시간이 걸렸다. 1640년에는 노예 수가 불과 150명, 1670년에도 2만 6,000명 인구 중에 겨우 1,000명이었다. 노예법을 최초로 제정한 식민지들은 버지니아가 아니라 매사추세츠와 카리브해 지역의 영국령들이었다. 베이컨 반란 무렵에는 남부 식민지에 대략 6,000명의 하인이 있었는데, 전체 토지에 대한 온전한 소유권을 보유한 자유 보유권자freeholder의 대략 3분의 1 정도였다. 한편, 자유 보유권자 중에 다수는 과거 연한계약하인이었고, 빚과 불공평한 세금 부담에 시달리면서 근근이 살아가고 있었다. 실제로 버클리 총독은 이런 현실을 우려하면서 베이컨의 반란 이전에도 외국의 침략이나 대규모 인디언 공격이 자동으로 계급투쟁으로 번질 것으로 생각했다. 버클리는 글에서 이렇게 말했다. (전쟁이 터지면) '가난하고, 빚에 쪼들리고, 불평불만 가득한 무장한' 사람들이 기회를 틈타 '나라를 약탈하고' 엘리트 대농장주의 재산을 장악할 것이다.[64]

베이컨 반란은 사방으로 뻗어 나가는 식민지에 사는 우호적인 인디언들의 지위와도 관련이 있었다. 베이컨은 버클리와 측근들이 변경 정착민을 인디언들의 기습과 보복으로부터 구하기보다는, 마음에 드는 인디언 부족들과의 수익성 좋은 거래를 보호하는 데 치중하고 있다고 주장했다. 물론 버클리와 측근들에게만 이익이 되는 거래였다. 반란자들에 따르면 흙으로 요새를 짓는다면서 식민지 개척자들에게 세금을 걷어가는 것은 쓸모없을 뿐 아니라, 버클리를 따르는 의회 내의 '권모술수밖에 모르는 기생충 같은 사람들'이 의미 있는 보호는 제공하지 못하면서 세금만 늘리는 또 하나의 착취 수단일 뿐이었다. 수도에서 (그리고 해안에서) 멀리 떨어진 지역에 사는 버지니아 주민들은 일찍 식민지화된 지역에 사는 부유한 대농장주에 비해 토지에서 크게 재미를 보지 못한다고 느꼈다. 말하자면, 권력의 중심에서 멀어져 서쪽으로 이동할수록, 토지 소유자로서 계급 정체성이 약해졌다.[65]

베이컨을 따랐던 사람 중에 상당수가 인디언들을 괜찮은 땅에서 쫓아내기를 바랐을, 혹은 최근의 변경 공격과 관련하여 그들을 맹렬히 비난하고 싶은 충동을 느꼈을 가능성이 크다. 이들 중에 다수가 좋은 땅을 얻기가 점점 어려워지는 경제 침체 국면에서 담뱃값 하락까지 겹치면서 낙담한 사람들이었다는 데는 거의 이론의 여지가 없다. 가치 있는 땅은 동시대인이 '모험가Land loper'라고 불렀던 사람들이 사재기하고 있는 상황이었다. 이들은 실제로 거기에 정착하지도 않으면서 넓은 면적을 있는 대로 사들였다(즉 가지치기하듯 땅을 마구 잘라냈다). 이들은 총독과 내밀한 연줄을 가지고 있었다. 보유 토지가 워낙 적어서 남자가 가족을 부양할 수 없게 되자 불만이 터져 나오는 것은 불가피했다.[66]

1676년에 사람들이 직면했던 문제는 전에도 있었고, 향후 계급과 관련하여 미국 사회에서 결코 사라지지 않을 문제이기도 하다. 권력에서 멀어질수록 자기가 약자라는 느낌이나 상실감이 증폭되었다. 베이컨은 반란이 일어난 해에 이질로 죽음을 맞이했다. 적의 몸이 이蝨투성이인 채로 저세상으로 갔다는 사실을 알고 버클리는 흡족해했다. 지배층에 반기를 들었던 적이 불결함으로 인한 질병에 걸려 죽었다는 잔인한 논평은 버클리로서는 반가운 일일 수밖에 없었다. 베이컨 자신은 엘리트 가문 출신이지만 그가 사회의 찌꺼기들과 어울렸다는 점은 거듭 언급할 가치가 있었다. 베이컨의 이투성이 몸은 그가 그들 가운데 하나가 되었음을 증명한다. 베이컨의 추종자 일부는 처형되었고 일부는 교도소에서 죽음을 맞이했다. 이번 사건으로 버클리도 무사하지는 못했다. 군대의 호위를 받으며 영국으로 가서 공식 조사를 받았다. 버클리는 런던에서 죽었는데 베이컨보다 불과 여덟 달을 더 살았을 뿐이었다.[67]

권력투쟁은 의지가 강한 남자에 국한되지 않았다. 반란자의 아내들도 반란에서 중요한 역할을 맡았다. 베이컨의 아내 엘리자베스 베이컨 Elizabeth Bacon 은 영국에 있는 시누이에게 편지를 써서 남편의 행동을 옹호하면서, 변경을 보호하려는 남편의 의도에 맞는 도시 방어 시설이 만들어지기를 희망한다고 말했다. 명망가 출신이었던 엘리자베스의 말은 나름 무게가 있었다. 저항을 지지하며 목소리를 보탠 여자가 엘리자베스만은 아니었다. 뉴스를 전파하는 '소리통'으로 통하던 아내들은 집단 내의 모든 사람에게 신설된 세금을 내지 못하면 총독이 자신들이 가진 모든 것을 (마지막 소 한 마리, 돼지 한 마리까지) 빼앗을 작정이라고 소문을 내고 다녔다. 이처럼 소문을 퍼뜨려 사람들을 선동하는 외에도 여자들은 싸움에서 중요한 상징적인 역할을 맡았다. 한번은 베이컨이 요새화된 중심도시 제임스타운 밖에서 참호를 파는 동안 부하들을 보호하기 위해 버클리 지지자들의 아내를 불러 모았다(베이컨은 이들을 '하얀 앞치마' 부대라고 불렀다). 말하자면 중립지대의 상징으로 이들을 활용한 것이다(이들이 두른 하얀 앞치마는 휴전의 상징인 흰색 깃발 대신이었다). 아무튼 여자들은 양쪽 진영 모두에게 낭비해서는 안 되는 너무나 가치 있는 자원이었다.[68]

반란 도중의 가장 극적인 순간 중의 하나에는 리디아 치스먼 Lydia Chisman 이라는 여성이 등장한다. (진실이든 아니든) 스미스를 구하려는 포카혼타스의 극적인 행동과 유사한 광경이 펼쳐졌다. 치스먼은 자기가 충동질을 해서 남편이 총독에게 반기를 들게 되었다고 고백하면서 남편 대신 자신의 목숨을 내놓겠다고 했다. 그녀의 애원은 무시되었고, 고문을 당했을 남편은 교도소에서 죽음을 맞이했다. 버클리가 치스먼에게 창녀라고 악담을 퍼붓기는 했지만 여성 반란자들은 대체로 중벌을 피할 수 있었다. 당시 영국법에 따르면 반역자의 아내와 아이들은 모든 재산과 권리를 박탈당하는 사권私權 박탈 대상이었다. 그러나 베이컨과 치스먼의 미망인들은 자신들의 재산을 되찾을 수 있었다. 이후 둘 다 재혼을 했는데, 베이컨 미망인은 두 번, 치스먼 미망인은 한 번이었다.[69]

그런 대참사가 일어났는데 어떻게 여자들은 처벌을 면할 수 있었을까? 사실 버클리 총독은 반란자들에게서 가능한 모든 재산을 몰수하려 했지만, 이런 무자비한 복수가 결국 그의 몰락을 초래했다. 반란 진압을 위해 영국에서 보낸 군대와 선박 덕분에 왕립위원회 위원들의 권한이 강화되자 그들은 즉각 총독에게서 등을 돌렸다. 왕립위원회는 영국 국왕의 사면권은 어디에나 미친다면서 버클리가 진행한 재산몰수의 많은 부분을 뒤집고, 오히려 그를 파면하고 추방해야 한다고 요구했다. 식민지 유지를 위해서는 평화와 정의를 회복해야 했다. 그리고 질서를 회복하는 한 가지 방법은 반란자들의 아내에게 자비를 베푸는 것이었다.[70]

이런 사실은 중요하다. 왕립위원회 처지에서는 뉘우치지 않는 여자들을 빈곤에 빠뜨리는 것보다 토지와 미망인들이 원활히 순환하는 상태로 유지되는 것이 중요했다. 1690년 영국 극작가 벤Aphra Behn은 베이컨 반란을 토대로 희극을 하나 쓰는데, 「미망인 랜터The Widow Ranter」로 제목이 그 내용과 잘 어울리는 것이었다. 줄거리는 비천한 태생에 행실이 문란하고 남장을 즐기고 담배를 피우는 어느 미망인을 중심으로 전개된다(그녀는 흡연이 좋은 집안 출신의 신호라는 그릇된 생각을 가지고 있다). 신분 높은 남자와 두 번 결혼한 경험이 있는 랜터 부인은 조악한 행동거지에도 불구하고 자신의 가치를 정확히 알고 있다. 새로 이주한 식민지 주민에게 그녀는 "우리들 부자 미망인은 이 나라에서 가질 수 있는 최고의 상품이랍니다"라고 자랑스레 말한다.[71]

생식능력은 식민지 아메리카에서 무척 가치가 있었다. 신대륙의 땅에서 생산되는 부를 관리하기 위해서는 어엿한 남성 보호자가 필요했다. 따라서 미망인들은 신속히 재혼하는 편이 바람직했다. 그래야 귀한 땅이 낭비되지 않기 때문이다. 일부 여자들은 이런 관행을 자기에게 유리하게 이용했다. 프랜시스 컬페퍼 스티븐스 버클리 러드웰Frances Culpeper Stevens Berkeley Ludwell, 1634~1695 부인은 버클리를 포함한 세 명의 식민지 총독과 결혼했다. 아이가 없었던 그녀는 물려받은 재산에서 나오는 수입을 엄격하게 관리할 수 있었다. 그녀는 세 명의 남편이 자기 위에 군림하게 두는 대신 땅을 관리했다. 그런데도 버클리 부인은 베이컨 반란에서 매우 논란이 되었던 인물이다. 성적 매력을 이용해 훨씬 나이가 많은 남편을 조종하고 부추기는 등 행동거지가 성서에 나오는 악녀 이세벨 같다는 비난을 받았다.[72]

생식능력이 있는 여자들을 관리한다는 생각은 식민지의 계급과 재산 개념의 핵심으로 남아 있었다. 버지니아 식민지 사람들이 노예 여성의 자녀를 법으로 구속하기 시작하면서 이런 필요성이 한층 강해졌다. 1662년에 통과된 법에 따르면, 노예는 출신지나 이교도 여부뿐만 아니라 노예 상태의 여자에게서 태어나는 것으로 규정되었다. 해당 법령의 문구에 따르면, '어머니의 상태'가 아이가 노예인지 자유민인지를 결정한다고 나와 있는데, 영국 어떤 법에도 전례가 없는 일이었다. 노예의 자식을 주인의 소유물로 취급하는 근거를 제공한 것은 로마법이었다. 사생아 출산에 관한 영국법이 아이들이 어머니의 신분을 따르게 하는 모델이 되었다. 어머니의 신분에 따라 노예 신분이 결정되는 사례를 찾자면 성 토마스 아퀴나스Thomas Aquinas까지 거슬러 올라간다. 아퀴나스가 사용한 비유에서는 자궁을 땅과 연결한다. 만약 어떤 남자가 다른 남자의 섬에 방문해서 그곳 땅에 씨를 뿌리면, 땅의 주인이 생산물에 대한 권리를 가진다는 논리였다. 1662년 버지니아 법은 씨짐승 모델에서 쉽게 근거를 찾을 수 있었다. 특정 암소가 낳은 송아지는 수소가 다른 사람 소유라도 암소 주인의 소유였다.[73]

생식능력은 사회에서 남자와 여자의 위치를 규정하는 데도 역시 중요한 역할을 했다. 어떤 여자의 생식능력은 활용 방법을 치밀하게 계산해야 하는 일종의 천연자원이고, 결혼을 통해 교환되는 상품이었다. 노예 여성들의 경우 생식능력 덕분에 자궁이 거래 물품이 되고, 노예 아이들은 마치 소 같은 동산(글자 그대로 움직이는 자산)이 되었다(여기서 동산이라는 영어단어 'chattel'은 실제로 암소라는 뜻의 라틴어 'cattle'과 같은 어원을 가지고 있다). 노예 아이들은 실제로 대농장주의 유언장에 '씨짐승'으로 나열되고, 노예 여성의 생식능력은 '추후 증가 가능성'이라는, 가축에도 사용되는 용어로 표시되었다.[74]

신대륙 이주의 세기가 시작될 무렵, 영국 철학자 베이컨Francis Bacon

은 1605년 아내란 '출산, 결실, 안락'을 위한 존재라고 말했다. 여성의 몸을 경작지에 비유하는 것은 당대 독자들에게 너무나 자연스러운 논리였다. 번식과 결과물은 송아지뿐만 아니라 어린아이에게도 해당되는 말이었다. 혈통 좋은 가축의 번식이 중요한 것처럼 어린아이도 그런 대상이었다. 그런 의미에서 여자와 땅은 남자의 사용과 이익을 위해 존재하는 것이었다.[75]

땅은 규모와 미래의 성장 가능성 때문에 힘을 가졌다. 땅의 풍부한 결실을 장악하고 지배할 줄 아는 것이 계급 권력의 진정한 정의였다. 베이컨 반란으로 드러난 문제가 무엇인지를 이해하는 것이 중요하다. 밝은 미래를 보장하는 양질의 토지가 모두에게 공평하게 허용되지 않았다는 것이다. 버클리 총독 주변의 '기생충'들이 분명한 우위를 점하고 있었다. 물려받은 신분은 정치적 연줄이나 결혼으로 수익성 좋은 상속을 받는다든가 하는 식의 행운으로 조정을 거친다. 1700년이 되면 연한 계약하인은 토지를 소유할 가능성 자체가 크지 않은 상황이 된다. 그들은 다른 지역으로 이주하거나 소작농이 되어야 했다. 본국에서 파견된 측량사들은 대농장주가 새로운 미개발 토지에 맨 먼저 입찰하도록 해주었고, 결과적으로 점점 넓은 면적이 소수의 손에 집중되었다. 또한 점점 많은 노예 화물이 식민지에 도착하면서 이들 역시 토지를 소유한 유력 가문에 의해 독점되었다.[76]

토지에 대한 애착을 보여주는 수많은 이야기에도 불구하고 버지니아 사람들은 농사 기술 면에서 영국 사람들만큼 노련하지 못했다. 17세기 버지니아에서는 쟁기를 거의 이용하지 않았다. 담배 재배에 주로 쓰이는 도구는 간단한 괭이 정도였는데, 사람의 노동력이 상당히 많이 투여되어야 하는 도구다. 아메리카 해안에 상륙한 사람들 대다수가 토지를 능숙하게 경영하는 것은 고사하고, 소유할 만큼도 오래 살지 못했다. 그러므로 노예제도는 해클루트가 생각하는 식민지 계급제도의 논리적 파생물이었다. 이는 세 가지 서로 연관된 현상에서 나온 귀결이었다. 가혹한 노동 조건, 연한계약하인의 상품 취급, 그리고 무엇보다 아이를 낳게 하여 착취 가능한 노동력 자원으로 만들려는 의도적 선택.

폐기물 남자와 폐기물 여자(특히 연한계약하인의 대다수를 구성하는 폐기물 어린아이와 청소년)는 식민지 건설이 가능하게 했던 소모용 노동계급이었다. 식민지 아메리카의 소위 황무지는 새로운 가나안이 될 자질이 있었을지 모른다. 대신에 폐기물 인간들은 자신들의 노동으로 그곳의 토양을 기름지게 하는 한편으로 나날이 수척해져갔다. 어떠한 사회적 신분 상승도 실현하기 힘들다는 것을 깨달아가면서.

제2장

존 로크의 느림보 나라: 캐롤라이나와 조지아 정착지

분명코, 주민들이 노스캐롤라이나만큼 일을 덜 하고 사는 곳은 세상 어디에도 없다.

더할 나위 없이 좋은 기후, 용이한 작물 재배,

사람들의 나태함이 합쳐져서 느림보 나라라는 표현이

다른 어느 곳보다 어울리는 곳이다.

– 윌리엄 버드 2세^{William Byrd II}, 「경계선 분할 역사^{History of the Dividing Line}」(1728)

미국인들이 영국의 유명한 계몽주의 사상가 로크^{John Locke}를 생각하면, 제퍼슨^{Thomas Jefferson}이 독립선언서에서 로크의 말과 사상을 암암리에 빌려 어떻게 활용했는가를 먼저 떠올리게 된다. 로크의 유명한 문구인 '생명, 자유, 재산'은 버지니아 사람 제퍼슨에 의해 '생명, 자유, 행복 추구'로 바뀌었다. 로크의 글은 영국령 아메리카 식민지에서 남자, 여자, 아이 할 것 없이 교육받은 사람이라면 누구나 읽는 필독서였다. '인간의 자연권과 자유의 위대하고 영광스러운 주창자'로 불리는 로크의 영향은 미국독립혁명 지도자들의 전술서 역할을 했던 『통치론^{Two Treatises of Government}』(1689)에 국한되지 않았다. 오늘날 우리 관점에서 가장 중요한 부분은 따로 있다. 로크는 「캐롤라이나 기초헌법^{Fundamental Constitutions of Carolina}」(1669, 이하 「기초헌법」) 초안을 작성했는데, 이를 통해 '캐롤라이나의 모든 자유민은 휘하 흑인 노예에 대해 절대적인 힘과 권한을 가진다'

고 인정하고 있다는 점이다. 로크를 강도 높게 비판한 사람들 가운데 하나는 1776년에 '인정 많은 로크 씨의 말이 그런 식이었다!'고 목청을 높였다. 알고 보면 로크의 이런 태도는 놀라울 것이 없다. 로크는 왕립 아프리카회사의 창립 위원이자 3대 주주였기 때문이다. 왕립 아프리카 회사는 영국 노예무역 독점권을 갖고 있던 곳이다. 로크의 캐롤라이나 노예제도와의 인연은 결코 단순한 우연이 아니었다.[1]

1663년 영국의 찰스 2세는 여덟 사람에게 식민지 특허장을 교부하는데, 왕은 이들을 캐롤라이나의 '절대 영주이자 지배 지주'라고 칭했다. 그들은 식민지를 요새화하고, 사람들을 정착시키고 통치할 광범위한 권한을 부여받았다. 2년 뒤에 최초의 측량사가 캐롤라이나 식민지 북동부를 측량하고, 지배 지주proprietor 중의 하나인 앨버말 공작 멍크George Monck의 이름을 따서 앨버말 카운티라는 명칭을 붙였다. 그러나 캐롤라이나와 관련하여 좀 더 분명한 정치적 구상을 내놓은 사람은 따로 있었다. 앨버말 공작과 마찬가지로 유력 지배 지주였던 섀프츠베리 백작, 쿠퍼 경Lord Anthony Ashley Cooper이었다. 섀프츠베리는 캐롤라이나를 '내 사랑' 캐롤라이나라고 불렀다.[2]

섀프츠베리는 통상 및 해외 식민위원회 수장으로서 런던에서 막강한 지위를 차지하고 있었고, 로크에게 자신과 함께 식민지 건설 모험에 합류하라고 적극 권하기도 했다. 섀프츠베리를 통해서 로크는 통상위원회 비서직을 얻었고, 나중에는 섀프츠베리의 개인 비서가 되었다. 섀프츠베리는 로크에게 캐롤라이나에 있는 대리인들과 서신을 교환하고 자신의 지시를 전달하는 일을 시켰다. 아메리카 땅에 발을 디뎌 본 적이 없지만, 로크는 '랜드그레이브landgrave'라는 현지에서 통용되는 칭호와 함께 노동에 대한 대가로 48에이커나 되는 캐롤라이나 땅을 받았다. 이런 과정에서 얻은 식민지에 대한 상세한 지식과 신세계 전반에 대한 폭넓은 독서를 통해 로크는 본질적으로 비자유주의적인 「기초헌법」 초안 작성에 결정적인 영향을 미쳤다.[3]

「기초헌법」은 단순히 노예제도를 지지하는 데서 그치지 않았다. 이는 반봉건적이고 철저히 귀족적인 사회를 조장하는 선언이었다. 작위를 가진 상류층과 장원의 영주에게 유리한 식민지 왕국을 만드는 데 많은 내용을 할애하고 있다. 이는 귀중한 토지라는 상품을 할당받은 확고한 계급 질서에 기초하고 있었다. 신설 카운티 각각은 다시 몇 개의 구역으로 나뉘었다. 그리고 토지의 5분의 1은 자동으로 지배 지주에게 갔고, 다른 5분의 1은 식민지 귀족에게, 나머지 5분의 3은 작위가 없는 장원 영주와 일반 자영농에 해당하는 자유 보유권자에게 갔다.[4]

식민지 특허장을 받은 여덟 명의 지배 지주가 법정 최고 지배기구를 구성했고, 해당 기구는 모든 법률에 대해 절대적인 거부권을 가졌다. 통치 권력은 역시 지방 귀족과 지배 지주들에 의해 운영되는 대평의회Grand Council 수중에 있었는데, 바로 이곳에 법안을 제출할 유일한 권한이 있었다. 상층부가 비대한 식민지 의회는 지배 지주 혹은 그들의 대리인, 식민지의 모든 세습 귀족, 선거구 당 한 명의 자유 보유권자로 구성되었다. 캐롤라이나 헌법은 권력이 사회 상층에 있고, '다수가 참여하는 민주주의 수립을 피하려는' 모든 노력을 다했음을 분명히 보여주고 있다.[5]

입헌주의자 로크는 계급 구조에 마음을 빼앗겼다. 그는 신세계 귀족에게 랜드그레이브landgrave와 커시크cacique라는 매우 독특한 명칭을 부여했다. 랜드그레이브는 군주나 제후를 칭하는 독일어에서 나왔고, 커시크는 아메리카 인디언 추장을 가리키는 스페인어에서 나왔다. 둘 다 영국 제도와는 다른 세습 귀족을 말하는 것이며, 식민지의 토지나 통상을 통해 권력을 확보하는 제국의 실세들이었다. 이런 이상한 조합에 궁정의 화려한 문장이 더해졌다. 이는 결혼을 통제하고 혈통을 유지하는 과정에서, 계급 정체성을 고정하고 규제하려는 의도를 보여주는 한층 강력한 증거였다. 이처럼 거창하고 과시적인 제도는 습지 많은 캐롤라이나 벽지에는 좀처럼 맞지 않았지만, 불안정한 땅에 어떻게든 질서를 부여하려는 간절한 바람을 가지고 보면 모든 디테일 하나하나가 중요했다. 대영제국에서도 변방 중의 변방에 있는 식민지의 야심 찬 남자에게 한껏 과장된 각종 칭호를 부여하는 것도 마찬가지다.[6]

로크가 지지하는 「기초헌법」에는 이런 사이비 귀족 직함보다 기괴한 것도 있었다. 캐롤라이나 사람들은 귀족과 장원 영주 밑에 있는 독특한 하인 계급, 즉 노예보다는 높고 자유민보다는 낮은 지위에 있는 이들에게 모호한 명칭을 부여하고 관리했다. 바로 '영주 관할인Leet-men'이라는 독특한 명칭의 사람들인데, 결혼해서 아이를 낳도록 장려하지만 기본적으로 토지와 영주에게 예속되어 있어야 하는 부류였다. 다른 사람이 이들을 임대하여 고용할 수는 있지만, 영주와의 예속 관계에서 벗어날 수는 없었다. 그들의 신분 역시 세습되는 것이었다. '영주 관할인이 낳은 모든 아이는 영주 관할인이 되며, 모든 세대에 걸쳐 그러할 것이다.' 「기초헌법」은 이렇게 말하고 있다. 말하자면 영주의 재산 상속자는 토지와 건물, 각종 소유물뿐만 아니라 불운한 영주 관할인 역시 물려받았다.[7]

영주 관할인은 봉건시대의 시대착오적 유물 이상의 의미를 지니며, 농촌 빈곤 문제에 대한 로크 나름의 서툰 해법이기도 했다. 과거 농노의 속성을 많이 가지고 있었음에도 로크는 이들을 농노라고 부르지 않았다. 대신에 그는 '영주 관할인'이라는 단어를 선택했는데, 당시 영국 본토에서는 상당히 다른 의미로 쓰이고 있던 단어였다. 바로 빈민 구제 대상이 되는 실업자를 가리켰다. 성공한 다수의 영국인이 그랬듯이 로크는 떠돌이 빈민에게 경멸의 감정을 느꼈다. 로크는 '게으르고 아이들 양육에도 대충대충'이라면서 도덕성과 근면성 부족을 탓하며 그들을 폄하했다. 로크가 보기에 캐롤라이나에도 이미 그런 빈민 가구들이 있었고, 이들이 식민지의 전체적인 발전과 부의 축적에 장애가 되고 있었다. 그러나 로크가 말하는 영주 관할인은 연민과 경멸을 받는 자선의 대상이 아니라, 잠재적인 생산성을 지닌 안정적인 소작농 계급이었다. 당연히 사회 최하층 계급이기도 했다.[8]

이런 영주 관할인이 실제로 존재했을까? 대리인이 운영하는 섀프츠베리 백작의 캐롤라이나 농장에는 노예, 연한계약하인, 그리고 일종의 영주 관할인이 있었다. 1674년 부재지주인 섀프츠베리가 대리인에게 일꾼을 '영주 관할인'으로 고용하라고 지시하면서, 이런 계약을 통해 일꾼의 '자식'에 대한 보유권을 확보할 수 있어야 한다고 강조했다. 이처럼 섀프츠베리는 아이들을 자신이 구상하는 세습 계급 체제의 핵심으로 보았다. 버지니아와 매사추세츠 식민지의 전임자들이 그랬듯이.[9]

「기초헌법」은 사실 가난한 이주민들에 대한 일종의 선전포고였다. 1650년대 찰스 왕이 캐롤라이나 특허장을 교부하기 전에도 버지니아의 고압적인 총독 윌리엄 버클리는 정부로부터 받은 무상 불하지를 돈을 받고 판매하고 있었다. 토지측량사는 캐롤라이나 지역으로 이주한 버지니아 출신 대부분이 공유지 양도증서 보유자가 아니라고 보고했다. 말하자면 그들은 무단토지점유자들이었다. 토지측량사는 '부유한 남자'가 신규로 보충되지 않으면, 즉 집을 짓고 생산성 있는 농장을 운영할 남자가 보충되지 않으면, 걸음마 단계인 캐롤라이나 식민지가 침몰하고 말 것이라고 경고했다. 땅이 없는 무단침입자들은(하인이 아닌 사람들이었다) '평준화'를 널리 퍼뜨릴 뿐이었다. 토지측량사가 말하는 '평준화'는 바람직한 계급 구분이 사라진, 말하자면 바람직하지 못한 사회였다.[10]

로크도 이런 의견에 동조했다. 가난한 버지니아 이주민들은 캐롤라이나 식민지 전체를 몰락시킬지도 모르는 위험한 존재였다. 새프츠베리 역시 '게으르거나 방탕한' 남자와 그들의 가족이 캐롤라이나에 정착하지 못하도록 가능한 모든 수단을 동원해야 한다고 생각했다. 새프츠베리 같은 지배 지주들은 당연히 캐롤라이나 식민지에 과거 연한계약하인 출신들이 넘쳐나는 것을 원하지 않았다. 말자하면 버지니아에서 버린 폐물을 원치 않았다. 그들의 원대한 계획에 따르면, 지배 엘리트의 재원에는 기여하지 않으면서 무단으로 땅에 얹혀사는 사람들의 자리를 영주 관할인이 대신하는 것이 바람직했다. 요컨대 농노가 '태만한 느림보'보다 나았다. 어리석고 서툰 멍청이라는 의미의 '느림보'가 캐롤라이나의 떠돌이 빈민을 가리키게 되었다.[11]

로크가 고안한 영주 관할인이라는 개념은 많은 것을 말해준다. 덕분에 우리는 노스캐롤라이나의 흥미로운 역사를 종합함으로써 이곳 식민지가 우리의 논의 주제인 백인 쓰레기 이야기의 중심에 있다는 것을 보여줄 수 있다. 버지니아와 접하고 있다는 불리한 지형, 높은 비율을 차지하는 빈민 무단토지점유자들의 숫자, 태생적으로 불안한 정부 문제까지 더해져 캐롤라이나는 결국 1712년 남북 두 개의 식민지로 분할된다. 사우스캐롤라이나 사람들은 전통적인 계급 질서의 모든 요소를 도입했고, 로크가 「기초헌법」에서 그랬듯이 노예제도를 온전히 받아들였다. 사우스캐롤라이나의 대농장주와 상인 계급들은 상당히 배타적인 공동체를 형성했다. 부·노예·토지가 소규모 지배 집단에 의해 독점되었다는 의미다. 이런 자기 만족적인 과두 지배 체제는 과거 랜드그레이브의 진정한 후계자다웠고, 듣도 보도 못한 작위를 부여해서라도 유력 가문의 의사擬似 귀족 지위를 만들어내려는 사람들이 가진 왕조 지향 욕망과도 맞닿아 있었다.[12]

1700년이 되면 노예가 캐롤라이나 식민지 남부 인구의 절반을 차지하게 되고, 이런 불균형은 1740년이 되면 72퍼센트로 한층 심화되었다. 1714년 초에 주인이 노예 여섯 명을 살 때마다 반드시 백인 하인한 명을 확보하도록 하는 법안이 제정되었다. '백인 인구가 비례해서 증가하지 않는다'고 한탄하는 사우스캐롤라이나 입법자들 처지에서는 영주 관할인 남녀 군단이 실제로 형성되기를 바랄 또 하나의 이유가 있었다. 영주 관할인들은 토지를 소유한 상류층과 노예 사이에 인종적, 계급적 장벽 혹은 완충지대를 만들어줄 수 있었다. 이를 위해 영주 관할인들의 결혼과 출산을 적극 장려하는 한편으로 그들을 토지에 묶어둘 필요가 있었다.[13]

'가난한 캐롤라이나Poor Carolina'로 알려지게 되는 노스캐롤라이나는 남쪽의 자매 식민지와는 전혀 다른 방향으로 나아갔다. 노스캐롤라이나는 엘리트 대농장주 계급을 강화하는 데 실패했다. 이곳은 앨버말 카운티를 필두로 제국의 떠돌이 이탈자들의 영토, 토지 없는 빈민들의 습지대 피난처가 되었다. 자부심 대단한 버지니아와 신생 사우스캐롤라이나 사이에 끼어 있는 노스캐롤라이나는 초기의 많은 비평가가 골치 아픈 '미국의 하수구'라고 한탄했던 곳이었다. 이곳은 상업과 문명에 저항하는 (혹은 그렇게 보이는) 변경의 황무지였다. 많은 이들이 이곳 주민들을 생각하면 하는 일 없이 빈둥거리는 나른하고 멍청한 사람들 이미지를 떠올렸고, '쓸모없는 느림보들'이라고 무시했다. 말하자면 노스캐롤라이나는 **최초의 백인 쓰레기 식민지**라고 불러도 좋을 그런 곳으로, 이후 오래도록 지속되는 유산을 구축했다. 영국인이고, 영국 자유민의 권리를 주장해왔음에도, '가난한 캐롤라이나'의 게으른 느림보들은 폐기물 인간들의 위험한 피난처이자 퇴화한 미국인 혈통의 산실로 부각되었다.[14]

서로 다투는 남북 캐롤라이나 사람들 사이의 경쟁이 전부가 아니었다. 1732년 조지아가 원래 영토에서 떨어져나감으로써 캐롤라이나에 내려진 최초의 특허장은 결국 세 갈래로 나뉜 셈이 되었다. 남부에 건설된 마지막 식민지인 조지아는 영국 후손 가운데 가장 특이했다. 장군 출신 오글소프^{James Oglethorpe}가 식민지 건설을 이끈 주역인데, 그는 조지아 식민지 건설 모험을 계급 관계를 재구축할 유일한 기회로 보았다. 빚으로 감옥에 간 사람들과 빈민을 이주시켜 재기의 기회를 주자는 것이 오글소프가 생각한 조지아 식민지 건설 목적이었다. 달리 말하자면, 사회에 로크가 말하는 노예나 마찬가지인 영주 관할인을 대신할, 분명코 그보다 인간적인 대안을 제공하자는 것이었다. 조지아는 여러 식민지에서 '빈민을 올바로 처리할' 편리한 장소를 제공했다. 조지아 식민지는 노예제도를 금지하고, '자유민 노동'이 아프리카 노예는 물론이고 연한계약하인에 대한 의존을 대체하게 될 것이라고 내다봤다.[15]

그러나 조지아의 의미는 거기서 끝나지 않았다. 사우스캐롤라이나 사람들이 자신들이 노예를 판매하거나 땅을 지배할 가능성의 공간으로 새로운 영토에 눈독을 들이고 있을 때도, 이곳 자유노동자들의 식민지는 역으로 사우스캐롤라이나의 취약한 대농장주 계급을 주변 원주민 부족과 플로리다의 스페인 이주민들에게서 보호해주는 역할을 하고 있었다. 이유는 이곳이 일종의 완충지대(그리고 무노예지대)를 제공했기 때문이다. 조지아가 없었다면 원주민 부족과 플로리다의 스페인 이주민들은 (사우스캐롤라이나에서) 도망친 노예들에게 일종의 낙원을 제공했을 것이고 이로 인해 노예들의 탈주가 급증했을 것이다. 앞으로 살펴보겠지만 자선 식민지를 꿈꿨던 조지아의 실험은 주목할 만한 것이었다.

노스캐롤라이나의 물리적 지형은 주민의 성격 형성에 결정적인 영향을 미쳤다. 버지니아와 캐롤라이나 사이 경계를 따라 디즈멀 습지 Dismal Swamp 라고 알려진 넓고 음습한 습지대가 있다. 버지니아와 뉴잉글랜드에서는 영국인 정착민들이 먼저 사용했지만, 'Swamp'라는 단어는 원래 저지低地 독일어와 네덜란드어에서 나왔다. 한편 'Dismal'이라는 단어는 미신 분위기가 풍기는 중세 전승을 떠올리게 하고, 저주받은 시대, 성경에 나오는 이집트를 덮친 재앙, 사악한 음모, 불길한 전조 등과 연결되었다. 비슷한 맥락에서 셰익스피어의 '어두운 지옥 dismal을 꿈꾸는 밤'이라는 표현에서 보이듯 어둠의 세계, 지옥을 연상시키기도 했다.[16]

버지니아 사람들은 넓이 4,000km²에 이르는 광대한 습지를 위험투성이 점이지대漸移地帶로 보았다. 끝이 없어 보이는 습지는 글자 그대로 두 식민지에 중첩된다. 모기가 들끓는 사이프러스나무 숲을 뚫고 지나가는 분명한 길은 없었다. 이곳을 지나는 사람들은 곳곳에서 무릎 깊이의 질척한 이탄에 빠졌고, 옹이투성이 나무뿌리가 여기저기 흩어져 있는 끈적끈적한 시커먼 물속을 뚫고 가야 했다.[17]

디즈멀 습지의 나무며 덤불 사이로는 좀처럼 햇빛이 들어오지 않았고, 공기는 유독가스를 내뿜었다. 이런 냄새는 '광대한 넓이의 불결한 진창'에서 나오는 '역겨운 발산물'이라고 생생하게 묘사되었다. 유복한 버지니아 사람 윌리엄 버드 2세의 여행기에 나오는 표현이다. 버드는 1728년 버지니아-캐롤라이나 경계지역 깊숙한 곳을 걸어서 통과했다. 영국에서 교육받은 재치 넘치는 대농장주였던 버드는 사람이 살기 힘든 풍경에 대한 암울한 이야기를 멋들어지게 만들어냈고, 미련퉁이 같은 캐롤라이나 주민들에 대해서도 이러쿵저러쿵 말을 보탰다. 말하자면 버드는 늪지대 출신 백인 쓰레기의 시골 생활이라는 이후 끈질기게 이어지는 지겨운 초상을 그린 최초의 작가였다.[18]

이 암울한 지역이 갓 탄생한 노스캐롤라이나 식민지의 상징이 되었다. 디즈멀 대습지는 문명화된 버지니아 대농장주와 캐롤라이나의 무식한 야만인을 나누고 있었다. 습지란 분명한 경계를 가리기 힘든 지역이다 보니 캐롤라이나가 존재하는 초기 65년 동안 끊임없이 다툼의 대상이 되었다. 버지니아는 1663년 특허장에 정해진 캐롤라이나의 경계에 대해 반복적으로 이의를 제기했다. 이처럼 지속되는 관할권 분쟁 때문에 법적 불확실성과 사회적 불안정이라는 정치적 분위기가 만들어졌다.[19]

디즈멀 습지에 대한 버드의 해법은 물을 빼내고 생산적인 농지로 만들자는 것이었다. 워싱턴George Washington을 포함한 훗날의 기획자들 역시 버드의 아이디어를 따랐다. 1763년 워싱턴은 다른 투자자들과 팀을 이루어 회사를 하나 설립했는데, 노예를 활용해 디즈멀 습지의 물을 빼낸 다음 마를 키우고 목재를 생산하는 것이 회사의 설립 목적이었다. 1790년에는 '운하'(당시 용어대로 정확하게 표현하자면 '배수로')를 건설하려는 노력을 경주했는데, 사이프러스나무, 가시 많은 들장미, 진흙투성이 물길로 이루어진 늪지를 통과하는 터널을 뚫어야 하는 이 만저만 힘든 작업이 아니었다.[20]

캐롤라이나 해안선은 보기에도 썩 매력적이지 않은데다 실용적이지도 않아서 식민지 북부에는 대형 범선이 쉽게 접근하지 못하는 구조였다. 뉴잉글랜드 사람들만이 바닥이 얕은 배를 타고, 모래톱투성이에 수심이 얕은 아우터뱅크스만을 항해할 수 있었다. 규모 있는 항구가 없고, 버지니아를 거치도록 물건을 부치면 부담스러운 세금을 물어야 하는 상황이다 보니 많은 캐롤라이나 주민들이 밀수에 의존했다. 한편 여기저기 숨은 작은 만灣 때문에 노스캐롤라이나는 해적들에게 매력적인 장소가 되었다. 17세기 말부터 18세기 초까지 서인도제도에서 북아메리카 대륙에 이르는 무역로를 따라 해적이 기승을 부렸다. 또한 이들 공해상의 도둑들을 비호하고 불법 교역에서 나오는 이익을 사적으로 챙겼다는 혐의로 기소된 앨버말 시장이 한둘이 아니었다. 악명 높은 검은 수염(Blackbeard, 에드워드 티치^{Edward Teach} 혹은 에드워드 새치^{Edward Thatch}의 별명)이 이곳을 근거지로 삼았고, 바베이도스 신사^{紳士}에서 해적으로 변신한 보네^{Stede Bonnet} 소령도 마찬가지였다. 아마 둘 다 노스캐롤라이나 주민들의 누추한 집에서 따뜻한 환대를 받았을 것이다. 적어도 검은 수염은 분명 그렇게 주장했다. 1718년 버지니아 사람들과의 끔찍한 싸움에서 목숨을 잃기 전까지.[21]

노스캐롤라이나의 앨버말 지역은 버지니아에서 가장 가난한 지역과 비교할 수 있었다. 대부분의 정착지가 넓게 흩어져 있었는데, 지배 지주들이 선호하지 않는 거주 방식이었다. 그곳 정착민들은 면역지대^{免役地代}, 즉 토지세 납부가 면제된 곳으로, 이는 지배 지주들 처지에서는 가장 좋은 수입원 중 하나였다.[22] 영국 정부가 지배 지주들에게서 토지를 사들여 왕령 식민지로 바뀐 노스캐롤라이나에는 1729년 3,281개의 무상 불하지와 해당 토지의 절반 정도를 소유한 309명의 양수인이 있었다. 이는 거의 3만 6,000명에 달하는 인구 가운데 대다수는 소규모 혹은 그다지 크지 않은 불하지를 받거나 아예 토지가 없었다는 의미가 된다. 대다수 빈민 가구에서는 노예나 연한계약하인은 물론이고 일손을 거들 아들마저 부족했다. 1709년에는 앨버말 최빈 지역의 무단토지점유자들이 '재판장님'에게 자신들의 토지가 모래벌판이나 다름없다면서 세금을 경감해달라고 탄원했다. 서너 달 뒤에 영국 성공회 목사는 이곳 식민지 주민들은 '워낙 불결한데다 매사를 대충대충 처리해서' '말 여물통의 옥수수와 식탁 위에 놓인 빵이 거의 차이가' 없을 정도라고 말하며 진저리를 쳤다. 목사는 또한 노스캐롤라

이나 식민지 전체가 '나태와 빈곤'으로 '가득 찼다'고 한탄했다.[23]

노스캐롤라이나 지역의 쓸모없는 토지, 마찬가지로 쓸모없는 정착민들을 보면서 1672년 즈음에는 이미 버지니아 당국이 버지니아-캐롤라이나 경계선에 이의를 제기했다. 1672년 윌리엄 버클리 총독은 앨버말 카운티를 버지니아로 흡수하려고 캐롤라이나 지배 지주들과 협상을 시작했다. 해당 계획은 실패로 끝났지만 20년 뒤에 다시 시도되었다. 그동안 식민지 당국들은 거의 관세를 징수하지 못했다. 한편 지배 지주들은 면역 지대 징수를 거부하는 저항에 직면했다. 무질서가 판을 쳤다. 명목상으로만 대영제국 소유였던 앨버말 카운티는 사실상 제국의 지배를 일상적으로 벗어나 있었다.[24]

초기 50년 동안, 불안정했던 캐롤라이나 북부는(자체 정부를 가지고 있었다) 두 번의 내부 반란과 투스카로라 인디언 부족과의 전쟁으로 크게 흔들렸다. 이름이 잘못 붙은 컬페퍼의 반란Culpeper's Rebellion, 1677~1679은 특히 많은 것을 말해준다. 밀수를 엄중 단속하고 관세를 징수하여 지배 지주의 환심을 사려고 했던 야심 찬 상인이자 담배 농장주였던 밀러Thomas Miller와 가난한 정착민과의 다툼에서 토지측량사 컬페퍼John Culpeper가 후자의 편을 들었다. 컬페퍼와 밀러의 개인적 충돌이 예상치 못한 광범위한 결과를 초래했다. 밀러가 리더십 공백을 이용해 정부 통제권을 장악했다. 옹졸한 하류 폭군들이 흔히 그렇듯이 밀러는 주변에 무장한 경호원들을 두고 대중의 접촉을 차단한 반면, 컬페퍼는 대중의 지지를 결집시키면서 비공식 민병대를 조직했다. 결국 밀러가 식민지에서 도망칠 수밖에 없었다. 런던으로 돌아간 밀러는 반란 주도 혐의로 컬페퍼를 고소했고, 그로 인해 컬페퍼는 1680년 반역죄로 재

판을 받았다.[25]

이후 지배 지주 섀프츠베리가 나서서 컬페퍼를 변호하는 예기치 못한 상황이 전개되었다. 섀프츠베리는 유창한 연설을 통해 노스캐롤라이나에는 안정적인 정부가 합법적으로 존재한 적이 결코 없었다고 주장했다. 로크의 『통치론』에 나올 내용을 예상이라도 한 듯 섀프츠베리는 식민지가 사실상 자연 상태로 남아 있었다고 결론을 맺었다. 진정한 정부가 없다면 반란도 있을 수 없다. 이런 해석은 캐롤라이나 북부의 이도저도 아닌 국외자 지위를 한층 부각시킬 뿐이었다.[26]

컬페퍼의 반란은 노예 반란으로 보기 힘든 무엇이었다. 가난한 정착민들이 '랜드그레이브 반대, 커시크 반대' 목소리를 높였지만 엄밀하게 말해서 이들의 봉기를 부자에 맞선 빈민의 싸움이라고 부를 수는 없다. 밀러의 목적은 밀수를 금지하고 캐롤라이나 동포들을 대영제국 식민지 무역 체제에 억지로 참여시키려는 것이었다. 따라서 밀러는 평범한 농부를 포함해 밀수에 의지해서 살아가는 사람들을 공격 목표로 삼았다. 이런 경우 계급 권력은 대영제국 세력권에 의존하는 데서 이득을 보는 사람들이 중심이었고 그들의 지지가 필요했다. 그러나 밀러는 헌법에 위반되는 통치권을 주장하고 고압적인 전술을 씀으로써 정치권 내에서 존경과 지지를 얻는 데도 실패했다. 실제로 밀러는 국왕에 대한 욕설과 취중 악담 등으로 악명 높았고, 결국 그것 때문에 폭력선동과 신성모독 혐의로 기소되었다. 말하자면 밀러는 좋게 보아도 젠체하는 허식가이고, 나쁘게 보면 막돼먹은 불량배였다. 결국 노스캐롤라이나의 귀족 리더십은 랜드그레이브와 커시크라는 급조한 칭호만큼이나 미덥지 못하다는 것이 증명된 셈이었다.[27]

실정失政의 역사는 계속 노스캐롤라이나를 괴롭혔다. 1681년부터 1689년까지 총독을 맡은 소델Seth Sothell은 사적 이득을 목적으로 48에 이커나 되는 토지를 독점했다. 결국 그는 식민지에서 추방되었다. 이 것뿐만이 아니다. 1662년부터 1736년까지 자매 식민지인 사우스캐롤라이나 총독을 지낸 사람이 25명인데 반해, 노스캐롤라이나는 41명에 달했다. 1691년 이후 통치의 안정성을 높이고자 사우스캐롤라이나 정부가 노스캐롤라이나의 부총독을 임명했다. 1708년 노스캐롤라이나에서 하이드Edward Hyde 총독에 맞서는 반란이 일어나자, 버지니아 총독 스포츠우드Alexander Sportswood는 이곳에 이웃한 남쪽 식민지와 전쟁을 시작했다. 버지니아와 노스캐롤라이나의 충돌은 투스카로라 인디언들의 심기를 다시 건드리는 계기가 되었다. 이들은 자기네 영토를 반복적으로 침범하는 영국인의 행태에 오래전부터 분개하고 있던 참이었다.[28]

1711년 사우스캐롤라이나가 개입했고 반웰John Barnwell 대령을 보내 투스카로라족을 진압했다. 반웰은 전공을 인정받아 넓은 토지를 상으로 받을 것으로 생각했지만, 기대가 충족되지 않자 반대편에 서서 판을 뒤집었다. 인디언들을 선동해 노스캐롤라이나의 여러 정착지를 공격하게 한 것이다. 사실 이런 배신이 있기 전에도 반웰은 이곳 식민지 개척자들과 전혀 동질감을 느끼지 못하고 겉돌았다. 반웰이 남긴 글에서 이런 사실을 확인할 수 있다. 반웰은 노스캐롤라이나 사람들은 '신이 창조한' 가장 '비겁한 돌대가리(느림보의 다른 말 정도로 생각하면 되겠다)로, 그나마 기대할 것이 있다면 노예처럼 활용하는 정도'라고 말했다.[29]

버지니아의 스포츠우드 총독은 앨버말 카운티가 '모든 도망 하인들을 위한 피난처'라고 몰아세우면서 '신앙이 전혀 없다'고 비난했다. 또한 앨버말 카운티를 '아메리카의 하수구, 변절자들의 피난처'라고 맹비난했는데, 과거 버지니아 총독의 주장을 그대로 반복하고 있었다. 이런 표현을 통해 스포츠우드는 상업적인 배출구를 의미하는 동시에, 감정적인 색채가 농후한 '변절자'라는 단어를 통해 글자 그대로 기독교 신앙은 물론 국민적 충성을 져버린, 제멋대로의 반종교적인 사람들을 보호하는 요새라는 의미를 담으려 했다. 그렇다고 노스캐롤라이나 신도들을 이끄는 목사가 없었던 것은 아니었다. 사실 이곳 사람들의 진정한 배교 혐의는 영국에 고분고분 납세하기를 거부했다는 것이다.[30]

버지니아 사람들은 이웃 식민지 주민들을 제국의 규칙 안에 묶어두려고 끊임없이 노력했다. 1710년에 토지측량 팀이 파견되었지만 어떤 것도 해결하지 못했다. 1728년에도 같은 시도가 있었고, 당시 윌리엄 버드 2세는 직접 합동 조사를 이끄는 것을 수락했다. 버드는 인내심을 가지고 디즈멀 습지를 몇 달 동안 돌아다녔고, 주민들을 만났고, 그들을 잔인하게 조롱했고, 디지멀 습지 너머 비옥한 토지를 탐냈던 것처럼 그곳 여자들을 탐욕스러운 시선으로 바라보았다. 버드는 습지의 넓이를 판단하기 위해 부하들에게 북을 두드리고 총을 쏘라고 지시하고는, 그 소리가 '실없이 떠드는 헤픈 계집' 같다고 상스러운 비유를 하기도 했다. 이처럼 성마르고 무례한 태도는 음침하고 불가사의한 캐롤라이나 습지가 결코 비밀스러운 정체를 드러내지 않으리라는 버드의 전반적인 느낌을 반영하는 것이기도 했다. 그렇다고 가만있을 버드는 아니었다. 문필가이자 아마추어 박물학자이기도 한 버드는 두 가지 버전의 모험담을 집필했다. 하나는 상대적으로 제약을 덜 받으며 자유롭게 쓴 「비사^{祕史}」이고, 다른 하나는 좀 더 길고 잘 다듬어진 글로 제목은 「버지니아와 노스캐롤라이나 사이의 경계선 분할 역사^{The History of the Dividing Line Betwixt Virginia and North Carolina}」이다.[31]

버드에게 버지니아는 거의 에덴동산에 가까운 식민지로, 미개한 이웃 식민지와는 완전히 다른 세상이었다. 노스캐롤라이나 여행을 시작하기 불과 2년 전인 1726년에 썼던 사색적인 편지에서 그는 자신을 '나의 양떼와 양치기, 남녀 노예'로 둘러싸인 채로, '무화과나무' 아래서 쉬고 있는 남자로 묘사했다. 반쯤 봉건적인 대지주, 반쯤 근대적인 아브라함인 버드는 자신의 식민지를 '거지들의 섬'(여기서 그가 가리키는 것은 영국이다)을 배회하는 '떠돌이 비렁뱅이'들에게서 멀리 떨어진 목가적인 피난처로 그렸다. 그는 버지니아에는 빈곤 따위는 존재하지 않는 척했다. 자신의 노예들은 순종적이고 생산성도 높다고 했다. 노예제를 토대로 하는 아주 질서정연한 사회 덕분에 버드가 목가적인 꿈에 탐닉할 수 있을 뿐만 아니라 가난한 백인이 (그의 식민지에) 접근하지 못했다.[32]

그러나 캐롤라이나는 사정이 달랐다. 불분명한 경계 바로 너머에는 계급 질서가 심각하게 손상된 완전히 낯선 세계가 펼쳐졌다. 버드가 꾸린 소규모 토지위원회는 중세 성전에 착수한 '편력 기사'들 같았다. 사람들이 오두막에서 나와 버지니아에서 온 이방인들을 응시하는 모습을 보면, 마치 토지위원회가 머나먼 '모로코 대사'라도 되는 것 같았다. 수행 목사가 동행했기 때문에 그들은 경로를 따라 이동하면서 아이들에게 세례를 베풀고, 결혼식 주례를 봐줄 수 있었다. 버드와 그가 이끄는 우월한 기독교도 일행은 (과거 성전에 참여한 편력기사들처럼) 이

교도 캐롤라이나 사람들에게 성수를 뿌리며 전진했다.[33]

적어도 버드는 그렇게 생각했다. 사실 캐롤라이나 사람들은 종교와 개혁에 대한 저항을 보여주었다. 버드도 지적한 것처럼, 남자는 어떤 종류의 노동에 대해서도 고집스러운 '거부감'이 있었다. 그들은 오전이 다 가도록 (코를 골며) 잠을 잤다. 그리고 일어나서는 파이프 담배를 피웠다. 그들은 문밖을 엿보는 것조차도 거의 하지 않았다. 어쩌다 밖을 내다보다가도 날씨가 선선해진다 싶으면 '추위에 몸을 떨면서' 재빨리 '따뜻한 벽난로가 있는 방구석'으로 돌아갔다. 날이 따뜻해지면 괭이로 땅을 파볼까 잠시 생각도 해보지만 금세 이런저런 핑계를 생각해내고 결국 아무 일도 하지 않았다. 버드에 따르면, 의욕이라고는 없는 이들 캐롤라이나 사람들은 '솔로몬이 비난한 게으름뱅이처럼 빈둥거리며 시간을 보내는' 것을 좋아했다. 그나마 실행되는 소량의 노동은 가난한 여자들에 의한 것이었다.[34]

캐롤라이나를 보면서 윌리엄 버드는 아메리카 신대륙의 운명에 대한 자신의 큰 비전을 수정하지 않을 수 없었다. '행복한 이곳'에서 지금까지 본 '가장 비참한 빈곤' 사례로 버드는 코닐리어스 키스라는 시골살이하는 남자를 콕 집어 이야기했는데, 그는 아내와 여섯 아이를 데리고 지붕조차 없는 집에서 살고 있었다. 키스가 사는 곳은 사람의 주거지라기보다는 외양간에 가까웠다고 버드는 말했다. 밤이면 가족들은 동물 사료로 쓰는 꼴 무더기 위에서 잠을 잤다. 버드는 남편이자 아버지인 남자가 가족의 안위보다는 동물 먹이를 지키는 데 관심을 갖는 것이 특히 이상하다고 생각했다. 나아가 키스가 이런 삶을 스스로 선택했다는 것이 버지니아의 부유한 탐험가에게는 최대 충격이었다. 숙련을 요하는 직업을 갖추고 좋은 토지와 건강한 사지를 가진 남자가 '늪과 연못으로 둘러싸인 습한 소택지에 사는 아일랜드 사람들'보다 못한 열악한 삶을 선택했다. 항상 그렇듯이 언어 선택을 보면 버드의 생각이 분명하게 보인다. 아일랜드 사람에 대한 영국인의 경멸이야 새로울 것이 없지만, '소택지 사람들'은 이곳 습지의 부랑자를 가리키는 절묘한 동의어가 아닐 수 없었다.[35]

캐롤라이나 사람들을 '느림보 나라^Lubberland' 주민들과 동일시하는 버드의 비유는 '일 안 해^Neverwork' 마을 근처, '태만^Sloth' 카운티에서 태어난 '게으름뱅이 로런스^Lawrence Lazy'가 등장하는 친숙한 영국 민간설화에 나오는 내용이다. 로런스는 따뜻한 벽난로 구석에 앉아 빈둥거리며 꿈을 꾸는 '뚱보'였다. 키우는 개마저도 주인을 닮아 얼마나 게으른지 '로런스의 머리맡, 벽 근처에 누워서 짖기만' 했다. 느림보 나라에서는 게으름이 전염되었다. 또한 로런스는 주문을 걸어 주민 전체가 깊은 잠에 빠지게 하는 능력이 있었다. 주변 세계와 단절된 채로 사는 시골의 가난한 사람들에게 적용해보면, 잠이라는 은유는 식민지 지배에 대한 만연한 저항을 암시했다. 버드는 자신이 캐롤라이나에서 마주친 사람들이 모든 형태의 통치에 저항한다고 생각했다. 성서에 나오는 것처럼 '모든 사람이 자기 마음에 드는 일을 하면서' 일체의 통치나 간섭에 저항한다고.[36]

나태함의 근원을 깊이 생각하면 할수록 버드는 이곳 느림보들의 혈통 자체에 문제가 있다는 확신을 갖게 되었다. 그들은 습지 근처에 살면서 '게으름이라는 전염병'을 앓고 있었는데, 이로 인해 '아이를 낳는 것 말고는 모든 것에 나태하게' 되었다. 그들은 '송장 같은 안색'과

'게으르고 굼뜬 습관'을 보여주었다. 기후와 비위생적인 식사의 결합이 그들을 불행한 결말로 몰고 갔다. 돼지고기를 먹다보니 (스피로헤타에 의한 감염병인) '요오스^{yaws}'에 걸렸는데, 증상이 매독과 일치했다. 코가 주저앉고 입천장이 파괴되어 소름 끼치게 기형적인 얼굴이 되었다. 주저앉은 '평평한 코' 때문에 멧돼지처럼 보였을 뿐만 아니라 실제로 그렇게 행동하기 시작했다. '많은 이들이 말을 한다기보다는 꿀꿀거리는 것처럼 보였다'. '불결한' 시골 지방에서 사람들은 식량을 약탈하고 간통을 하면서 시간을 보냈다. 화라도 나면 '산 채로 살을 깎아내 찢어버리겠다'고 고함치는 소리를 들을 수 있었다. 이것이 그들이 '즐겨 사용하는 감탄사'였다고 버드는 말했다. 이처럼 기이한 말버릇은 식인 관습, 아니면 갓 잡은 먹이를 둘러싸고 게걸스럽게 먹는 하이에나들을 연상시킨다. 인육을 먹는 습지의 괴물들을 어떻게 같은 영국인이라고 생각할 수 있겠는가?³⁷

버드는 자신이 탐험한, 신도 버린 암울한 황야 상황을 개선할 현실적인 아이디어는 거의 남기지 않았다. 오직 극단적인 처방만이 효과가 있다는 식이었다. 느럽보들을 스위스와 독일 정착민으로 대체하고 습지에서 탁하고 불결한 물을 빼내는 것이다. 버드는 남성 정착민에게 인디언 여자와의 교혼을 장려했다면 식민지화 결과가 좀 더 낫지 않았을까 생각했다. 꽃이나 나무가 이종교배를 통해 개량되듯이 두 세대에 걸쳐 인디언 후손들이 개량되었을 것이라는 의미다. 진한 피부가 하얗게 변하고 이교도 풍습도 흐려지는 식으로. 여기서 버드는 작가 존 로슨이 『캐롤라이나로의 새로운 여행』에서 피력한 생각을 차용하고 있다. 로슨은 해당 저서에서 하층민 남자가 결혼 지참금으로 토

THE MAPP OF LUBBERLAND
or the Ile of Lazye

Gallants when you this peece haue rightly Scand   Capons Piggs Geese come ready rosted there   If you loue rest there is your only keeping
Then know it is the Mapp of Lubberland   Lye all alonge you cannot want good chaire   Where they haue in peace merry day for Slepng
Orth Ile of Lazye name it which you please   And for your entrance that askes no great Shilling This Ile is in the Clime cald any Where
Where none doe labours all doe Liue at ease   Tis only wald aboute with a hasty Pudding   As easye to be found as Cuckold sheire

「느림보 나라 혹은 게으름뱅이 섬의 지도」(1670)는 게으름이 전염되고 정상적인 남자가 일하려는 의지가 결여된 상상의 세계를 보여준다.

− British Print, #1953.0411.69AN48846001, the British Museum, London, England

지를 가지고 오는 원주민 여자들과 결혼함으로써 경제적 이득을 얻었다는 이야기를 한다. 한편으로 버드는 배에서 내리자마자 묻지도 따지지도 않고 문란한 영국 여자들과 결혼한다면서 생각 없는 백인을 비난했다. 심지어 그는, 당연히 비꼬는 의미로, 빈민들이 곰처럼 6개월을 동면으로 보낸다면 여러 사회문제가 사라질 것이라고 말하기도 했다. 버드는 글에서 "거지와 소매치기들이 동면하지 못한다는 사실이 참으로 안타깝다"고 한탄했다.[38]

유독 생생한 표현이 차이 날 뿐, 버드의 관점은 결코 그만의 생각이 아니었다. 엄스턴John Urmston이라는 영국 성공회 목사는 가난한 백인 교구민들이 목사보다 돼지를 좋아한다고 상부에 보고했다. 돼지들이 교회 안에 들어와 더위를 피하게 하고, '배변을 비롯한 온갖 지저분한 것들'로 바닥을 더럽히는 것을 방치한다는 내용이었다. 1737년 노스캐롤라이나 총독 존슨Gabriel Johnson은 노스캐롤라이나 사람들을 '가장 비열하고, 상스럽고, 불결한 족속들'이라고 말했다. 늦어도 1770년대가 되면서 노스캐롤라이나를 지나는 여행자는 으레 이곳 주민들이 자신이 지금까지 만나본 중에 가장 '무식한 놈들'이라고 생각했다. 심지어 그들은 자신들이 살고 있는 장소 이름조차 말하지 못했고, 이웃집이 있는 방향도 알려주지 못했다. 고립된 시골 사람들은 믿기지 않는다는 놀라운 시선으로 여행자들을 맞았고, '이상하고 기이한 사람들'로 간주했다. 이들 시골의 가난뱅이들은 현실과 동떨어진 사람들이었다.[39]

오늘날 우리가 생각하면 충격적이지만 초기 미국 식민지 이주민 다수가 평생을 이처럼 우중충하고 불결한 환경에서 보냈다. 여기서 제시되는 지저분한 모습은 미국 과거사의 불가피한 일부분이다. 그것이 전부가 아니다. 그들은 몸에 난 아물지 않은 상처들을 그대로 내보인 채로 돌아다녔다. 열악한 식사 때문에 안색은 송장처럼 창백했다. 많은 이들이 사지, 코, 입천장, 이빨이 없었다. 스미스라는 여행자의 기록을 보면, 그가 마주친 무지렁이들은 '면 누더기'를 걸치고 '더러운 때로 온몸이 뒤덮여' 있었다.[40]

식민지 아메리카의 빈민은 단순히 폐기물 인간, 즉 구세계에서 같은 취급을 받던 사람들과 동급인 그런 존재가 아니었다. 동시대 관찰자들이 보기에 그들은 같은 종을 재생산함으로써 기묘한 새로운 인간 종을 만들어내는 과정에 있었다. 17세기와 18세기 초에 캐롤라이나를 여행한 다수의 여행자는 계급 구조는 지리와 연결되어 있으며 토양에 뿌리를 두고 있다고 믿었다. 탐험가, 아마추어 과학자, 윌리엄 버드 같은 초기 동물 행동 학자들은 모두 열악하거나 제대로 관리되지 못한 땅은 마찬가지로 열등하고 통제 불가능한 사람들을 낳는다고 추정했다(그리고 그런 생각을 당당하게 공표했다).

로크가 캐롤라이나에 미친 영향은 주로 지적인 성격이었다. 하지만 야심 찬 기획자의 지도로 탄생한 인접한 남부 식민지는 그렇지 않았다. 조지아는 헌법에 따른 통치 체제로 탄생했다기보다는 일종의 자선 벤처로 설립되었다. 빈민 가구에 희망을 주고 빚에 시달리는 채무자들의 상황을 개선하는 것이 목표였다. 막후 기획자로 가장 중요한 인물 중의 하나가 제임스 오글소프였다. 오글소프는 군인 겸 모험가로 의회와 식민지 신탁위원회의 허락하에 아메리카 식민지로 가서 이주민들이 자리를 잡도록 도왔다. 이익 추구를 목적으로 건설되지 않은 미국

내 정착지는 조지아가 유일했다. 1732년에 특허장을 받은 최남단 식민지인 조지아는 미국독립혁명 이전에 들어선 마지막 식민지이기도 했다. 조지아 식민지 건설의 목적은 두 가지였다. 남북 캐롤라이나 식민지를 장악한 부의 양극단 사이에서 중간 지대를 개척하고, 플로리다 지역의 에스파냐 사람들과 맞설 장벽 역할을 하게 하는 것이었다. 그것 자체로 조지아는 독특한 실험의 장이 되었다.

개별 정착민의 토지 소유를 최대 500에이커로 제한하는 보수적인 토지 정책 덕분에 조지아에서는 인접한 사우스캐롤라이나 식민지에 만연한, 대농장주 중심 경제성장과 노예를 토대로 하는 과두 지배를 막을 수 있었다. 노스캐롤라이나의 무단토지점유자 역시 이곳에서는 찾기 힘들었다. 영국, 스코틀랜드, 유럽 여러 지역에서 오는 가난한 정착민들은 50에이커의 땅을 무료로 받았고 더불어 집과 정원도 받았다. 이웃한 북쪽 주들과 달리 조지아는 하층계급을 착취하지도 부자들에게 특혜를 주지도 않는 사회질서 만들기를 실험했다. 식민지 건설자들은 이곳을 근면하게 일하는 가구들의 안식처로 바꾸고자 했다. 그들은 일찍이 전례가 없는 어떤 것을 건설하려는 목표를 세웠다. 바로 '자유민 노동'을 토대로 하는 식민지를 건설하는 것이었다.

식민지 운영 두 번째 해에 이곳 정착지를 방문한 무어[Francis Moore]에 따르면 두 가지 '특이한' 관행이 눈길을 끌었다. 술과 흑인이 모두 금지였다는 점이다. '노예제도도 허락되지 않았고 흑인도 마찬가지'였다. 무어는 글에서 이렇게 말했다. '자유로운 백인을' 위한 성역으로서 조지아는 '노예를 허용하지 않았는데, 노예가 있으면 가난한 노동자가 굶주리게 되기 때문'이다. 자유민 노동이라는 이상은 가난한 백인이 진지하게 경작에 임하도록 장려하고, 외부의 공격으로부터 토지를 지켜야 하는 상황에서 불굴의 의지로 싸우게끔 했다. 또한 영국인의 가장 치명적인 질병인 나태라는 병을 고치게 하리라는 전망을 제시했다.[41]

영국 의회의 교부금을 받아 운영되고 20명으로 구성된 신탁위원회의 감독을 받고는 있었지만 조지아는 원칙적으로는 자선사업체로 남아 있었다. 신탁위원회는 자기 자신이 아니라 타인을 위해서라는 의미의 'non sibi sed aliis'라는 라틴어 문구를 식민지의 좌우명으로 삼고, 주민들에게 박애 정신을 심어주려고 노력했다. 오글소프는 신탁위원회 업무 이외에도 식민지 일상 운영의 기틀을 잡았다. 1732년부터 1733년 사이에는 마치 모세처럼 114명의 영국인 정착민을 최초 이주 집단으로 식민지로 데려오기도 했다.[42]

신탁 위원으로서 오글소프는 결코 식민지 총독 자리에 앉지도, 자신의 부를 위해 토지를 사들이지도 않았다. 고등교육을 받은 의회의 일원이었지만 하인 없이 여행하면서 소박하게 살았다. 1716년부터 1718년 사이 오스트리아-투르크 전쟁 당시 사보이의 외젠 공Prince Eugene of Savoy 밑에서 장교로 싸운 경험이 있는 오글소프는 군대의 기강을 잡는 방법을 잘 이해했다. 덕분에 그는 모방의 힘을 신뢰하게 되었다. 오글소프는 사람들은 좋은 지도자를 보고 배우면서 좋은 일을 하게 된다고 믿었다. 그는 아프거나 가난한 사람들과 음식을 나누었다. 조지아 동부 항구도시, 서배너 북쪽에 있는 스코틀랜드인 거주지를 방문했을 때는 푹신한 침대를 마다하고 다른 사람들과 똑같이 딱딱한 바닥에서 잠을 잤다. 오글소프는 다른 어떤 식민지 건설자보다 보통 사람의 일원으로 그들과 어울려 지내면서 협력을 장려했다.[43]

영국과 에스파냐 영토 사이에 있는, 자유민 노동 완충지대로서 조지아의 상황은 독특했다. 1742년 오글소프는 에스파냐의 세인트오거스틴과 싸우는 원정군을 이끌었다. 조지아 북쪽, 즉 사우스캐롤라이나의 영국인 동포들은 이 군사작전에 자금 지원을 망설였다. 오글소프는 사우스캐롤라이나 사람들이 대규모 노예 인구와 함께 생활하는 부담을 안고 있으면서, 자신이 안전하다고 착각하는 것을 보고 경악을 금치 못했다. 오글소프는 사우스캐롤라이나 사람들의 이런 착각을 '어리석은 안심'이라고 불렀다. 조지아 식민지 서배너의 물리적인 배치는 군영에 필요한 모든 요소를 갖추고 있었고, 신병들은 아메리카에 도착하기 전부터 군사훈련을 받았다. 남자 고아들은 물리적으로 감당할 수 있는 나이가 되면 머스킷 총 잡는 법을 배웠다.[44]

당시 열여섯 살이었던 어린 식민지 신봉자, 시크니스[Philip Thicknesse]는 1735년 어머니에게 보낸 편지에서 '남자가 근면하다면 여기서 자립해서 살 수 있을 것 같다'고 말했다. 오글소프가 세운 웅장한 식민지 계획에 따르면, 질서 있게 움직이는 시민병이 식민지를 지키는 것이 바람직했다. 또한 그는 땅을 경작하며 자급자족하는 미덕을 몸에 익히는 전통적인 농업 사회 이상을 지지했다. 생산성 있고 생활이 안정된 건전한 농가들이 식민지에 단단히 뿌리를 내려야 했다. 오글소프가 1732년에 쓴 글에서 말한 것처럼 여자들은 청결한 습관을 몸에 익히고 '건강에 좋은 음식'을 내놓고, 필요한 경우 병자들을 돌보았다. 이전의 다른 식민지 건설자들과 달리 오글소프는 혜택 받지 못한 하층민들도 공정한 기회가 주어지면 새 삶을 얻을 수 있다고 생각했다.

일하는 아내와 장남이 연한계약하인과 노예의 노동을 대체할 수 있으리라는 오글소프의 계산은 훨씬 급진적이었다. 오글소프는 아내와 아들 한 명이 성인 남성 한 사람의 노동 가치와 맞먹는다고 주장했다. 그는 연한계약 관행이 사람을 '장기 노예'로 만드는 것과 같다고 생각해 결코 좋아하지 않았다. 오글소프는 조지아 신탁 위원들이 백인 하인을 두는 것을 금지하지는 않았지만 기간을 제한하도록 했다. 얄궂게도 조지아의 실험에 가장 잘 맞는 식민지 이주민들은 영국인이 아니라 스위스인, 독일인, 프랑스 신교인 위그노교도, 스코틀랜드 고지대 사람들이었다. 전체가 농가로 구성된 공동체로 신대륙에 도착한 순간부터 이들 모두는 힘든 생활을 각오한 것처럼 보였다.[45]

그러나 노예제도는 조지아의 미래 전망에서 떼어놓을 수 없는 부분이었다. 오글소프는 서배너 개발을 위해 사우스캐롤라이나에서 노예들을 파견해 나무를 베어내고 땅을 개척하도록 허락했지만 이내 그 결정을 후회하게 되었다. 오글소프가 찰스타운으로 짧은 여행을 갔다 돌아와 보니 그 사이 백인 정착민들이 '노동과 규율을 점점 견디지 못하는' 상태가 되어가고 있었다. 어떤 사람은 술을 사려고 좋은 식량을 내다 팔았다. 알코올중독과 함께 병이 찾아왔다. 오글소프는 글에서 그런 일을 겪은 다음 '우리 대신 톱질을 하고' 백인의 '나태함'을 부채질했던 '흑인들을' 돌려보냈다고 말했다.[46]

많은 동시대인이 노예제도를 영국인의 나태함과 연결했다. 윌리엄 버드도 조지아의 어느 신탁 위원에게 보낸 편지에서 조지아의 노예제 금지에 대해 논평하면서 그런 논지를 폈다. 버드는 버지니아에서 노예제가 어떻게 가난한 백인 사이에 불만을 촉발하는가를 보았다. 이들 백인 빈민들은 보통 '어떤 종류의 노동으로도 자기 손을 더럽히려' 하지 않고, 들에서 일하느니 차라리 도둑질을 하거나 굶는 쪽을 택했다. 버드는 노예제가 '우리 백인의 근면함'을 망가뜨렸다고 술회했다. 그들은 '자기보다 아래 있는 빈민층'을 보았고, 비뚤어진 자존심 때문에 노동을 한다는 생각을 끔찍하게 싫어했다. 자신들이 '노예처럼 보일까 봐' 걱정되기 때문이었다. 노스캐롤라이나 지배 지주인 콜레튼^{John Colleton}은 바베이도스에서 흑인 노예들이 가난한 백인을 '백인 노예'라고 부르는 것을 보았다. 이를 보고 콜레튼은 북아메리카 남부 여러 주에 만연한 백인 농장 노동자를 향한 똑같은 경멸의 시선을 떠올렸다.[47]

그러나 상당수의 조지아인은 그렇게 고결하지 못했고 오히려 사우스캐롤라이나 동포들을 부러워했다. (원래 특허장에 포함되지 않았던) 노예제도 금지를 조지아에서 채택하자마자 노예 구매를 허락해달라는 탄원서들이 신탁위원회에 날아들었다. 오글소프는 노예제도를 옹호하는 정착민들과 설전을 벌이기도 했는데 이들을 '불평분자'라고 불렀다. 논란이 최고조에 이른 1739년에도 오글소프는 아프리카 노예제도가 자신의 식민지에 도입되어서는 안 된다고 주장했다. 이유는 그것이 신탁위원회의 핵심 원칙에 위배되기 때문이라고 했다. 바로 '곤궁하고 힘든 자들을 구원한다'는 원칙이다. 오글소프는 '자유로운 사람들'을 '영원한 노예로 판매하는 것'을 허락한다면, 조지아는 정직한 노동자에게 안식처를 제공하기는커녕 '아프리카인 수천 명의 불행'을 조장하는 압제적인 정권이 될 것이라고 주장했다.[48]

오글소프는 그보다 전인 1728년에도 영국인 선원들에 대해 비슷한 말을 했다. 지금 보면 이상하다 싶을지 모르지만 오글소프의 노예제 반대 주장은 선원들이 별개의 계급으로서 직면한 학대에 대한 그의 이해에서 나왔다. 18세기에는 수병들은 선천적으로 바다 삶에 맞게 '태어난' 사람들이고, 따라서 그들의 기질 자체가 영국 해군에서의 힘든 생활을 잘 받아들인다는 생각이 지배적이었다. 하지만 좀 더 깨어 있었던 오글소프는 선원 학대에 반대하는 글에서 사람이 그런 학대받는 지위에 맞게 태어난다는 주장 자체를 거부했다. 그가 보기에 수병들은 자유민으로 태어난 영국인에게 주어지는 자유를 박탈당한 채로 글자 그대로 '노예' 생활을 하고 있었다. 강제징집대가 빈민인 그들을 거리에서 잡아다가 감옥선에 내던지고 해군에 팔아넘겼다. 열악한 식사, 지독한 저임금, '포로' 취급에 시달리는 그들은 그야말로 모든 수단에 의해 억압 당하는, 비인간적인 대우를 받는 노동자 계급이었다.[49]

노예를 원한다고 청원했던 조지아 사람들에 따르면, 니그로는 선원들과 마찬가지로 힘든 노동에 맞게 '태어났다'. 아프리카 사람들은 푹푹 찌는 무더위뿐만 아니라 축축하고 유독한 습지에서도 살아남을 것이다. 그들은 먹이고 입히는 데도 돈이 많이 들지 않았다. 물, 옥수수, 감자로 된 최소한의 양식이면 그들이 생존하고 일하는 데 적합하다고 생각했다. 한 벌의 옷과 신발이면 1년 내내 버틸 수 있을 것이다. 그러나 백인 연한계약하인은 근본적으로 달랐다. 그들은 철마다 영국 옷을 요구했다. 식탁에 고기와 빵, 맥주가 올라오기를 기대하고, 이렇게 풍성한 식사를 하지 못하면 나른하고 힘이 없다고 느껴 일하기를 거부하곤 했다. 청원하는 사람들은 누구라도 녹초가 되는 무더운 여름 몇 달 동안 이들 백인 하인에게 아프리카 노예만큼 힘든 노동을 강요하면, (썩어가는 시체들을 보관하는) '시체 안치소'에서 도망치듯이 조지아에서 줄행랑을 쳐버릴 것이라고 주장했다. 노예제를 지지하는 조지아

사람들은 오글소프가 식민지를 감옥처럼 운영하고 있다고 비난할 정도였다.[50]

그러나 오글소프는 그들의 요구에 흔들리지 않았다. 일찍이 강제징집대가 강제로 빈민 남자를 선원으로 만드는 것을 보고, 이들을 '커다란 몽둥이를 든' '작은 폭군들'이라고 불렀던 것처럼 오글소프는 사우스캐롤라이나로 도망가는 조지아 사람들은 정상적인 노동보다 '니그로에게 채찍 휘두르는 일'을 좋아하는 사람들이라고 비난했다. 오글소프는 노동을 두려워하지 않는 정착민, 노예를 부르짖지 않고도 '편안하게 살아가는' 방법을 아는 정착민들에 대해 이야기했다. 식민지에서 노예제도를 금지해달라고 신탁위원회에 탄원했던 사람들은 스코틀랜드 고지대 사람들과 독일인 정착민이었다. 오글소프는 이들이 영국인보다 강인하고, 기꺼이 노동을 하려는 성향이 높다고 생각했다. 그러나 사실 차이는 협력하여 일하는 능력, 그리고 자급자족 농업의 필요성에 대한 이해와 진가를 인정하려는 의지에 있었다. 영국인 정착민에게는 인구가 희박한 지역에서 장기적으로 생존하기 위한 헌신적인 태도가 부족했다. 다수의 영국인 정착민은 농업에 대한 예비지식이 전혀 없었기 때문에 일을 열심히 하려 하지 않았다. 약재상, 치즈 장수, 땜장이, 가발 제조업자, 방직공들은 많았다. 그러나 땅을 경작할 줄 아는 사람은 너무나 적었다. 노예 보유를 지지하는 탄원서를 작성한 테일퍼 Patrick Tailfer 같은 사람은 자신이 받은 땅의 한 뙈기도 직접 경작할 수는 없다고 주장했다.[51]

그렇다고 오글소프가 현대적인 의미의 평등주의자는 아니었다는 점을 명심해야 한다. 오글소프는 자신의 식민지를 다인종 공동체로 생각하지도 않았고, 아프리카 사람에 대한 일반적인 편견을 극복하지도 못했다. 그는 식민지에 소수의 인디언 노예를 두는 것을 허락했다. 오글소프의 계획은 계급에 집중되었다. 그는 원칙적으로 노예제도를 금지했는데, 이유는 노예제도가 조지아 식민지 내에서 계급 권력의 균형을 바꾸고 '가난한 백인 노동자들을 굶주리게' 할 것으로 생각했기 때문이다. 넓게 보면 오글소프의 개혁 철학에서는 취약하고 절박한 사람들이 결과적으로 자신에게 불리한 선택을 하는 유혹에 빠질 수 있다는 사실도 인정했다. 한 잔의 럼주를 마시려고 자기 땅을 팔 수도 있다는 것이다. 빚을 지고 남의 돈을 쓰고 나태한 생활을 하는 것은 항상 유혹적이었다.[52]

오글소프의 좋은 의도에도 불구하고 조지아 식민지는 모든 계급 구분을 없애지는 못했다. 자선 대상에게 할당되는 50에이커에 더하여, 빚지지 않고 사는 정착민들은 많게는 500에이커를 받을 수 있었다. 또한 다섯 명에서 열 명의 하인을 고용할 수 있었다. 그러나 500에이커가 자유 보유권자에게 허락되는 상한이었다. 신탁위원회는 정착민들이 땅 투기가 아니라 토지를 점유하고 활용하기를 바랐다. 당연히 부재지주는 환영하지 않았다. 조지아는 또한 토지를 장자에게 물려주어야 한다는 장자상속을 제도화했다. 이런 봉건적인 원칙으로 인해 남자가 가문에 얽매이게 되었다. 물론 이런 제도는 땅을 팔아야 한다는 압박을 느꼈을 가난한 아버지들이 땅을 팔지 못하게 함으로써 상속자들을 보호하는 역할도 했다.[53]

그러나 많은 정착민이 이런 관행을 좋아하지 않았다. 부지런히 일하는 가구들은 아무것도 없이 남겨질지 모르는 미혼 딸들의 미래를 걱정했다. 그런 불만을 제기한 사람 중에 뒤몽Dumont 목사가 있었다. 그는 프랑스 개신교 지도자로 조지아 이주에 관심이 있었다. '너무 늦어서 재혼하거나 아들을 낳기 힘든' 미망인들은 어떻게 되는 것인가? 뒤몽 목사는 이런 질문을 던졌다. 딸들은 또 어떻게 살 것인가? 특히나 '질병이나 신체 이상 등으로 결혼하기 힘든' 딸들일 경우에는 어떻게 되는 것인가?[54]

뒤몽이 던진 질문들은 오글소프, 그리고 조지아 신탁위원회 철학의 핵심을 향하고 있다. 젊은 미망인과 딸들은 백인 자유민 노동자들의 후손을 낳는 번식자, 즉 자손 생산자로 간주되었다. 조지아의 정책은 자연스러운 '자손 번식' 과정을 장려하는 것이었다. 오글소프는 이를 홍보용 글에서 당당하게 밝히기도 했다. 오글소프의 계획은 북아메리카에서 영국인을 포함한 개신교도의 수가 프랑스인과 에스파냐인 수를 단시간 내에 넘어서게 하자는 것이었다. 경쟁자인 가톨릭 식민지 세력에 맞서는 전쟁은 결국은 숫자 싸움이었다. 조지아는 이들과의 전쟁에서 자체 군대가 되어줄 충분한 백인 자유민 남자를 확보해야 했고, 재생산의 이점도 충분히 활용하여 인구수 전쟁에서도 승리해야 했다.[55]

그러나 안타깝게도 오글소프는 승산 없는 싸움을 하고 있었다. 노예를 원하는 조지아의 많은 남자에게 사우스캐롤라이나 노예상들은 신용거래를 약속했다. 노예는 극빈한 남자에게 자신들의 토지를 담보로 내놓으라고 종용하는 거부하기 힘든 유혹이었다. 오글소프는 신용거래 때문에 노예경제가 취약 계층 정착민에게서 토지를 빼앗는 악영향을 가져오리라고 생각했다. 노예제 배척은 좀 더 공평한 토지 분배, 유지와 병행하여 진행되었다. 만약 식민지가 정착민들이 (자유로운 양도와 임대, 상속이 가능한) '온전한 소유권'을 보유하도록 (그리하여 마음대로 팔 수 있게) 허락했다면, 분명 대농장주가 등장해 군림하게 되었을 것이다. 1739년 오글소프는 마음대로 하게 내버려두면 '노예상인들이' '식민지의 모든 토지'를 장악하고, '노동하는 가난한 백인 남자'에게는 아무것도 남지 않을 것이라고 예측했다.[56]

1734년에 이곳에 공동체를 세운 독일 루터교도들도 조지아가 사우스캐롤라이나처럼 되어 간다는 위험한 징조들을 보았다. 이들의 대표격인 목사 볼치우스Bolzius는 오글소프의 영향을 받지 않았는데도 '찰스타운의 보통 백인 노동자'가 '흑인'만큼밖에 벌지 못한다고 말했다. 노예소유주들은 '동물처럼 아이를 낳으라고' 아프리카인들을 채근했고, 수를 늘리기 위해 가능한 모든 방법을 동원했다. 상인과 다른 신사 계급들은 해안이나 통상에서 중요한 강가에 있는 좋은 땅들을 사재기했고, 빈민 남자는 멀리 떨어진, 조건이 좋지 않은 땅을 가질 수밖에 없었다. 사우스캐롤라이나는 가난한 백인 가구에게는 최악의 악몽 같은 곳이었다.[57]

오글소프는 1743년에 식민지를 떠났고 다시는 돌아오지 않았다. 병사의 살해 시도로 머스킷 총 탄환이 그의 가발을 갈기갈기 찢어놓은 지 3년 만이었다. 오글소프는 살아남았지만 조지아에 대한 그의 꿈은 죽었다. 이후 10년에 걸쳐 토지 소유권 정책이 바뀌었고, 럼주도 자유롭게 마시도록 허용됐고, 노예가 비밀리에 판매되었다. 그리고 1750년 조지아 정착민들에게 노예소유권이 공식적으로 인정되었다.[58]

이후 상류층 대농장주 계급이 빠른 속도로 형성되었다. 기본적으로는 서인도제도와 사우스캐롤라이나에서 이주해온 사람들이 주축이었다. 1788년 상황을 보면 캐롤라이나 출신 브라이언^{Jonathan Bryan}은 조지아에서 가장 막강한 세력을 자랑하는 인물이었는데, 3만 2,000에이커의 토지와 250명의 노예를 소유하고 있었다. 브라이언은 노예제도가 합법화된 해인 1750년부터 조지아에서 사업을 시작한 인물이었고, 많은 노예를 보유한 덕분에 넓은 토지를 소유할 수 있었다. 그러나 브라이언이 조지아에 자신의 제국을 건설하는 데에는 다른 노력이 필요했다. 바로 조지아 행정위원회를 배후 조종하는 일이었다. 이곳의 핵심 역할은 토지를 분배하는 일이었다. 브라이언은 장기간 위원회에서 활동하면서 주요 통상로 근처에 있는 가장 비옥한 토지를 쉽게 손에 넣을 수 있었다. 1760년 상황을 보면 백인 조지아인 가운데 한 명이라도 노예를 소유한 비율이 5퍼센트에 불과했지만, 극소수의 가구에서는 수백명씩 보유하고 있었다. 브라이언은 오글소프가 조지아 식민지를 지배하게 되리라고 경고했던 '노예 상인'의 완벽한 화신이었다.⁵⁹

그렇다고 오글소프의 철학과 정신이 완전히 사라진 것은 아니었다. 프랭클린과 제퍼슨은 노예소유가 백인을 부패하게 만든다는 오글소프의 생각에 동의했다. 백인 자유민 노동 완충지대를 만들어야 한다는 생각은 제퍼슨이 기초한 북서부토지조례(1787)에 반영되었다. 이는 새로운 주의 연방 가입에 대한 청사진을 제시한 조례다. 프랭클린과 제퍼슨도 생식능력을 동원하고 출산을 장려하는 데는 똑같이 열심이었다. 그들은 인구 증가를 국력의 증표로 보았다. 노예제도도 일종의 숫자 게임으로 측정될 수밖에 없었다. 볼치우스 목사가 말한 것처럼 만약 노예들에게는 '동물처럼 아이를 낳으라고' 장려하면서 가난한 백인은 같은 비율로 재생산을 하지 못한다면, 결국 자신들의 토지나 자유를 유지할 수 없게 된다.

노예제도와 계급 정체성이 밀접하게 관련되어 있다는 사실은 이미 분명했다. 오글소프는 자유민 노동을 활기차고, 안정되고, (자손 번식의 관점에서도) 생산적인 사회라는 개념과 연결시켰었다. 자유로운 백인 노동자는 식민지 군사력에 보탬이 될 수는 있지만, 경제적인 측면에서 보면 토지를 독점한 노예소유자 계급과 경쟁이 되지 않았다. 과거 조지아를 '특이하게' 보게 했던 노예제 금지라는 특징은 얄궂게도 19세기에 노예제가 미국 남부의 '특이한 제도'가 되자 정반대 의미를 지니게 되었다.

그동안도 내내 나태함에 대한 영국인의 그야말로 뿌리 깊은 혐오는 지속되었다. 골칫덩이로 간주되기는 했지만 농촌 빈곤층은 아메리카 신대륙 경험의 떼려야 뗄 수 없는 일부분이 되었다. 자유민 노동자들은 수입된 아프리카 노예들과 달랐을 뿐만 아니라 백인 느림보들과도 분명한 거리가 있었다. 토지가 여전히 주된 부의 원천이었고 자유와 시민적 가치의 진정한 척도로 남아 있었다. 구세계의 세습 작위는 서서히 사라졌을지 모르지만 대규모 무상 불하지와 토지 소유권이 신대륙에서 특권층이 되는 데 핵심이라는 점은 그대로였다. 멸시받는 하층민의 일반적인 인상에 대해서라면 신세계는 전혀 새로울 것이 없었다.

제3장
벤저민 프랭클린의 미국종: 중간층 인구통계

사람이 정말로 부족한 이 새로운 나라에서,

왕의 백성 수를 더해준 것이 (그러니까 이치상으로) 죄가 될 수 있는 겁니까?

- 벤저민 프랭클린, 「폴리 베이커 양의 항변The Speech of Miss Polly Baker」(1747)

당시 학식 있는 모든 영국인이 그랬듯이 프랭클린도 게으름에 집착했다. 1741년에 나온 『가난한 리처드의 달력Poor Richard's Almanack』에서 프랭클린은 해클루트, 윈스럽, 버드의 말을 그대로 되풀이하는 익숙한 충고를 한다. '일어나, 게으름뱅이야, 시간 낭비하지 말고. 잠이야 죽으면 실컷 잘 텐데.' 부자가 되는 방법으로 근면을 강조하는 프랭클린의 주장은 전혀 새로운 것이 아니었다.[1]

1740년대와 1750년대, 프랭클린은 개인적으로 계급 및 아메리카 식민지 건설과 관련하여 진행 중이던 논쟁에 참여하고 기여할 아주 좋은 위치에 있었다. 그는 평범한 상인의 아들로 태어나 성공한 인쇄업자가 되었고, 1729년부터는 「펜실베이니아 가제트Pennsylvania Gazette」라는 잡지를 발행했다. 그리고 3년 뒤부터 달력을 인쇄해 판매했는데 수익이 짭짤했다. 또한 일찍부터 기지를 발휘해 자신의 정체를 숨기고 식민지 시대 여러 인물로 분해서 복화술을 구사하듯 지면에 이런저런 글을 썼다. 10대에 이미 「사일런스 두굿Silence Dogood」이라는 제목으로 보스턴의 성숙한 미망인인 척 가장하고 글을 써서 잡지에 게재했다. 딩고라는 이름의 아프리카 노예도 프랭클린의 또 다른 페르소나였다. 『가난한 리처드의 달력』에 나오는 가난한 리처드 손더스는 바람난 아내를 둔 상인이다. 입에 풀칠하기도 힘든 고된 일상에 대해 끊임없이 앓는 소리를 하고 각종 불평불만을 쏟아내는 한편으로 전혀 어울리지 않게 세련된 금언들을 들려주는 것이 리처드의 매력이었다. 인쇄업이 확장되면서 동업자를 구하고, 다른 사람을 가장한 문학적 글쓰기 등으로 크게 성공을 거두자 프랭클린은 1748년에는 모든 사업체의 일상적인 운영에서 손을 뗐다.[2]

노동에서 자유로워진 뒤인 1751년 프랭클린은 펜실베이니아주 의회 의원에 당선되었고 이후 사회사업에 열성을 쏟았다. 필라델피아에 병원과 청년들을 위한 교육기관 설립을 도왔다. 같은 기간 프랭클린이 실시한 전기와 관련된 여러 실험이 유럽에 강한 인상을 주었다[이를 통해 피뢰침이 발명됐다]. 이런 공로를 인정받아 런던왕립학회의 코플리상을 수상했고, 곧이어 하버드·예일·윌리엄메리 대학에서 명예 학위도 받았다. 체신부청장에 임명되자 식민지 간 소통을 원활하게 하는 개혁 방안을 도입했다. 1754년 식민지 대표들이 모인 올버니회의에서 프랭클린은 군사적 방어 능력 강화와 서부 개척 장려를 목적으로 하는 식민지 간 연합 통치기관을 제안했다. 이런 연합정부 계획은 올버니회의에서는 동의를 받았지만 식민지로부터 최종 비준을 받지는 못했다.[3]

아메리카 식민지의 대표적인 과학자로서 프랭클린은 최신 이론을 널리 보급하는 역할을 했다. 여기서 주된 관심 대상은 과학 지식을 가장 복잡한 주제, 즉 계급의 탄생에 적용하려는 프랭클린의 노력이다. 영국인은 문명사회는 보통 (생존 보장을 위한) 안보에 대한 인간의 근본적인 필요에서 형성되지만 사치에 집착하면서 서서히 타락해가고 결국 쇠퇴로 이어진다고 생각했는데, 이에 대한 믿음을 피력한 글이 대표적이다. 로마제국의 흥망성쇠가 이런 이론을 뒷받침했다. 프랭클린의 기여는 논의의 중심을 인간 생물학human biology으로 이동시킨 것이다. 인간의 모든 노력의 기저에는 직감 수준의 동물적인 본능이 있다. 여기서 프랭클린에게 가장 중요한 것은 고통과 쾌락의 줄다리기였다. 지나친 쾌락은 퇴폐적인 사회를 야기한다. 반면에 지나친 고통은 폭정과 압제로 이어진다. 양극단 사이 어딘가에 행복한 중용, 즉 인간의 좀 더 바람직한 동물적 본능과 통하는 사회가 있다.[4]

북아메리카가 이런 행복한 중용을 달성할 환경을 제공했는가? 프랭클린은 그렇다고 생각했다. 이곳만의 독특한 환경 덕분에 구세계 제도의 부자연스러운 상황들을 제거할 수 있을 것이다. 광대한 대륙은 아메리카 사람들이 영국 사람들보다 신속하고 생산적으로 아이를 낳게 해주어 인구 통계상의 이점을 제공할 것이다. 잔뜩 늘어난 실업자와 빈곤층뿐만 아니라 혼잡한 도시에서 해방되어 아메리카 사람들은 엄청난 부와 극심한 가난이라는 양극단을 피할 수 있을 것이다. 대다수는 자원을 둘러싼 광적인 경쟁 대신 중간 위치를 점하는 데 더없이 만족할 것이다. 프랭클린은 사회의 상층도 하층도 아니고 중간에 있으면서 만족하는 사람들을 '행복한 중간층happy mediocrity'이라고 불렀다.

개미는 앞서 나온 벌과 함께 영국인이 각별하게 생각하는 곤충이다. 부지런하기로 유명한 개미가 프랭클린에게 필요했던 증거를 제공했다. 1748년 천장에 매달아놓은 당밀 단지까지 줄을 지어 가는 행진을 이끄는 개미 한 마리를 유심히 보던 프랭클린은 개미들이 서로 의사소통을 한다는 사실을 발견했다. 이를 계기로 동물 행동에 호기심이 커진 프랭클린은 2년 뒤에 비둘기로 흥미로운 실험을 진행했다. 여러 쌍의 비둘기를 상자 하나에 넣고 빠른 속도로 번식하는 모습을 관찰했다. 동시에 새장이 결코 과밀 상태가 되지 않도록 신경을 썼다. 새들은 자연선택에 매진했는데 "나이가 있고 강한 녀석들이 어리고 약한 녀석들을 몰아냈고, 어리고 약한 녀석들은 어쩔 수 없이 새로운 서식지를 찾아야 했다". 프랭클린이 상자를 늘렸고, 비둘기들은 먹이와 공간에 맞춰 번식하면서 상자들을 채워갔다.[5]

개미와 비둘기처럼 공동생활을 하는 동물들은 인간과 비교하기가 쉽다. 공리주의자인 프랭클린은 인간의 모든 행동이 쾌락을 추구하고 고통을 피하려는 욕망에서 나온다고 보았고, 사회 발전의 원동력은 종교나 도덕과는 거의 무관하다고 확신했다. 인간 남녀가 본질적으로 동물이라면 그들은 본능에 따라 먹고 아이를 낳고 이동하게 되어 있다. 마지막으로 거론한 이동 본능을 프랭클린은 '정지 상태에서 느끼는 불안'이라고 불렀다. 이런 생각은 프랭클린이 동물과 인간의 이동에서 찾은 분명한 유사점을 토대로 하고 있다. 사람들은 돌아다니고 전진하고 자신의 상태를 개선하려는 욕망을 보여주었다. 불안정한 땅은 이동 본능을 촉발시키는데, 한정된 자원이 이주를 촉진하는 것과 마찬가지였다. 새로운 서식지를 찾아야 하는 어린 비둘기들의 생활과 크게 다르지 않다. 프랭클린의 '정지 상태에서 느끼는 불안'이라는 개념은 손아래 리처드 해클루트의 주장을 그대로 따른 것이기도 하다. 해클루트는 모든 영국인이 '해외를 휘젓고 다니는 사람들', 즉 새로운 장소를 찾고 부자가 될 새로운 방법을 추구하는 사람들이 되었다고 주장했다.[6]

「인구 증가에 대한 고찰Observations concerning the Increase of Mankind」(1751)이라는 자신의 가장 중요한 논고 중의 하나에서 프랭클린은 20년 뒤에 미국 인구가 두 배가 되리라고 예측했다. 프랭클린은 게으름은 영국 사회구조 자체에서 나올지도 모른다고 생각했다. 반면 (신대륙에서는) 가족의 규모가 커지면서 부모가 한층 열심히 일해야 하는 분위기가 조성되었다. 아이들이 노동에 투입되면서 열심히 일하는 부모를 모방하고 본받게 됨과 동시에 생존 의지로 자신을 채찍질할 것이다. 계급이 형성되겠지만, 사람들이 사방으로 뻗어나가 비어 있는 영토를 채우는 과정에서 변화와 조정을 거치며 진행될 것이다.[7]

아이를 많이 낳게 하려면 그만한 동기가 있어야 했다. 프랭클린은 「인구 증가에 대한 고찰」에서 로마제국에서 가임 여성들이 자신이 낳은 자녀의 수로 보상을 받았다는 사실을 상기시켰다. 노예 여성은 자유로 보상을 받았고, 자식이 많은 자유민 미망인은 대개 자유민 남성에게 보장되는 재산권과 자율권을 얻었다. 프랭클린의 요지는 대제국이 새로운 영토에 사람을 채우고 정착시키려면 그만큼 많은 인구가 필요하다는 것이었다(인구수가 곧 힘이었다). 이곳 아메리카 대륙이 제공하는 동기는 다른 어느 곳과도 다른 종류였다. 바로 풍부한 토지와 젊어서 결혼할 자유였다.[8]

프랭클린의 출산 철학의 정수라 할 수 있는 표현은 1747년에 발표한 풍자 기사 「폴리 베이커 양의 항변」에 나온다. 재판관 앞에 나선 폴리 베이커는 다섯 번째 사생아를 낳았다는 이유로 유죄판결을 받은 참이었다. 자기변호를 하면서 베이커는 자신을 근면한 여자라고 말한다. "나는 생명의 위험을 무릅쓰고 다섯 명의 건강한 아이들을 세상에 데려왔습니다. 그리고 공동체에 부담을 지우지 않고 스스로 일해서 아이들을 잘 건사했습니다." 그녀의 자신감은 이런 행동이 결국 애국이 된다는 지식으로 한층 강화되었다. 베이커는 '사람이 정말로 부족한 이 새로운 나라에서, 왕의 백성 수를 더해주었던' 것이다. 그러므로 자신은 처벌이 아니라 칭송을 받아야 마땅하다는 것이 변론 취지였다.

베이커가 처한 곤경은 알고 보면 자기 자신의 행위 때문이 아니었다. 그녀는 결혼을 원했다. '현모양처의 자질에 속하는 근면, 검약, 출산 능력, 경제 능력'을 보여주고 싶었다. 총각들이 많은 것이 그녀의 잘못인가? 베이커는 항변한다. 사랑스러운 그녀의 아이들을 만들어내는 신의 '경이로운 솜씨'를 보고도 베이커의 행동이 죄라고 생각할 수 있는가? 그녀가 설령 좀 더 고상한 기준을 충족시키지 못했다고 해도, "자연, 그리고 자연신의 최우선이자 중요한 명령이 자식을 낳고 번성하라가 아닙니까?" 프랭클린이 보기에 신과 자연은 베이커의 편이었고 어리석은 법과 케케묵은 교회의 제재가 반대쪽에 있었다. 프랭클린은 자신의 주장을 명확히 하고자 말미에 조금은 해학적인 결론을 덧붙인다. 베이커의 이야기를 들은 판사가 그녀의 논리에 설득되었고, 다음 날 그녀와 결혼했다는 이야기다.[9]

프랭클린은 이런 색다른 이야기를 통해 「인구 증가에 대한 고찰」에서 인구통계 예측과 조목조목 따지는 추론으로 증명하려 했던 모든 요점을 언급하고 있다. 따라서 두 글을 함께 읽을 필요가 있다. 또한 프랭클린이 주인공 이름을 베이커로 한 것도 결코 우연이 아니다. 여성의 자궁을 빵을 굽는 오븐에 빗대는 은밀한 표현이 당시 영국 작가들 사이에 유행하는 농담이었다. 과학자로서 자질과 사업가 자질을 모두 갖춘 프랭클린에게 출산은 자체로 노동이었고, 가치를 인정받아야 마땅했다. '국왕의 백성 수'를 늘림으로써 재생산을 하는 노동은 분명 제국의 소중한 자산이었다.

프랭클린이 작품에서 미혼 남자를 공격한 것도 일리가 있다. 아메리카 식민지와 영국에서 재산이 있는데도 결혼하지 않은 남자는 수치스러운 존재였다. 그들은 반은 남자 반은 여자인 남녀추니라고 놀림을 받았다. 뉴욕 어느 신문 주장에 따르면, 프랭클린이 정한 벌칙은 얼굴 수염 절반을 잘라 부족한 남성성을 드러내도록 해야 한다는 것이었다. 상속권을 상실해야 한다고 생각하는 사람들도 있었다. 토지를 아깝게 놀리는 것처럼 인간의 생식능력도 헛되이 낭비될 수 있다. 자녀를 낳지 않고 정자를 낭비하는 미혼 남자는 생식 면에서의 나태라는 최악의 나태함을 탐닉하고 있다고 생각되었다.[10]

반면에 사생아는 인구에 더해지고 제국의 부를 늘린다. 프랭클린 자신의 환경이 이런 생각을 한층 강화하는 역할을 했다. 우선, 아들 윌리엄(훗날 뉴저지 주지사)이 사생아였다. 윌리엄 역시 윌리엄 템플 프랭클린William Temple Franklin 이라는 사생아를 낳았다. 벤저민 프랭클린의 손자가 되는 윌리엄 템플 프랭클린 역시 가계도에 두 명의 사생아를 보탰다. 말하자면 사생아 출산은 프랭클린 집안에 내려오는 전통 같은 것이었다.[11]

존 로크처럼 프랭클린도 건강한 아이들은 '모든 나라의 자산'이라고 확신했다. 그러나 1750년대 프랭클린이 주장한 인구의 자연 증가 장려는 엄밀히 말해 과학적 호기심보다는 식민지 정책과 관련이 깊었다. 무엇보다도 그는 생식능력 있는 건강한 아이들이 영국령 북아메리카의 특별한 자산이라고 분명하게 주장했다. 「인구 증가에 대한 고찰」에서 프랭클린은 영국 정책 입안자들에게 카리브해 섬들이 바람직한 식민지 모델이 아님을 설득시키려고 했다. 프랭클린은 서인도제도의 인종 불균형을 개탄했는데, 백인 노동인구가 부자연스러울 정도로 낮은 비율을 유지하고 있었다. 직접 노동을 하지 않는 노예소유주들은 이런저런 신체적 문제에 시달리고 있었다. 그들은 "쇠약해졌고 따라서 전반적으로 생식능력이 그리 왕성하지 못했다". 요컨대 프랭클린은 노예제도가 영국인을 나태하게 만들 뿐 아니라 성적으로도 무력하게 만든다는 결론을 내렸다.[12]

프랭클린은 또한 노예제도가 아이들에게 잘못된 가르침을 준다고 믿었다. "나태함 속에 교육을 받는 백인 아이들은 자만심이 강하고 노동을 싫어하게 되며, 근면한 노동으로 먹고살기에는 맞지 않는 사람으로 성장한다." 여기서 프랭클린은 윌리엄 버드가 버지니아 백인 빈민층에 대해 썼던 말을 그대로 반복하고 있다. 버드는 1726년 조지아 신탁위원회에 가난한 백인 노동자들은 노동을 경멸하도록 배웠고, 따라서 들판에서 일하기보다는 도둑질을 하려 한다고 했다. 프랭클린은 위의 방정식을 다음과 같이 바꿨다. 노예제도는 부자와 빈자를 가리지 않고 모든 백인 남자를 타락시켰다.

프랭클린은 북부 식민지들을 위해 오글소프가 생각했던 것보다 대규모로 자유민 노동지대를 만드는 것을 구상하고 있었다. 프랭클린이 이상적이라고 생각하는 영국령 아메리카를 만들 마법의 묘약은 바로 출산이었다. 프랭클린은 생식능력이 왕성한 이주민들로 채워진 대륙 확장은 더 안정적인 사회를 창조할 것으로 생각했다. 새로 태어난 아이들이 노동자가 되어 연한계약하인과 노예를 대체할 것이다. 이런 프랭클린의 생각은 오글소프가 조지아에서 이루고자 했으나 영구히 제도화하는 데는 실패했던 노동 시스템을 그대로 반영하고 있다.

프랭클린은 북아메리카에서 세계 각국이 영토 전쟁을 벌이고 국경 분화가 일어나는 와중에 자신의 이론을 발전시키고 확장시켰다. 1760년 무렵 프랭클린은 영국의 캐나다에 대한 권리 주장을 지지하는 글을 썼다. 7년전쟁(1756~1763)에서 영국이 프랑스에 승리해서 광대한 캐나다 영토를 제국에 보탤 수 있기를 간절히 바라는 마음이었다. 영국인 식민지 이주민들이 광대한 땅을 채우고 대다수가 행복하게 농업에 종사하는 '중간층 인구'로 남을 것이다. 구조적으로 인구 불균형이 심한 서인도제도와 달리 북아메리카의 바람직한 '유복한 중간층'은 늘어나는 인구가 영국제 상품 소비에 주로 의존하도록 할 것이다. 이는 영국 상인과 아메리카 식민지 이주민 모두에게 좋은, 소위 '윈윈' 상황이다. 식민지 인구 증가가 영국의 상업과 제조업 성장으로 이어지기 때문이다. 과장법 사용도 마다하지 않으면서 프랭클린은 영국 의회에 식민지 인구를 꼼짝 못 하게 가둬두려 하느냐고 경고했다. 제국 영토에 캐나다를 추가하기를 거부한다면, 최고 입법기관인 의회는 북아메리카에서 모든 셋째나 넷째 아이의 탄생을 억누르는 잔인한 산파와 다름없게 된다는 무시무시한 주장도 서슴지 않았다.[13]

프랭클린의 생식 이론은 다가올 수백 년 동안 미국 예외론의 핵심 요소로 남게 된다. 프랭클린은 세 가지 무척 매력적인 주장을 내놓았다. 첫째, 프랭클린은 계급 안정과 동시에 서부로의 이주가 진행되리라고 전망했다. 둘째, 인구 분산이 계급 갈등을 줄이고 좀 더 광범위한 부의 분배를 촉진할 것이라고 추론했다. 셋째, '유복한 중간층'이라는 표현은 중간 계급의 상황이 개선되리라는 프랭클린의 믿음을 담고 있었다. 프랭클린이 말하는 농가는 가난하거나 자급자족하는 수준이 아니고 일정한 형태의 상업적인 농업에 종사하며 가족을 부양하고 영국산 제품을 구매할 수 있을 정도의 생산성을 지녔다.[14]

프랭클린 이론의 가장 놀라운 부분은 그가 말하는 계급 만족이 자연적인 수단, 직설적으로 말하자면 되는대로 내버려둠으로써 달성될 수 있다는 것이었다. 영국 제국은 숙련된 지상군과 강력한 해군을 동원해 영토를 확보했다. 바로 그 순간부터 주인 없는 땅은 이주민을 불러들이는 유혹이었다. 개미들을 불러들이는 단지 안의 당밀처럼. 기회의 땅에서는 출산도 더 자연스럽게 찾아온다. 가족들이 행복하고 안전하다고 느끼기 때문이다. 엄격한 계급 구분과 자원 사재기 현상이 발생할 가능성이 낮다. 사람들이 퍼져나가 정착할 새로운 땅이 확보되는 동안에는 계급이 넓게 분화되지 않고 좁게 압축되는 현상은 계속될 것이다. 말하자면 근면, 검약, 다산은 유복한 중간층에 따라붙는 자연스러운 결과물이었다.

프랭클린의 이론이 얼마나 현실적이었을까? 이런 주장이 인간 행동에 대한 합리적인 설명보다 희망 사항에 기초하고 있는 정도는 얼마나 될까? 우선 18세기 아메리카 식민지 이주민들은 (21세기 미국인들과 마찬가지로) 개미나 비둘기와는 닮은 구석이 전혀 없었다. 인간의 본성은 고통과 쾌락에 대한 정해진 반응이라는 기계론적인 모델을 따르지 않는다. 또한 프랭클린이 말하는 전능한 자연의 손길은 다른 힘들, 즉 강력한 정치와 문화적인 힘의 영향을 받지 않을 수 없었다. 사람들이 정말로 미로 안의 쥐처럼 일정한 방향으로 움직였을까? 아니면 식민지 건설, 이주, 인구 증가 등이 프랭클린의 거대 이론이 보장하는 것보다 혼란스럽고 불확실하게 이루어졌을까?

프랭클린 자신의 경험이 식민지 주민들이 한 장소에서 다른 장소로 이동하기가 쉽다는 낙관론이 거짓임을 보여준다. 10대 시절 그는 보스턴에서 필라델피아로 도망쳤고, 덕분에 형과 맺고 있던 도제관계를 끝낼 수 있었다. 프랭클린의 이런 이동은, 많은 다른 사람들이 그렇듯이 무계획적이었고 그가 연구했던 개미들처럼 체계적이지 않았다. 이런 상황을 가장 잘 표현한 사람은 어린 프랭클린과 같은 시기에 필라델피아에 도착해 훗날 자기 경험을 돌아보는 회고록을 썼던 모럴리^{William Moraley}가 아닌가 싶다. 모럴리는 자신을 '운명의 테니스공'이라고 표현했는데 테니스공이 튀기듯이 이 주인에서 저 주인으로 옮겨 다녔다는 의미였다. 글재주도 뛰어나고 법원 서기와 시계 기술자 훈련을 받았음에도 모럴리는 (프랭클린과 달리) 제자리를 맴맴 도는 이동만 하고 결코 계층 상승을 가능하게 해주는 사다리를 타고 오르지는 못했다. 말하자면 부지런히 움직인다고 해서 사회적 계층이동이 가능하다는 보장은 없었다.[15]

18세기를 지나면서 빈곤이 점점 흔한 현상이 되었다. 필라델피아는 경기 침체에 잔인할 정도로 추운 겨울 날씨까지 겹쳐 땔감 부족으로 빈민들이 동사하는 지경에 이르렀다. 1784년 필라델피아의 노동 빈곤층에 속했던 어느 남자는 지방신문에 아이가 여섯인데 '죽을힘을 다해 일해도' 아이들을 먹여 살리기 힘들다는 글을 썼다. 근면은 자체로 경제적 자급자족이 가능하게 해주는 마법의 묘약이 아니었고, 대가족이 항상 유리하다는 프랭클린의 주장이 옳지도 않았다. 심지어 프랭클린은 미국의 출산율 예측도 틀렸다. 필라델피아의 유아사망률이 영국과 비교해 놀라울 정도로 높아서 건강하고 행복한 주민에 대한 프랭클린의 예측은 인구 통계상의 사실이라기보다는 과장이 심한 미사여구에 가깝다는 것이 밝혀졌다.[16]

자수성가 인물의 전형으로 알려진 프랭클린이 알고 보면 자수성가한 것이 아니었다. 필라델피아 세계를 특징짓던 후견인-피후견인 관계, 즉 연줄이 필수였다는 점을 생각하면, 자수성가라는 발상 자체가 터무니없는 것이었다. 프랭클린은 영향력 있는 후견인들 덕분에 성공했다. 이들이 인맥을 대주고 대출을 해준 덕에 프랭클린은 인쇄소를 설립하고 고가의 장비들을 들여놓는 데 필요한 자금을 확보할 수 있었다.

프랭클린이 후견을 받고, 경쟁하는 정치 파벌 사이를 헤치고 나가기란 여간 어려운 일이 아니었다. 펜실베이니아의 계급 구조에는 특이한 구석들이 있었다. 최상층에는 지배 지주, 즉 식민지 건설자인 윌리엄 펜William Penn의 가족들이 있었다. 이들은 광대한 토지를 소유하고 (경작자들로부터) 면역 지대를 받았다. 다음으로는 혈연과 종교적 관계로 결합되어 있는 퀘이커교도 지주와 상인들이 있다. 정식 명칭이 친우회Society of Friends인 퀘이커교도는 구성원 중에 누군가가 외부인과 결혼만 해도 그를 제명시켰다. 이는 단순한 제명이 아니었다. 제명되는 사람은 중요한 상업 자원, 대출, 토지 거래 등을 박탈당함으로써 실질적인 경제적 어려움을 겪을 수밖에 없었다.[17]

프랭클린은 정식 퀘이커교도도 아니고 (퀘이커교도의 종교적 원칙에 어느 정도 매력을 느끼는) 준準퀘이커교도도 아니었지만, 세계주의자에 높은 교육 수준을 자랑하는 필라델피아와 영국의 여러 퀘이커교도와 깊은 친분을 쌓았다. 프랭클린은 특히 사업 초기에 퀘이커교도 후견인에게 의존했다. 퀘이커교도가 아닌 퀘이커당Quaker Party 지도자였던 변호사 해밀턴Alexander Hamilton이 그랬듯이 프랭클린은 현지와 제국 전체 정치에서 친우회의 편을 들었다(해밀턴은 프랭클린의 또 다른 후견인이기도 했다). 평화주의에 대한 퀘이커 정통파의 입장을 놓고 견해를 달리한 것을 빼고는. 프랭클린의 퀘이커교도 친구들은 자유주의자였고, 퀘이커당이라는 정치 세력 안에서 누가 영향력을 행사해야 하는가에 대해 그리 배타적이지 않았다. 덕분에 해밀턴이 펜실베이니아에서 권력을 잡을 수 있었고, 프랭클린이 주의회 서기로 임명될 수 있었다. 주의회 서기 임명을 계기로 프랭클린의 지방 정치 무대 입문이 본격화되었다.[18]

퀘이커교도가 경쟁 상대 없이 펜실베이니아를 지배하고 있었던 것은 아니다. 지배 지주, 성공회와 연결된 비퀘이커교도 엘리트 세력이 성장하고 있었다. 이들의 정치적 영향력은 영국, 그리고 없어서는 안 되는 스코틀랜드인 회계 사무실과의 긴밀한 상업적 유대에서 나왔다. 그들의 힘은 수익성이 가장 좋은 부동산 수천 에이커를 확보함으로써 강화되었는데, 이는 유력 지배 지주들이 공유지 관리 사무국을 지배하고 있기 때문에 가능한 일이었다. 지주당^{Proprietary Party}이라고 알려진 이들이 부유한 퀘이커교도의 경쟁 집단이 되었다. 프랭클린이 최고의 소매상인이자 인쇄업자로 출세하기 시작했지만 양쪽 당의 식민지 도매상인들을 무시할 수는 없었다. 이들은 세계 시장을 무대로 뛰고 있었다. 이들 도매업자는 프랭클린 같은 상점주나 소매상인과는 분명히 다른 계급이었고, 그들 중에 다수는 엄청난 부자였다. 해외무역에는 견실한 지폐의 도움이 컸는데, 의회로부터 지폐 인쇄권을 확보한 덕분에 프랭클린은 이들 상업 엘리트들과 가까워질 수 있었다.[19]

펜실베이니아에서 계급 지위는 여전히 가문이 중심이었는데 최상층에는 펜, 펨버튼^{Pemberton}, 로건^{Logan} 등의 가문이 있었다. 이들은 지배 지주와 퀘이커교도 엘리트 가문이었다. 바로 밑에는 이목을 끄는 부의 과시를 통해 자신을 차별화했던 대서양을 오가는 무역상인 가문이 있었다. 이들 가문은 무역업의 번창으로 점점 세를 키워가는 중이었고, 노예, 하인, 은제 찻잔 세트 등을 보유하고 있었다. 또한 값비싼 옷감으로 만든 옷을 입고, 대저택을 소유하고, 부의 상징인 마차를 몰았다. 1748년 인쇄소 직접 운영에서 손을 뗐을 무렵, 프랭클린은 상위 10퍼센트 부유층 안에 들었고, 말과 마차를 하나씩 소유하고, 넓은 토지에 돈을 투자하고 있었다. 소박한 복장으로 유명한 수수한 퀘이커교도들 사이에서도 마차는 지위의 상징이었다. 1774년 인구 1만 5,000명인 필라델피아라는 도시에서 마차를 소유한 사람은 84명에 불과했다.[20]

계급은 부와 가문만으로 결정되는 것은 아니다. 외모와 명성을 통해서도 나타난다. 프랭클린은 이런 속성을 잘 이해하고 있었다. 1746년에 그려진 최초의 프랭클린 초상화는 가죽 앞치마를 두르고 조판을 하는 인쇄업자의 모습이 아니었다. 또한『자서전^{Autobiography}』에서 직접 말한 것처럼 길에서 외바퀴 손수레를 미는 성실한 상인의 모습도 아니었다. 프랭클린은 한껏 힘이 들어간 가발을 쓰고 주름 장식이 풍성한 셔츠를 입은 모습이었고, 뭔가 '우월한 부류^{Better Sort}' 분위기를 풍기고 있다.[21]

물리적인 외모가 지배 지주와 부유층들을 '우월한 부류'로 규정한 다면, 동일한 법칙이 '열등한 부류^{Meaner Sort}'들 사이, 즉 사회계층 스펙트럼의 반대쪽 끝에도 적용되었다. 자유민과 비자유민 사이에는 법적인 차이가 존재했다. 비자유민에는 노예뿐만 아니라 연한계약하인, 죄수 노동자, 도제 등이 포함되었다. 종속적인 존재로서 그들은 모두 열등하고 비천하고 교양 없는 사람들로 분류되었다. 필라델피아에는 수천 명의 비자유민 노동자가 밀려들었고, 따라서 1730년 무렵 프랭클린은 '부랑자와 게으름뱅이들'이 식민지로 들어오고 있다고 불평했다. 자신이 극빈상태에서 벗어난 지 오래 되지 않은 시점에 이런 단어를 스스럼없이 사용했다는 점이 이채롭다. 1723년 프랭클린 자신이 지저분하고 초라한 입성의 도망자로 필라델피아에 도착하지 않았던가?[22]

좋든 나쁘든 '부류^{sorts}'라는 단어는 의미심장했다. 이는 상품의 다른 등급을 가리켰다. 단추와 담배가 '부류'로 구분되었다. 1733년 뉴욕 어느 신문에 실린 광고는 '우월한 부류와 열등한 부류로 만들어져 팔리는 부채'라고 나와 있다. 가계 혈통을 통해 가치를 측정하는 품종이라는 표현과 달리 상품 부류라는 표현은 상등품을 저렴한 하등품과 구별하면서 겉으로 보이는 모습에 한층 강조점을 두고 있었다. 상업을 중시하는 영국인은 사회 계급도 같은 선상에서 생각하는 경향이 있었다. 어느 신문에서 '최하급 품질' 사람들이라 언급하는 경우 이를 천의 질감 평가로 바꿔 생각해보면 쉽게 이해가 된다. 최하급 품질의 천이라면 거칠고, 마무리가 깔끔하지 않고, 질 나쁜 재료를 써서 저렴하게 만든 천을 의미한다.[23]

전체적으로 보아 열등하다는 표현은 빈곤과 바람직하지 않은 의존을 의미했다. 그것이 자선에 대한 의존이든 구빈원의 강제 노동에 대한 의존이든. 필라델피아, 보스턴, 뉴욕 어느 곳에나 빈민구호소가 있었다. 한편으로 열등함은 노예 상태와도 연관되며 복종으로 구체화된다. 그것은 하층계급 사람들에게 붙는 하나의 낙인이었다. 자신 스스로 무시당하고 경멸당하고 학대당하게끔 행동하기 때문이었다. 열등한 부류는 상스러운 겉모습, 아둔한 두뇌, 세련되지 못한 예의범절에 저속한 언어를 즐겨 쓴다고 생각되었다. 열등함은 불결함과 천박함으로 직결되었고, 꾸준히 존재한 폐기물 인간 계급의 또 다른 변형에 불과했다.[24]

프랭클린은 가난한 사람들이 처한 곤경에 동정적이지 않았다. 1751년 펜실베이니아 병원을 설립할 때도 근면한 빈곤층, 주로 신체 부상이 있는 남자를 돕자는 계획이었다. 영구 빈곤 계급은 환영하지 않았다. 그들은 빈민구호소로 쫓아버렸다. 프랭클린은 영국인이 너무 많은 자선을 베푼다고 생각했는데, 자신이 살고 있는 식민지의 독일인 이주자들을 관찰한 내용을 토대로 내놓은 의견이었다. 독일인 이주자들은 훨씬 열심히 일을 했는데, 프랭클린은 이런 태도가 구호라는 측면에서 빈민에게 거의 해주는 것이 없는 나라에서 왔기 때문이라고 보았다. 빈민에 대해 논하는 프랭클린의 태도는 윌리엄 버드를 연상시킨다. 1766년 옥수수를 실은 짐마차를 습격한 가난한 영국인 폭도들에 대한 불만을 이야기하면서 프랭클린은 영국이 '또 하나의 느림보 나라'가 되어간다고 비난했다.[25]

프랭클린은 대부분의 사람이 '안락한 생활' '근심 걱정과 노동으로부터의 해방'을 바란다고 결론을 내린다. 나태는 자체로는 쾌락의 한 형태이다. 바로 그것 때문에 프랭클린은 빈곤에 대한 유일한 해법은 이들 빈민을 일하게 만드는 모종의 강압적인 제도라고 주장하게 되었다. "나는 가난한 사람들에게 친절을 베푸는 최선의 방법은 빈곤 안에서 편안하게 해주는 것이 아니라, 빈곤 밖으로 나오도록 끌어내거나 강하게 밀어붙이는 것이라고 생각한다." 빈민들은 '정지 상태에서 불안을 느끼는' 본능에 문제가 생겼다. 따라서 그들에게 필요한 것은 그런 본능을 다시 작동시키는 (전기?) 충격이다.[26]

여기서 우리는 프랭클린의 강제 이주 이론에 내재된 이중의 의미를 보게 된다. 프랭클린이 예측하는 이주 모델에 따르면, 생식능력이 왕성한 이주민으로 채워지는 대륙에서의 팽창 덕분에, 사람들이 타인 밑에서 일해야 하는 속박에서 벗어나게 된다. 부모도 아이들도 (타인이 아닌) 자신을 위해 일을 할 것이다. 열등한 부류의 본질인 복종 문화에서 벗어나게 되는 것이다. 그러나 새로 찾은 자유와 함께 그들의 운명은 가장 비인격적인 힘, 즉 적자생존에 좌우되는 상태가 되었다. 변경의 가혹한 환경은 정착민에게 열심히 일하기 아니면 죽기를 강요했다. 남보다 검소하고 근면하고 아이를 많이 낳는 사람만이 성공하고, 나태하고 무능한 사람들은 계속 이동하거나 죽을 수밖에 없었다.

프랭클린은 변경에서도 중간에 있는 중간 부류middling sort를 중요하게 생각했을 뿐만 아니라 「인구 증가에 대한 고찰」을 쓰기 전에도 그들의 적극적인 옹호자였다. 프랭클린은 글에서 펜실베이니아의 '중간부류'는 '상인, 상점 주인, 농부들'이라고 썼다. 그렇다고 프랭클린이 '우월한 부류'를 없앨 생각이었던 것은 물론 아니다. 그러나 동시에 그는 일부가 '우월'하다면, 이외 나머지는 모두 자동으로 **'열등한 부류'**, 즉 폭도나 오합지졸이 된다는 생각은 거부했다.

1747년 소책자 『명백한 진실*Plain Truth*』에서 프랭클린은 이들 중간 부류가 식민지에서 결정적인 역할을 한다고 주장했다. 1747년은 델라웨어가 프랑스와 스페인 비정규군의 침략을 받은 해였다. 프랭클린은 글에서 필라델피아 시민, 특히 퀘이커교도에게 자발적인 민병대를 조직하지 않으면 같은 운명에 처할 것이라고 경고했다. 프랭클린은 이를 **'자유민 민병대'**라고 불렀는데, 자기 재산과 식민지를 지키기 위해 협력하는 우월한 부류와 중간 부류 남자를 의미했다.[27]

프랭클린은 민병대 조직 주장에 지지를 결집시키기 위해 외국인의 침략 위험을 계급투쟁이라는 측면에서 부각시킨다. 먼저 그는 '누가 문명인에 대한 공격에 앞장설까?'라는 질문을 던진다. '방종한 사나포선*私拿捕船*', 사회의 찌꺼기들일 것이다[사나포선: 민간인 승무원으로 구성되지만 전시에 정부로부터 적선을 공격하고 나포할 권리를 인정받은 무장 사유 선박]. 바로 '흑인, 흑백 혼혈, 기타 더없이 혐오스럽고 파렴치한 사람들'. 프랭클린은 연한계약하인의 자유민 부대 합류를 허락해서는 안 된다고 주장했다. 이런 주장을 통해 식민지 방위를 강화하자는 목적 이외에 프랭클린이 노리는 것은 무엇인가? 간단하다. 근면한 중간층 남자의 계급을 끌어올리면서 이들과 열등한 부류 사이의 구분을 강화하려

는 것이다. 다시 말해 프랭클린은 계급 구분 선을 새삼 분명하게 하고 있었다.[28]

프랭클린은 인간성에 대한 믿음이 거의 없음을 드러냈다. 펜실베이니아로 건너온 초기 시절부터 그는 다루기 힘든 골칫거리인 빈민층을 맹렬히 비난했다. 1731년에는 「펜실베이니아 가제트」에 야외 축제에 모이는 노예, 술주정뱅이, 저속한 백인 하인의 '가증스러운 조합'에 대한 글을 썼다. 프랭클린은 필라델피아 시민들을 유심히 관찰하면서 미덕이란 드물 뿐 아니라 그나마도 쉽게 변한다는 인간성에 대한 냉소적인 관점을 받아들였다. 『자서전』에서 프랭클린은 청년 시절 물고기의 배를 가르자 온갖 작은 물고기들이 나오는 것을 보고 채식주의를 포기한 이야기를 들려준다. 이는 계급에 대한 비유로, 큰 물고기가 (즉 힘 있는 엘리트들이) 약한 사람들을 잡아먹는다는 것이 교훈이다. 프랭클린은 (마음이 가난한 자가 복이 있다고 말하는) '산상수훈'의 신봉자가 아니었다. 오히려 그는 가난한 사람들은 위에 있는 사람들과 비교하여 탐욕이 덜하지도, 천성적으로 겸손하지도 않다고 생각했다. 그가 살고 있는 세계의 작은 물고기가 커지도록 허락하면, 그들은 똑같이 탐욕스러워질 것이라고 생각했다.[29]

창의적이기는 하지만 프랭클린은 자기 시대의 한계를 벗어나지 못한 사람이었다. 따라서 통제되지 않은 사회계층이동에는 자연히 불편한 심기를 드러냈다. 18세기 대부분의 미국인은 하인이 자신의 천한 태생을 떨쳐버리기는 불가능하다고 생각했다. 어느 신문에서는 열등한 부류는 결코 '노예근성이라는 얼룩을 씻어낼 수 없다'고 공공연히 말했다. 또한 당시 사람들 사이에는 열등한 부류가 상전의 뒤를 너무

바짝 쫓아오고 있는 것은 아닌가 하는 두려움이 있었다.[30]

프랭클린은 몸소 경험하고 실천했음에도 오늘날 우리가 생각하는 사회이동을 결코 지지하지 않았음이 분명하다. 정확히 말하자면 그는 아메리카 대륙의 계급이 더욱 평등해지기를 바랐지만, 이는 빈민 계급을 계속 유지하는 조건에서의 희망 사항이었다. 프랭클린의 민병대 계획은 그런 보수적 처지에서의 바람을 표현한 것이다. 성공한 중간 부류에게 대중의 존경을 받는다고 느끼게 하고 시민의 의무를 인식하라. 그러면 행복한 중간층으로서 확실한 만족감을 가지게 될 것이다. 그리고 이런 만족감은 사회계층의 사다리를 급속히 혹은 무모하게 올라가려는 야심을 가진 많은 사람들의 욕망이 잦아들게 할 것이다.

프랭클린은 계급 구분과 차별을 유지하는 편이 나름 장점이 있다는 것을 알고 있었다. 1741년 그가 편집하는 신문 「펜실베이니아 가제트」에는 사람들이 계급적인 위계질서가 없는 것보다 있는 쪽을 좋아하는 이유를 설명하는 기사가 실렸다. 계층에 따른 위계질서는 구성원 대다수가 자기 밑에 누군가 있다고 느낄 때 수월하게 유지된다. 따라서 글쓴이는 이렇게 묻는다. '자기 밑에 있는 모든 사람을 폭군처럼 자기 마음대로 지배할 수 있다고 하면, 심지어 우월한 부류 중에서도 얼마나 많은 이가 기꺼이 자기 위에 있는 사람들의 노예'가 되는 쪽을 택하겠는가? 프랭클린이 좋아하는 공리주의 표현을 빌자면, 하위 계급 위에 군림하는 데서 느끼는 감정에는 이처럼 매력적인, 심지어 사람을 기분 좋게 하는 무언가가 있다. 이런 만족의 척도를 바꾸려면 18세기 사고구조의 철저한 변경이 필요했다. 이번에도 프랭클린이 보기에 해답은, 사람들을 널리 퍼뜨려서 인구밀도를 희박하게 만드는 철저한 과정에 있었다. 사람들이 예전에 누가 위였고 아래였는지를 기억하지 못할 정도로 멀리. 그렇지만 부자들이 기꺼이 자기 계급의 이점을 포기하고 서부로 가면서 노동자를 고용하지도 않고 노예를 데려가지도 않는다는 것이 말이 될까? 아니면 프랭클린의 이론은 가난한 사람들만이 새로운 터전을 찾는다는 믿음을 전제로 하는 것일까?[31]

프랭클린은 자신이 이론을 세우고 있는 변경邊境이 상상의 장소라는 것을 알고 있었다. 그러나 그의 목적에 부합하는 곳이기도 했다. 하나의 정치적 주장으로서, 프랭클린은 제국의 인구를 늘릴 최후의 거점으로 영국령 북아메리카에 대한 강력한 방어 논리를 제공했다. 영국 백성 수를 늘려줄 자손 생산자는 물론이고 급속하게 성장하는 제조업 상품의 소비자 집단이 이곳에 있었다. 프랭클린의 이런 인구통계 중심 접근은, 동시에 그가 빈민에게 느끼는 깊은 경멸감을 감춰주는 역할도 했다. 인위적으로 빈민을 지원하는 구빈원이나 빈민구호소보다 적자생존 같은 자연의 강압적인 힘에 맡기는 편이 그에게는 구미에 맞았다. 늦어도 1780년 무렵이 되면 프랭클린은 손자에게 사회가 '두 부류의 사람들'로 나뉘게 된다고 경고한다. '좋은 집에서 안락하게 사는' 사람들과 '가난하고 더럽고 부도덕하며, 누더기를 걸친 채로 형편없는 오두막과 다락방에 살며' '게으름이라도 피웠다가는 당장 밥을 굶어야 하는' 그런 사람들로. 이를 통해 우리는 당대 사람들 사이에 널리 퍼진 정서를 확인할 수 있다. 빈민은 소모품 같은 존재라는 정서다. 변경에서도 역시 '형편없는 오두막'에는 빈곤과 절망이 넘쳤다.[32]

프랭클린은 소위 백인 인디언white Indian에 대해서도 알고 있었다. 어려서 인디언에게 잡혀갔다가 영국인 정착지로 돌아온 뒤에도 적응하지 못하는 영국인을 이렇게 불렀다. 프랭클린이 안다고 주장하는, 인디언 포로였던 부유한 젊은이는 재산을 모두 포기하고 달랑 총과 코트만 가지고 황야로 돌아갔다. 이런 사례를 보면서 프랭클린은 근심 걱정으로부터의 해방과 나태함은 항상 일부 사람이 빠지기 쉬운 유혹임을 인정했다. 그렇지만 자신의 인구 통계상의 수치, 즉 평균의 법칙에 의하면, 때때로 있는 이런 예외는 무시해도 좋을 정도라고 보았다.[33]

프랭클린은 북아메리카 변경 이주민들이 최고의 영국 혈통으로만 구성되지 않으리라는 사실을 모르지 않았다. 머지않아 그는 펜실베이니아 오지에 거주하는 사람들을 아메리카의 '찌꺼기'라고 불렀다. 그러나 동시에 그는 자연의 힘이 승리하기를, 생존 요구가 게으름뱅이들을 잡초 솎아내듯 제거하기를, 우월한 품종이 폐기물 인간들을 대체하기를 바랐다. 아무튼 그것이 그의 소망이었다.[34]

프랭클린의 이론은 당대에 널리 퍼진 영국인의 사고에 기초했기 때문에 사람들을 끌어들이는 힘이 있었다. 프랭클린은 개혁가라기보다는 어떤 것을 대중화시키는 데 천재적인 능력을 가진 사람이었다. 프랭클린의 명성이 워낙 대단해서 미국독립혁명이 성공하자 그의 인구 팽창 관련 아이디어들이 빛을 볼 비옥한 토양을 찾게 된다. 바로 페인Thomas Paine이 프랭클린의 미국종American breed 이론의 변형 버전을 청중에게 제시했을 때다. 프랭클린의 명성 덕분에 청중은 이를 쉽게 받아들였다. 프랭클린처럼 페인은 그곳의 토양과 자원이라는 독특한 환경에 적응하고 그에 맞춰 단련된 사람들을 상상했다. 미국종은 본능에 충실하고 젊은이다운 패기로 앞으로 나아가는 기상을 타고났다고 생각했다.

미국독립혁명의 정신을 담고 있다고 알려진 페인의 소책자『상식 *Common Sense*』(1776)은 자연권과 미국 독립의 경제적 타당성을 알리는 인상적인 표현으로 가득 차 있다. 페인이 보기에 더없이 장엄하고 광활한 대륙의 뒷받침을 받으며, 권한을 부여받은 아메리카의 백인 주민들이 보여주는 독특한 성격은 자연법칙의 불가항력적인 지배를 말해주는 증거였다. 페인은 자유무역과 상업 제국으로서 미국의 잠재적 가능성을 강조했다. 페인은 멀리 있는 왕들의 영향력을 넘어서 급성장하는 대륙의 힘을 찬양하는 한편으로, 부자연스럽다는 수사를 활용하면서 군주제를 부정했다. 또한 아메리카의 독립이 식민지 지배체제하에서 만연한 낭비와 나태를 종식하게 할 것으로 전망했다.

현대 미국인들은 페인을 미국독립혁명의 상징적인 인물로 찬양하는데, 알고 보면 이는 어딘가 맞지 않는 이상한 선택이다. 페인은 영국에서 나고 자란 영국인이었다. 좀 더 자세히 설명하자면 망명한 영국인이었다. 『상식』이 출간된 1776년은 페인이 필라델피아에 살기 시작한 지 겨우 1년 남짓 되었을 때였다. 프랭클린에게 받은 소개장을 가지고 필라델피아에 왔고, 덕분에 「펜실베이니아 매거진 ; 아메리칸 먼슬리 뮤지엄 Pennsylvania Magazine ; or American Monthly Museum」을 만드는 일자리를 구할 수 있었다. 누가 봐도 영국식 디자인에 편집장도 영국인이지만 내용은 미국에 관한 모든 것을 전문으로 다루는 신간 잡지로 1775년 1년 동안 발간되었다. 아이러니는 거기서 끝이 아니었다. 페인은 영국에서 소비세 징수원이었는데, 일종의 조세 저항 성격을 띠면서 미국독립혁명으로 치닫는 일련의 시위에서 세금 징수원들은 결코 환영받지 못하는 존재였다. 페인의 소책자는 본인 주장처럼 15만 부까지 팔린 것은 아니었지만 분명 조지 워싱턴을 설득해 자기편으로 끌어들였고, 뉴잉글랜드, 뉴욕, 볼티모어, 찰스턴 등지의 사람들에게까지 전해져 영향을 미쳤다. 후견인 프랭클린과 마찬가지로 페인은 사실, 숫자, 정치적 계산과 유용한 지식 등에 매혹되었고, 동시에 사람들에게 친숙한 이솝 우화 인용을 부끄러워하지 않았다. 결과적으로 페인의 소책자는 친숙한 언어, 즉 누가 봐도 영국적인 상업 언어를 사용하고, 교육받은 엘리트를 넘어 일반 독자에게 다가갈 수 있는 쉽고 직설적인 문체를 구사했다.[35]

페인의 글을 보면, 그가 계급에 대해서 무엇을 말하고 무엇을 말하지 않는지가 동시에 드러난다. 페인은 1797년까지는 토지와 부의 독점에 문제를 제기하지 않았다. 프랑스혁명이 펼쳐지는 것을 본 뒤에야 『토지 분배의 정의*Agrarian Justice*』에서 모든 사람이 동등하고도 신성한 토지 소유권을 가진다고 선언했다. 『상식』에서 그는 계급, 빈곤을 비롯한 사회 분열 문제는 다루지 않았다. 페인은 '빈부의 차별'을 인정하기는 했지만 곧이어 계급 갈등을 악화시킨 (압제와 탐욕이라는) '귀에 거슬리는 듣기 좋지 않은 말들'은 군이 거론할 필요가 없다고 일축했다. 가볍게 넘어가는 두 문단에서 현재의 정치 사안 이외의 현상들로 계급 구분과 성별 차이를 연계해 이야기하는 정도였다. 페인은 이런 현상은 자연에서 유래하는 차이고 우연히 발생한 결과라고 주장했다. 말하자면 이런 차이들은 그저 존재할 뿐이었다. 페인이 생각하는 계급 간의 격차는 혁명을 정당화할 수준까지 악화되지는 않았다.[36]

계급을 감추는 페인의 교묘한 속임수는 종*breed* 언급을 선호하는 태도에서 나타난다. 그의 핵심 주장은 유럽인의 후손인 아메리카인은 발달 중인 새로운 종족, 특히 제국주의 정복이 아니라 자유무역에 맞게끔 길러진 종족이라는 것이었다. 영국의 정치·경제에 대한 페인의 비판은 비용이 많이 드는 군사적 모험으로 초래된 엄청난 양의 부채에 집중되었다. 페인은 이런 군사적 모험을 영국 왕실의 천박한 야욕 탓으로 돌렸다. 시간이 흐르면서 왕과 여왕들은 낭비를 일삼는 국가 수장이 되었고 자체로 사회의 부채가 되었다.[37]

페인은 '하원을 독점한다'고, 즉 영국에서 급성장 중인 상인계급의 의지를 구현하는 기구 중의 하나인 하원의 대표성을 파괴한다고 군주제를 비난했다. 한편 아메리카 식민지들은 바다 건너에서 일어나는 여러 새로운 전쟁에 비용을 대기 위해서 인력과 부가 '고갈되고' 있는 실정이다. 독립은 아메리카가 '세상을 다시 시작하게' 해줄 것이라고 페인은 극적인 어조로 선언한다. 새로운 국가는 새로운 세계 질서의 시작을 알릴 것이다. 끊임없는 채무와 대규모 군대 유지라는 부담에서 벗어나 자유무역과 국제 통상이라는 이상 위에 건설된 생동하는 대륙의 힘이 될 것이다.[38]

손위, 손아래 해클루트가 말하는 질서의 옹호자로서 페인은 아메리카를 제국의 의미 자체를 바로잡고 재조정하는 수단이 되는 실험적인 사회라고 생각했다. 이들 과거 해설자들과 마찬가지로 페인은 목재, 타르, 철, 마 등등 미국의 자연 자원을 극찬했다. 옥수수와 기타 농작물 덕분에 미국은 유럽을 먹여 살리는 주역이 될 것이다. 한편 북아메리카의 핵심 환금작물인 담배에 대한 언급은 보이지 않는다. 페인이 주로 담배를 생산하는 버지니아가 아니라 곡물을 생산하는 펜실베이

니아를 모델로 삼았기 때문이다.[39]

무엇보다도 페인은 독립이 아메리카와 영국 모두에 도움이 되리라고 주장했다. 자유무역은 (그가 생각하기로는) 양국을 구별하지 않았다. 자유무역에는 경계가 없었다. 심지어 페인은 영국 상인들은 대영제국 정부를 막대한 비용이 드는 또 다른 전쟁으로 몰고 가기보다는 아메리카와의 무역을 보호하고 진전시키기를 바라기 때문에 그들의 편이 될 것이라고 말하며 미국 독자들을 안심시켰다. 일부 상인의 태도로 말하자면 페인이 옳았지만 전쟁에 대해서는 완전히 틀렸다.[40]

페인이 계급 구분을 넘어서는 상업적 동맹을 강조하게 된 데는 그의 인간성 이론이 중요한 역할을 했다. 페인이 주문 외듯 하는 말이 있었으니, 상업은 자연스럽고 군주제는 부자연스럽다는 것이었다. 페인은 많은 저작에서, 상업은 상호 애정에서 나오며 생존 본능을 공유하는 반면, 군주제는 약탈과 '평범한' 대중에 대한 위압에 의존한다고 말했다. 결국 왕은 자기 자신 말고는 누구에게도 도움이 되지 않는 존재들이었다. 다른 에세이에서 페인은 독자들에게 이렇게 말했다. "국왕에 의존해보아야 아무런 도움이 되지 않는다." "오히려 왕의 권력과 영향력이 커질수록 영국 국민에게 해가 될 뿐이다. 영국민은 무역을 통해서만 이득을 얻는데, 이는 왕에게서 독립한 뒤에야 가능하다." 이처럼 페인은 상업을, 계급 구분을 완화시켜주고 영국과 아메리카 상인들 모두의 이해관계를 통합해주는 일종의 접합제 같은 것이라고 보았다.[41]

페인은 계급 간의 긴장이 존재한다는 것을 알고 있었다. 혁명이 분노를 자극하리라는 점도 이해했다. 『상식』에서 페인은 자기주장의 핵심을 이야기하는 부분에서 불길한 어조로 경고한다. 독립을 선언하고 안정적인 정부를 구성할 때가 무르익었다고. 그렇게 하지 않으면 안 된다고. 계속해서 그는 이렇게 말했다. 현재 상황에서 '다수의 마음이 방향 없이 헤매고 있으며' '누구의 재산도 안전하지 않다'. 그러므로 지도적인 위치에 있는 계급이 방향을 잡지 못하면, 정치적 독립에 대한 광범위한 호소가 사회적 균등에 대한 선동적인 외침으로 대체될 것이다. 식민지 지도층이 제대로 조치를 취하지 못할 시에는 토지를 갖지 못한 폭도들이 나설 것이다. 페인에게 '상식'이란 계급 질서의 기본 구조를 보존하고, 전체가 폭도의 사고방식과 궁극적인 무정부 상태에 빠지지 않게 막는 것을 의미했다.[42]

상업제도가 효과적으로 기능하려면 안정적인 계급제도가 필요하지만 혼자서 일을 처리하는 머리 둔한 왕은 필요하지 않았다. '만인이 한 사람을 그렇게 떠받드는' 관행은 상식과 자연에 반한다. '무식하고 부적합한' 인물이 왕위에 오르는 일이 다반사인데다 아직 이성도 갖추지 못한 어린아이가 작위를 받아 왕이 되는 경우도 있었다. '고령과 질병으로 운신조차 힘든 왕이라도' 합법적으로 권좌에서 밀어낼 방법이 없었다. 더구나 통제 불가능하고 기형적이며 비정상적인 기질 문제도 있다. 페인은 영국 왕실이 '어떤 새로운 종'이며, 절대불변의 위상을 가질 가치가 있는 '인간 종족'이라는 생각을 비웃었다. 역사를 보면 '현 왕가'가 (신성한 것은 고사하고) 고결한 기원이 있다는 어떤 주장도 정당화할 근거가 없었다. 페인은 (영국 왕실의 시작점에 있는) 정복자 윌리엄William the Conqueror이 '프랑스 사생아'이자 '무장 강도'를 대동하고 왔던 침략자이자 '강탈자'이자 '깡패'라고 조롱했다.[43]

영국 군주제를 멸종까지는 아니라도 무력해진 종으로 비신성화하는 과정에서 페인은 다른 계몽된 비평가가 말한 내용을 반복했다. 1776년 1월 『상식』 초판 발표 당시에 페인이 아메리카에서 지낸 세월은 불과 열세 달이었고 필라델피아 밖으로는 나가본 적도 없었다는 사실을 기억할 필요가 있다. 아메리카에 대한 페인의 지식은 주로 신문, 책, 그리고 당시 영국과 아메리카에 퍼져 있는 이런저런 공개된 지식 창고에서 끌어모은 단편적인 정보에 기초하고 있었다. 페인은 (독립전쟁이 머지않은 시점에 아직 영국에 있었던) 프랭클린에게 골드스미스^{Oliver Goldsmith}의 『지구와 생물계의 역사^{History of Earth and Animated Nature}』(1774)라는 책을 보내달라고 요청했다. 골드스미스, 프랭클린, 페인은 모두 자연사라는 당시의 유행 학문을 받아들였는데, 이에 따르면 대서양을 사이에 둔 양쪽 대륙 사람들은 다른 종 혹은 종족으로 나뉜다.[44]

이를 토대로 페인은 종에 대한 두 가지 유력 주장을 추종했다. 하나는 영국의 군주제가 구시대적인 사고와 정치적 미신에 뿌리를 두고 있다는 개념을 부각시켰다. 다른 하나는 아메리카인은 그들과는 다른 사람, 미신이 아니라 과학에 근거한 혈통이라는 점을 증명하는 것을 목표로 했다. 린네^{Carl von Linné, 1707~1778}, 르클레르 드 뷔퐁 백작^{Comte de Buffon Georges-Louis Leclerc, 1707~1788}이 제기한, 당시 널리 관심을 끌던 이론들로 세계 사람들을 주요 대륙 각각의 고유한 환경에 의해 형성된 변종과 인종으로 나눈 것이 특징이었다. 이들의 이론은 골드스미스의 글에도 영향을 미쳤다. 라틴어 이름인 린나이우스^{Linnaeus}로 더욱 유명한 스웨덴 식물학자 린네는 모든 식물과 동물을 분류하고 정리한 다음 (인간을 가리키기 위해 자신이 만든 조어인) 호모 사피엔스^{Homo sapiens}를 다음의

네 가지 변종으로 나누었다. 그가 말하는 유럽형은 낙천적이고 건장하고 예리하고 창의적이었다. 아메리카 인디언에 대해서는 화를 잘 내고 고집이 세지만 자유롭다고 생각했다. 아시아 사람들은 우울하고 탐욕스러웠다. 아프리카 사람들은 교활하고 게으르고 태만했다. (자민족 중심주의 색채가 농후한) 이런 대분류는 미국독립혁명을 정당화하려는 페인의 목적에 부합했다. '세상을 다시 시작하기' 위해서 영국인과 유럽인의 후손인 아메리카인은 북아메리카에 대한 소유권을 주장하는 한편으로, 새로이 만들어지고 있는 (아마도 좀 더 우월한) 새로운 인간 종류가 되어야 했다.[45]

페인의 간단한 공식에서 번식은 자연에 의해 결정되거나 미신, 즉 잘못된 믿음에 의해 손상되거나 둘 중의 하나다. 전자는 사람들의 최대한의 잠재력이 발휘되도록 해주는 반면, 후자는 사람들이 자신을 성장시키고 개선할 가능성을 떨어뜨릴 뿐이다. 이처럼 군주제를 나쁜 번식과 동일시하는 사람이 페인만은 아니었다. 여기서 페인은 프랭클린의 또 다른 친구로, 유니테리언 교회 목사이자 과학자인 프리스틀리Joseph Priestley의 논리를 되풀이하고 있었다. 프리스틀리는 1774년에 영국 백성은 '생명이 다한 왕실에서 다른 왕실로' 피동적으로 이전되는 '농장의 가축'에 비견될 수 있다고 주장했다. 심지어 1774년에 런던과 필라델피아 모두에서 신문에 실린 기사에서는 왕들에 대한 숭배는 '불합리하고 부자연스럽고' '상식에 반한다'고 지적했다. 해당 기사에서 익명의 작가는 영국의 '반편이처럼 웃고 있는 영주들'은 왕실을 상징하는 이런저런 의상이며 장식을 지니고 있기만 하면 거위를 보고도 절을 할 것이라고 조롱했다. 특히 페인의 시선을 끌었던 대목은 다음

문장이다. 왕들은 "자손을 낳아 나라에 해당 종의 유전적인 연속성을 공급하게끔 만들어진 존재"였다.[46]

그러나 왕실 혈통에는 신성한 구석이라고는 전혀 없었다. 계몽된 비판자들이 촌구석 풍습이라고 일축한 것에 대한 맹목적인 충성은 지적이고 문명화된 사람들이 어떻게 현실감을 상실하는가를 잘 보여주는 사례였다. 자연 질서가 크게 어긋나 있었다. 영국 왕들은 아무런 논리적인 이유 없이 다른 모든 사람 위에 군림하고 추앙을 받았다. 아메리카인들은 구시대 유물에서 벗어나 좀 더 나은 미래로 나아가는 올바른 진로를 설정할 유일무이한 기회, 왕과 여왕들이라는 엄청난 부담에서 해방될 더없는 기회를 잡았다.

페인의 소책자에서 가장 급진적인 부분은 바로 이런 반권위주의 사상이었다. 만약 왕들을 '무지하고 무능력한' 존재로 볼 수 있다면 그들의 권력에 동승한, 왕이 임명한 총독, 퀘이커교도 지배 지주, '우월한 부류' 등을 그렇게 생각하지 못할 것이 무엇인가? 군주제가 그동안 생각했던 의미가 아니라면, 관습처럼 내려오는 다른 권력들 역시 의문의 대상일 수 있다. 나아가 겉으로 보이는 계급 현황도 진실을 은폐하는 연막 같은 것으로 생각할 수도 있으리라. 바로 이것이 페인이 빈부의 차별을 가볍게 보려고 했던 이유다. 페인은 아메리카 독자들이 현지의 고위층이 아니라 멀리 대서양 너머에 있는 왕들에게 공격을 집중하기를 바랐다. 또한 아메리카 독자들이 계급 질서를 교란하기보다는 왕권과의 관계를 단절하기를 바랐다.

같은 이유로 페인은 노예제도를 못 본 척했다. 페인이 생각하는 아메리카는 무엇보다 미래지향적인 유럽인들을 위한 '피난처'였다. 이외의 누구도 지원할 필요가 없었다. 페인은 아메리카가 열등한 사람들을 내보내는 쓰레기 처리장이라는 기존 생각에 반대했다. 이곳은 능력 있고 열심히 일하는 남녀를 위한 안식처일 뿐이었다. 이처럼 지나치게 낙관적인 그림을 그리다보니, 계급은 물론이고 보기 싫은 것들을 못 본 척 무시할 수밖에 없었다. 독립혁명이 다가오는 시점에도 연한계약하인과 죄수들의 노동은 너무나 분명해서 보지 않으려야 않을 수 없었고, 노예제도는 피할 수 없는 삶의 현실이었다. 필라델피아는 런던 커피하우스 밖에 노예 경매장이 있었다. 프론트 거리와 마켓 거리에 면한 도심 지역인데 공교롭게도 페인의 숙소 바로 맞은편이었다. 『상식』에서 페인은 '니그로'와 '인디언'을 영국의 선동에 놀아나는 생각이 모자라는 꼭두각시 정도로 깎아내리는 목적으로만 언급했다. 그들이 영국군의 선동으로 아메리카 백인을 괴롭히고 죽이면서 독립이라는 훌륭한 대의를 해치는 행동을 했을 때를 말하는 것이다. 영국군이 '니그로와 인디언들을 자극해 우리를 무너뜨리려 했다'. 우리는 그들과 맞서고 있었다. 문명화된 아메리카는 '가증스러운' 영국 권력에 추동되어 우리를 공격하는 야만스런 무리와 대립하고 있었다.[47]

페인의 목적은 독자들에게 아메리카의 거대함을 일깨우는 것이었다. 북미 대륙과 이를 지배하는 작은 섬나라를 규모라는 측면에서 구분하고 비교하는 것은 특히 효과적이었다. "어떤 경우에도 자연은 행성보다 큰 위성을 만들지 않는다." 페인은 뉴턴의 관점을 자체적으로 확대해석하여 이렇게 선언했다. 현존 체제는 '자연의 일반적인 질서에 반할' 뿐이었다. 페인은 영국은 유럽에 속하지만 아메리카는 그 외에 어디에도 속하지 않는다고 주장했다. 캐나다인 역시 그들의 자유를 요구할 것이다. 페인의 분류에 따르면 그들은 영국인이라기보다 아메리카인이기 때문이다. 캐나다인은 진취적인 남쪽의 형제자매와 같은 특성과 야망을 타고난 북아메리카 대륙의 후손이었다.[48]

태동기 민족을 상기시키면서 페인은 우리의 계급 연구에 영향을 주는 또 하나의 요소를 고려했다. 페인은 독립이 나태를 없앨 것이라고 굳게 믿었다. 프랭클린처럼 페인은 빈곤이 사라진 새로운 대륙 질서를 예견했다. "현재 우리 인구는 수요에 딱 맞는 수준이므로 어떤 사람도 할 일 없이 빈둥거릴 필요가 없다." 페인은 글에서 이렇게 말했다. 군대를 조직하고 교역에 종사하기에 충분한 남자가 있었다. 즉, 자급자족에 충분한. '왕이 자신의 쓸모없는 부하들에게 마구잡이로 땅을 몰아준다면' 땅은 계속 낭비될 뿐이다(여기서 페인은 오랜 전통을 자랑하는 펜실베이니아 지배 지주계급을 정조준했다). 성장 여력이 있는 신생 국가는 영국인이 한때는 가지고 있었으나 잃어버린 지 오래인 젊고 남자다운 상업 정신을 보여줌으로써 새로운 수준에 도달할 것이다. 독립혁명은 제국에 의존하는 문화 안에서 조장되었던 식민지들 사이의 사소한 다툼들을 종식하게 할 것이다. 오로지 독립을 통해서만 아메리카는 있는 그대로의 상업 성장 잠재력을 실현할 수 있다.[49]

페인은 자신의 제2의 조국, 아메리카라는 안식처에 속하게 된 것을 자랑스럽게 여기며 오랫동안 대영제국이 '우리를 독점했다'고 말했다. 런던의 정부와 왕실은 이기적인 목적으로 북아메리카 대륙의 땅과 자원을 지배했다. 그러나 이제 연합한 식민지들은 새로운 현실을 깨달았다. 영국의 독점이 그동안 자연스러운 소멸의 길을 걸어왔다는 것이다. 완전한 독립에 이르지 못하는 어떤 상태든 "임대차 계약이 곧 만료되는 임차인의 불법점유를 규제하려는 소송이 계류 중인 상태에서 일어나는 토지 훼손과 같은 상황"일 것이다. 말하자면 토지를 황폐화시키는 것과 같다. 영국의 임대는 끝났다.[50]

생산성 제고와 확장에 여념이 없는 미국종을 옹호하면서 페인이 사용하는 폐기물, 나태, 혈통, 토지 독점 등의 자극적인 언어는 흥분하기 쉬운 사람들에게 좋은 자양분이 되었다. 감수성이 풍부한 독자들의 특성을 잘 알고 있었기에 페인은 다가올 혁명을 성서에 나오는 노아와 대홍수에 비유했다. 혁명으로 '아마도 유럽 인구를 모두 합친 만큼의 인구'가 생기고, 미래 세대에게 전해질 그들 '몫의 자유'가 생길 것이다. 아메리카인이 광대한 대륙을 가득 채우고 수출용 자원을 수확하는 동안 인구는 계속 증가하고 번성할 것이다. 페인이 이처럼 장밋빛 미래를 예견하며 말하는 경제의 주역들은 상인, 상업농, 조선업자, 발명가, 부동산을 소유하고 지키는 아메리카인들이었다. 그러나 단연코, 토지가 없는 빈민들은 아니었다.[51]

"영국과 미국은 이제 별개의 제국이다." 1776년 페인은 이렇게 선언했다. 6년 뒤, 독립전쟁이 끝나갈 무렵, 페인은 여전히 (영국과) 구별되는 미국종을 옹호하고 있었다. 글에서 페인은 이렇게 말했다. "우리는 전과는 다른 눈으로 보고, 다른 귀로 듣고, 다른 사고로 생각할 것이다."[52]

페인은 세습 군주제라는 도그마를 들쑤셔 구멍을 내는 일에 추호도 망설이지 않았다. 이는 칭찬받아 마땅한 행동이다. 그러나 페인이 왕정을 집중적으로 공격하는 과정에서 다른 유형의 부정들이 보이지 않게 만든 것도 사실이다. 페인은 대륙의 새로운 종족과 상업적 욕망이라는 의복을 걸친 채로 너무나 막연하게만 계급 언어를 표현했다. 신세계에 대한 페인의 원대한 계획에서 인디언과 노예는 소외되었다. 비천한 폐기물 인간들은 『상식』에 전혀 얼굴을 내비치지 못했고, 엄청난 수의 죄수 노동자, 하인, 도제, 근로 빈곤층, 형편없는 황야의 오두막에서 생활하는 사람들 역시 페인의 글에서 전혀 존재감이 없었다.

페인이 보기에 1776년 아메리카인에게 핵심 이슈는 새로 들어선 독립 정권이 여러 국가 속에서 앞장서서 자신의 운명을 개척하느냐 마느냐가 아니라 얼마나 빨리 나아가느냐였다. 말하자면 운명 개척은 기정사실이었고 속도가 문제였다. 페인은 상업과 대륙에서의 영토 확장으로 인한 막강한 힘이 나태를 제거하고 불균형을 바로잡을 것으로 생각했다. 영국계 아메리카인의 상업 본능을 일깨우고 육성하며 대영제국과 국경을 초월한 평화로운 무역 동맹을 유지하는 데는 아무런 문제가 없었다. 그러나 페인은 다른 영역에서는 영국식으로 보고 듣는 관행이 아메리카에서 사라지기를 바랐다. 결과적으로는 틀렸지만 페인은 계급 문제는 그런 과정에서 자연히 해결되리라고 보았다.

제4장

토머스 제퍼슨의 폐물: 특이한 계급 지형학

이런 방법으로, 매년 최고의 천재 20명을 폐물에서 긁어모아
공공비용으로 교육을 받게 할 것이다, 중등학교까지……
사람들은 말, 개, 기타 가축의 번식에서 우월한 아름다움(superior beauty)이라는 조건이
당연히 주의를 기울일 가치가 있다고 생각한다.
인간의 번식에서 그렇지 않을 이유가 무엇인가?
- 토머스 제퍼슨, 『버지니아주에 관한 기록Notes on the State of Virginia』(1787)

토머스 페인이나 벤저민 프랭클린과 마찬가지로 토머스 제퍼슨은 대륙이라는 관점에서 계급 문제를 생각했다. 대통령으로서 제퍼슨의 최대 업적은 1803년 루이지애나 매입이었다. 미합중국의 규모를 순식간에 두 배 이상으로 만들어준 광대한 영토였다. 그는 새로 확보한 서부 지역을 '자유를 위한 제국'이라고 불렀는데, 오늘날 흔히들 생각하는 자유 시장경제나 사회계층이동 보장과는 다른 의미였다. 제퍼슨의 구상에 따르면 루이지애나 영토는 농업 성장을 촉진하는 한편으로 제조업 성장과 도시 빈곤층 증가를 미연에 방지할 것이었다. 바로 그것이 그가 생각하는 자유를 위한 공식이었다. 이는 벤저민 프랭클린이 말하는 (끝없이 펼쳐진 미개척지에 여러 계급이 압축되어 존재하는) '행복한 중간층'이 아니라 크고 작은, 다시 말해 다양한 농부들이 존재하는 나라였다. 이런 차이는 단순한 명칭상의 차이가 아니었다. 프랭클린과 페인

은 펜실베이니아를 그들의 모델로 삼았던 반면, 제퍼슨은 버지니아라는 프리즘을 통해 미국의 미래를 (그리고 미국 계급제도의 윤곽을) 보았기 때문이다.[1]

18세기 버지니아는 농업 사회이면서 계층사회였다. 1770년 무렵 버지니아 백인 주민 가운데 10퍼센트 미만이 식민지 전체 토지의 절반 이상을 소유하고 있었다. 상층부의 소수 대농장주는 수백 명의 노예를 거느리고 있었다. 백인 남자 중에 절반 이상이 토지를 전혀 소유하지 못했고, 소작인이나 임금노동자로 일하거나 그도 아니면 하인 계약을 맺고 있었다. 제퍼슨 시대에도 토지, 노예, 담배가 여전히 부의 주요한 원천으로 남아 있었지만 대다수 백인은 노예가 없었다. 유명한 언덕 꼭대기 집에 살았던 제퍼슨 선생이 시골 지역에 점점이 흩어져 사는 일반 농부들보다 한참 위에 두둥실 떠 있었던 이유가 여기에 있다. 독립혁명 무렵 제퍼슨은 적어도 187명의 노예를 소유했고 혁명의 성패를 가른 결정적 전투인 요크타운 전투가 있었던 1781년에는 버지니아 여섯 개의 카운티에 1만 3,700에이커의 토지를 소유하고 있었다.[2]

제퍼슨의 문장이 지니는 묘한 특징 혹은 매력 때문에 그의 계급관을 정확히 파악하기가 그리 간단치 않다. 제퍼슨의 글은 매우 설득력이 있고 심지어 시적일지 모르지만, 수사적인 불명료함을 한껏 즐기는 것도 사실이다. 제퍼슨은 '땅의 경작자'를 가장 가치 있는 시민이라고 찬미했다. 그들은 '신의 선택을 받은 사람들'이며 대단히 '유용한 직업'을 통해 '공화국을 활기가 넘치게 유지'시킨다. 그러나 제퍼슨이 그리는, 미덕이 넘치는 모범적인 농촌 모습은 실제 버지니아 농부들과는 거리가 있었고 심지어 제퍼슨 자신도 이런 고상한 기대에 부응하지는 못했다. 제퍼슨은 본인 소유 농장에서 효율성을 개선하려는 갖은 노력에도 불구하고 수익을 내지 못했고 산더미처럼 쌓이는 빚에서 벗어나지도 못했다. 1796년의 어느 편지에서 제퍼슨은 안타깝게도 자신의 농장이 '참혹한 상태'이고 자신은 '형편없는 농부'라고 시인해야 했다. 이후로도 농장 상황은 나아지지 않았고 오히려 악화되었다.[3]

현재 우리는 제퍼슨을 농업 민주주의와 독립 자영농인 요먼 계급과 연결시키지만, 사실 제퍼슨의 스타일은 소위 말하는 신사 농부gentleman farmer, 즉 취미로 농사를 짓는 사람이었다. 상류계급의 일원으로서 그는 기본적으로 일꾼을 고용하거나 노예를 이용해 토지를 경작했으며, 결코 농업이 자신의 생업이 아니었다. 제퍼슨은 1795년 하나의 과학으로서 농업에 자극을 받고 관심이 커진 뒤에야 진지하게 임하는 농부가 되었다. 독서를 통해 얻은 새로운 기술들을 실험했고, 자신의 농업과 원예 저작에서 이를 꼼꼼하게 기록했다. 제퍼슨은 농사에 대한 최신 매뉴얼이 있었다(몬티셀로 도서관에 50가지가 있었다). 제퍼슨은 호기심이 동하지 않는 것은 무시했다. 그는 경제적인 이유로 계속 키우는 담배라는 풀을 지독히도 싫어했고, 1801년에는 "내 삶을 가득 채운 담뱃잎을 실제로 본 적은 한 번도 없다"고 고백하기도 했다. 주로 제퍼슨의 관심을 끌었던 것은 농업 기술 발전과 관련된 것들이었다. 1794년 제퍼슨은 미국 농업을 현대화하겠다는 바람 속에 이런저런 시도를 했고, 볏moldboard의 저항을 최소화한 새로운 쟁기를 직접 설계하기도 했다.[4]

그런데 아이러니는 미국의 농업을 개선하려는 제퍼슨의 접근법이 전혀 미국적이지가 않고 단연코 영국적이었다는 점이다. 그가 읽은 책들, 칭송하는 농사 방식은 영국의 농업 전통과 당대 영국 개량주의자들에게서 주로 나왔기 때문이다. 양질의 양모 생산을 위해 모든 버지니아 카운티에 메리노 양을 들이자는 계획, 담배에만 온전히 의존하면 안 되니까 밀을 기르자는 제퍼슨의 결정은 동료 조지 워싱턴이 버지니아주 농부들의 '겉날림' 습관이라고 맹비난했던 것을 바로잡으려는 시도였다. 당시 버지니아 사람들은 비료 사용, 윤작, 수확과 쟁기질 기술 등에서 영국 사람들에 한참 뒤처져 있었다. 대농장주든 소농이든 상관없이 수 에이커에 달하는 땅의 지력을 고갈시키고 휴한지로 버려두는 일이 일반적이었다. 제퍼슨은 이런 행태를 '우리는 마음껏 낭비하고 있다'고 에둘러 표현했다.[5]

제퍼슨은 미국의 농업 잠재력을 내세우는 온갖 미사여구 이면에는 다소 미개한 현실이 있다는 것을 알고 있었다. 선견지명이 있는 신사 농부들이 있기는 하지만, 엉성하게 관리되는 농장과 당장의 생존만 생각하는 미숙한 소농, 소작농의 수가 훨씬 많았다. 버지니아의 대규모 농장에서 대부분의 들일을 하는 노예들이 어떻게 '땅의 경작자'라는 중요한 역할을 맡을 수 있겠는가? 제퍼슨이 보기에 노예들은 '들 일꾼'에 불과했다. 소작농, 즉 직접 소유하지 않은 땅을 빌려서 농사를 짓는 사람, 땅이 없는 노동자나 무단토지점유자 등도 상업적 능력과 진정한 경작자의 덕목이 부족하기는 마찬가지였다. 제퍼슨이 생각하는 완벽한 세상에서는 토지뿐만 아니라 하층계급 농부들 자체도 바람직한 방향으로 개선될 수가 있었다. 그들에게 (토지) 자유 보유권freehold을 주고 기본 교육을 제공한다면, 그들은 좀 더 나은 농사법을 선택하고 바람직한 습관과 특성을 자녀에게 물려줄 수 있을 것이다. 이것이 제퍼슨의 기본적인 생각이었다. 그러나 앞으로 살펴보게 되겠지만 제퍼슨의 여러 개혁안은 버지니아 빈민층 지위 향상에는 눈곱만큼도 관심이 없었던 지배층인 신사 계급에 의해 번번이 좌절되었다. 그러나 그보다 인상적인 부분은 따로 있었다. 제퍼슨이 생각한 토지 보유와 경작을 통한 사회 계급 이동은 제퍼슨 자신의 뿌리 깊은 계급적 편견으로 금세 훼손되고 말았다. 자신도 인지하지 못했던 편견이었다.[6]

역사적으로 민주주의자라고 간주되는 토머스 제퍼슨이지만 자신의 계급 배경에서 결코 자유롭지는 못했다. 특권층으로 특혜를 받으며 자란 성장 과정은 불가피하게 제퍼슨의 사고에 영향을 미쳤다. 제퍼슨이 버지니아 신사 계급의 중요한 일원이 아니었다면, 독립선언문 작성에 참여하지도, 대륙회의 대표로 선출되지도 못했을 것이다. 제퍼슨은 고전 교육을 받는 혜택을 누렸고 엘리트 교육기관인 윌리엄앤메리 대학교에서 법률과 문학을 공부했다. 그리고 모두 6,487권에 달하는 방대한 도서를 모았다. 라틴어와 그리스어에 유창했고 이탈리아어도 좋아했으며 고대 프랑스어를 읽고 에스파냐어도 약간 했다. 또한 아는 사람이 많지 않은 고대영어에도 정통했다. 주변에는 유럽산 사치품이 즐비했고 프랑스산 백포도주인 소테른을 무척 즐겼던 데서도 알 수 있듯이 쾌락주의 성향도 다분했다. 따라서 제퍼슨이 '비천한 부류'의 불안한 삶에 대해 남다른 통찰력이 있었다고, 혹은 그가 소작농이 겪는 암울한 상황을 제대로 이해하고 있었다는 생각은 버지니아에서의 부자와 빈민을 나누는 깊은 골을 설명하기 어렵다.[7]

프랭클린이 계급을 인구 통계적인 측면, 그리고 쾌락을 추구하고 고통을 피하려는 인간의 충동으로 주로 결정되는 것으로 생각했다면 제퍼슨은 다른 철학을 지지했다고 볼 수 있다. 숫자와 정치적 계산에 의지한다는 점은 같았지만 제퍼슨은 인간 행동을 환경에 따라 변하는 유연하고 적응력이 있는 것으로 보았다. 인간 행동은 여러 세대에 걸쳐 물리적·사회적 환경에 맞춰 변화해왔다. 자연의 손길이 일부에게 유리하다고 하면, 지역 환경과 짝 선택도 마찬가지였다. 그러나 사람들을 신분으로 구별하는 것은 무엇보다도 토지와 노동의 밀접한 관계였다. 1813년에 제퍼슨이 글에서 말한 것처럼 '땅의 자생적인 에너지는 자연의 선물'이지만 거기서 최대의 이익을 거둬들이기 위해 인간은 '자신의 노동'을 들여야 한다. 제퍼슨이 보는 넓은 구조에서 계급은 지형의 산물이었다. 말하자면 그것은 생산자와 토양 사이에 구축된 유대 관계에 의해 형성되었다. 물론 그가 말하는 생산자는 소작인이나 노예가 아니라 농부와 지주를 의미했다.[8]

제퍼슨이 좋아했던 직업, 그를 가장 즐겁게 했던 단어는 경작자cultivator였다. 경작자라는 단어는 농사를 지어 생계를 유지하는 사람 이상의 의미를 지녔다. 기본적으로 이는 당시 유행하던 자연사 연구에 기초한 18세기 관용구에서 파생되었다. 경작하는cultivate 것은 새롭게 하고 비옥하게 한다는 의미고, 따라서 토양에서 좋은 속성, 우월한 질, 견실한 사고 습관은 물론이고 진정한 자양분을 추출하는 것을 의미했다. 경작cultivation은 땅을 가는 것뿐만 아니라 동물 품종을 개량하는 육종, 좋은 토양은 (동물이든 인간이든) 건강하고 왕성한 종을 낳는다는 생각 같은 풍부한 연상 의미들 역시 포함하고 있었다. 땅의 생산 잠재력을 잘 활용하면 도덕의식 향상이라는 부가적인 이득도 볼 수 있었다. 제퍼슨이 '진정하고 실질적인 미덕의 특이한 퇴적물'이 모든 참-경작자의 가슴에서 발견된다고 말하면서 의미한 바가 바로 이것이다. 이처럼 토양은 칼슘이 풍부한 이회토泥灰土 퇴적물이 그렇듯 재생 능력을 갖출 수 있었다. 실제로 교육을 받은 농부들은 땅의 양분을 회복시키기 위해 이회토를 활용했다.[9]

제퍼슨의 분류법에서 계급은 프랭클린이 말하는 상업화된 '부류'라는 단어와는 살짝 거리가 있다. 프랭클린은 이런 개념을 통해 사람과 재화가 손쉽게 동일시되고 가치가 매겨진다고 보았다. 대신에 제퍼슨식 계급은 함유 영양분 등급에 따른 토양층 구분을 모방한 사실상 지층strata이었다. 책벌레 성향이 농후한데다 농촌 사회를 이상화하여 생각하는 버지니아 사람 제퍼슨에게 계급은 토지가 지닌 잠재력의 자연스러운 분출이자 농업 지형의 생생한 표현이었다.

미국독립혁명 시기 버지니아는 조화나 평등, 혹은 통합의 공간이라고 보기는 힘들었다. 전시 총동원은 엘리트 애국자들과 밑에 사람들 사이에 팽팽하던 긴장을 한층 악화시켰다. 영국 전통에 따라 미국 엘리트는 하층계급이 전쟁에서 피를 흘리며 싸워주기를 기대했다. 예를 들어 7년전쟁 당시 버지니아 사람들은 할당 인원을 채우기 위해 부랑자들을 강제 징발하는 악명 높은 방법을 썼다. 미국독립혁명 기간에 워싱턴 장군은 '하층계급 사람들만' 보병으로 복무해야 한다고 말했다. 제퍼슨은 계급에 따라 다른 특성이 분명 실재할 것으로 생각했다. 따라서 식민지 의회 의원이던 제퍼슨은 '나태나 교육 정도 때문에 보병 복무에는 맞지 않는' 농장주의 젊은 아들을 위해 버지니아 기병대를 만들자는 계획안을 내놓았다.[10]

1775년에 이미 버지니아 런던 카운티의 토지 없는 소작인들이 불평불만을 표출하기 시작했다. '가난한 사람들은 지켜야 할 것이 아무것도 없으니 싸울 동기가 없다'는 주장이었다. 이런 불만은 이미 식민지 전역에 널리 퍼져 있었다. 다수의 빈민 백인 남자가 신병 모집에 저항하고, 부유한 대농장주 밑에서 일하는 감독관들에게 주어지는 면제특권에 이의를 제기하고, 쥐꼬리만 한 봉급에 실망을 표했다. 이런 저항으로 궁여지책이 나왔다. 1780년 의원들은 백인 지원병에게 노예 한 명씩을 하사한다는 후한 대가 지급에 동의했다. 전쟁이 끝날 때까지 자발적으로 싸울 경우에 주어지는 혜택이었다. 즉각적인 사회계층 상승이었다. 상층에서 하층계급으로 부와 지위가 이동하게 된다. 그러나 이런 어마어마한 제안도 충분히 솔깃하지 못했던 모양이다. 미끼를 무는 사람이 거의 없었기 때문이다. 요크타운 전투로 전쟁 결과가 판가름 나는 2년 뒤까지도 이런 상황은 변하지 않았다. 아무튼 미국 편에서 싸우는 사람들 가운데 버지니아 출신은 소수에 불과했다.[11]

가난한 백인 농부들을 달래려는 시도가 그것뿐만은 아니었다. 1776년 새로운 헌법을 기초하면서 버지니아 반란자들은 나이가 스물한 살이고 농경지 25에이커에 대한 자유 보유권이 있는 백인 성인 남성에게 투표권을 준다는 원칙을 기꺼이 받아들였다. 그러나 전제 왕권에 반기를 들고 혁명을 일으켰던 똑같은 사람들이 토지 없는 사람, 가난한 사람을 구제하자는 데는 인색했다. 하층계급을 독려하는 차원에서 자기 소유 토지가 전혀 없는 남자에게 50에이커의 토지와 투표권을 주자는 제퍼슨의 제안은 헌법 최종본에서 빠졌다.[12]

버지니아 법률 개정 권한을 가진 위원회 위원으로 임명되자 제퍼슨은 주의 계급균형을 바꾸는 것을 목표로 또 다른 방법을 시도했다. 그는 장자 상속제와 한사 상속제限嗣相續制: 자손에게 유산을 넘겨주되 그것을 처분할 권리는 넘겨주지 않는 것를 없애는 데 성공했다. 이는 대량의 토지가 소수 유력 가문의 수중에 지속해서 남아있게 만드는 두 가지 법정 관행이었다. 제퍼슨의 목적은 토지가 장자에게 귀속되지 않음은 물론, 한 집안의 모든 자녀에게 동등하게 분배되도록 하는 것이었다. 토지 판매가 제한 되었던 한정 상속 부동산은 개인 소유 무상 불하지로 대체될 것이었다. 한편, 위원회는 가난한 남자가 결혼을 하고 자녀를 낳도록 독려하는 일종의 유인책으로 자유민으로 태어난 아이 각각에게 75에이커의 토지를 주는 방안을 고려했다. 제퍼슨이 강조하는 자유 보유권자들이 땅에 뿌리를 내리고 살면서 게으름에서 벗어나도록 하는 장려책으로 아이들이 필요했다.[13]

그러나 개혁은 쉽지 않았다. 버지니아의 자유 보유권자 공화국은 농부들에게 필요한 미덕을 주입하는 데는 실패했다. 결과적으로 정책도 제퍼슨이 생각한 효과를 보지 못했다. 소규모 토지를 보유한 사람들이 대농장주에게 토지를 팔고, 부동산을 저당 잡히고, 계속해서 남은 땅마저도 빼앗기는 일이 비일비재했다. 그들은 토지를 고상한 소명이나 천직이 아니라 하나의 상품으로 간주했다. 제퍼슨은 선배인 제임스 오글소프의 통찰을 이해하지 못했다. (처분 가능한 무상 불하지를 가진) 자유 보유권 체제는 부유한 땅 투기꾼에게 유리하다는 통찰이었다. 농사는 성공 가능성이 제한된 고된 일이었다. 노예, 감독관, 짐수레를 끄는 동물, 쟁기, 손쉽게 사용할 제분기, 농산물을 시장으로 실어 나를 수로 등등 각종 자원이 부족한 가구들에는 특히나 그랬다. 물론 제퍼슨 자신은 이런 모든 자원을 어려움 없이 이용할 수 있었다. 아무튼 토지만 가지고는 자급자족이 보장되지 않았다.[14]

버지니아 헌법제정회의에서 지배 엘리트들은 빈민이 자유 보유권을 가진 시민이 될 수 있도록 50에이커의 토지를 무상으로 불하하자는 안은 꺼렸던 반면, 빈민을 오지로 내다버리자는 안은 기꺼이 받아들였다. 1776년 국유지관리국이 문을 열자 새로운 정책이 채택되었다. 버지니아와 켄터키 서부에서 주인 없는 땅을 무단점유하고 있는 사람은 누구든 해당 토지를 우선하여 구매할 수 있는 선매권^{先買權}을 주장할 수 있다는 내용이었다. 빈민을 식민지로 이주시킨 영국의 오랜 관행처럼, 버지니아 사람들은 불만을 억누르고, 세수를 늘리고, 불우한 사람들을 서부로 꾀어낼 방법을 모색했다. 이런 정책은 계급 구조를 바꾸는 것과는 거의 상관이 없었다. 게다가 결국은 빈민 가구에 불리하게 작용했다. 토지를 구매할 준비된 현금이 없어서 무단토지점유자에서 임차인이 되었고, 결과적으로 독립적인 토지 소유자가 되지 못하고 다시 소작농이라는 덫에 빠졌다.[15]

토지개혁에 공교육이 병행되었다. '지식의 보편적인 보급'에 관한 79호 법안에서 제퍼슨은 단계별 교육안을 제시했다. 공공비용으로 모든 남녀 어린이에게 초등교육을 제공하고, 중등교육은 더 유능한 남학생에게 제공하자는 안이었다. 특히 두 번째 단계를 위해 카운티마다 하층계급 출신 중에 20명의 어린 '천재들'을 선발해야 한다고 주장했다. 이런 방법으로 제퍼슨은 교육이 온전히 부유한 가구의 특권에 머물고 있는 상황에서 하층계급 젊은이들을 위한 계층이동 수단을 제공하고자 했다.[16]

자기가 살고 있는 주에 대한 폭넓은 지식과 정보를 다룬 『버지니아 주에 관한 기록』을 보면 자신의 계획을 설명하는 글이 있다. 여기서 제퍼슨은 다소 고약하다 싶은 표현을 써가면서 개혁에 관해 설명했다. 다수는 여전히 무지와 빈곤에 빠진 채로 내버려두고 소수의 운 좋은 장학생들을 (갈퀴질을 하듯) 폐물rubbish에서 긁어모아 교육을 한다는 것이다. '폐물'은 항상 있었던 폐기물 인간이라는 주제를 제퍼슨 식으로 표현한 것이다. 훗날 시어도어 루스벨트는 추문 폭로에 재미를 들인 언론인들을 버니언John Bunyan의 『천로역정The Pilgrim's Progress』에 나오는 퇴비와 오물 제거용 갈퀴muckrake를 들고 땅바닥만 쳐다보고 있는 남자에 빗대어 '추문 폭로자들muckraker'이라고 명명했는데, 제퍼슨이 이런 미래를 예측하고 갈퀴나 폐물 비유를 사용한 것은 아니다. 제퍼슨은 오히려 그보다 이전, 엘리자베스 여왕 시대의 의미를 상기하고 있었다. '폐물'이라는 명칭은 가난한 사람들에 대한 경멸을 보여줌과 동시에 오물더미 같은 현실에서 벗어날 수 있는 사람이 거의 없다는 슬픈 현실을 상기시켜준다. 그러나 이 법안은 통과되지 못했다. 버지니아 신사 계급은 비용을 지불할 생각이 없었다. 그들은 농촌 가난뱅이들의 황무지에서 길을 잃고 헤매는 소수 천재를 육성하는 데 전혀 관심이 없었다.[17]

제퍼슨의 교육개혁 법안은 통과 가능성이 희박했지만, 자매 편이라 할 수 있을 구빈원 자금 지원 법안은 그렇지 않았다. 영국의 빈민구제법들이 그렇듯이 제퍼슨의 법안도 '나태하고 방종한 생활을 하면서 시간을 낭비하는' 사람들을 처벌했다. 정처 없이 여기저기 떠도는 사람 혹은 아내나 아이들을 버린 사람은 처벌의 대상이었다. 이런 사람들은 부랑자에 준하는 자들로 간주되었다. 빈민 아이들에 대한 해결책은 교육이 아니라 도제로 고용하는 것이었다. 제퍼슨은 1755년까지 거슬러 올라가는 기존 법률에 소소한 변화를 주었다. 빈민이 신분 확인 배지를 착용하지 않아도 된다는 내용이었다. 그러나 부랑자는 처벌의 대상이었고, 그들의 자녀가 도제가 되어 부모의 나태함에 대한 대가를 치르게 되었다. 제임스타운에서 죽은 하인들이 남긴 고아들이 노동 착취를 당했다는 이야기가 떠오르는 대목이다. 배지가 없으니 예전보다 눈에 띄지 않는 계급이 되었을지 모르지만 그들은 여전히 악덕과 태만의 강력한 상징이었다.[18]

제퍼슨이 제기한 초기 개혁들은 모두 평등이나 민주주의 촉진을 위한 것이라기보다는 극단으로 치닫는 상황을 완화하기 위한 것이었다. 농부가 (토양재생을 위해서) 이회토나 이탄을 사용하는 것처럼 제퍼슨의 접근법은 부와 빈곤의 뭉침 혹은 집중을 깨려는 노력에 가까웠다. 버지니아의 사회질서는 정체되어 있었다. 상층의 육중한 대농장주 계급과 점점 신분 상승 가능성이 줄어가는 토지를 소유하지 못한 하층계급 때문에 짓눌린 상태였다. '갈퀴질을 통해 폐물에서 긁어모은다'는 강력한 표현은 제퍼슨의 철학을 더없이 명확하고, 시각적으로도 선명하게 보여준다. 갈퀴질은 쟁기질에 비교된다. 즉, 영양분이 고갈된 척박한 표토를 뒤집고 아래층의 새로운 생명을 찾아내는 과정에 비교된다. 이런 개량 노력은 당장의 이익 증가에는 크게 도움이 안 될지 모르지만 미래에 한층 강해진 시민이라는 작물을 약속했다.

(지형의 산물로서) 계급이라는 제퍼슨의 주장을 뒷받침하는 영향력

있는 계급 조사 결과가 『버지니아주에 관한 기록』(이하 『기록』)에 나와 있다. 제퍼슨이 버지니아 주지사로 재임하던 1780년부터 1781년 사이에 대부분이 집필된 『기록』은 여러 해가 지난 뒤에야 출간되었다. 그가 프랑스 주재 미국 공사로 재직하고 있을 무렵이었다. 당시 제퍼슨은 필라델피아의 프랑스 공사관 서기관인 프랑수아 바르베-마르부아François Barbé-Marbois가 제기한 여러 질문에 자극을 받아 자신의 아이디어를 글로 정리했다. 따라서 『기록』은 유럽 독자들 앞에서 자신의 고향과 새로운 국가를 변호하려는 일종의 외교 행위이기도 했다.

『기록』은 직접 수집한 사실과 수치부터 시작하여, 제퍼슨 자신의 실제 경험에 근거한 각종 견해로 채워진 인종과 계급에 관한 일종의 박물지였다. 부분적으로는 해클루트의 전통을 잇는 여행기이면서 부분적으로는 일종의 변론 취지서이기도 했다. 제퍼슨은 상대편 변호사로 세간에 명성이 자자한 프랑스 박물학자 뷔퐁 백작을 상상했다. 뷔퐁은 만연한 타락으로 저주받은 낙후된 지역이라는 매우 매력적이지 못한 모습으로 아메리카 대륙의 초상을 제시했던 인물이다. 유일한 저서인 『기록』에서 제퍼슨은 이런 추한 이미지를 벗겨내고 버지니아의 아름답고 풍요로운 자연 이미지로 대체했다. 제퍼슨 버전의 『새로운 영국의 가나안』에서 아메리카 대륙은 상업적인 부를 축적할, 타의 추종을 불허하는 풍부한 자원을 보장했다. 계급은 대단히 중요했다. 풍요로운 지형은 세계 최고의 희망을 상징하는 미국종, 즉 '땅의 경작자들'을 위한 터전이 되기에 충분했다.

뷔퐁의 저서는 여러 가지 이유로 곤혹스러운 내용이 많았다. 1749년에 처음 출간된 저서 『박물지Histoire Naturelle』에서 그는 신세계를 거대하고 사악한 디즈멀 대습지로 몰아갔다. 아메리카 대륙 전체가, 말하자면 노스캐롤라이나가 되었다. 습기와 열기가 뒤섞인 질식할 것 같은 공기 때문에 탁하게 고인 물, '역겨운 식물', 불쾌한 냄새가 생기고, 이런 것들로 인해 생물종의 규모며 다양성이 확장되지 못하고 방해를 받았다. 뷔퐁은 때로는 생생한 묘사가 돋보이는 윌리엄 버드가 아닌가 싶기도 하다. 아메리카의 '유독한 증기'가 태양을 가로막고 있어서 토양과 공기를 '정화하기'가 불가능하다고 불평하는 모습이 그렇다. 이런 환경에서 습지 생물이 증식한다. '습지 식물, 파충류, 곤충, 진창 속을 뒹구는 온갖 동물들이.' 같은 가축이라도 유럽 대륙에 비해 크기가 작고 살코기는 맛이 떨어졌다. 캐롤라이나가 자랑하는 동물, 돼지만이 그처럼 음울한 땅에서도 번창했다.[19]

아메리카 원주민은 뷔퐁에게 단순한 야만인에 그치지 않았다. 그들은 체질적으로 쇠약한 종족, 자유의지와 '정신 활동'이 결여된 종족이었다. 어머니 자연의 잊힌 의붓자식으로서 그들은 '사랑이라는 활기찬 감정, 종족을 번식하려는 강한 욕망'이 결여되어 있다. 그들은 '차갑고 활기라고는 찾아보기 힘들다'. '멍하니 빈둥거리며' 시간을 허비하고, 사람들을 문명사회로 결집시켜주는 애정이 깃든 강한 유대감 같은 것은 전혀 없다. 나아가 뷔퐁은 인디언을 파충류 비슷한 습지 괴물로 둔갑시켰다. 그들은 음침한 습지에 숨어 살면서 동물을 사냥하고 자식의 운명 따위는 나 몰라라 한 채로 다음 끼니나 전투 걱정만 하고 있었다. 뷔퐁은 자손 번식 욕구는 생명의 '번뜩임'이며 비범한 재능의 불꽃이라고 주장했다. 이런 핵심 자질이 그들의 체질에서는 사라졌는데, 이유는 그들이 사람을 쇠약하게 만드는 열악한 환경에서 살다보니 활기

를 잃었기 때문이었다.[20]

이런 뷔퐁에 맞서서 제퍼슨은 습지 괴물로 묘사된 캔버스를 말끔히 지워버리고, 그와는 많이 다른, 환경 친화적인 그림을 그려야 했다. 제퍼슨은 다른 아메리카, 무한한 다양성으로 충만한 웅장한 땅을 상기시켰다. 제퍼슨이 말하는 블루리지산맥은 장엄했다. 미시시피강은 새와 물고기가 떼를 지어 서식하는, (서구 문명의 탄생지인) 나일강에 견줄 수 있을 그런 곳이었다. 그는 아메리카 원주민들이 교양이 부족한 상태라는 점은 인정했지만 남자다운 열정을 타고났고 고결한 정신을 보여준다고 보았다. 아메리카는 동물이든 사람이든 한심하고 열등한 종이 만연한 그런 땅이 아니었다. 반대로 당시의 가장 위대한 과학적 발견들 중의 하나가 이곳 젊은 대륙에서 이루어졌다. 바로 털북숭이 매머드의 뼈로, 인간이 알고 있는 가장 큰 동물이기도 했다. 제퍼슨에 따르면 매머드는 여전히 이곳 숲을 어슬렁거리고 있었다. 영국과 유럽 이주자들은 고통을 받고 있는 것이 아니라 지금까지 아주 잘해왔다. 워싱턴, 프랭클린, 필라델피아의 천문학자 리튼하우스[David Rittenhouse]가 키워낸, 보기 드문 천재성의 불꽃이 제퍼슨이 보기에는 이곳의 자연환경이 만물의 활력을 북돋우고 놀라운 재생 능력이 있다는 확실한 증거였다.[21]

제퍼슨은 뷔퐁의 이론 자체에는 기본적으로 동의했다. 제퍼슨은 물리적 환경이 인종과 계급 발전에 핵심이라는, 즉 땅이 사람을 재생시킬 수도 있고 퇴행시킬 수도 있다는, 프랑스 사람 뷔퐁의 지배적인 전제를 버리지 않았다. 뷔퐁의 기본 이론은 틀리지 않았지만 구체적인 사례에 대한 관찰 의견들은 불완전하다는 것이 제퍼슨의 생각이었다. 제퍼슨이 1785년, 3년 전에 몬티셀로 저택을 방문했던 샤틀뤼[Marquis de]

Chastellux에게 보낸 편지에서 주장한 것처럼, 아메리카 원주민은 허약하지 않았다. 시간이 흐르면서 그들은 전투에 적합한 발 빠른 사람들로 발전했다. 구미歐美 사람들도 기질에 맞는 아메리카 환경에 똑같이 적응할 수가 있었다. 그들은 대대로 들판에서 일을 해온 선조들에게서 물려받은 타고난 강점을 활용했다. 제퍼슨은 경작은 그들의 핏속에 녹아 있는 타고난 소질이며, 그리하여 그들이 이미 이곳 토지를 개량하고 자기들의 것으로 만드는 작업에 매진하고 있다고 말한다.[22]

제퍼슨의 지형에 대한 생각은 단순한 자연환경에 국한되지 않았다. 그는 인간의 지형 활용에도 마찬가지로 관심이 있었다. 구체적으로는 인간이 땅에 적응하고, 땅의 생산력을 활용하고, (그에 맞는) 사회제도를 건설해가는 방식에도 관심을 가졌다. 농경 자체가 인간 사회를 미개와 야만의 원시 상태를 넘어 격상시키는 핵심 단계였다. 미국 경작자는 몇몇 안전장치가 필요했다. 제퍼슨은 타락은 분명 일어날 수 있다고 인정하면서도 그렇지만 뷔퐁이 말하는 그런 규모로 일어나지는 않는다고 보았다. 황야에 너무 가까이 있는 사람, 혹은 구세계의 상업적인 사치품에 정신을 빼앗긴 사람들에게는 분명 위험이 도사리고 있다. 바라던 프랑스 대사가 되었던 1785년, 제퍼슨은 글에서 미국이 중국처럼 되었으면 하는 바람, 말하자면 유럽의 상업과 제조업을 비롯한 기타 복잡한 관계들과 완전히 단절하는 그런 희망을 이야기했다. "이를 통해 우리는 모든 전쟁을 피하고 모든 시민이 농부가 되어야 한다." 제퍼슨은 양극단 사이에 있는 중간 지대가 있었으면 하고 바랐다.[23]

제퍼슨은 인간 행동 연구 결과를 사회문제 해결에 활용하는 사회공학을 부끄럽게 여기지 않았고, 예의범절은 배우고 익힐 수 있는 것이라고 믿었다. 당시 노스웨스트테리토리^{Northwest Territory}라고 불렸던 오하이오강 이북 오대호 연안 지역에 대한 제퍼슨의 구상은 버지니아 개혁안을 기초로 했다. 의회 내 위원회 두 곳의 위원장으로서 제퍼슨은 토지의 분배와 관리 방법을 결정하는 과정에서 주도적인 역할을 맡았다. 1784년 공유지조례^{Land Ordinance}에 관한 기록을 보면 제퍼슨은 땅을 완벽한 직사각형 형태로 분할해, 가족농의 기본 단위가 되는 개인별 몫을 제공하자는 소위 격자계획안^{grid plan}을 제안했다. 제퍼슨은 해당 지역을 10개의 준주^{準州}로 나누어 각각에 명칭을 부여하고자 했다. 일부 명칭을 보면 실베이니아^{Sylvania}, 케로니서스^{Cherronesus}, 아세니시피아^{Assenisipia}, 메트로포타미아^{Metropotamia}, 펠리스피아^{Pelispia} 등이었다. 보다시피 제퍼슨은 그리스 로마 고전시대를 연상시키거나 농경 관련 의미를 지닌 상상의 명칭들을 선택했다. 의회가 주를 만드는 행위가 서구 문명의 재건 혹은 부활 작업이라는 제퍼슨의 생각이 드러나는 대목이다. 또한 그는 이곳 노스웨스트테리토리에서는 어떤 세습 작위도 인정되지 않으며, 1800년 이후 노예제도와 강제 노동이 영구히 금지된다는 내용도 담았다. 오글소프의 뒤를 이어 제퍼슨도 (노예가 없는) 자유민 노동지대를 꿈꾸었던 것이다.[24]

제퍼슨의 목표는 무엇일까? 하나는 제조업의 성장을 미연에 방지하는 것이었다. 『기록』에서 그는 제조업을 정치적 통일체에 있어 일종의 궤양, 즉 병폐라고 묘사했다. 격자 모형 토지 구획은 텃밭의 이랑과 비슷했는데, 제퍼슨의 동료 박물학자이자 『미국 농민의 편지^{Letters from an American Farmer}』(1782)의 저자인 크레브쾨르^{J. Hector St. John de Crévecoeur}는 제퍼슨의 이런 토지 계획이 상당히 일리가 있다고 보았다. 프랑스 태생 이민자로 뉴욕 허드슨 밸리에서 오래 살았던 크레브쾨르는 뷔퐁의 열혈 추종자이기도 했다. 그는 '중간 지대'를 찬양했는데, 그것이 '분리된 별개의 계급'을 만들어내기 때문이었다. 크레브쾨르는 '사람은 식물과 같다'면서 계급이라는 씨앗 역시 이식하고 키울 수 있다고 주장했다. 크레브쾨르가 보기에 이런 중간 지대를 채울 대표적인 경작자 계급은 371에이커 크기의 농장을 소유하고 있었다. 그들은 소작농이나 무단 토지점유자가 아니고, 영국 제조품을 수입하는 무역상도 아니었다. 크레브쾨르가 생각하는 완벽한 농부는 들판을 교실로 생각하고, 쟁기 위에 아들을 태워 아버지가 땅을 가는 동안 쟁기가 오르내리는 리듬을 느끼게 하는 그런 사람이었다.[25]

제퍼슨 역시 미국인들이 자식을 비롯한 미래 세대까지 땅에 깊이 뿌리를 내리게 하면서 토지와 긴밀하게 연결되기를 바랐다. 농업과 관련한 완벽한 경지인 땅에 대한 사랑, 즉 후손에 대한 사랑 못지않은 땅에 대한 사랑이 'amor patriae', 즉 애국심에 서서히 주입될 것이라고 보았다. 제퍼슨은 자유분방한 사회 또는 급속한 상업적 부의 축적을 장려하지 않았다. 또한 제약 없는 계급 이동으로 대표되는 계급제도를 옹호하지도 않았다. 제퍼슨이 말하는 농부는 부모에서 자식으로 전해지는, 새로운 형태의 생득적 지위였다. 그들은 성공에 열을 올리는 야심 찬 사람들이 되지는 않을 것이었다.[26]

그렇다고 제퍼슨이 이상적으로 생각하는 농부가 마냥 소박하기만 한 것도 아니었다. 그들은 비록 작은 규모라도 시장에 자신들의 생산품을 내다 팔았다. 상류층 신사 계급과 제퍼슨 자신 같은 신사 농부들을 위한 공간도 충분히 있었다. 더욱 부유한 농부들은 최신 농사법을 활용하고 토양을 개량하면서 다른 사람, 즉 자기보다 미숙한 사람들을 지도할 수도 있었다. 교육과 경쟁은 미덕을 침투시키기 위해서 필수다. 미국 농부들은 일종의 견습 기간이 필요했는데, 이는 올바르게 조성된 환경에서만 효과가 있었다. 노스웨스트테리토리는 중간층이 되려는 욕망을 길러주고 어떤 해로운 영향도 안전하게 정화하는 자유민 노동 지대로서 바로 그런 목적에 부합하는 지역이었다. 이곳에서는 귀족 칭호 같은 구닥다리 유물은 사라지고, 노예제는 금지되고, 상업적 욕망은 억제될 것이었다.

1789년 개략적인 그림을 그린, 가장 야심 차게 제시한 개혁안 가운데 하나에서 제퍼슨은 독일 이민자들을 들여오는 방안을 생각했다. 그들은 훌륭한 노동자로 정평이 나 있었다. 따라서 노예들이 일하는 맞은편에 있는 50에이커씩 구획된 땅에 그들을 두고, 노예들을 교육시키면 '여러모로 귀감이 될 것'이다. 동시에 제퍼슨은 버지니아의 빈민 백인 농부들의 역량을 개선하자는 목적만으로도 독일 이민자 도입을 고려했다. 영국계 버지니아인들은 주변의 더 나은 독일 농부들과 섞여 지내면서 그들에게서 배울 필요가 있었다.[27]

물론 제퍼슨이 항상 자기 주변의 계급제도에 대해 정직했던 것은 아니다. 그는 끈질기게 지속되는 불편한 현실과 마주하기보다는 '고요하고 영원한 지복至福'의 상태를 미국에 투사하기를 좋아했다. 미국을 비할 데 없는 기회의 땅으로 묘사한 제퍼슨의 가장 극단적인 선언들은 보통은 비판에 대한 반응으로 나왔다. 『기록』에서 그랬던 것처럼 제퍼슨은 자신을 공공의 파수꾼, 떠오르는 신생 국가의 명성을 지키는 지적인 수호자로 생각했다.

미국독립혁명의 여파로 방어할 것이 많아졌다. 전쟁 기간에 미국은 타격을 입었다. 전후 불황으로 광범위한 고통이 야기되었다. 전쟁 수행 과정에서 미국 주들은 다량의 채무를 졌고, 그것 때문에 의회에서는 전쟁 전보다 훨씬 높은 수준, 때로는 두 배, 세 배까지 세금을 올리는 상황이 발생했다. 이런 세금의 대부분이 결국은 전쟁비용 충당 때문에 판매한 주 정부 채권에 투자한 투기꾼들의 수중으로 들어갔다. 많은 병사가 전후 포상금으로 받은 증권과 토지를 투기꾼들에게 헐값에 매각할 수밖에 없었다. 말하자면 부가 아래에서 위로, 빈농과 병사들의 너덜너덜한 주머니에서 전시 투기꾼과 채권자라는 벼락부자, 즉 '돈 많은' 신흥 계급들의 불룩한 지갑으로 이동하고 있었다.[28]

(독립전쟁 당시의) 미국군을 가리키는 대륙군^{Continental Army} 장교들이 1783년 뉴욕주 뉴버그에서 반란을 계획하고 의회가 약속한 평생 연금을 주지 않으면 해산하겠다고 협박했다. 같은 해에 장교들은 공제회인 신시내티협회를 조직했는데, 세습 귀족계급이 되기 위한 토대를 쌓는다는 비난을 받았다. 협회는 처음부터 참전 장교의 아들에게 회원 자격을 이을 세습 특권을 주었고, 가입 조건이 매우 까다로운 클럽에서 회원의 증표로 메달을 수여했다. 노스웨스트테리토리에서 제퍼슨의 세습 작위 금지는 협회의 노골적인 야심에 대한 명백한 비난이었다. 제퍼슨이 버지니아에서 부랑자들이 착용했던 배지를 금지한 이유도 여기에 있었다.[29]

제퍼슨은 세습을 꿈꾸는 의사^{擬似}귀족 계층을 비난하고 공격하려는 의지가 컸던 반면, 하층에서 일어나는 계급 혼란을 인정하는 문제에 대해서는 지나치게 낙관적으로 보는 경향이 있었다. 영국 신문들이 미국에서 일어나는 반란과 폭동 기사들을 내보냈지만 제퍼슨은 이를 하찮다고 무시했다. 1784년 제퍼슨은 글을 통해 '대륙의 끝에서 끝까지' 단 한 명의 거지도 찾아볼 수 없다고 선언했다. 빈곤과 계급투쟁은 존재하지 않았다. 제퍼슨은 부랑자를 잡아들이는 버지니아 법안이 통과되기 불과 1년 전에 이런 글을 썼다.[30]

제퍼슨은 매사추세츠 서부를 휩쓴 셰이스의 반란^{Shays' Rebellion}이 일어났을 때인 1786년에는 다른 의견을 가지고 있었다. 중산층과 빈민 농부들 사이에 증가하는 세금과 불어나는 채무는 계급투쟁을 부채질했다. 셰이스^{Daniel Shays}는 대륙군 대령으로 미국독립전쟁에서 싸웠고, 그것이 정확한 표현이든 아니든 반란군 사이에서 '대원수'라고 불렸다. 셰이스는 원래 200에이커의 토지를 가지고 있었는데 전후 불황 기간에 절반을 잃었다. 셰이스를 따르는 무리는 농장과 주택을 경매로 처분하는 법원을 폐쇄하고, 스프링필드에 있는 무기고를 탈취할 목적으로 임시 군대를 조직했다. 유사한 저항이 멀리 남쪽의 버지니아에서도 일어났다. 프랑스에서 글을 쓰면서 제퍼슨은 반란의 존재를 부정하지 않았고, 오히려 자연스럽게 반복되는 것으로 심지어 사회 치유에 도움이 되는 현상으로 보았다. [1773년에 일어난 보스턴 차^茶사건을 염두에 둔 것인지] 그런 정치적 폭동이 13년마다 한 번씩 몰아치는 것 같다는 기묘한 계산식을 내놓기도 했다. 제퍼슨이 보기에 '작은 반란'은 '물리적 환경에서 일어나는 폭풍'과 비슷했다. 일시적으로 사회가 흔들리고 삐걱거리지만 이내 진정되고 사회의 핵심 원칙이 회복된다.[31]

제퍼슨의 글은 정직하지 못했다. 제퍼슨은 반란을, 인간의 작용이 제거되고 무엇보다 중요한 것으로 계급적 분노가 없는, 재생의 과정으로 생각했다. 한편, (존 애덤스의 부인인) 애비게일 애덤스Abigail Adams는 셰이스 반란군에게 거의 동정심을 느끼지 않았다. 제퍼슨에게 보낸 편지에서 그녀는 퉁명스럽게 다음과 같이 말했다. "소요와 소란은 많은 쓰레기를 양산해왔지요." 다른 이들도 같은 생각이었다. 여러 신문에서 셰이스 대령은 무식이 줄줄 흐르는 우두머리, '돼지우리 같은 곳'에서 사는 한심한 사람으로, 그를 따르는 반란자들은 '짐승'과 다르지 않은 존재로 묘사되었다. 비평가는 그들을 '지구의 누더기들', 즉 자신의 가치보다 많은 빚을 지고 있는 하찮은 부랑자에 비교했다. 박물학자인 제퍼슨이 보기에 그들은 밖으로 드러나 인간 세상을 휘젓고 다니는 퇴적한 잔해의 일부였다.[32]

같은 해에 제퍼슨은 프랑스 어느 저술가가 집필한 「합중국Etats Unis」이라는 제목의 글에 대해 장문의 비평을 썼다. 「합중국」은 유명한 『주제별로 정리한 체계적인 백과사전Encyclopédie méthodique par ordre des matières』에 넣을 항목으로 집필된 것이었다. 여기서 제퍼슨은 신시내티협회의 역사를 요약한 다음 그로 인해 야기된 혼란에 대해 흥미로운 설명을 제시했다. "인간과 인간 사이에 어떤 차별도 이후로 미국에서 보이지 않았다"라고 그는 주장했다. 민간의 개인들 사이에서는 '찢어지게 가난한 노동자가 어마어마하게 부유한 백만장자와 동등한 위치에 있었고', 부자와 빈자의 권리가 충돌할 때면 법정은 가난한 사람의 편을 들어주었다. 그리고 '제화공이든 장인이든' 관료로 선출되면 즉시 '존경과 복종의 대상'이 되었다. 제퍼슨은 '달이나 행성의 존재에 대해 크게 생각하지 않는 것처럼' 미국인들은 '태생이나 배지에 의해 구별하고 차별한다는

생각 자체가 없다'는 화려한 수사로 글의 대미를 장식했다.[33]

제퍼슨은 유럽인들에게 미국을 계급 없는 사회라고 선전했지만 그런 사회는 버지니아 혹은 다른 어디에도 존재하지 않았다. 제퍼슨의 고향 버지니아에서 가난한 노동자나 제화공은 관료로 선출될 기회가 없었다. 제퍼슨은 반문맹인 하층계급 구성원들이 기초 교육조차 받지 않았다는 것을 알고 있었다. 버지니아 법원은 부유한 대농장주의 이익 실현에 도움을 주고자 세심한 신경을 썼다. 노예제도가 '인간과 인간 사이에 차별'이 아니면 무엇이라는 말인가? 뿐만 아니라 제퍼슨이 투표권을 가지려면 자유 보유권이 필요하다는 기준을 제시하는 바람에 토지 소유자와 가난한 상인과 장인 사이에 '끔찍한 차별'이 만들어졌다. 토지 소유자 이외에 나머지 계급의 투표권 자체를 부정했기 때문이다.[34]

제퍼슨의 노골적인 왜곡, 세습 귀족을 꿈꾸는 신시내티협회를 외계인들이나 이해하지 않을까 싶을 만큼 미국인들과는 동떨어진 다른 세상의 어떤 것으로 묘사하려는 제퍼슨의 노력에 의구심이 드는 것이 당연하다. 사실 제퍼슨은 많은 상류층 미국인들이 귀족에 따라붙는 과시적인 요소들을 좋아한다는 사실을 인식하지 못했다.

조지 워싱턴 행정부 아래서 연방주의자들은 의전에 대한 세세한 규칙을 정하고, 고상한 에티켓을 과시하며, 주간 단위 공식 알현식까지 갖춘 '공화국 궁정Republican Court'을 만들었다. 초대받은 사람만이 가능한 궁정 방문은 대통령을 만나려는 전국의 상류층으로 확장되었다. 영부인 마사 워싱턴Martha Washington은 응접실에서 사교 모임을 열었고, 대통령 주변에는 화려한 왕실 행사의 이런저런 부분들을 모방해 아첨하는 의식들이 생겨났다. 한편, 필라델피아 유력 가문들은 유럽 왕족들과 혼인 관계를 맺었다. 부유한 볼티모어 상인의 딸 엘리자베스 패터슨Elizabeth Patterson은 1803년 나폴레옹 보나파르트Napoleon Bonaparte의 동생과 결혼하면서 세계적인 유명 인사가 되었다. 당시 제퍼슨 대통령은 파리 공사에게 보낸 편지에서 자신의 형제가 사회적 서열이 '미합중국에서 첫 번째'인 가문과 결혼했다는 사실을 나폴레옹에게 알려달라고 말하기도 했다.[35]

1789년 존 애덤스 부통령은 상원에서 정치적 서열의 차이를 화려한 의식으로 강조할 필요가 있다는 주장을 받아들여 대통령에게 '폐하' 같은 좀 더 위엄 있는 칭호가 필요하다고 제안했다. 프랭클린과 달리 애덤스는 이런 '차이에 대한 욕망'이 굶주림과 두려움보다 위에 있는, 인간을 움직이는 가장 강력한 추진력이라고 생각했다. 미국인들은 위를 보고 부지런히 앞으로 나아가기만 하는 것이 아니었다. 자기 밑에 내려다볼 사람 역시 필요했다. "실제로 서열상 마지막이자 최하인 사람, (모두가) 내려다볼 사람이 반드시 있어야 한다"고 애덤스는 결론을 내렸다. 심지어 그는 자기를 사랑해줄 개까지도 필요하다는 입장이었다. 애덤스는 또한 제퍼슨과 제퍼슨을 따르는 공화주의자들이 작위와 신분을 경멸할지 모르지만, 사적 영역에서 누리는 권위를 건드릴 생각은 전혀 없는 모양이라고 비꼬기도 했다. 아내, 자녀, 하인, 노예의 종속적인 지위는 손대지 않고 그대로 방치한다는 의미였다.[36]

이런 분위기에서도 제퍼슨은 자신만의 방식을 지켰다. 화려한 마차를 타고 취임식장으로 갔던 워싱턴이나 애덤스와 달리 제퍼슨은 취임 연설 뒤에 본인 소유 말을 타고 대통령 관저로 향했다. 알현식 따위는 생략했고 낡은 조끼에 닳고 닳은 슬리퍼를 신은 채로 관저에서 외교관들을 맞았다. 또한 격식을 따지지 않는 편안한 복장을 하는 것으로 유명했다. 프랑스에 있는 동안에는 그렇지 않았지만 미국으로 돌아오자마자 편한 복장으로 돌아갔다.[37]

제퍼슨 특유의 소박하고 단순한 공화주의자 모습은 버지니아에서의 경험을 반영하는 것이었다. 신사 계급이었던 그는 버지니아에서도 몬티셀로 같은 대저택에서 살았지만 선거 기간에 여러 소농들과 어울릴 때는 간편하고 소박한 차림을 했다. 제퍼슨이 특히나 경멸했던 연방주의자는 같은 버지니아 사람으로 연방대법원장을 지낸 마셜[John Marshall]인데 마셜 역시 되는대로 입는 단정치 못한 차림새로 유명했다. 두 남자의 정치 스타일은 너무나 판이했지만 옷을 입는 스타일은 같았던 것이다. 버지니아 상류층들은 벼락부자에 강한 혐오감이 있었고, 부와 토지, 가문, 명성을 두루 갖춘 사람은 굳이 자랑할 필요가 없다고 생각했다. 일부 평자들은 제퍼슨이 '복장 면에서 보란 듯이 소박한 모습'을 보여주면서 이런 의식에 한몫했다고 보았다. 이런 분위기에서 계급을 나타내는 외적 표시들을 제거하는 것이 반드시 존중에 대한 기대를 떨어뜨리는 것은 아니었다. 한편으로 간편한 복장은 그만큼 쉽게 사회적 차별을 가리는 역할도 했다. 국가의 수장은 다른 사람들이 모방하고 배울 무언가를 가지고 있어야 한다는 전통적인 가정은 제퍼슨 철학에서 중요한 부분이었다. 실제로 제퍼슨은 키우는 양들을 대통령 관저 잔디밭에 풀어놓고 풀을 뜯도록 했다. 신사 농부가 나라에서 가장 높은 관직을 차지하고 있다는 것을 모든 사람이 알 수 있도록.[38]

제퍼슨이 인공적인 차별과 작위를 싫어했을지 모르지만 '자연적' 차이를 주장하는 데는 거리낌이 없었다. 자연을 길잡이 삼아 그는 동물 종을 나누듯이 인간에게 등급을 매기지 않을 이유가 없다고 생각했다.『기록』에서 제퍼슨은 냉정하고도 확신에 찬 어조로 다음과 같이 말했다. "사람들은 말, 개, 기타 가축의 번식에서 우월한 아름다움superior beauty이라는 조건은 당연히 주의를 기울일 가치가 있다고 생각한다." 그리고 힘주어 이렇게 덧붙인다. "인간의 경우에는 그렇지 않을 이유가 무엇인가?"[39]

신중한 번식 혹은 육종은 노예제도를 해결할 하나의 방책이었다. 법률 개정안에서 제퍼슨은 흑인 노예가 백인이 되는 방법을 계산했다. 일단 어떤 노예가 8분의 7의 '백인' 혈통을 지니면 과거 아프리카인의 '오염'이 사라진 것으로 간주되었다. 1813년 제퍼슨은 매사추세츠의 젊은 변호사에게 그런 공식이 어떻게 작동하는지를 설명했다. "박물학에서는 어떤 동물종의 4차에 걸친 이종교배가 의미 있는 모든 측면에서 최초 혈통에 상응하는 후손을 낳는다고 알려져 있다." 이는 제퍼슨이 메리노 양 원종original stock 육종에서 사용한 것과 동일한 공식이었다. 윌리엄 버드는 일찍이 유럽인과의 결혼을 통해 아메리카 원주민을 하얗게 만드는 방법을 이야기했다. 뷔퐁의 표현대로 육종을 통해 '원래' 종으로 돌아간다는 것은 흑인을 백인으로 개조한다는 의미였다.[40]

제퍼슨의 친구 쇼트William Short는 뷔퐁의 아이디어를 상당히 진지하게 받아들였다. 1798년 제퍼슨에게 보낸 편지에서 쇼트는 미합중국 흑인들이 어떻게 피부색이 옅어지는가를 지적했다. 쇼트는 이것이 부분적으로는 백인과의 혼혈 때문이라고 인정했지만 한편으로 기후도 역시 중요하다고 생각했다. 그럴싸한 시나리오 하나를 제시하면서 그는 [체계적인 이종교배를 통해 퇴화한 유기체를 재생할 수 있다는] 뷔퐁의 재생 아이디어를 거의 지지하는 듯한 발언을 한다. "만약 흑인 가족을 스웨덴으로 이주시키면 충분히 많은 세대가 흐른 뒤에는 검은 피부색이 순전히 기후의 영향만으로 사라질 것으로 추정할 수 있지 않을까?"[41]

이는 하나의 이론에 머물지 않았다. 제퍼슨은 자기 집에서 인종 혼혈을 실제로 실천하고 있었다. 그는 '쿼드룬', 즉 흑인의 피를 4분의 1 물려받은 노예 샐리 헤밍스Sally Hemings와의 사이에 여러 명의 자녀를 낳았다. 이 관계에서 눈길을 끄는 것은 헤밍스의 가계도이다. 그녀의 어머니 엘리자베스는 흑백 혼혈이었고, 아버지 웨일스John Wayles는 영국 태생인 제퍼슨의 장인이었다. 제퍼슨과 샐리 사이의 아이들은 4차 혼혈이었고, 때문에 노예에서 해방되어 백인이 될 완벽한 후보들이었다. 베벌리와 해리엇이라는 두 아이는 몬티셀로 저택에서 도망쳐 백인 자유민으로 살았던 반면, 매디슨과 이스턴은 제퍼슨의 뜻으로 해방되어 나중에 오하이오로 가서 살았다. 이스턴의 자녀 역시 백인과 결혼했다.[42]

소유 농장에서 제퍼슨은 아무 어려움 없이 동산動産으로서 노예들을 번식시켰다. 그는 노예 아이들을 '개체 증가'라는 차가운 표현으로 계산했고, 여자 노예를 남자 노예보다 가치 있게 여겼다. 남자는 식량을 늘리지만 식량은 소비되면 그만이다. 반면에 여자들은 가축처럼 팔 수 있는 아이들을 낳는다. 따라서 제퍼슨은 주저 없이 이렇게 말한다. "나는 출산을 하는 여자의 노동은 아무래도 상관없다고 생각하며, 그들이

2년마다 낳는 아이가 가장 일을 잘하는 남자가 생산하는 작물보다 수익성이 낮다고 생각한다." 여자들은 출산을 위해 존재하며 "신의 섭리가 우리의 이익과 의무가 완벽하게 일치하게 해준다".[43]

제퍼슨이 강조하는 농업 공화국에서는 자손 번식 충동도 마찬가지로 중요한 역할을 했다. 국민에 대한 제퍼슨의 신뢰는 미국에서 새로운 유형의 지도자 계급이 분명코 출현할 것이라는 믿음에 의존하고 있다. 제퍼슨은 1813년에 존 애덤스와 교환한 일련의 서신에서 이런 이론을 펼쳤다. '좋은 태생'이라는 아이디어를 지지한 인류의 오랜 역사를 언급하면서 친숙한 논쟁을 먼저 시작한 사람은 애덤스였다. 자신의 주장을 증명하기 위해 애덤스는 고대 그리스의 시인 겸 철학자인 테오그니스Theognis의 말을 인용했다. "말이나 당나귀, 숫양을 살 때, 우리는 좋은 태생인지를 물어본다. 또한 누구나 우량종을 손에 넣고 싶어 한다. 착한 남자가 성질 더러운 여자, 혹은 성질 더러운 여자의 딸과 결혼하는 이유는 그쪽 집안에서 딸과 함께 막대한 돈을 주기 때문이다." 애덤스의 주장은 남자는 건강한 자손을 낳으려는 욕망보다는 돈을 보고 결혼한다는 것이었다.

애덤스는 남자는 허영심과 야망을 좇아 움직인다는, 특히 좋아하는 이론으로 돌아간다. 그는 100명의 남자를 한 방에 넣으면 머지않아 25명이 우월한 재능과 꾀를 써서 지배권을 장악할 것이라고 추정했다. 이런 욕망으로 인해 모든 인간은 다양한 계급으로 나뉠 수밖에 없다. 따라서 애덤스는 미합중국은 이런 구별 욕망에 지배되는 수준 이상으로 진화하지는 못했다고 확신했다. 18세기에 '좋은 태생'이란 땅을 소유한 귀족과 동의어였다. 애덤스는 제퍼슨에게 혈연과 재산으로

끈끈하게 묶인 매사추세츠와 버지니아의 여러 유력 가문을 상기시켰다. 또한 자신과 제퍼슨이 유리한 결혼을 추구하는 인간 욕망의 결과물이라고 말했다. 제퍼슨은 모계 혈통을 통해 버지니아 최고 명문가 중의 하나인 랜돌프 집안과 연결되었고, 애덤스의 부인인 애비게일 애덤스는 가계도를 통해 보면 퀸시 집안과 연결된다.[44]

그러나 제퍼슨은 애덤스의 논리에 설득되지 않았다. 그는 테오그니스를 다르게 해석하면서 시인이 윤리적인 주장을 펴고 있다고 생각했다. 사실 시인은 우리가 가축을 교배시킬 때는 '종을 개량하려고' 훨씬 지각 있게 행동하는 반면, 부와 야망을 이유로 '늙고, 흉하고, 사악한' 사람과 결혼한다고 인류를 꾸짖고 있다고 본 것이다. 제퍼슨이 보기에 인간은 (뷔퐁도 말한 것처럼) 성적 욕망이라는 무엇보다 중요한 충동에 이끌리는 동물이었다. 자연은 '발정기' 내내 사랑과 뒤섞인 욕정을 인간에게 심어주어 인간이 자기 종족을 번식시키도록 했다. 발정기란 암컷이 발정 난 상태로 성적 흥분 능력을 제공하는 때를 말한다. 『기록』에서 제퍼슨은 '사랑이란 시인들 특유의 발정기'라고 말한다. 이리하여 성적 욕망은 제퍼슨이 '번식자들의 운 좋은 집합'이라고 부르는 것을 만들어낸다. 여기서 제퍼슨이 말하고자 하는 바는 욕망이야말로 번식과 종 개량의 진정한 동력이며, 일반적으로 무의식적인 욕정이 무분별한 탐욕조차도 앞선다는 것이었다.[45]

제퍼슨의 이런 번식모델에서 재능 있는 '우연한 귀족계급'이 만들어졌다. 말하자면 계급분화는 자연선택에 의해 생긴다. 남자는 더욱 많은 돈을 목적으로 여자들과 결혼한다. 동시에 그들은 의식적으로든, 무의식적으로든 다른 바람직한 특성들을 지닌 짝을 선택한다. 결국 모든 것은 확률의 문제다. 어떤 사람은 순수한 성적 욕망에서 결혼하고, 어떤 이는 재산을 보고 결혼하지만, '훌륭하고 현명한' 사람은 아름다움, 건강, 덕행, 재능을 보고 결혼한다. 만약 미국인들이 정치 지도자를 선택할 때 천부적 귀족과 사이비 귀족을 구별할 정도의 타고난 지능이 있다면, 좋은 배우자 선택에 적합한 본능을 갖추고 있다고 할 수 있다. 이런 식으로 '번식자들의 운 좋은 집합'이 지도 계급을 만들어낸다. 이익과 성공에 열을 올리는 야심 찬 사람들과는 구분되는 재능 있는 사람들로 구성된 그런 계급이었다.[46]

제퍼슨이 결코 답하지 않은 질문은 이것이다. 재능 있는 엘리트에 속하지 않는 사람들은 어떻게 되는가? 사회 밑바닥에서 생활하는 '번식자들의 집합'을 어떻게 설명해야 할까? 아무리 수완 좋게 처리해도 폐물은 더욱 많은 폐물을 만들어냈다. 선택된 소수가 구출된다고 해도 마찬가지였다. 운이 좋은 번식자들이 자연스럽게 사회계층의 사다리를 타고 올라간다고 해도, 불운한 사람, 퇴화한 사람은 열등한 부류의 늪에 빠진 채로 남아 있었다.

제퍼슨의 계급에 대한 생각을 모두 훑어보면 '요먼'이라는 단어를 거의 사용하지 않았다는 사실을 확인할 수 있다. 제퍼슨은 '경작자'나 '농부'라는 표현을 더 선호했다. 제퍼슨이 요먼이라는 단어를 사용한 것은 1815년 워트[William Wirt]에게 보낸 편지에서였다. 메릴랜드 술집 주인 아들로 태어난 워트는 제퍼슨이 지원하고 보살핀 도제 중에 한 사람으로 유명 변호사로 성장했다. 워트는 제퍼슨이 말하는 재능 있는 천부적 귀족 중의 하나이자 제퍼슨의 후원을 받는 수혜자이기도 했다. 1815년 워트는 헨리[Patrick Henry]의 전기를 마무리하던 도중 제퍼슨에게

18세기 버지니아 사회상을 설명해달라고 부탁했다. 그러자 제퍼슨은 지형도 비유를 상기시키면서 버지니아 식민지에는 정체된 계급 체계가 있었다고 주장했다. 제퍼슨에 따르면 당시 버지니아 사회질서는 고고학 발굴지의 지층을 닮아 있었다. 계급들이 여러 '층'으로 갈라져 있었고, '꼭대기부터 바닥까지, 정해진 질서를 교란하는 어떤 것도 알아차리지 못하게' 가려 있지 않았다.

제퍼슨은 최상층을 차지하는 소위 우월한 부류들을 '귀족^{aristocrat}, 혼혈$^{half\ breed}$, 참칭자^{pretender}'로 나누었다. 그들 밑에는 '위를 탐탁찮은 시선으로 곁눈질하지만 감히 그들과 겨루지는 못하는, 견실하고 독립적인 요먼계층'이 있었다. 제퍼슨은 바닥 층에 '감독관이라고 불리는 더없이 저열한 오물 같은 존재, 가장 비열하고 타락하고 부도덕한 종족'을 놓았다. 감독관은 남부 대농장에서 노예들이 쉬지 않고 노동을 하도록 관리 감독하는 임무를 맡았다. 정직한 요먼계층을 '오물' 같은 감독관들과 대비시킴으로써, 제퍼슨은 인간 폐기물이라는 과거 멸칭[경멸하여 일컬음]을 상기시켰다. 하지만 그것으로도 충분하지 않았다. 나아가 제퍼슨은 이들 감독관을 자신들을 고용한 '두목 앞에서 비굴하게 굽실거리는' 포주로 묘사했다. 말하자면 그들은 바람직한 미덕을 갖추지 못한 사악한 사람들이었고 '지배욕'을 충족시키기 위해 비굴함을 가장했다. 제퍼슨은 버지니아 감독관 계급에게 제조업에서 힘들게 일하는 사람들의 특성이라고 했던 것과 같은 사악함을 부여했다. 작업대에서 실패를 빙글빙글 돌리는 일이 노예 감시인의 채찍으로 대체되었다.[47]

이런 이상한 구분하에서 노예들은 셋으로 이루어진 사회 서열 밖에 있는 보이지 않는 노동자가 되어버린다. 제퍼슨은 노예들을 실제 주인이 아니라 감독관에 의한 피해자로 만들었다. 요먼 계급은 그가 말하는 고귀한 경작자 계급의 조상일지 모르지만 그들의 혈통은 불분명했다. 제퍼슨이 아는 소농들은 귀족도 아니고 딱히 독립적이지도 않았다. 그러나 그는 상류층을 종들의 특이한 집합으로 제시했다. 대농장주(순혈 귀족)들이 꼭대기에 있었지만 그들의 자녀는 아래 계급과 결혼하여 '혼혈' 계급을 낳는다. 참칭자들은 자신들을 결코 환영하지 않는 유력 가문의 지위를 감히 요구하는 아웃사이더들이었다. 2년 전에 존 애덤스와의 서신 교환에서 보여준 태도에도 불구하고 제퍼슨의 버지니아 계급에 대한 간략한 박물지는 엘리트와 벼락부자들이 '좋은 태생'들과 결혼했음을 증명한다. 버지니아의 상류층은 돈, 명예, 지위를 위한 결혼의 산물이었고, 친족 관계와 족보가 무엇보다 중요했다.

결국 비록 제퍼슨은 이런 낡은 버지니아가 사라졌다고 생각했다 해도 현실은 그렇게 간단하지 않았다. 감독관들이 그랬던 것처럼 폐기물 인간들이 계속 남아 있었다. 귀족의 자녀, 혼혈 계급의 자녀, 그리고 제퍼슨이 '유사 귀족pseudo-Aristocrat'이라고 불렀던 새로운 계급이 성장해 한때 버지니아를 지배했던 사람들을 대체하고 있었다. 제퍼슨이 여러 계급에 비유했던 지층 구성은 변화했을지 모르지만 맨 위의 가장 비옥한 양질의 토양과 밑에 상대적으로 비옥하지 못한 지층을 구별하는 프로세스는 여전히 유효했다.

계급은 미국 사회에서 영원한 상수常數였다. 요먼 계급 사람이 자기 위의 사람들을 미심쩍은 눈길로 흘겨보는 정도였다면, 서부로 갔던 가난한 농부들은 새로운 귀족 부류에 직면했다. 바로 약삭빠른 땅 투기꾼과 면화와 사탕수수를 대규모로 경작하는 대농장주였다. 더욱 냉소적이었던 애덤스는 1813년에 제퍼슨에게 아메리카 대륙은 '땅 투기꾼'과 신흥 영주 계급에 의해 지배될 것이라고 상기시켰다. 경작자라는 영예로운 명칭은 대부분의 오지 이주민들에게는 그림의 떡으로 남아 있었다.[48]

제5장

앤드루 잭슨의 크래커 나라: 보통 사람으로서 무단토지점유자

내빼다, 급히 떠나다, 도주하다.

- '크래커 사전^{Cracker Dictionary}', 「세일럼 가제트^{Salem Gazette}」(1830)

1800년 무렵 미국 인구의 5분의 1이 '변경^{frontier}', 즉 애팔래치아산맥과 미시시피강 사이 지역에 정착했다. 당시 한정된 연방정부의 지배력으로 이런 대규모 이주를 효과적으로 통제하기는 힘들었다. 그래도 당국은 나라의 미래가 이곳 광대한 영토에 대한 효과적인 통제에 달려 있다는 것을 잘 알고 있었다. 경제적인 문제 역시 무시할 수 없었다. 정부는 전쟁으로 인한 채무를 줄이기 위해서 이곳의 땅을 매각해야 했다. 더구나 비어 있는 토지가 거의 없어서 백인 이주자들이 자신들 소유가 아닌 땅에 정착하는 동안, 아메리카 원주민들과 폭력적인 충돌이 일어날 가능성이 상존했다. 국가의 부강은 다른 무엇보다 이곳 새로운 영토로 진출하는 정착민 계급에 달려 있었다. 서부가 폐기물 같은 잉여 인구를 내다 버리는 쓰레기장이 될까? 아니면 미국이 그곳 천혜의 자연에서 나오는 이익을 향유하면서 대륙 전체를 아우르는 제국으

로서 좀 더 공평하고 공정한 성장을 보이게 될까? 많은 것이 불확실한 상황이었다.[1]

서부 영토는 모든 면에서 미국의 식민지였다. 1777년에 시작된 7월 4일 독립기념일마다 분명하게 나타나는 축하 분위기에도 불구하고, 영국 식민지 시대가 남긴 많은 우려가 되살아났다. 애국이니 하는 미사여구는 별도로 하고, 국가의 독립이 일반 시민의 격을 진심으로 높여주었는지는 전혀 분명하지 않았다. 경제적인 부분은 독립 이후 대다수 미국인에게 사실상 퇴보였다. 이런 상황에서 보유 토지가 없어서 토지에 얽매이지 않는 사람들로 인해 복잡한 감정이 촉발되었다(애팔래치아산맥 넘어 서부로 향하는 무단토지점유자들의 주축을 형성하는 이들이었다. 그리고 이들은 증가일로에 있었다). 많은 이들이 보기에 영국에서 가장 괄시를 받고 빈곤한 계급인 빈민 이주자들이 미국에서 재창조된다는 것을 의미했다. 바로 부랑자들이다. 미국독립혁명 기간에 (정식 헌법이 채택되기 이전 최초의 건국문서인) 연합규약에서 의회는 시민의 특권을 누릴 자격이 있는 사람들과 국가공동체 밖에 있는, '극빈자, 떠돌이, 도피 중인 범죄자'를 엄격하게 구분했다.[2]

변경의 전형적인 가난한 백인의 모습은 관찰자들이 보기에 불쌍하고 인상적이기는 했지만 전혀 새롭지는 않았다. 일찍이 윌리엄 버드가 말한 나태한 느림보^{lazy lubber}의 업데이트 버전이었기 때문이다. 도시가 아니라 시골 지역을 배회하는 영국의 부랑자들이라고 생각하면 되었다. 그나마 새로운 점이 있다면, 일부 관찰자가 그들의 소탈한 매력을 인정했다는 점이다. 누더기 입성에 조악한 예의범절이 거슬리기는 했지만 독립혁명 이후 이들 오지 사람은 때로 손님을 환대하는 친절하고 인정 많은 사람으로 묘사되었다. 자신의 초라한 오두막으로 지친 여행자들을 기꺼이 초대해 대접하는 사람으로. 그러나 숲의 나무들이 잘려나가고 정착촌과 농장들이 생겨나면서, 그나마 호감을 주던 이런 성격조차 지속되지 못했다. 이들 오지 사람도 거센 문명화 물결 속에서 변화에 적응해야 했다. 정착하고, 토지를 사고, 예의 바른 사회에 맞춰 미개한 방식을 바꿔야 했다. 그리고 앞으로 나아가야 했다.

벤저민 프랭클린, 토머스 페인, 토머스 제퍼슨이 광대한 대륙에 적합한 미국인들의 모습을 상업에 종사하는 사람들로 그렸던 반면, 19세기에 미국종에 대한 글을 썼던 사람들은 사뭇 다른 변경 캐릭터를 생각했다. 이들 신세대 사회 비평가는 숲이 울창한 북서부(오하이오, 일리노이, 인디애나, 미시간, 위스콘신), 미시시피 강가의 습지, 남부 오지의 산악 지형과 모래투성이 불모지(버지니아 서부, 사우스캐롤라이나와 노스캐롤라이나, 조지아, 이에 더하여 새로 생긴 주인 켄터키와 테네시, 앨라배마 북부), 그리고 나중에는 플로리다, 아칸소, 미주리 준주에 살고 있는 특이한 계급의 사람들에게 특별한 관심을 기울였다. 미국 건국 초기에 '가죽 스타킹'이라는 별명으로 유명한, 두려움을 모르는 숲 안내인 캐릭터를 만들어낸 소설가 쿠퍼James Fenimore Cooper, 1789~1851가 대표적이다. 전성기 시절 쿠퍼는 캐릭터가 지니는 시골 사람 특유의 별난 점을 묘사하면서 구체적인 향토색을 부각해 계몽주의의 추상적인 캐릭터 묘사 수준을 넘어섰다[쿠퍼는 '가죽 스타킹 이야기Leather-stocking Tales'로 알려진 5권의 시리즈 소설을 출판했는데, 소설에 등장하는 주인공 내티 범포의 별명이 가죽 스타킹이었다]. 미국인들은 자신의 신화적 정체성을 개발하기 시작했다. 일반 독자는 격자계획이니 인구통계니 하는 딱딱한 이야기보다는 여행담에 좀 더 익숙했다. 미국인 여행자들이 서부로 눈을 돌리고, 많은 이들이 대서양 연안의 도시와 대농장에서 점점 멀리 이동함에 따라 정착 인구가 희박한 황무지를 발견했다. 그리고 토머스 제퍼슨이 말하는, 자신의 경작지에서 일하는 건실한 요먼 대신 통나무집에서 누더기를 걸치고 사는 무단토지점유자들을 발견했다.[3]

무단토지점유자들이 사는 변경의 '새로운 인간'으로 추정되는 이들은 미국인 캐릭터의 최선과 최악을 동시에 구현하고 있었다. 말하자면 아메리카 황무지의 '아담'은 이중인격을 지니고 있었다. 그는 마음 따뜻한 시골 사람이면서 동시에 단검을 들고 다니는 노상강도였다. 오지 사람으로서 가장 호감을 주는 캐릭터로 보자면, 그는 소박한 철학자, 독립적인 영혼, 부와 명예를 멀리하는 강하고 용기 있는 사람이었다. 그러나 뒤집어보면 그는 백인 야만인, 무자비한 싸움꾼, 잔인한 공격자가 되었다. 백해무익해 보이는 이런 부류는 음침한 통나무집에서 짐승 같은 삶을 살고 있었다. 뒤를 졸졸 따라다니며 짖어대는 개, 초췌한 아내, 버르장머리라고는 찾아보기 힘든 혼혈 아이들의 모습이 안타까운 광경의 대미를 장식한다.

공화국 초기 미국은 '크래커cracker' 나라가 되어 있었다[cracker: 미국 남부의 가난한 백인을 부르는 멸칭]. 도시생활은 소수 인구에는 만족스러웠지만 시골 대다수는 문명의 변방으로 흩어졌다. 일찍이 영국은 1763년 선언을 통해 애팔래치아산맥 넘어 서부로의 이주를 금지하려고 했지만 독립전쟁으로 그런 장애물이 사라졌고, 당국은 빈민 이주민들이 서부로 몰려드는 것을 묵인하고 있었다. (토지 없는 이주민의 대명사가 된) 크래커와 무단토지점유자들은 아마도 '진짜' 농부, 제퍼슨이 이상화했던 상업 지향적인 경작자보다 단지 한 발짝 앞서 있는 사람들이었을 것이다. 그들은 문명과 떨어져 살았고, 학교에 다니거나 교회 예배에 참석하는 일도 좀처럼 없었고, 빈곤의 강력한 상징으로 남아 있었다. 미국 시골 지역에서 하층계급이 된다는 것은 땅이 없는 사람에 속한다는 의미였다. 그들은 정착민이 없는 어딘가로 홀연히 사라져서, 여기저기 아무 데고 무단으로 점유하고 들어앉았다(토지 소유권이 없이 특정 지역을 점유하는 것이다). 땅을 중심으로 하는 비유를 굳이 써본다고 해도, 이들을 제퍼슨이 독창적으로 생각해냈던 토양 등급 중의 하나로 포함하기는 힘들다. 오히려 그들은 관목 잎사귀, 아니면 동물로 말하자면 땅에 우글거리는 지저분한 해충처럼 이리저리 퍼져나갔다.[4]

무단토지점유자가 처한 곤경은, 본질은 고정되어 있는데 존재는 무상하다는 것으로 규정된다. 사회적 신분 상승 보장이 없는 상태에서 국가로부터 그들이 받은 유일한 선물은 계속해서 움직일 자유였다. 여기서 크리스토퍼슨Kris Kristofferson의 유명한 노래 가사가 떠오른다. 크래커와 무단토지점유자들에게 자유란 아무것도 잃을 것이 없다는 말의 다른 표현일 뿐이었다. '무단토지점유자'와 '크래커' 모두 미국식 표현, 즉 나태함과 부랑 생활이라는 원래 영어 개념을 업데이트한 미국 영어 특유의 표현이다. 1815년 사전을 보면 '무단토지점유자'는 불법으로 자기 소유가 아닌 땅을 점유하는 사람을 가리키는, 뉴잉글랜드 사람들 사이에서 쓰이는 일종의 '은어'였다. 초기 용례를 찾아보면, 1788년 매사추세츠주의 연방주의자 고램Nathaniel Gorham이 제임스 매디슨James Madison에게 자기 주의 헌법비준회의에 관해 이야기하는 편지에 등장한다. 편지에서 고램은 새로운 연방헌법에 반대하는 세 계급을 밝히는데, 서부 여러 카운티에 사는 과거 셰이스의 반란 지지자들, 자기 의견이 강한 타인에게 쉽게 미혹되는 우유부단한 사람들, 메인 지방의 유권자들이었다. 특히 마지막 집단은 '다른 사람의 땅에서 먹고살면서 법적인 추궁을 당할까 두려워하는' '무단토지점유자들'이었다. 아직 별개의 주로 독립되지 않은 상태였던 메인은 매사추세츠의 나무가 울창한 오지였고, 고램은 뉴욕주 서부의 주인 없는 땅에 투자한 가장 힘 있는 땅 투기꾼 중에 한 사람이 되려던 참이었다. 1790년에는 펜실베이니아의 한 신문에 '무단토지점유자'가 등장했다. 'squatlers'라고 쓰여 있었고, 주의 서쪽 경계지인 서스쿼해나 강가에서 사는 사람들을 설명하는 대목에 나온다. 그들은 '강가 저지대에 자리를 잡고', 소유권이 있는 양하면서 자신들의 권리를 빼앗으려 하는 사람들을 쫓아버린다고 기술되어 있다.[5]

불법침입자와 단속을 받지 않는 무단토지점유자, 크래커들이 자기 소유가 아닌 땅에서 작물을 키우고 나무를 자르고 사냥을 하고 낚시를 했다. 그들은 법과 사회의 문명화된 힘이 미치지 않는 간이 오두막에서, 종종 아메리카 원주민과 가까운 곳에서 살았다. 매사추세츠와 메인 지역의 무단토지점유자들은 자신들이 조건을 개선했다면, 즉 자신들이 나무를 베어내고 울타리를 치고 집과 외양간을 짓고 경작했다면 해당 땅에 대해 권리가 있다고 (혹은 걸맞은 보상을 받아야 한다고) 생각했다. 그렇지만 그들의 사실상의 권리는 항상 난관에 부딪혔다. 사람들이 그들의 집을 불태우고 가족들을 쫓아냈다. 무단토지점유자들이 이에 맞서 떠나기를 거부하고, 무기를 들고 앙갚음하는 경우도 많았다. 1807년에 펜실베이니아의 어떤 남자는 자신을 내쫓으려는 보안관을 총으로 쐈다. 동부 연안 사람 힐드레스^{Daniel Hildreth}는 지배 지주를 직접 공격했다가 1800년 살인미수로 유죄판결을 받았다.[6]

은어는 그것이 묘사하는 상황이 존재한 한참 뒤에야 어휘에 섞이는 경향이 있다. 마찬가지로 무단토지점유자의 존재는 단어 자체보다 앞서 있었다. 이르게는 1740년대에 이미 펜실베이니아 식민지 당국은 부유한 지배 지주의 서부 땅에 불법으로 정착한 거주민들에게 떠날 것을 경고하는 단호한 포고령을 발표했다. 포고령에도 불구하고 무단 침입 억제 효과를 거의 보지 못한 상태에서 20년 뒤에 법원은 정도가 심한 무단침입을 사형에 해당하는 중죄로 규정했다. 그러나 교수대의 위협조차도 서스쿼해나강을 건너 오하이오로, 멀리 남쪽으로는 노스캐롤라이나와 조지아로 밀려드는 이주민의 흐름을 막지는 못했다.[7]

도무지 억누를 수가 없는 이들 계급에 대한 인상을 최초로 기록한 사람들은 영국군 장교들이었다. 1750년대 무렵 그들은 '자연의 찌꺼기'와 '해충'으로 불렸다. 절도와 방종 외에는 생계 수단이 없는 사람들이었다. 영국군은 이들을 비난하는 한편으로 이용했다. 오하이오강, 앨러게니강, 머농거힐라강의 분기점에 있는 포트 피트(훗날 피츠버그) 같은 군대 주둔지 주변으로 몰려드는 이주민들의 잡다한 짐마차 대열은 대서양을 따라 형성된 식민지 정착촌과 내륙의 원주민 부족 사이에 완충지대 역할을 해주었다. 준범죄자 계층인 남자(병사들은 여자의 경우 매춘부라고 무시했다)는 일종의 종군 민간인으로 군대의 뒤를 따라다녔다. 상인으로 가장한 사람도 있고, 가족 전체를 대동하고 다니는 경우도 있었다.[8]

펜실베이니아에 배치된 스위스 태생 대령 부케^{Henry Bouquet} 같은 식민지 지휘관들은 그들을 희생돼도 무방한 사고뭉치로 취급하면서도, 가끔은 소위 야만인들을 공격하고 죽이는 데 활용했다. 영국에서 외국과의 전쟁에 동원된 부랑자들이 그렇듯이 식민지의 버림받은 떠돌이들 역시 영속적인 사회적 가치를 지니지 못했다. 1759년 부케는 식민지 변경 상황을 개선할 유일한 희망은 정기적인 가지치기를 통해서라고 주장했다. 부케에게 전쟁은 해충들을 죽이고 폐물들을 솎아낸다는 점에서 '절대선'이었다. 편지에서 부케는 이들이 "야만인보다 나을 것이 없고, 이들의 아이들은 종교나 정부를 개념조차 접하지 못한 채로 짐승처럼 숲에서 자란다"고 말했다. '이런 족속의 삶을 개선하기 위해' 우리가 생각해낼 수 있는 방법은 전혀 없다는 것이 그의 결론이었다.[9]

무단토지점유자를 뜻하는 영어단어 'squatter' 혹은 'squat'은 여러 가지 좋지 않은 의미를 지녔다. 짓누르다, 찌그러뜨리다, 녹다운시키다 등을 암시했다. 또한 분산되고 밖으로 돌고 사방으로 흩어진 사람들이라는 이미지를 상기시켰다. 해당 단어를 언급하는 사람들은 '똥덩어리' 같은 단어를 같이 사용하면서 인간 폐기물이라는 오래된 저속한 멸칭을 새삼 되살렸다. 뷔퐁이 영향력을 행사하던 18세기 말, 'squatting'은 일관되게 열등한 종족과 연결되었다. 예를 들면, 바닥에 웅크리고 앉아^{squatting} 정치 집회를 한다는 호텐토트족이 대표적이었다[Hottentot: 네덜란드 이주민들이 남아프리카 코이코이^{Khoikhoi}족을 부르는 명칭. 미개인과 동의어로 통하는 경멸의 의미를 담고 있다]. 7년전쟁 기간 영국군은 아메리카 원주민과 싸울 때 (본질적으로 적의 매복 전술을 모방하여) 웅크리고$^{squatting\ down}$ 숨는 전술을 사용했다. 너무 빨라서 간과하기 쉬운 부분을 지적하자면, '웅크리고 앉다'라는 의미의 'squatting'은 서다 standing 의 반대어인데, 영어에서 'standing'은 명사로 땅에 대한 영토권을 보장하는 영국의 법리를 의미했다. 또한 권리를 의미하는 영어 단어 'right'는 똑바로 서다 standing erect 에서 나왔다. 또한 어떤 사람의 법적인 '지위 standing'는 문명사회에서는 더없이 중요한 의미를 지녔다.[10]

한편 '크래커 cracker'는 1760년대 영국 관료들 기록에 처음 등장하는데, 거의 동일한 속성을 지닌 하나의 인구 집단을 묘사하고 있다. 다트머스 Dartmouth 경에게 보낸 편지에서 식민지 영국 관료 중의 하나는 '크래커'라고 불리는 사람들은 '엄청난 허풍쟁이'이며, '버지니아, 메릴랜드, 노스캐롤라이나, 사우스캐롤라이나, 조지아 변경에 있는 무법 상태의 악당들로 거처를 옮기는 일이 잦다'고 설명했다. 시골 오지의 '강도' '악한' '말 도둑'으로서 그들은 '게으른 낙오자'요, '인디언보다 못할 때도 많은 일단의 부랑자들'로 치부된다. 독립혁명 무렵 그들의 범죄 방식은 무자비한 인디언 전사처럼 바뀌어 있었다. 캐롤라이나 오지의 목격담에 따르면, 어느 '건장한 크래커 사내'가 체로키족 상대와 뒤엉켜 싸우더니, 살아 있는 상대의 눈알을 도려내고 머리 가죽을 벗기고 개머리판으로 두개골을 세게 쳤다. 이런 과잉 살상이 그들 나름의 사법 정의 구현이었다.[11]

그들의 혈통은 노스캐롤라이나까지, 그리고 이전 버지니아의 불량품, 변절자까지 거슬러 올라갈 수 있다. 성공회 목사 우드메이슨 Charles Woodmason 은 1760년대 캐롤라이나 황무지를 6년 동안 돌아다닌 다음 게으르고, 음란하고, 술고래에, 매춘을 일삼는 남녀의 더없이 끔찍한 초상을 제시했다. 그는 이들이 자신이 본 최악질 영국 정착민이라고 결론을 내렸다. 우드메이슨이 마주친 '버지니아의 크래커들'은 앞에 '똥덩어리'를 두고도 논쟁을 벌일 정도로 어리석었다. 여자들은 천성적으로 '품행이 천하고 단정치 못하다'. 가슴과 엉덩이 주변에서 옷을 꽉 끼게 끌어당겨 몸매를 강조하는 것으로 유명했다. 신앙심이 없는 남녀는 성직자의 지루한 설교를 듣기보다는 진탕 마시는 술판에 빠져 산다. 전반적으로 크래커들은 북부의 다른 무단토지점유자들과 마찬가지로 나태하고 부도덕하다.[12]

'크래커'라는 단어의 기원과 다양한 쓰임새도 '무단토지점유자' 못지않게 흥미롭다. 1760년대 '허풍쟁이cracking 상인들'은 거짓말을 잘하고 천박한 경향을 보이는 말 많은 떠버리로 묘사되었다. 사람이 또한 농담을 '내뱉고crack', 투박하고 무례한 영국 남자가 숨을 '내뱉었다crack'. '폭죽firecracker'이 번쩍이고 칙칙 소리를 내고 뻥하고 소리를 내며 화려하게 흩어지는 동안 불쾌한 냄새가 난다. 한편 '머릿니투성이 크래커louse cracker'는 몸에 이가 득실거리는 지저분하고 불결한 동료를 가리켰다.[13]

'크래커cracker'라는 대중적인 단어와 연관된 또 다른 중요한 단어는 형용사 'crack brained'인데, 미친 사람을 가리키며, 바보 또는 '나태한 사람'을 뜻하는 영어 은어이기도 했다. 정신과 육체의 나태함이 그들을 규정하는 특징이었다. 16세기에 가장 널리 읽힌 농사 관련 논고 중의 하나에서 이런 인식을 드러내는 시구를 확인할 수 있다. 작가는 시인이자 농부였던 투서Thomas Tusser다. "일 잘하는 건초꾼 두 명이 크래커 스무 명에 맞먹는다." 크래커들은 쓸모없는 폐기물 인간의 전형으로서 시간을 낭비하면서 허세를 부리고 헛소리만 늘어놓는 존재였다.[14]

미국의 크래커들은 공격적이었다. 그들의 '잔인함에 대한 탐닉'은 단순히 성미가 고약한 정도가 아니라 위험한 수준이었다. 변경의 '무법천지 악당들lawless rascals'로서 그들은 열등 동물처럼 여위고 변변찮은 체격이었다. 오지 상인들은 '쓰레기 같은' 사슴 무리와 쉽게 비교되었다('악당rascal'은 쓰레기trash의 동의어 중의 하나이기도 했다). 썩은 고기를 먹는 청소동물처럼 크래커들은 성마르고 불안했으며, 윌리엄 버드가 말하는 우둔한 느림보처럼 바보짓을 하기도 했다.[15]

미국독립선언서 서명자 중의 하나인 러시Benjamin Rush 박사는 1798년 편지에서 펜실베이니아 무단토지점유자들이 인디언과 '상당히 흡사한 방식', 특히 '장시간 휴식'에 이은 '격렬한' 노동이라는 리듬을 선호한다고 이야기했다. 아마 남부에 있는 그들의 쌍둥이들도 동일한 본능적인 리듬을 따랐을 것이다. 하지만 남쪽으로 갈수록 토지 없는 사람들이 장시간의 게으름에 탐닉했다. 러시는 자기가 사는 주인 펜실베이니아를 남쪽으로 무단토지점유자들을 흘려보내는 '체'로 표현했다. 펜실베이니아는 단단해서 다루기 힘든 토양을 갈아 경작하려는 의지가 있는, 열심인 빈민들을 보유하고 있는 반면, 진짜 게으름뱅이들은 버지니아, 노스캐롤라이나, 조지아 등으로 흘러간다는 논리였다. 러시가 그리는 풍경을 보면, 북부 여러 주에서 온 무단토지점유자들이 남부 오지로 들어오는 순간부터 크래커로 변하는 모양새다.[16]

무단토지점유자와 크래커의 지속적인 존재를 통해 우리는 장밋빛 옛날이야기들이 말하는 것에 비해 변경의 사회계층이동이 얼마나 제한적이었는가를 확인할 수 있다. (오하이오, 인디애나, 일리노이, 미시간, 위스콘신 준주 같은) 북서부 지역과 웨스트 플로리다, 이스트 플로리다에서는 계급이 누구나 예측 가능한 빤한 방식으로 형성되었다. (부재지주 투자자와 토지를 소유한 신사 계급으로 구성된) 투기꾼과 대농大農들이 가장 많은 권력과 정치적 영향력을 가졌고, 일반적으로 토지 분배 방식 결정에서도 확실히 유리한 고지에 있었다. 중간 지주들은 대지주 상류층과 개인적 혹은 정치적인 연줄이 있었다. '서부의 아테네'라고 불렸던 렉싱턴, 켄터키 같은 애팔래치아산맥 서편에 새로 들어선 도시들에서는 1815년부터 1827년 사이에 도로 건설과 함께 상업이 성장했고, 이를 통해 새로운 상인 중산층이 뿌리를 내렸다. 렉싱턴 같은 도시에서는 소농들도 지원했는데, 시장 변동성을 감안하면 소농들이 토지를 안정적으로 유지하기가 쉽지 않았기 때문이다. 반면에 열등한 부류인 장인들은 도시를 배회했다.[17]

이들 새로운 정착민의 쇄도와 함께 무단토지점유자들의 존재가 부각되었다. 때로는 일가족으로 밝혀지기도 하고, 때로는 독신 남자로 밝혀지기도 하는 그들은 독특하고 골치 아픈 계급으로 간주되었다. 노스웨스트테리토리에서 그들은 비생산적인 노병, 건강한 상업 경제가 자리를 잡기 전에 청산되어야 할 폐물로 일축되었다. 제퍼슨 대통령은 그들을 공유지 '침입자'라고 칭했다. 일부 떠돌이들은 임금노동자로 최저 생계 수단을 찾았다. 아무튼 그들 모두는 상업 시장의 주변부에 존재했다.[18]

학식깨나 있다는 평자들은 사회 무질서를 두려워했고 1819년 경제공황 이후에는 특히나 두려움이 컸다. 당시 정치 평론가들은 서부에 '비참한 상황에 있는 수많은 인구'가 있을 것으로 예측했다. 가난한 정착민과 배운 것 없는 무단토지점유자의 증가는 언제 '폭동과 약탈'이 일어날지 모르는 불온한 환경을 만들었다. 1786년 셰이스의 반란 당시 회자되었던 표현을 떠올리게 하는 익숙한 문구다. 이런 두려움의 여파로 연방정부는 최하층 계급을 도태시킬 만큼 높은 가격을 유지하는 토지 거래 규제 방안을 내놓게 된다.[19]

1850년이 되면, 신흥 남서부 주들에서는 인구의 35퍼센트가 부동산을 전혀 소유하지 못한 상태가 일반적인 패턴으로 굳어졌다. 하층민이 땅을 소유하고 부를 축적할 뚜렷한 통로가 없었다. 소작인은 땅 없는 무단토지점유자가 되기 쉬웠다. 북서부에서는 토지 매매 중개업자들이 매수자를 끌어들여 소작권마저 잃게 만들기 일쑤였다. 토지 매매에 관한 연방법은 부유한 투기꾼에게 유리하게 되어 있었다. 때문에 토지가 없는 애팔래치아산맥의 서부 사람들은 한 장소에 머물면서 열심히 일해서 성공하려 하기보다는, 말뚝을 뽑아 다른 어딘가로 이동할 가능성이 컸다.[20]

미국 전역에 걸쳐 무단토지점유자들이 곳곳에 존재하는 상황이다 보니, 그들을 가리키는 나름 설득력 있는 정치적 수사들이 생겨났다. 이런 수사들 속에서 그들은 크게 보아 다음 다섯 가지 속성과 연결되었다. (1) 열악한 주거 (2) 허풍이 심한 어휘 (3) 문명과 도시민에 대한 불신 (4) 자유에 대한 본능적인 사랑(속뜻: 성적 방종) (5) 퇴행적인 번식 패턴. 이처럼 바람직하지 못한 특성이 있는 한편으로 무단토지점유자들은 약간의 바람직한 자질들도 얻었다. 이방인을 자신의 오두막으로 들여 환대하는 소박한 시골 사람, 밤새도록 들어도 지겹지 않은 이야기들을 술술 풀어내는 대단한 이야기꾼 이미지가 그것이었다. 물론 기본적으로 무단토지점유자들은 자기 소유도 아닌 땅을 차지하고 버티는 골치 아프고 무례한 악당에 훨씬 가까웠다. 이런 이중의 정체성으로 인해 이들은 논쟁의 중심이 되었다. 1830년대와 1840년대에 무단토지점유자는 소위 잭슨 민주주의Jacksonian democracy를 집약적으로 보여주는 전형적인 보통 사람으로 알려지면서 당파 정치의 온전한 상징이 되었다.

미국인들은 앤드루 잭슨이 대통령으로 뽑힌 최초의 서부 출신이라는 점을 망각하는 경향이 있다. 키가 크고 호리호리한데다 빼빼 마른 앙상한 모습의 잭슨은 진정한 오지 사람이었다. 칼에 맞은 흉터가 선연한 얼굴에는 변경의 거친 삶을, 심장 근처에는 글자 그대로 총알을 품고 있었다[잭슨은 결투 도중 맞은 총알을 제거하지 못해 평생 품고 살았다]. 격렬한 분노에 휩싸여서 혹은 적에게 복수하려는 충동으로 잭슨은 종종 생각 없이 무모하게 행동하고 자기만의 규칙으로 자신의 행동을 정당화하곤 했다. 평판을 둘러싸고 워낙 논란이 많다 보니 잭슨은, 테네시 출신 크래커로 묘사하며 공격하기에 좋은 목표이기도 했다. 아내 레이철의 이혼, 시가와 옥수수 속대로 만든 파이프 담배에 대한 그녀의 의존은 적어도 동부의 험담꾼들 눈에는 그들 부부가 내슈빌 시골 뜨기임을 거듭 확인해주었다.[21]

한편 잭슨과 지지자들은 다른 이미지 만들기에 공을 들였다. 1824년, 1828년, 1832년 연이은 세 번의 대통령 선거에서 잭슨 장군은 '올드 히커리old hickory'라는 애칭으로 널리 알려졌는데, 미국인을 세심하게 재배된 식물이라고 말했던 크레브쾨르의 온건한 비유와는 선명한 대조를 이루는 이미지다. 한때는 노스캐롤라이나 서부의 확장지에 속했던 척박한 내륙지역에서 자란, 불굴의 의지에 융통성 없는 군인 스타일이 특징인 테네시 사람 잭슨은 인디언의 활과 회초리를 만드는 히커리 나무가 울창한 숲에 완벽하게 맞는 사람이었다.[22]

잭슨의 성격은 그가 지닌 민주주의자로서의 매력뿐만 아니라 그가 불러일으키는 적개심의 중요한 부분이기도 했다. 잭슨은 살아온 이력으로 대중의 지지를 받은 최초의 대통령 후보였다. 그는 정치가다운 자질로 존경을 받은 것이 아니었다. 잭슨은 고등교육을 받은 경쟁자인 존 퀸시 애덤스^{John Quincy Adams}와 클레이^{Henry Clay}와 비교하면 그런 점에서는 오히려 많이 부족했다. 잭슨의 지지자들은 오히려 그의 거칠고 날카로운 면모, 강한 토지 소유욕, 테네시의 척박한 황무지와 흡사한 정체성 등을 아주 좋아했다. 크래커 나라^{cracker country} 미국의 대표로서 잭슨은 당연히 민주주의의 의미에 새로운 계급적 차원을 더했다.

그러나 대통령 재임 시절 잭슨의 메시지는 평등보다는 새로운 스타일의 공격적인 영토 확장에 맞춰져 있었다. 1818년 앤드루 잭슨 장군은 대통령의 허락 없이 플로리다를 침공했다. 대통령 시절 그는 남동부 주의 체로키 부족 강제 이주를 지지했고, 부당하다는 판결을 내린 연방대법원 의견은 의도적으로 무시했다. 땅을 차지하고 개간하고, 필요하다면 폭력을 사용하고, 법적 권한 없이 행동하는 잭슨은 분명 크래커와 무단토지점유자의 정치적 후예라고 할 수 있을 것이다.

잭슨의 대통령 당선으로 이어지는 20년에 걸친 시기에 무단토지점유자와 크래커는 서서히 미국의 가난한 오지 종족의 지배적인 세력이 되었다. 당연히 그들을 가장 잘 구별해주는 것은 물리적 환경이었다.

1810년 조류학자이자 시인인 윌슨^{Alexander Wilson}은 오하이오강과 미시시피강을 따라 피츠버그에서 뉴올리언스까지 이동하면서, 하늘을 나는 새뿐만 아니라 땅을 끌어안고 있는 무단토지점유자들의 삶도 정리하여 보여주는데, 조류와 별개로 이들 역시 흥미로운 종이라고 생각했기 때문이다. 필라델피아 어느 잡지에 기고한 글에서 윌슨은 그림 같은 황무지 풍경에 흠집을 내는 '기괴한 통나무 오두막들'을 발견했다고 말한다.

박물학자가 우연히 발견한 작은 집과 오두막들 주변에는 잡초가 무성했다. 땅을 보니 수고하고 힘을 들인 흔적은 보이지 않았다. 윌슨은 조롱 조의 시에서 이들 수상한 집들을 '동굴이 된 폐허'라면서 "안에 있는 더욱 역겨운 동굴에 얼굴을 찡그리게 되네"라고 말했다. 그곳 주민들은 가족 전체가 한 침대에서 잤는데, 윌슨의 표현을 빌자면 '밤이면 다 같이 개집에 들어가서 잤다'. 새끼 고양이들이 깨진 상자 속으로 기어들어오고, 돼지 한 마리는 항아리 안으로 피신하고, 여기저기 새는 지붕 때문에 집 안으로 빗물이 들어왔다. 무단토지점유자 가장을 보면, 낡아빠진 모자 밑에서 내뿜는 날카로운 안광이 인상적이며, '여기저기 찢어진 더러운' 상의를 입고 '얼굴은 먼지와 검댕에 찌들어 있었다'.²³

아메리카로 이주한 스코틀랜드 사람인 윌슨에게 주거는 어떤 사람을 말해주는 척도, 즉 그의 발전 능력 혹은 쇠퇴 가능성을 말해주는 척도였다. 모든 사람의 집이 각자를 보호해주는 성이라면, 미국 농촌 무단토지점유자들의 상황은 소작농보다 못했다. 잔인한 반어법으로 윌슨은 무단토지점유자의 오두막을 '미국 **일류 건축물** 견본'이라고 칭했다. 또한 윌슨은 그렇게 감동을 주지 못하는 평범한 존재들도 자랑거리를 찾아내고, 당당하게 미국을 기회의 땅이라고 말한다는 것에 깜짝 놀랐다고 한다.[24]

무단토지점유자들을 사회적 지위라는 측면에서 벌거벗은 야만인보다 아래로 생각하는 윌슨 같은 사람이 많았다. 적어도 미국 인디언들은 숲에 속한 사람들이었다. 반면에 가난한 무단토지점유자들이 사는 오지는 여전히 쓰레기더미를 연상시켰다. 서부에서 생겨난 현실적인 사회계층이 없었고, 사회이동을 위한 확고한 발판도 없었으며, 인간 찌꺼기를 줄줄 흘리는 끝이 보이지 않는 바닥에서 올라오는 이도 많지 않았다. 애팔래치아산맥의 고원지대에서 오하이오강과 미시시피강의 강가로, 나라가 거꾸로 기울어 있었다. 무단토지점유자는 시간 속에 얼어붙어 있었다. 그들의 원시적인 오두막은 하층민을 가두는 새장이었다.

도시와 오지의 거리는 몇 킬로미터냐 하는 지리적인 거리만으로 측정되는 것이 아니었다. 그것은 진화론적인 색채를 띠면서, 당대 일부 사람들이 건널 수 없는 계급 사이의 간극이라고 인식했던 것을 만들어냈다. 교육깨나 받았다는 사람들은 항상 글을 통해 그런 무지렁이들이 자기네 나라를 공유한다는 사실을 믿지 못하겠다는 태도를 드러냈다. 예를 들어 1817년 토머스 제퍼슨의 손녀 코닐리아 랜돌프^{Cornelia} ^{Randolph}는 제퍼슨이 몬티셀로 저택에서 서쪽으로 140킬로미터 정도 떨어진 지점에 소유하고 있는 내추럴브리지에 할아버지와 함께 다녀온 다음에 여동생에게 쓴 편지에서 이렇게 말했다. '산등성이 너머에 사는 반쯤 미개인인 사람들'을 마주쳤다고. 그녀가 만난 아이들은 빈약한 원피스와 셔츠로 아쉬운 대로 몸뚱이를 가린 반면, 남자 하나는 '털 많은 가슴을 드러낸 채'로 그들 앞을 뻐기듯이 걸어 다녔다. 코닐리아는 이들 어수선한 대가족에게는 '두세 켤레의 신발'밖에 없었다면서 도저히 이해가 안 간다는 듯이 지적했다. 또한 그녀는 그들이 대화하면서 보여주는 허물없는 친숙함에 특히나 놀랐다. 그들은 사회적인 예절 같은 것은 염두에도 두지 않고, 전직 대통령이 잃어버린 자기네 가족이라도 되는 양 허물없이 대화를 나눴다. 버지니아 신사 계급의 자랑스러운 일원인 코닐리아는 자신이 이들 불결한 하층민보다 훨씬 우월하다고 확신했다. 이들 찢어지게 가난한 가족이 자신들의 딱한 처지에 대해 조금도 부끄러운 기색을 드러내지 않았다는 것이 그녀에게는 경악스럽고도 안타까운 일이었다.[25]

계급은 그런 대비를 통해 가장 투명한 모습을 드러냈다. 교양 있고 배웠다는 구경꾼들이 오지를 배회하는 투박하고 무례한 사람들을 평가하면서 경멸감을 드러내는 저작들을 여럿 볼 수 있다. 아무튼 교양깨나 있다는 사람들은 그들을 다른 존재, 새로운 종족으로 만들고 싶은 마음에 그들의 조잡한 생활 여건에 집중했다. 오지인과 크래커는 독특한 생김새와 더불어 숨길 수 없는 걸음걸이를 가지고 있었다. 도시 출신의 어느 모험가는 1830년에 애팔래치아산맥 서쪽을 여행하면서 어느 날 밤 숙소를 함께 쓴 사람에 대해 익살스럽게 다음과 같이 말했다. "주걱턱에 이중 관절이 있는 오지인, 양말만 신은 키가 213이나 된다네." 일리노이 남부의 전형적인 악어 사냥꾼도 비슷한 체격에 생김새를 하고 있었다. '수척하고 팔다리가 길고 주걱턱을 한 조너선'('조너선'은 여기서 '녀석' 정도의 의미로 전체 미국인을 가리키는 일반적인 호칭이다). 크래커 여자들도 역시 튀어나온 주걱턱에 까무잡잡한 피부를 하고 있었으며 이가 빠진 경우도 많았다.[26]

여자와 아이들은 문명의 존재 혹은 부재를 말해주는 중요한 상징이었다. 1830년대 플로리다에 배치된 장교들은 '크래커 여자들'을 거친 뱃사람 수준의 태도를 보여주는 짐승 같다고 보았다. 파이프 담배를 피우거나, 담배를 씹다가 뱉는 모습, 욕을 하는 모습을 심심찮게 보여주었다. 그들의 단정치 못한 입성, 더러운 발, 끈적끈적 기름진 머리카락, 땟국물 줄줄 흐르는 얼굴을 보면서 북동부 출신인 한 중위는 그들 모두가 매춘부보다 나을 것이 없다고 일축했다. 그의 표현을 빌자면 크래커 계급의 모든 사람이 '욕설을 일삼고, 나태하고 게으르며, 헤픈 계집!'이었다.[27]

오지인의 투박한 성격은 멀리 북쪽의 메인주, 남쪽의 플로리다, 북서부와 남서부 준주들까지 넓은 지역에 걸쳐 찾아볼 수 있었다. 그들은 저마다 현지화된 명칭으로 불렸는데, 예를 들어 미시시피 스크리머screamer는 인디언을 연상시키는 함성을 내거나 꽥꽥 소리 지르기를 좋아해서 그런 명칭이 붙었다. 켄터키 콘크래커corn cracker는 부서진 옥수수로 연명하는 빈약한 식사 때문에 붙은 이름이다. 인디애나 후저Hoosiers 역시 그곳의 빈민을 가리키는 말이다. 어떤 언어학자도 정확하게 정의하지 못하는 단어이기도 하다. 그렇지만 해당 계급에 대한 서술 내용은 항상 같았다. 후저 남자는 말을 함부로 지껄이고, 거짓말을 하고, 허풍을 떨고, 못생긴 아내를 모욕하는 사람은 누구든 가만두지 않을 기세로 덤벼들었다. 그들은 남부의 여느 크래커처럼 지저분한 속임수를 쓰는 싸움을 하는 경향이 있었다. 후저 여자애들은 플로리다 오지 여자애들만큼이나 고상함과는 거리가 있었다. 소문에 따르면 후저 처녀의 구애 의식에는 여러 차례의 발길질에 머리를 잡아당기는 등의 거친 행동이 들어가 있었다.[28]

성적 행동도 계급 지위를 말해주는 또 다른 중요한 지표였다. 당시 널리 알려진 시, 「후저의 둥지The Hoosier's Nest」(1833)는 제목 자체로 스코틀랜드 박물학자 윌슨이 썼던 표현을 상기시킨다. 여기서도 그들의 오두막은 일종의 야생 둥지다. 말하자면 멀쩡한 사람의 집이라기보다는 동물 우리 같기도 한 것이 난잡한 번식에 제격인 은신처였다. 근본적으로 논란의 여지가 있는 비방을 서슴지 않으면서 시인은 이들의 아이들을 '후저룬Hoosieroon'이라고 부르는데, 백인과 반백인의 혼혈을 가리키는 쿼드룬quadroon에서 나온 말이었다. 빗물이 줄줄 새는 지붕 아래 누추한 집에는 혈기 넘치는 개척자의 후손 따위는 없었다. 반대로 가난한 인디애나 무단토지점유자들은 수십 명의 퇴화한 후손, 즉 누르스름한 피부에 지저분한 부랑아들을 낳았다.[29]

불결한 오두막, 부족한 예의범절, 난잡한 번식이 결합되어 크래커와 무단토지점유자를 별개의 계급으로 만들었고, 그들의 말투가 이를 입증하는 역할을 했다. 오지 방언은 미국 시골 버전의 런던 하층민 사투리가 되었다. 1830년에는 이들이 쓰는 오랜 은어를 모은 「크래커 사전Cracker Dictionary」까지 나왔다. 돌출형 턱이라는 신조어에서 나온 'Jimber jawed'는 입을 끊임없이 움직이는 사람, 쉬지 않고 말하는 사람을 가리켰다. 크래커의 튀어나온 아래턱이 말하는 스타일에까지 영향을 미쳤다. 알락 꼬리와 '포효하는 자'라는 말이 합쳐진 'ring tailed roarer'는 폭력적인 유형을 가리켰다. 'chewed up'은 글자 그대로 눈, 코, 혹

은 입술을 물어 뜯겼다는 의미였다.[30]

그러나 그들의 정체성을 가장 잘 표현하는 것은 역시 다음의 특이한 다⁵음절어가 아닌가 싶다. 동사 'obsquatulate'[absquatulate]는 'squat'의 크래커 활용형으로, '급히 떠나다' 혹은 '종적을 감추다'라는 의미를 전달했다. 한곳에 정착하기를 거부하는 사람들, 즉 영국 부랑자의 미국판 후손들의 행동에 이런 의미를 부여했다. 그들은 도망 하인처럼 급히 달아날 수도 있고, 마음에 정한 목적지 없이 느리게 걸을 수도 있지만, 어느 쪽이든 그들을 규정하는 것은 더러운 발과 칠칠치 못한 방식이었다.[31]

전국적인 유명 인사가 된 테네시 사람은 앤드루 잭슨만은 아니었다. 크로켓David Crockett은 1830년대가 되면 곰 사냥꾼, '서부의 사자'로 알려지게 되지만, 민병대 정찰병이자 중위, 치안판사, 경찰국장, 주의원 등을 거쳐 마침내는 미국 하원 의원이 되었다. 그는 1827년에 처음 하원 의원으로 선출되었다. 역사적 관점에서 크로켓을 흥미롭게 만드는 부분은 독학에 자급자족해서 먹고살고, (무엇보다 눈길을 끄는 부분으로) 무단토지점유자의 권리를 열정적으로 옹호했다는 점이다. 왜냐면 자신이 과거 무단토지점유자였기 때문이다. 정치인으로서 크로켓은 토지 없는 빈민의 편을 들었다.[32]

크로켓은, '프랭클린주state of Franklin'라고 불렸지만 법적으로는 독립된 주가 아닌 지역에서 태어났다. 프랭클린주는 1784년에 노스캐롤라이나주로부터 독립을 선언했지만 정식 승인을 받지는 못한 상태였다. 나중에 프랭클린은 테네시주에 통합되었고, 땅 투기꾼과 무단토지점유자들이 좋은 경작지를 차지하려고 너나없이 몰려들면서 일종의 전쟁터가 되었다. 땅을 차지하려는 이들의 움직임으로 인해 체로키족과의 사이에 이런저런 소규모 충돌이 끊이지 않았고, 이주민들의 노골적인 조약 위반으로 상황은 한층 악화되었다. 상황이 이렇다 보니 테네시 준주의 초대 주지사이자 엄청난 땅 투기꾼인 블런트^{William Blount}는 체로키족 사이에서 '지저분한 장교'라는 별명으로 불렸다. 1797년부터 1811년까지 연방정부는 무단토지점유자들을 내보내기 위해 주기적으로 테네시에 군대를 파견했는데, 이런 조치는 이들 성미 고약한 사람들의 정부를 향한 적대감을 증가시킬 뿐이었다. 가진 것 없고 미천한 출신으로 정계에서 입지를 다지려 했던 크로켓이 믿고 의지했던 것은 아주 간단한 철학이었다. '진짜 남자를 만드는 것은 배짱이다.' 그러나 그가 중시했던 것이 배짱만은 아니었다. 크로켓은 길들여지지 않은 동물성과 다산 능력이야말로 가장 미국적인 특성이라고 생각했다. 1830년 크로켓은 의회에 자기 주에 사는 한 주민에게 공유지 일부를 불하해줄 것을 탄원했는데, 전례가 없는 일이었다. 워낙 열심히 일을 하는 주민이니 땅을 주자는 것일까? 그렇지 않았다. 크로켓이 제시한 이유는 해당 주민의 아내가 세쌍둥이를 낳았다는 것이다.³³

크로켓은 사랑받는 왕따라는 독특한 유형의 미국인으로서 터무니없이 과장된 이야기를 잘 지어내는 것으로도 유명했다. 크로켓이 하원에서 했다는(그러나 정확히 이런 말로는 절대 하지 않았을 것 같은) 어느 연설에서 그는 자신을 '여러분이 본 가장 잔인한 생물'이라고 지칭했다. 초인적인 능력을 타고나서 '여우처럼 달리고, 뱀장어처럼 헤엄치고, 인디언처럼 고함을 지를' 수가 있고, '깜둥이를 통째로 삼켜버릴' 수 있다고도 했다. 마지막 표현은 가난한 무단토지점유자들을 토지 밖으로 내모는, 노예를 소유한 대농장주를 향한 적개심을 표현하려는 의도가 아닌가 싶지만, 아무튼 터무니없고 지극히 인종차별적인 발언이 아닐 수 없다. 실제로는 자신도 노예를 소유하고 있었지만 크로켓은 의회에서 대농장주의 광대한 토지 독점에 반대했다. 크로켓은 연방정부가 직접 무단토지점유자에게 저렴한 가격으로 토지를 판매하자는 법안을 지지했다. 법원이 노동으로 갚으라는 식으로 개인 파산자를 (채무자에게) 고용살이로 내보내는 관행에도 반대했다. 사실 이들의 처지는 연한계약하인의 최신 버전 정도로 볼 수 있었다. 또한 크로켓은 '크래커' 언어를 유창하게 구사했다. 1830년 사전에 따르면, 앞서도 언급한, 폭력적인 사람을 말하는 'ring taled roarer'라는 표현을 처음 만든 공로가 온전히 그에게 있다고 나와 있다.[34]

크로켓의 자기 자랑과 허풍은 분명 계급 특유의 말투를 띠고 있었다. 1828년 그는 자신이 '증기선을 등에 업고 미시시피강을 헤엄쳐 갈 수 있으며' '살쾡이 몇 마리쯤은 얼마든지 제압할 수 있다'고 주장했다. 크로켓이 자신이 못한다고 말한 한 가지는 의회에서 일반적인 기준에 맞는 연설을 하는 것이었다. 그것만 잘되면 의회에서도 무적일 것만 같은데, 참으로 묘한 일이라고 그는 생각했다. 아무튼 크로켓은 배우고 익혀야 하는 웅변술, 지식층이 가지고 있는 논법이 부족했다. 그의 유머러스한 연설은 대중에게는 인기가 있었지만, 많은 이들의 눈에 그는 여전히 웃기는 '익살꾼'이었다. 어느 신문에서는 요상한 이야기와 별난 발언들 때문에 크로켓이 '코트에 반바지'를 입고 저속한 공연을 하는 서커스단의 춤추는 곰 같다고 말하기도 했다.[35]

크로켓의 진짜 모습은 정식 교육을 받지 못한 시골뜨기의 믿기 힘든 이야기들에 가려질 때가 많았다. 크로켓이 허락한 적은 없지만 순전히 가내수공업으로 엮은 크로켓 이야기들이 출판되었다. 그중 하나인『크로켓의 1837년 책력*Davy Crockett's Almanack of 1837*』을 보면 콘크래커를 묘사한 조잡한 판화가 포함되어 있다. 면도하지 않은 덥수룩한 얼굴에 몸에는 사슴 가죽을 두르고 소총을 들고 있다. 너구리 가죽 모자를 쓰고 있는데, 너구리 머리가 그대로 붙어 있어서 적잖이 소름 끼치는 모습이다(228쪽 그림 참조). 다른 판화에는 크로켓의 딸이 거대한 악어 등에 타고 있는 모습이 그려져 있다. 5미터가 넘는 짐승의 등에 마치 로데오 스타처럼 올라탄 모습이 인상적이다. 현대판 용들과 싸우든, 비현실적인 오지에서 마법 같은 묘기를 부리든, 크로켓의 야만적인 본능은 사이비 기사도 서사시에나 적합한 그런 것으로 보인다. 여러 대필작가와 통속적인 전기 작가들은 크로켓을 야만인, 교육 수준이 형편없는 허풍쟁이로 만들었고 증기선, 곰, 교활한 도시 사람을 압도한다는 과장된 허풍 역시 자랑스레 이야기했다.[36]

사정이 이렇다 보니 크로켓의 허풍을 순전히 영웅적인 견지에서 고찰한 적은 한 번도 없다. 크로켓이 '앨러게니 산지 양쪽의 어떤 벌목공'보다 높게 점프하고 '낮게 웅크리는지'는 잘 모르겠지만, 그의 익살스러운 성격이 정당한 정치적 주장을 약화하는 데 일조한 것은 사실이다. 앞서 언급한, 크로켓이 1824년 테네시주 의회에서 행한 연설을 예로 들어보자. 땅 투기꾼을 교활한 깜둥이에 비유하는 속된 모습을 보였을지 모르지만, 크로켓은 빈민 정착민을 속여 토지대장을 빼앗는 데 이용되는 합법적인 계책을 절대 간과하지 않았다. 결국, 전설이 아닌 현실의 한 남자는 현실의 투기꾼들이 현실의 무단토지점유자와 일상적으로 대립하는, 오지의 계급 갈등을 노출하는 바람직한 일을 했다.[37]

크로켓은 1828년 대통령 선거에서 앤드루 잭슨의 열렬한 지지자였지만, 얼마 안 가 이 고압적인 장군을 버렸다. 크로켓은 자신이 발의한 토지법안 때문에 고향인 테네시에서도 적이 생겼다. 그런데도 그는 남서부 여러 주에서 체로키족을 비롯한 '문명화된 부족들'을 강제로 추방하도록 허락한 인디언이주법안에도 반대했다. 인디언 강제 이주 찬성은 무단토지점유자를 향한 부당 대우에 동조하는 것이나 다름없다고 보았다. 인디언들과 마찬가지로 무단토지점유자들도 공유지에서 추방되고, 자신들이 정착하고 일군 토지 출입을 금지당하는 현실이었기 때문이다. 한편 잭슨 동조자들은 크로켓의 변절을 교육이 부족하고 교양이 부족한 탓으로 돌렸다.

크로켓은 잭슨이 자신의 원칙을 저버렸다고 비난하면서 당파적인 개떼와 어울리기를 거부했다. 1831년 크로켓은 글에서 "ANDREW JACKSON이라는 내 개 이름이 새겨진 목줄을 내 목에 두르고 싶지는 않다"고 말했다. 3년 뒤에는 "특정인의 당파에 속하느니 차라리 깜둥이나 너구리가 되겠다"면서 잭슨을 맹비난했다. 크로켓이 생각하는 오지의 계급 서열에는 자유민인 백인 남자 토지 소유자, 무단토지점유자, 흑인, 개, (그의 말을 진지하게 받아들인다면) 그리고 마지막으로 당원이 있었다.[38]

민주당 앤드루 잭슨과 크로켓의 험악한 관계는 잭슨이 엄청난 의지와 순전한 충동에 따라 정치 경력을 쌓아가는 동안 다른 사람들과의 사이에서도 계속 되풀이되었다. 잭슨의 충실한 지지자 대부분이 결국에는 반대편, 즉 휘그당이 되었다. 잭슨을 둘러싼 크고 작은 논란이 끊이지 않는 것 같았다. 잭슨은 공직에서 일한 경험이 비교적 적었기 때문에 대통령 출마 시에도 (능력이나 실력보다) 개인 성격에 비정상적으로 높은 관심이 쏠렸다. 선거운동 목적으로 집필된 전기가 일반적으로 호전적인 성격이 강한 잭슨 이력의 빈틈을 메웠다. 지지자들이 잭슨을 정복의 영웅으로 그리든, 적들이 '앤드루 1세'라는 비아냥 섞인 딱지를 붙이든 모든 것은 결국 그의 불안하고 변덕스러운 감정에 집중되었다. 분명 잭슨은 이전 대통령들보다 교육 수준이 낮았고 훌륭한 예의범절을 갖추지도 않았다.[39]

짧은 기간 하원에서 성과가 시원찮은 활동을 한 것을 빼면 잭슨은 워싱턴 정계의 국외자였다. 따라서 잭슨의 자격은 전장 경험에서 나왔는데, 전장에서의 잭슨의 기록을 두고 뜨거운 논란이 일었다. 열렬한 지지자들은 잭슨이 (미국인이) 성인처럼 떠받드는 워싱턴 장군의 정신적인 후계자라고 주장했지만, 사실 잭슨의 출생지는 조지 워싱턴이 살았던 애팔래치아산맥 너머 포토맥강에서 한참 떨어져 있다. 올드 히커리는 인구가 많지 않고 법조차 유동적인 그런 곳에서 주로 살았다. 잭슨은 권력의 중심부가 아니라 보통 사람들 사이에서 인기가 있었던 노예소유 대농장주였다. 동부 연안보다 사람들의 정착이 한참 늦었던, 테네시주 오지에서 토지 소유와 계급적 지위는 표면상 뿌리가 얕을 수밖에 없었다. 1824년 잭슨이 처음 대통령 선거에 나왔을 때 뉴잉글랜드 어느 기자가 큰 소리로 물었던 것처럼, 이들 '서부의 강인한 아들'은 정확히 누구인가?[40]

대중의 상상 속에 잭슨은 거칠고 때로는 폭력적인 풍경과 떼려야 뗄 수 없는 관계에 있었다. 1815년 뉴올리언스 전투에서 거둔 유명한 승리 뒤에 그는 '천하무적' 영국군을 패배시킨 '풋내기 오지인'이라고 알려졌다. 그를 '숲속의 나폴레옹'이라고 부르는 이들도 있었다. 또한 잭슨은 폭력적인 사건들을 거치면서 정치적으로 성장했다. 1813~1814년에 앨라배마의 습지대에서 크릭네이션 부족의 레드스틱파를 대량 학살하는가 하면, 1815년 1월에는 뉴올리언스 습지에서 영국군 수백 명을 죽게 했다. 잭슨은 당시 영국군 사망자 수를 자랑했고 미국 시인들도 마찬가지였다. 어떤 시인은 "주검이 붉게 물든 피투성이 들판 가득 퍼져 있었다"고 극찬했다. 사실 그것은 과장이 아니었다. 강과 지류에 시체들이 떠다녔고, 당시 패한 적들의 뼈가 수십 년 뒤에 여행자들에 의해 발견되기도 했다.[41]

잭슨은 보이는 모습도, 하는 행동도 전통적인 정치인 같지 않았는데, 바로 그 점이 그의 근본적인 매력의 일부였다. 1796년 상원 의원이 된 잭슨은 테네시를 떠나 필라델피아로 갔다. 당시 펜실베이니아 하원 의원 갤러틴Albert Gallatin은 잭슨을 다음과 같이 표현했다. "키가 크고 호리호리하며 무례해 보이는 인물로, 긴 머리칼이 얼굴 위로 드리워져 있었다." 훗날 이런저런 질병으로 쇠약해진 장군은 보는 이들에게 태도가 뻣뻣하고 수척하다는 인상을 주었다. 벽지의 질병이 그를 따라다녔다. 토머스 제퍼슨은 외모는 말할 것도 없고 잭슨의 내면에서 사나운 본능을 가진 야수 같은 남자를 감지했다. 제퍼슨은 잭슨이 분노에 사로잡혀 말을 못 하는 모습을 본 적이 있었다(말을 못 하는 상태는 원시인과 길들여지지 않은 짐승의 대표적인 신호였다).[42]

불같은 성미와 학식이 부족해 보이는 태도는 항상 그를 따라다니며 성격을 규정지었다. 잭슨의 숙적 중의 하나가 이런 특성을 더없이 잘 설명했다. "일반적인 대화에서는 활기가 넘쳤지만 논쟁 시에 부족한 부분은 욕설로 채웠다." 토론 솜씨로는 내세울 것이 없었던 잭슨은 직설적으로 자기 의견을 표명했고, 자기 의견에 동의하지 않으면 누구에게든 쉽게 화를 냈다. 걸핏하면 욕설을 퍼붓는 태도 때문에 잭슨은 무식한 말단 병사 혹은 무례한 크래커와 동일 선상에 놓였다. 「오지인과 무단토지점유자^{A Backwoodsman and a Squatter}」(1821)라는 글에서 어느 풍자작가는 그런 변경 사람들을 "입만 열면 분노 가득한 욕설을 퍼붓는다"고 표현했다.[43]

잭슨의 공격적인 스타일, 잦은 결투와 길거리 싸움, 개인적 정치적 복수를 위한 성난 행동들은 잭슨에게 공감하는 어느 프랑스인이 서부 사람의 '남자다운 자유분방함을 표출하는 거친 본능'이라고 표현한 것과 맞아떨어지는 것처럼 보였다. 이런 감성으로 보면 독립은 땅에서 잠재적 위협을 제거하는 데서 나왔다. 그런 위협은 아메리카 원주민에게서 나올 수도 있고, 경쟁하는 무단토지점유자들, 정적들, 혹은 『크로켓의 1837년 책력』에서 콘크래커들이 원하는 바를 얻기 위해 그럴듯한 말을 늘어놓는 '미꾸라지 같은' 동부인이라고 표현한 이들에게서 나올 수도 있었다. 크래커의 생존 제일주의 정신은 법적인 정치함이나 점잖은 예의보다 앞설 수밖에 없었다. 크래커라는 틀 안에 있는 잭슨의 대중적 이미지에 음영을 넣은 것은 바로 이런 특성들이었다.[44]

뉴올리언스 전투 이후인 1818년 잭슨은 휘하 군대를 이끌고 에스파냐령 플로리다로 갔다. 잭슨은 정부의 승인을 기다리지 않고 테네시에서 병사를 모집한 다음, 미국 정착민을 공격했다는 혐의를 받는 세미놀족 인디언 수십 명을 체포한다는 빌미로 에스파냐령 동플로리다 식민지를 침공했다. 이어 항구도시 펜서콜라에 있는 에스파냐 요새를 공격하면서 인디언 체포 목적의 기습으로 시작된 싸움이 금세 전면전으로 번지고 타국 식민지 점령으로 성격이 바뀌었다.[45]

잭슨은 에스파냐 영토를 무단으로 점유하는 데 그치지 않았다. 그는 스스로 내린 명령을 어기고 국제법도 무시했다. 플로리다의 여러 도시를 급습해 에스파냐 식민지 총독을 체포한 이후, 잭슨은 현실적인 이유 없이 영국인 시민 두 명을 처형했다. 영국 언론은 당시 미군 소장이었던 잭슨을 '양손이 피로 물든 잔인한 양키 해적'이라고 부르며 마구 비난했다. 통렬한 비난의 메시지를 담은 캐리커처에서 잭슨은 일단의 민병대 옆에서 으스대는 까무잡잡한 강도 모습으로 등장하며, 민병대는 누더기를 걸치고 신발도 신지 않은 짐승 같은 모습으로 등장한다. 더구나 머리에는 모자 대신 해골을 쓰고 뼈다귀로 북을 두드리는 모습이 기괴하기 짝이 없다.[46]

오지의 크래커 장사[卅卄]라고도 불리는 문제의 해적은 억제되지도 억제시킬 수도 없는 인물이었다. 플로리다 침공에서 잭슨은 '백인 야만인' 복장을 한 무단토지점유자들의 도움을 받았다고 하는데, 알고 보면 이들이 잭슨의 논란 많은 행동 뒤에 있는 진짜 기폭제였을 것이다. 실제로 플로리다 갈등이 무단토지점유자들의 전쟁이라는 분명한 표시들이 있다. 병사들이 보고한 바에 따르면, 세미놀족 전사들은 영국인이나 북부의 정착민들은 내버려두고 '크래커들의 주택'만 공격했다.[47]

Encounter between a Corncracker and an Eelskin.

『크로켓의 1837년 책력』에 등장하는 콘크래커와 약삭빠른 미꾸라지의 조우. 오지의 무단토지점
유자가 도시 출신 상인의 교활하고 간사한 혀로부터 소녀를 보호하고 있다.
ー『크로켓의 1837년 책력』, 미국골동품협회^American Antiquarian Society, 매사추세츠주 우스터

쟁쟁한 비판자들이 의회에서 조사해야 한다고 주장했다. 당시 강력한 영향력을 자랑하던 하원 의장 헨리 클레이는 제멋대로 행동하는 잭슨 장군을 견책해야 한다고 요구했다. 워싱턴으로 돌아온 잭슨은 저명한 국제법 학자들을 욕하면서 국무장관 존 퀸시 애덤스에게 플로리다와 관련된 모든 문제는 먼로 대통령과 자신 사이의 일이며 다른 누구와도 무관하다고 말했다. 잭슨이 감히 자기를 조사하고 전국적으로 망신을 주려 했다는 이유로 일부 상원 의원들의 귀를 잘라버리겠다고 협박했다는 확인된 소문들이 나돌았다.[48]

잭슨의 거친 표현에 따르면, 영토 분쟁은 언어만이 아니라 폭력적인 방식으로 해결되어야 했다. 그는 자신의 인디언 정책을 '비인간적인 피투성이 야만인들'을 상대로 '보복하고 응징할' 권리로 설명했다. 1818년 출간된 칭찬 일색의 전기에서는 잭슨을 일종의 오지의 모세로, 말하자면 불의에 격분하여 정의를 집행한 인물로 묘사하고 있다. 국제법이나 헌법 세부 조항에 대한 존중이 부족하다고 잭슨을 비난하는 사람들을 향해 옹호자는 '전쟁에 임해 애국심이 넘친 나머지 법적인 해석에 구애되지 않았을 뿐'이라고 추켜세웠다. 그러나 아무리 헌신적인 잭슨 장군 팬이라도 장군의 불같은 성미만은 문제라고 인정할 수밖에 없었다. 1825년 헨리 클레이는 잭슨이 '군대 우두머리'에 불과하다는 유명한 말을 했다. 잭슨이라는 사람이 공화주의자와는 거리가 있는 원시적인 부족민을 떠오르게 하는 그런 색채를 띠고 있었음을 암시하는 발언이다. 아무튼 잭슨이 1824년, 1828년 연이어 대통령 선거에 출마했을 때, 세미놀 전쟁은 여전히 최대 관심사이자 논쟁거리였다.[49]

그러나 잭슨 옹호자가 이야기하는 의협심 강한 기사 모습에 속아 넘어가는 비판자는 거의 없었다. 잭슨의 목표는 약한 여자와 아이들 보호가 아니라 플로리다 영토를 무단토지점유자와 깡패, 이외 미개한 백인에게 개방하자는 것이었다. 크로켓과 달리 잭슨은 결코 무단토지점유자의 권리를 옹호하고 지지하는 사람은 아니었다. 그들을 제거하라는 명령이 떨어지자 잭슨은 군대를 동원해 훌륭하게 임무를 수행했다. 그러나 동시에 그는 무단토지점유자들이 항상 주장해온, 개간한 사람이 해당 토지를 소유할 자격이 있다는 생각에 동의했고 백인의 토지 소유를 지지했다. 이런 생각은 대통령이 되자 인디언 추방정책으로 발현되었다. 잭슨은 인디언을 공유지에 대한 특별 청구권을 가진 주권국가가 아니라 종속 계급으로 대해야 한다고 주장했다. 무단토지점유자들과 마찬가지로, 인디언들도 사회 일원으로 동화되지 못하거나 땅을 개간하고 토지 소유권을 지킬 능력이 없다고 밝혀지면 강제로 추방하는 것이 가능했다. 대통령 잭슨은 무력을 동원해 빈민 무단침입자들을 몰아낼 의지로 충만했다. 1833년 앨라배마 사례에서처럼, 무단토지점유자들이 추방을 거부하고 주 당국이 그들을 지지하고 나섰을 때야 잭슨 대통령은 비로소 한 발 뒤로 물러나 백인 정착민들에게 더 유리한 조건으로 협상할 의사를 보였다.[50]

잭슨을 비판하는 사람들이 공식 선거용 전기 내용을 반박할 이야기를 찾아 퍼뜨리는 것은 식은 죽 먹기였다. 그만큼 소재가 널려 있었기 때문이다. 1806년 잭슨은 결투 도중 디킨슨Charles Dickinson이라는 젊은 변호사를 총으로 쏘아 죽였고, 그로 인해 잭슨 자신도 심장 옆에 박힌 총알을 품고 살게 되었다. 잭슨은 희생자의 시체가 채 식기도 전인데도 디킨슨의 미망인에게 경제 원조를 제공한다는 소식을 듣고 신사답지 않게 소란을 피웠다. 잭슨 생각에는 그런 무뢰한은 신분 자체가 영구히 삭제되어야 마땅했다. 1824년에 나온, 디킨슨과의 결투 에피소드를 개작한 내용에 따르면, 잭슨은 잠시 발사를 보류하고 문제의 변호사가 떠는 모습을 보고, '빌어먹을 겁쟁이'라고 부른 다음 침착하게 조준해 근거리에서 쏘아 죽였다. 1813년에 또 다른 사건이 일어나는데, 이번에 잭슨은 내슈빌 호텔에서 예정에 없이 일어난 'OK 목장'의 총격전에 연루되었다. 상대는 예전 측근이었던 토머스 하트 벤턴Thomas Hart Benton과 동생 제시 벤턴Jesse Benton이었다. 대통령 선거가 있던 1828년 토머스 벤턴은 하마터면 죽을 뻔했던 당시의 아찔했던 순간에 대한 이야기를 공개해 뉴스거리를 만들었다.[51]

그러나 잭슨의 전과기록에서 소위 '관 전단지Coffin Handbill' 사건보다 심각한 것이 있었을까 싶다. 잭슨이 1813년 크릭 전쟁에서 여섯 명의 부하를 처형했다고 비난하는 내용이었다. 여섯 개의 검은 관이 1828년 광고 전단을 장식했다. 그러므로 잭슨이라는 사람에게 묻은 피가 단순히 인디언과 영국인의 것만은 아니었다. 또한 잭슨의 손에 죽음을 맞이한 사람이 멋쟁이 변호사 디킨슨만도 아니었다. 같은 전단지의 다른 삽화에서 잭슨은 지저분한 시가전에서 지팡이 속에 감춰둔 칼로 어떤 남자의 등을 찌르는 모습으로 표현되어 있다. 물고, 발로 차고, 마구잡이로 채찍을 휘두르고, 코트 속에 무기를 감추는 크래커 싸움꾼처럼 잭슨은 더없이 무자비한 사람으로 그려졌다. 냉철한 정치인을 의미하는 신중한 공화주의자의 품위와는 완벽한 대조를 이루는 그런 존재로.[52]

잭슨은 '관 전단지'가 나돌기 전에도 자기를 묘사한 이런저런 캐리커처에 당황한 기색을 보였다. 1824년에는 어느 친구에게 쓴 편지에서 그에 대한 불만을 토로하기도 했다. "나를 잔인한 사람으로 묘사하려고 엄청 공을 들이고들 있다네. 항상 한 손에는 가죽을 벗길 칼을, 다른 손에는 도끼를 들고 있는 그런 사람 말이야. 자기랑 의견이 다른 사람이면 누구든 마구잡이로 때려눕히고, 가죽을 벗길 준비가 되어 있는 그런 사람 말일세." 잭슨은 그런 캐리커처는 부인했지만, 자신의 폭력적인 성향 자체를 부인할 수는 없었다.[53]

벽지 출신 시골뜨기 대통령 후보의 과거를 적당히 거르고 정화한 다음 더 매력적인 모습으로 단장한 판본이 1820년대 초에 공개되었다. 이에 따르면 잭슨은 국외자, '고향의 숲'에서 얻은 천부적 재능을 가진 사람, 수도 워싱턴의 타락을 깨끗이 정화할 능력을 갖춘 사람으로 그려진다. 열렬한 잭슨 지지자들은 잭슨이 대통령 후보로 지명되자 '워싱턴에 있는 권력의 신하들이 냉소와 경멸'을 표출하고 있다면서 '워싱턴이라는 도시에서 일어나는 미국인의 정신적 타락과 퇴보'를 비난했다. 잭슨은 정부의 시녀나 방자한 아첨꾼이 아니었고, 따라서 그의 정제되지 않은 투박한 모습, 정치가답지 않은 방식이 곧 그의 장점이라고 주장했다.[54]

1819년 의회 연설에서 켄터키주의 워커David Walker는 이런 이미지를 이용해 세미놀 전쟁에서 잭슨이 취한 행동을 조사하는 위원회 위원들을 비난했다. 워커는 수도 워싱턴의 국회의원들을 멀리 플로리다 변경에 사는 미국인과 구별해주는 문화적 차이뿐만 아니라 계급을 강조했다. '온갖 풍상을 겪은 강인한 장군'으로서 잭슨의 오랜 경험은 변경 전쟁 상황에서 좀 더 현명한 판단력을 발휘하게 했다. 잭슨은 포위된 가족들의 고통과 어려움을 직접 이해했다. 워싱턴의 안전하고 쾌적한 집에서 가족들과 함께 생활하는 조사위원회 위원들이 과연 변경 주민의 어려움을 온전히 이해할 수 있을까? 잭슨을 질책하는 사람들, 켄터키주 하원 의원 워커가 '향수 냄새 분 냄새 진동하는 도시의 멋쟁이 젊은이'라고 조롱하는 사람들은 딴 세상 사람들이었다. 이런 영리한 국면 전환을 통해 워커는 잭슨의 적을, 크래커와 무단토지점유자의 전통적인 적이었던 도시의 멋쟁이 상류층으로 바꾸었다.[55]

알고 보면 워커는 크래커 대 도시 멋쟁이라는 대립 구도가 모양을 갖추기 시작한, 적어도 1790년까지 거슬러 올라가는 크래커 민주주의라는 중요한 계급 모티프를 활용했다. 문학에 나오는 아주 초기 형태를 보면, 크래커 젊은이가 꾀임에 빠져 도시로 와서 사람들이 자꾸 권하는 술을 마시고 사기를 당한 뒤에 자신이 살던 숲속의 무료한 오두막이 '만족과 풍요가 항상 함께하는 곳'이라는 뼈아픈 교훈을 얻는다. 1812년에 나온 비슷한 이야기에서는 자기 오두막 문 앞에 서 있는 거만한 변호사와 댄스 교사를 퉁명스럽게 대하며 무시하는 시골뜨기가 등장한다. 1821년 성직자 겸 시골오지 역사학자인 버지니아 서부 출신 다드리지Joseph Doddridge는 자신의 희곡 『시골뜨기와 도시 멋쟁이의 대화Dialogue of the Backwoodsman and the Dandy』에서 이런 전형적인 등장인물들을 미화하여 제시했다. 다드리지는 투박하고 교양 없는 시골뜨기 특유의 미덕을 다음과 같이 요약했다.

시골뜨기는 별난 유형의 사람이다.⋯⋯그는 비록 학식 있는 사람이 아니지만 분명한 양식과 분별력이 있었다. 입성은 멋지지 않아도 내면은 훌륭하고 심장은 건강하다. 부유하거나 위대하지는 않지만 자신이 자기 조국의 아버지라는 것을 알고 있다.……당신들 쪼잔한 멋쟁이들, 여타 대단한 양반들은 우리의 고난의 열매를 거리낌 없이 즐길지도 모른다. 우리가 굶주려야 하는 상황에서 당신들은 흥청망청 잔치를 벌일지 모른다. 우리가 싸워야 하는 상황에서 당신들은 즐겁다고 뛰놀지도 모른다. 당신들 모두를 위험에 빠뜨리면서 시골뜨기에게 댁네의 포도주를 한 모금도 나눠주지 않을지 모른다.[56]

이런 모든 것이 잭슨 장군을 의회 조사 위원들과 구별 짓는 하원 의원 워커의 요점을 잘 설명해준다. 도시 멋쟁이는 무력하면서 고상한 체하는 속물이고, 그의 조롱은 주제넘은 비웃음이었다. 진짜 미국 남자는 잭슨 같은 사람, 즉 '진국'에 해당하는 테네시주와 켄터키주 토박이들이었다. 그들은 전쟁에서 피를 흘리며 싸웠다. 그리고 자신들의 수고와 희생을 통해 변경을 개척했다. 그리고 다음 세대의 용감한 정착민들의 아버지가 되었다. 그동안 방어적인 처지에 있었던 서부 사람들은 이런 방법으로 잭슨에게 자신들의 꿈을 투영시켰고, 결과적으로 그를 유력한 대통령 후보로 만들었다.[57]

크래커 대통령을 홍보할 다른 방법은 익살스러운 과장을 통해서였다. 1828년에 또 다른 '관 전단지'가 퍼졌을 때, 잭슨 지지자들은 크로켓처럼 과장된 유머를 이용해 그를 보호했다. 장군이 실제로 여섯 명의 민병을 먹어치운 죄가 있다고 주장하는 식이었다. "그들 모두, 그리고 그들의 관까지 모두 집어삼켰다." 존 퀸시 애덤스 지지자들이 문법적 오류와 틀린 철자가 가득한 잭슨의 메모를 퍼뜨리자 잭슨 지지자들은 '독학한 사람'이라고 오히려 그를 찬양했다. 외교 경험 부족으로 '촌스럽다'는 말을 들으면, 잭슨이 전직 외교관 애덤스보다 외국 사상이나 궁정 풍의 허례허식에 덜 물들었다는 의미라고 긍정적으로 해석하고 부각시켰다. 계급 비교 역시 무시할 수 없었다. 애덤스가 하버드 대학교 수사학 교수였던 반면, 테네시 출신 도전자는 '평범한 가정 태생'이었고, 내세울 만한 논문 하나 쓴 적이 없었다. 그러나 잭슨 지지자에 따르면, 본능에 충실한 행동은 비생산적인 논리나 사고에 앞서는 특권이었다.[58]

경쟁자들은 1824년 대통령 선거에서 잭슨에 대한 최초의 지지가 앨라배마, 미시시피, 노스캐롤라이나, 테네시에서 나왔다는 점을 감안해, 잭슨이 크래커 유권자에 신경을 쓴다고 조롱했다. 남부 어느 신문에 실린 조롱 조의 기사에서는 조지아의 크래커를 예전 크로켓 풍으로 '반은 악어, 반은 인간' 모습으로 잭슨을 향해 만세를 부르고 있다고 묘사했다. 1828년에는 잭슨을 지지하는 인디애나 선거구를 '올드 히커리로 가득한 산간벽지'라고 소개하기도 했다.[59]

잭슨 지지자들은 기품과 교양이 부족하다고 늘 비난을 받았다. 1828년 필라델피아 집회에서는 술꾼들이 폭력적인 건배사를 하며 잔을 들어 올렸다. '히커리 꽂을대로 평등의 화약을 국민의 총에 박아 넣기를, 그리고 국민의 목소리와 잘 섞어 뭉친 다음 진흙 속의 클레이^{Clay}를 날려버리기를'[여기서 Clay는 반대파인 헨리 클레이를 의미한다]. 또 다른 건배 제안자는 다음과 같이 바람을 이야기했다. '연방주의자 머리가 북의 가죽이고, 나에게 그것을 치라고 하기를, 때려 부술 때까지!' 잭슨을 방어하는 일은 정신적 기민함보다 육체적 기량을 찬미하는 협박을 해야 하는 것이 아닌가 싶을 정도였다. 어느 잭슨 팬의 이야기는 다음과 같이 전개된다. 만약 누군가가 감히 '우리 장군님'을 모욕한다면, '가죽을 벗겨줄' 것이다. 싸움과 과시는 하층민 잭슨 지지자들 사이에서 무엇보다 중요했다. 애덤스에 반대하는 청중 사이에서 (북미 인디언 같은) 함성이 나왔을 때 어느 크래커 후보는 이렇게 맹세했다. '만약 제가 선출된다면, 이 주먹으로 장군님의 정부를 지킬 것입니다.'[60]

1828년에는 이미 2년을 무덤에서 보냈음에도 토머스 제퍼슨이 부활해 잭슨이 잘못된 종자임을 증명하는 데 힘을 보탰다[제퍼슨은 1826년 사망했다]. 제퍼슨의 예전 이웃이자 제임스 매디슨 밑에서 장시간 비서를 지낸 일리노이 주지사 콜스Edward Coles는 1824년 선거가 다가올 무렵 제퍼슨이 말한 심술궂은 조롱을 상기시켰다. "앤드루 잭슨을 대통령으로 만드느니, 선원을 수탉으로 만들고, 병사를 거위로 만드는 편이 낫다." 의심스러운 혈통으로 자격이 안 되기 때문에 잭슨은 고위직에 오를 수 없다는 것이었다.[61]

대통령 후보 잭슨의 사생활도 마찬가지로 면밀한 감시와 조사 대상이었다. 잭슨의 내연 관계는 1828년 선거에서 스캔들의 먹이가 되었다. 테네시의 절친한 친구들로 구성된 잭슨의 측근 그룹이 부부의 밝혀진 불륜을 정당화할 변명거리를 찾느라 분주히 움직였다. 잭슨의 절친한 친구이자 죽마고우인 내슈빌의 오버턴John Overton은 '뜻하지 않은 중혼' 이야기를 꺼냈다. 잭슨 부부가 아내 레이철과의 이혼이 이미 결정된 것으로 잘못 알고 양심에 따라 결혼했다는 주장이었다. 그러나 사실은 달랐다. 레이철 도널슨 로바즈Rachel Donelson Robards는 불륜을 저질렀고, 1790년 자신의 정부 잭슨과 스페인령 내치즈로 도망까지 쳤었다. 둘은 모르고 그런 것도 아니고 장난삼아서도 아니고, 레이철 남편과의 이혼을 확실히 하려는 분명한 목적을 가지고 그런 행동을 했다. 부부의 한쪽이 다른 쪽을 고의로 버리는 행위, 즉 '유기'는 이혼이 인정되는 몇 안 되는 사유였기 때문이다.[62]

잭슨의 비행을 열거한 목록이 나날이 늘어가는 가운데 불륜은 억제되지 않는 열정의 또 하나의 예일 뿐이었다. 남의 부인을 훔친 일은 자신에게 적용되는 법을 신뢰하지 않으려 하는 오지 공격자의 전형적인 모습에 속했다. 국제법을 존중하지 않는 부분은 이미 플로리다를 정복했으니 되었다. 아내의 첫 번째 결혼 계약을 무시한 부분은 그저 원하는 것을 취했을 뿐이었다. 오하이오 출신 기자 해먼드[Charles Hammond]가 선언하듯 말한 것처럼 잭슨은 그저 '이웃 부부의 신성한 잠자리'를 침범했을 뿐이었다.[63]

한편, 문제의 배우자인 레이철의 위신을 깎아내리는 데 온갖 종류의 사악한 명칭과 수식어가 동원되었다. 그녀는 '미국의 이세벨'[이스라엘의 아합 왕의 아내로 부정한 여자의 대명사로 통한다] '열등하고 음탕하다' '시커멓고 지저분한 창녀' 등으로 불리고 묘사되었다. 이런 표현 모두가 시골구석에서 자란 그녀의 미심쩍은 성장 과정을 겨냥하고 있었다. 레이철을 노골적으로 매춘부로 그린 사람은 애덤스 지지자이자 편집자인, 켄터키 출신 데이나[James G. Dana]였다. 데이나는 레이철을 향해 인종차별적인 분노를 표출했다. 그녀는 상류사회의 일원이 될 수 없을 뿐만 아니라, 비록 그 깜둥이 계집이 하얀 가면을 쓰고 있다고 해도 신사의 흑인 정부일 뿐이라고 악담을 퍼부었다. 레이철의 부도덕이라는 오점은 워싱턴의 우월한 부류들 사이에서는 결코 용인될 수 없었다. 감시나 통제를 받지 않는 또 다른 비판자도 비슷한 주장을 펼쳤다. 그녀의 막돼먹은 처신은 '산맥 너머 오두막집에서는 어디서나' 어울리는 것일지 몰라도 대통령 관저에서는 결코 아니라고 주장했다.[64]

결혼 관련 추문이 아니라도 레이철 잭슨은 하층민 여성 같은 모습을 하고 있었다. 테네시에 있는 잭슨의 집을 찾은 한 방문자는 그녀를 늙은 세탁부로 착각할 정도라고 느꼈다. 또 다른 사람은 그녀가 뚱뚱하고 피부가 검게 탔다고 묘사하는데, 아마 이런 이유로 '깜둥이 계집'이라는 욕설이 나왔을 것이다. 하얀 피부는 햇빛 아래서 일하는 가난한 크래커 소녀들에게는 허락되지 않는 것으로, 따라서 특권층이라는 증표였다. 비판자들은 잭슨 부인의 시골 발음도 비웃었다. 그들은 또한 「고무나무 위의 주머니쥐Possum Up a Gum Tree」라는 그녀가 좋아하는 노래도 조롱의 대상으로 삼았다. 레이철이 파이프 담배를 피우는 것도 역시 비난의 대상이었다. 그런데 안타깝게도 레이철 잭슨은 남편을 따라 워싱턴으로 가서 영부인 역할을 맡기 직전에 심장병으로 쓰러지고 말았다. 그녀의 죽음은 신임 대통령의 정적들에 대한 미움을 한층 강화하는 역할을 했다.[65]

계급이라는 이슈를 차치하고라도 잭슨의 출마는 분명 민주주의 정치의 성질을 바꾸었다. 한 정치평론가는 잭슨의 통치가 '허풍질' 시대의 도래를 알렸다고 지적했다. 잭슨의 지지자들은 잭슨이 '뉴올리언스의 기사'이자 나라의 '구원자'일 뿐만 아니라, 인류 역사를 통틀어 가장 위대한 장군이었다고 말하면서 일상적으로 지지 후보의 자격을 과장했다. 또 다른 평자는 새로운 유형의 '수다쟁이 시골 정치인'이 부상했다고 결론을 내렸다. 몇 시간이고 떠들어댄 다음에야 '잭슨 장군에

대한 찬양의 샘물이 고갈되는' 그런 사람이.[66]

허풍은 1820년대와 1830년대 계급 질서에서 독특한 역할을 했다. 테네시에서 신문에 실린 풍자 글에서 한 작가는 명예를 지키기 위한 기사도 관행, 즉 결투를 특이하게 각색하는 데 주목했다. 이야기는 켄터키의 '붉은 헝겊 기사'와 테네시의 '위대하고 강력한 호두 크래커' 사이의 결투를 다루고 있다. 호두 크래커는 자신에게 위풍당당한 기다란 명칭을 부여했다. '와일드캣 동굴, 크고 작은 호그시프 개울, 쇼트산, 빅보어 동굴, 쿠웰 다리의 공작'이었다. 그렇다면 이런 유의 가식과 허풍이 의미하는 바는 무엇인가? 21세기 갱스터랩의 대가들처럼 크래커들은 요란한 언어로 포장함으로써 자신들의 낮은 지위를 상쇄해야 했다. 크로켓에게 그랬던 것처럼 거짓말과 허풍은 훌륭한 집안 같은 계급적 이점의 부재를 보충해주었다. 이것은 엔드루 잭슨도 마찬가지였다. 잭슨은 결투, 불화, 맹세 등으로 비교적 신생 주였던 테네시에서 정치 서열을 끌어올렸다.[67]

잭슨 자신은 무단토지점유자의 권리에 거의 관심이 없었지만, 그가 속했던 당이 관련 논쟁을 무단토지점유자에게 유리한 방향으로 바꾼 것은 사실이다. 민주당은 토지를 우선하여 구매할 수 있는 권리인 선매권에 찬성했는데, 이는 자금이 부족한 사람들이 좀 더 쉽고 저렴하게 토지를 구매하게 해주었다. 선매권 덕분에 무단토지점유자들은 점유한 토지에 정착하고, 이를 개간한 다음 '최저 가격'으로 구매할 수 있었다. 선매권을 둘러싼 논쟁은 무단토지점유자가 이전보다 좋은 모습으로 보이게 만드는 효과도 있었다. 일부 사람들이 무단토지점유자를 자기 손으로 오두막을 짓고 토지 개간에 기여해온 근면한 사람으로 인식하기 시작했다. 더구나 그들의 토지 개간 노력은 모든 계급에 도움이 되었다. 휘그당 지도자 헨리 클레이는 문득 자신이 논쟁에서 지는 편에 있다는 것을 깨달았다. 1838년 클레이는 상원에서 선매권자[잭슨]가 새로 생긴 권리를 움켜쥐고 '보잘것없는 수하'[잭슨이 직접 뽑은 후계자 밴 뷰런^{Martin Van Buren}을 가리킨다]가 점령한 널찍한 백악관에 웅크리고 앉아 있을지도^{squat down} 모른다고 농담을 했다. 말하자면 잭슨을 무단토지점유자^{squatter}에 빗댄 표현이다.[68]

잭슨의 호텔 총격전 상대였던 토머스 하트 벤턴은 테네시를 떠나 미주리로 가면서 잭슨과 화해했다. 잭슨이 두 번 연속 대통령에 당선되어 해당 직을 수행하는 동안에는 물론이고 이후에도 저명한 상원의원으로 이름을 떨친 벤턴은 일련의 토지선매권 관련 법률들을 통과시켰다. 이런 입법 과정은 1841년 '로그캐빈 법안^{Log Cabin Bill}'에서 절정에 이르렀다. 그러나 벤턴의 생각은 상반된 두 가지로 해석할 수 있었다. 벤턴은 분명 무단토지점유자들에게 토지에 대한 온전한 소유권인 자유 보유권을 구입할 기회를 주고자 했지만 그렇다고 그들을 소모품 인구로 취급하는 기존 사고 수준을 근본적으로 넘어선 것은 아니었다. 1839년 벤턴은 무단토지점유자를 무장시키고, 플로리다에서 세미놀족에 맞선 연방 군사작전을 연장하는 대가로 그들에게 토지와 식량을 제공하자는 안을 내놓았다. 황무지 정복을 위한 값싼 도구로 무단토지점유자를 활용하는 과거 영국의 군사전략을 부활시킨 것이다.[69]

1840년 대통령 선거는 무단토지점유자가 민주 사회에서 일상어를 쓰는 보통 사람으로 변모하는 순간이 되었던 것으로 보인다. 양당 모두 이제는 무단토지점유자를 인정하고 받아들였다. 휘그당 대통령 후보인 해리슨^{William Henry Harrison}의 지지자들은 해리슨이 시골 벽지 출신이라고 주장했다. 그러나 이것은 사실이 아니다. 해리슨은 버지니아 상류층 대농장주 집안에서 태어났고, 예전 노스웨스트테리토리에서 짧게 오두막 거주자 생활을 하기는 했지만, 대통령 선거에 출마했을 무렵에는 오두막은 해체되고 웅장한 저택으로 대체된 지 오래였다. 그런가 하면 휘그당 후보 자리를 놓고 해리슨과 경합을 벌였던 켄터키 사람 헨리 클레이는 가축 품평회에서 상을 받은 '콘크래커'라는 이름의 커다란 돼지를 찬양하기도 했다. 통나무 오두막, 대중적인 애칭, 발효 사과술 마시기, 미국 너구리 가죽 모자 같은 꾸며낸 이미지 속에서 과거와 다른 새로운 계급 정치가 생겨났다. 이런 이미지는 서부와 빈민 유권자들이 잭슨의 총애를 받았던, 멋쟁이 동부 남자 마틴 밴 뷰런을 결코 온전히 받아들이지 않았던 이유를 설명해준다. 휘그당 쪽에서 만든 선거 캠페인 노래 가사를 보면, 네덜란드계 후손인 '뉴요커' 밴 뷰런이 '튼튼한 앤드루 잭슨의 등에 올라탄……수상한 꼬맹이'라고 비난하고 있다.[70]

무단토지점유자가 돌연 대중문화에서 낭만적인 인물이 되었다. 세인트루이스 신문기자 롭^{John Robb}의 『무단토지점유자의 생활^{Streaks of Squatter Life}』을 보면 정말 그렇다. 일종의 모음집인 책에 소개된 한 작품에서 롭은 슈거^{Sugar}라는 이름의, 가난한 미주리 무단토지점유자를 등장시킨다. 비록 누더기를 걸치고 있어도 지방선거에서 그의 개인적 영향력은 최면술사 못지않게 막대했다. '슈그^{Sug}'는 투표장에 황설탕을 넣어 달콤하게 만든 위스키 한 통을 가져왔다. 사람들이 그가 가져온 특별한 칵테일을 먹으려고 줄을 서 있는 동안, 슈그는 자신이 들은 여러 연설에 대한 나름의 정직한 견해를 토대로 누구에게 투표해야 하는가를 이야기했다. 슈그는 과거 딸과 농장을 잃었다. 그렇지만 땅이 없는 무단토지점유자인 지금도 어쩐 일인지 사람들의 존경을 받았다. 슈그는 화려한 미사여구에 현혹되지 않는 새로운 유형의 보통 사람, 평범한 사람을 대표했다.[71]

슈그는 단순히 평범한 보통 사람에 그치지 않았다. 알고 보면 그는 계급과 훌륭한 태도를 둘러싼 더 폭넓은 논쟁에서 한층 개선된, 심지어 중산층적인 해법을 상징했다. 슈그의 자질은 약간의 위스키를 마시며 시간을 보내고 의미 있는 조언을 나누어주는 합리적인 사람을 암시했다. 슈그는 직접 출마를 하지는 않았다. 소란을 일으키지도 않고 위스키를 표와 교환하지도 않았다. 땅뙈기를 놓고 다투면서 경쟁 입찰자의 생명을 위협하는 폭력을 행사하지도 않았다. 슈그는 자신의 위치를 이웃에 상식을 전달하는 전달자로 생각하는 그런 사람이었다.[72]

무단토지점유자가 적어도 일부의 생각에는 사회에 길들여졌을지 모르지만 그들에게 정치적 평등은 소위 잭슨 시대에는 찾아오지 않았다. 버지니아는 1851년까지, 루이지애나와 코네티컷은 1845년까지, 노스캐롤라이나는 1857년까지, 투표에 소유 재산 자격 조건을 유지했다. 테네시는 1834년까지 자유 보유권 제한을 폐지하지 않았다. 1834년이면 잭슨이 이미 두 번째로 대통령으로 선출된 이후다. 여덟 개 주에서 구빈법 적용을 받는 피구제민, 즉 도시 빈민의 참정권을 박탈하는 법률을 통과시켰다. 한편 크고 작은 여러 도시가 주의회보다 엄격한 참정권 가이드라인을 채택했다. 시카고도 그랬고, 크로켓의 고향인 테네시와 잭슨을 지지했던 앨라배마에 있는 여러 도시도 마찬가지였다. 신

『무단토지점유자의 생활』(1847)에 나오는 '슈그 아저씨'는 가난해도 사회에 아무런 해를 끼치지 않는 코믹한 인물이다. 그는 시골의 정치 행사장에서 소동을 일으키고, 술을 마시고, 욕설해댄다고 알려진 실제 무단토지점유자의 완화된 이미지였다.

– 존 롭의 『무단토지점유자의 생활』(1847), 미국골동품협회, 매사추세츠주 우스터

문기자 롭이 살았던 세인트루이스는 어떨까? 그가 만들어낸 허구의 주인공 슈그는 주의 하원 의원 선거에는 참여할 수 있었지만, 시의회 의원 선거권은 거부당했을 것이다.[73]

(1828년 선거운동에서도 거론된 것처럼) 미래의 민주당원 앤드루 잭슨은 1796년 테네시주 헌법 제정 시 참정권을 제한하는 초안 작성을 실제로 도왔다. 잭슨은 자기 주에서 유권자 범위를 넓히려는 노력을 전혀 하지 않았다. 그야말로 조금도. 1822년 당시 준주였던 플로리다 주지사였던 잭슨은 새로운 주에서 일정한 재산 요건을 만족하는 사람에게만 투표권을 부여하는 것을 아무런 문제의식 없이 받아들였다. 대통령 후보로서 잭슨의 매력은 진정한 민주주의와는 거리가 있었고, 불법으로 토지를 약탈하는 특정 백인 계급에 대한 흡인력과 '남성의 자유에 대한 저속한 본능'의 용인에 있었다. 잭슨은 남성의 보통 선거권도 지지하지 않았다. 사실 1839년에 성인 남성에게 보통 선거권을 부여하기로 결정한 최초의 국가는 미국이 아니라 영국인과 과거 미국 노예들이 세운 라이베리아였다.[74]

결국 크래커 혹은 무단토지점유자는 자신의 성격적 모순을 결코 해소하지 못했다. 그는 언제든 책임감 따위는 훌훌 털어버리고 길을 떠나 새로 시작할 수 있었다. 또한 자랑하고 허풍 떨기 좋아하고, 자기가 좋아하는 후보를 모욕하는 누구든 가차 없이 공격할 수 있었다. 그에게는 많은 이들이 지적해온 것처럼 투표장에서 위스키를 마시는 것이 장황한 연설을 듣는 것보다 중요할 때가 많았다. 그러므로 일부 기자가 '시골 크래커'를 '나라의 근골'이라고 옹호하는 한편으로, 다른 이들은 여전히 크래커를 (어느 작가의 표현을 빌자면) 좋아하는 출마자를 '거지들의 반인반신'으로 격상시키는 술주정뱅이 바보로 생각했다. 1842년에도 '무단토지점유자'는 여전히 계급적 색채를 띠지 않는 '정착민'에 비해 열등한 등급으로, '생활이나 지위에서 그들보다 못한 불명예스러운 상태를 나타내는 용어'로 간주되었다.[75]

이처럼 크래커도 무단토지점유자도 정치적 평등의 상징은 결코 아니었다. 유명 캐리커처에 등장하는 그의 모습은 하층민에 대한 존중의 상징이라기보다는 계급 차별의 생생한 실례였다. 누구도 슈그가 존 퀸시 애덤스, 윌리엄 헨리 해리슨, 심지어 지방의원과도 동등하다고 생각하지 않았다. 슈그 같은 시골 사람이라도 운이 좋으면 애덤스 대통령을 만날 기회 정도는 가졌을지 모른다. 그러나 대통령과 악수를 했다고 해서 사회 계급이 올라가는 것은 아니었다. 1828년 쿠퍼[James Fenimore Cooper]는 잭슨 시대를 풍미한 허풍과 자랑은 실제 사회의 평준화가 고착된 계급 구분을 약화하지 않게끔 지급하는 '저렴한 대가'였다고 주장했다.[76]

나름 주도권을 쥐고 있는 무단토지점유자의 모습을 보여주는 이야기들도 있다. 선거철이 되면 정치인들은 이들에게 표를 구걸할 수밖에 없었는데, 자기네 언어로 말하기를 거부하는 후보를 보면 참지 못했다는 이야기다. 이는 1840년에 나온 다른 유명한 무단토지점유자 이야기인 『아칸소 여행자[The Arkansas Traveller]』가 말해주는 교훈이기도 했다. 글을 보면 시골 오지에서 유세를 하던 상류층 정치인이 무단토지점유자에게 다과를 부탁한다. 그러나 황폐한 오두막 앞에 놓인 위스키 통 위에 앉아 있던 무단토지점유자는 남자의 요구를 무시했다. (선거철이다 보니) 정치가는 잠시만이라도 자신을 보통 사람 수준으로 낮출 수밖에 없었다. 결국 정치인은 말에서 내려 무단토지점유자의 피들[직접 만든 바이올린]을 들고, 무단토지점유자들이 즐기는 음악을 자기도 연주할 수 있다는 것을 보여주어야 했다. 음료와 표를 얻기 위해서는 어쩔 수 없는 노릇이었다. 그러나 아쉬운 소리를 하며 몸을 낮추던 정치인이 자기네 저택으로 돌아가고 나면, 무단토지점유자의 삶에는 어떤 변화도 일어나지 않았고, 억척스럽게 일하는 아내나 지저분한 옷에 신발도 없이 자라는 자식들에게도 마찬가지였다.[77]

제2부

미국종의 퇴화

제6장

가계도와 가난한 백인 쓰레기: 나쁜 피, 잡종, 클레이이터

어디서나 그들은 정말 똑같다.

거의 똑같은 성격, 똑같은 사투리, 똑같은 천박함,

똑같은 습관 등이 있다.……사방에 있는, 가난한 백인 쓰레기.

- 대니얼 헌들리[Daniel Hundley], 「가난한 백인 쓰레기[Poor White Trash]」,

『남부 주들에서의 사회관계[Social Relations in Our Southern States]』(1860)

미국을 남북전쟁(1861~1865)으로 이끈 분열 위기로 인해 계급 정체성에 관한 대중의 언어가 극적으로 바뀌었다. 하층의 무단토지점유자는 여전히 관심의 초점으로 남아 있었지만 그들의 거주지는 바뀌었다. 이제 그는 특이하게도 노예주[남북전쟁 이전에 노예제도가 합법화되었던 남부의 주들]에 사는 생명체가 되었다. 가난한 남부 백인을 가리키는 용어역시 변화했다. 이제 무단토지점유자도 크래커도 선택지가 아니었다. 대농장 중심의 사회 주변부에 사는 찢어지게 가난한 남부 사람들은 '샌드힐러[sandhiller]', 한심하고 자멸적인 '클레이이터[clay eater]'로 훨씬 더 불쾌한 존재가 되었다. 이들이 무엇보다 오래 지속될 모욕적인 명칭을 얻게 된 것도 바로 이 시점이었다. 바로 '가난한 백인 쓰레기[poor white trash]'라는 말이다. 남부의 빈민은 게으른 부랑자에 그치지 않았다. 이제그들은 온갖 잡동사니를 모아놓은 수집가의 캐비닛 안에나 있을 법한 이상한 표본, 병든 혈통, '악명 높은 종족'의 퇴화하는 자손이 되었다. 이런 새로운 명칭으로 인해 이들 하층민은 현대까지도 친숙한 조롱의 대상이 되었다.

'백인 쓰레기'라는 말이 이르게는 1821년부터 인쇄물에 보이지만 광범위한 대중성을 얻은 것은 1850년대에 들어서였다. 한 신문이 워싱턴시티에서 거행된 앤드루 잭슨의 장례 행렬을 보도한 1845년이 되면 변화가 뚜렷하게 감지된다. 빈민들이 거리 양쪽을 가득 메우고 있었는데, 올드 히커리의 화려한 마지막 모습을 보려고 늘어선 이들은 크래커도 무단토지점유자도 아니었다. 가난한 유색인종들을 길가로 밀어내면서 유명을 달리한 대통령을 흘끗이라도 보려고 안간힘을 쓰는 이들은 바로 '백인 쓰레기'였다.[1]

이처럼 우스꽝스러운 종족이 그렇게 눈에 띄었던 이유는 무엇일까? 이들의 타고난 신체적 결함 때문이었다. 19세기 중반의 묘사를 보면, 누더기를 걸치고 빼빼 마른 샌드힐러와 클레이이터는 일종의 병자고, 아이들은 조로에 배가 부풀어 오르는 기형이었다. 관찰자들은 더러운 얼굴과 발에 그치지 않고, 이들 가난한 백인 피부의 유령처럼 누르스름한 흰빛을 강조했다. 그들은 이런 피부색을 'tallow', 즉 수지獸脂색이라고 불렀다. 목화솜처럼 하얀 머리카락과 창백한 피부의 괴상한 사람들은 같은 인류의 일원으로 거의 인정받지 못했고, 오히려 알비노[선천적으로 멜라닌 색소가 결핍되거나 결여된 비정상적인 개체]와 동류로 생각되었다. 근친상간으로 태어나는 비율이 높았던 그들은 알코올과 불결함이라는 이중의 중독으로 인해 스스로 신세를 망치고 있었다. 1853년 남부 여행 경험을 기록한 글에서 스웨덴 작가 브레메르Fredrika

Bremer는 클레이이터들이 '매끈매끈한 흙'을 먹는 모습을 보면서 그들은 글자 그대로 죽을 때까지 자기 자신을 먹어치운다고 표현했다.[2]

백인 쓰레기 남부인은 후손에게 끔찍한 특성들을 물려주는, 그리하여 발전이나 사회계층이동의 어떤 가능성도 없애버리는 그런 '종족'으로 분류되었다. 영화 〈살아있는 시체들의 밤^{Night Of The Living Dead}〉(1968)을 떠올리게 하는 끔찍한 특성들을 부각하는 것으로도 부족해서 비판자들은 가난한 백인이 인간성이라는 면에서 흑인 노예 이하라고 비난했다. 그들은 진화 측면에서의 퇴화를 보여주었고, (남북전쟁 전) 구舊남부의 끔찍한 미래를 예고했다. 백인 자유민이 병약한 자녀들을 낳는다면, 건강한 민주주의가 어떻게 융성할 수 있겠는가? 만약 백인이라는 사실이 (제퍼슨이 생각한 것처럼) 우월함의 당연한 증표, 독립적이고 교육이 가능한 자유민으로 이루어진 동질적인 주민에 대한 보장이 되지 못한다면, 생명, 자유, 행복 추구 등의 이상도 물 건너가는 것이었다.

상향 이동이라는 제퍼슨의 말은 남북전쟁 전의 남부에서는 설 자리를 잃었다. 잭슨 지지자들이 찬양했던 용감무쌍한 시골 사람 이미지 역시 희미해져갔다. 1850년대가 되면 노예제 자체, 그리고 노예제의 서부로의 확장을 놓고 벌어진 치열한 논쟁에서 백인 빈민층이 여러 정파의 주장에서 상징적인 역할을 맡았다. 북부 사람, 특히 자유토지당^{Free Soil Party}(1848)과 그 후신인 공화당(1854)에 합류한 사람들은 백인 빈민층이 자유민 노동을 쇠퇴하게 만드는 노예제도 악영향의 확증이라고 선언했다. 노예경제가 토지를 독점하면서, 노예를 소유하지 않은 백인이 가정을 건사하고 자유 시장경제에서 성장할 기회를 차단했다는 것이다. 노예제도는 개인의 야망을 짓밟고, 부패와 죽음을 초래하고, 땅과 취약한 주민의 활력을 고갈시켰다. 이들의 주장에 따르면, 백인 빈민층은 계급독재와 실패한 민주주의 유산의 무력한 희생자였다. 웨스턴^{George Weston}이 유명한 소책자 『남부의 빈민 백인층^{The Poor Whites} ^{of the South}』(1856)에서 말한 것처럼 그들은 '세대를 거듭할수록 더욱 깊고 절망적인 야만으로 빠져들었다.'[3]

노예제도를 지지하는 남부인은 계급을 자연스러운 현상이라고 옹호하면서, 다른 이념적 선회를 택했다. 보수적인 남부 지식인들은 생물학적인 특성이 계급적 숙명을 결정한다는 개념을 점점 저항감 없이 받아들이게 되었다. 1860년 『남부 주들에서의 사회관계』라는 저서에서 앨라배마 사람 대니얼 헌들리는 노예제도가 빈곤에 책임이 있다는 주장을 부정하고, 백인 빈민층은 타락한 가계와 저주받은 혈통 때문에 고통을 받고 있다고 주장했다. 헌들리는 계급을 선천적인 것으로 생각했고, '난쟁이 조상'과 '폐병 환자 부모'라는 영악한 비유를 동원해 가난한 시골 백인이 처한 곤경을 설명했다. 헌들리를 비롯한 많은 이들이 보기에 백인 빈민층이 '악명 높은 종족'이 되는 것은 혈통 때문이었다. 나쁜 피와 저속한 가계가 백인 쓰레기의 진짜 존재 이유라고 주장했다.[4]

헌들리의 이런 생각은 광범위한 호소력을 가졌다. 남부 사람뿐만 아니라 많은 북부 사람, 심지어 노예제도에 반대하는 이들조차도 백인 쓰레기 남부 사람들을 위험한 종족으로 생각했다. 스토^{Harriet Beecher} ^{Stowe} 같은 노예제도를 반대한 상징적인 인물도 하버드 대학교를 나온 미래의 남부연합 지지자 헌들리가 펜으로 그려내는 이들의 초상에 동의했다. 노예제 반대 메시지를 담은 베스트셀러 소설 『톰 아저씨의 오두막*Uncle Tom's Cabin*』(1852)으로 유명해지게 (혹은 악명을 떨치게) 되지만 스토의 두 번째 작품은 전혀 다른 이야기를 들려준다. 『드레드: 거대한 디즈멀 습지 이야기*Dred: A Tale of the Great Dismal Swamp*』(1856)에서 스토는 가난한 백인을 범죄와 부도덕에 쉽게 빠져들고, 무지한 경향이 있는 퇴화한 계급으로 그렸다. 노스캐롤라이나 사람 헬퍼*Hinton Rowan Helper*는 『남부의 절박한 위기*The Impending Crisis of the South*』(1857)를 출판했는데 많은 이들이 19세기에 나온 가장 중요한 책이라고 생각하는 작품이기도 하다. 『남부의 절박한 위기』는 14만 부나 판매되면서 노예제도가 어떻게 백인 빈민층을 억압하는가를 널리 알리는, 더없이 효과적인 폭로기사 역할을 했다. 헬퍼가 그리는 남부는 '타락과 무지의 시궁창'이었고, 가난한 백인 쓰레기는 멸종할 수밖에 없는 왜소하고 쉽게 속으며, 사회에 도움이 되지 않는 무익한 사람들이었다. 이런저런 방식으로 명백한 계급 언어가 메이슨-딕슨 선*Mason-Dixon Line*[메릴랜드주와 펜실베이니아주의 경계선으로 미국 남부와 북부의 경계. 과거 노예제도 찬성 주와 반대 주의 경계이기도 함]을 넘나들었고 생각지 못한 방식으로 정적들을 결합했다. 우리는 남북전쟁이 주로 흑인 노예 노동에 의존하는 세계의 지속 여부를 놓고 벌어진 싸움이라고 배운다. 그러나 전례 없는 유혈과 희생이 따랐던 4년이라는 기간은 물론이고 이전과 이후에 대해서 어느 편에도 치우치지 않은 전체 이야기를 듣기는 힘들다. 사회 불안과 계급 간의 긴장이 정치에 관여하는 사람들 역시 사로잡았고, 남북으로 분열된 나라에 실질적이고 명백한 영향력을 행사하고 있었기 때문에 어떤 견해도 그로부터 자유로울 수 없기 때문이다.[5]

백인 빈민층은 구남부 사회의 통일성을 해치는 정도의 위험에서 그치지 않았다. 이들 환영받지 못하는 계급은 특유의 전염병을 광대한 서부 영토에 퍼뜨릴지 모른다는 색다른 두려움을 불러일으켰다. 놀라울 정도로 짧은 기간에 미합중국은 8억 에이커나 되는 땅을 늘렸다. 1845년 텍사스 병합으로 거의 2억 5,000만 에이커를 단숨에 확보했다. 그해 '다크호스'였던 민주당 포크James K. Polk가 대통령에 당선되었는데, 예기치 못한 당선의 주된 이유는 공격적인 팽창정책을 받아들였기 때문이다. 포크는 텍사스 병합을 환영했을 뿐만 아니라 대영제국이 오리건 준주에 대한 미국의 권리를 인정하지 않으면 전쟁도 불사할 것이라고 약속했다. 결과적으로 포크는 썩 내키지는 않지만 위도 49도 선을 따라 오리건을 분할하는 안을 받아들임으로써 영국과의 전쟁을 피했다. 현재도 북위 49도 선이 그대로 유지되고 있다.

영 히커리Young Hickory [잭슨의 열렬한 지지자였던 포크의 별명으로 잭슨이 올드 히커리였던 데서 기인]는 이런 정도의 토지 획득으로는 성이 차지 않았던 모양이다. 잭슨에 이어 두 번째 테네시 출신 대통령이었던 포크는 자신의 정신적 지주였던 잭슨의 정당화 논리를 그대로 받아들였다. 아시다시피 앤드루 잭슨은 에스파냐령 플로리다에서 소소한 국경 충돌을 빌미로 정복 전쟁을 일으킨 적이 있다. 이번에 포크는 같은 방법으로 멕시코를 침공했다. 3년간의 전쟁 이후 과달루페-이달고 조약Treaty of Guadalupe Hidalgo이 체결되자마자 포크는 훗날 캘리포니아, 네바다, 유타, 애리조나, 뉴멕시코라고 불리게 되는 영토는 물론, 콜로라도, 와이오밍 주들의 일부도 손에 넣게 된다. 미국의 영토 확장은 포크의 전리품에서 그치지 않았다. 1854년에는 민주당 대통령 피어스Franklin Pierce가 소위 개즈든 매입Gadsden Purchase으로 추가로 영토를 확장했다. 개즈든 매입을 통해 미국에 귀속된 땅은 뉴멕시코 준주 남단 지역이었다. 남부 면화 산업 수익성을 높이기 위해 대륙횡단철도를 건설하자는 솔깃한 도박이 이런 투자를 열렬히 부추기는 역할을 했다.[6]

새로운 표현 방식이 대중의 상상력을 사로잡음과 동시에 대륙횡단은 지적 흐름에 영향을 주었다. 세습 귀족이 없는 나라라는 제퍼슨의 개념에서 한층 더 나아가 미국인들은 생물학적 결정론biological determinism에 근거한 제국의 운명을 받아들였다. 앵글로-색슨 종족이 우월한 형질을 가지고 있으며, 따라서 다른 모든 종족을 제치고 빠르게 자손을 낳는 일만이 남아 있다는 주장이 핵심이었다. 1851년 정치권의 계산에 따르면 미국은 1870년에는 중요도 면에서 유럽을 능가할 것이고, '자유롭고 활력 넘치는 자체 종족과 혈통의 남자 수가 1억 명에 이를' 것이었다. 또한 '강건한 심장과 뇌를 가진, 앵글로-색슨 혈통' 사람들 덕분에 영국과 미국은 세계 지배 과정에서 '앞서가는 종족의 대표주자'가 될 것이었다.[7]

순수한 인구 통계상의 우위는 두 번째 지배적 전제인 새로운 사고에 의해 강화되었다. 혈통과 유전이 민족의 위대함을 결정한다는 생각이었다. 자유에 대한 사랑처럼 학습되는 특성들, 그리고 인종 특유의 성질이 세대에서 세대로 전해지는 것으로 간주되었다. 이런 이론을 옹호하는 어느 작가는 「피의 학습The Education of the Blood」이라는 제목의 에세이에서 한 세대의 지식은 글자 그대로 공기 중에 들어 있으며, 학습에 대한 소질이 핏속으로 들어가서 '우리 체질의 일부'가 되고 '자손에게 전달된다'고 주장했다. 그러므로 숲에 사는 어머니 손에서 야만인을 데려와 문명사회 안에 두는 것만으로는 야만인을 변화시킬 수 없다. "혈통 전체를 교육해야 하며, 앵글로-색슨족이 그래온 것처럼 대대로 감수성을 누적해야 한다." 같은 작가는 이런 현상을 부계를 통해 전달되고 '모유와 함께 흡수되는' 바람직하지 않은 광기의 유전에 비유했다. 혈통이 모든 것을 말해준다. 민족은 혈통만큼 위대할 뿐이다. 미국의 운명은 대량의 토지 획득으로 결정되었고 국민의 핏속으로 스며들었다.[8]

이런 혈통에 대한 매료가 남북전쟁 전의 문학에 만연했다. 남부 사람들은 잡지 「미국 경마 명부와 스포츠 매거진American Turf Register and Sporting Magazine」에 나오는 것처럼 말 육종에 푹 빠져 있었다. 1834년 잡지에는 '미국종'(즉, '미국 순종')이 세계 어느 종에도 뒤지지 않는 최고의 혈통을 얻었다는 내용이 있다. 열광적인 독자들은 유명한 미국 말의 족보를 알고, 기다란 종마 목록을 공부했고, 한편으로 사육자들은 가짜 혈통 문제를 피하고자 '미국 혈통 대장'을 지속해서 만들고 발표했다.[9]

이런 점에서는 말과 사람이 다르지 않았다. 스코틀랜드 철학자 워커Alexander Walker는 인간이 '종족 개량'을 위한 번식을 해야 하는가를 둘러싼 존 애덤스와 토머스 제퍼슨 사이의 논쟁을 부활시켰다. 저서 『결혼Intermarriage』(1838)에서 워커는 말 육종에 적용되는 것과 동일한 자연법칙에 따른 배우자 선택 관행을 강력히 권장한다. 미국인의 건강 상태를 개선해야 한다고 주장하는 파울러Orson Squire Fowler 같은 사람들은 바람직한 자질을 가진 아이들의 출산을 권장했다. 파울러는 저서 『유전 혈통Hereditary Descent』에서 동물 육종가들이 따르는 황금률을 강조했다. 바로 족보에 유의하라는 것이었다. 이는 부의 정도나 성씨로 가늠할 일이 아니었다. 중요한 것은 장수한 선조들, 그리고 유전 질환이나 '나쁜 피'로 더럽혀지지 않은 건강한 체질이었다. 이런 조언용 글에서 주장하는 슬로건은 '위생적인' 결혼에까지 확장되었다. 건강한 피부, 좋은 이빨, 보기 좋고 활기 넘치는 몸을 지닌 성적 파트너를 고르라는 것이었다. '나쁜 태생'은 피해야 하는데, 그런 사람은 '가난하고 허약한 후손'밖에 낳지 못하기 때문이다. 나쁜 피의 주입으로 미국의 미래가 틀어질 수 있을까? 자칭 재치깨나 있다는 어떤 작가는 이렇게 말한다. "우리, 즉 그들의 고결한 아들만이 고결한 아비를 능가할 수 있다고 우리는 진심으로 믿는다. 우리는 얼마나 많은 존경심을 가지고 부모의 가계를 반추해야 하는가! 우리는 얼마나 많은 자부심을 가지고 혈통을 이야기해야 하는가! 우리는 얼마나 크나큰 경계심을 가지고 그것의 오염을 막아야 하는가!"[10]

인종과 건강한 유전은 서로 긴밀히 연결된, 단일 주제에 속하는 것이었다. 1843년 앨라배마 외과 의사 노트Josiah Nott는 잡종으로서 (흑인과 백인 혼혈인) 물라토mulatto는 '말과 당나귀 사이의 잡종인 노새처럼, 별개인 두 종이 결합하여 탄생한 후손'이라고 선언했다. 물라토는 '흠결 있는 종' '선천적으로 자멸을 초래할 불운한 운명인, 퇴화 중인 비정상적인 자손'이었다. 그들이 불운한 이유는 노새처럼 불임이 되기 쉽기 때문이었다(물론 터무니없는 주장이다). 노트는 물라토를 폐병 환자 부모에 비교하면서 물라토가 결함 있는 내부 장기를 물려받았다고 가정했다. 또한 앵글로-색슨과 흑인의 혼혈에 대한 자기 견해를 말하는 데서 그치지 않고, 해당 주제에서 영국의 대표적인 권위자로 통했던 로런스William Lawrence 경의 발언도 덧붙였다. "유럽인의 지적, 도덕적 특징이 흑인이나 인디언과의 혼혈로 나빠지고 있다."[11]

유전성 자살에 대한 비슷한 학설이 이미 미국 인디언들에게 적용되고 있었다. 1840년대가 되면, 문화적으로 동화된 원주민에 대한 제퍼슨의 온정주의적 접근은 대부분의 미국인에게서 지지를 받지 못하게 된다. 그보다 선명하고 교조적인 이데올로기가 확립되었는데, 속내를 들여다보면 더없이 오만하고 국수주의적인 색채를 띠고 있었다. 아메리카 원주민 부족들, 즉 생물학적으로 퇴화한 종족은 우월한 색슨인과 공존할 수 없다는 논리였다. 1844년 한 작가는 이런 생각을 차갑고 냉담한 어조로 표현했다. "그들은 한때 자신들이 살았던 숲에서 물러난 것처럼 도끼와 쟁기 앞에서도 물러날 것이다. 백인의 대기는 그들에게 독약이다. 그들은 우리와 더불어 존재할 수 없다." "인디언은 완전하고도 철저하게 멸종할 운명이었다." 이런 믿음은 새로운 것은 아니었다. 다만 과거보다 널리 받아들여졌을 뿐이다. 20년 전인 국무장관 시절 헨리 클레이도 개인적으로 같은 결론을 이야기한 적이 있었다.[12]

앵글로-색슨 판타지를 만들어낼 때 텍사스와 캘리포니아가 특히 부각되었다. 앤드루 잭슨 추종자이자 텍사스공화국 초대 대통령으로 선출된 휴스턴Sam Houston은 해당 지역 자유 투사들의 카리스마 넘치는 선동자였다. 휴스턴에 따르면, 백인 텍사스인은 '앵글로-색슨 기사도'의 화신이었다. 사실 텍사스 독립을 이끈 진정한 힘은 필리버스터filibuster, 즉 토지 욕심에 눈이 멀어 움직이는 젊은이들로 구성된 사병에게서 나왔다. 그러나 휴스턴은 멕시코에 대한 텍사스의 승리를 인종이라는 관점에서 보았다. 모든 텍사스 사람은 '조상에게서 신념과 피의 동질성을 물려받았고' '우월한 지성과 불굴의 용기'로 전진했다. 휴스턴을 포함한 많은 이들에게 텍사스 독립은 그야말로 신기원을 여는 획기적인 사건이었다. 이는 구세계에서 신세계로 왕좌가 이동하고, 앵글로-색슨 인종이 가장 순수한 형태로 꽃을 피우는 것을 상징했다.[13]

사실 독립한 텍사스가 백인이라는 인종적 자부심을 간판으로 내세우기에 휴스턴이라는 인물은 어딘지 맞지 않는 이상한 선택이었다. 텍사스 공화국 대통령이 되기 전인 1829년과 1833년 사이 휴스턴은 두 명의 인디언 아내를 두고 체로키족과 함께 살았고, 머리끝부터 발끝까지 인디언 복장을 하고 앉아 초상화를 그렸다. 휴스턴의 후임은 텍사스의 인디언들을 청소하는 데 거리낌이 없었다. 텍사스 공화국의 제2대 대통령은 미사여구 가득한 시를 쓰기로 유명한 라마Mirabeau Buonaparte Lamar였다. 1839년 라마는 체로키족과 코만치족을 상대로 자칭 '몰살 전쟁'이라고 부르는 것을 수행했다. 텍사스 공화국 헌법은 아프리카계나 인디언계 혈통에게 시민권을 부여하는 것을 명시적으로 부인했다. 텍사스 의회는 1837년에 다른 인종 간의 결혼을 반대하는 잡혼 반대법을 최초로 통과시켰다. 이는 유럽 혈통을 가진 사람과 아프리카계 선조를 가진 사람들 사이에 결혼을 금지하는, 남부 여러 주에서 시행 중이던 법들과 유사했다.[14]

텍사스가 '최초'라고 주장할 수 있는 미심쩍은 제안이 또 하나 있다. 1849년 의사 린스컴Gideon Lincecum은 '우량 종축[좋은 가축을 얻을 목적으로 번식에 사용되는 가축]' 확보를 바라는 텍사스 의회 앞으로 제안서를 하나 제출했다. 린스컴이 제시하는 해법은 수소에게 하듯이 범죄자들을 거세함으로써 열등한 사람들이 후손을 낳지 못하도록 하자는, 글자 그대로 혈통을 잘라버리자는 것이었다. 이는 '콩 심은 데 콩 나고 팥 심은 데 팥 난다'는 동물 육종의 기본 원칙이었고, 퇴화한 동물 종과 인간이 다르지 않다는 논리이기도 했다. 린스컴은 자기주장의 정당성을 증명하기 위해 친숙한 서민적인 비유를 동원했다. "암말, 수말 모두 빠른데, 망아지가 느림보인 경우는 좀처럼 없다." 린스컴의 제안은 의회에서 받아들여지지 않았다. 그러나 시대를 너무 앞서간 것이 문제였을 뿐이다. 훗날 우생학 정책들은 미국의 인간 종축에서 나쁜 종자를 걸러내자는 린스컴의 청사진을 토대로 수립되었다.[15]

그러나 제퍼슨과 애덤스가 수십 년 전에 결론을 내렸듯이 인간은 짝을 선택할 때 결코 그렇게 신중하지 않았다. 따라서 텍사스에서 다른 인종의 결합은 꽤 흔한 일이었다. 멕시코 정부는 (텍사스) 독립 이전에 도착한 미국 정착민에게 테하노Tejano라고 불리던 현지인 여인들과의 결혼을 장려했다. 테하노 여인과 결혼한 남자에게는 추가 토지를 덤으로 주었다. 이런 이유로 백인 남자가 인디언과 테하노 여자를 첩으로 맞는 일이 다반사였고, 이들 사이에 태어난 혼혈 인종 아이들이 나중에는 미합중국의 하나의 주가 되는 텍사스 공화국 주민이 되었다. 멕시코 사람들은 인종에 따른 서열, 즉 카스트제도를 지지했지만 인종 간의 결합은 낯설게 생각하지 않았다. 서열의 꼭대기에는 옛 에스파냐 가문의 후손들, 즉 자신들의 혈관 속에 순수한 카스티야인의 피가 흐른다고 주장하는 사람들이 있었다. 다음은 크리오요criollo, 즉 에스파냐 혈통을 물려받은 현지 출생자로 최고 8분의 1 정도의 인디언 피가 섞여 있었다. 그 아래 계급은 (에스파냐 사람과 인디언의 혼혈 출신인) 메스티소mestizo, 인디언, 흑인들로 구성되어 있었다. 멕시코 사회는 집안이 좋은 여자와 결혼한 미국인 남자를 환대했다. 결과적으로 1836년 이후 텍사스 사람들은 고귀한 카스티야인과 인종이 뒤섞인 열등한 계급을 나누는, 멕시코 사람들의 구별을 그대로 유지하고 있었다.[16]

공화국에서 미국의 주로 편입되는 합병 무렵, 앵글로-텍사스인들은 짙은 피부의 하층계급 테하노들을 원주민 사이에 진행되는 퇴화의 상징이라면서 일상적으로 조롱하고 비웃었다. 여기서도 역시 다들 쓰는 언어가 혈통의 퇴화를 부각시키고 강조했다. 점점 미국인들은 멕시코인을 흑인, 인디언과 한데 묶어 '멍그럴mongrel', 즉 '잡종'이라고 부르면서 일상적으로 경멸하고 무시했다. '멍그럴'은 '혼혈' 또는 '물라토', 즉 '오염된' 혈통을 지닌 사람들을 가리키는 또 다른 단어일 뿐이었다. 1844년 펜실베이니아 상원 의원이자 훗날 대통령이 되는 뷰캐넌James Buchanan은 어떤 앵글로-색슨인도 자신보다 열등한 사람들의 정치적 지배 아래 있어서는 안 된다고 주장하면서 '게으름뱅이에 바보천치 같은 멕시코인'이라는 거친 표현을 썼다. 뉴햄프셔 출신으로 뷰캐넌의 동료이면서 과거 재무장관을 지내기도 했던 우드버리Levy Woodbury는 텍사스 혁명을 인종 해방 전쟁으로까지 격상시켰다. "그동안 색슨인의 혈통이 모욕을 당하고, 무어인, 인디언, 멍그럴의 노예 생활을 했다." 이런 자극적인 수사는 정치인들이 늘어놓는 장황한 연설보다 훨씬 호소력이 있었다. 한 텍사스 여자는 어머니에게 보낸 편지에서 확신에 차서 다음과 같이 말했다. "이쪽 인종이 상대 인종을 제압해야 한다는 거부하기 힘든 필요성을 느낍니다", 그리고 "우월한 인종에 속하는 이들은 자신을 운명의 지배자로 간주하는 법을 어렵지 않게 배울 수 있습니다".[17]

텍사스 합병 지지자들은 (대륙 전역에서) 안전한 앵글로-색슨 사회를 보존해야 하는 필요성이 시급하다며 상황을 극적으로 과장했다. 앵글로-텍사스는 모든 미국인을 '반*미개인 무리'로부터 지켜줄 것이다. 이들 반미개인 무리의 '유해한 혈통과 피부색의 혼합물'이 멕시코에 있는 혼혈들의 혈관 속을 흐르고 있다. 이는 미시시피 상원 의원 워커Robert J. Walker가 의회에서 공공연하게 주장하고, 1844년 저서 『텍사스 합병에 관한 서한Letter on the Annexation of Texas』에서 한층 역설했던 내용이다. 해당 저서는 동시대인의 사랑을 받았고 그만큼 강력한 영향력을 발휘했다. 메마른 껍질처럼 볼품없는 사람, 키는 겨우 150센티미터가 될까 말까 하고, 몸무게는 45킬로그램 정도에 불과한 빈약한 모습이지만, 워커는 수도 워싱턴에서 가장 영향력 있는 민주당 정치인이 되었다. 지금은 터무니없는 이야기다 싶을지 모르지만, 워커는 텍사스가 자유민인 흑인, 물라토, 기타 아프리카계 '멍그럴'들을 미국에서 마법처럼 사라지게 할 것이라고 선언했다. 노예제도의 위험한 찌꺼기들을 빨대로 빨아들이듯이 남아메리카로 이동시키는 방식으로. 사실 이는 이미 익숙한 인종차별주의 이론이었다. 벤저민 러시가 1798년에 내놓은 이주 모델이 바로 이것이었다. 당시 러시는 펜실베이니아가 취약한 무단토지점유자들을 게으른 크래커들이 득실대는 남부로 보냄으로써 그들을 걸러내는 역할을 할 것이라고 주장했다. 차이가 있다면 워커가 본인 주장의 정당성을 뒷받침하려고 사이비 과학 냄새가 폴폴 나는 증거 하나를 보탰다는 것뿐이다. 북부 여러 주에 있는 흑인 자유민 가운데 많은 수가 정신이상으로 고통받고 있다는 내용이었다. 정치적 의도로 인해 왜곡된 통계자료의 또 다른 사례가 아닐 수 없었다. 남부 출신 상원 의원 워커가 (과거 앨라배마 조사이어 노트가 그랬듯이) 고의로 북부 정신병원에 수용된 흑인 입원 환자에 대한 인구조사 자료를 오용했기 때문이다. 워커의 요지는 북부의 흑인 자유민들은 선천적으로 정신과 육체가 약해서 자유를 누리기에는 부적당하며, 그런 점에서 자유를 갈구할 필요가 없이 만족스러운 생활을 하는 건강한 남부 노예들과 대조를 이룬다는 것이었다(물론, 남부 노예들이 만족스러운 생활을 한다는 것은 어디까지나 추정일 뿐이지만).[18]

이처럼 가혹한 표현은 양면성을 지니고 있었다. 텍사스는 미국의 혈통을 강화하기 위해 구출되어야 하지만 너무 많은 멕시코 사람을 확장된 연방에 들이면 미국의 인종적 혈통을 해칠 수도 있었다. 조지아주 의원이자 훗날 남부연합 부통령이 되는 스티븐스Alexander Hamilton Stephens는 절대 다수의 텍사스인은 '우량종' 출신, 즉 제대로 된 부류의 사람들이며, 다른 미국인과 섞여 자손을 낳을 가치가 있다고 주장했다. 스티븐스는 자기주장의 정당성을 입증하기 위해 창세기에 나오는 친숙한 결혼 관련 비유를 활용했다. "아메리코-앵글로-색슨Americo-Anglo-Saxon 인종의 후손인 텍사스 사람들은 우리에게서 나왔고 우리로 이루어졌으니, 우리 뼈 중의 뼈요, 살 중의 살이라." 한편으로 멕시코-미국 전쟁에 반대하는 이들 역시 인종을 강조하는 똑같은 표현을 미국에 합병되는 영토의 양을 제한해보려는 노력의 일환으로 활용했다.[19]

일방적이었던 전쟁에서 결혼은 미국의 제국주의 무기고에서 점점 중요한 무기가 되리라고 여겨졌다. 양키 병사들이 점령한 영토에 정착해 '미모의 세뇨리타'와 결혼해 새로운 형태의 '병합'을 달성할 것으로 기대했다. 캘리포니아에서는 실제로 그렇게 되었다. 놀라운 이력을 자랑하는, 테네시 출신의 젊은 장교이자 포크 대통령의 가까운 친구이기도 한, 쿠츠^{Cave Johnson Couts}의 사례가 대표적이다. 쿠츠는 부유한 멕시코 목장주의 딸과 결혼해 처남에게서 넓은 땅을 받고, 으리으리한 저택을 짓고, 아이를 열이나 낳았다. 1860년대가 되면 쿠츠는 2만 3,000에이커의 땅을 소유한, 주의 신흥 지배 세력 중 하나로 우뚝 섰다.[20]

캘리포니아의 초기 역사는 텍사스의 그것만큼이나 암울했다. 텍사스와 캘리포니아 모두 광대한 영토에 도망친 빚쟁이, 추방된 범죄자, 흉포한 도박꾼, 앞만 보고 내달리는 모험가들로 넘쳐났다. 이들은 서부 외곽의 어수선하고 무질서한 분위기를 틈타 번성했다. 캘리포니아 골드러시^{gold rush}는 반백의 황금광뿐만 아니라 매춘부, 여자의 재산을 노리고 결혼하려는 남자, 흠결 있는 토지 소유권을 파는 사기꾼까지 다양한 군상을 끌어들였다. 미국인의 문학적 상상력을 사로잡은 텍사스와 캘리포니아 살인자 캐릭터 중에는 '멕시코인과 백인 사이 혼혈'이 있었다. 그는 '멍그럴 댄디즘', 요란한 보석, 화려한 복장으로 유명했다.[21]

어떤 의미에서 캘리포니아는 이전의 영국 식민지 패턴으로 돌아갔다. 캘리포니아가 비록 (남북전쟁 전에 노예제도를 인정하지 않았던) 자유주의 하나로서 연방에 들어왔지만 주의회는 머지않아 원주민을 연한계약하인으로 부리는 것을 허가하는 복잡하고도 미묘한 일련의 법들을 통과시켰다. 1850년에서 1854년 사이 거의 2만 명의 인디언 성인 남녀와 어린이가 계약으로 묶인 하인 신세로 착취를 당했다. 이는 존 스미스 시대 제임스타운 상황의 반복이었고, 불균형한 남녀 성비까지도 마찬가지였다. 동부의 대중적인 신문들은 백인 여자들에게 서부로 가라고 호소했다. 일부 진지한 호소도 있었지만 아이를 낳아줄 '우량 종축'을 찾는 캘리포니아 사람들의 절박한 호소를 풍자하는 것도 많았다. 1850년 프랑스 신문에 실린 풍자만화에서는 여느 상품처럼 나무 상자에 담겨 포장된 여자들의 모습을 담았다. 여성에 굶주린 '캘리포니아Californie'로 수출될 준비를 마친 채로. 「유나이티드 스테이츠 매거진 앤드 데모크래틱 리뷰United States Magazine and Democratic Review」는 미래의 아내들이 필요한 만큼 모두 캘리포니아로 실려 온다면, 노처녀 보호시설이 미국에서 완전히 사라질 것으로 예측했다.[22]

일확천금을 꿈꾸며 골드러시에 합류하는 사람들이 백인 미국인만은 아니었다. 오스트레일리아, 칠레, 하와이, 프랑스 등등 멀리 떨어진 지역에서 모험가들이 몰려왔다. 1852년부터는 다수의 중국인이 도착하기 시작했다. 샌프란시스코는 금세 북아메리카 전체에서 가장 국제적인 도시가 되었다. 노스캐롤라이나 사람 힌턴 로언 헬퍼는 캘리포니아에서 인종 '동물원'(그리고 백인의 완전한 퇴화) 같은 풍경을 목도하고 이를 글로 남겼다(당시 학식깨나 있다는 여행자들 중에는 헬퍼처럼 여행 중에 받은 인상을 글로 남긴 사람이 많았다). 캘리포니아 여행담을 기록한 『황금의 땅Land of Gold』(1855)은 백인 빈민층을 둘러싼, 훨씬 논란의 여지가 많은 논쟁을 다룬 『남부의 절박한 위기』(1857) 집필에 토대가 된 저서이기도 하다.[23]

키가 크고 몸이 유난히 마른 헬퍼는 잡다한 해외 이주자 중에서 분명 눈에 띄었을 것이다. 그는 캘리포니아에서 꼬박 3년을 보냈고 그곳에 대한 미움을 안고 떠났다. 헬퍼는 그곳에서 만난 거의 모든 사람에게 좋지 않은 감정이 있었고, 따라서 여행담은 온갖 가혹한 말들로 채워질 수밖에 없었다. 그런 헬퍼가 인정하지 않을 수 없는 것이 하나 있었으니, 그것은 바로 수입된 대부분 여성이 무법천지인 샌프란시스코라는 도시에서 생존하려면 매춘 이외에 선택의 여지가 없었다는 점이다.[24]

헬퍼에게 금광에서 채굴 작업을 하는 인디언들은 '육식동물'처럼 생활하며, '검둥이'나 '개'보다도 훨씬 못한 '불결하고 끔찍한' 사람들이었다. 골든 스테이트$^{Golden\ State}$[캘리포니아주의 속칭]에서 백인 남자는 마치 다람쥐 처치하듯 쉽게 인디언들을 죽였다. 헬퍼가 노스캐롤라이나로 돌아오는 길에 마주친 니카라과 사람들은 '허약하고' 워낙 '왜소해서' 켄터키 사람 한 명이 이들 '열대의 잡종' 네다섯 명에 맞먹을 정도였다. 헬퍼는 또한 과거 로버트 워커의 인종차별적인 이주 이론을 되풀이했다. 흑인들이 점점 적도 가까이 이동하여 언젠가는 남아메리카 나라들이라는 용기에 (쓰레기처럼) 담길 것이라고 주장했다.[25]

헬퍼는 기회 있을 때마다 동물 비유를 활용해 캘리포니아 사람들에 대한 불만을 토로했다. 표범, 사자, 호랑이, 곰이 막 죽임을 당한 사슴의 사체 위를 맴도는 이유가 각기 다른 것처럼 금광을 중심으로 몰려든 미국인, 영국인, 프랑스인, 중국인, 인디언, 흑인, '잡종들'도 마찬가지라고 주장했다. 중국인은 뻔뻔하게도 자신이 앵글로-색슨보다 우월하다고 생각해서 타인의 경멸을 유발했다. 이들 '반미개인들'은 남부 흑인과 같은 운명이다. '태평양의 구리'와 '대서양의 흑단'[중국인과 흑인의 피부 색깔을 빗댄 표현] 모두 영원히 노예가 될 운명이었다.[26]

헬퍼는 인종 순수성 이론의 열렬한 지지자였을 뿐만 아니라 자신을 상당한 수준에 이른 사회인류학자라고도 생각했다. 헬퍼는 캘리포니아 금광 열풍을, 면화를 재배하는 남부의 단일 작물 경제에 비유했다.

캘리포니아 연구에서 나온 결론이 남부 사회를 다룬 1857년 평론에 재등장했다. 상류층을 구성하는 칼리포르니오^{Californio, 에스파냐계 주민} 설명에서 헬퍼는 남부 귀족층을 구성하는 잔인하고 자기만족에 빠진 대농장주의 서부 버전을 발견했다고 말했다. 잔인한 투우 쇼에 대한 에스파냐 사람들의 탐닉을 보며 헬퍼는 남부 대농장주의 채찍질과 비슷하다는 인상을 받았다. 야만적인 투우사는 노예와 백인 빈민들 위에 군림하는 '위풍당당한 기사' 대농장주와 비슷했다. 1857년이 되면 가난한 백인 쓰레기는 냉담한 대농장주에 의해 '고의로 그리고 극도로 고착된' '문맹과 쇠퇴' 상태에서 희망 없이 뒹굴고 있었다. 투우장에서 죽어 나동그라진 황소를 연상시키는 패배한 존재의 특성을 두루 띠고 있었다.[27]

헬퍼가 캘리포니아 광부들에 대한 자신의 견해를 남부 빈민에 관한 것으로 바꾸기는 어렵지 않았다. 헬퍼가 보기에 금을 캐러 다니는 광부들은 무단토지점유자의 최신 버전이었다. 그들은 지저분한 텐트에 살면서 장발의 머리카락에 듬성듬성한 수염도 기르고 있었다. (금을 좇아) 캘리포니아로 우르르 몰려든 백인 남자의 대다수는 '가난에 시달리며 이리저리 이용당하는 봉'이 되었다. 이런 점에서 그들은 남부의 백인 빈민층과 차이가 없었고, '너무나 야비하게 사기를 당하고, 너무나 교활하게 편취를 당하고, 그만큼 지독하게 분노했다'. 헬퍼가 보기에 단일한 부의 원천에 의존하는 경제는 극단적인 계급 상황을 초래한다. 캘리포니아의 광업 열풍은 남부의 면화 재배와 노예제도에 대한 의존만큼이나 잘못되어 있었다. 말하자면 양쪽 모두 잘못된 신을 숭배하고 있었다는 것이다.[28]

『황금의 땅』에서 헬퍼는 노예제도를 옹호했다. 그러나 2년이 채 지나지 않아 발간한 『남부의 절박한 위기』(1857)에서는 노예제 폐지를 주장했다. 구체적인 방식은 링컨을 비롯해 '리버럴liberal' 정치인으로 알려진 많은 이들이 선호한 것과 같았다. 노예해방 이후 (중앙아메리카에 흑인들을 위한 별도의) 식민지를 건설하자는 것이었다. 이에 따르면 해방 노예는 미국에서 추방될 수밖에 없을 것이다. (노예를 동원한 노동을 금지하는) 자유토지당(1848년)과 후신인 공화당의 출현(1854년)은 노예제도에 반대하는 처지에서 혈통, 부자연스러운 뒤섞임, 퇴화한 종들에 대한 우려가 없어졌다는 의미가 아니었다. 최초의 공화당 출신 대통령 후보는 남부에서 태어나고 자란 프리몬트John Frémont로, 로키산맥 횡단으로 이름을 알린 사람이었다. 헬퍼처럼 프리몬트도 백인종을 보호해야 한다는 차원에서 노예제도 폐지로 마음을 바꿨다.[29]

[노예노동이 금지되는 땅을 가리키는] 자유토지Free Soil라는 표현은 자유민은 노예와 공존할 수 없다는 생각을 부추겼다. 앵글로-색슨인이 인디언과 함께 살 수 없는 것처럼. 노예제도는 나라에서 백인 '인구를 격감시킴으로써' 죽음과 쇠퇴를 가져오고, 계급과 인구 구성을 둘러싼 전쟁을 부추기는 위험한 전염병 같은 것이었다. 어느 예리한 수필가가 1843년에 이미 지적한 것처럼, 남부의 백인 빈민층은 헬퍼가 노예를 소유한 '육지의 협잡꾼'이라고 부르는 사람들에게 밀려 마치 난민처럼 자기 집에서 쫓겨나고 추방되었다. 그들에게서 토지를 박탈하고 그들 자손의 정당한 유산을 빼앗아가는 것은 부당했다. '초췌한 얼굴'에 '수척한 모습'으로 서부로 향하는 남부의 가난한 가구들은 일찍이 본 적이 없을 만큼 상황이 열악한 신종 빈민 계급을 대표했다. 1843년 수

필가는 '남부의 자식을 추방'함으로써 노예소유주는 '남부에서 노예를 소유하지 않은 전체 인구의 사활이 걸린 문제에 맞서 싸우고 있었다'고 결론을 내렸다.[30]

자유토지당 지지자들은 노예제도 폐지와 관련하여 세 가지 가능한 시나리오를 생각했다. 첫째, 서부가 오염되지 않은 채로 남아 있으려면 노예제도가 모든 새로운 영토에서 발을 붙이지 못하게 해야 했다. 둘째, 서부 영토와 주들로 퍼지는 것을 막으면, 노예제도가 구남부 지역에서 서서히 고사할 것이라는 주장이 일부에게는 그럴싸하게 들렸다. 셋째, 노예제도를 종식하려면, 노예들을 아프리카, 카리브해 섬들, 남아메리카 등지의 어딘가로 내보내 재식민화하는 과정이 필요할 것이다(앞서 살펴본 헬퍼의 주장이 대표적이다).

자유토지라는 기치가 1846년 국가 정치의 중심으로 이동했다. 그해 펜실베이니아 민주당원 데이비드 윌멋David Wilmot은 멕시코 전쟁으로 획득한 모든 영토가 자유토지로 남아 있어야 한다, 즉 그곳에서 노예제가 금지되어야 한다는 내용을 명문화하는 결의안을 하원에 제출했다. 구체적인 표현을 보면 노스웨스트테리토리에서 노예제를 금지하자는 제퍼슨의 1784년 법안 초안 내용을 그대로 채용하고 있었다. 이는 홈스테드법homestead bill과 연결되어 있었는데, 정부에서 모든 남자에게 무상으로 160에이커의 자작 농지, 즉 홈스테드homestead를 준다는 내용이었다. (당연히 모든 백인의 자유를 의미하는) 자유는 토지 소유와 토지에서 나오는 산물로 생계를 유지하는 능력을 통해서만 보장된다. 무단토지점유자들에게 (자신이 분명하게 경계를 표시하고 경작한 토지를 우선하여 구매할 수 있는) 선매권을 부여했던 과거 토지 정책과 달리 새로운 방식에서는 무단토지점유자를 권리를 가진 자유민으로 탈바꿈시켰다. 토지를 받고 이주한 정착민, 즉 홈스테더^{homesteader}가 된다는 것은, 양도할 수 없는 '생득권'으로서 영토 내의 모든 공유지를 집단적으로 소유하고 있는 미국인의 일원이 된다는 의미였다. 그러나 안타깝게도 남부 출신 의원들의 반대에 막혀서 '양도할 수 없는 홈스테드' 불하는 한참 뒤인 1862년에야 법제화되었다.[31]

자유토지 정책은 남부 대농장주가 노예제도를 퍼뜨리면서 자유민에게 피해를 주고 있다는 주장을 부각하는 데 도움이 되었다. 켄터키주 하원 의원을 역임했던 하딘$^{Benjamin Hardin}$은 1841년 노예제도 때문에 켄터키주에서 초기 개척자 자손들의 수가 격감하고 있다고 주장했는데, 계급 전쟁이라는 주제를 제대로 포착한 발언이었다. 하딘은 과거 개척자 겸 무단토지점유자의 가장 좋은 상징인, 대니얼 분$^{Daniel Boone}$을 상기시키면서 그런 위대한 인물이 자신의 후손이 '추방과 빈곤으로 내몰릴' 것이라고는 결코 상상조차 못했을 것이라고 주장했다. 켄터키 전역에서 자랑스러운 자유민의 집들이 대규모 농장과 목장으로 바뀌고 있었다. '한때 자유민으로 태어난 아이들이 뛰놀던 풀밭' 위에 지금은 '볼품없는' 가축과 노예들이 있었다. 노예 사용을 허용하지 않는 자유토지는 무단토지점유자와 땅 투기꾼 사이의 싸움을 부활시켰다. 그리고 무단토지점유자들을, 노예를 소유한 소수 지배자들에 당당하게 맞서는 '토지 소유 민주주의'를 외치는 정직한 자유민으로 변모시켰다.[32]

이번에도 역시 자유토지 약속은 그 목적이 바로 백인 남자를 구하겠다는 것이었다. 1856년 공화당 대통령 후보로 나선 프리몬트는 성실한 자유민의 위기 해결을 핵심 공약으로 삼았다. 프리몬트는 노예소유자 유입을 막음으로써 북부의 백인 노동자가 사실상 서부의 노예 같은 신세가 되는 것을 금지하고자 했다. 프리몬트는 남부의 노예를 소유하지 않은 사람들에게 일종의 해방, 1776년 독립선언 이후에도 그들에게는 부정되었던 진정한 독립 약속을 제공했다. 그런데도 자유토지주의는 백인 쓰레기가 정말로 구원받을 수 있을지에 여러 의문을 제기했다. 매사추세츠주의 어느 연설가는 이를 간단하게 다음과 같이 표현했다. "나는 자유토지에서 태어나고 자란, 자유민이고, 자유민의 아들이다." 반면에 가난한 남부 백인은 노예주에서 태어나 자유롭지 않은 땅에서 자랐고, 나날이 늘어가는 해설자들에 따르면, 점점 퇴화하는 가계로 고통을 받고 있었다. 그들은 자유민처럼 행동하지 않았다. 헬퍼가 보기에, 무지하고 순종적이다 보니 러시아 농노보다 못한 상황이 되었다. 선거 때가 되면 예의 순종적인 태도로 '노예주의자'들에게 표를 주어 당선시키는 일을 되풀이했기 때문이다.[33]

새로 등장한 공화당원들은 예전 워싱턴과 제퍼슨의 비판을 부활시켰다. 남부의 농업이 토양을 고갈시키고 땅을 황무지로 만든다는 것이었다. 헬퍼는 북부가 남부보다 높은 생산성을 보인다는 도표를 제시했다. 웨스턴George Weston의 『남부의 가난한 백인The Poor Whites of the South』은 동시대 사람들에게 널리 영향을 미친 소책자였다. 여기서 웨스턴은 남부 출신 유명인들의 발언을 인용해 남부가 경제적으로 낙후될 수밖에 없는 운명이라고 주장했다.[34]

가난한 백인이 흔히 (모래투성이거나 관목이 무성하거나 그도 아니면 습지 같은) 최악의 토지를 떠맡기 때문에 저주받았다는 사실은 모두가 알고 있었다. 그들이 19세기 중반 '모래 언덕 주민'이라는 의미의 '샌드힐러

^{sandhiller}'나 '무성한 소나무'라는 의미의 '파이니^{piney}' 등으로 알려진 이유가 여기에 있었다. 변방으로 내몰리고 자기 소유가 아닌 토지를 무단으로 점유하는 경우가 많은 그들은 흔히 지력이 쇠해가는 토양과 동일시되었다. 어떤 사람의 표현에 따르면, '굳은 상처'가 있는 가난한 백인은 '그들이 생계를 의지하고 있는 돌투성이에 관목이 무성한 토지와 다르지 않았다'. 헬퍼는 뷔퐁 백작을 상기시키면서 '퇴화하는 주민'은 '볼품없고 왜소한' 인간과 동물을 생산한다고 주장했다. 1854년 소로^{Henry David Thoreau}는 같은 주제를 더없이 암울한 문학적 상상력을 동원하여 표현했다. 소로는 글에서 노예제도가 유지되는 남부는 썩어가는 시체이며, 기껏해야 서부 식민지 개척에 '거름을 주는' 용도로 쓰일 뿐이라고 말했다. 계속해서 그는 가난한 백인을 인간 폐기물과 동일시하면서 영토의 거름 역할이 유일한 존재 이유인 사람들로 묘사했다.³⁵

소설 『드레드: 거대한 디즈멀 습지 이야기』에서 해리엇 비처 스토도 못지않게 냉혹했다. 그녀가 그리는 대농장주는 가난한 백인 '종족 전체' '이런 부류의 피조물'을 무시했다. 책에 나오는 한 인물은 애석해하며 다음과 같이 선언했다. "쥐를 박멸하듯이, 그들을 쫓아가서 제거하는 사냥대회가 열려야 한다." 저자 스토는 백인 쓰레기 여성과 그녀의 아이들을 숲속에 숨어 지내는 부상당한 동물들로 묘사했다.

지지분한 짚더미 위에 비참할 정도로 초췌한 여자가 웅크리고 앉아 있다. 커다랗고 퀭한 눈동자, 움푹 들어간 볼, 부스스하게 헝클어진 머리칼, 새의 발톱처럼 여윈 기다란 손. 피골이 상접한 가슴에는 수척한 모습의 영아가 매달려 뼈만 앙상한 작은 손으로 누르고 있다. 자연이 더 이상

주지 않는 먹이를 강제로 짜내기라도 하려는 양. 또한 굶주려서 수척하고 쇠약한 모습에 잔뜩 겁을 집어먹은 것처럼 보이는 두 아이가 그녀의 옷을 잡고 매달려 있다. 가족 전체가 그렇게 서로 엉겨 붙은 채로, 새로 등장한 낯선 사람에게서 가능한 멀리 떨어져 있었다. 사냥꾼에게 쫓기는 야생동물마냥 겁에 질린 커다란 눈동자로 이방인을 올려다보면서.[36]

스토의 요점은 남부의 가난한 백인은 이미 추방당한 사람들이나 다름없으며 유일한 희망은 다른 사람들이 끌어 올려주는 것이었다. 과연 그런 일이 일어날까? 스토의 소설에 등장하는 남부 대농장주가 뱉는 경멸의 말들은 그녀가 창작한 표현이 아니었다. 많은 대농장주가 이런저런 범죄행위 때문에 가난한 백인을 혐오했다. 특히 문제가 된 것은 훔친 물건을 몰래 판매하는 과정에서 노예들과 함께하는 역할이었다. 1850년대에 백인 빈민 인구가 크게 늘자 찰스턴 지역 대배심에서는 워낙 '타락해서' 흑인들과 술을 사고파는 정도에 이른 가난한 백인의 참정권을 박탈해야 한다고 권고했다.[37]

대농장주가 좌지우지하는 법원에서는 특정 자유민의 참정권을 박탈할 수도 있었다. 1840년대와 1850년대에 노스캐롤라이나, 사우스캐롤라이나, 루이지애나, 버지니아는 재산 요건을 둠으로써 가난한 백인의 공직 출마와 취임을 제한했다. 사회적 배척social ostracism은 훨씬 막강한 낙인이자 오명이었다. 대농장주가 백인 빈민이 주인의 집으로 들어올 때는 뒷문을 쓰도록 한 것이 대표적인 사례다. 가난한 백인이 음식 같은 생필품을 구걸하러 오면, 노예들은 그들을 '길 잃은 염소'라고 부르며 경멸했다. 남부의 개혁론자들도 험한 말을 하기는 마찬가지였다.

1851년 사우스캐롤라이나 보호시설 연설에서 산업화 지지자이자 방적공장 소유주인 그레그[William Gregg]는 '우리의 가난한 백인은……발전면에서 숲속에 사는 인디언과 근소한 차이밖에 없는 생활을 하며 고통을 받고 있다'고 말하면서 진화론적인 관점을 부각시켰다. 그레그는 자신이 운영하는 공장의 노동자로 전적으로 백인 빈민층만을 고용했다. (여전히 미천하지만) 그들의 수준을 좀 더 문명화된 상태로 끌어올릴 수 있기를 바라면서 안정적인 일자리를 제공하고 학교에 다닐 수 있게 했다.[38]

백인 쓰레기 무단토지점유자들 가운데 자유토지나 자영 농지를 확보할 수 있는 사람은 거의 없었다. 대신에 그들은 쓰레기더미를 뒤지는 청소부, 부랑자, 도둑처럼 살았다. 적어도 부유한 남부 사람들이 남긴 기록에 따르면 그랬다. 그러나 속사정은 그보다 복잡하다. 그들 중에 다수가 소작농과 날품팔이로 노예들과 함께 일했다. 수확기에는 빈민 남녀가 쥐꼬리만 한 임금을 받으면서 밤낮을 가리지 않고 일을 했다. 볼티모어와 뉴올리언스 같은 도시에서는 저임금 백인 노동자들이 (철로 깔기, 도로포장, 마차 몰기, 배수로 건설 같은) 저렴한 임금으로 가장 힘든 작업들을 수행했다.[39]

1850년대가 되면 백인 빈민층은 고정 계급이 되었다. 노예를 소유하지 않은 사람들로서 그들은 자신을 '농장 없는 농부'라고 표현했다. 소규모 노예소유주는 대규모 농장주와 친인척 관계에 있는 경향이 있었다. 혈통과 친족 관계가 얼마나 중요한가를 다시 한 번 떠올리게 하는 대목이다. 노예소유주는 노예가 없는 사람들보다 유리한 위치를 점하게 해주는 특이한 금융 수단이 있었다. 노예가 대출에 필요한 담보와 신용을 제공하는 귀중한 공급원이 되었다. 따라서 이들은 일종의 투자로 노예 아이들을 키웠다.

그대로 있든 서부로 가든 백인 빈민은 열악한 토지를 점유했다. 거의 절반은 대서양 연안의 남부를 떠나 텍사스, 아칸소, 미시시피를 비롯한 여러 지역으로 떠났지만 일정 비율은 원래 노예주에 계속 남아 있었다. 안전밸브 이론은 효과가 없었다.[40]

일부는 '남부의 백인 쓰레기'라는 꼬리표가 북부의 창작품일 뿐이라고 주장하지만 딱히 그렇지만은 않다. '가난한 백인 쓰레기po' white trash'에서 'po''는 노예들이 쓰는 어휘에서 나왔을지 모르지만, 이는 분명 (제퍼슨이 그랬듯이) 빈민을 '폐물rubbish'이라고 무시했던 남부 엘리트들 사이에 반향을 불러일으켰다. 해리엇 비처 스토와 대니얼 헌들리 사이에는 얼핏 공통점을 찾기 어려워 보이지만 둘 다 '좋은 혈통'을 강조하면서 계급 특성과 덕목이 유전된다고 본 점은 동일하다. 스토는 세대에서 세대로 전해지는 유전의 힘을 강조하기 위해서 사이비 과학적인 표현도 서슴지 않았다.[41]

앨라배마 사람 헌들리는 코네티컷 출신 스토만큼 유명했던 적은 없지만 그도 역시 전형적인 남부 사람은 아니었다. 헌들리는 1853년 하버드 대학교에서 법학 학위를 받은 다음 (남부 사람들의 관행을 따라) 버지니아에 있는 사촌과 결혼했다. 그리고 장인의 명으로 시카고로 가서 집안 부동산을 관리했다. 헌들리는 가난한 백인을 다룬 글을 쓰기 전에 1857년 공황을 목격했다. 당시 공황으로 시카고에는 실업자가 넘쳐났다. 1861년 링컨이 대통령으로 선출된 뒤에 헌들리는 앨라배마로

돌아갔고, (남부 주의) 분리 독립과 남부 생활 방식의 열렬한 지지자로 자신을 변모시켰다.[42]

헌들리는 진정한 남부 신사는 왕당파의 핏줄, 즉 평범한 앵글로-색슨인보다 우월한 왕실 혈통이라고 주장했다. 심지어 그는 제퍼슨을 그쪽 혼혈로 만들었다. 모계는 왕실의 피를 받은 왕당파이고, 부계는 건장한 앵글로-색슨 핏줄이라는 것이었다. 헌들리가 말하는 전형적인 남부 신사는 아라비아 말馬과 비슷했다. 180센티미터나 되는 키에, 강하고 탄탄하며, 시골 지역을 누비며 사냥하기에 적합한 말이다. 헌들리의 분류에 따르면, 백인의 계급은 내림차순으로 다음과 같이 구별되었다. 왕당파 신사가 맨 위에 있고, 앵글로-색슨인이 중간층과 요먼 계급을 채웠고, 헌들리가 '남부의 불량배' 혹은 '백인 쓰레기'라고 부르는 이들이 맨 아래 바닥을 차지한 채로 무기력하게 살고 있었다. 이들 최하층민은 혈통을 거슬러 올라가면 제임스타운의 죄수와 연한계약하인에 닿는다. 말하자면 그들은 가난한 부랑자, 즉 과거 런던 뒷골목 출신들의 더럽혀진 후손이었다.[43]

소설 『드레드: 거대한 디즈멀 습지 이야기』의 플롯을 보면, 스토는 자기 기준으로 가난한 남부 백인을 세 계급으로 나누고 있다. 헌들리가 말하는 남부의 불량배 같은 사악한 (그리고 비열한) 백인은 마음껏 부릴 노예가 있었으면 하고 생각하면서 정작 자신은 술을 잔뜩 마시고 인사불성이 되어 뒹구는 것이 일상인 방탕한 사람들이었다. 이들 사악한 사람들 밑에는 겁에 질린 쫓기는 짐승처럼 살면서 혐오의 대상이 되는 백인 쓰레기가 있었다. 그러나 스토의 책에서 가장 흥미로운 계급은 그녀가 말하는 혼혈이었다. 등장인물인 '미스 수'는 ('좋은 핏줄'인) 버지니아 페이턴 가문의 일원이었지만, 그녀의 가문은 부를 상실한 결과로 '퇴화'했다. 수는 경솔하게 존 크립스라는 가난한 백인과 결혼하지만 그녀의 혈통과 가계 덕분에 부부의 아이들은 구원을 받았다. 아이들은 '예뻤고' 얼굴에도 그녀가 물려준 생물학적 유산을 간직하고 있었으며, '미개한 백인 아이들이 보이는 태도나 잘못된 발음 같은 것은 전혀' 보이지 않았다. 수가 죽은 뒤에 아이들은 뉴잉글랜드 최고의 학교를 다니면서 한층 발전했다. 여러 여건이 유리하게 결합된 결과 아이들은 어머니의 우월한 계급적 혈통을 다시 주장할 수 있게 되었다.[44]

대중적인 묘사에서 가난한 백인 쓰레기는 특히 '중국인이나 인디언에 대한 설명에서나 볼 수 있을 법한' '괴상한' 습관을 가진 '특이한' 사람들이었다. 뉴햄프셔 어느 교사가 조지아의 클레이이터에 대해서 말한 것을 보면 그들의 아이들은 조로 상태였다. 심지어 열 살에 '얼굴이 바보처럼 둔한 모습이 되고, 수종에 걸려 보기 흉측해질 때도 많았다'. 주름이 많고 쪼글쪼글한 아이들 모습만큼 멸종되어 가는 종족을 극적으로 보여주는 것도 없으리라.[45]

평자들은 이들의 특이한 피부색을 반복적으로 강조했다. '송장처럼 누르스름한 흰색의 부자연스러운 안색', 혹은 헌들리가 말한 것처럼 '노란 양피지' 빛깔 피부색으로. '목화솜 같은 머리카락 혹은 아마빛깔 머리칼을 가진' 아이들이 있었는데, 건강해 보이지 않는 흰색은 알비노를 닮았다. '창백하고 핏기 없는 안색'의 가난한 백인, 흙을 먹는 소년들이 있었다. 그 머리카락은 주변에 지천으로 자라는, 토양을 황폐화시킨다는 목화솜 모양을 하고 있었다. 여자들은 이상적인 번식자라기보다는 '형편없는 모성의 표본'이었다. 그들은 자기 자식들조차 제대로 돌보지 않았다. 캔자스의 한 신문이 그들을 마뜩잖아하며 붙인 표현을 빌자면, '수지 빛깔 안색의 신사'는 유아에게 흙을 먹이는 일이 다반사였다. 17세기 이래 가난한 백인 쓰레기를 설명하는 단어들이 이렇게 분명하고 생생했던 적은 없었다.[46]

'콩 심은 데 콩 나고 팥 심은 데 팥 난다'는 이들 저주받은 초상에 아로새겨진 핵심 원리로서 계속해서 영향을 미치고 있었다. 사우스캐롤라이나 부유층 집안 출신인 일기 작가 체스넛Mary Boykin Chesnut은 19세기 중반 백인 빈민을 그린 가장 혐오감을 주는 초상 중의 하나를 내놓았다. 체스넛이 사는 동네에는 가난한 백인이 마녀라고 생각했던 트림린Milly Trimlin이라는 여자가 있었다. '미신을 믿는 이들 무리'는 무덤에서 트림린의 뼈를 성스러운 땅에서 파낸 다음 다른 곳에 흩어놓았다. 그것도 무려 세 번이나. 체스넛에 따르면, 동족에게 경멸을 당하고 적선을 받아 그럭저럭 살아나가던 트림린은 '샌드힐 태키Sandhill tacky 종족의 완벽한 표본'이었다(태키Tacky는 캐롤라이나 습지에 살았던 퇴화한 말 품종이다). 트림린은 외모 또한 영락없이 그렇게 보였다. '그녀의 피부는 누르스름한 빛깔에 가죽 같은 느낌이었고, 심지어 눈동자 흰자위 색깔이 무척이나 칙칙했다. 그녀는 살이 없이 땅딸막하고 다부진 체격에 험상궂은 표정을 짓고 투박하고 거친 손은 주먹을 꼭 쥐고' 있었다.[47]

그들의 끔찍한 빈곤에 진지한 관심을 갖고 염려하는 사람은 드물었고, 나아가 어떤 해결책을 제시하는 사람은 더더구나 드물었다. 인지 능력을 갖춘 존재라기보다 (동물) 표본처럼 간주되는 백인 쓰레기 샌드힐러와 클레이이터들은 비정상이자 기형으로, 사회개혁가들이 나서도 효과를 보기 힘들고 대를 이어 끈질기게 지속될 '악명 높은 종족'으로 부각되었다. 윌리엄 그레그 같은 남부 사람은 소수에 불과했다. 앞서도 말한 것처럼 그레그는 가난한 백인 쓰레기를 공장노동자로 채용해 교육하려고 했다. 노예제도 옹호자는 무급 노동 제도가 자연스럽고 필요하며, 알고 보면 자유민 노동보다 우월하다고 주장하게 되었다. 1845년 사우스캐롤라이나 주지사를 지낸 해먼드^{James Henry Hammond}는 노예제도가 모든 관계의 초석이며, 계급적 종속은 지극히 자연스러운 일이라고 주장했다. 해먼드는 '모든 사람은 평등하게 창조되었다'는 제퍼슨의 주장은 '터무니없이 불합리한' 개념이라는 뻔뻔한 주장까지 서슴지 않았다. 비슷한 시기 일단의 영향력 있는 남부 지식인들은, 사람은 각자에게 맞는 적절한 신분에 있을 때 최고의 자유를 누릴 수 있다고 공공연하게 주장하고 있었다.[48]

소위 '지적인 백인'의 지배를 정당화하는 논리도 나왔다. 1850년 윌리엄앤메리 대학교 교수 터커^{Nathaniel Beverley Tucker}는 이런 유형은 '최상의 완벽함'을 자랑하는 자질을 지니고 있으며, 흑인과 열등한 백인 모두를 지배할 능력을 선천적으로 타고났다고 단언했다. 6년 뒤에 「리치먼드 인콰이어러^{Richmond Enquirer}」는 노예제도는 피부색의 문제가 아니라 혈통과 습관의 문제라는 점점 인기를 얻어가는 관점을 재차 거론했다. 이렇게 보면, 해리엇 비처 스토가 새로운 백인 빈민 계급, 즉 백인 노예 계급을 바라는 노예소유주에 대해 이야기한 것이 전혀 놀랍지 않다. 헌들리는 글에서 다음과 같이 말했다. '다른 유목민과 마찬가지로' 백인 쓰레기는 '서쪽으로, 남쪽으로 점점 멀리 가야 한다. 멕시코 초원지대에 살고 있는 반쯤 문명화된 멍그럴 속에 흡수되어 사라질 때까지'. 신흥 엘리트들이 보기에 밖으로 향하는 이들의 이주는 그나마 있는 이들의 장점이자 신의 은총이었다.[49]

연방대법원장 토니Roger B. Taney가 작성한 '드레드 스콧Dred Scott'(1857) 판결문의 다수 의견에서 핵심은 집안의 혈통과 계통, 즉 족보였다. (주인을 따라) 자유주나 연방 영토에서 생활한 경험이 있는 노예가 자유의 몸이 되어야 하는지 아닌지를 판단하는 사건이었지만, 판결 내용은 훨씬 광범위한 영향을 미쳤다. 메릴랜드 출신 노예제 지지자인 토니 대법원장은 북서부 준주의 노예제 문제를 다루면서 북서부토지조례에서 제퍼슨이 규정한 이들 지역에서의 노예제 금지를 헌법적인 근거가 없다고 무시했다. 그리고 독립혁명, 독립선언, 제헌의회 시기 최초의 사회계약에 대한 자기만의 버전을 만들어냈다. 건국 세대가 낳은 백인 자유민 자녀만이 최초 계약의 계승자들이라는 것이었다. 오직 족보만이 누가 미국 시민권을 물려받았는지, 누구의 인종적 혈통이 '자유민'이라는 자격과 칭호를 보증하는지를 결정할 수 있었다. 토니 대법원장의 이런 의견이 중요했던 이유는 이를 통해 족보가 글자 그대로 헌법적 원리가 되었기 때문이다. 논란 많은 결정을 내리는 과정에서 토니 대법원장은 어떠한 민주주의 개념도 분명하게 거부하고 혈통과 인종에 근거한 시민권이라는 개념을 근거로 삼았다. 결국 대법원장은 건국자들의 원래 의도가 인식 가능한 혈통을 기준으로 사회 구성원을 분류하는 것이었다고 판결했다.[50]

부랑자, 무단토지점유자는 표현이 달라졌을지 모르지만 질적으로는 동일한 상태로 남아 있었다. 시골 소외된 지역에 있는 백인 쓰레기의 일부라는 점에서 그렇다. 평자들은 미국이라는 국가가 끊임없이 서부로 팽창하는 과정에서, 대규모로 이동하는 이들 불청객들이 민주주의 핵심 원리에 이의를 제기하고 있다는 사실을 인식하고 있었다. 캘리포니아 상황은 주의를 촉구하는 계기가 된 모닝콜 같은 것이었다. 불안을 느낀 남부 사람들은 자신들의 노예사회와 노예경제뿐만 아니라, 영원히 불평등한 하향식 사회질서를 더없이 눈에 띄게 만드는, 나날이 증가하는 백인 빈민의 숫자에도 관심을 집중했다. 그렇다면 과연 누가 진심으로 백인 사이의 평등을 이야기했는가? 누구도 어떤 언급도 하지 않았다. 솔직히 말해서 분열로 가는 과정에서 길가는 온통 백인 쓰레기로 뒤덮여 있었다.

제7장

겁쟁이, 비겁자, 머드실: 계급 전쟁으로서 남북전쟁

> 여러분은 그동안 어떤 점에서든 우리 아버지들의 퇴화한 자식들과는
> 다른 모습을 보여주었습니다.……여러분이 아버지들보다 단단하게 결속시켜주는
> 하나의 대의를 가지고 있는 것은 사실입니다.
> 그들은 영국 군주제의 강탈로부터 자유로워지기 위해서 싸웠습니다.
> 그렇지만 그들의 적은 적어도 남자답고 당당했습니다.
> 지금 여러분은 세상의 오물에 맞서 싸우고 있습니다.
> — 대통령 제퍼슨 데이비스, 1863년 1월

1861년 2월 갓 남부연합 대통령으로 선출된 제퍼슨 데이비스^{Jefferson Davis}는 취임식을 위해 앨라배마주 몽고메리로 갔다. 그리고 흥분한 남녀 군중의 환영을 받으며 익스체인지 호텔 밖에서 짧은 연설을 했다. 데이비스는 '남부연합의 친애하는 시민과 동포 여러분'이라고 부르면서 이미 검증된 비유를 활용해 자신의 새로운 유권자들을 표현했다. "하나의 살과 뼈, 하나의 이해관계, 하나의 목적, 국내 제도 속에서 하나의 정체성을 가진 사람들." 이는 성서에 나오는 비유를 활용한 것으로, 공교롭게도 조지아 출신 부통령인 스티븐스^{Alexander Stephens} 역시 1845년 하원에서 같은 비유를 쓴 적이 있었다. 1845년이면 스티븐스가 텍사스 합병과 그곳의 앵글로-색슨 주민 지지에 앞장서고 있던 때였다.[1]

하나의 살과 뼈, 즉 하나의 육체라는 혼인 비유는 인종적인 차원과

성적인 차원을 모두 가지고 있었고, 그들이 단일한 별개의 종이라는 바람직한 이미지를 제공했다. 데이비스는 자신과 이름이 같은 토머스 제퍼슨의 말을 반복했는데, 새로운 나라를 '동질성'을 구현하는 나라라고 묘사한 대목에서였다. 토머스 제퍼슨은 『버지니아주에 관한 기록』에서 본토박이 혈통, 즉 토종과 공통의 문화적 가치를 국가 통합과 안전의 토대라고 보았다. 덕분에 하나의 '미국종American breed'이라는 개념이 확고하게 뿌리를 내렸다.[2]

'미국종' 모델의 주장자들은 하나같이 '우리 대 그들'이라는 구분법에 매료되었다. 이런 구분법은 영토 확장이 진행되고 문화 간의 충돌이 일어나는 상황에서 유용했다. 그러나 남부가 분리 독립하게 되자 그 이상의 구분을 둘 필요가 있었다. 따라서 남부연합 대통령은 자신이 특히 좋아하는 '퇴화한 자식들'이라는 두 단어를 되풀이하면서 동시에 독립선언이 있던 해인 '1776년 정서'에 호소했다. 1861년 혁명이 건국의 아버지들의 고결한 혈통 회복을 목표로 하고 있음을 청중에게 이해시키려는 의도였다. 데이비스는 청중에게 남부 사람들이 '우리에게 전해진 성스러운 권리'의 상속자라고 단언했다. 따라서 필요한 경우 기꺼이 전쟁터에서 '남부의 용맹'을 보여줄 것이라고. 새로운 나라는 '우리가 결코 조지 워싱턴과 그를 따르는 귀족 패거리의 퇴화한 자식들이 아니며' 1776년 최초 미국 공화국의 진정한 자식이자 정당한 혈통임을 세상에 증명할 것이다.[3]

그것이 전부가 아니었다. 데이비스는 1862년 말에 미시시피 주의회를 상대로 연설하면서 공직자에게 주어진 연단을, 자기 생각을 알리는 도구로 십분 활용했다. 당시 데이비스는 북군 구성원들을 공개적으로 질타했다. 그들은 '뼛속까지 썩은' 정부에 의해 배치된 '악한'에 불과했다. 이번 전쟁은 북부와 남부가 서로 다른 종임을 보여주었다. 남부인들은 자랑스러운 가계와 혈통을 주장할 수 있지만, 적들은 그렇지 못하다. 북부인들은 영국 내전기의 균등주의자까지 거슬러 올라가는 '노숙자 무리'의 후계자이다. 더구나 북부의 반갑지 않은 가계도는 아일랜드와 잉글랜드의 '늪지와 습지'에서 시작되었다. 그곳의 부랑자와 늪지대 사람들이 그들의 선조다. 데이비스는 남북의 너무나 다른 두 종족이 언젠가 다시 결합할 수 있으리라고 생각하는 것은 착각이라고 단언했다. 충성스러운 남부연합 사람 누구도 자신을 낮추고 자기보다 열등한 사람들과 다시 합치기를 절대 바라지 않을 것이라고도 했다.[4]

남부연합 수도인 리치먼드로 돌아간 뒤인 1863년 1월 초에 데이비스는 비슷한 또 한 번의 연설을 했다. "여러분은 그동안 어떤 점에서든 우리 아버지들의 퇴화한 자식들과는 다른 모습을 보여주었습니다." 이렇게 그는 이번에도 즐겨 사용하던 단어를 반복했다. 지금 남부가 치르는 전쟁은 중요한 한 가지 측면에서 (과거와 다른) 근본적으로 새로운 것이었다. 독립혁명을 이끈 조상은 '남자답고 당당한 적'에 맞서서 싸웠다. 그러나 지금 남부연합은 다른 적에 맞서고 있었다. 데이비스 대통령은 '여러분은 세상의 오물에 맞서 싸우고 있습니다'라며 상대에게 악담을 퍼부었다. 양키(북군 병사)들은 '하이에나'보다 못한 퇴화한 종족이었다. 북군을 비인간적이라고 폄하하는 내용은 거기서 끝이 아니었다. 데이비스는 그들을 흐느껴 우는 무리 속에서 무고한 희생자를 찾아내어 사냥하는, 천성적으로 탐욕스럽고 비겁한 종족으로 묘사했다.[5]

전쟁이란 총싸움만이 아니라 말싸움이기도 했다. 1861년부터 남부연합은 적을 저질에 비열하고 혐오스러운 악마처럼 묘사하는 작업에 매진했다. 남부인은 스스로 본능적으로 우월하다고 느껴야 했고, 자신들의 존재 유지 자체가 양키로부터 자유로운 별개의 국가 형성에 달려 있다는 확신을 가져야 했다. 남부연합은 19세기 북부 사람들이 타락시킨 미국인의 핵심 정체성을 보존하기 위해 투쟁하는 것이라고 주장함으로써 몹시도 불쾌한 반역 혐의로부터 자신을 보호해야 했다.[6]

이를 위해서 남부연합은 연합을 구성하는 여러 주 사이에 존재하는 깊은 분열을 감출 혁명적인 이데올로기를 만들어내야 했다. 면화 재배에 의존하는 멕시코만 연안 주Gulf States 와 그보다 경제활동이 다양한 경계 주Border States 사이의 갈등은 현실이었다[경계 주: 노예제도를 채택한 남부 주들 가운데, 남북전쟁이 발발한 1861년 1월 이전 미합중국에서 탈퇴하지 않은 주들을 가리킨다. 남북전쟁 발발 이후 델라웨어, 켄터키, 메릴랜드, 미주리는 잔류를 선택했고, 아칸소, 노스캐롤라이나, 테네시, 버지니아는 탈퇴를 선택했다]. 우리는 남북전쟁 당시 (다수가 경계 주 출신인) 30만 명으로 추산되는 남부 백인이 연방정부 편에서 싸웠고, (델라웨어, 켄터키, 메릴랜드, 미주리) 네 개의 경계 주는 연방을 끝까지 탈퇴하지 않았다는 사실을 망각하는 경향이 있다. 조지아에서는 남북전쟁 내내 데이비스의 정책에 따르지 않는 반대 세력이 상당했다. 징병과 식량 부족으로 노예소유주와 비노예소유주 사이에 갈등과 분열이 심화되었고 남부연합 정부로서는 어떻게든 이런 문제를 수습해야 했다. 말하자면 남부연합 내부의 동질성 주장은 사실보다는 상상에 가까웠다.[7]

남부연합은 전쟁 전에 남부에서 나온 양키의 특성에 대한 여러 비평에 근거해 이런 주장을 폈다. 소문에 따르면, 양키 신사는 남부 사람들 같은 고상하고 세련된 기품이 결여된 벼락부자들이었다. 1856년 앨라배마의 어느 편집장은 글에서 이를 분명하게 이야기했다.

자유사회! 이름만 들어도 신물이 난다. 기름 범벅 정비공, 불결한 직공, 볼품없는 농부, 살짝 미친 것 같은 이론가들의 뒤범벅 이외에 무엇인가? 북부의 모든 주, 특히 뉴잉글랜드 지역 주들은 좋은 집안에서 태어난 신사 계급에 적합한 사회가 아니다. 그곳에서 흔히 마주치는 계급은 쥐뿔도 없으면서 고상한 척만 하는 정비공, 고된 노동에 시달리는 소농들이 대부분으로, 남부 신사 계급의 몸종과 사귀기에도 부족한 그런 사람들이다.[8]

그해 보스턴에서 진행된 행진에서 초대 공화당 대통령 후보, 존 C. 프리몬트 지지자들은 '기름 범벅 정비공' 비방을 명예로운 훈장으로 받아들이고 현수막 한쪽에 표시하기도 했다.[9]

그렇게 선정적인 욕설을 하는 데는 노리는 목적이 있게 마련이다. 노예제에 찬성하는 남부인들은 북부의 최대 실패는 하찮은 최하층 백인 일꾼들에 대한 의존이라고 주장하면서 자유노동 논쟁을 근본적으로 뒤집으려 했다. 남부연합 대통령이 되기 10년 전에, 미시시피주 상원 의원이던 제퍼슨 데이비스는 노예주가 북부 주들보다 안정감을 누리고 있다고 주장했다. 또한 '계급 사이의 구별이 언제 어디서나, 어느 나라에서나 존재한다'면서 서로 다른 두 가지 노동 제도가 미국에 공존하고 있다고 주장했다. 남부에서는 계급 간 구분 선이 '피부색'을 기준으로 그어졌지만, 북부에서는 '재산, 즉 부자와 빈자 사이'에 구분선이 표시되었다. 데이비스는 '노예소유 사회에서는 어떤 백인도 누군가의 천한 하인이 아니다'라고 주장했다. 노예제를 지지하는 다른 많은 옹호자처럼 데이비스는 노예제도가 흑인에 대한 우월성을 확인시킴으로써 가난한 백인을 독려하고 고무시킨다고 믿었다. 그렇지만 그것은 틀린 생각이었다. 남북전쟁 전에 계급 질서는 과거 어느 때보다 극단적인 상태였다.[10]

사우스캐롤라이나의 대표적인 노예제 지지 지식인인 제임스 헨리 해먼드는 북부의 사회경제 시스템이 근본적으로 열등하다고 주장하기 위해서 '머드실mudsill'이라는 단어를 새로 만들어냈다[mudsill: 건축물 토대라는 의미가 확장되어 미국의 최하층 빈민을 가리키게 되었다]. 남부연합이 북부에 맞서 자기네 주장의 정당성을 내세우면서 비난한 것이 바로 '머드실' 계급이었다. 1861년 무렵이 되면, 이들은 최하층 북부군의 초상에도 스며들었다. 도시의 불량배, 먼지투성이 농사꾼, 기름 범벅 정비공, 지저분한 이민자들의 불쾌한 집합체를 의미했고, 1862년 무렵에는 아프리카계 미국인 북부군 병사, 오만한 해방 노예들이 더해졌다. 전반적으로 그들은 데이비스가 말하는 폐기물 인간, 즉 '세상의 오물'이었다.[11]

1858년 해먼드는 미국 상원에서 상당한 인기를 끌었던 한 연설에서 자신의 이런 생각을 공개적으로 발표했다. 비판의 핵심은 고정된 계급 정체성이었다. 모든 사회에는 '천한 일을 할 계급, 일상에서 힘들고 단조로운 작업들을 수행할 계급이 있어야 한다'. 기술이 거의 없고 '지적 수준도 낮은' 이들 노동계급이 문명국가의 밑바닥을 형성하고 있었다.

모든 선진사회는 이런 하찮은 노동력을 이용해야 한다. 진흙^{mud} 속에 뒹구는 노동 빈곤층 덕분에 우월한 상층계급이 부각될 수 있었다. 이들 인정받는 엘리트, 최고 중의 최고가 진정한 사회, 모든 '문명, 진보, 개량'의 원천이었다. 해먼드가 생각하기에 비천한 노동자들은 거의 글자 그대로 '머드실' 즉 '진흙 토대'로, 진흙 속에 혹은 은유적으로 유사^{流沙} 속에 빠져 있으며 누구도 거기서 헤어 나올 수 없었다.[12]

해먼드의 주장은 계속된다. 모든 사회가 각자의 최하층, 즉 토대가 되는 머드실을 가지고 있다면, 남부가 아프리카계 자손인 노예들을 이렇게 낮은 지위로 유지한 것은 올바른 선택이었다. 이들 검은 피부를 가진 사람들은 별개의 인종으로 선천적으로 열등하고 온순하기 때문이었다. 해먼드의 주장에 따르면 그랬다. 그런데 북부는 그보다 나쁜 죄를 저질렀다. 바로 동족들의 가치를 떨어뜨린 것이다. 북부의 백인 머드실은 '여러분과 같은 종족이며 같은 피를 나눈 동포'다. 해먼드의 관점으로 보면 결함 있는 노동 제도로 인해 북부 주들에서 민주주의 정치가 훼손되고 타락하고 있었다. 북부인들은 불만 많은 백인에게 투표권을 주었다. '다수가 되면, 그들은 여러분이 가진 모든 정치권력의 수탁자가 될 것'이라고 해먼드는 불길하게 경고했다. 북부의 가난한 머드실들이 계급 혁명을 획책하여 연방의 나머지 부분을 파괴하는 것은 시간문제일 뿐이라고.[13]

제퍼슨 데이비스와 제임스 해먼드는 기본적으로 같은 말을 하고 있었다. 남부연합의 이런 이데올로기는 남북전쟁을 계급 전쟁으로 바꾸었다. 남부는 퇴화한 머드실, 그리고 그들이 대표하는 모든 것, 즉 계급 혼합, 인종 혼합, 부의 재분배 등에 저항하여 싸우고 있었다. 미연방 탈퇴를 주장하는 분리주의자들은 링컨의 당선에 즈음하여 '검은 공화주의자들'이 국가 정부를 장악했다면서 인종적 퇴화에 대한 공포를 부추기는 주장을 퍼뜨렸다. 분노한 남부의 어느 작가는 북부 정당은 '검은 공화주의자'가 아니라 '붉은 공화주의자'로 불려야 마땅하다고 선언했다. 그들의 진정한 목적은 노예제 폐지만이 아니라 남부에서 계급 혁명을 선동하는 것이기 때문이었다.[14]

남부연합 이데올로기 신봉자들은 속이 뻔히 보이는 이유로 계급과 인종, 혈통 관련 언어에 의지했다. 그들은 노예소유에 기초한 계급 질서 유지에 관심이 있었다. 1861년 제퍼슨 데이비스 대통령은 노예제를 의미하는 '국내 관습'과 그것의 보호가 '하나의 육체를 나눈 사람들'을 새로운 나라로 결속해주는 새로운 헌법의 핵심 원리가 된다고 말했다. 부통령 알렉산더 스티븐스는 제헌회의를 마치고 돌아오는 길에 서배너에서 행한 연설에서 해먼드의 머드실 이론을 남부연합의 초석으로 만드는 데 공을 들였다. 스티븐스는 제헌의회 의원들이 두 가지 측면에서 더욱 완벽한 정부를 마련했다고 주장했다. 첫째, 백인이 결코 자기 인종의 계급을 억압하지 않도록 함으로써. 둘째, 아프리카계 노예들, 즉 '우리 사회의 기층이 선천적으로 거기에 맞는 재료로 구성되도록' 확실히 함으로써. (국가가 절반은 노예, 절반은 자유민인 상태로서 있을 수 없다는) 1858년 링컨의 「분열된 집House Divided」 연설의 전제 자체를 반박하면서 스티븐스는 남부연합을 노예들이 머드실(최하층) 토대 역할을 하고 백인이 '벽돌과 대리석' 장식 역할을 하는, 잘 지어진 저택과 동일시했다. 아마 벽돌은 강건한 요먼을 상징하고, 대농장주 엘리트는 섬세하게 다듬어 광이 반짝반짝 나는 고급 대리석을 상징했

을 것이다.[15]

이런 계급에 대한 우려는 전쟁 기간에도 결코 힘을 잃지 않았다. 1864년 패배가 어렴풋이 다가오고 남부 지도자들이 노예를 동원해 군대를 증강하는 방안을 고려하고 있을 즈음, 일부 사람들은 이들 최하층을 없애면, 반란을 일으켜 세운 국가가 무너지지 않을까 두려워했다. 흑인 남자가 군 복무를 통해 지위 상승을 이루고 나면, 피부 색깔에 따른 사회질서라는 그동안 통용되던 일반적인 생각이 약화될 것이다. 이미 1861년 즈음부터 노예들은 요새 건설에 동원되어 여러 주 정부에 깊은 인상을 남겼다. 주 정부 차원에서 진행되던 이런 정책이 나중에는 남부연합군 수뇌부와 데이비스 행정부에 의해 채택되었다. 그러나 노예들에게 군복을 입히는 것은 훨씬 급진적인 조치였다. 이는 (그동안 해먼드와 스티븐스가 주장해온) 하찮은 머드실 수준을 넘어 그들의 지위를 격상시키기 때문이다. 텍사스 분리주의자 위그폴Louis T. Wigfall 은 남부연합 의회에서 무장한 노예는 생각조차 할 수 없으며, 영국이 토지 귀족을 전멸시키고 그 자리에 '저잣거리 폭도'를 데려다놓는 것과 다를 바가 없다면서 흥분했다('저잣거리 폭도'는 계급 혁명을 가리키는 또 다른 단어였고, 귀족제 폐지는 남부연합을 또 하나의 머드실 민주주의 국가로 바꿀 것이라는 의미였다. 북부에서 선거권을 부여받은 폐물처럼). 속물적인 영국 귀족 같은 위그폴은 '내 부츠를 닦고 말 털을 빗질하던 사람이 나와 동등한 대우를 받는' 그런 나라에서는 절대 살고 싶지 않다고 덧붙였다. 위그폴이 보기에 노예는 태어날 때부터 하인이며, 그들을 병사로 만들어 위상을 키워주고 지위를 높여주는 것은 전체 계급구조를 혼란에 빠뜨릴 수밖에 없었다. 인종과 계급 질서를 지키는 것이 남부인들이 연방에서 탈퇴해야 하는 이유다. 이처럼 계급 질서가 무너지지 않을까 하는 불안이 남부연합 사람들의 사고에 깊숙이 퍼져 있었고, 남부 엘리트들이 단결하도록 하는 데 도움이 되었다.[16]

계급은 또 다른 이유로도 중요했다. 남부연합 지도자들은 남부 자체 내의 하층계급, 즉 노예를 소유하지 않은 가난한 백인의 적개심을 다른 방향으로 돌려야 한다는 것을 잘 알고 있었다. 이들의 다수가 군인이기도 했다. '부자들의 전쟁에서 가난한 사람들이 피를 흘리며 싸운다'는 불만이 전쟁 내내 퍼져 있었고, 남부연합 의회가 1862년 18세에서 35세 사이 모든 남자를 징집하는 징병법을 통과시킨 뒤에는 특히 그랬다. 교육받은 엘리트, 노예소유주, 공무원, 가치 있는 직업에 종사하는 남자는 면제를 받을 수 있었다. 결국 가난한 농부와 임금노동자가 징병의 주요 대상이었다. 이어서 징집 대상이 45세까지 확장되었고, 1864년이 되면 17세에서 50세 사이 모든 남성이 징집 대상이 되었다.[17]

한편 북군과 공화당 정치인들은 남부의 대농장주 엘리트와 가난한 백인 사이의 계급 분열을 이용하는 전략을 한층 더 발전시켰다. 많은 북군 장교들은 물론이고 그랜트Ulysses S. Grant 장군과 셔먼William T. Sherman 장군 등은 자신들이 노예를 소유한 귀족제에 맞서는 싸움을 하고 있으며, 전쟁에 승리하고 노예제를 종식하면 노예뿐만 아니라 가난한 백인 쓰레기들도 해방된다고 생각했다. 그랜트의 회고록을 보면, 북부군 지휘부의 계급에 대한 생각이 드러나 있다. 그랜트는 글에서 만약 선동가들이 비노예소유 유권자와 순진한 젊은 병사들을 부채질해 북부가 '비겁자, 겁쟁이, 깜둥이 숭배자'로 가득하다고 믿게 하지 않았더라면, 남부가 연방에서 분리 독립하는 일이 일어나지 않았을 것이라고 말했다. '남부 남자 하나가 북부 남자 다섯 명과 맞먹는다'는 말에 설득된, 남부연합 병사들은 자신을 우월한 사람으로 간주했다(노스캐롤라이나 사람 힌턴 로언 헬퍼도 『황금의 땅』에서 앵글로-색슨 인종을 옹호하면서 5 대 1이라는 같은 비율을 사용했다. 책에서 헬퍼는 켄터키 사람 한 명이 왜소하고 허약한 니카라과 사람 다섯 명을 혼쭐을 내줄 수 있다고 주장했다). 그랜트가 보기에 남북전쟁은 스스로 처지를 개선하거나 아이들을 교육할 기회가 거의 없는 비노예소유주, 열악한 토지로 내몰린 가구들을 해방하기 위한 것이었다. '그들 역시 해방이 필요하다'고 그랜트는 주장했다. 남북전쟁 전의 남부, 즉 '구체제' 아래서 이들은 대농장주 귀족에게는 '가난한 백인 쓰레기'일 뿐이었다. 그들은 시키는 대로 했고 투표권을 받았지만, 엘리트의 바람을 앵무새처럼 되풀이하는 한에서만 허용되는 권리였다.[18]

1861년 무렵 양쪽은 서로를 소멸할 수밖에 없는 운명인 외계 문화로 보았다. 해먼드의 유명한 '머드실 열변'과 같은 해인 1858년에 행한 어느 연설에서 훗날 링컨 내각에서 일하게 되는 뉴욕의 대표적 공화당 지도자 수어드William H. Seward는 '억누를 수 없는 갈등irrepressible conflict'이라는 신조어를 만들어냈다. 수어드에게 자유민 노동은 '코카소이드 인종과 유럽인'이 실행하는 좀 더 고차원적인 형태의 문명이었다. 수어드는 노예제가 에스파냐 사람과 포르투갈 사람 탓이라고 비난하고, 남아메리카 전체를 잔인하고 우둔한 땅, 경제적 후진성을 보이는 땅이라고 보았다. 수어드가 생각하는 거대한 역사적 관점에서 보면, 미국 남부에서 노예제도를 무너뜨리는 것은 앵글로-색슨 문명의 대륙으로의 확장에 불과했다. (노예냐, 자유민이냐 하는) 두 계급제도가 주도권을 사이에 두고 싸움에 돌입했으며 어느 한쪽만이 살아남을 것이었다.[19]

물론, 남부의 이론적 지도자들은 정확히 반대되는 주장을 폈다. 그들은 노예제도는 활기차고 생기 넘치는 제도이며, 자유민 노동보다 효율적이라고 주장했다. 활용하기 쉬운 노동력 덕분에 남부는 노동과 자본 사이에 갈등을 제거했다. 남부의 지식인들은 북부 주들에서 노동계급은 규모가 크고, 사회 분열을 조장하고, 부자들을 시샘하며, 부당한 정치적 특권을 부여받고 있다고 주장했다. 해먼드와 다른 이들이 생각하는 것처럼 평등이라는 개념은 지금껏 가장 기만적인 허구였다. 찰스턴에서 발행되는 「남부 분기 리뷰Southern Quarterly Review」에서 어느 작가는 '생각하고, 느끼고, 행동하는' 바로 그 자유가 열정에 자양분을 제공하고 '불경한 욕망'을 유발한다고 경고했다. 여기서 말하는 '불경한 욕망'이란 사회계층이동에 대한 열망이었다. 많은 이들이 노예들은 하인으로 일하는 자신들의 비천한 운명에 만족한다고 믿었다. 여기서 우리는 아메리칸드림의 이처럼 이상한 전도 현상을 본다. 남부의 우월성은 참으로 아이러니하게도 아메리칸드림의 대극에 있는 계급 이동 가능성의 부재에서 나오고 있었다.[20]

분리주의자들은 남부와 북부를 나누는 메이슨-딕슨 선 위쪽은 계급이 불안정해서 위험하다는 불길한 그림을 그렸다. 1861년 버지니아 어느 잡지에서 한 작가는 북부에서는 '사람들이 평등한 관점을 가지도록 태어나고 키워지고 교육을 받으며', 이것이 '부자와 빈자의 상태를 역전할 수도 있다'고 주장했다. 교육과 계급 평등 자체가 불온하다고 간주되고, 헬퍼의 『남부의 절박한 위기』는 사람들을 선동하는 불순한 책이라는 공격을 받았다. 헬퍼의 책을 유포한다는 이유로 여러 사람이 체포되고 일부는 교수형까지 당했다. 불안한 엘리트들은 남부연합 지도자들에게 가난한 백인을 '감시하고 통제하라'고, '그들에게 가능한 적은 정치적 자유를 허용하라'고 촉구했다.[21]

당연한 결과로 남부 백인이 식자율識字率 면에서 북부 백인에게 적어도 6 대 1 차이로 뒤처진다는 증거가 존재한다. 저명한 남부 인사들은 교육 기회의 차별을 옹호했다. 사우스캐롤라이나의 하퍼William Harper 판사는 1837년 『노예제 회고록Memoir of Slavery』에서 '일부는 온전하게 그리고 높은 수준으로 교육을 받고, 나머지는 철저히 무지한 것이 낫다'고 결론을 내렸다. 또한 교육에서의 불평등이 북부 주의 시스템에 오히려 바람직하며, 그곳에서도 '불완전하고, 피상적인 반쪽짜리 교육이 보편화되어야 한다'고 주장했다. 남북전쟁이 다가오자 편집자와 지식인들은 남부연합 내에서 독립적인 출판을 해야 한다고 요구했는데, 남부 사람들이 연방 출판물에 의해 오염되는 것을 막기 위해서였다.[22]

남부연합 사람들은 대농장주 계급이 타인을 지배할 운명을 타고난다는 생각을 공공연하게 옹호했다. '남부를 대표하는 혈통', 귀족 엘리트, 훌륭한 귀족 종들은 열등한 백인과 흑인을 지배할 운명이었다. 그러나 남부의 부유한 사람과 가난한 사람 사이의 조화로운 관계가 필요하다는 확신에도 불구하고, 많은 분리주의자는 비노예소유주를 내부의 잠자는 적으로 보았다. 찰스턴 같은 지역의 백인 노동자들은 '완벽한 불평꾼'이라고 불렸고, 그들의 분노가 결집되어 노예소유주에 맞설 잠재적 우려가 상존했다. 민주주의에 반대하는 분리주의자는 빈민을 무신경한 정치인의 손에 놀아나는 불운한 졸개로, 자영 농지나 지원금 몇 푼에 기꺼이 자신들의 표를 파는 무리라고 무시했다. 1860년 조지아 주지사 브라운^{Joseph Brown}은 새로운 공화당 행정부가 공직을 미끼로 일부 시민을 매수할 것이라고 예언했다. 다른 이들은 링컨이 보조금과 저렴한 토지를 내세우며 감언이설로 '남부 사회 하층계급'을 끌어들이고 유혹할 것이라고 했다. 사우스캐롤라이나에서 소규모 노예소유주가 주로는 분리 독립을 막으려 할지 모르는 비노예소유주를 협박하려는 목적으로 자경단과 '미니트맨^{Minute Men}', 즉 '긴급 소집병' 조직을 만든 것도 이런 예측들에 대한 그들 나름의 대응이었다.[23]

일부 분리주의자는 비노예소유주의 충성심에 대한 우려를 누그러뜨리고자 비상한 노력을 했다. 1860년 「디보스 리뷰^{De Bow's Review}」의 영향력 있는 편집장, 디보^{James De Bow}는 가난한 백인이 남부연합을 지지할 이유를 상세히 소개하는 소책자를 발간했는데, 상당한 인기를 끌었다. 디보는 노예제도가 모든 계급에 이득이 된다고 확신했다. 그는 해먼드의 머드실 이론을 강력히 지지하면서 '남부의 백인 남자 중에 누구도 타인의 몸종이 되어 구두를 닦고, 식사 시중을 들고, 하찮은 집안일을 수행해서는 안 된다!'고 선언했다. 나아가 그는 백인 노동자의 임금이 남부에서 더 높고, 토지 소유 비율도 높다고 주장했다. 그러나 이는 명백한 허위 주장이다. 디보는 계속해서 비노예소유주가 아끼고 절약하여 노예를 사들이면 상층계급으로의 이동이 가능하다고 말했다. 특히 임신이 가능한 여성 노예를 사들이면 좋은데, 노예가 낳은 자식들이 다음 세대로 전해지는 '가보'가 되기 때문이었다. (사회 부유층이 더 부유해지면 그 부가 아래 서민층에게로 확산된다는) 소위 낙수효과 주장은 설득력이 없었지만, 디보는 드러내놓고 말하지는 않았지만 반대의 경우, 즉 노예의 신분 상승은 비노예소유주의 철저한 하락을 의미한다는 확신을 암암리에 퍼뜨렸다. 이런 이유로 디보는 최빈층 비노예소유주는 기꺼이 '좀 더 혜택을 받고 있는 이웃의 노예소유주를 지키기 위해 참호를 팔 것'이라고 말했다. 잘못하면 노예 수준으로 떨어질지 모른다는 두려움이 가난한 백인을 싸우게 할 것이라는 주장이다.[24]

연방 분리는 그런 두려움을 완화하지 못했다. 예를 들어 남부에서도 남쪽 지방에서는, 텍사스를 제외하고는 분리에 대한 주민 투표가 없었다. 북쪽 지방은 연방 탈퇴를 서두르지 않았다. (버지니아, 노스캐롤라이나, 아칸소, 테네시) 네 개 주는 링컨이 병력 지원을 요청한 다음에야 탈퇴했다. 이들 주에는 연방에 찬성하는 주민이 상당수 있었다. 그런가 하면 웨스트버지니아는 버지니아에서 분리해 연방에 재합류했다. 제퍼슨 데이비스는 주민 투표가 아니라 상징적인 투표를 통해 반대 없이 대통령직에 올랐다. 임시남부연합의회^{Provisional Confederate Congress}에서 소수 엘리트가 선출하는 방식이었다.[25]

남부연합 헌법제정회의에 참석한 대표단은 소위 '5분의 3 타협^{Three-Fifths Compromise}'을 폐지하고, 노예들을 온전한 1인으로 계상하여 남부연합 의회 구성 비율에 반영할 것을 요구했다[5분의 3 타협은 과세와 하원 구성 비율의 근거가 되는 인구수를 계상할 때 흑인 노예를 백인 자유민의 5분의 3으로 계산하자는 타협안으로 1787년 필라델피아회의에서 남부와 북부 주들 사이에 이루어졌다]. 노예 수가 많은 주일수록 유리한 방식이었다. 예를 들어 사우스캐롤라이나 소설가 심스^{William Gilmore Simms}는 비노예소유 인구가 많은 연안 주들이 면화생산 주들을 '넘어설'지도 모른다고 우려했다. 남부에서도 북쪽에 해당하는 일부 주에서 머드실 같은 비노예소유주가 늘어날 것을 우려한 것이다. 이들의 숫자가 많아지면 연안 주들이 남쪽에 있는 노예 위주 주들보다 많은 대표를 확보할 수 있을 것이기 때문이다. 남부연합 헌법 최종안에서 5분의 3 타협 조항 폐지는 부결되었지만, 4 대 3이라는 근소한 차이로의 부결이었다.[26]

1861년 노예소유주가 소수라는 점을 우려하고 불안해하던 한 조지아 사람이 새로운 주 정부가 영국 상원과 흡사하게 노예소유주만으로 구성된 상원을 만들어야 한다고 제안했다. 주 대표자회의에 참석한 보수적인 조지아와 버지니아 대표들 역시 '돼지 같은 다수'의 힘을 억제하기를 바랐지만 결국 투표권에 손을 대지는 않았다. 버지니아에서는 일부 엘리트가 징병제로 인한 문제점을 인식하고 이를 해결하려고 했다. 비노예소유주가 부자들의 노예를 지키려고 벌이는 전쟁에서 싸우기를 거부할지도 모르는 일이었다. 버지니아 사람 러핀^{Edmund Ruffin}은 자기 주에서 이런 문제를 해결할 방안을 은밀하게 제안했다. 바로 이중 징병 제도였다. 비엘리트 백인 남자와 대농장주의 노예, 두 계급에 참전을 요구하자는 안이었다. 러핀은 노예들이 지위에 감명을 받아 기꺼이 군 복무를 받아들일 것으로 보았다. 워낙 당당하고 대담하게 사회적 불평등 확산을 주장했던 러핀의 급진적인 계획은 채택되지는 못했다.[27]

남부 귀족들에게 미래는 희망적이지 않았다. 만약 그들이 분리·독립에 성공하지 못하고 연방에 남으면, 즉 양키에게 패하면, 그들은 소멸에 직면할 것이다. 귀족들은 북부의 머드실과 해방 노예의 홍수에 쓸려 내려가고 말 것이다. 한편으로 자기네 지역에 있는 백인 쓰레기도 문제였다. 짐작건대, 완벽한 승리가 없이는, 토지가 없는 노동자와 가난한 농부들이 엘리트계급보다 더욱 많은 자손을 낳을지 모르고, 그들이 북부의 민주주의 사상에 오염되면, 투표장에서 대농장주 엘리트를 압도할지 모른다.[28]

전쟁 내내 불공평한 징병 정책은 심각한 불평불만을 촉발했다. 초기에 플로리다 주지사 밀턴John Milton은 법 집행이 불가능할 것으로 생각했다. 백인 빈민층이 돈을 주고 대신 참전할 사람을 살 수 있는 부유층에게 유리한 징병제도에 찬성하지 않을 것이라고 보았기 때문이다. 면제 대상을 보면 교육을 받은 사람들은 보호를 받았다. 각종 산업에 필요한 인재뿐만 아니라 교사, 목사, 성직자, 정치인 등등이 해당되었다. 하층민 출신이 징집되어 사병으로 복무하면, 장교들은 그들을 '총알받이'라고 업신여기거나 '타타르족' 같은 야만인에 비유했다. 이런 비유는 남부 엘리트들이 링컨을 따르는 잔인한 무리를 폄하하려는 목적으로 사용하는 것과 똑같은 욕설이었다. 그런 대우에 질린 앨라배마 출신 신병이 전하는 생생한 이야기를 들어보자. "그들은 여러분의 쓰임새는 그들, 그러니까 잘난 사람들 대신 총알을 막아주는 것이 전부라고 생각한다. 여러분을 가난한 백인 쓰레기라고 부르는 그들 대신에."[29]

당시 징병제에서 빈민들의 원성을 샀던 한 가지는 '20인 노예법'인데, 20명 이상의 노예가 있는 대농장주에게는 징집을 면제해준다는 내용이었다. 이런 조항은 이미 과잉보호를 받고 있는 부자와 그들의 소중한 재산을 재차 보호해주었다. 비노예소유주 중에는 노예제도 수호를 위해 싸우는 일 자체를 거부하는 이들이 있는가 하면, 전쟁에서 가장 많은 이득을 얻는 부자들이 더 많은 세금을 내야 한다고 생각하는 이들도 있었다. 하층계급 남자는 자신들의 물질적 이득 역시 보호받기를 바랐다. 부유한 장교는 쉽게 휴가를 얻지만 일반 병사는 장기간의 복무를 견뎌야 했고, 남은 가족의 생계가 위태로웠다. 어느 역사가가 내린 결론처럼, 가난한 병사들은 자신을 '조건부 남부연합 지지자'라고 생각했다. 가난한 농부들이 자기 가족의 안녕을 남부연합이라는 국가에 대한 충성보다 우선시했다는 의미다.[30]

남부의 신사 계급은 안정적인 보수 없이도 싸워야 한다고 생각했을지 모르지만, 그들이 생각하는 기사도의 정의는 하층계급에는 비현실적인 기준일 뿐이었다. 전쟁 내내 병사들은 계급 정체성으로 인해 차별을 받았다. 자원입대를 거부하거나 징집영장을 받고도 나타나지 않는 남자는 자경단이 나서서 체포했다. 이들 자경단은 '들개 포획인'이라는 노골적인 명칭으로 불렸다. 이런저런 이유로 면제를 받는 사람들을 대체할 인력은 최하층 계급 남자에서 나왔고, 이들은 군대에 가서도 보통은 다른 병사들에게 무시를 당했다.[31]

빈민 병사들 사이에 탈영은 흔한 일이었다. 1863년 8월에는 리[Robert E. Lee] 장군이 데이비스 대통령에게 탈영을 억제할 조치를 취해달라고 탄원할 정도였다. 그해 후반 데이비스는 군대에 복귀하는 모든 사람에 대한 대사면을 발표했다. 일부 탈영병이 처형을 당하기도 했지만 대부분의 중대에서는 탈영병이라는 사실을 공개해 모욕감을 느끼게 하는 벌을 주었다. 탈영병들은 사슬에 묶이거나 발가벗긴 채로 통을 뒤집어쓰고 있어야 했다. 자경단원들이 징집명령을 받고 도망친 사람들을 추적하여 잡아내는 일을 했다. 탈주 비율이 가장 높았던 노스캐롤라이나에서 특히 이들의 활동이 두드러졌다. 미시시피주 존스 카운티에서는 일부 탈영병과 주민이 남부연합 탈퇴를 선언하고 습지 한가운데 '존스 자유주Free State of Jones'를 세웠다. 데이비스 대통령의 고향 주에 세워진, 글자 그대로 백인 쓰레기 연방 보호구역이었다.³²

탈영병들은 음식을 훔치고 농장을 습격하고, 남부연합에 충성하는 병사와 시민들을 괴롭혔다. 최후까지 남은 빈민 남자와 그들의 가족은 상류계급 남부인들이 오랫동안 두려워해 온 무정부주의자가 되어 갔다. 전쟁 말기가 되면 조지아주의 경우 탈영병들이 노예들을 납치하겠다고, 그보다 심하면 노예 탈주를 공모하겠다고 협박하는 지경에 이르렀다. 1865년 조지아주 오커퍼노키 습지에 사는 탈영병의 아내들은 남편들이 무기를 들고 습지에서 나와 닥치는 대로 노예들을 훔친 다음, 북군 해군에 팔아넘길 것이라고 큰소리치면서 당국을 조롱하기도 했다.³³

가난하고 글도 모르는 병사들이 탈영을 어떻게 생각했는지를 가늠하기는 쉽지 않다. 글을 모르니 자체 문서 기록을 전혀 남기지 않았기 때문이다. 그러나 민간에 전하는 이야기들을 보면, 빈민들이 탈영을 놓고 공공연하게 우스갯소리를 주고받았음을 알 수 있다. 그들에게 탈영은 상류계급 지배에 맞서는 일상적인 저항의 일부였다. 조지아의 샌드힐러와 노스캐롤라이나 타르힐Tar-heel 사이에 오가는 농담을 다룬 이야기도 그중 하나였다[타르힐: 노스캐롤라이나주와 그곳 주민들을 부르는 별칭. 미국 건국 초기 광대한 송림에서 채취한 타르, 피치, 테레빈 등이 주요 수출품이어서 붙은 이름으로 추정된다]. 노스캐롤라이나에서 생산되는 다량의 피치[pitch: 타르·원유 등을 증류한 뒤에 남는 끈적끈적한 검은 물질]를 어떻게 했느냐는 물음을 받고 노스캐롤라이나 사람은 제프 데이비스에게 팔았다고 말한다. 뜨끔했던 샌드힐러가 물었다. "데이비스는 그걸로 도대체 뭘 하려는 걸까요?" "글쎄요." 타르힐이 살짝 머뭇거리며 말했다. "당신들 조지아 사람이 자꾸 도망치니까 꼼짝 못 하게 하려고 구매했겠지요."[34]

얼마나 많은 남자가 탈영했는지를 정확하게 파악할 방법은 없다. 미국 육군 헌병 사령관 보고서에 나오는 공식 통계로는 10만 3,400명이었다. 이는 전쟁 말기까지 육군에 이름을 올린 총 75만에서 85만 명 중에서 나온 수치다. 그러나 이들 숫자는 전체의 작은 부분에 불과하다. 계급은 이외에도 여러 방식으로 병사들을 구분하고 차별했다. 남부연합군은 최소 12만 명을 강제로 징집했다. 7만에서 15만 정도의 대리 징집자들이 있었는데 주로 찢어지게 가난한 사람들이었고, 그들 중에 10퍼센트만이 군영에 정식 보고되었다. 또 다른 8만 명의 지원병은 징집을 피하고자 재입대했다. 마지막으로 18만 명이나 되는 남자가 좋게 말해서 '비자발적 반역자', 즉 전쟁 말기까지 입대에 저항한 사람들이었다. 이런 저항은 일반 병사들 사이에 남부연합에 대한 깊은 애착이 없었다는 증거다.[35]

식량 부족이 불만을 더욱 부채질했다. 1861년이 되면 정부에서 대농장주에게 옥수수를 비롯한 곡물 재배를 늘려야 한다고 요구했지만, 하얀 금이라고 불릴 만큼 수익성 좋은 면화 재배를 자발적으로 포기하는 대농장주는 거의 없었다. 결과적으로 식량 부족과 치솟는 인플레이션은 가난한 농부, 도시 노동자, 여자, 어린이 등의 막대한 고통으로 이어졌다. 어느 조지아 사람은 '면화 왕의 탐욕과 그의 비천한 신하들'

이 침략군이 들어오기 훨씬 이전에 남부연합을 붕괴시킬 것이라고 토로했다.[36]

그보다 충격적인 것은 부자들이 내내 음식과 함께 부족한 보급품들을 사재기했다는 것이다. 1862년 분노한 여성 폭도들이 상점들을 습격하고 창고와 보급소를 급습하기 시작했다. 이런 예상치 못한 폭동이 조지아주를 뒤덮었고, 유사한 시위가 노스캐롤라이나와 사우스캐롤라이나에서도 표면화되었다. 앨라배마에서는 40명의 여성이 음식을 찾아 이곳저곳을 약탈하는 과정에서 눈에 띄는 면화란 면화는 모조리 불태워버리기도 했다. 1863년에는 남부연합 수도 리치먼드에서 식량 폭동이 일어났다. 성난 여성 시위자가 시위대를 진정시키려는 데이비스 대통령을 향해 빵을 던지기도 했다.[37]

여성 폭도들은 남성으로 말하자면 탈영병에 맞먹는 존재였다. 그들은 남부연합의 단결과 공통의 희생이라는 환상을 산산이 부숴버렸다. 1863년 리치먼드 폭동 이후 「배니티 페어Vanity Fair」에서는 남부 주민들 사이에 끊이지 않는 깊은 계급 갈등을 폭로했다. 연방 지지를 표방하는 잡지로서 '가난한 폭도들을 불쌍히 여기라Pity the Poor Rebels'라는 기사를 통해 자극적인 이미지들을 공개했다. 잡지는 빈민 남자를 제멋대로 징집하는 과정을 설명하는 한편으로 남부연합군 소속의 지독하게 가난한 '백인 쓰레기'가 남부와 북부를 나누는 '막다른 벽'에 '우리는 굶주리고 있다WE ARE STARVING'라는 문구를 새긴 것을 이야기했다. 눈길을 끄는 일러스트는 제퍼슨 데이비스의 특이한 캐리커처였는데, 스위프트Jonathan Swift의 『걸리버 여행기Gulliver's Travels』에 나오는 반反영웅을 연상시키는 그런 모습이었다. 원피스에 보닛이라고 부르는 여성용 모자를 쓴 남부연합 대통령이 남부의 소인국 사람들, 즉 작은 노예들에 의해 묶여 있었다. 탐욕스러운 대농장주 아니면 여성 폭도들에 의해 남자다움을 상실하고 무기력해진 모습이다. 데이비스의 손목에는 사슬이 채워져 있고, 옷은 풀어헤쳐진 상태다. 남부연합이 고상함이라는 가면을 제거당했다는 분명한 신호였다.**38**

남부의 부유층 여자들은 굶주리는 빈민들에게 냉담한 태도를 보일 때가 많았다. 1863년 일단의 탈영병과 가난한 산골 여자들이 테네시주의 휴양지를 약탈하려고 샅샅이 뒤진 적이 있다. 당시 그곳에 손님으로 머물던 프렌치Virginia French는 이리저리 뛰어다니는 '칠칠치 못하고 난폭한 맨발의 여자들'이 마치 '먹이를 찾아 헤매는 굶주린 늑대들' 같았다고 표현했다. 낯선 광경이 놀랍기도 하고 재미나기도 했다는 그녀는 글에서 '여자 둘이 흔히 보는 주먹다짐을 벌였다. 1시간 동안이나 서로를 움켜잡고 할퀴는 싸움을 계속한 이유는 한쪽이 다른 쪽보다 많이 가져갔다는 것이었다!'며 황당하다는 반응을 보였다. 프렌치는 또 다른 여자가 라틴어 신학서와 프랑스어 책을 훔쳤을 때도 마찬가지로 기이하다고 생각했다. 대놓고 이유를 물으니 도둑은 좋은 엄마가 되려고 한다며 자신의 약탈을 정당화했다고 덧붙였다. '막 읽기 등을 배우기 시작한 아이들이 있어서……아이들한테 도움이 되었으면 했다'는 것이다! 글도 모르는 여자가 이처럼 자신이 가져간 귀중한 문헌에 가치를 부여했다. 사람에 따라서는 이런 모습을 보고 어느 정도 동정심을 느낄 수도 있으리라. 하지만 프렌치에게 그런 장면은 그저 '민주주의-자코뱅주의-급진과격주의'의 연결을 가장 거친 형태로 보여주는 증거에 불과했다. 여자는 '굶주린 상태'에 '누렇게 뜬' 얼굴을 하고 있었고, 남자는 '수척하고' '아파 보였다'. 그러나 남부 대농장주의 아내는 냉정한 태도를 잃지 않았다. 백인 쓰레기는 자신들이 만지는 모든 것을 더럽히는 지저분한 존재이며, 따라서 연민이 아니라 경멸이 어울리는 사람들이었다.[39]

계급을 바라보는 이런 편협한 시각은 남부연합 수도인 리치먼드의 엘리트 여성들에게도 역시 널리 퍼져 있었다. 1865년 초에 제퍼슨 데이비스와 가까운 어느 서기관은 일기장에 영부인 버리나 데이비스 Varina Davis 를 둘러싼 안타까운 상황을 기록했다. '유서 깊은 가문의 부인들 사이에서 (영부인의) 평판이 나빠졌다'는 내용이었다. 소위 '명문가' 출신들이 영부인을 멀리하기로 하고 뒤에서 험담했는데, 버리나 데이비스의 아버지가 하층계급 출신으로 추정된다는 것이 이유였다. 전쟁으로 사람들이 굶주림에 시달리는 동안, 산해진미를 놓고 만찬을 즐기는 정부 관료와 부인들 사이에 널리 퍼진 이야기였다.[40]

남부연합의 종말을 생각하면서 다른 작가들은 그보다 극적인 우려를 표출했다. 이후의 계급 재편이 명예로운 어머니를 '양키 부인 밑에서 일하는 요리사'로 전락시키고, 사랑하는 아내를 '양키 살인자와 난봉꾼' 밑에서 일하는 세탁부로 변모시키고, 독실한 자매를 '양키 매춘부' 밑에서 일하는 가정부로 만들 것이라는 우려였다. 향후 상황이 어떻게 예상되든, 가난한 시골 여자들이 이미 모든 것을 잃었다는 눈앞의 사실은 거의 중요하지 않았다. 그들의 고통은 전혀 오염되지 않은 순수한 지배계급 여자들의 그것과 비교하면 거의 문제가 되지 않기 때문이었다.[41]

한편, 데이비스와는 다른 종류의 상징이 링컨 주변을 맴돌고 있었다. 호의적이지 않은 묘사에서 링컨은 머드실의 대통령으로 등극했다. 제퍼슨 데이비스의 출생지에서 멀지 않은 켄터키에서 태어났지만 시골 출신이라는 '정직한 에이브Honest Abe'의 배경은 공격거리를 찾는 적들에게 좋은 먹잇감이 되었다. 링컨과 데이비스를 나누는 중요한 한 가지가 바로 출신 계급이었다. 남부의 신문들은 데이비스를 '윗사람이 될 자격을 타고났다'고 표현했다. 데이비스는 미국 육군 사관학교 출신이었고, 문필가이자 점잖은 매너를 가진 사람이었다. 반면에 링컨은 무례한 시골뜨기, '일리노이 원숭이', '취한 주정뱅이'였다. 링컨의 미덕, 즉 그의 정직성(혹은 정직한 부모)은 오히려 내세울 것 없는 계급 출신이라는 신호로 해석되었다. 1862년 링컨의 가까운 동지인 북군 장군 헌터David Hunter는 재무장관 체이스Salmon P. Chase에게 링컨이 '노예주의 가난한 백인으로' 태어났다고 말했다. 헌터는 링컨이 경계 주의 노예소유주를 지나치게 배려한다고 보았다. 그리고 이유를 '인정을 열망하는데, 특히 자신이 항상 우러러보았던 사람들의 인정을 열망하기' 때문이라고 분석했다. 켄터키가 고향이라는 이유로 링컨은 백인 쓰레기가 되었고, 거처로 일리노이주를 선택했다는 이유로 '초원의 머드실'이 되었다. 남부연합 지지자들은 어떤 사람이 중서부 출신이라고 하면 무조건 영세 자작농과 동일시하는 분위기였다. 어느 버지니아 출신 포병이 보기에 그들은 모두 '초원의 진흙 속에서 잉태된 무뢰한이자 인간쓰레기'였다.[42]

그러나 서로에 대한 중상과 비방으로 얼룩진 싸움은 결국 연방주의자 쪽에 유리하게 작용했다. 공화당원과 북군 장교들은 머드실 딱지를 자부심의 상징으로 달고 다녔고, 이를 북부 민주주의를 향한 구호로 삼았다. 이런 전략은 이미 링컨이 당선되기도 전에 시작되었다. 뉴욕시에서 열린 대규모 집회에서 아이오와 부지사는 '가로장용 통나무 패는 사람^{rail-splitter}'[링컨의 별명]이야말로 대통령직을 맡을 최고의 농부라고 칭찬하는 정열적인 연설을 했다. 그야말로 '머드실과 정비공'을 보호하려는 의지가 있는 사람이라고. 또한 자기네 주의 모든 공화당원이 '머드실 정신을 키우기로 마음먹었다'는 농담도 했다.[43]

뉴욕에서 발행되는 「배니티 페어」는 풍자를 활용해 남부연합의 계급에 대한 조롱에 크게 한 방 먹이면서 형세를 역전시켰다. 「배니티 페어」 작가들은 남부 사람 데이비스의 잔뜩 부풀려진 화려한 자아상에서 공기를 빼내는 한편으로 '비굴하게 엎드린' 그의 적, 즉 머드실을 신나게 옹호했다. 잡지는 남부의 연설가와 신문기자들의 표현을 십분 활용하면서 링컨을 '북부의 야만적이고 미개한 기름 범벅 정비공과 머드실들'의 수장으로 당당하게 묘사했다.

제퍼슨 데이비스의 허풍 가득한 웅변 스타일도 「배니티 페어」 편집진의 통렬한 풍자의 대상이 되었다. 제1차 불런 전투[1861년 7월 21일] 이후 잡지에 게재된 조롱 조의 가짜 선언서에서, 데이비스는 자신의 군대가 워싱턴의 북군을 압도할 것이고, '정신을 못 차리는 바보' 링컨을 가장 가까이 있는 나무에 매달고, 뉴욕 제7연대를 남군 장교들의 몸종으로 만들 것이라고 말하는 포고령을 발표한다. 패러디에 등장하는 데이비스는 손쉬운 승리를 장담하는 거창한 비전을 제시하면서 '머드실 병사들은 양처럼 우리 앞에서 내빼기 바쁠 것이므로' 거의 저항이 없을 것이라고 단언했다. 그동안 남부 사람들이 뱉어낸 과장된 발언들이 결국은 부메랑이 되어 자신들에게 돌아왔다. 머드실이라는

「프랭크 레슬리의 삽화 신문」에 그려진 링컨은 글자 그대로 머드실^{mudsill}이다. 진흙^{mud}에 빠져 리치먼드에 있는 제퍼슨 데이비스에게 갈 수가 없다.

― 「프랭크 레슬리의 삽화 신문」, 1863년 2월 21일 자

호칭은 애초에는 교양 없는 북부 사람들을 공격하는 욕설에서 시작되었지만, 남부연합 지지자들의 오만을 조롱하는 데 더없이 효과적이었다. 1863년 「프랭크 레슬리의 삽화 신문Frank Leslie's Illustrated Newspaper」에서 머드실이라는 별칭을 활용해 흥미로운 삽화를 게재했다. 링컨이 허리께까지 차는 진흙mud에 빠져 리치먼드 둥지에 있는 '못된 새' 데이비스에게 다가가지 못하는 상황을 표현하고 있다.[44]

훗날 제20대 대통령이 되는 가필드James Garfield 장군이 1863년 11월 최전방에서 돌아와 볼티모어 집회에 참석했을 때도 휘하에서 싸우는 머드실을 옹호하고 격려하는 연설을 했다. 가필드는 '동굴과 바위'에서 나와 북군을 지지해주는 테네시주와 조지아주의 충성스러운 주민들을 찬양했다. 그리고 남부연합은 잘못된 생각 위에, 즉 '보통 사람의 정부가 아니라 신사, 돈 있는 사람, 머리 좋은 사람, 노예를 소유한 사람들의 정부'라는 생각에 기초하여 건설되었다고 주장했다. 이는 귀족이 중심이던 구세계의 정부와 닮아 있었다. 연설을 듣던 서민들은 가필드가 남부연합 수뇌부에 있는 두 장군을 '브래그 백작Count Bragg [브랙스톤 브래그Braxton Bragg]'과 '보러가드 주인님My Lord Beauregard [피에르 구스타프 투탄 보러가드Pierre Gustave Toutant Beauregard]'이라고 부르는 순간 함성을 질렀다. 이런 반응에 고무된 가필드는 친숙한 군중을 향해 '머드실 여러분'이라고 부르면서 그들이 계급 이동을 보장하고 노동하는 사람에 대한 진정한 존중을 약속하는 정부와 사회의 후원자라는 사실을 강조했다. 가필드에게, 그리고 다른 많은 사람에게 머드실은 연방의 근간이라고도 했다. 그들은 '신께서 힘센 손과 튼튼한 심장을 주셔서 감사하다고 생각하는, 은수저를 입에 물지 않고 태어난' 사람들이고, 앞으

로도 자랑스러운 머드실로 남을 것이라는 말도 보냈다.[45]

남부연합의 계급제도 때문에, 그리고 대농장주 엘리트의 백인 빈민층 착취 때문에, 공화당 의원과 군 지도자들은 전쟁 시작부터 대농장주의 지갑을 털자는 재산몰수정책에 찬성하는 입장을 보였다. 부유한 남부연합 동조자들을 벌하자는 정책이 구체화된 곳은 남북 양쪽으로 충성심이 분할되어 있던 경계 주에서였다. 비정규 반군 게릴라들이 철로를 해체하고 연방 주 시민들을 공포에 떨게 했던 미주리주에서 핼릭^{Henry W. Halleck} 장군은 매우 선택적인 방법으로 징벌을 내리기로 결정했다. 핼릭은 전체 미주리 시민을 벌하기보다 부유한 사람들에게만 배상금 지불을 명했다.[46]

핼릭은 전쟁으로 인한 대가와 희생은 사회 상층에서 체감해야 한다고 생각했다. (가난한 백인 여성과 아이들이 대부분인) 피난민들이 세인트루이스로 홍수처럼 밀려들자 핼릭과 동료 장교들은 사회 상류층이 비용을 부담해야 한다는 데 의견을 모았다. 북군 장교들은 일반 대중이 이런 차별적인 징벌 체계를 생생하게 볼 수 있도록 가두극장을 통한 선전전을 폈다. 엄격하지만 차별을 두는 핼릭의 평가 시스템하에서 배상금 완납을 거부한 미주리 남부연합 지지자들은 값나가는 소유물을 몰수당했는데, 이런 과정에서 공개적으로 망신을 당했다. 헌병 장교들이 집으로 쳐들어와 피아노, 깔개, 가구, 값비싼 책들을 운반해갔고, 이런 물건들을 경매를 통해 판매했기 때문이다. 부자와 빈민의 차이는 그야말로 극명했다. 전쟁으로 삶의 터전을 잃은 아칸소주 오자크 산악지대 출신 난민들이 미시시피강에서 서쪽으로 수백 킬로미터 떨어진, 미주리주 롤라 부근에 나타났다. 과거 주지사 후보가 이끄는 이들 피난민 대열은 달구지, 가축, 개 등등이 뒤섞여 기이하기 그지없었다. 피난민의 숫자는 모두 2,000명이 넘었다. 목격자들은 대열 속의 남자를 백인 쓰레기라는 범주로 분류했다. '키가 크고, 병색이 엿보이는 창백한 혈색, 가죽처럼 딱딱한 피부' 그리고 굶주린 여자들과 아이들이 그들과 함께했다. 여자들은 온통 먼지투성이었고, 아이들은 맨발을 그대로 드러낸 처참한 모습이었다.[47]

공개적인 망신주기는 북군이 사용하는 또 다른 전술이었다. 루이지애나주 뉴올리언스를 접수한 버틀러Benjamin Butler 장군의 악명 높은 28호 명령은 북군 병사에게 무례한 태도를 보이는 여성은 누구든 창녀 취급을 받게 될 것이라고 선언했다. 상류계급 여성의 상징인 도덕적 순결이라는 가정을 부정하는 징벌 수단을 선택한 것이었다. 그보다 충격적인 것은 76호 명령인데, 여기서 버틀러는 모든 남녀에게 충성 맹세를 요구했다. 거부하는 경우 재산을 몰수당했다.

여성을 정치적으로 동등하게 대우한다는 명분으로 '여성의 넓은 크리놀린[스커트를 부풀리는 용도로 쓰이는 페티코트]' 뒤에 감춰진 것, 즉 남자가 부인 이름으로 숨겨둔 재산도 찾아냈다. 승리한 장교 하나는 1862년 버지니아주 북동부에 있는 프레더릭스버그 접수 당시, 북군 병사들이 부자들의 집을 부수고 '진흙 묻은 발'에서 나온 먼지만을 남기는 광경을 목격했다. 이런 반달리즘vandalism, 즉 기물 파괴는 저명한 남부연합 지지자들의 명예에 손상을 가하는 또 다른 방법이었다. 부와 지위의 상징물을 몰수해 부숴버리고 쓰레기만을 남기는 것이었다. 머드실 보병의 진흙투성이 발자국은 계급적 분노의 얄궂은 상징이었다.[48]

이런 메시지를 마음속 깊이 새긴 사람이 테네시의 앤드루 존슨이었다. 군정장관으로서 존슨은 남부연합 지지자들에게는 질색인 사람이 되었는데, 분리 주 출신으로 연방에 끝까지 충성한 유일한 상원 의원이었기 때문이다. 이런 충성심 덕분에 존슨은 1864년 링컨의 부통령 후보가 되었다. 앤드루 잭슨을 지지하는 민주당 창당멤버였던 존슨은 오만한 대농장주 엘리트에 대한 혐오감을 표현하는 데 거리낌이 없었다. 군정장관을 맡았을 무렵 존슨은 이미 공격적인 스타일로 유명했다. 스스로 '반역적인 귀족들'이라는 딱지를 붙인 사람들을 때려눕히는 데 누구보다 열심이었기 때문이었다. 존슨은 가난한 피난민 여성과 아이들에게 지불할 평가액 부과에도 열심이었는데, 이들이 가난해진 것은 남부의 '불경하고 비도덕적인 반란' 때문이라는 것이 그의 주장이었다. 당연히 존슨을 공격하는 사람들은 한때 하찮은 재단사였던 그를 자격 미달의 백인 쓰레기로 보았다. 전쟁 전에 그와 대립했던 한 정치인은 존슨을 '살아 움직이는 오물 덩어리'라고 부를 정도였다. 점잖은 남부 사람들의 눈에 링컨이 백인 쓰레기였다면, 존슨은 그보다 못한 존재였다.[49]

1864년 윌리엄 T. 셔먼 장군이 유명한 '바다로의 진격 March to the Sea' 작전을 계획했을 무렵, 북군 지도자들은 전쟁을 종식하려면 광범위한 모욕과 고통을 주는 수밖에 없다고 생각했다[바다로의 진격: 남북전쟁 당시 북군의 막판 대공세로, 셔먼 장군 휘하의 북군이 대서양 연안의 서배너까지 남부 주요 도시를 초토화하며 진격하는 작전이었다. 서배너 작전 혹은 셔먼 대행진이라고도 한다]. 자신의 군대를 약탈 원정대로 전환하면서 셔먼은 부하들에게 해당 작전이 가지는 계급적인 함의를 숙지시켰다. 가장 무자비한 호화판 파괴 잔치는 극렬 노예제 지지자들의 수도라고 불렸던, 사우스캐롤라이나의 주도 컬럼비아에서 일어났다. 대농장주 중심의 과두 지배가 가장 두드러진 곳이기도 했다. 뉴저지 출신의 명예 소장 킬패트릭^{Hugh Judson Kilpatrick}은 컬럼비아 남쪽으로 100킬로미터 떨어진 반웰이라는 작은 도시에서 자칭 '네로의 무도회'를 개최하고, 도시의 남부 출신 미인들이 참석해 북군 장교들과 춤을 추도록 했다. 잔인한 것은 무도회가 진행되는 동안 도시가 완전히 불타 사라지고 있었다는 것이다.[50]

폭력적인 행동 지침을 정당화하는 과정에서 셔먼은 계급 권력을 상대하면서 토머스 제퍼슨이 좋아했던 단어 중의 하나를 되살렸다. 바로 물건을 일정 기간 사용하며 이익을 얻을 수 있는 권리, 즉 '용익권^{用益權}'이라는 단어였다. 셔먼은 사유재산에 대한 절대적인 권리란 존재하지 않으며 오만한 대농장주는 용익권이라는 측면에서 부동산을 보유하고 있을 뿐이라고 주장했다. 즉, 연방정부의 호의 덕분이라고. 이런 이론에 따르면 원칙적으로 남부 사람들은 임차인이었고, 따라서 임대주인 연방이 불충한 임차인을 얼마든지 쫓아낼 수 있었다. 제퍼슨은 세습 신분의 영향력을 약화하고 세대에서 세대로 대물림되는 채무로부터 미래 세대를 보호할 정치적 논리를 개발하기 위해 용익권이라는 로마 시대 개념을 이용했다. 셔먼은 거기서 한 걸음 더 나아갔다. 연방정부의 허가 없이는 재산이 존재하지 않는다는 것이었다. 셔먼의 철학은 주권^{州權}, 즉 주의 권리를 부인했을 뿐만 아니라 반역을 자연 상태로의 회귀와 동일시했다. 이런 논리를 통해 남부의 과두 지배층은 토지와 계급 특권을 박탈당했다. 엘리트 남부연합 지지자들이 자신들의

부를 지킬 유일한 방법은 연방법에 복종하는 것뿐이었다.[51]

북군 장군들과 고위 장교들은 면화를 재배하는 남부의 과두 지배층이 데이비스 행정부와 함께 몰락할 것으로 기대했다. 그들은 전쟁의 여파로 계급 관계가 급격하게 바뀌리라고 확신했다. 일종의 선교 열정이 이런 사고의 흐름을 만들어냈다. 1865년 버지니아 피터즈버그 포위공격 이후, 군목 암스트롱Hallock Armstrong은 자칭 '귀족에 대한 전쟁'을 평가한다. 아내에게 보낸 편지에서 암스트롱은 구남부에 극적인 변화가 일어날 것으로 예측했다. 그는 사회를 변화시키는 것은 노예제의 종말만이 아니라 '가난한 백인 쓰레기'들이 누릴 기회가 늘어나는 것이라고 보았다. 암스트롱은 아내에게 전쟁은 '수백만 명의 가난한 백인을 옭아맨 쇠사슬을 제거할 것'이라면서 '그들의 예속 상태는 사실 흑인들보다 심각하다'고 말했다. 암스트롱은 그들의 비참한 상황을 목도했고, 대대로 교실 내부를 구경조차 해본 적이 없다는 사실에 경악했다.[52]

이들 빈민을 되살리는 일이 불가능한 일이라고 인식하는 사람들도 많았다. 휠러William Wheeler라는 뉴욕 포병 장교는 앨라배마에서 누더기를 걸친 피난민들을 만난 뒤에, 그들이 '백인종'으로 분류된다고, 즉 '우리와 같은 살과 피'를 가진 사람으로 간주된다고 믿기는 힘들다고 느꼈다. 일부 북군 남자는 시체처럼 창백한 백인 빈민들을 남부의 낙후된 오지에서 만나지 않을까 생각했다가 남부연합 병졸들 속에서 보고 깜짝 놀랐다. 그들은 탈영병, 죄수, 남부연합 교도관들에 대해 지저분하고, 구부정하고, 무식하고, 기묘한 복장을 하고 있다고 표현했다. 서부전선에서 싸운 병사들은 미시시피 강가에서 찾아낸 진흙 오두막을 보고 깜짝 놀랐다. 북부의 머드실은 남부의 정말로 진흙투성이인 습지 사람들에 비하면 왕족처럼 보일 정도였다.[53]

'머드', 즉 진흙은 어쩌면 연방과 남부연합 공히 전쟁으로 인한 희생과 대가를 평가하는 데 있어 핵심 이미지일지 모른다. 화려한 매력은 고사하고 진흙투성이 행군, 식량 부족, 식량 징발(때로는 민간인에게서 훔치는 일이 수반되기도 했다), 악취 나는 진흙투성이 병영에 만연한 비인간적인 환경뿐이었다. 게다가 북군과 남군의 사망자들은 모두 얕게 판 진흙으로 만든 거대한 무덤 안에 급히 안치되었다.[54]

그러나 양쪽 진영 모두에서 정치적 상상력을 사로잡은 전시의 선전선동은 역시 '역겨운 머드실'이었다. 북부 사람을 가리키는 남부연합 지지자들의 여러 욕설과 비방에 '머드실'이 결합되었다. 부랑자, 구두닦이, 북부의 인간 찌꺼기 등등. 또한 제퍼슨 데이비스의 욕설 선택도 잊지 말아야 한다. 바로 '세상의 오물'이라는 표현이다. 그런 어휘를 선택함으로써 남부의 반도는 북군 병사를 링컨의 연한계약하인, 하층 계급, 임금노동자 정도로 치부하고 무시할 수 있었다. 남부연합 지지자들은 쉽게 이길 수 있다는 확신을 가지려고 연방군이 유럽의 '쓰레기', 북부 도시의 감옥과 뒷골목에서 흘러나온 폐물, 연방 내에서도 열등한 집단 출신인 촌뜨기와 영세 자작농들로 가득하다고 주장했다. 북부 사람들은 그들대로 빵 폭동, 탈영병, 가난한 백인 피난민, 도주 노예를 분열된 남부연합의 확고한 증거로 인식했다. 이처럼 북부와 남부 각각은 계급을 상대의 핵심 약점이자 상대가 군사적, 정치적으로 취약할 수밖에 없는 원천이라고 보았다.[55]

양쪽 모두 부분적으로는 옳았다. 전반적으로 전쟁은, 그리고 내전은 더더구나 계급 간의 긴장을 악화시키는 결과를 가져오기 때문이다. 이유는 전쟁에 수반되는 희생은 항상 불평등하게 분배되기 마련이며, 빈곤층이 가장 큰 타격을 받기 때문이었다. 남부와 북부는 계급에 기초한 국가 성격 정의에 워낙 많은 것을 걸고 있었다. 거시적으로 보아 북부와 남부의 지도자들이 남북전쟁을 우월한 문명이 승리하여 지배하는 계급제도의 충돌로 보았다고 말해도 과언이 아닐 정도였다.

북부 사람들은 '백인 쓰레기'를 남부의 빈곤과 엘리트의 위선이라는 이중의 악귀와 동일시하는 경향이 있었다. 그들은 남부의 분리·독립을 불운한 백인 빈민층의 이익에 반하여 자행된 일종의 사기로 보았다. 필라델피아 어느 기자가 했던 말이야말로 남부연합의 오만한 사회제도를 확실하게 깔아뭉개는 최고의, 혹은 적어도 가장 독창적인 공격이 아닌가 싶다. 기자는 제퍼슨 데이비스 정부를 향해 5센트짜리 우표 주인공에 노예를 쓰라고 말했다. '가난한 백인 쓰레기'가 노예라는 '저렴한 동산을 구입할' 방법은 그것뿐이니까. 그렇다고 문제의 기자가 북부 사람들이 그런 문제에서 완전히 자유롭다고 생각한 것도 아니었다. 기자가 보기에 북부의 머드실과 남부의 쓰레기는 거의 차이가 없었다. 전쟁에 총알받이가 되고도 양쪽 계급 모두 별로 얻은 것이 없었다.[56]

제8장

순종과 스캘러왜그: 우생학 시대의 혈통과 잡종

> 퇴화한 후손이 범죄를 저지를 때까지 기다려 처형하거나
> 무능력 때문에 굶주리도록 방치하는 대신,
> 누가 봐도 부적격인 이들이 대를 잇지 못하도록 사회가 막을 수 있다면
> 사회 전체로서는 더욱 좋은 일이다.……3대에 걸친 지적장애라면 충분하다.
> – 올리버 웬들 홈스^{Oliver Wendell Holmes} 연방대법원장, '벅 대^對 벨^{Buck v. Bell}' 소송

1909년 뉴욕시에서 개최된 전국흑인회의^{National Negro Congress}에서 듀보이스^{W. E. B. Du Bois}는 미국 내의 다윈주의^{Darwinism} 수용을 놓고 도발적인 연설을 했다. 회의 자료집에 「인종 문제의 진화^{The Evolution of the Race Problem}」라는 제목으로 실린 해당 연설 내용을 보면, 듀보이스는 사회다윈주의, 즉 사회진화론이 미국에서 그렇게 환영을 받는 이유는 '적자생존'이라는 아이디어 자체가 이미 미국 사회에 팽배한 반동적인 인종 정책을 승인해주기 때문이라고 단언했다. 계속해서 듀보이스는 다윈의 '대단히 훌륭한 과학적 업적'이 어떻게 '어떤 인류애로도 제거하지 못할 개인 간, 인종 간 불가피한 불평등'을 정당화하게 되었는가를 설명했다(하버드 대학교에서 공부한 학자인 듀보이스가 이런 표현을 쓴 것은 단순한 반어법만은 아니었다). 듀보이스의 주장은 다음과 같이 이어진다. 만약 어떤 사람이 흑인은 애초에 '열등한 종'이라는 인종차별적인 가정

을 (자연의 이치로) 받아들인다면, '자연에 반하는 법률을 제정해봐야' 소용이 없다. 백인 우월주의를 증명하는 데는 정치인들의 도움 따위는 필요하지 않았다. 어떤 형태의 인류애도 '타고난 두뇌 능력 부족 앞에 서는 무력할 것'이기 때문이다.[1]

사회 비평가 듀보이스가 보기에 그것은 미국화된 다윈 선택론에 담긴 인종차별주의에서 백인 지배가 정상적인 진화 과정을 망가뜨렸다는 인식으로 가는 작은 걸음이었다. 인종차별주의는 (흑인이든 백인이든) 최고가 더욱 발전하도록 해주기는커녕 오히려 다원주의 주장을 약화해왔다. 이는 백인종을 발전시키지 **못했을** 뿐만 아니라 잘못된 패권으로 인해 (다윈이 말한 적자생존이 아니라) '인류 최악의 종족 가운데 일부의 생존'으로 이어졌다. 백인 하층계급은 항상 같은 자리에 머물러 있었고, 미국 남부 전역에서 '유능한 흑인', 재능 있고 생산적인 흑인들이 백인 자경단원들이 외치는 정의에 동조하고 적법절차를 무시한 사적 제재를 지지하는 선출직 관료들의 발아래 짓밟히고 있었다. 이처럼 적법절차를 무시한 채로 유능한 흑인들을 짓밟는 행위는 남북전쟁 이후 달라진 남부 상황에 적응하지 못하고 연방 재편입 조건을 받아들이지 않는 백인 쓰레기의 이해관계에 영합하는 것이었다.[2]

듀보이스는 그동안 인종에 무관한 평등한 교육을 부정함으로써 백인의 정치적 헤게모니가 유지되었고, 이것이 진화론 법칙이 남부에서 자유롭게 작동하는 것을 막고 '계급 불평등의 폐해'를 재생산해왔다고 추론했다. 하나의 테제[thesis]로서 백인 우월주의는 아무런 과학적인 근거가 없는 반면, 공포와 증오에 기반을 둔 비뚤어진 계급제도에 점점 큰 해악과 혼란을 야기하고 있었다. 백인종이 세계를 지배할 운명이라는 대중적인 주장에도 불구하고 백인종은 쇠퇴하고 있다고 듀보이스는 확신했다. '쇠퇴의 많은 신호' 중에는 출산율의 전반적인 감소가 있었다. 이처럼 백인의 상황을 악화시키는 모든 위협은 '내부에서' 나왔다. 그러나 흑인 선거권 부여 10년 뒤인 1877년 민주당이 남부 주들을 장악하자, 그들은 하나같이 사회 혼란을 야기하고 백인의 사회적 지위 하락을 초래했다면서 공화당 평등주의자들을 비난하고 나섰다. 듀보이스는 남부 백인이 자기를 돌아보고 반성하기를 거부함으로써 자신의 퇴보를 보지 못하고 있다고 주장했다.[3]

넓게 보면 듀보이스는 남북전쟁 이후 소위 재건 시대^{Reconstruction} 역사와 여파를 자기만의 방식으로 이야기하고 있었다. 훨씬 뒤인 1935년 듀보이스는 이런 관점을 확장하여 하나의 완결된 연구서를 내놓게 된다. 그러나 1909년 연설에서 이미 그는 대여섯 가지 핵심 연관성을 드러내고 있었다. 무엇보다도 듀보이스는 남부의 정치가 어떻게 다윈주의와 우생학 운동이 동시에 인기를 끌 수밖에 없는 환경을 조성했는가를 꿰뚫어 보고 있었다. 다윈의 가장 유명한 저작들인 『종의 기원$^{On the Origin of Species}$』(1859), 『인간의 유래$^{The\ Descent\ of\ Man}$』(1871)는 미국에서 대성공을 거두었다. 그리고 다윈의 사촌 동생이자 우생학 창시자인 골턴$^{Francis\ Galton}$의 저서 역시 마찬가지였다.

진화는 자연법칙에 의존하는 반면 우생학은 자연만으로는 부족하다고 보았다. 골턴의 신봉자들은 좀 더 바람직한 번식을 통해 종족을 개량하기 위한 인간의 개입이 필요하다고 강조했다. 다윈 자신이 우생학을 지지했고 이를 입증하기 위해 친숙한 축산업 비유를 활용하기도 했다. "키우는 말, 소, 개가 짝짓기를 하기 전에 사람들은 꼼꼼하게 동물의 족보를 살핀다. 그러나 정작 자신의 결혼 이야기가 나오면 그렇게 세심한 주의를 기울이는 일이 거의, 혹은 전혀 없다." 이를 앞서 소개했던 토머스 제퍼슨의 말과 비교해보라. 사실상 같은 이야기다. "사람들은 말, 개, 기타 가축의 번식에서 우월한 아름다움이라는 조건이 당연히 주의를 기울일 가치가 있다고 생각한다. 인간의 번식에서는 그렇지 않을 이유가 무엇인가?" 우생학자들은 영험한 주문이라도 되는 양 '우량한 인간 품종'을 동물 순종에 비유하고, 명문가 태생을 우월한 능력, 유전적 적자^{適者}와 동일시했다.[4]

유전학으로 가장한 사이비 과학이 미국인들에게 계급 차별과 인종 차별을 자연법칙으로 설명할 편리한 수단을 제공했다. 20세기 초에 절정에 달한 이런 언어의 호소력은 남북전쟁 이후 재건 시대에 처음으로 사람들을 사로잡았다. 북부의 모습을 본떠 남부를 재건하고자 했던 공화당 지지자, 백인 엘리트의 지배를 회복하고자 했던 민주당 지지자 모두 드넓은 국가의 재통합을 좀 더 넓은 의미에서 진화론적인 투쟁의 일부로 보았다. 그래서 다윈의 '적자생존'은 정치인과 기자들의 슬로건이 되었다. 그들은 부자연스러운 생식, 부적격자의 지배, 퇴화 성향을 지닌 최악의 종족 등을 부각하는 진화론 관련 어휘를 들먹였다. 이런 주장의 중심에는 백인 빈민층과 해방 노예가 서로 대립하게 하는 투쟁이 있었다.

백인 빈민층이 재건 기간에 논쟁에서 부각되고 자주 등장하는 상황은 어쩌면 불가피했을 것이다. 다수의 북부 사상가들은 남부의 우월주의라는 오래된 왕당파 신화를 잠시도 믿은 적이 없었다. 1864년 누군가의 주장에 따르면, 대다수 남부 사람들은 혈통이 '유럽의 인간 찌꺼기들' '매음굴과 교도소'의 비천한 후손으로 거슬러 올라가며, 따라서 잘 봐줘도 자칭 '평민 귀족'이 될까 말까 한 수준이었다. 귀족이 이끌던 남부연합이 붕괴되자 우아한 남부에 따라붙던 우월한 세력이라는 환상도 붕괴되었다.[5]

대부분의 공화당 지지자에게 남부를 재건한다 함은 (a)노예가 아닌 자유민 노동 경제를 도입하고 (b)연방에 충성하는 주민을 확보한다는 의미였다. 그들은 남부의 연방주의자와 해방 노예를 가장 충성스러운 부류로 인식했다. 공화당 지지자들에게 남는 문제는 간단히 말하면 다음과 같았다. 가난한 백인이 남부를 식자識字 사회와 자유 시장경제로 바꾸는 데 도움을 줄까, 아니면 변화에 저항하고 남부를 바닥으로 끌어내릴까?[6]

앤드루 존슨 대통령은 연방 복원 계획을 발표하면서 이런 논쟁에 기여한 측면이 있다. 존슨은 자신의 요구 조건에 최고 부유층 노예소유주의 선거권 박탈을 포함했다. 1865년 「뉴욕 헤럴드New York Herald」의 해설에 따르면, 그렇게 하여 남부의 과두 지배층은 '권력을 박탈당하는' 반면, (여기서 신문은 계급 역동성을 강조한다) 지금까지 그들의 뒤를 따르면서 시키는 대로 해야 했던 '가난한 백인 쓰레기'가 상황의 주인이 되도록 하자는 것이었다. 그렇다, 주인이. 존슨은 사우스캐롤라이나 대표단에게 했던 연설에서도 같은 의견을 피력했다. 존슨은 '이번 반란으로 엄청난 수의 흑인이 해방되었지만', '다른 한편으로 훨씬 많은 백인이 해방된 것도 사실'이라고 강조했다. 그는 생계를 위해 힘들게 불모지나 모래투성이 땅을 경작하고, 흑인과 엘리트 대농장주 모두에

게 무시를 당해온 '가난한 백인'의 지위를 높이고 싶다고 말했다.[7]

대통령은 재건 주들에서 3단계 계급제도를 생각했다. 선거권을 박탈당한 대농장주 엘리트는 땅과 어느 정도의 사회적 힘을 그대로 보유하겠지만, 연방주의자들의 신뢰를 회복하기 전까지는 어떤 직접적인 정치적 영향력도 박탈당할 것이다. 중간계급은 새로이 지배 세력으로 등장한 가난한 백인 계급으로 채워질 것이다. 투표권을 행사하고 공직을 맡으면서 그들은 과거의 과두 지배를 저지하는 한편, 그들 자신이 경제적으로 [혹은 정치적으로] 해방 노예와 경쟁해야 하는 상황 또한 발생하지 않도록 막을 것이다. 존슨은 최하층에 흑인 자유민과 해방 노예를 두었다. 후자는 사실상 해방되었지만 [완전한 시민권이 없는] 거주 외국인 취급을 받으며, 여러 권리를 누리지만 선거권은 여전히 부정되는 상태였다. 링컨의 인기 없는 후계자가 마음에 품고 있던 계획은 과거 질서의 '복원'이 아니었고, 그렇다고 민주주의 수립을 약속하는 것도 아니었다. 존슨의 계획은 미국에서 과거에 보지 못했던 전적으로 새로운 어떤 것이었다. 그러므로 존슨의 계획이 실행되었다면 이런 모습이 아니었을까 싶은 그런 명칭으로 불러보도록 하자. 바로 **백인 쓰레기 공화국**^{white trash republic} 이다.

테네시 출신 존슨은 분명 흑인 참정권을 하찮게 여겼고 우선순위를 두지 않았다. 그렇지만 과거의 대농장주 엘리트의 위상을 재정립하는 데는 여전히 열심이었다. 선거권 박탈에도 불구하고 귀족들은 상당한 부, 그리고 마찬가지로 중요한, 사람들을 설득할 힘을 보유하고 있었다. 그들은 이전의 노예이자 지금의 고용인들을 정치적 앞잡이로 변모시켰다. 이는 존슨 대통령이 마뜩잖게 생각했던 전개였다. 그러나 한편으로 존슨은 과거 지배 엘리트 대표들에 대한 개인적 사면을 허용함으로써 스스로 자신이 세운 방향과 계획을 약화시켰다. 존슨이 그렇게 한 것은 아마도 재선에 성공하려면 그들의 도움이 필요하다고 느꼈기 때문일 것이다.[8]

만약 흑인이 정치적 평등을 얻는다면 훨씬 위험한 상황이 대두할 것이다. 존슨이 생각하는 계급 구조에서 하층을 차지하는 두 계급(흑인과 가난한 백인) 사이에 해묵은 증오심이 다시 표면화되면서 '인종 간의 전쟁'을 유발할 것이다. 그렇지만 앤드루 존슨이 생각하는 인종 전쟁은 토머스 제퍼슨의 그것과는 달랐다. 미국의 제3대 대통령이었던 제퍼슨은 전면적 노예해방으로 해방 노예가 과거 주인과 대등한 위치가 되면, 서로의 전멸을 바라는 전면전이 벌어지리라고 예견했다. 제17대 대통령 앤드루 존슨은 인종별 소외 계급들 사이의 싸움을 이야기했다. 존슨은 (과거 소외되었던 계급들인) 흑인과 백인 모두 격렬한 생존 투쟁을 벌이리라고 보았다. 원인은 연방에서 남부 주들에 부여하는 보통 선거권이 될 것이었다.[9]

존슨은 머지않아 백인 쓰레기 공화국을 포기했지만 이런 구상 덕분에 우리는 남북전쟁 이후 재건에 대한 생각이 얼마나 다양했는가를 더욱 상세히 그려볼 수 있게 되었다. 1865년에 설립된 사무국 '해방노예국Freedmen's Bureau'이 백인 빈민과 해방 노예를 대척점에 있는 적이 아니라 지원 자격을 갖춘 빈민으로 묶어서 생각했다는 것 역시 의미가 있다. 링컨 암살 직후인 1865년 설립 단계부터 해방노예국은 흑인과 더불어 백인까지 포함하는 '모든 난민과 해방 노예'를 안심시키고 구제하는 권한을 부여받았다. 사무국 본안을 토론하는 과정에서 다수의 상원 의원이 현재 '거지, 무소득 부양가족, 집이 없이 노숙하며 떠도는 부랑자' 처지에 있는, 백인 난민의 궁핍한 상태가 해방 노예의 그것만큼 중대하다는 데 동의했다. 앨라배마, 아칸소, 미주리, 테네시에서는 흑인 구호 활동보다 백인 구호 활동이 두 배(어떤 경우는 네 배)에 달했다. 조지아에서는 18만 명이나 되는 백인 난민이 음식과 식량을 제공받았다. 1866년 해방노예국을 확대하자는 토론 도중 켄터키 출신 공화당 하원 의원 스미스Green Clay Smith는 '땅 한 뙈기 가져본 적 없고, 재산 한 푼 소유해본 적 없으면서도 다른 누구 못지않게 진실하고 헌신적인 애국자였던 다수의 백인이 있다'고 지적했다. 스미스는 남부의 여러 문제는 전쟁 자체보다 깊은 뿌리를 가지고 있다고 보았다. 빈곤과 떠돌이 생활이라는 이중고는 항상 백인 주민들을 괴롭혀왔다.[10]

그러나 스미스가 말하는 충직하고 명예로운 백인 빈민이라는 장밋빛 이미지를 받아들이는 사무국 관리는 거의 없었다. 난민 캠프를 방문한 사람들, 즉 「뉴욕타임스」 어느 통신원이 남부 마을의 '게으름뱅이 백인'이라고 부르는 이들의 상황을 직접 목격한 사람들은 대부분 그리 호의적이지 않았다. 뉴올리언스의 한 회의론자는 조롱 조로 다음과 같이 말하기도 했다. 전쟁 전에 '가난한 백인 쓰레기'는 스스로 어떤 것도 할 능력이 없음을 보여주었던 것이 맞다. 그런데 지금은 '난민 사업'에서 생각지 못한 직업을 찾아냈다. 정부 지원으로 놀고먹는 직업을 찾아냈다는 의미였다. 플로리다에서는 사무국 직원이자 나중에 하원 의원이 되는 해밀턴Charles Hamilton이 상관들에게 지적 능력 면에서 '남부의 백인 서민들'은 해방 노예보다 백지장 한 장만큼 나을 뿐이라는 생각을 털어놓았다. 널리 회람된 사무국 보고서들을 보면, 극빈 상태의 백인 수십만 명이 '샘 아저씨', 즉 '미국정부'의 배급에 의존해 연명하고 있었다. 대표적인 배급 수령자들은 '지저분한 누더기를 걸친' 여자들이었다. 보고서에서는 이들을 '먼지투성이에 땟국물이 줄줄 흐르고, 몸집이 왜소한 천진난만한 수다쟁이들 수십 명이 일렬로 서 있었다'고 표현했다. 아마도 가장 비판적인 평가는 민간 행정가로 변신한 북군 장교 스털링Marcus Sterling이 내놓은 것이 아닐까 싶다. 스털링은 버지니아 시골 지방에서 4년 동안 사무국 직원으로 일한 뒤에 1868년 마지막 보고서를 작성했다. 그는 흑인 해방 노예들이 장족의 진보를 보이고 있다고, 연방정부의 개입 결과로 '이전보다 안정감을 느끼고, 근면하고 의욕적인 태도를 보이게' 되었으며, '정직한 자부심과 늠름한 성실성'으로 읽고 쓰는 능력을 얻으려고 열심이라고 생각했던 반면, '가련한 처지의 가난한 백인 계급'에 대해서는 같은 말을 할 수 없다고 보았다. 스털링은 가난한 백인을 '(사무국의) 엄청난 자선과 과감한 개혁에 거의 영향을 받지 않는 것처럼 보이는 유일한 계급'이라고 표현했다. 다수의 사무국 직원들이 보기에 가난한 백인은 자립을 향한 경쟁에서 결코 문밖으로 나가지 못하는 상태였다.[11]

가난한 백인에 대해 암울한 예측을 한 이들이 해방노예국 직원들만은 아니었다. 주요 신문사 기자들이 남부로 가서 정기적으로 소식을 전해왔고, 경험을 집대성한 논문을 발간하면서 남부의 많은 것을 궁금해하는 북부 독자들의 호기심을 충족시켰다. 「월간 애틀랜틱Atlantic Monthly」「퍼트남스 매거진Putnam's Magazine」「월간 하퍼스 뉴 매거진Haper's New Monthly Magazine」 등에 눈길을 끄는 기사들이 실렸다. 「뉴욕타임스」는 남부 소식을 다루는 여러 편의 에세이를 실었다. 1866년에는 익명의 통신원이 '남부에서: 남부 여행과 메모From the South: Southern Journeyings and
Jottings'라는 건조한 제목으로 백인의 빈곤상을 통렬하게 폭로하는 글
을 쓰기도 했다. 일리노이 출신 기자 앤드루스Sidney Andrews는 「시카고
트리뷴Chicago Tribune」과 「보스턴 애드버타이저Boston Advertiser」에 기고하면
서 백인의 비참한 실상과 자신의 의견을 가감 없이 알렸다. 그리고 기
고했던 글들을 묶어 『남북전쟁 이후 남부The South Since the War』라는 제목으
로 발간했다. 리드Whitelaw Reid는 「신시내티 가제트Cincinnati Gazette」 남부 특
파원을 지낸 이후, 당시 관찰한 내용을 『전후: 남부 순회After the War: A Tour
of the Southern States』라는 건조한 여행기에 실어 소개했다. 마지막으로 트로
브리지John Trowbridge는 『남부: 전장과 폐허가 된 도시 순회The South: A Tour of Its
Battlefields and Ruined Cities』라는 저서에서 냉혹한 시선으로 시골 지역 백인을 집
중적으로 다루었다.[12]

위에 소개한 모든 책이 1866년 한 해에 나왔다. 그러나 전후 불안한
시기에 가장 많이 언급된 책 중의 하나는 전쟁이 공식적으로 종식되
기 전에 나왔다. 바로 『테네시에 들르다Down in Tennesee』(1864)라는 책이다.
역시 여행담이며 저자는 뉴욕의 면화 상인이자 소설가인 길모어James
R. Gilmore다. 책에 나오는 길모어의 주장에는 독특한 구석이 있었다. '열
등한 백인'과 '평범한 백인'을 구별하면서 후자는 진취적이고, 법을 준
수하고, 건설적인 시민이라고 주장했기 때문이다. 그들은 아무 의욕이
없고, 도둑질을 일삼고, 미개한 짐승 같은 열등한 백인과는 확연한 대
조를 이루었다. 열등한 백인의 거처는 '겨우겨우 봐줄 만한, 돼지우리
혹은 개집'을 연상시켰다. 길모어는 이들이 소수라고 밝히면서도, 전
염성이 강하기 때문에 여전히 위험한 계급이라고 말했다. 그들은 무릇

끓은 남부의 병든 부위이며, 사회라는 몸 위에 피어난 '곰팡이'로, '다른 부위의 힘과 생명력을 빨아먹는다'.[13]

위에 언급한 작가들 모두는 하나의 공통된 바람이 있었다. 남부의 인종과 계급제도의 수수께끼를 풀어 불확실한 남부의 미래를 예측해보려는 것이었다. 이들이 합의를 본 부분이 있다면, 시드니 앤드루스의 글에 나오는 다음 문구로 요약되지 않을까 싶다. "지금 문제는 남부의 가난한 흑인의 미래가 아니라 남부의 가난한 백인의 미래다."[14]

가난한 백인이 잠재적 시민으로서 해방 노예보다 못한 무기력한 상태라는 공화당 성향 기자들의 주장은 지금 보면 놀라울지 모르지만 당시에는 예상치 못한 평가는 아니었다. 과거 남부연합 엘리트와 '도살장에 끌려가는 양'처럼 전쟁에 끌려 나간 '비굴한' 빈민 남자 모두에 대한 불신이 강했다. 리드는 흑인 아이들이 배우려는 열기가 뜨겁다고 느꼈고, 앤드루스는 흑인들이 '날카로운 보호 본능'을 보여주지만, 백인 쓰레기는 그런 점이 부족하다고 생각했다. 여러 글에서 해방 노예는 유능하고, 검약하고, 연방에 충성스러운 것으로 묘사되었다. 「월간 애틀랜틱」에 글을 쓰는 한 작가는 이렇게 물었다. 왜 정부가 '이들 겸손하고 조용하고 근면한 흑인의 선거권을 빼앗고' '쓸모없는 야만인들', 즉 '무지하고 글도 모르고 사악한' 가난한 백인의 투표에 북부의 운명이 휘둘리게 두어야 하는가?[15]

따라서 유명한 어휘가 점점 불길함을 더해갔다. 이제 백인 쓰레기는 사회 변두리에 있는 별종에 머물지 않았다. 그들은 이제 선천적으로 비행 성향을 보이는, 말하자면 미국이라는 가계를 상징하는 나무에서 말라비틀어지고 시든 가지였다. '곰팡이'로서 그들은 남부 사회 전체 종족을 약화할 소지가 있었다. 그들은 누르스름한 피부색을 넘어 정체된 지적 능력, '무력한' 정신, '더듬거리는' 말투, '백치의 그것과 같은 멍하고 바보 같은' 시선 등으로 대표되는 확실한 상징이 되었다. 사람들은 그들을 현생 인류를 가리키는 '호모사피엔스', 즉 '슬기로운 사람'이 아니라 '슬기가 없는 인류Homo genus without the sapien'라고 불렀다. 열심히 일하는 흑인은 갑자기 구원받은 인류가 되었던 반면, 백인 쓰레기는 발달이 지체되고, 진화상으로 뒤처진 피조물로 남아 있었다.[16]

남북전쟁 이후 재건 기간에 공화당 지지자들은 백인 쓰레기를 급증하는 사생아, 매춘부, 부랑자, 범죄자를 생산하는 '위험한 계급'으로 불렀다. 그들은 부녀의 동침부터, 부인을 파는 남편, 딸의 간통을 방조하는 어머니까지, 모든 성 규범을 위반하고 있었다. 위험은 이제는 황무지로 사라져버리지도 않는 이들 인구의 증가에서 기인했다. 리드는 20세기 트레일러 쓰레기trailer trash [트레일러하우스에 사는 가난한 백인]의 불길한 전조라고 할 수 있을, 철도 차량에서 생활하는 불결한 난민들을 보고 적잖이 충격을 받았다. 역시 사무국 직원이면서 소설가였던 디포리스트John W. De Forest는 백인 쓰레기는 다윈이 말하는 자연선택이라는 '엄격한 법칙'이 그들 대부분을 없애는 한에서만 견딜 만한 존재라는 결론을 내렸다.[17]

1866년 「퍼트남스 매거진」의 한 작가는 '어느 가족사'를 이야기하면서 타락한 가계도의 근원을 추적했다. 이 간단한 기사는 『주크가The Jukes』(1877)를 포함한 수십 가지 연구 결과물의 예고편이었다. 『주크가家』는 두고두고 기억될 퇴화한 혈통의 연대기를 밝혔고, 이것은 다시 20세기 초에 미국의 대표적인 우생학자였던 대븐포트Charles Davenport에게 영향을 미쳤다. 「퍼트남스 매거진」에 실린 기사의 작가는 실명을 가진 실제 부부를 추적한 결과라고 주장했다. 그러므로 그의 주장은 남부의 폐물이 미국 식민지에 버려진 연한계약하인의 후손이라고 싸잡아 무시하는 대니얼 헌들리의 일반론에서 한층 더 나아간 것이었다.

빌 시먼즈라는 사람이 이 타락한 가계도의 선조였다. 영국 죄수이자 버지니아 무단토지점유자였던 그는 런던 출신 창녀와 결혼했고, 그녀는 저열하고 의존적인 다수의 자식을 낳았다. 저자에 따르면 백인 쓰레기 문제의 유일한 처방은 급진적인 형태가 되어야 했다. 바로 인위적 개입이다. 가축우리 같은 집에서 아이를 빼내 별도 보호시설에 두어야 한다. 그렇게 하면 아이는 최소한 노동하며 사는 법, 근친 후손을 낳지 않는 법을 배우게 될 것이다. 이어지는 혈통의 연결을 끊어야 한다. 앞으로 살펴보겠지만, 우생학적인 관점에서 범죄자들을 강제로 단종시켜야 한다는 결론으로 가는 길이 점점 짧아지고 있었다.[18]

19세기에 백인 쓰레기는 진화론적인 발달의 척도라는 (즉 그것이 결여되었다는) 생각이 워낙 광범위하게 퍼져 있었다. 이런 생각이 연방에서 최초로 실시한 남군과 북군 복무자에 대한 연구 조사 결과를 받아들이는 데까지 영향을 미칠 정도였다. 미국 위생위원회는 북군과 남군에서 복무했던 1만 6,000명 병사들을 대상으로 주요 통계 지표를 분석하는 연구를 수행했다. 그들 중에 백인이 아닌 사람의 비율은 소수에 불과했다(흑인이 대략 3,000명, 인디언이 519명이었다). 1869년에 연구 결과가 발표되자 북군으로 복무한 경험이 있는 어느 외과 의사는 런던에서 발행되는 권위 있는 잡지 「인류학 평론Anthropological Review」에서 연구자들이 실제로 흑인과 가난한 백인을 비교하지 않고도 인종 간 차이에 대한 결론을 끌어낼 수 있는 것인지 의문을 제기했다. 이들 '저열한 사람들'은 앵글로-색슨 종에서 나왔을지 모르지만 '나태하고 무지하고 육체적으로나 정신적으로나 타락한 사람으로 퇴행'했다. 이제 지능이 인종에 따라 유전되는 특성인지 아닌지 살펴볼 차례였다.[19]

공화당 성향의 언론인, 해방노예국 직원, 북군 장교들이 광범위하게 출판물을 내놓는 동안, 민주당 지지자들은 전후 편파적인 분위기에서 야당을 재건하고 공화당 정책을 야금야금 깎아내리는 데 공을 들였다. 이런 과정에 도움이 된다면 인종을 둘러싼 논쟁도 적극적으로 활용했다. 물론 근면한 흑인을 칭찬하고 사회 계급 이동을 약속하는 공화당 지지자들과 달리, 그들은 '백인의 정부'를 잃으면 어쩌나 조바심을 냈다. '근친교배'는 개의치 않고, '이계교배', 즉 다른 종들의 비위생적이라고 생각되는 결합에 과도하게 집착하며 문제로 삼았다.

이 무렵 '멍그럴'이 민주당 지지자들이 애용하는 욕설 중의 하나가 되었다. 멍그럴이라는 단어는 수많은 강렬한 이미지를 상기시켰다. 패배한 남부연합과 민주당을 지지하는 북부의 언론인들은 하나같이 공화당 정책이 '멍그럴 공화국mongrel republic'을 만들 것으로 전망했다. 그들은 편집증이다 싶을 만큼 집착하면서 이런 상황을 멕시코 공화국과 비교했다. 19세기 관점에서 멕시코 공화국은 인종 간의 혼합이 기승을 부리는 대표적인 위험 사례였다.[20]

'멍그럴', 즉 혼혈이 민주당 지지자들이 인식했던 유일한 위협은 아니었다. 신생 야당은 두 가지 상징적인 적을 추가로 지정했다. '카펫배거carpetbagger'와 '스캘러왜그scalawag'가 바로 그들이다. 이들을 둘러싼 새로운 서사는 다음과 같이 진행된다. 출신이 의심스러운 나쁜 혈통의 사람들이 권력을 잡자 정부의 가치는 땅에 떨어졌다. 전후 양키 침략자들이 남북전쟁 시대 경멸받던 머드실의 뒤를 이었다. 굴복한 남부에서 한몫 잡아보려고 이주한, 북부 출신의 탐욕스러운 모험가인 카펫배거는 몸에 지니고 다니는 검은색 싸구려 여행 가방이 특징이었다. 그렇지만 카펫배거보다 나쁜 이들은 '스캘러왜그' 즉 내부의 배신자였다. 스캘러왜그는 더러운 돈을 위해 자신의 영혼을 판 (그리고 자신의 인종을 판) 남부의 백인 공화당원들을 가리켰다.[21]

　존슨 대통령은 스스로 '멍그럴'이라는 단어를 사용하지는 않았지만 '멍그럴 시민권mongrel citizenship'의 위험성을 상당히 잘 알고 있었다. '멍그럴 시민권'은 어느 신문에서 존슨이 1866년 민권법을 거부한 핵심 이유가 무엇인가를 설명하는 과정에서 사용한 표현이다. 미주리 출신 공화당원이었다가 민주당원으로 변신했고, 열혈 진화론자이기도 했던 블레어 주니어Francis Blair Jr.는 거부권을 행사하기 바로 며칠 전 대통령에게 법안에 반대하는 간절한 마음을 담아 편지를 보냈다. 블레어는 하원이 국가를 '멍그럴의 나라, 사생아들의 나라'로 만들도록 내버려두어서는 안 된다고 주장했다. 존슨도 이런 의견에 동의했다. 법률안 거부 교서 도입부에서 존슨은 갑작스럽게 법률의 보호를 받게 되는 잡다한 새로운 부류들을 부각했다. "태평양 연안 여러 주의 중국인, 과세 대상인 인디언, 집시라고 불리는 사람들, 흑인이라고 불리는 전체 인종은 물론이고, 유색 인종, 검둥이, 흑백 혼혈, 아프리카 혈통을 가진 사람들." 문제의 민권법은 이들에게 시민권을 부여하면서 인종차별을 없애고 평등한 선거권을 행사할 기회를 제공하는 것을 골자로 했다.

존슨은 법률안 거부 교서에서 해방 노예에게는 선천적으로 부여받은 어떤 것, 즉 적격성^{fitness}이 결여되어 있다고 말한다. 마지막으로 대통령은 자신은 다른 인종 간의 결혼을 인정하는 어떤 법률에도 반대한다는 것을 분명히 했다.[22]

1866년 존슨 대통령은 사실상 공화당을 버렸다고 할 수 있다. 존슨은 원래 잭슨을 지지하는 민주당원으로 정치 생활을 시작했다. 해방노예국 확장과 민권법에 거부권을 행사하고, 대통령의 행정 권한을 이용해 남부에서 연방의 정책들을 틀어지게 했던 것은 바로 잭슨주의 신봉자로서의 면모였다. 이런 일련의 조치들을 보면서 의회 공화파는 존슨의 거부권을 무효화시키는 데서 만족하지 않고 그 이상을 생각하게 되었다. 그보다 영구적인 헌법적 해결책을 모색했고, 탄핵 절차에서 방법을 찾았다[1868년 존슨은 1표 차이로 탄핵을 면했다]. 존슨의 탈당으로 수정헌법 14조와 15조 추진에 탄력이 붙었고, 각각 1867년과 1869년에 통과되었다. 수정헌법 14조는 적법절차와 평등 보호 조항을 전 국민의 시민권으로 보장한다는 내용을 담고 있었고, 수정헌법 15조는 '인종, 피부색, 과거 예속 상태'에 근거한 투표권의 차별을 금지한다는 내용을 담고 있었다. 당연하게도 수정헌법 14조는 과거 남부연합 지지자들의 투표권을 부정했다. 연방 관리가 옳다는 신념으로 충성 맹세를 받아들였다고 인정하는 사람들을 제외하고는. 또한 과거 남부연합 관리들은 공직 취임이 금지되었다.[23]

불안한 사회 비평가 처지에서는 '계급에 대한 자부심'과 '인종에 대한 자부심'이 공격을 받고 있었다. '혈통의 순수성'과 '배타적인 사회적 지위'를 유지해준 과거의 장벽들이 공화당의 입법이라는 광풍의 결과로 약화되고 있었다. 불안 속에 관심의 초점은 백인 여성을 향했다. 1867년에는 이미 비밀결사가 만들어지기 시작했다. 루이지애나에서 처음 조직된 백동백 기사단Knights of the White Camelia 같은 단체가 대표적이었다. 이곳 회원들은 백인 여자와 결혼할 것을 맹세하고, '사생아와 퇴화한 자손의 탄생'을 막기 위해 힘이 미치는 범위 안에서 무엇이든 하자고 의견을 모았다.[24]

1868년 민주당 부통령 후보로 지명된 블레어 주니어는 전국을 다니면서 멍그럴의 위협을 유세의 핵심 이슈로 만들었다. 이듬해 조지아 대법원 수석 재판관 브라운Joseph Brown은 기념비적인 판결을 내렸다. 연방에 반기를 들었던 주지사 출신인 그는 법원에 모든 인종 간의 결혼을 취소할 권한이 있다는 판결을 내렸다. '인종 혼혈'은 바보들 사이에 행해지는 근친 결합이자 결혼으로 분류되며, 조지아주에서는 이미 이를 금하고 있다는 논지였다. 브라운은 그런 혐오감을 자아내는 결혼은 '병약하고 나약한' 자녀를 생산함으로써 '우월한 인종을 열등한 수준으로 끌어내릴' 위험이 있다고 주장했다. 그리고 동물 육종가들이 사용하는 기존 정의를 되풀이하면서 멍그럴의 특징을 규정했다. 브라운의 우생학 논리는 거기서 끝이 아니었다. 이제 주가 앵글로-색슨 종의 오염을 막기 위해 생식 활동을 규제할 권한을 가진다는 것이었다.[25]

여전히 민주당과 공화당 모두에게 인종은 계급과 분리될 수 없는 무엇이었다. 스캘러왜그가 악의적인 언어폭력에 시달리고 실제 물리적 폭력까지 겪었던 것도 이런 이유 때문이었다. 스캘러왜그는 해방 노예, 이주한 북부 사람, 남부의 연방주의자, 남부연합 지지자에서 전향한 사람들로 구성된 취약한 공화당 연합체를 단결시키는 일종의 접착제 같은 존재로 간주되었다. 남부의 많은 민주당 지지자들에게 이들 백인 배신자들은 (남부로 간 북부인) 카펫배거보다 심각한 장애물이었다. 이들은 남부에서 태어나고 자라서 주의회를 어떻게 요리해야 하는지를 훤히 알고 있었기 때문이다. 공화당의 남부 장악을 분쇄하려면 이들 스캘러왜그를 비유적으로 (때로는 글자 그대로) 죽일 필요가 있었다.[26]

1868년 대통령 선거 기간에 스캘러왜그는 흑인을 자극하고 그들에게 자신들이 사회적 평등을 누릴 자격이 있다는 생각을 심어준다는 이유로 비난을 받았다. 분노한 어느 기자는 소위 해방 노예가 지금은 '스캘러왜그 백인 쓰레기들의 노예'가 되었다고 거친 비난을 쏟아냈다. 스캘러왜그는 공적인 장소와 사적인 장소에서 흑인들과 자유롭게 어울림으로써 사회규범을 위반했다. 흑인을 집으로 초대해 만찬을 함께 했고, 고상한 아내의 감정을 상하게 했다. 게다가 이들 쓸모없고 막돼먹은 사람들이 갑자기 권력까지 얻었다. 사람들이 경멸했던 특성, 즉 저급한 방식들, 흑인과 기꺼이 어울리는 태도 덕분에 스캘러왜그는 완벽한 당의 공작원이 되었다. 정세가 요동치는 선거운동 기간이 되면 스캘러왜그는 인종과 계급 내력이 모두 이슈가 될 수밖에 없었다.[27]

아주 성공적이었던 민주당의 선전물은 「어느 스캘러왜그의 자서전 The Autobiography of a Scalawag」이었다. 주인공 존 스텁스는 하층민과 범죄자가 많기로 유명한 버지니아 쉬플렛츠 코너라는 마을에서 태어났다. 식구가 열넷이나 되는 가난한 가정이었다. 남부연합군에 들어간 그는 포병대 배치에서 미끄러져 제퍼슨 데이비스의 마구간을 청소하는 마부가 되었다. 그는 명예나 영광에 대한 어떤 욕망도 없었다. 당연히 전시에 그의 궤적은 내리막길을 걸을 수밖에 없었다.

탈영한 스텁스는 양키에게 자신이 연방 사람이라고 거짓말을 했다. 1866년 버지니아로 돌아간 이후 그는 스캘러왜그가 되었고 자신이 '깜둥이 말'에 소질이 있다는 것을 알게 되었다. 스텁스는 어떤 고결한 취지에서가 아니라 '각자도생'이라는 저급한 모토하에 흑인 참정권을 옹호했다. 스텁스는 북부에서 내려온 카펫배거들이 그에게 일말의 존경심도 갖고 있지 않다는 사실을 잘 알고 있었지만 개의치 않았다. 모욕과 무시에 따르는 충분한 양의 위스키만 제공되면 그만이었다. 스텁스는 굳이 실력을 기르지 않고도 카운티의 서기직으로 충성에 대한 보답을 받았다. 공화당에서 출세의 사다리를 올라가는 철저히 계산된 여정에서 스텁스는 위로 올라갈수록 점점 많은 '파렴치'가 용인된다는 것을 터득했다.[28]

「어느 스캘러왜그의 자서전」은 근면하게 일하고 도덕적으로 고양된 자수성가한 북부 남자 이야기를 멋지게 희화화한 패러디였다. 스텁스는 대대로 내려오는 구남부 사람의 세습 리더십과는 전혀 다른 존재였다. 남북전쟁에서 패한 이후에도 이들의 교육, 교양, 고상한 태도는 전설이었다. 반면에 스텁스는 천박한 물질주의자로 신중함과는 거리가 멀고, 출세를 위해 거짓말을 하고 남을 속이는 행위를 서슴지 않는 그런 사람이었다. 스텁스는 남부의 엘리트 민주당 지지자들이 여전히 하층계급을 경멸한다는 사실을 강력하게 상기시켜주는 존재이기도 했다. 1868년 노스캐롤라이나의 어느 보수주의자가 선언하듯 말한 내용에 따르면, 공화당은 재산과 교양을 가진 사람들 위에 군림하는 '태생이 비천한 인간 찌꺼기이자 왕년의 노예'에 불과했다. 남부의 민주당원들이 '백인 정부'라고 부를 때, 여기서 백인은 모든 백인을 의미

하는 것은 아니었다.[29]

말하자면 스캘러왜그는 민주당 버전의 백인 쓰레기였다. 남부연합 군 대령이었던 햄프턴[Wade Hampton]이 1868년에 했던 말을 보면 곧바로 답이 나온다. 1868년이면 햄프턴이 선거를 통해 사우스캐롤라이나 주지사로 선출되기 8년 전이다. 햄프턴은 남부 주들에서 공화당 지배를 무너뜨리는 데 기여한, 보수적인 민주당원들의 정치결사체인 '리디머스[Redeemers]'의 영웅이었다. 햄프턴은 또한 가장 기억에 남는 욕을 했던 인물로도 유명한데, 심지어 바다 건너 영국에까지 그가 했던 말이 전해졌다. 축산업을 하던 그는 '스캘러왜그' 하면 '부랑 종자[vagabond stock]'라는 유명한 표현이 생각나게 만든 장본인이다. 햄프턴은 부랑 종자란 '가축 상인들이 도살업자 판매용은 물론이고 개먹이로도 적합하지 않은 열등하고, 볼품없고, 불결한 암소를 가리켜 쓰는 표현'이라고 설명했다. 말하자면 스캘러왜그는 비정상적인 야망을 품은 인간 폐기물이었다. 생물학적으로 부적격자인 동시에 찌꺼기를 휘젓고 다니며 더러운 오물 속에서 번성하는 숙련된 첩보원이었다.[30]

실제 스캘러왜그인 스피어[Thomas Jefferson Speer]는 그해에 자신의 '암소'를 당당하게 옹호하는 연설을 했다. 햄프턴과 대조적으로 스피어는 공화당원으로 전향한 과거 남부연합 지지자였다. 그는 조지아 헌법제정 회의에서 활동했고 나중에 합중국 하원 의원이 된다. 스피어는 초등학교 졸업이라는 자신의 교육 수준을 부끄러워하지 않았고, 자신에게 '말재주가 없다'는 사실도 인정했다. 남부연합 지지자 시절에도 스피어는 조지아주의 연방 탈퇴에 반대했고, 전쟁 패배 후에 연방에서 제시한 조건들이 관대하다고 생각했다. 조상의 무덤이 이곳에 있는 조지

아주 토박이인 스피어는 자신이 '유색인종의 친구'라고 주장했다.[31]

스피어는 작명 운이 좋은 편인 자신의 이름이 그렇듯이 '스캘러왜그' 역시 하나의 이름에 불과하다는 사실을 이해하고 있었다. 그러나 남부의 정치는 그런 상징 위에서 번창했다. 남부의 정치는 백인이 되었든 흑인이 되었든 현실과 상상 속의 사회 찌꺼기에 대한 대대로 내려오는 반감에 뿌리를 두고 있었다. 하찮은 이들이 감히 목소리를 높이고 흑백 구분 선을 넘는 경우, 남부의 세습 지배 계급은 그런 도 넘는 행동을 도저히 용납하지 못했다.

멍그럴과 스캘러왜그는 하나의 뿌리에서 나온 일종의 샴쌍둥이로, 여기에는 남부인이 느끼는 인종적, 계급적 불안과 관련된 여러 가지 두려움이 녹아들어 있었다. 남북전쟁 뒤에 노예제도를 금지하는 수정헌법 13조가 통과되자, 연방 재편입 조건을 받아들이지 않은 남부의 백인은 자기네 영토 한가운데서 펼쳐지는 거의 괴기에 가까운 풍경, 수준 이하의 지도자들이 감독하는 성적 일탈의 무대를 상상했다. 이어지는 수정헌법 14조는 이런 두려움을 더욱 키웠다. 적법절차와 평등 보호 조항을 모든 국민의 시민권으로 보장한다는 내용을 담고 있었고, 흑인 남성 투표권자들을 법에 따라 동등하게 보호할 것을 천명하는 한편으로, 과거 남부연합 지지자들에게서 공직을 맡거나 심지어 투표할 권리를 박탈하는 내용이었다. 이것은 어릿광대가 공화주의 왕국을 다스리는 것처럼, 완전히 뒤집힌 비정상적인 세상이었다. 물론, 타블로이드 신문에나 어울릴 법한 이런 선정적인 이미지와 거기 붙은 꼬리표에 실제로 부합하는 남부의 백인 공화당주의자는 거의 없었다. 스캘러왜그들은 그들이 축적했을지 모르는 실제 부(혹은 풍부한 정치 경험이라는

부)에 상관없이 내부에서는 여전히 백인 쓰레기로 간주되었다.[32]

재건 시대가 끝나자 소위 물려받은 재산이 있는 남자가 남부 전역에서 권좌로 돌아갔다. 1880년대에 북부와 남부의 백인이 다시 연결되었다. '구원받은' 크래커는 근면한 농부가 되었고, 사람들은 오염되지 않은 산골 사람들을 찬양했다. 양쪽 모두 교육받을 능력을 갖춘 동시에 남부 경제에 부담되지 않을 만큼 충분히 성장한 사람들이었다. 잠깐 화해를 다룬 이야기들이 널리 퍼졌고, 과거 전국을 무대로 하는 드라마에서 전쟁을 벌인 양측은 국내 화합이라는 밝은 미래를 생각했다.[33]

『크래커 조*Cracker Joe*』(1883)는 어느 뉴잉글랜드 사람의 작품이다. 플로리다가 배경이며 주인공이 사랑과 용서를 통해 과거의 잘못과 분노를 극복한다는 줄거리다. '크래커 출신' 조는 번창하는 농장을 운영하고 있다. 그는 능수능란하게 야망을 추구하는 모습을 보여줌으로써 자신의 혈통을 거부한다. 조는 '진취적인' 남자였고 경이로운 기억력을 가진 열정적인 지도자였다. 그는 아내 루스를 '육체도 영혼도, 지금까지 내가 본 중에 가장 하얀 여인'이라고 불렀다. 자기 자신은 그렇게까지 희지는 않고 '일개 크래커일 뿐'이라고 암시하면서(해리엇 비처 스토의 『드레드: 거대한 디즈멀 습지 이야기』에 나오는 가족처럼 조는 '좋은 혈통'의 어머니를 둔 혼혈이었다). 조는 자신이 10년도 더 전에 살해하려고 했던 부유한 대농장주의 아들에게 보상을 해줘야 했다. 대농장주 아들 처지에서는 뉴욕 카펫배거의 딸과 결혼함으로써 아버지가 남긴 황폐해진 저택과 망가진 땅을 되찾아야 했다. 그것이 자신의 유산을 지킬 유일한 방법이었기 때문이다. 마침맞게 조에게는 아내의 동의를 얻어 집에 들인, 물라토 딸이 하나 있었다.[34]

편리한 구분 선이 그려진다. 켄터키주의 인종 통합을 표방한 베리아 칼리지 학장이자, 제3세대 노예제 폐지론자였던 프로스트^{William Goodell Frost}는 1890년대에 산지 주민들을 다음과 같이 재정의했다. "가난한 백인은 사실 퇴화했다. 산지의 백인은 아직 진화하지 않은 사람들이다." 후자는 수백 년 동안 고유 혈통을 보존해왔고, 바로 이 중요한 부분에서 적자생존을 위한 전투에서 패배하지 않았다. 프로스트는 연설에서 산지 주민을 (중세 영국) '시인 초서^{Chaucer}의 특징'에 분명한 '색슨인 기질'을 지닌 현대판 색슨족으로 보았다. 대학 학장이었던 프로스트는 글에서 산지 주민은 '우리의 동시대 조상!'이라고 말했다. 외딴곳에 사는 고립된 백인이 미국 최고의 조상이 될 수 있는 이유는 '활기차고, 지치지 않는 기질, 왕성한 생식능력에 애국심이 넘치는, 그야말로 독립선언 당시의 기백을 간직한 혈통으로 가득한 그런 기질' 때문이었다. 산지 주민들은 미국 가계도의 줄기를 형성했다. 적어도 프로스트는 그렇게 만들려고 했다. 그러나 프로스트의 주장이 그럴싸하다고 생각하지 않는 많은 이들에게, 산지 백인은 여전히 배타적인 성격 때문에 (외부와) 반목하고 불화하는 경우가 많은 기괴한 모습의 두메산골 촌뜨기였다.³⁵

'레드넥^{redneck}'이라는 단어가 널리 쓰이기 시작한 것이 이즈음이었다. '레드넥'은 19세기 말과 20세기 초 신남부^{New South}에서 이름깨나 알려진 민주당 선동가들을 추종하는 시끄럽고 인종차별적인 사람들을 명확하게 정의한 표현이었다. 사우스캐롤라이나의 틸먼^{Ben Tillman}, 아칸소의 제프 데이비스^{Jeff Davis}, 무리 중에서도 가장 흥미롭다는 평가를 받는 미시시피의 바더먼^{James Vardaman} 등이 바로 그런 선동가들이었다. '레드넥'은 습지대에도 있을 수 있었고, 제분소가 있는 어느 마을에도 있을 수 있었다. 그는 멜빵 달린 작업복을 입은 남자였고, 정치 집회에서 목청 높여 야유를 퍼붓는 사람이었고, 때로는 주의회 의원으로 선출되기도 했다. 주의회 의원으로 선출된 대표적인 사례가 바로 바더먼의 동지이기도 한 렌처Guy Rencher였다. 렌처는 자신이 미시시피주 의회에서 스스로의 '기다란 붉은 목long red neck'을 한탄하며 했던 말에서 레드넥이라는 명칭이 나왔다고 주장한 인물이기도 하다. 역시 그럴싸해 보이는 다른 설명도 있다. '레드넥'이라는 말이 1890년대에 유행하기 시작했는데, 남아프리카공화국 백인이 보어전쟁에 참전한 영국 군인들을 '레드넥'이라고 부른 시점과 같다는 내용이다. 햇빛에 그을린 영국인의 피부가 창백한 얼굴색과 이루는 대조를 강조한 표현이었다. (대략 1917년 무렵이 되면) 레드넥이라는 용어가 남부 소작인들이 부르던 리드미컬한 노래에도 중요한 소재로 등장하게 된다. "나는 차라리 깜둥이가 되고 싶어, 쟁기질하는 늙은 흑인이. 기다란 붉은 목덜미를 가진 촌뜨기 백인이 되기보다는."[36]

당시는 듀보이스가 한참 활동하던 때였다. 또한 시어도어 루스벨트의 시대이기도 했다. 사실 두 남자는 뜻이 맞는 구석이 거의 없었다. 당연히 진화론이나 우생학에 대해서도 마찬가지였다. 루스벨트는 이들 이론과 학문에 찬성하는 완벽한 전향자였다. 당연히 듀보이스는 루스벨트 대통령이 보여주는 군국주의나 구남부 백인 정착민들의 야만성을 찬미하는 모습을 거북하게 생각했다. 그러나 둘은 한 가지에서는 완벽한 의견일치를 보았다. 레드넥 정치의 위험성에 관한 것이었다.

루스벨트는 1901년 매킨리^{William McKinley} 대통령의 암살로 예정에 없이 대통령이 되었다. 불과 42세였던 루스벨트는 미국-에스파냐전쟁 (1898) 당시 세운 무훈으로 유명세를 타고 있었고, 덕분에 공화당 후보가 될 수 있었다. 어머니가 조지아 태생이어서 남부연합 혈통이라고 주장할 수 있었지만, 뉴욕 출신 정치꾼인 그는 험난한 남부 정치의 장애물들을 헤치고 나가기에는 많이 부족한 모습을 보여주었다. 루스벨트는 대통령 취임식 직후 열린 만찬에 대담하게도 (흑인교육 기관인) 터스키기 기술학교^{Tuskegee Institute} 설립자이자 흑인 사회 지도자인 워싱턴^{Booker T. Washington}을 초대해 다수 남부 백인의 분노를 자극했다. 재건시대 각본을 되살려 민주당은 새로운 대통령에게 인종 간의 사회적 평등을 촉진할 의무를 부과했다. 그러나 성난 남부 사람들에게 그렇게나 공개적이고 상징적인 방식으로 흑인 남자와 식사를 함께하는 것은 인종 간 결혼에 동의하는 것과 거의 차이가 없었다. 바더먼은 에둘러 가는 기교 따위는 눈곱만큼도 없이 노골적으로 루스벨트를 비난하고 나섰다. 그는 루스벨트를 '깜둥이 냄새가 진동하는 (흑백) 잡혼주의자'라고 부르면서, 백악관을 '깜둥이들의 악취로 가득 차서 마구간에 쥐들이 숨어 있어도 모를 정도'라고 표현했다. 남부의 풍자 작가 아프^{Bill Arp}는 대통령 관저에서 멍그럴 결혼식이 있을 것으로 예언했다. 아프는 워싱턴의 딸 포샤가 웰즐리 대학교에 다니고 있으니 그녀 역시 백악관에 초대를 받았을 것으로 추정했다. 그리고 워싱턴의 딸이 루스벨트의 아들 중의 하나와 천생연분이 되었을 것이라고 조롱했다.[37]

루스벨트가 보기에 바더먼과 그의 동류는 사회 최하층의 정치 선동가였다. 회중파 교회 목사이자 편집자인 애벗^{Lyman Abbot}에게 보낸 편지에서 대통령 루스벨트는 미시시피 사람의 '상스러운 말'과 '더러운 음담패설'이 뉴욕시의 빈민굴을 뒹구는 불한당의 그것보다 심각하다고 말했다. 바더먼의 '형언하기 힘든 천박함'을 보며 루스벨트는 이 남부 사람이 미국적 가치라는 울타리 밖에 있다고 치부했다. 바더먼을 맹비난하면서 대통령은 그가 썼던 혐오스러운 단어들을 반복하는 것조차 거부했다. 루스벨트를 극도로 화나게 했던 것은 그의 출생에 대한 노골적인 조롱이었다. '루스벨트의 어머니'가 임신 중에 개를 보고 놀란 적이 있는데, 그것이 '테디[루스벨트 대통령]에게서 뚜렷하게 보이는 수캉아지 같은 기질'을 설명해준다는 내용이었다. 수치심 따위는 모르는 바더먼은 개에게는 사과하고 싶지만 대통령에게는 아니라는 식으로 농담했다.[38]

그렇다면 흰색 정장과 카우보이모자, 기다란 검은 머리로 유명하며, '레드넥'과 '힐빌리hillbilly'[힐빌리: 본래 애팔래치아산맥 지역에 거주하던 농민과 나무꾼들을 가리키던 표현으로, 점차 시골 사람이나 촌뜨기 전체를 비하하는 포괄적인 용어로 사용됨]의 목소리를 대변한다고 내세웠던 문제의 미시시피 출신 욕쟁이는 과연 어떤 사람인가? 제임스 바더먼은 과거 신문기자였는데, 신문기자란 욕설의 위력을 잘 이해하는 사람들이기도 하다. 앤드루 잭슨부터 웨이드 햄프턴까지 남부인들은 적을 저주할 때는 천박한 욕설에 호소해왔다. 바더먼에게 민주주의란, 아무리 지저분해도 '민중'에 속한 것이었고, 민중은 무엇이든 자신이 느끼는 대로 말할 권리가 있었다. 친구든 적이든 상관없이 그를 '백대장White Chief'이라고 불렀는데, 바더먼이 항상 입고 다니는 흰색 의복 때문이기도 하고, 그의 (백인) 지상주의 발언들 때문이기도 했다. 동시에 적들에게 바더먼

은 야비한 백인 야만인들을 자극해 흥분시키는 법을 잘 아는 '주술사'였다.[39]

바더먼은 자신을 가난한 백인의 옹호자로 간주했다. 1903년 주지사 선거에 출마했을 때, 바더먼은 가난한 백인을 흑인 전체와 대립시키는 방법을 썼다. 바더먼은 흑인 교육은 쓸모없고 위험하며, 따라서 주에서 백인 시민이 내는 세금이 백인 학교에만 쓰이도록 조치해야 한다고 주장했다. 보여주기에 능한 연예인 기질을 타고난 바더먼은 1912년 글자 그대로 황소 등에 타고 상원 의원 선거에서 승리했다. 민주당 내 주요 경쟁 상대가 바더먼 지지자들을 무지한 짐승 떼라고 조롱하자 이런 불쾌한 사건을 역으로 유세에 활용한 것이었다. 연설하며 미시시피 전역을 돌면서 바더먼은 양쪽으로 길게 늘어선 소들 사이에 자신이 타고 있는 '크래커 마차cracker cart'를 세우기를 좋아했다. 한 집회에서는 아예 황소를 타고 마을 안으로 들어오기도 했다. 'redneck', 'cattle', 'lowdown' 등의 단어가 쓰인 깃발과 색 테이프로 장식된 황소였다. 바더먼은 이처럼 극적인 형태로 백인 쓰레기라는 정체성을 받아들였다.[40]

미시시피의 잔존 대농장주 엘리트와 중산계급 주민이 바더먼을 경멸할수록, 바더먼은 의도적으로 계급적 분노를 자극하고 결집하려 노력했다. 이런 계급적 분노를 가장 잘 표현한 사람을 꼽으라면 민주당 내 바더먼의 적이었던 리로이 퍼시LeRoy Percy의 아들 윌리엄 퍼시William Percy가 아닐까 싶다. 과거를 회상하는 글에서 윌리엄 퍼시는 바더먼의 군대가 아버지에게 썩은 달걀이라도 던지지 않을까 걱정하면서 무례한 군중을 찬찬히 살폈던 경험을 떠올리면서 이렇게 말했다.

그들은 흑인에게 폭력을 가하는 부류의 사람들, 폭력 행위를 재치라고, 교활함을 지성이라고 오해하는 사람들, 신앙부흥 집회에 참석해 덤불 속에서 쌈박질하고 간통을 저지르는 그런 사람들이었다. 그들은 희석되지 않은 앵글로-색슨 혈통이었다. 그리고 그들은 주권을 가진 유권자였다. 그런 모든 사실이 비현실적으로 느껴질 만큼 무서웠다.

무슨 여흥 돋우듯 분노를 자극하는 정치를 용납할 수는 없었지만, 퍼시는 바더먼이 '주권을 가진 유권자'에게 그들이 원하는 것, 즉 원색적인 먹잇감을 제공하는 노련한 정치인이라고 인정했다.[41]

귀족 출신이었던 루스벨트는 레드넥 적들과 격렬히 싸우는 것밖에 달리 선택의 여지가 없었다. 1905년 남부 순회 도중 루스벨트는 폭도들을 옹호한다는 이유로 아칸소 주지사 제프 데이비스를 비난했다. 한 신문에서 대통령 수행원들이 영리하게 밤에 미시시피를 통과해서 바더먼이 대통령에게 총질하지 않아도 되게 해주었다고 농담을 할 정도였다. 루스벨트는 또한 감히 제퍼슨 데이비스(남부연합 대통령)를 베네딕트 아널드Benedict Arnold와 동급으로 취급하는 바람에 자긍심이 대단한 남부 백인 여자들의 부아를 돋웠다[베네딕트 아널드: 미국독립전쟁 당시 대륙군이었다가 변절해 영국군으로 돌아선 인물로 미국사에서 배신의 대명사로 꼽힌다]. 루스벨트가 데이비스를 아널드와 동급 취급한 데 격분한 어느 조지아 여성은 대통령이 자기 어머니의 피를 모욕했다고 말하기도 했다.[42]

루스벨트에게도 피는 물보다 진했지만 성깔깨나 있는 조지아 여인이 보는 그런 관점으로는 아니었다. 인종과 계급에 대한 루스벨트의 이해는 진화론적 사고에 뿌리를 두고 있었고, 따라서 그는 흑인은 선천적으로 앵글로-색슨족 아래 있다고 믿었다. 그러나 동시에 그는 발전할 수 있다고 생각했고, 그렇기 때문에 부커 T. 워싱턴이 터스키기 기술학교에서 진행하는 산업 기술 교육 프로그램을 지원했다. 흑인들이 경제적 자립 능력을 증명하면, 더 광범위한 정치적 권리에 대한 자격도 얻을 수 있을 것이다. 그러나 하버드에서 공부한 대통령은 인종별 특징은 혈통에 내재되어 있으며, 조상들의 경험에 의해 결정된다는 전제를 절대 포기하지 않았다. 미국인은 특별하다는 '미국 예외주의 American exceptionalism'의 열렬한 주장자로서 루스벨트는 19세기 변경 체험이 미국 백인을 우월한 종으로 탈바꿈시켰다고 주장했다.[43]

루스벨트의 모토는 다음 세 단어로 요약될 수 있다. '노동하고, 투쟁하고, 번식하라.' 루스벨트가 훌륭한 색슨 종족을 남부의 저급한 백인 빈민들과 구별하는, 산지인山地人 신화에 영향을 받았음을 말해주는 확실한 증거가 있다. 루스벨트는 역사는 피와 땀, 그리고 '초기 원형질germ protoplasm' 안에 기록된다고 믿었다. 19세기에서 20세기로 넘어가는 세기 변환기에 사람들은 오늘날 유전자를 '초기 원형질'이라고 불렀다. 루스벨트는 미국의 모든 중산계급 남성은 자기 내면의 무단토지 점유자와 연결을 유지해야 한다고 생각했다. '불굴의 의지를 요구하는 힘든 생활'에 수반되는 남성적인 특성들을 결코 잃어버려서는 안 된다. 루스벨트는 지나친 평화, 사치, 의도적인 불임이 미국인을 약하고 무기력하고 쉽게 방종에 빠지는 사람들로 만들었다고 말했다.[44]

근대성에 수반되는 해악들은 세 가지 방식으로 고칠 수 있다. 첫째로 황무지로 돌아가는 방법이 있는데, 루스벨트 자신이 아프리카에서 대형 동물을 사냥하고, 55살에 아마존강을 따라 이동하는 힘든 여행을 하면서 실천했던 방법이다. (생존을 위한 원초적 싸움인) 전쟁이 조상의 색슨인 기질들을 만들어낸 두 번째 수단이다. 번식은 여전히 가장 원초적인 본능으로 남아 있었다. 루스벨트 생각에 출산은 여성들에게 있어 자연의 신병 훈련소, 즉 인종 전체를 강하게 만드는 생사가 달린 싸움이었다.[45]

전쟁에 관해 말하자면, 전쟁의 효과는 인격 형성에서 그치지 않았다. 전쟁은 미국종의 최상의 자질을 글자 그대로 되살렸다. 루스벨트는 『서부 획득*Winning of the West*』(1886~1896)이라는 방대한 저서를 출판했는데 이는 미국사이면서 동시에 진화론에 대한 논고이기도 했다. 잠시 정계를 떠나 있던 루스벨트는 뉴욕으로 돌아와 정치를 재개했고, 제국주의 성전에서 새로운 출구를 발견했다. 루스벨트는 1898년 쿠바섬의 이해관계를 둘러싸고 미국-에스파냐 전쟁이 일어나자 민간 지원병을 모집해 자체 기병대를 꾸리고 '러프 라이더*Rough Rider*'라는 명칭을 붙였다. 러프 라이더는 서부 출신 카우보이와 산악 주민, 루스벨트 자신 같은 사람, 즉 아이비리그 대학을 졸업한 운동선수들로 채워졌다. 심지어 그는 (별개의 중대로) 다수의 인디언, 소수의 아일랜드 사람과 히스패닉계, 유대인 한 명, 이탈리아인 한 명도 포함했다. 모두가 그가 생각하는 쿠바에서의 미국의 새로운 변경 개척에 적합한 인종 혼합을 되살리려는 노력이었다. 루스벨트가 남성판 다윈의 갈라파고스섬 실험이라고 부를 만한 연대 구성에서 흑인도, 순수한 남부 크래커도 일절 포함시키지 않았다는 점은 주목해야 할 부분이다.[46]

루스벨트의 유명한 산후안 고지(사실은 케틀 고지) 돌격은 마찬가지로 유명한 화가 레밍턴^{Frederic Remington}의 그림에 생생하게 표현되어 있다. 쿠바에 가기 전에 레밍턴은 플로리다에서 잡지 삽화를 그렸다. 그곳에서 레밍턴은 자신의 작품에 등장하는 소위 '크래커 카우보이^{Cracker cowboy}'를 보게 되는데, 레밍턴이 일찍이 알았던 순수 혈통 미국 서부인과는 대척점에 있는 정반대 인물이었다. 레밍턴이 플로리다에서 마주친 남자는 그야말로 '후줄근하고 볼품없는 모습'을 하고 있었다. 언제 감았는지 모를 더러운 머리카락, 담배 얼룩에 찌든 턱수염, 칠칠치 못한 입성은 습지의 참나무에 치렁치렁 늘어진 스패니시모스^{Spanish moss}를 생각나게 했다. 레밍턴은 그들이 (서부 변경 개척자보다) '맹렬함'이 부족하다고 보았고, 이를 '폭스테리어'와 '똥개'의 차이에 비유했다. 동물 왕국 비유를 한층 발전시켜서 그는 그들의 법관념이 '유인원'보다 나을 것이 없다고 말했다. 이들 똥개 비슷하고 원숭이 같은 자칭 정복자들은 소를 훔치는 범죄행위를 저지르고 나서, 그로 인해 기소라도 당하면 오히려 이게 무슨 일이냐며 깜짝 놀랐다. 그들의 무지는 놀랍기 그지없어서 지도 위에서 텍사스조차 찾지 못할 정도였다. 서부 개척자들 특유의 문화가 남부로 전파되지 못했다는 주장에 아마도 루스벨트는 동의했으리라.⁴⁷

그렇다고 해도 루스벨트는 남부에 대한 이런 시각과 접근으로 모든 모순을 해결하려고 하지는 않았다. 루스벨트는 인종적 순수성을 옹호하고 인종 간 잡혼에 반대했을지 모르지만, 동시에 『버지니아 사람^{The Virginian}』의 저자 위스터^{Owen Wister}에게 남부의 백인 남자가 혼혈에 분개하면서도 한편으로 제일 먼저 물라토 여성들을 힐끔거리고 흑인 정부^{情婦}를 취한 사람들이라고 생각한다고 털어놓았다. 남부 백인을 대단치 않게 생각하고 근면한 흑인의 가치를 인정하면서도, 루스벨트는 후자의 투표권을 보호하려는 어떤 노력도 하지 않았다. 워싱턴, 링컨, 그랜트는 루스벨트의 영웅이었다. 이들은 적극적이고 도덕적인 삶을 살았고, 안락과 자기만족을 거부했던 남자였다. 그들은 '바더먼 동지'처럼 정치적인 협잡꾼이 아니었다(어느 기자는 바더먼을 향해 광견병에 걸린 미시시피 사람이라는 기발한 표현을 쓰기도 했다). 그들은 술을 마시고, 결투를 하고, '삐딱한' 연설을 하던 남북전쟁 전 남부의 귀족도 아니었다. 루스벨트가 위스터에게 말한 바에 따르면, 남부의 백인은 진화의 사다리에서 잘못된 방향으로 접어들었고, 알맹이 없는 호언장담으로 '건강하지 못한 특징들'을 애써 감추고 있었다. 최종 분석에서 대통령은 남부연합세대와 그들의 후손은 '현재 미국인이 자랑스러워하는 중요한 존재로 나아가는 데도 매우, 그야말로 극히 적은' 기여를 했다는 의견을 밝혔다. 루스벨트에게 바더먼 같은 사람들은 당장 성가시고 골치 아픈 존재일지 모르지만 머지않아 사라질 사람들이었다.[48]

루스벨트는 당당한 우생학 지지자였으므로 이런 미래를 확신할 수 있었다. 그는 대통령이라는 자리가 보장하는 발언권과 영향력을 십분 활용해 여성들은 건강하고 규율을 잘 따르는 아이들을 낳을 중대한 시민적 의무를 지고 있다고 주장했다. 루스벨트는 1903년에 처음 공개적으로 우생학에 지지를 표명했고, 2년 뒤에 어머니회 앞에서 하는 연설에서 자신의 이런 신념을 펼쳐놓았다. 루스벨트는 '민족 자멸 race suicide'[산아제한에 의한 인구 점감]을 우려하면서 앵글로-아메리칸 여성들이 '자기 민족이 감소하지 않고 증가하기 위해 반드시 필요한' 넷에서 여섯 정도의 자녀를 낳아야 한다고 권장했다. '산고'를 견뎌야 하는, 심지어 죽음과 직면해야 하는 이런 의무를 지기 때문에 가임기 여성은 직업군인에 맞먹는 존재라고 생각했다. 출산 의무를 회피하는 여성들은 탈영병보다 나빴다. 이런 신념에서 루스벨트는 결혼과 이혼을 연방법의 통제 아래 두어야 한다는 내용을 담은 1906년 수정헌법을 통과시켜야 한다고 의회를 압박했다.[49]

결혼과 이혼 관련 법률을 개별 주의 자의적인 통제에서 제외해 연방의 통제 아래 두는 편이 더 큰 우생학 목적에 부합한다고 보았기 때문이다. 강경한 우생학자들은 하나같이 결혼을 하고 자녀를 낳는 것이 시민의 개별 권리가 아니라고 생각했다. 대표적인 우생학 단체에서 1914년에 발표한 내용을 보면, '사회는 생식질生殖質을 단순히 그것을 가지고 있는 개인에 속하는 것이 아니라 사회에 속하는 것으로 보아야 한다'고 주장하고 있다. 부적격 부모에게서 태어난 아이들이 범죄자가 되면 납세자가 대가를 치러야 하므로 사회는 자신을 보호할 권리가 있었다. 퇴화한 사람들이 후손을 낳도록 허락한다면 나라 전체 인간 종에 미칠 손실은 훨씬 크고 위험했다. 1913년 루스벨트는 대표적인 우생학자 찰스 대븐포트의 주장을 지지하면서 글에서 다음과 같이 주장했다. 자신의 '핏줄을 남기는 것'은 우월한 종에 속하는 모든 시민의 애국적 의무이다. 이어서 그는 퇴화한 사람들이 '자기 종족을 재생산하는 것'을 허락하지 말아야 한다고 경고했다.[50]

개혁론자들이 정부에 좋은 양육 환경을 보장하는 출산 장려 정책을 요구한 것도 바로 우생학 열풍이 한창이던 이 기간이었다. 아이들에 대한 세액공제 개념이 등장한 것도 이때였다. 루스벨트는 새로운 소득세법이 자녀 둘에 대해서만 세액공제를 해주어, 부모들이 셋째, 넷째를 낳을 의욕을 상실하게 한다고 비판했다. 그는 1912년 오스트레일리아에서 정한 아동수당처럼 출산에 금전적인 보상을 해야 한다고 주장했다. 또한 미망인들을 위한 모성 연금도 장려했는데 대중에게 인기를 끌었던 개념이다. 1918년 어느 모성 연금 옹호론자가 주장한 바에 따르면, 미망인이 된 어머니는 '판사나 장관처럼 주의 공무원'이었다. 이런 어머니의 자녀 양육 의무는 전쟁터에서 겪는 고생 못지않은 공공서비스였다. 또한 열등한 병사들을 솎아내는 선발 징병제처럼 이런 연금도 '적격 어머니'에게만 주어져야 했다.[51]

루스벨트는 절대 외롭지 않았다. 과학자, 의사, 기자, 국회의원 할 것 없이 다들 캘리포니아 어느 의사가 명명한 소위 '우생학 마니아'에 가담했다. 우생학 지지자들은 적격자의 출산을 장려하는 방법은 중산층에게 올바른 결혼 선택에 관한 교육을 하는 것으로 믿었다. 우생학적인 사고는 주의 공진회에서 거행되는 '우량아 선발대회' '우량가족 선발대회' 등은 물론이고, 봇물 터지듯 쏟아지는 책과 대중적인 공개 강의 등에서도 표출되었다. 우생학 과정이 대학 교육과정에 추가되었다. 이런 노력의 결과가 장애인의 결혼을 제한하고, 제도를 동원하여 성적으로 격리하고, 가장 극적인 것으로 '부적격' 판정을 받은 사람들에게 주에서 강제 단종 시술을 실시하도록 허용하는 법률의 통과로 이어졌다.[52]

찰스 대븐포트는 1904년 롱아일랜드 콜드 스프링 하버에 연구소를 설립했다. 연구소는 이내 우생학기록소로 발전했다. 하버드 대학교에서 수학한 생물학자이자 교수인 대븐포트는 팀을 짜서 유전 자료를 모았다. 대븐포트가 일단의 농 육종학자와 생물학자로 이루어진 미국 육종협회 우생학분과의 영향력 있는 회원이라는 사실은 이상할 것이 전혀 없었다. 여기에는 유명 발명가 벨^Alexander Graham Bell^을 포함해 다수의 저명인사가 포함되어 있었다. 대븐포트 밑에서 일하던 로플린^Harry H. Laughlin^은 의회의 이민과 귀화 위원회 우생학 전문가가 되었고, 미국 역사상 가장 포괄적이면서 규제가 많다는 말을 듣는 법률 중의 하나로 꼽히는 1924년 이민법 제정에 결정적인 역할을 했다.[53]

우생학 지지자들이 퇴화한 사람들을 생각할 때면 그들은 저절로 남부에 초점을 맞췄다. 논점을 분명히 하고 싶었는지 대븐포트는 이민을 규제하는 연방정책이 시행되지 않으면, 뉴욕이 미시시피처럼 변할 것이라고 대놓고 말했다. 『우생학과 관련된 유전^Heredity in Relation to Eugenics^』(1911)에서 대븐포트는 병들고 퇴화한 미국인의 온상으로 두 가지를 밝힌다. 오두막집과 구빈원이었다. 오두막집은 익숙한 개념이었다. 그것을 크래커들이 사는 통나무 오두막으로 보든, 하층민의 판잣집, 혹은 가난한 백인의 돼지우리로 보든. 제임스 길모어의 『테네시에 들르다』(1864)처럼 대븐포트의 저서는 외딴 판잣집에서 일어나는 무분별한 짝짓기에 깊은 우려를 표하고 있다. 남매가 동침하고, 아버지와 딸이 동침하고, 소위 근친 생식에 대한 두려움이 너무나 현실적으로 보였다. 대븐포트의 구빈원 공격도 역시 남부를 향하고 있었다. 미시시피주는 1928년까지 보호시설에서 남녀에게 별도의 시설을 제공하지 않았다. 대븐포트는 구빈원이 범죄자와 매춘부들이 만나 온갖 종류의 저능한 범법자와 사생아들을 낳게 한다고 생각했다. 마지막으로 대븐포트는 반^反^ 시골 편향이 강했다. 대븐포트가 지지하는 적자생존은 시골에서

도시로의 이동을 강조했다. 말하자면 적합한 사람일수록 도시로 이동하고, 무능한 사람은 시골에 남는다는 식이었다.[54]

거의 모든 우생학자가 인간과 동물 육종이 유사하다고 보았다. 대븐포트는 최우량 여성 번식자는 엉덩이가 큰 여자라고 말했는데, 동물 육종가들이 수백 년 동안 소 육종과 관련하여 주장해온 내용에 토대를 둔 것이었다. 우생학기록소 최대 기증자는 철도업계의 거물 애버렐 해리먼Averell Harriman의 미망인 메리 해리먼Mary Harriman이었다. 그녀는 열렬한 말 육종가 집안 출신이었다. 알렉산더 그레이엄 벨은 '인간 순종'을 사육하는 상상을 하면서 우월한 부모 4대면 하나의 순종이 탄생할 것이라고 말했다. 뉴욕의 부유한 말 육종가인 스토크스William Stokes가 1917년 출판한 우생학 관련 저서를 보면, 개인의 지적 능력과 신분이 일치하도록 미국인을 분류하여 계급에 따라 짝을 짓게 하는 일이 가능하다는 주장까지 등장한다. 스토크스는 부모의 잘못된 짝짓기 선택으로 왜 한 세대가 벌을 받아야 하느냐고 반문하면서 '미래 세대의 권리'는 건강하게 태어나는 것이라는 유명한 주장을 펼치기도 했다.[55]

미국 혈통을 '추려내려는' 노력 속에서 세 가지 해결책이 나타났다. 우생학 지지자들은 동물 육종에서처럼 의사를 비롯한 전문가가 부적격자들을 일반 대중으로부터 분리하고 격리하도록 허용하는 법률이 제정되어야 한다고 지속해서 요구했다. 즉, 그들은 범죄자 거세, 병자와 퇴화한 계급의 단종 시술을 주장했다. 역사상 유례를 보기 힘든 엄청난 인권침해라는 생각이 들겠지만 그보다 더한 주장이 제기되기도 했다. 1903년 미시간주 의회 의원 하나는 주에서 부적격자들을 죽여야 한다고 제안했다. 또 다른 우생학 지지자는 유죄판결을 받은 살인범을 대상으로 하는, 특히나 터무니없는 계획을 내놓았다. 살인범의 할아버지를 처형하자는 것이었다. 이런 제안은 비주류 아이디어에만 머물지 않았다. 1931년까지 27개 주에서 실제로 단종법을 제정했고, 잠재적 수술 대상을 구체적으로 설명하는 34가지나 되는 범주를 규정했다. 우생학자들은 대충대충 하는 개괄적인 방법으로 부적격자 하층계급을 규정하고, 고용 부적격자들을 (하버드 대학교 교수 타우시그^{Frank William Taussig}가 『경제학 원리^{Principles of Economics}』(1921)에서 말한 것처럼) '근절할' 것을 요구했다. 타우시그 교수는 잔뜩 흥분해서 만약 사회가 유전적인 부적격자들(갱생할 수 없는 범죄자와 부랑자들)을 '최종적으로 잠재우기'를 거부한다면, 최소한 '동족을 번식하는' 것만이라도 금지할 수 있다고 주장했다.[56]

전국적으로 펼쳐지는 우생학 캠페인에서 여성들이 어떤 역할을 해야 하는가를 놓고는 우생학자들 사이에 의견이 나뉘었다. 어떤 이들은 여자들이 가정의 수호자로 남아야 한다고 주장했다. 이런 생각은 대농장주와 중류계급 여성이 흑인 남성과 어울리는 데 대해 '당연한 반감'을 가져야 한다고 주장했던 전통적인 남부의 정서와 일치했다. 뉴욕 말 육종가 스토크스는 여자들에게 잠재적 구혼자들을 세심히 살피라고 하면서 족보를 요구하고 남자에게 신체검사를 받게 하라고 조언했다(스토크스가 '선물 받은 말'도 철저히 검사하라는 속담을 포함해 족보를 중시하는 말 육종가들의 사고를 어떻게 채용하고 있는가를 쉽게 알 수 있는 대목이다). 젊은 여성들이 우생학에 부합하는 결혼을 하겠다고 맹세하고, 자신의 높은 과학 기준에 맞지 않는 남자는 받아들이지 않겠다고 서약하는 것이 유행되었다. 1908년 루이지애나에서 우생학에 관심이 많은 여교사가 '우량아' 선발 대회를 시작했는데, 대회에 참석한 엄마들은 아이들을 검사하고 결과에 따라 등급을 매기는 것을 허락했다. 이런 프로그램이 주의 공진회에서 개최하는 '우량가족' 선발대회로 확장되었다. '우량가족' 선발대회는 일종의 가축 품평회처럼 개최되었고, 참가한 가족들은 소와 같은 방식으로 평가를 받았다. 대회 승자는 가축 품평회에서 입상한 황소처럼 메달을 받았다.[57]

빈민 여성이 소위 우월한 부류의 여성보다 많은 아이를 낳고 있기는 했지만, 교육받은 여성들은 문지기, 즉 우생 결혼의 수호자였다. 소위 전문가들은 성생활에 지나치게 탐닉하고 지적인 자제력이 없는 여성은 유약한 아이를 낳을 확률이 높다고 주장했다(여기서 그들은 가난한 백인이 숲속에서 간통하는 모습을 상상한다). 일단 대븐포트 같은 전문가들이 매춘과 빈곤을 유전적인 특징이라고 밝히자 성적으로 적극적인 하층계급 여성들은 퇴화 유전자 보유자로 간주되었다. 1910년 뉴저지주 바인랜드에 있는 지적장애인 학교에서 실험실을 운영하던 심리학자 고더드[Henry Goddard]는 우생학에 따른 새로운 지적장애 종류를 만들어 냈다. 바로 노둔[moron]이었다. 백치[idiot], 치우[imbecile]보다는 지능이 높은 노둔들은 정상으로 통할 수도 있었기 때문에 특히나 골칫거리였다. 여성 노둔들이 교양 있는 집에 하인으로 들어가 젊은 남성을 유혹하거나 그들에게 유혹당할 수 있었다. 그것이 진짜 문제로 생각되었다.[58]

성적으로 난잡한 빈민 여성에 대한 두려움 때문에 우생학 개량주의자들은 백인 지적장애 여성들을 수용할 추가 보호시설 건설을 거듭 촉구했다. 이런 과정에서 그들은 과거 남부 사람들이 흑백분리 강제에 사용했던 것과 같은 방식으로 '분리[segregation]'라는 단어를 효율적으

부적격 인간의 특징

지적장애, 간질, 범죄성향, 정신이상, 알코올 의존증, 궁핍을 비롯한 여러 특징은 집안 내력이며 기니피그의 피부색과 똑같은 방식으로 유전된다. 만약 모든 결혼이 우생학 이론에 따라 진행된다면, 우리는 3대 안에 이 모든 부적격 특징들을 품종개량을 통해 제거할 수 있다.

삶을 결정하는 3가지 요소

당신은 자신의 교육을 개선할 수 있고, 심지어 자기 환경도 바꿀 수 있다. 하지만 자신의 진정한 본질은 부모가 당신을 낳는 순간 모두 정해진다.
엄선된 부모가 우량한 자녀를 낳는다. 이것이 우생학의 위대한 목표이다.

1929년 캔자스 품평회에 등장한 위의 도표를 보면, 유전이 모든 개인의 운명을 결정한다고 분명하게 밝히고 있다. 이것이 말하고자 하는 메시지는 분명하다. 부적격을 '품종개량'을 통해 국민 혈통에서 제거해야 한다는 것이다.
– 미국철학협회(펜실베이니아주 필라델피아) 스크랩북에 실린, 미국우생학협회 신문 내용

로 활용했다. 사실 '(정상인으로) 통하는^{passing}' 여성이라는 수사가 새롭게 등장한 것은 아니었다. 이는 '통하는' 물라토에 대한 남부의 두려움에서 빌려온 것이었다. 통하는 물라토는 명문 집안과 결혼할지도 모르는 위험한 존재였다. 통한다는 말은 또한 계급 경계 침해와 통제되지 않은 사회이동에 대한 과거 영국인의 두려움을 상기시켰다. 저택의 영주를 유혹하는 집안 하녀를.[59]

인종차별적인 뉘앙스에도 불구하고 우생학자들이 겨냥한 주된 목표는 사실 빈민 백인 여성이었다. 여성 노둔을 신중한 생각이나 활력이 부족하고 수치심이라고는 눈곱만큼도 없는 사람이라고 말한 고더드의 묘사는 재건 시대 작가들이 그린 백인 쓰레기의 초상을 완벽하게 되풀이한 것이다. 대븐포트는 이들 위험한 여성들을 가임기 동안 격리하는 것이 최선의 정책이라고 생각했다. 이런 정책 처방은 자연스럽게 단종수술로 이어지는데 계산기를 두드려보면 그럴 수밖에 없는 결론이었다. 관심 있는 정치인과 의욕적인 개량주의자들은 그들을 수십 년 동안 보호시설에 수용하는 것보다 수술시키는 것이 저렴하게 먹힌다는 결론을 내렸다. 남부의 우생학 지지자들은 특히 단종수술은 빈민여성을 안전하게 중성화하여 여전히 허드렛일을 할 수 있는 상태로 국민 속으로 돌려보내기 때문에 경제에도 도움이 된다고 주장했다.[60]

제1차 세계대전은 우생학 운동에 기름을 부었다. 먼저 군대에서 병사들에게 콘돔을 지급하지 않기로 했다. 고위 장교들은 성적 통제는 어느 정도 내부 규율이 필요하다고 주장했는데, 군대의 어떤 프로그램에서도 이를 효과적으로 가르치지는 않았다. 군대는 현지의 매춘 반대단체들과 협력하여 대략 3만 명의 매춘부를 잡아들였고 가능한 많은 수를 강제수용소와 구치소에 가두고 병사들과 접촉하지 못하게 했다. 이처럼 연방정부는 더럽혀진 여성들의 성적 격리 정책을 지원했다. 동시에 징병제를 옹호하는 사람들 처지에서 지원병 제도는 불공평을 야기할 소지와 동시에 우생학에 역행할 소지가 다분했다. 미시시피 출신 상원 의원 샤프John Sharp는 징병제를 시행하지 않으면, '최우량 혈통'만이 전쟁터에 나가게 되고 '열등한 부류'만 남아 '다음 세대를 낳게' 된다고 주장했다.[61]

전쟁은 지능검사의 중요성을 한층 강화했다. 고더드는 비네-시몽 검사법Binet-Simon test을 활용해 '노둔'이라는 분류를 만들어냈는데, 이어서 스탠퍼드 대학교 터먼Lewis Terman 교수가 이를 활성화하고, 미군이 활용한 IQ(지능지수) 측정법이 나왔다. 군대의 측정 결과는 그동안도 지속된 남부에 대해 좋지 않은 견해를 거듭 확인해주었을 뿐이다. 남부 여러 주에서 온 가난한 백인과 흑인 병사들의 IQ가 가장 낮게 나왔기 때문이다. 전반적으로 연구 결과는 이들 병사의 평균 지능이 노둔 수준이라고 보았다. '정상적인' 열세 살 소년에 맞먹는 지능이라는 의미다. 결과를 보고 관찰자들은 가난한 백인 남자가 미국 국민 전체의 수준을 끌어내리고 있지 않은가 생각했다.[62]

남부의 공교육 재원이 부족했기 때문에 군대의 이런 지능검사 결과는 필연적이었다. 남북전쟁 이전 남부와 북부의 교육 수준 차이가 이후에도 똑같이 유지되고 있었다. 지능검사를 받았던 다수의 남자는 전에 연필조차 사용해본 적이 없었다. 더구나 남부 백인 남자는 신체 발육도 좋지 않았다. 군대 의사들의 검사 결과 그들이 (나머지보다) 작고, 약하고, 육체적으로 덜 건강했다. 십이지장충병과 펠라그라병 퇴치 국민캠페인(두 가지 질병 모두 흙을 먹는 것과 관련되어 있으며 백인 쓰레기 질병으로 인식되고 있었다)은 이런 이미지를 한층 강화할 뿐이었다. 뉴욕 소재 록펠러연구소는 1909년부터 십이지장충병 박멸을 위한 자선 프로그램에 막대한 돈을 쏟아 부었고, 한편으로 미국공중위생국은 펠라그라병 퇴치에 집중했다. 록펠러재단은 실제 십이지장충 사진, 그리고 한 명은 정상이고 다른 한 명은 십이지장충병으로 글자 그대로 발육에 지장을 받았고 외관도 일그러진 동갑내기 두 소년을 비교하는 충격적인 사진들을 공개했다. 십이지장충은 위생 시설 부족으로 퍼진다는 사실도 남부의 이미지에 도움이 되지 않았다. 남부 빈민들 사이에서는 변기는 물론이고 옥외 화장실조차 드물었다.[63]

전반적으로 남부 시골 지방은 사회적인 후진성은 물론이고 이제는 우생학적인 후진성까지 보이는 지역으로 부각되었다. 고집쟁이 노새와 함께 먼지가 자욱한 길을 거니는 소작농과 물납소작농들은 18세기 부랑자가 부활한 격세유전처럼 보였다[물납소작농: 남북전쟁 이후 등장한 소작농의 한 형태로 소작료를 현물로 납부했던 농민들을 말한다. 일반 소작농이 자신의 농기구를 갖고 땅만 빌려 농사를 짓는 반면, 물납소작농은 본인의 노동 이외에 모든 것을 지주에게 빌려서 농사를 지어야 했으므로 계층적으로 소작농에 비해 낮은 위치에 있을 수밖에 없었다].

십이지장충병과 펠라그라병 같은 '나태 질병'들이 나태한 게으름뱅이 계급을 만들어냈다. 문맹이 만연했다. 무분별한 생식에 대한 두려움이 엄습했다. 남부에서 태어난 가난한 백인 남자는 병역에 부적합하고, 여자들은 어머니가 되기에 부적합하다고 생각되었다. 남북전쟁 이전 20년 동안 개혁가들은 다수의 빈민 백인 여성과 아이들이 남부의

물납소작재단이 앨라배마에서 발간한 『1만 십이지장충병 가족(The 10,000 Hookworm Family)』에서는 '나태 질병'을 벗어난 가난한 백인을 소개했다. 그들은 부적격 미국인 가족의 완벽한 예로 '우량가족' 선발대회와 대조를 이루었다.

— 201 H Alabama, Hookworm, Box 42, Folder 1044, #1107, 1913, 록펠러기록보관소(뉴욕주 슬리피홀로)

1913년에 노스캐롤라이나에서 찍힌 사진으로, 충격적인 대조를 통해 십이지장충으로 몸이 어떻게 망가지는가를 적나라하게 보여준다. 보통보다 작은 스물세 살의 젊은이가 자기보다 신장은 훨씬 크고 나이는 두 살 어린 정상 체격의 청년과 나란히 서 있다.

— 236 H North Carolina, Box 53, Folder 1269, #236 Vashti Alexander County, North Carolina, May 29, 1913, 록펠러기록보관소(뉴욕주 슬리피홀로)

직물 공장에서 기진맥진할 정도로 장시간 노동을 하고 있다고 폭로했었다. 이것이 또 다른 '민족 자멸'의 신호일까? 누군가는 물었다. 그들이 과연 건강하고, 용감하고, 똑똑하고, 다산하는 미래 세대 미국인을 낳을 수 있을까? 20세기 초에 많은 사람에게 미국 사회가 당면한 '새로운 인종 문제'는 '흑인 문제'가 아니었다. 그것은 '무가치하고 반사회적인 백인 계급'에 의해 야기된 다른 위기였다.[64]

버지니아의 백인 빈민을 '남부의 무능하고 무지하고 쓸모없는 반사회적 백인 계급'이라고 부른 사람은 앨버트 프리디Albert Priddy였다. 프리디는 버지니아주 린치버그 소재, 주립 간질환자 및 지적장애자 수용시설의 관리자로, 단종수술을 정당화할 최적의 법정 소송을 만들어내는 작업을 도왔다. 연방대법원까지 갔던 '벅 대 벨' 소송(1927)이 그것이었다. 프리디는 1916년에 매춘부들을 겨냥한 소송을 준비하기 시작했다. 준비 과정에서 그는 우생학기록소, 워싱턴에 있는 카네기연구소와 손을 잡고 대븐포트의 동료 두 사람을 포함한 최고 수준의 우생학 전문가들을 끌어들였다.[65]

프리디는 또한 버지니아 의대의 지원도 받았는데, 버지니아 의대는 관련 학문은 물론 공공정책도 주도하고 있었다. 이곳 학장 조던Harvey Ernest Jordan은 버지니아를 가장 우수한 품종(버지니아의 내로라하는 '명문가들')과 가장 열등한 품종(가난한 백인)을 비교할 '완벽한 실험실'로 생각했다. 1912년 조던은 백인, 흑인, 물라토 아이들에 대한 지능검사를 제안했다. 나아가 대학 창립자인 토머스 제퍼슨이 말한 유명한 문구의 의미를 우생학 관련한 헛소리로 왜곡할 방법을 찾아냈다. "만약 그런 자유가 사회에 위협이 되는 경우에는, 인간은 신체의 자유 혹은 생식의 자유에 대한 양도할 수 없는 권리를 가지지 않는다." 이제 양도할 수 없는 권리는 우월한 계급들의 세습 특권이 되었고, 조던은 이들을 미국의 '인간 순혈'이라고 불렀다.[66]

우생학 지지자들은 버지니아를 나쁜 혈통을 솎아내기 위한 선례를 만들 소송의 무대로 만들었다. 프리디는 카네기연구소의 에스터브룩 Arthur Estabrook 을 계획에 합류시켰고, 버지니아 법정에서 지능검사 관련 전문가 의견을 제시하도록 했다. 대븐포트의 동료인 에스터브룩은 이 것 말고도 또 다른 방법으로 우생학 메시지를 퍼뜨리는 데 열심이었다. 1926년 에스터브룩은 윈Win족이라고 불리는, 버지니아의 고립된 산악 지역 사람들을 연구한 결과물인 『멍그럴 버지니아인Mongrel Virginians』 이라는 저서를 출간했다. 윈족 사람들은 근친 간, 그리고 인종 간 번식 과 관련된 흥미로운 사례를 제공했다. 그들은 '흑인도 아니고 백인도 아닌 혼혈', 주로는 인디언이었다. 그들에 대한 묘사는 참으로 비판적 이었다. 에스터브룩이 설명하는 윈족 공동체는 선천적 무지, 혼혈 여 성들의 부도덕함에서 기인하는 온갖 해악에 시달리고 있었다. 에스터 브룩의 표현을 빌자면 그들의 번식습관은 '자기들 꼴리는 대로 하는, 동물의 그것과 크게 차이가 없었다'.[67]

『멍그럴 버지니아인』에 나오는 증거들은 1924년 인종 순결법Racial Integrity Act 통과를 이끌기에 충분했다. 해당 법은 흑인과 백인의 결혼을 금지했고, 인디언 혈통을 흑인 혈통과 다르지 않게 취급했다. 또한 백 인을 코카소이드 혈통 이외에 어떤 혈통의 '흔적도 없는' 사람으로 규 정했다. 우생학 지지자들의 주장을 따라 법안 초안에서는 인디언 혈 통을 가진 밝은 피부의 흑인이 백인과 결혼하는 일이 없도록, 족보를 추적하는 인종 등록을 요구했다. 법안의 최종 버전에서는 이런 규정은 빠졌지만, 법안은 여전히 미국 인구를 백인과 흑인, 적격자와 부적격자, 순수 혈통과 오염된 혈통으로 나누었다. 결국 버지니아 의원들은 결혼 통제를 통해 주민들이 다운증후군에 면역을 갖추게 할 수 있다고 믿었다. 이를 통해 흑인과 인디언에게서 가난한 백인 그리고 상층계급, 즉 의심 없는 백인 중산층과 엘리트들에게까지 미칠지 모르는 전염을 막을 수 있다고 생각했다.[68]

3년 뒤에 연방대법원장 올리버 웬들 홈스는 '벅 대 벨' 소송에서 획기적인 판결을 내렸고, 결과적으로 버지니아주에 주민의 자손 번식 활동을 규제할 권한을 주었다. '드레드 스콧' 판결(1857)에서 로저 B. 토니 연방대법원장이 그랬듯이 홈스는 훌륭한 시민과 폐기물 인간을 구별하기 위해 가계도를 활용할 수 있다고 생각했다. 홈스는 '여러 대에 걸친 지적장애자들'이 후손을 낳지 못하도록 하는 단종수술은 적합한 수단이라고 판결했다. 홈스는 단종수술은 나라를 '무능력자들이 넘쳐나는' 상황에서 구원하기 위한 시민의 의무라고 주장했다. 그는 1600년대에 영국인의 주장을 되풀이했다. 부적격자들은 굶주림에 시달리거나 범죄를 저지르고 처형을 당하게 될 것이므로, 그들에게 단종수술을 받게 하는 것은, 수백 년 전에 그들을 식민지로 보낸 조치와 마찬가지로 인도적인 선택이라는 것이었다.[69]

('벅 대 벨' 소송의 당사자) 벅Carrie Buck은 프리디의 명령으로 단종수술 대상자로 선정되었는데, 이유는 그녀가 '이런 사람들' 중의 하나라는 것이었다. '쓸모없는' 남부 백인 '계급'의 하나. 한 마디로 그녀는 백인 쓰레기의 완벽한 표본이었다. 벅이 원고였지만 그녀의 어머니와 딸도

캐리 벅과 그녀의 어머니 에마(1924). 벅과 그녀의 어머니, 그녀가 낳은 사생아인 딸까지 모두가
'벅 대 벨'(1927) 소송에서 심리에 부쳐져 조사를 받았다. 그들의 범죄는 가계도와 관련된 것이었
다. 삼대에 걸쳐서 지속된 결함 있는 핏줄이라는.
– 아서 에스터브룩 소장품, M. E. 그래낸더 특별소장품 및 기록보관소 분과, 뉴욕 올버니 소재
올버니 대학교 도서관

심리를 받았다. 매우 편향된 전문가들에 따르면, 벅은 검사결과 지능이 '노둔 수준'으로, 그녀의 어머니는 그것보다 살짝 낮은 것으로 나왔다. 생후 불과 7개월 만에 검사를 받은 그녀의 사생아는 지적장애라고 했다. 이는 적십자 직원의 관찰과 에스터브룩이 주관한 검사에 기반을 둔 것이었다. 전문가들에 따르면, 벅의 가계도는 퇴화뿐 아니라 성적 일탈도 보여주었다. 벅의 어머니는 매춘부였고, 벅은 입양 부모의 조카에게 강간을 당했다. 벅을 강간한 강간범은 처벌받지 않았지만 그녀는 강제로 단종수술을 받아야 했다.[70]

우생학은 20세기 문화 곳곳으로 퍼졌다. 사회 계급이 유전적 잠재력에 따라 등급이 매겨졌다. 최상층에는 새로 등장한 전문가 집단인 '마스터 계급master class'이 있었다. 많은 이들이 지능은 유전되고, 학생들 지능검사 결과를 보면 부모가 고도의 교육을 받은 전문가인 아이들이 가장 똑똑한 학생임이 증명된다고 생각했다. 이에 따르면, 엘리트는 정신적으로뿐만 아니라 육체적으로도 적격일 수밖에 없었다. 1921년에 뉴욕에서 열린 제2차 우생학국제회의에서 자연사박물관의 다윈홀 양쪽 끝에 두 개의 조각상이 배치되었다. 하나는 50명의 더없이 건강한 하버드 대학교 남자의 생체 측정치들의 결합물이었고, 다른 하나는 제1차 세계대전에 참가한 10만 명의 보병들, 다시 말해 '평균적인 미국 남성' 측정 수치의 결합물이었다. 하버드 대학교의 표본들이 단연코 훨씬 인상적이었다. '인지 능력이 뛰어난 엘리트'를 가리키는 '아리스토제닉aristogenic'이라는 신조어까지 만들어졌는데 유전적 지배계급 정도로 부를 수 있지 않을까 싶다. 여기서도 사람은 전통적 의미의 귀족처럼 특정 신분을 타고나는 것으로 간주되었다. 다만 차이는 해당

신분이 가문이나 부 때문에 주어지는 것이 아니라는 점이었다. 여기서 우월한 계급을 구분해주는 것은 타고난 자질의 부여였다.[71]

우생학 지지자들은 유전적인 지배계급 찬미를 유행처럼 만드는 한편으로, 번식능력을 기준으로 사회 계급들을 조직화하는 데도 그만큼 열심이었다. 가장 인기 있는 우생학 강연자 중의 하나였던 설리비 C. W. Saleeby 는 '우생학적 여성주의eugenic feminism'라는 것을 강력히 옹호하면서 가장 똑똑한 여성들이 참정권 운동을 시작해야 할 뿐만 아니라, 출산이라는 자신들의 애국적 의무를 받아들여야 한다고 주장했다. 그는 벌 떼처럼 조직화된 여성 사회를 상상했다. 우월한 종의 여왕벌들이 가임기 내내 자손 번식을 하는 반면, 교육받은 불임(혹은 폐경기가 지난) 여성들은 개혁 활동에 최적이었다. 하버드 대학교 교수 맥두걸 William McDougall 도 마찬가지로 과격한 해결책을 내놓았다. 맥두걸은 '유지니아Eugenia'라는 자손 번식을 위한 식민지를 주장했다. 미국 내에 별도의 보호령으로 두고, 가장 훌륭하고 똑똑한 사람들이 이곳에서 우월한 종을 번식하도록 하자는 것이었다. 맥두걸이 그리는 유지니아는 일종의 대학이면서 동시에 종마 사육장이었다. 이곳 특별한 식민지에서 태어난 아이들은 '노블레스 오블리주' 전통 속에서 '귀족'으로 길러진 다음 유능한 공무원이 되어 세상으로 나갈 것이었다.[72]

백인 쓰레기에 대한 집착은 1920년대에도 전혀 동력을 잃지 않았다. 개혁론자와 입법자들은 계속해서 우생학 운동을 펼쳤고, 기자들은 선정적인 기사를 쓰고, 충격적인 사진들을 공개했다. '벅 대 벨' 소송에서 내린 연방대법원의 판결은 미시시피, 노스캐롤라이나, 사우스캐롤라이나, 조지아에서도 버지니아에서 채택된 것과 비슷한 단종법을 통과시키도록 자극하는 역할을 했다. 동일한 관심과 정성을 가지고 '나쁜 혈통'을 제거해주지 않는다면, '좋은 혈통'을 보호하고 고취하는 작업 역시 크게 성공을 거두지 못할 것이기 때문이었다.[73]

1920년대는 또한 우생학 아이디어들을 실험한 신세대 소설가들이 등장한 시기이기도 하다. 이들 중에 단연 돋보이고 인기도 많았던 이는 앤더슨Sherwood Anderson이었다. 1920년 앤더슨은 작은 마을의 일상에 관한 반자전적인 소설을 구성해 『가난한 백인Poor White』이라는 노골적인 제목으로 출간했다. 주인공 휴 맥아이비는 미주리주, 미시시피강의 질퍽한 강가에 있는 작은 마을의 '굴' 같은 집에서 태어난, 백인 쓰레기의 아이였다. 무기력한 몽상가 기질을 타고난데다 생기 없고 나른한 정신 때문에 그는 중요한 어떤 것도 결정할 수가 없었다. 휴가 '동물처럼 무감각한 혼수상태'에서 벗어난 것은 마을에 철로가 생기고, 뉴잉글랜드에서 태어나 미시간에서 자란 젊고 건강한 사람이 등장하면서부터다. 핏줄 속에 '개척자의 피가 흐르는' 사람으로 휴의 선생님이 되었다. 그녀는 루소의 교육관에 나오는 것처럼 휴 내면의 새로운 지적 활력을 자극했다.[74]

자신의 과거에서 탈피해 사회적 성공을 거두고 싶었던 휴는 남부를 떠났다. 그리고 3년 동안 여기저기를 떠돌다 마침내 오하이오주 브라이드웰에 정착했다. 전신국 일자리를 얻은 뒤에 휴는 기술 분야에서 두각을 드러내며 운명을 개척했다. 그의 몽상가 기질은 이곳에서, 독자들이 미국인 특유의 독창성이라고 인식하는 훌륭한 재능으로 발현되었다. 이런 독창성을 발휘하여 휴는 여러 기계를 발명했는데 가장 성공적인 것은 자신의 성을 따서 이름을 붙인, 맥아이비 옥수수 절단

기였다. 공업화하는 마을에서 영웅으로 변모한 휴는 대학교육을 받고, 여성주의 성향이 있는 반항적인 여자 클라라 버터필드를 만난다. 클라라는 우생학에 따른 배우자 선택 행위로 휴를 남편으로 선택한다. 그녀 자신의 표현에 따르면 '늑대나 울프하운드'보다 '친절한 말'을 좋아해서.[75]

부부를 부침 심한 근대의 삶에서 생겨나는 긴장과 갈등으로부터 궁극적으로 구해준 것은 번식의 힘이었다. 여러 위험에 직면한 뒤에 휴는 허무주의 관점에서 기계시대를 헛된 것으로 보기 시작했고, 사람 자체가 어둡고 음울해진다. 그때 아내는 자기 뱃속에 품고 있는 아들의 존재를 상기시킴으로써 미치기 직전 상태에서 휴를 끌어올린다. 자손 번식이라는 원시적이고 동물적인 충동을 느끼는 것이 휴에게 계속 살아갈 힘을 주었다.[76]

앤더슨의 소설은 19세기의 호전적인 낙관주의는 거부하지만 동시에 가난한 백인이 '어린애 같은 무기력' 혹은 '성장 지체'로 고통받고 있다는 우생학 개념을 은연중에 언급하면서, 그들의 훌륭한 색슨인 자질을 부활시킬 것을 요구했다. 각종 난관에 직면해서도 휴는 결코 콜드웰Erskine Caldwell의 첫 번째 소설, 『사생아The Bastard』(1929)를 가득 채운 깊은 절망 수준까지는 가지 않았다. 콜드웰은 조지아주 목사의 아들이었고, 그의 아버지는 우생학에 공감하고 있었다. 『사생아』는 어떤 사람도 자신의 '타고난' 특성으로부터, 조상이 남긴 각인으로부터 숨을 수는 없다는 것을 증명하려 했다.[77]

콜드웰 책의 주인공은 진 모건Gene Morgan 이었다('유진Eugene'은 우생학의 'eugenic'과 마찬가지로 좋은 태생wellborn이라는 어원에서 나왔다). 아이러니하게도 좋은 태생이라는 이름을 가진 주인공은 사생아였다. 진은 매춘부였던 어머니가 루이지애나에서 살해당했고, 마치 '늪지'처럼(그녀 내부의 오염된 황무지라는 암시) 갈라진 어머니의 배에서 자신이 태어났다는 사실을 알고 있었다. 진은 사악한 백인이면서 떠돌이로, 그의 유일한 쾌락은 폭력에서 나온다. 흑인 노파의 손에 자라고, 물라토 아가씨에게 성적으로 끌리는 그는 무분별하게 인종의 경계선을 넘나들었다.[78]

진은 '깨끗하고……여자다운 여자' 마이러 모건을 만날 때까지 방황을 거듭했다. 둘은 결혼했고 필라델피아로 갔다. 그곳에서 진은 새 신부와 얼마 지나지 않아 생긴 아기를 먹여 살리기 위해 열심히 일했다. 그러나 부부는 자신들의 아이가 괴물로 변해가는 두려운 광경을 목도하게 된다. 아이의 몸은 야생동물 털 같은 검은 털로 덮였다. 마이러의 순수함에도 불구하고 늪지의 오염이 아이의 피에 여전히 존재한다는 것을 증명한 셈이었다. 의사는 마이러에게 향후 태어날 모든 자녀가 이처럼 퇴화한 모습일 가능성이 있다는 분명한 메시지를 남긴다. 사생아 진은 선천적으로 저주받은 것이다. 여기에는 근친 결합으로 인한 출산이라는 암시도 있다. 진과 마이러가 성이 같기 때문이다. 진은 아이를 살해할까 생각했지만 끝내 실행하지는 못한다. 그리고 사랑하는 아내가 부디 정상적인 남자와 결혼하기를 바라면서 그녀를 떠난다.[79]

근대, 새로운 세기의 신세대들은 도금시대^{Gilded Age}(1865~1890년경)라 일컫는 남북전쟁 이후 경제 발전 시기의 가족 왕조들에서 영속적인 실체를 거의 보지 못했다. 그들은 돈이 있다는 것만 증명하면 그만이었다. 진보적인 개혁론자들은 미국의 불완전한 귀족 대신 인지능력이 뛰어난 엘리트를 키우기를 간절히 원했다. 근대적인 기술과 관료제를 다룰 능력을 갖춘 이들을. 여전히 계급은 대단히 중요했지만, 근대성을 감시·감독해줄 이들은 무력해진 구세계의 화려한 귀족이 아니었다. 희망은 흰색 실험실 가운을 입은 남자와 맞춤 정장을 입은 관료들에게 있었다. 따라서 직업적인 전문성은 선천적인 장점을 말해주는 충분한 증거였다.[80]

이런 우생학의 전성기가 광란의 20년대Roaring Twenties로 알려진 화려한 시대와 공존했다는 사실이 오늘날 우리한테는 이상하게 보일지 모른다. 린드버그Charles Lindbergh의 대서양 횡단 비행, 답답한 코르셋을 벗어던지고 자유분방함을 만끽했던 플래퍼flapper, 규제받지 않는 주류 밀매점 등등. 그러나 자유분방한 파티를 즐겼던 플래퍼들마저도 자신들의 과감한 춤동작이 '집시'(즉 흑인) 핏줄을 가진 사람들의 그것과 지나치게 유사하다는 경고를 들어야 했다. 또한 우생학적으로 적합한 짝을 찾아 정착하면 더욱 나은 대접을 받았다. 계급의식이 깊이 뿌리를 내린 시기가 있다면 바로 이때였다. 1920년대에 과학으로 가장한 사회적 배제, 시골 지역의 후진성과 멍그럴 오염에 대한 경멸이 한층 심화되었다. 사방에서 공격받는 문화에서 백인 쓰레기는 순수하지 않은 것, 온전한 백인이 아닌 것을 의미했다. 자칫 중산층으로 통하기 쉬웠던 노둔이 그랬듯이 나쁜 태생의 사생아는 지켜보는 사람들에게 조심해야 하는 새로운 형태의 사회적 위험이었다. 한편으로 사람들은 주식시세표 시기에 귀를 기울인 채로 1929년 시장 붕괴와 함께 낭떠러지를 향해 나란히 나아가고 있었다.[81]

제9장

잊힌 남자와 가난뱅이들: 하향 이동과 대공황

이 남자가 굶주려야 하는가?

그의 명예로 축복을 받고, 그의 손으로 건설된 바로 이 나라에서?

그를 위해 무언가를 하라. 결코 그가 잊히게

두지 마라. 그가 나날의 양식을 얻게 하라.

그동안 우리를 먹여온 그, 이제 그를 먹게 하라.

그의 비극적인 운명을 기억하자.

기억하라. 그렇지 않으면 우리 자신이 잊힐 것이니!

— 에드윈 마컴^{Edwin Markham}, 「잊힌 남자^{The Forgotten Man}」(1932)

1932년, 대공황을 유발한 주식시장 붕괴 이후 3년이 지난 시점에 워너 브러더스는 〈나는 탈옥수^{I Am a Fugitive from a Chain Gang}〉라는 흥미진진한 영화를 내놓았다. 제1차 세계대전 참전 용사였던 남자가 남부에서 억울하게 투옥되고, 여럿이 쇠사슬로 결박되어 공동 노역을 하는 소위 '체인갱^{chain gang}'이 되어, 짐을 운반하는 짐승 취급을 받는 안타까운 이야기다. 〈나는 탈옥수〉는 노동이 지니는 구원의 힘을 찬양하는 묘한 설득력이 있는 영화이기도 하다. 1932년 무렵 미국 노동인구의 20퍼센트가 개인의 책임이 아닌데도 실직 상태가 되었다. 평범한 남자가 하루아침에 버림받고 쓸모없는 존재가 되어 버린 자신을 발견했다. 일자리와 집, 가족을 먹여 살릴 수단 같은 미국 남성의 정체성을 말해주는 상징물이 모두 사라진 채로. 영화에 나오는 도망자, 제임스 앨런은 국가 쇠퇴를 보여주는 강력한 상징이 되었다. 앨런의 이야기는 애국심이 충만하고 야심 차고 창의적인 북부 사람이 어느 날 갑자기 일자리를 잃고, 결국 떠돌이, 죄수, 도망자가 되는 내용이다. 앨런은 노동력으로부터 소외당한, 대공황기의 '잊힌 남자Forgotten Man'였다. 그의 운명은 그가 남부로 가면서 결정되었다. 영화 마지막 장면에서 앨런은 어둠 속으로 사라진다. 예전의 삶을 되찾을 모든 희망을 잃어버리고, 자신이 의지할 유일한 수단은 도둑질밖에 없다는 사실을 인정해야 하는 그런 남자가 되어. 워낙 불안하고 불편한 결말이라 영화가 중간에 잘린 것이 아닌가 싶을 정도다.[1]

〈나는 탈옥수〉는 쇠락한 남부의 모습을 적나라하게 보여주는 우울하고 충격적인 폭로다. 영화 내용은 남부 경제가 안타깝게도 아메리칸드림과는 조화를 이루지 못하고 있다는 뉴딜정책의 결론을 확인해주는 역할을 했다. 1938년 영화 〈나는 탈옥수〉 개봉 6년 뒤에 프랭클린 루스벨트Franklin Roosevelt 대통령은 '남부는 현재 우리나라 최대의 경제문제를 제기하고 있다'고 선언했다. FSA, 즉 농업안정국Farm Security Administration을 이끌었던 테네시 사람 알렉산더Will Alexander는 남부의 소작제가 주민들이 경제적으로 자립할 기회를 완전히 박탈해버렸다고 주장했다. 알렉산더가 수장으로 있는 농업안정국은 '농촌 재생rural rehabilitation' 업무를 하고 있었다. 신체장애가 있는 군인과 지력이 고갈된 땅에 똑같이 'rehabilitation'이라는 용어를 쓴 점이 흥미롭다. 극빈가구들을 (강제하지 않고) 프로그램에 참여시켜 재교육을 받게 하고 재정착시켜야 했다. 알렉산더에게 문제는 너무나 극명하고 단순했다. 정책의 성공은 백인 쓰레기에 대한 편견을 극복할 때만 가능했다. 즉, 생각의 변화가 교육개혁만큼이나 필수적이었다.[2]

알려지지 않은 미국 400년 계급사

의존성은 오래도록 남부를 규정해온 개념이었다. 1870년대 이래 빈곤한 물납소작농과 죄수 노동자들이 흑인뿐만 아니라 백인까지 포함하여 사회질서의 최하층을 지키고 있었다. 지금 우리가 가늠하기는 쉽지 않지만 죄수들 상황은 남부 노예들보다 나을 것이 없었다. '한 놈이 죽으면, 다른 놈을 데려오면 된다'는 어느 교도관의 말이 모든 것을 말해준다. 백인 빈민은 저렴한 소모품이었고, 법·제도 측면에서도 고통받는 아프리카계 미국인과 다르지 않은 지위에 있었다. 흑인과 백인 죄수가 공히 '깜둥이nigger'라고 불렸다는 사실만큼 이런 현실을 잘 말해주는 사례도 없을 것이다.[3]

이들 계급에는 경범죄에도 가혹한 선고가 내려지는 것이 일반적이었다. 뉴저지 출신 번스Robert Burns는 겨우 5.8달러어치 물건을 훔친 죄로 6년에서 10년의 강제 노동이라는 형벌을 받아야 했다. 번스의 회고록은 〈나는 탈옥수〉 영화 제작에 영감을 주기도 했다. 남부의 교통 인프라와 확장된 산업 기반 시설은 사슬에 묶인 죄수 노동자들의 피땀으로 건설되었다. 주들은 사기업에 이들 죄수를 대여해주고 엄청난 수입을 올렸다. 전체 역사를 보면 이런 노동자의 대다수는 흑인이었지만, 대공황 시기에는 (흑인보다) 많은 백인 빈민이 자기도 모르게 그런 시스템 속으로 휩쓸려 들어갔다.[4]

워너 브러더스는 할리우드에서 '친루스벨트 성향'이 가장 강한 스튜디오라는 소리를 들었다. 워너 브러더스의 최고 경영진은 당연히 수익을 내기 위해 최선을 다했지만, 동시에 사회정의라는 문제를 다루는 것을 두려워하지 않았다. 〈나는 탈옥수〉는 인간 정신의 파괴라는 문제를 다루고 있으며, 동시에 앨런이 죄수 수용소에 던져지는 순간 그의 운명이 어떻게 되는가를 적나라하게 보여줌으로써 현실을 고발하고 있다. 죄수들은 글자 그대로 죽도록 일해야 했고 일을 하지 않을 때도 자유라고는 없었다. 교도관의 허락 없이는 아무것도 할 수 없었다. 심지어 이마에 땀을 훔칠 수조차 없었다. 카메라가 트럭에 실린 족쇄를 찬 남자의 모습을 따라가면서 보여주고, 이어서 렌즈를 노새 떼를 향해 돌리는 장면이 있는데, 그것만큼 사람의 영혼을 죽이는 과정을 잘 포착한 장면도 없다. 양쪽 무리 모두 영혼이 없는 짐 운반용 짐승이라는 의미였다. 동시에 노새는 시대에 뒤처진 물납소작인들을 상기시키는 역할도 겸하고 있다.[5]

북부 사람으로 남부에 온 앨런은 낯선 타국에 던져진 느낌이었다. 주어진 환경 앞에서 자신의 의지를 꺾기를 거부했다. 죄수들 가운데 앨런만이 도망치려는 의지를 간직하고 있었다. 결국 앨런은 머리를 써서 교도관들을 따돌렸다. 탈출 계획을 어떻게든 성사시키기 위해서 앨런은 남부 백인이 무슨 일이 있어도 지키는 중요한 규칙을 어겼다. 흑인에게는 절대 도움을 청하지 않는다는 규칙이었다. 앨런의 족쇄를 처리해준 사람은 괴력의 사나이 흑인 서배스천이었다. 서배스천이 대형 망치를 휘둘러 앨런의 족쇄를 풀어주었다. 노예제도 폐지를 공식적으로 선언한 수정헌법 13조에 나온 패턴과는 정반대로 남부의 흑인 남자가 북부의 백인 남자를 예속에서 해방했다. 이는 가슴 먹먹해지는 장면이었다. 이를 통해 전달하려는 전체적인 메시지는 너무나 분명했다. 남부는 흑인을 자유 시장 경제체제에 통합하는 데 실패했기 때문에 퇴보하고 있었다.

그러나 백인 빈민의 재능과 노동력 역시 헛되이 낭비되고 있었다.

제임스 앨런과 함께 수감된 동료 백인 죄수들은 내면이 죽어 있었다. '일하러 나가거나, 죽어서 나가거나' 그들은 이런 말을 들으며 생활했다. 그것이 밖으로 나갈 유일한 방법이었다. 그들은 앨런의 탈출 성공을 지켜보면서 자유의 진정한 의미를 이해하게 되었다. 앨런의 과감한 탈출은 폭력에 의해서가 아니라 합리적 계획에 의해서 달성되었다. [밀고로 다시 잡혀오므로] 일시적인 성공이지만 적어도 앨런은 기존에 그들이 알고 있던 것과 다른 모습의 남성성을 동료들에게 보여주는 데는 성공했다.

앨런의 꿈은 기술자가 되는 것이었다. 1930년대 미국이 이룩한 놀라운 성취 중의 하나인, 엠파이어스테이트 빌딩 건설에 대해 미국인이 느끼는 자부심을 보여주는 대목이다. 〈나는 탈옥수〉 영화가 개봉한 해인 1932년 사진작가 하인Lewis Hine은 「하늘 위의 남자sky boys」라는 작품이 포함된 동시대를 다룬 작품집을 냈다. 하인은 철제 빔 위에서 곡예 하듯 균형을 잡으며 도시의 상징물인 고층 건물을 건설한 숙련 기술자들을 '하늘 위의 남자'라고 불렀다. 이제는 고전으로 통하는 『일하는 남자Men at Work』에서 하인은 도시 풍경에 자신들의 흔적을 남기는 노동자들의 용기와 상상력을 생생하게 보여주었다. "도시는 저절로 지어지는 것이 아니다. 기계가 기계를 만들 수도 없다. 잡다한 사람들의 두뇌와 노고가 더해지지 않는다면 말이다." 하인은 이렇게 단언한다. 개혁에 헌신한 것으로 유명한 60대의 사진작가는 삶은 노동을 통해 힘을 얻는다고 믿었다. 인간과 짐승의 차이는 문제를 해결하고, 새롭게 창조하고, 지적 에너지를 노동 과정에 적용하는 능력이었다. 하인은 자신의 비문에 새길 문구로 고인이 된 철학자 제임스William James의 『삶을 의미 있게 만들어주는 것*What Makes a Life Significant*』이라는 에세이에 나오는 내용을 선택했다. "요란한 싸움과 필사적인 행진에만 영웅적인 행동이 필요한 것이 아니라, 현재 건설 중인 모든 다리와 건물 위에도, 화물열차, 선박, 뗏목 위에도, 광산에도, 소방관과 경찰관들 사이에도, 용기는 항상 필요하며, 공급 역시 끊이지 않는다." 하인은 육체 노동자가 전장의 영웅과 같은 존경을 받을 자격이 있다고 믿었다. 노동에 한층 강화된 사회적 의미를 부여하는 이런 모습에서 신인류의 등장을 볼 수 있다고 한다면, 어리석게도 노동 가치 인정을 거부하는 남부는 원시적인 정신 상태에서 벗어나지 못하고 있었다고 볼 수 있다.[6]

1931년에 준공한 엠파이어스테이트 빌딩이 도덕적 용기를 보여주는 최상의 증거라면, 1932년 봄과 여름에 워싱턴에서 일어난 비극은 침체의 극에 달한 미국을 보여주었다. 제1차 세계대전에 참전했던 퇴역 군인들이 소위 '보너스 군대*Bonus Army*'를 결성했다. 대략 2만 명의 실직자들이 굶주린 가족을 데리고 와서, 강을 사이에 두고 의사당 건물 맞은편에 판자촌을 건설했다. 그들은 의회를 향해 자신들의 보너스를 당장 지급하라고 요구했다. "우리는 1917년에는 영웅이었지만, 지금은 부랑자다." 그들의 대표는 의회에 제출한 탄원서에서 그렇게 말했다. 하원이 보너스를 지급하자는 페이트먼 법안*Pateman Bill*을 통과시켰지만 상원에서 거부되었다. 당시 대통령 후버*Herbert Hoover*는 시위 참가자들에게 범죄자라는 꼬리표를 붙이고, 법안이 부결된 이후에도 남아 있는 사람들을 군대를 동원해 강제 해산시켰다. 총검은 물론이고 최루가스, 탱크 등도 동원되었다. "굶주림에 지친 퇴역 군인들에게 총을 쏘아 아무 가치도 없는 오두막에서 내모는 세계 최강의 정부." 뉴햄프셔

주지사를 지낸 바틀릿^{John Henry Bartlett}은 목격담에서 당시의 충격적인 상황을 이렇게 묘사했다.[7]

이는 〈나는 탈옥수〉가 극장에서 개봉되었을 무렵 '잊힌 남자'의 이미지가 대중의 머릿속에 어떻게 각인되었는가를 말해준다. 떠돌이 퇴역 군인이라는 앨런의 신분은 자연스럽게 보너스 군대의 남자와 연결되었다. 영화에서 앨런이 차마 전승 기념 메달을 전당포에 맡길 수는 없다고 생각하는 순간, 전당포 주인이 그런 메달로 가득한 상자를 꺼내 보여주는 장면이 나온다. 1932년 무렵, 메달은 퇴역 군인 자신들과 마찬가지로 버려진 쓰레기 신세였다. 부정하기 힘든 진실이었다. 존엄의 토대가 되는 계급이 점점 불안해지고 있었다.

대공황은 쓰레기와 연결되었다. 버려진 생명, 버려진 땅, 인간 폐기물. 주식시장 붕괴는 야심 찬 아메리칸드림의 악몽 같은 단점, 예측도 방지도 불가능한 (계급의) 하향 이동을 촉발했다. 전통적인 빈곤의 표시들이 이제는 곳곳에서 나타나고 있었다. 워싱턴뿐만 아니라 뉴욕시의 쓰레기장에도 소위 '후버빌^{Hoovervill}'이라고 불리는 실업사와 그들의 가족이 사는 임시 판자촌이 들어섰다. 세인트루이스에는 주민이 1만 2,000명이나 되는 최대 규모의 판자촌이 있었다. 시카고에서는 시장의 명령으로 임시 가옥들이 전소되었다. 빈민들은 이제 더는 왕따, '불가촉천민', 혹은 떠돌이로 치부하고 넘어갈 수 있는 그런 상황이 아니었다.[8]

빈민과 노동계급, 중산계급을 나누는 선들이 예전처럼 견고하지 못하고 투과성이 있어 보였다. 빈민은 일자리가 없는 사람들일 뿐이었다. 아직 벌이가 되는 일자리가 있는 사람들은 자신들도 여차하면 같은 운명에 처할 위험이 상존한다는 것을 잘 알고 있었다. 뉴욕시의 후버빌을 다룬 뉴하우스^{Edward Newhouse}의 소설 『너는 여기서 잘 수 없어^{You Can't Sleep Here}』(1934)를 보면 이런 두려움이 잘 표현되어 있다. 주말이면 수백 명이 판자촌 사람들을 보러 왔다. 마치 그들이 '우리 안에 있는 원숭이'라도 되는 양. '주말 관광객은' 그들을 혐오의 시선으로 본다기보다는 다음 차례는 자신들이 아닐까 하는 두려움의 시선으로 보았다.[9]

진부한 이야기들이 이제는 공허하게 들렸다. 상향 이동은 도달 가능한 목적지가 아니었고, 근면한 태도로 힘들게 노력한다고 해서 오를 수 있는 사다리가 아니었다. 이런 현실을 가장 잘 표현한 사람이 성과 없는 삶에 대한 자전적인 소설 『헛된 기다림^{Waiting for Nothing}』(1935)을 집필한 크로머^{Tom Kromer}였다. 책에서 그는 자신의 인생 역정이 아무 성과가 없었다고 말했다. "앞에 놓인 길이 지나온 길과 똑같다. 내 삶은 시작하기도 전에 소진되었다." 강한 경쟁심 때문에 1930년대 문학계에서 오래도록 찬사를 받았던 '철저한 개인주의자^{rugged individualist}'는 이제 냉혹하고 탐욕스럽게 보였다. 사업계의 출중한 거인들은 이제 '위대한 난쟁이'가 되었다. 뉴욕 출신 투자 전문가는 "여러 행정부의 최고 자랑이었던 미국인의 생활수준이 이제 국제적인 조롱의 대상이 되었다"고 비웃었다. '언덕 위의 도시'가 이제는 황폐해졌다.[10]

버크화이트^{Margaret Bourke-White}는 글이 아니라 카메라를 활용해 새로운 비판적 관점을 표현했다. 「라이프^{Life}」 잡지에서 일하면서 그녀는 줄을 서서 구호물자를 기다리는 침울한 표정의 흑인들을 카메라에 담았다. 불그레하게 화색이 도는 볼에 미소를 짓고 있는 4인 가족이 근사한 차를 타고 가는 모습을 담은 번쩍거리는 옥외 광고판이 배경이었다. 1937년 오하이오 밸리 홍수의 실제 피해자들 뒤로 걸린 옥외 광고판은 그대로 하나의 아이러니였다. 독자들에게 아이러니로 다가오는 것은 이상화된 백인 중산층 가족의 만화 같은 광고판 이미지만이 아니었다. 거기 적힌 슬로건 역시 마찬가지였다. "세계 최고의 생활수준. 미국 같은 곳은 어디에도 없다." 「라이프」지에 이런 도발적인 사진이 실린 1937년 무렵, 대다수 미국인은 이미 자기 나라 상황에 대한 불편한 진실을 받아들이게 되었다. 기회균등은 엄청난 착각이라는 것이었다. 「라이프」지 같은 호에는 테네시에서 제방 강화 작업을 하는, 사슬로 연결된 족쇄를 차고 있는 흑인 죄수들의 사진도 실렸다.[11]

버크화이트는 그해에 또 다른 사진 에세이를 내놓았다. 이번에 그녀의 목표는 계급 없는 사회라는 신화를 반박하는 것이었다. 버크화이트는 인디애나주 먼시라는 도시를 방문했다. 1929년에 발표된 사회학자 린드 부부Robert S. Lynd, Helen Merell Lynd의 참여 관찰 연구 결과물인 「미들타운Middletown」에 등장해 유명해진 곳이었다. 버크화이트는 해당 지역이 대표한다는 '전형적인 미국인'이라는 개념에 의문을 품고 있었다. 버크화이트가 주택 내부의 사진을 찍어 가난한 백인이 사는 가축우리 같은 집과 최고 부유층 집안의 호화로운 응접실을 극명하게 대비시키자 주민들은 화를 냈다. 비판자들은 버크화이트가 '상류층'과 '최하층'에 집중하고, '지역 전체를 하나의 파이로 봤을 때' 속을 채우고 있는 '중간의 소'를 무시하고 있다고 비난했다. 그러나 그것이 그녀의 핵심 주장이었다. 미국적인 생활 방식을 대표할 단일한 생활 방식이란 존재하지 않는다는 사실.[12]

주식시장 '붕괴'와 뒤이은 '대공황'은 육체적 '붕괴'라는 분명한 비유들을 떠오르게 했다. 매우 냉소적인 한 평자는 월스트리트의 침체를 '망상과 헛된 희망의 파편으로 가득한' 이집트 무덤에 비유했다. 도시와 시골 모두 경쟁하듯 폐허의 이미지들을 제공했다. 유령도시의 문이며 창문을 판자로 가로막은 상점과 은행들, 식량 배급을 기다리는 줄은 모두 무위의 상징이었다. 농촌에서는 한때 번창했던 농장들이 완전히 메말랐거나 흙먼지에 묻혀버렸고, 비옥하던 들판은 움푹 꺼진 고랑이 그대로 드러났다. '대공황'은 18세기 버지니아 주지사가 이웃의 빈곤한 노스캐롤라이나주를 부르던 '하수구'에 상응하는 또 다른 단어였다.[13]

1930년대 정부 보고서는 물론 여러 잡지에 넘쳐나는 글을 보면, 경제 실패는 황무지라는 오랜 개념과 연결되어 있었다. 1935년 재정착국Resettlement Administration 역사분과를 맡은 스트라이커Roy Stryker는 버려진 농장과 모래 폭풍, 홍수, 빗물에 패어 생긴 골짜기를 이르는 우곡雨谷 등으로 파괴된 토지가 산재한 황량한 모습을 기록할 실력 있는 사진사들을 고용해 팀을 꾸렸다. 모두가 (지력을) 파괴하는 농업, 무책임한 벌목, 전통적인 채광 방식 등으로 야기된 것들이었다. 지상의 현실을 문학적, 시각적으로 구성하는 과정에서 드러난 계급 정체성은 단순히 위험한 비탈길 정도가 아니었다. 이는 사실상, 얄망궂게 형성된 인간이 만든 우곡의 고랑에 가까웠다. 농업안정국[FSA, 1937년 재정착국이 농업안정국으로 바뀜]의 수많은 이미지 속에는 사람들이 있었다. 드문드문 흩어져 있는 익명의 사람들, 길가에 웅크리고 있는 사람들, 몹시도 지쳐 보이는 녹초가 된 사람들, 정처 없이 방황하는 사람들, 그야말로 절망에 찌든 사람들. 일하는 노동자들의 부재는 자체로 확실한 메시지를 전달한다. 「라이프」지에 실린 어느 기사에서는 '생업이 진행되고 있지 않았기 때문에' 불황을 '보기가' 힘들었다고 상황을 설명했다. 다큐멘터리 사진사 로스스타인^{Arthur Rothstein}은 오하이오주 농촌에서 좀처럼 잊을 수 없는 사진 한 장을 찍었다. 몇몇 건물만 눈에 보일 뿐 사람은 없는 사진이었다. 로스스타인의 카메라는 얼어붙은 진흙 속에 박힌 표지판에 초점을 맞추는데, 정식 자치체로 편입되지 않은 마을의 정체성을 담고 있는 표지판이었다. 표지판에는 '유토피아^{Utopia}'라고 쓰여 있었다.[14]

루스벨트 대통령 시절, 농무부장관 월리스^{Henry Wallace}는 그동안 항상 미국을 특별한 존재로 만들어주었던 것은 '사회자원에 가해지는' 부단한 '압박'과 '고갈되지 않는 무한한 토지'에 대한 전반적인 믿음이라고 주장했다. 그러나 토지는 무한하지 않았고 변경은 1934년 정부에 의해 공식적으로 폐쇄되었다. 농업 전문가들뿐만 아니라 온갖 분야 작가들이 귀중한 표토가 어떻게 강으로 휩쓸려가고, 그로 인한 결과물인 황지荒地의 상태가 제방 때문에 어떻게 한층 악화되고 있는가를 한탄했다. 이처럼 대공황은 무질서한 토양 침식 이미지와 함께 무너지는 계급 상황을 생생하게 보여주는 격변의 현장이었다. 표토와 잔해가 휩쓸려가는 상황은 여러 계급 사람들이 휩쓸려가는 상황을 연상시켰다. 경제 파탄으로 초래된 대규모 이주의 물결 속에 마구 뒤섞이고 풀어헤쳐진 계급의 현주소를. 랭^{Dorothea Lange}의 포토에세이집 『미국인의 대이동: 인간 침식 기록^{An American Exodus: A Record of Human Erosion}』(1939)에서는 미국 중서부 풍경이 황무지로 변해가는 모습을 담고 있다. 미국 중부의 더

토양침식과 황무지를 보여주는 로스스타인의 인상적인 사진(1937). 앨라배마의 토지에는 침식으로 생긴 거대한 우곡이 흉터처럼 남아 있고, 버림받은 소작농이 헛간 옆에 절망적인 모습으로 서 있다.
– 소작농 농장의 침식된 땅, 앨라배마, 워커 카운티(아서 로스스타인, 1937), LC–USF34–025121, 미국 의회도서관 인쇄물 및 사진 분과, 워싱턴 D.C.

스트 볼^{Dust Bowl}이 자욱한 흙먼지를 일으켰고, 땅에서 쫓겨난 인간들은 '먼지 입자'처럼 길을 따라 떠돌았다[더스트 볼: 1930년대 미국 중부 평원을 뒤덮은 먼지 폭풍으로 오랜 가뭄과 지력을 고갈시키는 무분별한 개간과 영농 방식이 원인이었다. 이로 인해 대략 250만 명에서 350만 명이 삶의 터전을 잃고 캘리포니아를 비롯한 다른 지역으로 이주했다. 의미가 확장되어 경제 대공황과 먼지 폭풍으로 피해가 극심했던 시대 자체를 가리키기도 한다].[15]

　백인 빈민은 1930년대 미국인 의식의 최전선에 또렷이 남아 있었다. 보너스 군대가 만든 후버빌은 예전 무단토지점유자의 판잣집이 도시에 현현한 것이었다. 남부 여러 주의 소작농들은 여전히 황폐한 오두막에 살고 있었고, 자급자족과는 거리가 있으며 매우 이동성이 높은 표류하는 노동력이었다. 1930년대 중반 중부를 강타한 가뭄과 여러 차례의 더스트 볼 이후, 소위 '오키^{Okie}'와 '아키^{Arkie}'가 미디어의 관심을 끌었다[오키: 1930년대 더스트 볼로 캘리포니아 등지로 이주한 오클라호마주 빈농 출신 유랑 농민을 부르던 멸칭. 아키: 같은 시기 같은 이유로 이주한 아칸소주 빈농 출신 유랑 농민을 부르던 멸칭]. 빈약한 세간을 몽땅 고물 자동차에 쑤셔 넣은 가족들이 서부 캘리포니아로 향했다. 이동 도중 그들은 간선도로변에 텐트를 치고 야영을 했다. 골든 스테이트[캘리포니아주 별칭] 거리 곳곳에 출몰하는 그들은 작물 수확기에 맞춰 이동하며 일을 했다. 일자리를 따라 떠도는 유랑 노동자로서 그들은 'migrant worker'를 줄여 자신을 '마이그^{Mig}'라고 불렀지만, 밖에서는 그들을 '고물차 떠돌이' 혹은 '이동 판자촌'이라고 불렀다. 전설의 포크송 가수 우디 거스리^{Woody Guthrie}는 「더스트 볼 블루스^{Talking Dust Bowl Blues}」라는 노래에서 "나는 농장을 포드 자동차로 바꿨다네"라는 가사로 이들의 떠돌이 이동 주택을 표현했다. 남북전쟁 기간에 미주리주로 흘러들어왔던 아 칸소 난민들이 그랬듯이 마이그들은 현대판 부랑자 겸 유목민 행렬을 형성했다. 대륙을 동서로 가로지르는 이들의 이동을 유명하게 만든 인 물이 둘 있는데 바로 스타인벡John Steinbeck 과 포드John Ford 다. 스타인벡은 1939년에 발표한 베스트셀러 소설 『분노의 포도 The Grapes of Wrath』에서, 포 드는 1941년에 발표한 동명의 암울하고 불온한 할리우드 영화를 통해 서였다. 유랑 농민 조드 일가의 여정이 소설과 영화의 내용이다.[16]

복잡한 양상으로 이루어진 또 다른 이주는 무수히 많은 농촌공동 체를 만들어낸 'Back to the Land', 즉 귀농 운동이었다. 일부 공동체 에는 분명한 지도자들이 있었다. (실업자를 생각해 공장지대 인근인) 뉴욕 시 외곽에 자경자급自耕自給 농장을 건설했던 보르소디Ralph Borsodi 는 오하 이오주 데이턴 인근에 협동 마을을 건설하는 작업을 지원했다. 비슷 한 모험이 다른 주들에서도 나타났다. 남부 출신 기자 윌슨Charles Morrow Wilson 은 이들을 '미국의 소작농'이라고 표현했지만 오글소프가 이끌었 던 18세기 조지아주 정착민들의 후예라고 표현하는 편이 더 옳을 것 이다. 오클라호마 북동부에서 온 한 무리는 오자크 산지에 공동체를 건설했다. 그들은 과거 합자회사와 흡사한 회사를 건립하고 일련의 내 규를 채택했는데, 각각의 구성원이 주주로서 사안에 대한 투표권을 가 지는 그런 시스템이었다. 그들은 목재를 판매하고, 돼지와 닭을 기르 고, 판잣집을 수리하고, 학교도 세웠다.[17]

아칸소의 소작농이나 물납소작농과 달리 털사 정착민들은 토지를 소유하고 있었지만, 워낙 가치가 없는 토지다 보니 최저 생활을 하는 영세 농부 수준으로 떨어졌다. 그러나 아칸소주에서는 전반적인 패턴이 달랐다. 여기서는 거의 63퍼센트에 달하는 농부가 소작농으로 일하고 있었다. 아키들은 털사 사람들과는 달랐다. 다수가 교육을 받았고 기꺼이 집단으로 일할 의사를 가지고 미래 계획을 세운 이들이었다. 이들이 백인 쓰레기처럼 빈민가를 떠돌고 판잣집에서 생활할 수도 있을 것이다. 그러나 경제가 좋아지면 이들 도시민은 예전 생활로 돌아갈 것이다. 그들에게는 땅이 '피난처'일 뿐, 계급 정체성의 영원한 원천은 아니었다.[18]

이런 '귀농' 운동은 뉴딜정책에 뚜렷한 영향을 미쳤다. 사회과학자이자 농업 전문가인 윌슨Milburn Lincoln Wilson이 1933년 자경자급농장 분과Subsistence Homesteads Division의 최초 수장이었다는 사실도 이런 점을 방증한다. 정부의 목표는 소작농과 물납소작농들에게 농촌 사회계층이동 사다리를 올라갈 자원과 기술을 제공하고, 일자리가 없는 도시민들을 돕는 것이었다. 지력을 상실한 토양과 마찬가지로 모든 것을 빼앗긴 사람들도 재생이 필요했다. 윌슨은 땅은 단순한 수익원이 아니라 '효과적으로 통합된 민주화된 공동체', 즉 가구들의 치유와 회복에 도움을 줌으로써 사람들을 결합하는 공동체의 일부라고 주장했다. 윌슨의 원대한 계획에서, 홈스테드 공동체는 하나의 실험실이자, 정부가 어떻게 경기 침체의 영향을 줄이고 농촌과 도시 저소득 가구들이 자급자족하는 주택 소유자가 될 수 있게 해주는가를 보여주는 장이었다. 참여 가구들은 장기 대출을 받아 집을 살 수 있었다. 이런 프로그램은 실업자의 주거환경 개선에 기여하는 한편으로, 가난한 백인의 생활환경을 인간답게 만드는 데도 기여했다.[19]

무엇보다 윌슨은 재생을, 버려진 마을에서 오도 가도 못하는 광부,

일자리를 잃고 쫓겨난 공장노동자, 비생산적인 토지에 발이 묶인 소작 농들을 데려다 그들 모두가 새로운 생활 방식을 채택하도록 돕는 과 정이라고 보았다. 윌슨이 계획한 현대판 홈스테드, 즉 자경자급농장 은 진정한 민주주의의 원천으로 '비굴하지 않고 용감한 시민들'을 양 산한다. 토머스 제퍼슨이 그렸던 요면 공화국을 만들 적극적인 정책이 있다면 바로 이것이었다.

정책을 추진하는 기관 처지에서 남부 빈민들이 더욱 중요한 관심사 가 될 수밖에 없었다. 윌슨은 남부의 단일 작물 재배와 시골의 '농촌 빈민가'로 관심을 돌렸다. 백인 빈민과 흑인 물납소작농의 빈곤이 세 대에서 세대로 대물림되는 악순환을 만드는 주범이었기 때문이다. 전 국 소작농들의 3분의 2가 남부에 있었고, 그들 중에 3분의 2가 백인이 었다. 이런 사실은 아무리 과장해도 지나치지 않다. 대공황 시기 농업 이 처한 곤경은 최저 기준에도 미치지 못하는 열악한 토지와 역시나 한계치 이하의 열악한 생활을 하는 농부들에게 오랫동안 의존해온 남 부의 현실을 적나라하게 드러냈다.[20]

이런 방식으로 연방정부는 남부의 억압적인 계급 환경에 전국적인 관심을 집중시켰다. 자경자급농장은 계급의 안정과 지속, 정상적인 상 태를 의미하는 상징이 되었다. 1935년 자경자급농장 분과는 버지니아 서부 광부의 어둡고 비참한 판잣집과 새로 지은 밝은 자경자급농장(야 외 잔디밭에서 뛰노는 아이들의 사진으로 표현되었다)을 대비시켜 보여주는 소책자를 내놓았다. 1년 뒤에 대통령 직속 소작위원회는 농업용 사다 리의 가로장을 감옥의 창살에 비유함으로써 논점을 더욱 명확히 했다. 소작은 새장이고, 그들의 계급 상태는 감옥이나 다름없었다. 백인 빈민의 처지는 형편없는 땅에 쇠사슬로 묶여 있고, 집이라고 보기 힘든 끔찍한 판잣집에 갇혀 있는 형국이었다. 말하자면 자유를 잃고 땅에 결박된 죄수 같은 사람이 남부에는 적지 않았다.[21]

남부의 대표적인 소작문제 전문가 중의 하나인 레이퍼^{Arthur Raper}는 1936년 발표한 연구보고서 「소작농 서설^{Preface to Peasantry}」에서 이런 상황을 설명했다. 대부분의 남부 소작농은 땅 주인에게 빚을 지고 있고, 현금이 거의 없고, 교육도 받지 못했다. 십이지장충과 펠라그라가 여전히 그들을 괴롭혔다. 〈나는 탈옥수〉의 주인공 제임스 앨런과 달리 그들은 도망칠 곳이 없었다. 백인 빈민이 대농장 한 곳에 2~3년 이상 머무는 일은 드물었다. 동절기가 되면 그들은 잡다한 세간으로 가득한 마차에 아이들을 태우고 이동하곤 했다. 연례행사 같은 남동부 소작농의 이동은 오키와 아키의 대규모 서부 이주 전에도 이미 일어나고 있었다.[22]

소작제도 전체가 강제와 의존에 의해 돌아갔다. 땅 주인들은 소작인의 상황이 개선되기를 바라지 않았다. 그렇게 되면 자신들의 통제력이 약해질 것이기 때문이었다. 자고로 일꾼은 배가 고파야 열심히 하는 법이었다. 적어도 많은 남부 면화 재배업자들은 그렇게 믿었다. (소작인과 땅 주인) 어느 쪽도 아이들과 여자들에게 들일을 시키는 것이 문제가 된다고 생각하지 않았다. 이런 모든 이유로 교육은 자경자급농장 프로그램에서 아주 중요했다. 프로그램 대상들은 현대적인 영농 방법 지도뿐만 아니라 학교, 교회, 가정용 음식을 만드는 방법 등과 관련한 교육도 필요했다. 윌슨은 전통적인 자선 프로그램에서는 빠지기 쉬운 심리적인 요소까지 도입했다. 백인 빈민들은 무엇보다도 자신이 '그저 쓰레기'에 불과하며, 변화 능력이 결여된 종이라는 느낌을 극복해야 했다. 따라서 자경자급농장 프로그램은 백인 빈민이 전적으로 정상적인 사람들이라는 점을 증명하는 데 무엇보다 공을 들였다.[23]

월슨의 동료인, 아이오와주 출신 월리스Henry Wallace도 비슷한 견해를 가지고 있었다. 유전적인 열등함은 농촌의 빈곤과는 아무 상관이 없었다. 농무부 장관 월리스는 만약 10만 명의 백인 빈민 아이들을 태어나자마자 '금방이라도 무너질 것 같은 오두막'에서 데리고 나오고, 가장 부유한 집안 아이들 10만 명 역시 태어나자마자 데리고 나와서, 두 집단의 아이들에게 똑같은 음식, 교육, 주거, 문화 경험을 제공한다면 성인이 되었을 무렵 아이들은 정신적·도덕적 특성에서 차이가 없을 것으로 예견했다. 월리스는 '우월한 능력'은 '특정 인종이나 계급만이 가지고 있는 배타적 소유물'이 아니라고 말했다. 또한 히틀러Adolf Hitler가 갖고 있던 아리아인에 대한 환상을 비판하면서 여러 세대에 걸쳐 동일한 피부, 머리카락, 눈동자 색깔을 가진 사람들을 생산하던 '지배 민족의 일원'이라도 '금발의 노둔'을 낳을 가능성 역시 있을 것으로 예언했다.[24]

월슨과 월리스 모두 계급이 (심지어 인종도) 생물학적으로 미리 결정된다는 생각을 일축했다. 월리스는 계급 불안을 이해하는 것이 중요하다고 강조했다. 그는 사회에서 강하고 약삭빠른 사람들이 챙기는 경제적 이득을 정부에서 통제하지 않으면 상황이 '경제적 귀족주의'와 '정치적 독재'로 이어지게 된다고 누차 경고했다. 1936년 월리스는 '경제피라미드의 최상층에 있는 3만 6,000 가구가 최하층에 있는 1,200만 가구의 소득에 맞먹는 이익을 가져간다면' 자유는 불가능하다고 주장했다. 상위 1퍼센트 미국인에게 부가 집중되는 것을 한탄하는 오늘날 비판가들과 다르지 않은 모습이다.[25]

대공황을 통해 소수(엄선된 소수, 특권계급)의 자유는 사실상 전혀 자유가 아니라는 것이 드러났다. 1933년 코빈[John Corbin]이라는 인기 작가는 '뉴딜과 헌법[The New Deal and The Constitution]'이라는 눈길을 끄는 기사에서 배타적 자유에 대한 미국인들의 주장에 의문을 제기했다. 코빈은 다음과 같은 수사적인 의문을 던진다. "어떤 나라가 수준 높은 생활에 필요한 모든 물질을 소유하고 있음에도, 파산과 기아 직전의 상황에 주기적으로 맞닥뜨린다면, 과연 그런 나라가 스스로 자유롭다고 말할 수 있을까?" 여기서 코빈이 말하려는 바는 어떤 나라도 대다수 국민이 극심한 빈곤과 지속적인 경제 불안에 시달리게 내버려둔다면, 그런 나라의 자유는 위태로워진다는 것이다. 시장의 악습을 바로잡고, 천연자원 개발을 통제하고, 계급 불균형을 조절하고, 이를 통해 루스벨트 대통령의 표현을 빌자면 '개인주의 파괴가 아니라 보호를 위해서' 규제, 지역계획, 재조정(루스벨트가 특히 좋아했던 뉴딜 용어)이 필요했다. 윌슨, 월리스, 코빈은 모두 과거의 자유방임주의는 더 이상 지속될 수 없으며, (서부로의 이주가 빈곤을 완화하리라고 전제했던) 변경 논리도 더이상 효과가 없다고 생각했다. 윌슨이 보기에 '엄청난 혼란을 야기하는 대공황의 힘'은 '거대한 마법의 검은 손'이었다. 애덤 스미스가 말하는 자유시장이라는 보이지 않는 손과 달리 윌슨의 검은 손은 통제되지 않고 방치된 경제의 위험을 상징했다. 수많은 삶의 하향이동과 파멸을.[26]

만약 농촌의 가난한 소작농과 물납소작농 계급에 불가피한 동물 우리 혹은 감옥이 있다면, 동시에 그것은 월리스가 '인간 침식[human erosion]'이라고 부르는 것의 근원이기도 했다. 월리스는 [삶을 뒷받침해주지 못하는 땅에서 생계를 꾸리려는 가망 없는 몸부림 속에서 수많은 사람이 날로 수척해지고 쇠약해지는 현상을 가리키는] 인간 침식이 토양 침식의 원인이지 그 반대가 아니라고 주장했다. 소작 농업은 이런 과정의 완벽한 예였다. 소작농들은 땅을 통해 근근이 생계를 꾸려나가지만 자기 소유가 아닌 땅을 아끼고 보살필 이유가 좀처럼 없었다. 한편 땅 주인들 역시 토양 보존에 투자하기를 꺼리는 상황이었다. 말하자면 토지 훼손과 황폐화를 용인하는 미국인들의 사고가 인간 침식의 진짜 이유였다. 이는 인간의 노동과 가치를 평가절하하는 더 큰 사회문제를 반영하고 있었다.[27]

월리스가 미국 농촌 사람들에 대해 부정적이고 암울한 이야기만 했던 것은 아니다. 그들은 도시 사람들보다 자녀를 많이 낳았고, 사회를 건설하는 데 핵심 역할을 했다. '젊은 사람들이 농장에서 번식한다'고 언급하면서 월리스는 '땅은 나라의 생명의 흐름을 만들어낸다'고 설명했다. 오해의 여지없는 분명한 언어로 월리스는 나라 전체가 소위 '번식자'들을 돌보고, 생명의 원천이 저하되지 않도록 관심을 가져야 한다고 촉구했다. 이는 존 포드가 영화 버전 〈분노의 포도〉에서 전달하고자 했던 경고 신호이기도 하다. 조드 부인이 다음과 같이 말하는 대목이 특히 그렇다. "부자들……그들의 아이들도 나타났다가 사라지겠지만, 우리는 계속될 거예요.……우리는 영원히 계속될 거예요, 여보, 우리가 바로 사람들이니까요." 도시 주민들은 이들 '사람들', 그리고 그들의 다산능력이 필요했다. 마치 토머스 제퍼슨과 벤저민 프랭클린이 월리스, 스타인벡, 포드에게 말을 걸어 국력은 인구 증가와 밀접히 관련되어 있다는 과거 영국인의 생각을 새삼 홍보하는 느낌이다.[28]

안타깝게도 자경자급농장 분과는 여러 가지 심각한 어려움에 직면했다. 첫째, 재원이 빈약했다. 둘째, 관에서 공동체를 승인하고 건설하는 데 시간이 걸렸다. 가장 중요한 것으로, 자경자급농장 분과는 프로그램 전체가 소멸할지 모르는 법적인 난관에 직면했다. 이런 이유로 루스벨트 대통령은 1935년 행정명령을 발표해 전혀 새로운 기관, 즉 재정착국Resettlement Administration을 설립했다. 컬럼비아 대학교 경제학 교수였던 터그웰Rexford G. Tugwell이 신설 기관의 수장으로 뽑혔다. 터그웰은 날카로운 지성을 지닌 카리스마 넘치는 인물로 뉴딜정책의 빈곤퇴치에 대한 접근법 전반에 심오한 영향을 미쳤다.[29]

이전 프로그램들과 달리 재정착국은 농촌 빈민을 지원하라는 분명한 명령을 받고 시작했다. 재정착국은 불모지를 사들이고, 소작농을 재정착시키고, 가뭄 피해자 구호 사업을 확대하고, 현지 의사들과 협의하여 농민들에게 의료 혜택을 제공하고, 황폐해진 토지를 복원하고, 유랑 노동자들의 텐트를 관리했다. 특히 캘리포니아에서 이런 활동이 두드러졌다. 재정착국의 핵심 목표 중의 하나는 농장 개량에 필요한 대출을 제공하고, 소작농들이 한층 개선된 생활 여건을 확보하고 농장 소유주가 되는 방법을 터득하도록 돕는 것이었다. 실험적인 공동체를 건설해오던 기존 프로그램을 대폭 확대하는 내용이었다. 재정착국, 그리고 후신인 농업안정국(1937)은 곳곳에 지부를 세웠다. 1941년 무렵이 되면 미국 모든 주에 프로젝트 책임자를 두고 있었다. 터그웰이

1935년에 시작한 사업은 후임자인 윌 알렉산더[Will Alexander]에게 넘어갔다. 미주리주 농민의 아들인 알렉산더는 뉴딜의 농촌 빈곤 퇴치 기관 책임자를 맡은 최초의 남부 사람이었다. 재정착국과 농업안정국 모두 정치의 속성을 잘 아는 기관들인 만큼 의식적으로 홍보 캠페인을 마련해 능숙하게 활용했다. 이런 노력의 최전선에는 앞서도 언급한 로이 스트라이커가 이끄는 사진부가 있었다. 활동 홍보에 도움이 되는 최적의 이미지를 제작해 주요 언론매체에 배포하는 것이 그들의 주된 업무였다.[30]

터그웰은 지속해서 순회강연을 하고 라디오 출연은 물론이고 글도 썼다. 「뉴욕타임스」에 쓴 글에서 터그웰은 '네 가지 R'이라는 측면에서 재정착국의 향후 프로그램을 개관했다. 터그웰이 말하는 '네 가지 R'은 악지惡地 휴경retirement, 농촌 빈민 재배치relocation, 교외 공동체에 실업자 재정착resettlement, 농가 재생rehabilitation이었다. 구체적인 행동으로 들어가 보면, 터그웰은 사실 토머스 제퍼슨 지지자는 아니었다. 터그웰의 세계관에서 농장은 사람의 미덕을 배양하는 어떤 성스러운 공간이 아니었다. 오히려 농장은 '심술궂고 성미 고약한 토양'과 보람이 없을 때도 힘겹게 싸우며 매달려야 하는 투쟁의 공간에 가까웠다. 결과적으로 농부들은 과로, 열악한 주거환경, '불쾌하고 음울한 단조로움'으로 고통받고 있었다. 제퍼슨의 이론은 건강한 요먼 대신, 여러 세대에 걸친 '인간 폐품'을 만들어냈다. 이들에게는 남들이 다 가진 집을 갖기를 바라는 것조차 어리석은 꿈에 불과했다.[31]

터그웰은 엄청난 논쟁을 불러일으켰다. 대다수 소작농이 인두세 때문에 투표하지 못한다는 것을 알고, 터그웰은 인두세 폐지를 각 주에서 홈스테드 대출을 얻기 위한 필수 조건에 포함했다. 남부를 바꾸려면 힘의 균형이 바뀌어야 했다. 재정착국과 농업안정국에서는 백인 빈민들이 현상에 도전하게끔 힘을 실어주려 노력했다. 냉소적인 정치인들은 계속해서 그들을 '게으르고, 무능하고, 쓸모없다'고 무시했던 반면, 터그웰은 그들을 정치적으로 존재감 있는 유권자에 편입시킬 방안을 모색했다. 상황을 앞장서서 주도하고 대책을 마련하는 정부기관의 좋은 사례였다.[32]

터그웰 정책에 대한 반대는 기득권층, 구체적으로는 기존 계급 질서에 대한 어떤 관심(혹은 계급 질서를 뒤엎으려는 어떤 시도)에도 반대하는 대규모 영농업자와 남부 사람들에게서 나왔다. 이들 무리를 대표하는 사람이 바로 버지니아 출신 상원 의원 버드[Harry F. Byrd]였다. 버드는 '단순한 산골 사람들'은 전기, 냉장고, 심지어 실내 화장실조차 누릴 자격이 없다는 통념을 공공연히 떠들어댔다. 여기서 '단순하다[simple]'는 말은 원시적이라는 의미이며, 수준 높은 생활 방식을 갈망할 줄 모르는 사람들이라는 의미가 된다.[33]

여러 비판자의 눈에 터그웰은 '붉은 물든 사람[parlor pink]'(공산주의 성향을 가진 자유주의자)이었다. 공화당은 1933년에 발표된 유명한 노래 「걸어 다니는 꿈을 본 적이 있나요?[Did You Ever See a Dream Walking?]」의 가사를 이용해 그를 조롱했다. 터그웰은 '걸어 다니는 꿈'이었고, 그가 말하는 모든 것이 그만큼이나 비현실적인 철학이라는 의미였다. 정부의 자유주의 총아 터그웰은 '마르크스를 향해 윙크하면서' 동시에 '엄청나게 유연한' 헌법[연성헌법]이라는 아이디어를 주어 감사하다면서 '매디슨의 발에 입을 맞추는' 그런 모습이라고 볼 수 있었다. 아무튼 이처럼 이질적인 역사 인물 둘을 결합하는 과정에서 터그웰은 '건국의 아버지들의 모자 아래 러시아 가발'을 쓰고 있었다. 다른 기자 하나는 '터그웰주의Tugwellism'는 터그웰이라는 사람이 아니라 시대를 중심으로, 즉 계급 정치와 누가 백인 빈민을 대표할 자격을 갖고 있는가를 중심으로 보아야 한다고 주장했다. 겉보기에 침착하고 '아주 세심하게 계획된 격의 없는 모습'을 한 43세의 아이비리그 출신은 사실은 오만한 태도를 보이며, 인간을 어떤 '실험'의 대상으로 간주하는 것처럼 보였다. 비판자들은 터그웰과 관련된 어떤 것도 미국 농촌 사회에 대한 진정한 이해로 보지 않았다.[34]

그러나 터그웰은 서민의 대변인이 되려면 어떠해야 하는가를 놓고 연극 조의 과장된 논쟁을 벌이기를 거부했다. 미국에 성실한 농부와 동질감을 느끼는 척하는 정치인들이 있었던 것이 어제오늘의 일이 아니었다. 남부에서 그런 모습은 단순한 취미가 아니라 사실상 관계의 전부였다. 박식한 정책 고문이었던 터그웰은 뉴욕 북부의 낙농장에서 자라긴 했지만 힐빌리라고 주장할 정도는 아니었고, 뉴딜정책을 대놓고 반대했던 비판자 중의 하나인 조지아 주지사 탤미지Eugene Talmadge 처럼 농부들이 즐겨 사용하는 빨간색 멜빵을 과시하지도 않았다. 롱Huey Long 처럼 소박한 어릿광대 흉내를 내지도 않았다. 사실 롱은 그런 매력으로 청중을 사로잡았다. '면화 에드Cotton Ed'라고 불렸던, 사우스캐롤라이나 상원 의원 스미스Cotton Ed Smith 처럼 서민적인 별명을 가지고 있지도 않았다. 스미스는 루스벨트가 터그웰을 재정착국 국장으로 임명하기 전, 터그웰을 농무부 차관으로 지명했을 때도 반대하며 언성을 높였던 인물이다. 인사청문회에 앞서 터그웰의 친구들은 '편안하고 민주적인 사람으로 보이게 꾸미고, 어린 시절 살던 농장을 넌지시 강조하라'고 충고했다. 그러나 터그웰은 그렇게 하지 않았다.[35]

1936년 워싱턴의 젊은 기자 볼스Blair Bolles는 미국에 해가 되는 여러 범죄를 저질렀다며 터그웰을 비난했다. 당시 볼스는 유명 편집자 멩켄Henry Louis Mencken이 발간하는 잡지 「아메리칸 머큐리American Mercury」에 글을 쓰고 있었는데, 사회 사업가들이 무모하고 경망하다면서 잦은 분노를 표출한다는 점에서 볼스와 멩켄은 같은 처지였다. 볼스는 재정착국의 지도와 보호를 받는 빈민들이 정부에 대한 의존이라는 '비굴한 상황'으로 기꺼이 '기어들어 갔다'고 주장했다. 그들은 모두 착각에 빠져 있으며 지원받을 자격이 없다. 이어지는 장황한 표현은 지금쯤은 독자 여러분에게도 익숙하게 들릴 것이다. '힐빌리 클레이터', (정부지원금만 바라보고 있는 후진적인 소작농을 이르는) '호-윌더hoe-wielder'[직역하면 괭이를 휘두르는 사람이라는 의미다], '푸른 목초지에서 성공을 보는 도시 빈민', 그리고 순서는 늦지만 결코 무시하지 못할 존재인 '사막에 사는 인디언들', 이들 모두를 갈 곳 없는 인종들이라고 전제했다.[36]

뉴딜정책에 반대하는 이들은 '렉스퍼드Rexford'라는 터그웰의 이름을 줄여 부르면 '렉스Rex', 즉 왕이 된다는 데서 착안하여 그를 '왕당파 우두머리'라고 칭하며 끊임없이 모욕했다. 그러나 터그웰은 물러서기는 커녕 그들의 논리를 묵살하고 '이들에게 과분한 것은 없다'는 말로 정부 지원을 옹호함으로써 지속적으로 반대파 의원들을 격앙시켰다. 터그웰은 민주주의에 대한 환상도, 서민인 양하는 가장도, 기회균등이라는 공허한 수사도 용납하지 않았다. 말하자면 터그웰은 세상의 통념에 맞서 '광야에서 외치는' 고상한 '목소리'였다. 터그웰은 미국은 계급

이동 가능성이 큰 나라이며 누구나 열심히만 하면 성공할 수 있다는, 예로부터 내려오는 실체 없는 믿음에 과감히 이의를 제기했다.[37]

터그웰의 계급에 관한 주장은 간단했다. 그는 자신의 견해를 1934년 캔자스시티에서 했던 연설에서 요약하여 제시했다. 터그웰은 과거 사람들이 걸핏하면 들먹이던 '철저한 개인주의'는 사실 '소수의 이익을 위한 다수의 통제'를 의미했다고 말했다. 뉴딜정책의 목표는 일상적으로 개인주의를 박탈당한 사람들이 그것을 누릴 수 있도록 하자는 것이었다. 다수를 소수의 손아귀에서, 사실상 갇혀 있는 상태에서 자유롭게 해주자는 것이었다. 토머스 제퍼슨과 헨리 월리스가 그랬듯이, 터그웰은 사회 상층으로의 권력 집중이 민주주의를 파괴했다고 생각했다. 그러나 동시에 그는 자신이 가장 존경했던 건국의 아버지 제임스 매디슨처럼 국가가 이해관계가 대립하는 집단들 사이에서 중립적인 중재자 역할을 할 수 있다는 믿음을 가지고 있었다. 또한 이런 긴급한 상황에서 계급 간의 경계와 차별이 더욱 심화하지 않도록 중재하는 것이 국가의 의무이기도 하다고 생각했다.[38]

터그웰은 농민 대출 확대가 재정착국 사업 가운데 가장 성공적인 부분이라고 보았고 대부분의 미국인도 이에 동의했다. 1936년 갤럽의 여론조사에 따르면 응답자 83퍼센트가 진심으로 해당 정책을 지지했다. 그러나 거의 3분의 2가 남부에 있는, 실험적인 공동체들은 전혀 성공적이지 못했다. 재정착국의 감독 아래에 있지는 않았지만, 웨스트버지니아주 리즈빌의 버려진 탄광 지역에 있는 유명한 아서데일 공동체에 관심과 비난이 집중되었다. 영부인 엘리너 루스벨트^{Eleanor Roosevelt}가 특히 관심을 보인 사업이었기 때문에 뉴스에서는 끊임없이 이곳의 실험적인 공동체가 돈은 물론 공공사업진흥국의 노동력을 낭비하고 있다고 비난했다. 「세터데이 이브닝 포스트Saturday Evening Post」기자는 해당 공동체가 구호시설 역할을 전혀 하지 못한다고 주장했다. 심사 과정이 정부 지원이 절실한 지원자보다 성공이 확실해 보이는 지원자를 받아들이는 방향으로 진행되었기 때문이었다. 결국 의회는 해당 공동체에 안정된 고용 자원은 공급하되, 미국 우체국에 가구를 제작해 공급해온 공장에 대한 지원은 거부함으로써 아서데일이 실패할 수밖에 없는 환경을 조성했다.[39]

아서데일의 실패는 작지 않은 파장을 일으켰다. 아서데일의 나쁜 평판은 1943년 농업안정국 국장이 의회에서 증언할 때, 계획 중이던 다른 공동체 수용 여부에도 부정적인 영향을 미쳤다. 그러나 아서데일의 좀 더 심각한 문제는 주택 소유를 강조하는 데서 기인했다. 앨라배마주 버밍햄과 재스퍼 외곽 공동체 같은 성공한 공동체들조차도 극빈층 지원이라는 목표 달성에는 실패했고, 결과적으로 중산층 주민만 끌어안았다. 정부 보조금이 없다면 빈곤 가구들은 신용리스크를 감수하고 대출을 해줄 만한 대상이 아니었다. 「버밍햄 뉴스-에이지 헤럴드Birmingham News-Age Herald」신문사에서 일하는 팔머데일 주민은 사실은 자신이 하나가 아니라 두 가지 일을 동시에 했다고 말했다. 저녁 9시부터 새벽까지 신문사에서 일하고, 집으로 돌아가서는 들일을 했다. 덕분에 그는 가족들을 빚에서 해방하고 네 자녀에게 통조림을 먹일 수 있었다. 하지만 자경자급농장 모델은 그의 가족 같은 가구들의 부담을 덜어주기보다는 노동 강도를 높이는 역할을 했다.[40]

재정착국과 농업안정국에서 만든 홍보물을 보면, 비현실적인 기대와 시간이 두서없이 뒤섞여서 혼란스러운 모습을 하고 있었다. 앨라배마주 팔머데일과 노스캐롤라이나주 펜더리아를 찍은 사진을 보면, 자전거를 타는 아이들과 함께 근사한 집을 보여준다. 다른 사진은 작업복을 입은 남자가 구식 쟁기를 미는 모습을 담았다. 1840년대 은판 사진법으로 찍은 사진에나 어울리지 근대의 집을 표현하는 데는 어울리지 않은 모습이다. 자신의 상징적 실존을 겨우 붙들고 있는 요먼은 한때의 순수했던 미국식 생활을 보여주는 예스러운 (그리고 부자연스러운) 산물이 되었다.[41]

노스캐롤라이나주 펜더리아 자경자급농장은 정부의 소작문제 해결책으로 소개되었다. 주민들은 부유하지는 않았지만 '유쾌하고, 기질에 맞고, 아름다운 환경' 속에서 행복한 생활을 했다. 그러나 완벽한 집이 완벽한 공동체를 만들어주지는 않았다. 주민들 안에서 태업이 나타났다. 펜더리아 내에 파벌이 형성되었고, 일부가 공동체 활동 참여를 거부하고, '교과서'대로 하려는 사람들을 비웃는 상황으로 이어졌다. 주민들이 중산층 환경에 적응하지 못하거나 적응을 거부하면 긴장이 고조되었다. 상세한 기록을 남겨야 하고, 회의에서는 회칙을 따라야 하고, 주부들이 이전에 본 적이 없는 가재도구가 주택 안에 있어야 한다 등등. 일부 문제는 관료주의의 실책으로 설명되었지만, 사실 평화를 방해하는 가장 큰 문제점은 인위적으로 부과된 계급 구조였다. 중산층 행동 양식은 무턱대고 가르친다고 터득하는 것이 아니었다.[42]

이런 문제는 마을 단위를 넘어섰다. 공동경작은 남부에서 내려오는 관행이 아니었고, 소농 (혹은 소작농) 사이에서는 더더구나 낯설었다. 터그웰은 그런 문제를 알고 있었다. 미국인이 전반적으로 계획 공동체에 적대적이지는 않았다. 터그웰이 애착을 가졌던 여러 사업이 인기가 있었던 이유가 여기에 있다. (워싱턴 D.C. 바로 밖에 있는) 메릴랜드, 밀워키, 신시내티의 소위 '그린벨트 도시들'에는 1936년에서 1937년 사이에 무려 1,200만 명이 다녀갔다. 이곳의 연방주택은 제2차 세계대전 여파로 인한 교외 거주지 증가에 맞춰 튼튼한 토대를 놓는 방식으로, 조립 공법에 혁명적인 변화를 주었다. 그러나 연방정부는 농촌 공공주택의 표준을 마련하는 문제에서는 남부와 북부의 분리를 타개하고 간극을 메우는 데 실패했다. 남부에서는 실내 화장실 같은 생활 편의 시설에 돈을 쓰기를 극도로 꺼리는 남부 사람들이 프로젝트를 운영했다. 터그웰에 이어 재정착국에 들어온 다음, 1937년 농업안정국으로 바뀐 다음에도 국장을 맡았던 미주리 출신 윌 알렉산더는 남부의 낙후 문제가 해결되지 않고 지속되는 이유를 다음과 같이 설명했다. "만약 우리가 모든 저소득 농가에 덴마크 사람들의 돼지우리 수준의 거처만 제공할 수 있다고 해도, 크나큰 진전일 것이다." 이외에도 남부 정치인들은 결정적인 방식으로 미국 농촌 사람들을 속이고 손해를 입혔다. 뉴딜의 대표적인 정책인 사회보장 프로그램에서 농장 노동자들을 배제하도록 한 것이다.[43]

터그웰의 재정착국 재임 기간은 불과 1년으로 짧았지만 영향은 오래도록 남아 있었다. 영세농민이 직면한 여러 문제에 대해 정부에서 내놓은 가장 결정적인 선언이라 할 수 있는 「소작농: 대통령 위원회 보고서 Farm Tenancy: Report of the President's Committee」(1937)를 보면 윌슨과 윌리스뿐만 아니라 터그웰의 생각 역시 반영되어 있다. 마찬가지로 중요한 것은 보고서가 '남부 분권주의자'인 레이퍼 Arthur Raper 와 오덤 Howard Odum

펜더리아 자경자급농장의 상징적인 사진(1936). 현대적인 주택과 노새가 끄는 구식 쟁기가 어울리지 않게 나란히 등장한다.
- 노스캐롤라이나 펜더리아, 자경자급농장(1936) : LC-USF33-000717-M2, 국회도서관 인쇄물 및 사진 분과, 워싱턴 D.C.

의 통찰도 반영하고 있다는 점이다.[44]

특히 오덤은 남부의 의미와 '빈민'의 성격을 바꾸려고 노력했고, 덕분에 뉴딜정책을 이끄는 정부의 주요 관료들이 남부 빈민을 제대로 이해할 수 있게 되었다. 오덤은 정식 교육을 받은 사회학자이자 심리학자였다. 1920년에 노스캐롤라이나 대학교에 채용된 오덤은 사회학부를 이끄는 동시에 공공복지학과의 초대 학과장으로 활동했다. 조지아주에서 태어난 오덤은 에모리 대학교에서 고전학을 공부하고, 클라크 대학교에서 심리학 박사학위를 받았다(지크문트 프로이트Sigmund Freud의 획기적인 초청강의로 유명해진 곳이었다). 이어서 그는 컬럼비아 대학교에서 사회학 박사학위를 취득했다. 지칠 줄 모르는 에너지의 소유자인 오덤은 25권의 저서를 발간하고 200편에 가까운 글을 썼으며, 남부연구의 새로운 접근법을 논하는 공개 토론의 장으로 「소셜 포시스Social Forces」라는 잡지를 창간했다. 여가 시간에는 소 육종가로 활동하기도 했다.[45]

오덤이 연방정부와 긴밀하게 작업하기 시작한 것은 후버 대통령이 그를 사회동향조사위원회에 임명했을 때부터다. 그러나 오덤 교수가 「미합중국의 남부지역Southern Regions of the United State」이라는 더없이 포괄적인 연구 보고서를 내놓은 것은 1936년이었다. 600쪽이 넘는 분량으로 뉴딜정책에서 지역계획을 수립하는 핵심 자료가 되었던 보고서다. 제자인 존슨Gerald W. Johnson 기자가 방대한 보고서를 해석해 『황무지The Waste Land』라는 제목의 읽기 편한 대중서로 펴냈다. 역시 오덤의 제자로 우수한 학생이었던 아서 레이퍼는 남부의 소작 농업에 관한 최고의 저서를 집필했고, 농촌경제국 내의 농업인구와 농촌복지분과 핵심 연구원으로 활동했다. 오덤은 또한 농업안정국 사진 담당 부서의 로이 스트라이커와도 협력해, 노스캐롤라이나주와 버지니아주 13개 카운티에서 3년 동안 진행된 사회학 프로젝트를 감독했다.[46]

오덤이 진행한 연구의 진정한 힘은 그가 축적한 정보의 양에서 나왔다. 오덤은 남부가 침식으로 9,700만 에이커의 토지를 잃었다는 것을 증명해냈다(사우스캐롤라이나, 노스캐롤라이나, 조지아를 합친 것보다 넓은 면적이다). 남부는 빈곤과 문맹을 묵인함으로써 수백만 주민의 잠재력을 낭비했다. 주민에게 기술 교육, 심지어 기본 서비스조차 제공하기를 거부함으로써 인간의 잠재력을 무시했다. 오덤의 자료가 갖는 압도적인 힘은 (오덤 자신도 말하는) 〈바람과 함께 사라지다Gone with the Wind〉를 보며 느끼는 남부에 대한 막연한 향수를 일축해버린다. 그것은 남부 엘리트들이 그동안 키워온 집단적인 자아상이었다. 그런데 '남부에 대해 성실하고 용기 있는 자세로 진실을 말하고자 하는' 남부 사람이 등장한 것이었다. '방어 심리', 끝없는 조롱, 현실 안주, 무지, 그리고 무엇보다 빈곤에 '신물이' 난 사람이었다. 「미합중국의 남부지역」의 최대 장점은 방대한 분량에서 드러나는 무게감과 객관적인 견해였다. 동시대 남부 역사가 미첼Broadus Mitchell의 표현을 빌자면 '남부는 방어가 아니라 해설이 필요했다.'[47]

오덤의 연구가 겨냥한 핵심 타깃은 지역할거주의sectionalism의 파괴적인 유산이었다. 미첼은 오덤이 이제 더 이상 양키의 압제 운운하면서 남부의 변화 거부를 정당화할 근거가 없음을 말하려 하고 있다고 해석했다. 오덤이 보기에 주라는 경계로 분열된 '여러 개의 남부'가 있었다. 지금 필요한 것은 합중국에 속한 **지방으로서** 하나의 통일된 비전이었다. 소 육종가인 오덤은 남부 사람들의 지역할거주의 요구를 '이종교배라는 아이디어'에 반대하고 각자 생활하는 주의 범위를 넘어선 타 지역 사람들과의 교류를 거부하는 데서 기인하는 '문화적 근친교배'와 '침체'에 비유했다. 유명한 테네시강유역개발공사^{Tennessee Valley Authority}, 즉 TVA를 보면서 오덤은 지역 계획에서 가장 성공한 뉴딜사업이라고 믿어 의심치 않았다. TVA는 일곱 개의 대규모 댐에서 생산되는 전력을 활용하면서 일곱 개 주의 협력을 끌어내고, 과거 극심한 빈곤에 시달렸던 지역에서 1만 명에 가까운 사람들을 고용했다. 오덤은 TVA가 '49번째 주를 구성했으면' 한다고 말했다. 주권^{州權}이라는 속박이 참으로 오랫동안 남부의 발전을 억눌러왔기 때문이다.[48]

TVA에 대한 오덤의 판단은 옳았다. 긍정적인 성과를 내는 지역 계획의 빛나는 사례였다. 건설한 댐들만 놓고 봐도 경이로운 공학적 성과일 뿐만 아니라 건축학 측면에서도 경탄을 금할 수 없는 우아하고 현대적인 건축물의 탄생이었다. 똑똑한 관리 덕분에 토양도 보존되었다. 홍수, 말라리아, 오염 방지, 재식림^{再植林}, 토양 비옥도 개선까지, 그야말로 모든 면에서 현명하고 합리적인 토지이용 전략이었다. TVA는 도서관, 건강과 오락 시설 등을 지원하는 잘 설계된 공동체로 이어졌다. 모두 윌슨이 자경자급농장 마을에 적합하다고 규정한 것들이었다. 농업, 마케팅, 자동차 정비, 전기 수리, 기계 관련 작업, 금속 가공 등을 가르치는 교육 센터도 있었다. 가까운 대학에서 공학과 수학을 가르쳤고, 성인교육이라는 유례없는 기회도 주어졌다. 노동자와 그들의 가족을 위한 이동도서관도 있었다.[49]

오덤은 문화적 편견 없애기가 극도로 어려운 작업이 되리라는 것을 잘 알고 있었다. 이런 문제의식에서 그는 1938년 전국의 저명한 학자들에게 질문지를 보내 각자가 생각하는 '가난한 백인'의 의미를 물었다. 언제, 어디서 해당 단어를 처음으로 들었는가? 해당 단어 사용에서 주별, 지역별 차이가 있을까? 해당 단어가 어디서 유래했다고 생각하는가? 이들의 두드러진 특징들은 무엇인가? 유사한 의미를 지닌 널리 쓰이는 단어들로는 어떤 것들이 있는가?[50]

설문에서 나온 답변들은 '가난한 백인'이라는 꼬리표가 얼마나 파악하기 힘든 개념인가를 말해주었다. 대여섯 명의 사회학자들은 해당 단어가 '불분명하고 애매하며', 엉성한 욕설일 뿐이라고 일축했다. 하지만 오덤이 설문지를 보낸 46명의 저명한 학자 중에 대다수는 가난한 백인이라고 하면 머릿속에 떠오르는 각종 부정적인 속성들을 길게 나열했다. 가장 많이 등장한 형용사는 '아무 의욕이 없고 무능하다'는 의미의 '무기력하다shiftless'였다. 이는 다시 여러 동의어와 연결되었다. 목적이 없다, 그날 벌어 그날 먹는 하루살이다, 게으르다, 야망이 없다, 쓸모가 없다, 자기 삶을 개선할 의지가 없다, 타성에 젖어 있다. 이런 모든 표현이 타고난 성격적 결함으로 일하기를 꺼린다는 개념과 합쳐졌다.[51]

'무기력하다'는 새로운 단어는 아니었다. 1850년대 남부 여행을 시간순으로 기록하면서 옴스테드Frederick Law Olmsted는 '무기력하다'는 단어를 써서 나태한 노예소유주와 노예 모두를 범주화했다. 이는 또한 뉴잉글랜드 사람들이 형편없는 농부를 표현할 때 즐겨 사용하는 단어였고, 천박한 노동자와 함께 후미진 아지트에 모이는 술집 주인, 여타 부도덕한 인물들을 가리키는 일반적인 비난이기도 했다. 루스벨트 시대가 되면 가족을 버린 남편들을 벌하는 법률에서 선택한 단어였다. '무기력shiftlessness'은 우생학자들의 진단에서 퇴화한 사람들의 주요 증상이었다. 또한 이는 당연히 부랑자와 떠돌이 일꾼들의 제2의 천성이었다. 캐시W. J. Cash는 『남부의 정신The Mind of the South』(1941)에서 무기력한 가난한 백인을 다음과 같이 묘사했다. 자신은 술 주전자를 들고, 키우는 개들에 둘러싸인 채로 나무 아래 앉아 있고, 아내와 자녀들은 들판에 나가 일종의 '성의 없는 괭이질'을 하고 있다고.[52]

　'가난한 백인'이 무기력과 연결되는 두 번째로 인기 있는 설명은 그들이 사회적으로 흑인과 가깝다는 것이었다. 펫칫Stepin Fetchit이라는 예명으로 유명한, 눈길을 끄는 아프리카계 미국인 배우는 1929년 〈하츠 인 딕시Hearts in Dixie〉라는 영화에 출연하면서 영화배우 경력을 시작했다. 흑인 배우로 인기를 누렸지만, 영화에서 주로 우둔하고 굴종적인 흑인 하인 배역을 맡았고 나태한 흑인이라는 고정관념을 모든 세대에 널리 알리는 역할을 했다[그의 예명 Stepin Fetchit은 비굴한 흑인 하인이라는 의미로 영어사전에도 실려 있다]. 애틀랜타 대학교 흑인 학자 리드Ira de A. Reid는 '가난한 백인' 설문에 대한 답신에서 자신이 자라면서 경험한 묘한 '흑백 간의 예절'에 대해 언급했다. '가난한 백인'이라는 호칭을 사용하려면 상대에게서 '깜둥이'라는 욕을 들을 각오를 해야 했다는 것이었다. 그런 각오가 없고서는 절대로 사용할 수 없는 멸칭이 '가난한 백인'이었다는 의미다. 리드에게 '백인 쓰레기' '가난한 백인' '깜둥이'는 똑같은 사회적 낙인을 의미했다.[53]

　오덤의 설문에 답한 사람들 다수가 '가난한 백인poor white'을 줄인 영어 표현 'po' white'는 흑인들이 쓰는 사투리에서 나왔다고 주장했다. 미시시피 출신 응답자에 따르면 백인 상류 혹은 중류 계급 사람들이 해당 단어를 사용할 때면, '흑인들이 하는 말처럼'이라는 단서를 달아 정당화시켰다. 설문 응답자들은 가난한 백인은 가난한 흑인들 근처에 살고, 사실상 양자의 주거를 구별하기가 불가능하다고 주장했다. 일부 중류계급 백인에게 가난한 흑인보다 살짝 높은 가난한 백인의 지위는 공허한 허울에 불과했다. 남부가 아닌, 오하이오주 신시내티의 어느 사회학자는 오덤에게 산지에 사는 백인은 '브라이어 호퍼Briar hopper'라고 불렸고, 사실상 도시 흑인과 마찬가지로 격리 대상이었다고 말했다 ('Briar hopper'는 과거 아일랜드 사람을 가리키는 영어 멸칭인 'bogtrotter'의 변형이다. 둘 다 해석하자면 촌뜨기 정도의 의미가 된다).[54]

오덤의 설문에 답한 사람들에게 20세기라는 사실은 아무런 의미가 없었다. 가난한 백인은 여전히 별종, 백인과 흑인의 중간에 있는 불분명한 계급으로 간주되었다. 어떤 경우에도 그들은 점잖은 백인과 결혼은 고사하고, 사귀거나 어울리지도 않았다. 오덤과 서신을 주고받은 누군가에게 그들은 말과 노새, 개와 사냥개로 비교될 수 있었다. 개는 '훌륭하지만', 사냥개는 '성미가 고약했다'. 표범 비유는 골수 인종차별주의자들이 흑인을 향해 하는 말이었다. 모든 흑인이 표범처럼 자신의 얼룩을 바꾸지 못한다는, 말하자면 자신을 완전히 바꿀 수는 없다는 의미였다. 같은 비유가 백인 쓰레기에 대해서도 적용되었다.[55]

어떻게 학식깨나 있는 미국인들이 오랜 편견이 남부의 계급제도를 왜곡해온 사실을 부인하고 거기에 동조할 수 있었을까? 이유는 알고 보면 빤하다. 진정한 계급 변동이 일어나는 것에 대한 두려움 때문이다. 자유주의 엘리트조차도 진정한 계급 변동을 꺼렸다. 그런 이유로 적지 않은 사람들이 빈민의 가난을 그들 개인 탓으로 돌리고 비난했다. 그러나 오덤은 상황을 다르게 보았고, 농촌 빈곤의 의미를 재해석하고 재구성하는 데 일종의 산파 역할을 했다. 오덤은 가난한 백인은 그가 '습속folkways'[어떤 사회집단에 공통적인 생활·사고·행동 양식]이라고 부르는 하나의 문화를 가지고 있다고 주장했다. 오덤은 그들이 장기판의 졸처럼 불운한 운명으로 남아야 한다고 생각하지 않았다. 또한 그들의 지위 상승이 반드시 중산층을 모방해야만 하는 것도 아니라고 생각했다. 그들은 독자적인 전통 가치에 의거하여 성공 가능한 존재 양식을 만들어낼 수 있다. 상대적으로 그보다 못한 화이트칼라층이 되려고 발버둥치는 것이 최선은 아니라는 말이다. 오덤은 빈민층 문제 해결의 열쇠는 그들에게 교육 기회를 제공하고 자급자족할 환경을 만들어주는 데에 있다고 보았다. 그러자면 남부의 자원 관리 방식이 바뀌어야 했다. 남부는 한층 다양하고 기술적으로 진보된 경제와 농업 제도를 발전시켜야 했다. 지금보다 숙련도가 높은 노동자들이 필요할 것이다. 모든 남녀를 변화시키는 것은 당연히 길고 힘든 싸움이 될 것이다. 오덤의 설문 답변자 중의 하나는 이를 직설적으로 표현했다. "누구도 그를 어떻게 해야 할지 모른다." 옴짝달싹 못하는 것처럼 보이는 한, 남부의 그는 우곡雨谷과 노새가 그렇듯이 정체된 남부의 상징으로 남을 수밖에 없다.[56]

진정으로 의미 있는 수준에서 '가난한 백인'의 의미를 파헤친 사람은 테네시 사람 에이지James Agee였다. 엄청난 흡인력에 두고두고 영감을 주는 저서 『이제 유명인들을 칭송하자*Let Us Now Praise Famous Men*』(1941)에서 에이지는 백인 쓰레기에 대한 집착의 근원을 중산층에게서 찾는다. 에번스*Walker Evans*의 소박한 정물화 스타일 사진들이 포함된 독특한 책으로, 오덤이 말하는 '변화에 느린 집단[중산층]'이 거부하는 것이 무엇인가를 진지하게 다루고 있다. 즉, 해설자가 어떻게 자신의 가치를 대상에게 강요하는가를 파고든다. 에이지는 객관적인 저널리즘 같은 것은 애초 있을 수 없다고 본다.

에이지는 하버드 대학교를 졸업한 중산층 남자인 자기 같은 사람이 어떻게 가난한 백인을 동정 혹은 혐오의 대상으로 보지 않고 그들에 대한 글을 쓸 수 있느냐는 질문을 공개적으로 던지면서 책을 시작했다. 그는 멍하니 바라만 보는 구경꾼이 되고 싶지는 않았다. 어떻게 해야 '보호받지 못하고 형편없이 파괴된 사람들, 무지하고 무력한 농촌 가구의 삶을, 무방비에 온갖 악조건과 굴욕에 노출된 그들의 삶을, 학문의 이름, 정직한 저널리즘의 이름으로, 다른 집단의 사람들 앞에 내보일 목적으로 깊숙이까지 파고들 수 있을까?' '그것이 지니는 잔인한 광휘'를 전달하는 것이 가능할까? 아마도 불가능할 것이다.[57]

그래서 에이지는 전략을 바꾸는 실험을 감행한다. 물리적 대상을 상세하게 묘사하는 방법이었다. 신발, 멜빵 달린 작업 바지, 소작인의 집에 놓인 빈약한 가구 등등, 세세한 부분에 꼼꼼한 관심을 가지는 한편 사용 언어는 카메라의 '얼음처럼 차가운' 시선을 모방하려고 했다. 에이지가 전통적인 언론 보도에서 벗어난 부분은 이것만이 아니었다. 에이지는 자신이 상상한, 가난한 소작농이 발설하지 못한 마음속 생각들과 직접 들은 땅 주인들의 거침없는 욕설을 여기저기 배치했다. 소작인의 마음속 생각으로 그는 불신을 이야기했다. 자신이 어떻게 이런 '덫에 빠지게' 되었는가? 어떻게 이렇게 '구제불능의 절망적인 처지'가 되었는가? 땅 주인의 잔인함은 에이지가 대접받은 소작농의 '가정 요리'를 비웃는 데서 잘 드러난다. 땅 주인은 가난한 소작인을 5년 동안 가족에게 비누 하나 사다주지 않았다고 떠벌리는 '더러운 개새끼'라고 욕했다. 땅 주인의 말을 빌자면, 그런 소작농 가구의 한 여자는 지역을 통틀어 '최악의 창녀'로, 그보다 심한 사람은 그 여자의 어머니뿐이었다. 이렇게 욕을 늘어놓는 땅 주인 눈에는 이들 전체가 '세상에 다시없을 천박하기 짝이 없는 쓰레기'였다.[58]

별나고 이상해 보일지 모르지만 에이지의 방식에는 나름의 논리와 체계가 있었다. 이처럼 낯설고 자기 성찰적이며 무척 불온하기도 한 이야기 속에서, 저자는 빈민을 보는 전통적인 방식을 넘어서라고 독자에게 강요하고 있다. 빈민을 비난하는 대신에 특유의 복잡한 사정을 알아달라고 요구한다. 에이지는 빈민들이 둔하거나 머리가 나쁜 것이 아니라고 주장한다. 단지 일종의 '무감각증'을 내면화해왔을 뿐이다. 덕분에 그들은 '불편, 불안, 열악함에서 오는 수치와 모욕'에 무뎌질 수 있다. 오히려 더 큰 부끄러움을 느껴야 할 사람들은 남부의 중산층이다. 무엇보다 그들은 그런 것에 '익숙하니까'라는 말로 자신의 냉담한 무관심을 변명하는 그런 사람들이 더욱 부끄러워해야 마땅하다.[59]

훗날 문학적으로 성공을 거두었지만 에이지의 불온한 저서는 1941년 당시에는 거의 독자의 관심을 끌지 못했다. 오덤의 작업은 가난한 소작농에게 말을 하는 것이 아니라 소작농 위에서 내려다보듯 이야기한다는 이유로 공격을 받았다. 밴더빌트 대학교 영문학 교수이자 시인인 데이비슨^{Donald Davison}도 목청을 높였던 오덤의 비판자 중 하나였다. 데이비슨은 TVA를 북부 간섭의 증거로 보면서 거기에도 적대적인 태도를 보였다. 수필집 『나는 내 입장을 취할 것이다^{I'll Take My Stand}』의 필자 중 하나로서 데이비슨은 남부에서 대대로 내려오는 농업중심 사회라는 이상을 옹호했다. 심지어 그는 북부에서 온 '가증스러운' 해방노예국 소속 선교사들을 물리쳤다면서 [남북전쟁 후 백인 우월주의 유지를 목적으로 남부 백인이 조직한 비밀조직인] KKK단을 칭송했으며, KKK단이 신남부^{New South}의 '교활한 몽상가'들의 발흥을 막지 못한 것을 오히려 안타까워했다(여기서 데이비슨이 말하는 몽상가는 오덤과 그를 따르는 노스캐롤라이나 대학교 사람들이었다). 데이비슨은 이들 학구적인 '남부 지역주의자들'은 결코 남부를 통합할 수 없다고 선언했다. 오덤의 지표들은 '무식한 사람의 언어'로 옮기는 것이 절대 불가능했다. 결국 남는 것은 누가 봐도 분명한 역설이었다. 남부의 빈민을 끌어들일 수 있는 이들은 파벌주의 선동가들뿐이지 않은가? 에이지나 오덤 같은 사람이 일시적으로 '[남부의 현실이 지니는] 잔인한 광휘'를 포착한다고 해도, 그들이 해방하려 하는 가난한 백인은 정작 그들의 이야기에 귀를 기울이지 않는다는 것이 분명하지 않은가? 적어도 데이비슨은 그렇게 생각했다.⁶⁰

에이지와 오덤의 글쓰기 스타일 중간쯤에 있는 새로운 유형의 남부 작가가 있었다. 대니얼스^{Jonathan Daniels}의 『어느 남부 사람 남부를 발견하다^{A Southerner Discovers the South}』(1938)는 베스트셀러 목록에 올랐을 뿐만 아니라 프랭클린 루스벨트와 엘리너 루스벨트 부부를 설득하는 데도 성공했다. 대니얼스는 자신들을 해방시키려는 사람들의 목소리에 남부 빈민들은 정작 관심을 두지 않는다는 아이러니를 꿰뚫어보는 눈을 가진 노스캐롤라이나 언론인이었다. 대니얼스는 오덤의 백과사전식 연구의 특징인 엄청난 분량과 밀도의 압박을 피했고, 남부의 농업중심주의자들이 주장하는 나른한 목가주의와도 거리를 두었다. 대니얼스는 수천 킬로미터를 움직이며 남부 곳곳을 돌아다녔고 마주치는 사람들이 자신에 대해 허심탄회하게 이야기하게끔 이끌었다. 사람들을 대하는 그의 태도에는 방어적인 기미는 전혀 없었기에 사람들도 각자의 이야기를 솔직하게 털어놓을 수 있었다.[61]

여러 사회학자의 책을 애지중지 소장하고 있는 작은 마을 변호사를 우연히 만난 자리에서 대니얼스는 오덤에 대한 데이비슨의 비판이 틀렸음을 입증할 근거를 발견했다. 대니얼스는 유명한 프리비던스 캐니언도 방문했다. 깊이가 45미터나 되는 조지아주의 협곡으로 토양침식과 자연의 경이를 상징하는 묘한 기념비가 된 곳이다. 대니얼스는 남부의 죄수 심리를 공격했다. 대대로 육체 노동을 해온 노동자들이 착취를 당연하게 받아들여야 한다는 관념이다. 노스캐롤라이나에 있는 캐넌밀스라는 방직회사에서 대니얼스는 공장을 사실상의 감옥으로 바꾸는 철조망 울타리에 대해 지적했다. 거대한 공장 건물 건너편에는 놀이터가 있었다. 이런 환경에서 아이들은 '그곳 땅이 사람들, 그것도 거기 속한 사람들을 두려워한다'는 의도치 않은 교훈을 얻게 된다고 대니얼스는 주장했다.[62]

대니얼스는 다양한 모습의 가난한 백인의 초상을 제공했다. 이런 과정에서 그는 나태한 '무기력함'이라는 기존 개념을 거부하고 오히려 쉼 없이 움직이는 '불안함'을 강조했다. 대니얼스는 TVA 사업의 일환으로 만들어진 계획도시인, 테네시주의 노리스에서 목격한 것을 특히 마음에 들어했다. 그에게 인상 깊었던 것은 커다란 학교 건물에 설치된 광전지를 이용한 조명이나 난방이 아니라 학교 내에서 '아이들의 만남'이었다. '가난한 대가족 가구의 촌뜨기 아이들'이 기술자의 아이들과 나란히 앉아 있었다. 이곳에서는 교실 내 인종차별 폐지와 관련된 분명한 실험이 진행되고 있었다. 미국 전체가 이런 모습이라면 얼마나 좋을까 하고 그는 생각했다.[63]

『분노의 포도』에 나오는 조드 부인이 했던 말을 대니얼스는 남부의 청중을 향해 반복했다. 빈민들은 끊임없이 태어나고 있다고. 대니얼스는 남부의 평범한 백인이 공평한 기회가 주어지면 교육을 잘 수용한다는 사실을 증명했다는 점에서 TVA를 칭송했다. 어떤 이들은 '영양실조에 시달리고,' 어떤 이들은 '지적장애, 변태, 정신이상'이라고 그는 인정했다. 그러나 그들이 빈민 전체, 혹은 그들의 미래를 대표할 수는 없다. 그들의 신분 상승을 가로막고 있는 것은 펠라그라나 문맹만이 아니었다. 가난한 백인이 흑인처럼 자기네 자리에 그대로 머물러 있지 않으려 하면 어쩌나 하는 부유한 계급들의 두려움도 중요한 걸림돌이었다. 대니얼스는 지식계급에 의해 그동안 반복되고 굳어져온 [남부의 흑인과 백인 하층민에 대한] '중상'을 반박하고 독자들이 경계심을 갖도록 했다. '중상'의 내용을 보면 이렇다. "남부의 흑인들은 치료할 수 없을 정도로 무지한 유인원이다. 남부의 백인 하층민은 생물학적으로 퇴화한 족속이다."[64]

대니얼스는 제퍼슨식 민주주의는 사망을 고한 지 오래고, 휴이 롱 같은 선동가들이 그 자리를 대체했다고 확고하게 믿었다. 휴이 롱은 대대로 이어지는 남부 귀족들의 뒤를 밟아 서민들을 멋대로 강탈했던 인물이다. 대니얼스는 오덤의 경고성 조언을 받아들이고, 남부 부흥을 위한 어떤 계획이든 그것이 조금이라도 진정한 변화에 다가가는 효과를 내려면, 하층에서 시작되어야 한다고 강력히 주장했다. "어쩌면 여전히 남군 병사 한 명이 열 명의 북군 병사를 이길 수 있을지 모른다." 대니얼스는 글에서 이렇게 말했다. 그러나 "그것은 아무 의미가 없다". 이런 남군 병사의 자긍심은 모든 계급을 눈멀게 한다. "폭군, 금권정치가, 빈민 모두에게 가르침이 필요하다. 누가 누구보다 낫고 못할 것이 없다." 오덤, 에이지, 대니얼스는 모두 남부가 이념적인 덫에서 구출되기를 바랐다. 그들은 냉소적이지 않았다. 오히려 희망적이었다. 그들은 (미화된 자경자급농장에 대한 피상적인 이해 같은) 단순한 해법은 진정한 해결책이 아니라는 것을 인식하고 있었다. 그들은 TVA 같은 규모의, 원대한 어떤 것이 기존의 암묵적인 합의를 흔들고 계급구조를 재조정할 유일한 가능성을 제시한다고 믿었다.[65]

1930년대 잊힌 남자와 여자는 미국 전역에서 경제적 투쟁의 강력한 상징이 되었다. 남부를 괴롭히는 가난한 백인에게 각별한 관심을 기울이며 목소리를 높인 이들이 적지 않았다. 문제는 '누구도 그를 어떻게 해야 할지 모른다'가 아니었다. 문제는 이것이었다. '누구도 그를 있는 그대로 보려고 하지 않는다. 우리의 일부, 즉 미국인으로'

제10장

촌뜨기 숭배: 엘비스 프레슬리, 앤디 그리피스,
린든 존슨의 위대한 사회

나는 스스로 인정하는 무지한 촌뜨기고, 기타 치는 바보다.
- 엘비스 프레슬리^{Elvis Presley} (1956)

린든은 상류층과는 거리가 멀었다. 산골에서 자란 촌뜨기였다.
- 버지니아 포스터 더^{Virginia Foster Durr}, 앨라배마 민권운동가 (1991)

많은 미국인이 대통령 집무실에서 엘비스 프레슬리와 리처드 닉슨 대통령이 나란히 서서 찍은 유명한 사진을 기억할 것이다. 그런데 왜 프레슬리가 린든 베인스 존슨^{LBJ} 대통령과 나눈 우정은 잊힌 것일까? 프레슬리는 자택인 그레이스랜드^{Graceland}에 린든 존슨이 대통령 집무실에 들인 것과 똑같은 텔레비전 수신기 세 대를 들여놓았다. (로큰롤의) '제왕'은 1964년 대통령 선거 당시 슬로건이었던 '항상 LBJ와 함께'라고 쓰인 범퍼 스티커도 집에 붙여두었다. 또한 대통령의 딸 린다 버드 존슨^{Linda Bird Johnson}과 함께 홍보 사진을 촬영하기도 했다. 당시 린다 버드 존슨은 배우 해밀턴^{George Hamilton}과 사귀는 중이었다. 프레슬리와 존슨은 얼핏 보면 너무나 생뚱맞은 조합 같다. 그러나 둘은 각자가 명성을 떨친 전혀 다른 영역만 보고 판단하면 놓치기 쉬운 공통점이 훨씬 많은 사람이었다. 무엇보다 두 사람은 가난한 백인을 사회의 독소로

규정하는 역사적 낙인찍기에도 굴하지 않고 당당히 맞서 국민적 영웅이 되었다.[1]

1956년 첫 앨범을 내면서 전 국민의 관심을 끌던 무렵 엘비스는 비非백인처럼 보이려고 가능한 모든 노력을 하는 것 같았다. 흑인 창법, 검게 물들인 올백 머리, 역시 흑인을 연상시켰던 화려한 복장을 대놓고 받아들였다. 엘비스의 이런 급격한 선회 때문에 비판자들은 엄청나게 성적인 그의 춤을 선정적인 '벨리댄스', 즉 희화화한 스트립쇼와 반항적인 주트 슈트zoot suit 무리에 비유했다[zoot suit: 아래로 갈수록 좁아지는 통이 넓은 바지와 어깨 폭이 넓고 긴 느슨한 재킷으로 짝을 맞춘 남성복. 1930~1940년대에 아프리카계, 멕시코계, 이탈리아계, 필리핀계 미국인 사이에 유행했다]. 엄청난 명성과 열렬히 흠모하는 팬들 덕분에 엘비스는 인기 TV 프로그램 〈에드 설리번 쇼The Ed Sullivan Show〉에 나갈 수 있었고 이어서 은막에까지 진출했다. 머지않아 엘비스는 캐딜락으로 차고를 가득 채우게 되었다. 말하자면 그는 백인 쓰레기 노동자계급에 가능하리라고 상상조차 못했던 엄청난 성공을 거두었다. 그는 멋지고, 성적으로 파격적이면서 동시에 '촌뜨기'였다. 엘비스는 이제 괴짜 같은 시골 출신 왕따가 아니라 수많은 십대 소년들이 간절히 되고 싶어 하는 '힐빌리 캣Hillbilly Cat'이었다[엘비스는 'Hillbilly Cat'이라는 예명으로 가수활동을 시작했다].[2]

1963년 11월 22일 린든 존슨이 갑작스럽게 행정부 수장 지위에 오른 것은 나라 전체에 엄청난 충격으로 다가왔다. 1세기 전에 일어났던 사건이 기분 나쁘게 반복되면서, 선출되지 않은 두 번째 존슨(첫 번째는 링컨 암살 이후 대통령이 된 앤드루 존슨)이 경악스러운 케네디 대통령 암살 이후 대통령직에 올랐기 때문이다. 더구나 이때 미국 국민은 슬픔에 찌들고 전쟁에 지친 링컨이 아니라 활력이 넘치고 사진발을 잘 받는 동부 출신 엘리트였던 존 F. 케네디를 잃었다. 비극에 이어 등판한 남부의 노련한 정치인은 공민권과 사회개혁을 옹호하는 공격적인 입법 과제를 추진했다. 루스벨트 이후 해당 분야와 관련된 가장 극적인 개입이었다. '위대한 사회Great Society'라는 슬로건 아래 광범위한 정책들이 시행되었는데, 인두세와 투표 차별 폐지, 교육과 의료서비스 지원 촉진, 빈곤퇴치 노력으로 진행된 과감한 신정책들이 포함되었다. 그러나 린든 존슨이 같은 민주당 소속 전임자와 분명하게 달랐던 점은 남부 오지 출신이라는 정체성에 따라붙는 빤한 장식들을 버림으로써 자신을 재창조해야 하는 필요성이 있다는 것이었다. 존슨은 느릿느릿 말하는 텍사스 사람 특유의 말투를 버리지 않고도 그런 작업을 해냈다. 얼떨결에 대통령이 된 그는 텔레비전에 비치는 자신의 모습, 워싱턴 기자들이 판단하는 자신의 모습, 국민이 국가 지도자로서 받아들이는 자신의 모습을 바꿔야 했다. 비록 존슨이 뉴딜 지지자이자 근대 진보주의자로서 입증된 경력을 가지고 있었지만, 국가 전체를 무대로 하면 그는 여전히 지역 인사에 불과했다. 존슨은 남부에서 백인의 군림과 지배를 너그러이 봐주기를 거부했다. 1965년 취임 연설에서 존슨은 진보적 변화를 국가 생존의 문제로 만들었다. 그는 자신의 권력을 광범위한 사회 평등을 위해 사용하기를 바랐다.[3]

존슨의 변화 주장은 여러모로 보아 사회주의자 하워드 오덤이 수십년 전에 내린 처방을 그대로 따랐다. 남부 사람들은 구 남부연합에 대한 그릇된 향수에서 자신을 해방해야 한다는 것이었다. 그는 근대성을 두려워하지 않았다. "나는 위대한 사회가 질서 정연하고 아무런 변화도 없고 개성도 없는 개미군단이라고는 생각하지 않습니다." 존슨은 1965년 취임식에서 직설적으로 이렇게 말했다. 소비에트식이 되었든, 남부식이 되었든, 생각 없는 순응은 답답하고 억압적일 뿐이었다.[4]

존슨의 영웅은 앤드루 존슨이나 제임스 K. 바더먼이 아니었다. 그가 가장 존경한 정치인은 루스벨트였다. 대공황기에 존슨은 농어촌 전력 보급 사업을 강력하게 지지했고, 텍사스에서 [직업훈련 센터가 주관하는 무직 청소년을 위한 기술교육 기관인] 직업 부대 프로그램과 전국청년지도청을 운영했다. 그는 시골뜨기 특유의 별난 행동이나 무지도 절대 용납하지 않았다. 그는 근대 기술을 무척 좋아해서, 제2차 세계대전 전에 프로펠러기를 타고 텍사스 전역에서 선거운동을 펼쳤고, 1948년 상원 의원 선거에서 헬리콥터를 이용한 최초의 인물이기도 했다. 그해 접전에서 승리할 당시 존슨은 자신을 세상 물정에 밝은 세속적인 정치인으로 내세우면서 경쟁자가 내세우는 전통적인 스타일을 과감히 버렸다. 당시 측근 중의 하나는 존슨의 경쟁자를 '옛날 모자에 옛날 방식, 그야말로 모든 것이 구식'이라고 묘사했다. 상원의 다수당 대표로, 그리고 국가항공우주위원회 위원장으로 부통령직을 수행하는 동안 처음으로 '우주개발 경쟁에 뛰어들도록' 장려하고 인간의 달 착륙을 나라 전체의 우선순위 의제로 만든 것은 다름 아닌 린든 존슨이었다.[5]

이 남부 남자의 옷장에는 빨간색 멜빵도 없고, 이력을 봐도 인종 공격에 핏대를 세웠던 적도 없었다. 린든 존슨 대통령의 연설은 높은 도덕 수준을 보여주면서도 대중이 이해하기에 전혀 무리가 없었다. 그는 가난한 백인과의 계급적 연대를 가장한 소위 딕시크랫[Dixiecrat]들의 거짓된 미사여구들을 경멸했다[Dixiecrat: 1948년 대통령 선거 당시 민주당을 등진 탈당파. 미국 남부 여러 주를 가리키는 딕시^{Dixie}와 민주당원^{Democrat}이 합쳐진 단어다]. 백인 우월주의에 호소하는 분노가 가득 담긴 전형적인 표현이었기 때문이다. 대통령으로서 공민권을 옹호할 때도 린든 존슨은 형제애와 (배타성이 아닌) 포용성을 강조하는 언어를 사용했다. 그러나 이런 모든 것에도 불구하고 늙수그레한 촌뜨기 이미지는 끈질기게 그를 따라다녔다.[6]

존슨 대통령이 전국적으로 화려한 스포트라이트를 받으며 존재감을 과시할 무렵, 여러 TV 방송국 경영진이 시골뜨기를 내세운 시트콤을 내놓은 것은 우연의 일치일 것이다. 1960년대 가장 인기를 끌었던 프로그램 세 개는 〈앤디 그리피스 쇼^{The Andy Griffith Show}〉〈고머 파일, 해병대^{Gomer Pyle, U.S.M.C}〉 그리고 〈베벌리 힐빌리스^{Beverly Hillbillies}〉였다. 이들 프로그램 모두가 앞서 소개한 『무단토지점유자의 생활』에 나오는 '슈그' 같은 인물, 즉 1840년대 시골 정치인의, 동화되기는 어려워도 소박한 특징들을 부활시킨 내용이었다. 린든 존슨은 루스벨트 대통령을 애정 어린 시선으로 보면서 '내게 아버지' 같은 사람이라고 회고했는데, TV 프로그램 속의 마을 보안관 앤디 그리피스가 노스캐롤라이나의 메이베리 마을을 아버지 같은 태도로 돌보는 모습을 연상시킨다. 〈앤디 그리피스 쇼〉는 60년대가 아니라 30년대 느낌을 가지고 있었다. 쇼는 사회 부적응자들이 모여 사는 마을을 배경으로 대공황기를 향수를 담아 재현하는 내용이었다. 구체적인 배역에 대해서 말해보자면, 그리피스는 자신이 '시골뜨기' 역할을 하는 것이 아니라고 주장했고, 프로그램 제작자는 보안관 그리피스를 고^故 로저스^{Will Rogers}와 비슷한, '짓 궂은 유머감각'을 지닌 영리한 남자라고 설명했다. 로저스는 온화한 성품의 오클라호마 출신 유머작가이자 영화배우였다. 배경인 메이베리 마을로 말하자면, 대부분의 문제가 앤디 그리피스의 식탁에서 해결된다. 미국인들이 라디오 주변에 옹기종기 모여 앉아 루스벨트의 노변담화를 청취하는 모습을 연상시키는 대목이다[노변담화^{爐邊談話}: 1933년부터 1944년까지 프랭클린 루스벨트 대통령이 라디오를 통해 생중계한 대국민 연설]. 소도시의 민주주의 미덕이 빛을 발하는 앤디의 세계에서는 외부인들 역시 환영을 받았다.[7]

비록 배우는 그렇게까지 말하지는 않았지만 보안관 앤디는 사실상 시골뜨기들에 둘러 싸여 있었다. 최악의 고정관념을 이용하는 것이 텔레비전이기 때문이다. 메이베리 주민을 보면 남한테 잘 속아 넘어가는 주유소 직원 고머 파일(나중에 그는 자기만의 쇼를 갖게 된다), 그의 사촌인 구버, 새된 소리를 지르며 천방지축으로 날뛰는 산골사람 어니스트 T. 베이스 등이 있다. 「타임」의 어느 작가는 네이버즈^{Jim Nabors}가 연기하는 고머 파일에 대해 다음과 같이 평한다. 해병대에 들어간 순진한 사병 고머는 '일방적인 생각으로 이런저런 훈계를 늘어놓고, 소똥 가득한 들판에서 이리저리 (똥을 피해) 걸어가는 쟁기꾼처럼 경망스럽게 뛰어다닌다'. 말하자면 '사고뭉치'로, 자신의 이름을 내건 후속 프로그램에서는 단신으로 해병대 관료 체계 전체를 휘저으며 엉망으로 만든다.[8]

코미디언 호프^{Bop Hope}가 농담 삼아 말한 것처럼, 졸지에 베벌리힐즈에 살게 된 두메산골 출신 클램펫 집안사람들을 보면서 미국인들은 자신들이 머릿속으로 생각하던 '황무지'가 TV 속에서 (옥외 변소가 있는 모습으로) 구현되는 것을 보았다. 에피소드가 거듭되면서 할머니와 가족들이 과학의 산물인 초인종, 도저히 감당이 안 되는 복잡한 주방 용품들에 좌절감을 느끼는 모습이 전파를 타는데, 이를 보면서 시청자들은 농업안정국의 재정착 마을에서 실제 물납소작농들이 경험한 문화 충격의 가장 슬픈 단면들을 떠올린다. 황금 시간대를 장악한 이들 힐빌리가 「새터데이 이브닝 포스트Saturday Evening Post」의 표지를 장식한 적이 있다. 화가 우드Grant Wood가 1930년에 그린 상징적인 작품 「미국식 고딕American Gothic」을 배경으로 가장인 클램펫Jed Clampett 역을 맡은 엡슨Buddy Ebsen을 위시한 등장인물들이 표현되어 있다. 이는 백인 쓰레기는 진화가 덜된 과거 사람이라는 오랜 믿음을 분명하게 암시하는 또 하나의 장치였다.[9]

〈베벌리 힐빌리스〉의 경우 긍정적인 효과가 있을 것이라고 적극적으로 옹호하는 사람들이 있었다. 프로그램 제작자는 '우리 작품에 나오는 힐빌리들'은 깨끗하고 건전한 사람들이고, 알고 보면 방송국은 미국 시골 사람들의 이미지 제고에 도움을 주고 있다고 생각했다. 제작자는 '우리 프로그램 덕분에 힐빌리라는 단어가 결국은 미국에서 새로운 의미로 쓰이게 될 것'이라고 주장했다. 그러나 제작자의 이런 낙관은 틀린 것으로 밝혀졌다.[10]

클램펫은 데이비 크로켓이 아니었다. 버디 엡슨이 실제로 1950년대 제작된 디즈니 영웅담에서 크로켓의 우락부락한 조수 역할을 맡기는 했지만 그것뿐이었다. 참고로 당시 라쿤털 모자를 쓰고 등장하는 크로켓 역을 맡은 배우는 파커Fess Parker였다. 제드 클램펫과 데이비 크로켓의 차이점은 극명하다. 할리우드 힐빌리들은 청중의 웃음을 유발

그랜트 우드의 유명한 1930년 작품 「미국식 고딕」이라는 그림을 배경으로 〈베벌리 힐빌리스〉
등장인물들을 배치한 잡지 표지
―「새터데이 이브닝 포스트」, 1963년 2월 2일

하는 미숙하고 서툰 대상밖에는 될 수 없었다. 말하자면 존경의 대상이 아니라 조롱의 대상이었다. 그들은 철저한 개인주의자이자 강인한 개척자라는 환상적인 크로켓의 이미지와는 거리가 멀었다(페스 파커가 TV 프로그램에서 연기했던 개척자 대니얼 분Daniel Boone의 멋진 모습과도). 이런 이미지를 만회해줄 수 있는 것은 아무것도 없었다. 클램펫 가족은 1920년대식 고물 포드 자동차를 몰고, 할머니는 거기에 흔들의자를 올려놓고 탄다. 존 포드 감독이 〈분노의 포도〉에서 그린 조드 가족이 필사적이라면, 이들의 모습은 캠핑 나온 촌뜨기 같은 우스꽝스러운 모습이랄까?[11]

페스 파커가 분한, 벅스킨 의상이 인상적인 전사 데이비 크로켓은 달랐다. 쾌활하고 멋스러운 촌뜨기이면서 동시에 쿠퍼Gary Cooper 스타일의 상냥한 교외 아버지다운 면모도 갖추고 있었다. 모든 관객이 파커가 표현하는 크로켓이 초기 미국에 대해 상상 가능한 최고의 자질을 대변한다는 것을 잘 알고 있었다. 디즈니에서 만든 〈데이비 크로켓, 황량한 변경의 제왕Davy Crockett, King of the Wild Frontier〉이 나온 1955년에는 일시적이기는 하지만 데이비 크로켓 열풍이 불기도 했다. 크로켓의 매력에 흠뻑 빠진 팬들이 파커를 엘비스 프레슬리와 같은 반열에 올려놓으면서 그가 나타나는 곳에 떼를 지어 몰려드는 상황이 벌어졌다. 디즈니 스튜디오에서 마련한 무대 인사가 진행되는 동안 상점에서는 유명한 라쿤 가죽 모자가 날개 돋친 듯이 팔려나갔다. 이런 인기 덕분에 장신의 텍사스 사람 파커는 국회의사당까지 방문했다. 통신사에서 배포한 어느 사진을 보면 당시 상원 의원이던 린든 존슨과 하원의장 레이번Sam Rayburn이 '데이비' 및 그의 라이플총과 함께 포즈를 취하

고 있다.[12]

특징으로 꼽히는 녹음된 관객 웃음소리는 차치하고라도 1960년대 코미디는 순전히 현실 도피적인 공연물은 아니었다. 이들 프로그램은 북쪽으로 이동해 볼티모어, 세인트루이스, 디트로이트, 시카고, 신시내티 같은 도시에 힐빌리 게토를 만든 가난한 백인의 대규모 이주 속에서 사람들이 느끼는 좀 더 큰 불안을 이용하고 있었다. 이런 움직임은 '브라이어 호퍼들'을 향한 기존의 편견을 한층 더 부채질할 뿐이었다(하워드 오덤의 설문에 답했던 저명 학자들의 가난한 백인에 대한 명명법을 새삼 상기시켰음은 물론이다). 통신사 칼럼니스트 하비[Paul Harvey]는 1968년 시카고 지역 가난한 백인에 대한 글을 쓰면서 양자를 실질적으로 연결한다. 'TV에 나오는 베벌리 힐빌리와 똑 닮은 현실의 인물들이 은행에 들어 있는 수백만 달러 없이 대도시로 이사했다고 상상해보라'고 주문하면서.[13]

이들 시트콤은 현대 미국이 진정한 의미의 용광로를 만들지 못한 것 아닌가 하는 의구심 역시 이용했다. 시골 생활과 도시 생활, 부자와 빈민 사이에 문화적 차이는 엄청났다. 돈 노츠[Don Knotts]가 연기한 익살맞은 캐릭터 바니 파이프는 보안관 앤디의 사촌이면서 매사에 실수투성이인 허술한 인물이다. 바니 파이프는 『크로켓의 1837년 책력』에 나오는 1830년대 콘크래커처럼 대도시에는 전혀 어울리지 않는 사람이었다. 훈련 담당관이 아무리 엄하게 닦달해도, 불운한 사병 고머는 군대 문화를 따라오지 못한다. 고머는 화이트칼라 위주인 회사 문화는 고사하고 해병대에도 맞지 않았다. 클램펫 가족도 마찬가지였다. 졸지에 생긴 거금으로 할리우드 한복판에 있는 저택을 샀을지 모르지만,

그들은 사회계층이라는 사다리에서는 단 한 계단도 올라가지 못했다. 심지어 그들은 중산층 미국인처럼 행동하려는 노력조차 하지 않았다.

「로스앤젤레스 타임스Los Angeles Times」의 험프리Hal Humphrey는 1963년 〈베벌리 힐빌리스〉를 보는 데서 느끼는 즐거움은 '대부분의 미국인이 극도로 계급을 의식한다'는 사실과 관련이 있다고 주장했다. 줄거리에 상관없이 모든 에피소드에는 돈밖에 모르는 은행가 밀번 드라이데일과 '사회 지위 향상에 목숨을 거는 아내', (성정체성이 의심되는) '얼간이' 아들이 보잘것없는 클램펫 가족과 대립하는 모습이 반드시 등장한다. 험프리의 분석에 따르면, '장삼이사', 즉 일반 시청자들 앞에 '아무리 봐도……열등한' 일단의 '초라한 촌뜨기들'이 등장한다. 그들은 현대 사회 '유력자'보다 한 수 앞서는 동시에 그들과는 비교되지 않는다. 요컨대 '속물'과 '찌질이'의 싸움이었다. 험프리가 보기에 프로그램 제작자는 계급 갈등을 웃음으로 위장하는 빤한 공식을 내놓고 있었다. 마지막으로 험프리는 농담조로 이렇게 묻는다. 계급을 공격하는 이 TV 시리즈가 '그라우초 마르크스Groucho Marx의 계급 이론을 이용하고 있는가, 아니면 카를 마르크스Karl Marx의 이론인가?'**14**[Groucho Marx: 미국의 작가, 코미디언, 배우인 줄리어스 헨리 마르크스Julius Henry Marx의 예명]

과거의 많은 경계가 이동하고 편견이 변화하는 사회적 격변 앞에서도 미국인들은 자신들의 변함없는 상태를 부인했다. 말하자면 자신들이 계급을 강하게 의식하고 있다는 사실을 부인했다. 1950년대와 1960년대 서로 연결된 공민권운동과 문화 전쟁의 특징은 사회 계층화였다. 교외 주택 보유가 아메리칸드림을 대표하게 되면서 가장 논란이 되었던 주거 형태는 의미심장하게도 트레일러 공원trailer park이었다. 당시의 분리는 단순한 인종 문제 이상이었다. 토지이용 제한법으로 인해 주거 형태가 계급 분포 지형을 충실히 따르는 상황이 될 수밖에 없었다. 노동자계급은 볼링장과 소규모 식당들이 있는 구역, '백인 쓰레기'는 트레일러 공원이 있는 빈민가에 살았다. 양쪽 모두 인기 있는 교외 중산층 구역에 있는 백인 전용 주거 지역의 뒤뜰에서 벌어지는 바비큐 파티와는 분명한 대조를 보이는 풍경이었다. 우리는 자꾸 망각하지만 존슨 대통령의 위대한 사회 정책들은 도시 빈민 지구地區뿐만 아니라 애팔래치아 지방의 빈곤한 백인 거주 지역 역시 목표로 하고 있었다. [텔레비전 보급으로 미국인들이 안방에서 전쟁의 실상을 생생하게 접하게 되었다는 의미로] 베트남 전쟁을 거실 전쟁living-room war이라고 부르지만, 미국인들이 텔레비전을 통해 접한 전쟁이 베트남 전쟁만은 아니었다. 미국인들은 이미 1957년 흑백텔레비전을 통해 인종 전쟁, 계급 전쟁을 지켜본 적이 있었다. 분노한 가난한 백인이 리틀록센트럴 고등학교에 들어가려는 예의 바른 흑인 학생들에게 욕을 퍼붓는 장면이었다[백인이 연방대법원의 학내 인종차별 폐지 판결에 따라 리틀록센트럴 고등학교에 다니기로 한 최초의 흑인 학생 아홉 명의 등교를 가로막는 장면].

가난한 촌뜨기 엘비스가 1950년대에 성인이 된 세대에게 많은 것을 상징하는 인물이 된 것은 이상의 여러 가지 이유 때문이다. 엘비스는 아프리카계 미국 음악을 백인 음악으로 만들고 보수적인 성관습에 이의를 제기하는 동시에 〈베벌리 힐빌리스〉의 줄거리와 유사한 사회적 정체성을 유지했다. 여기 백인 물납소작농의 아들로 태어나 어느 날 갑자기 최고의 부와 명성을 누리는 지위에 오른 사람이 있었다. 엘비스는 멤피스 외곽의 대저택 그레이스랜드를 구입했고, 그곳에서 부모님을 모시고 살았다. 사랑하는 어머니에게 분홍색 캐딜락을 선물했고, 저택을 어머니가 인정하는 집다운 집으로 만들기 위해 뒤뜰에는 닭장을 만들었다.[15]

엘비스가 그레이스랜드의 '촌뜨기 대지주'가 되자 미국 중산층들은 교외 생활의 장점 선전에 한층 더 열을 올리게 된다. 일례로 부통령 닉슨[Richard Nixon]은 주택 시장 확대를 냉전 외교의 효과적인 도구로 보고 활용했다. 1959년 세계 최강 국가 둘이 문화 교류에 합의했다. 당시 소련은 뉴욕시에서 인공위성 스푸트니크호와 우주 탐험에 관한 전시회를 열기로 했다. 미국 쪽에서는 땅에 뿌리박은, 지극히 세속적인 국민적 자부심의 상징을 선택했는데, 그것은 바로 전형적인 미국식 단층집이었다. 러시아 대중에게 이를 널리 알리고 그들을 교화하기 위해 모스크바 소콜니키 공원에 미국식 단층집을 세웠다.[16]

모스크바 전시회 개막 연설에서 닉슨은 주택을 보유한 미국인 가구가 3,100만 명이며, 4,400만 명의 시민이 5,600만 대의 자동차를 몰고 있고, 5,000만 명의 시민이 집에 텔레비전을 두고 시청한다고 찬찬히 설명했다. 이런 좋은 홍보 기회를 놓치지 않으려고 부통령은 일인 다역까지 하면서 최선을 다했다. 매디슨가의 광고쟁이도 되었다가 신중산층 예언자도 되었다가 하면서. 어느 쪽이든 닉슨은 천박한 물질주의의 대변자가 되는 것은 분명하게 거부했다. 따라서 그는 미국이 이룬 성취의 가장 경이로운 부분은 '세계 최대의 자본주의 국가'가 '계급 없는 사회에서 모두를 위한 번영'이라는 이상에 가장 가까이 다가갔다'는 점이라고 공언했다. 핵심을 찌르는 말이었다. 닉슨에게 미합중국은 단순히 풍요로운 나라가 아니었다. 미국은 지극히 민주적이었을 뿐만 아니라 일종의 유토피아에 거의 도달했다. 사상 최초로 자본주의가 부와 자원을 독점하는 것을 목표로 한 탐욕의 원동력이 아니었다. 1950년대 자유기업은 특히 주택 소유를 통해 계급 간의 구분을 없애는 데 성공한 마법의 묘약이었다. 적어도 닉슨은 사람들이 그렇게 이해하기를 바랐다.[17]

닉슨 가족은 자신을 완벽한 교외 가족이라고 선전했다. 모스크바를 다녀오고 얼마 되지 않아 부통령과 가족은 디즈니랜드를 방문했는데 이것이 신문 1면을 장식했다. 닉슨이 대통령 자리를 놓고 존 F. 케네디와 경쟁을 벌인 1960년 선거에서 그의 아내 팻 닉슨$^{Pat Nixon}$은 남편이 아메리칸드림의 화신이라고 칭송했다(칭송의 대상에는 그녀 자신도 포함되었다). 남편의 공화당 후보 지명을 예상하면서 팻 닉슨은 기자들에게 자신들의 성공은 전후 세대에 대한 약속을 실제로 구현한 것이라고 말했다. '변변치 않은 태생의 사람들이 그야말로 근면하게 노력하여 사회계층 상승의 사다리를 오르고 목표하던 바를 이루는 경지'를 보여주는 것이라고. 자신이 영부인이 된다면 백악관에 거주하는 최초의 '일하는 여성'이 될 것이라고도 말했다. 공화당을 지지하는 마케터들은 팻 닉슨의 이미지를 적극적으로 활용하여 배지, 깃발, 소책자, 빗, 보석 장신구, 각종 단추를 포함한 다량의 선거 물품을 만들었는데, 모두가 팻 닉슨을 이상적인 교외 주부로 추켜세우는 내용이었다. 선거 캠페인 기획자들은 팻이 타고 있는 'Patmobile'이 이끄는 예쁘게 장식된 자동차 행렬$^{Pat-Parade}$이 교외 쇼핑센터로 들어가는 장관을 연출했다. '프랑스 명품'으로 치장한 깜짝 놀랄 만큼 멋지고 젊은 재클린

부비어 케네디^{Jacqueline Bouvier Kennedy}와 달리 팻 닉슨은 일반 상점 진열대에서 자기 옷을 고르고, 언제든 편하게 가지고 다닐 수 있는 품목을 선택했다.[18]

닉슨 가족은 캘리포니아 남부 휘티어 출신이었다. 이곳은 1946년부터 1970년까지 극적인 변화를 경험한 소위 선벨트^{Sunbelt} 지대에 속했다(Sunbelt: '태양이 비치는 지대'라는 뜻으로, 노스캐롤라이나에서 태평양 연안의 남부 캘리포니아에 이르는 북위 37도 이남 지역을 총칭한다. 따뜻한 기후, 경제 성장, 인구 급증 등의 공통된 특징을 갖고 있으며, 정치적으로는 다소 보수 성향을 보인다). 수백만 명의 미국인이 신규 주택을 구입하면서 교외 집단 거주지가 로스앤젤레스, 피닉스, 휴스턴, 마이애미를 비롯한 여러 대도시권에 생겨났다. 당시 가장 널리 알려진 주택단지 중의 하나는 뉴욕시 외곽에 있는 레빗타운이었다. 레빗^{Levitt} 일가는 처음부터 생각하는 규모가 남달랐다. 롱아일랜드 주택단지에 1만 7,400채의 주택을 짓고 8만 2,000명을 입주시켰다. 엄청난 성공 덕분에 그들은 펜실베이니아 벅스 카운티와 뉴저지 윌링버러에도 광대한 단지를 건설할 수 있었다. 홍보에 능한 레빗 일가는 단순히 집을 짓는 것에서 끝나지 않았다. 아주 초기 선조인, 엘리자베스 시대 영국인 리처드 해클루트처럼 그들은 내륙지역에 자급자족하는 일종의 정착촌을 건설했다. 레빗 집안사람들은 교외 지역이 여가 활동에 맞게 설계된, 중산층 소비자들을 위한 일종의 변경 식민지라고 생각했다. 따라서 쇼핑센터용 상업 지구에 야구장, 자전거도로, 수영장 같은 여가 시설을 두루 갖추었다.[19]

레빗 일가가 구축한 시스템의 핵심은 저렴한 주거뿐만 아니라 동질적인 주민들이었다. 그들의 표현을 빌자면 '안정된' 이웃들. 여기서 의미하는 바는 인종적, 계급적 동질성으로, 이를 위해 레빗 일가는 집주인이 흑인인 가구에 집을 판매하지 못하게 하는 '제한 규정'을 추가했다. 레빗 집안사람들은 남부 사회를 잘 알고 있었다. 그들이 진행한 최초의 대규모 주택사업이 버지니아주 노퍽에 있는, 전시 노동자를 위한 백인 전용 주택단지였기 때문이다. 레빗 일가는 토지의 가치가 산업이나 상업에 의해서 결정되는 것이 아니라는 점을 충분히 인식하고 준*농촌 지역에 교외 주택단지를 건설했다. 외떨어진 변경 식민지로서 교외 주택단지의 토지 가치는 입주자들의 계급 지위와 연관되어 있었다. 이곳 주택을 구입하려면 안정적인 수입이 있는 남성 생계 부양자가 필요한데 이는 1950년대 신흥 중산층의 상징이었다.[20]

레빗타운은 '정원 마을'이라는 별명으로 불렸다. 그러나 새로운 스타일의 규격형 주택이 시골 풍경을 불편하게 점유하고 있었다. 1950년대에는 이런 목가적인 교외 이미지가 온갖 종류의 교외 주택지에 적용되었다. 인기 잡지들은 아내는 정원을 가꾸고 남편은 바비큐 그릴 앞에서 고기를 굽는 사진을 경쟁하듯 게재했다. 이는 제퍼슨이 생각한 이상을 멋지게 각색한 것이었다. 말하자면 교외 거주자들은 새로운 형태의 '뒤뜰 요먼 계급'이라고 할 수 있었다. 이들 새로운 교외 지역은 '비옥한 땅Fertile Acres'이라는 의미가 분명한 별명도 얻었는데, 젊은 가구들의 높은 출산율 덕분이었다. 그러나 많은 비판자는 똑같은 모양의 주택과 깔끔한 잔디밭을 공허한 상징이라고 보았다. 진정한 민주주의 미덕과는 동떨어진.[21]

교외 지역은 계급 차별을 없애는 대신 계급을 강하게 의식하는 요새가 되어갔다. 지방정부의 용도지역조례는 획지 규모를 정하고 단독

주택을 강조하면서 공동주택 건설을 제한했다. 달갑지 않은 하층계급 가구를 배제하기 위해서였다. 예를 들어 뉴저지주 마와의 경우, 지방정부가 마을에 포드 회사 공장을 유치한 다음, 1에이커 크기 부지에 2만 달러 정도의 주택이 포함되어야 한다는 조례를 통과시켰다. 포드 공장에 다니는 저임금 노동자들은 다른 곳에서 살아야 한다는 의미일 수밖에 없다. 뉴욕주 웨스트체스터 카운티에서는 교육위원회가 부유층 주거지역에 호화로운 학교를 짓는 데 동의한 반면, 하층계급인 이탈리아인과 흑인 가구들이 거주하는 소득이 시원찮은 지역 학교들은 나 몰라라 했다. 로스앤젤레스에서는 계급에 따라 연방주택국의 감정평가가 매겨졌다. 원예가 인기 취미인 지역에는 높은 점수를 주고, 가난한 백인이 뒤뜰에서 작물과 가금류를 키우는 지역에는 낮은 점수를 주었다. 아마 연방주택국 공무원이 그레이스랜드에 와서 엘비스 어머니의 닭장을 봤다면 눈살을 찌푸렸을 것이다.[22]

여러 방법으로 연방정부는 새로운 교외 변경 성장을 지원했다. 세법은 주택 담보대출을 받은 주택 소유자들에게 솔깃한 세금 공제 혜택을 제공했다. 정부는 은행들이 착실한 퇴역군인과 안정적인 직장을 가진 남자에게 주택 담보대출을 제공하면서 이익을 볼 수 있도록 했다. '군인권리장전GI Bill'이라는 이름으로 더욱 유명한, 제대군인원호법에 따라 제대군인관리국이 만들어졌고, 이곳에서 재향군인의 주택 담보대출 정책을 감독했다. 연방주택국과 제대군인관리국 모두 관대한 대출 조건을 제시하고자 했다. 정부가 일반 제대군인 주택 담보대출을 90퍼센트까지 보장하고, 이를 통해 대출 기관이 낮은 이율과 월 상환액으로 대출을 제공하도록 독려했다. 같은 맥락에서 잠재 구매자들이 레빗타운 주택을 사려고 대기 중인 경우, 건축업자는 처음부터 퇴역군인에게 특혜를 주었다. 이런 특혜 덕분에 '바람직한' 백인 남자가 공동주택을 빌리는 것보다 단독주택을 구매하는 편이 저렴해졌다. 또한 이런 시스템은 모두에게 도움이 되기보다는, 이미 중산층인 사람들, 즉 안정적인 수입이 있는 노동계급 가구에 유리했다.[23]

교외 주택단지는 구매자들에게 '자신과 같은 부류'와 함께 살 것을 독려했고, 종교, 민족, 인종, 계급으로 끊임없이 사람들을 구분했다. 존경받는 건축비평가 멈퍼드Lewis Mumford는 레빗타운을 '단일 계급 공동체'라고 표현했다. 베스트셀러 도서 저자이자 기자인 패커드Vance Packard는 1959년 교외 지역의 (거주민) 여과 공정을 '유유상종'이라고 정리했다. 지금까지 우리가 반복해서 확인한 것처럼 계급 정체성의 습관적인 구분 문제가 나오면 항상 미국인들은 동물 품종, 그리고 '혈통'의 중요성을 무의식적으로 떠올렸다.[24]

1951년 레빗 일가는 펜실베이니아주 벅스 카운티에 두 번째 주택단지를 건설했다. US 스틸이 해당 지역에 페어리스 웍스라는 공장을 건설한 이후였다. 이로 인해 철강 노동자뿐만 아니라 트레일러 캠프를 세운 건설 노동자 집단도 들어왔다. 양쪽 노동계급 공동체를 실제로 나누는 차이는 거의 없음에도(가구들이 안정되어 있고 자녀 수도 거의 같았다) 레빗타운 집주인들은 자신들의 공동체는 '중산계급 달성의 상징'인 반면, 캠프 거주자들은 '트레일러 쓰레기trailer trash'라는 꼬리표를 붙였다. 현지 공무원들은 트레일러에 거주하는 가구들을 쫓아내기 위해 잽싸게 여러 조례를 통과시켰다. 성난 지역 주민들은 트레일러에 거주하는 가구들을 '떠돌이들'이라고 무시하면서 그들이 '가능한 한 빨리 제거되어야 한다'고 말했다. 트레일러 거주지를 반대하며 제기된 여러 주장 중의 하나는 지금 우리한테도 낯설지 않다. 바로 부동산 가치 보존이었다. 건설 노동자들이 쓰레기로 간주된 것은 그들의 계급적 배경 자체 때문이 아니라 트레일러에 살기 때문이었다. 말하자면 쓰레기라는 오명을 끌고 다니는 것은 그들의 바퀴 달린 집이었다.[25]

트레일러는 미국인의 문화적 상상 속에서 중요한 위치를 차지한다. 이동 주택은 한편으로 구애받지 않는 자유의 상징이면서 동시에 '깡통tin can', 즉 작고, 저렴하고, 좁은 삶의 방식이라는 평판 역시 얻었다. 만약 여러분이 트레일러에 살면, 글자 그대로 뿌리가 없고 사생활이 사라진다는 것이다. 이웃들에게 모습이 노출되고 소리가 새어나간다. 최악의 경우 트레일러 캠프는 자유의 부정적인 측면과 연결되었다. 대도시 가장자리에 들어선 일탈적이고 디스토피아적인 황무지라는.

트레일러는 1930년대 이래로 논란의 대상이 되어왔다. 트인 도로를 가로지르는 날렵한 유선형 자동차는 괜찮지만 이들 덜거덕거리는 상자는 눈에 거슬린다고 간주되는 경향이 있었다. 이런 트레일러가 영구 주거라는 사실이 밝혀지는 순간, 많은 이들이 마을 쓰레기장에 들어선 슬럼가를 떠올린다. 하나의 물체로서 트레일러는 현대적이면서 동시에 반현대적이고, 세련되면서 동시에 투박하고, 해방감을 주면서 동시에 답답한 무엇이다. 따분하지만 안정적인 중산층 미국인이 사는 교외와 달리 트레일러 공원은 변변찮고 수준 미달로 보이는 사람들을 포함하고 있다. 정년퇴직자, 유랑 노동자, 생활이 힘든 빈민 등등. 이런 상황은 지금까지도 마찬가지다.

제2차 세계대전 전의 1세대 트레일러는 뒤뜰에 잠시 놓아둔 기계로, 사냥이나 낚시에 이용되었다. 1930년대에 트레일러가 거리로 나온다. 오키들이 고물 자동차를 끌고 나와 66번 도로를 달리던 바로 그때다. 당시 어느 기자는 '거대한 흉물', 바퀴 달린 판잣집이라고 불렀다. 전쟁으로 변화가 생겼다. 심각한 주택 부족에 직면한 연방정부가 군인, 선원, 후방 부대 노동자용으로 트레일러를 사들였다. 무려 3만 5,000개나 되는 트레일러가 투입되었다. 군용 및 방어용 설비는 어디에나 있는 것이므로 트레일러 촌이 메인주부터, 미시간, 텍사스까지 생각지 못한 지역에 불쑥불쑥 들어섰다. 코네티컷주의 하트포드 같은 곳에서는 '트레일러 마을'에 사는 후방 부대 노동자들이 식민지 개척자 혹은 집시에 비교되었다.[26]

후방 부대에 건설된 가장 주목할 만한 트레일러 캠프 이야기는 「워싱턴포스트」의 재능 있는 기자 애그니스 마이어Agnes Meyer에게서 나왔다. 마이어는 자신을 '후방의 종군기자'라고 불렀는데 방위 센터들을 둘러보고 작성한 특파원 보도 내용을 엮어 『혼란을 뚫고 가는 여행Journey Through Chaos』이라는 책으로 출간했다. 당시만 해도 명문가 규수는 '혼란'을 가까이서 보면 안 된다고 생각하던 시대였다. 애초 마이어의 가족들은 젊은 여성에게 고등교육이 부적절하다고 생각했다. 하지만 마이어는 바너드 대학교를 졸업하고, 소르본 대학교에서 공부한 다음 중국 회화에 관한 학술서를 발간했다. 그리고 「뉴욕 선New York Sun」에서 채용한 최초의 여성 기자가 되었다. 마이어가 침체에 빠진 「워싱턴포스트」 인수를 결심한 백만장자와 결혼했다는 사실 역시 중요하다. 그들의 딸인 캐서린 마이어 그레이엄Katherine Meyer Graham은 아버지가 사들

인 집안 잡지의 가장 영향력 있는 편집자가 되었다.[27]

1943년 애그니스 마이어는 27개의 국방연구소를 돌면서 진실을 찾는 여행을 하고 있었다. 버펄로에서 디트로이트, 멀리 워싱턴주의 퓨젓사운드, 남쪽으로 방향을 틀어 캘리포니아, 텍사스, 루이지애나, 미시시피, 플로리다를 거쳐 다시 동부로 돌아오는 여정이었다. 마이어는 도중에 만난 사람들을 엄청나게 상세하게 설명한다. 아니나 다를까 가장 충격적인 만남은 디프사우스^{deep south} [루이지애나, 플로리다, 아칸소, 사우스캐롤라이나 등 미국 최남단에 있는 7개 주를 가리키는 명칭이다]에서 일어났다. 마이어는 미시시피주 패스커굴러와 앨라배마주 모빌에서 봤던 줄지어 늘어선 텐트, 트레일러, 황폐한 판잣집을 조명했다. 그녀는 '방치된 농촌 지역'의 현실을 개탄하면서, 거기서 이주해온 백인 쓰레기를 누덕누덕한 입성에, 글자도 모르고, 영양실조에 시달리는 불쌍한 사람들로 불렀다. 그들은 법이 두려워서 번듯한 저소득층 주택단지로 들어가기를 거부했다. 그러나 마이어가 보기에 거부의 핵심 이유는 '점잖은 공동체의 일원이 되는 데서 오는 속박'을 두려워했기 때문이었다. 백인 쓰레기들의 생활 여건, 신체적, 정신적 건강 상태, 앞이 보이지 않는 절망에 압도당한 마이어는 도저히 믿기지 않는다는 듯이 '이곳이 정말 미국인가?'라고 묻는다.[28]

노동자들을 패스커굴러로 불러들인 것은 조선소였다. 거의 5,000명에 달하는 신규 노동자와 그들의 가족이 멕시코만에 있는 작은 도시로 몰려들었고, 금세 지역 주민들 사이에는 공황 상태가 야기되었다. 모여든 노동자 다수는 오지 사람들이었고, 그들의 트레일러는 위생과는 거리가 멀었다. 마이어가 겉보기에는 80세는 되어 보이는 51세 남성을 만났다. 1840년대가 선명하게 떠오르는 장면이다. 당시 클레이이 터들 모습이 그랬다. 실제 나이보다 훨씬 늙어 보이는 상태였다. 주민들은 그들을 '해충'이라고 공공연히 비난했다. 조선소 관리자는 지친 여기자에게 어떻게든 이들을 끌어올리지 못하면, '이들이 나라의 나머지 사람들을 끌어내릴 것'이라고 말했다. 앨라배마주 모빌로 넘어간 마이어는 이미 문맹률이 높은 데다 설상가상으로 더욱 높아지는 추세라는 사실, 아기를 몰래 거래하는 암시장이 존재한다는 사실을 알게되었다. 플로리다에 도착했을 무렵 마이어는 가난한 백인이 다가가서 보면 잘생겼는데, 미소를 짓는 순간 이상한 모습이 되면서 썩은 이빨이 드러난다고 느꼈다. 그래도 이들은 마이어가 미시시피와 앨라배마에서 만난 '보통 이하의 늪지대와 산악지대 사람들'보다는 혐오감이 덜했다.[29]

'트레일러 쓰레기'라는 명칭과 그들을 규정하는 전체적인 분위기가 정해진 것은 남부의 전시 캠프촌에서였다. 그러나 전후에 '트레일러 쓰레기'는 특정 지역에 한정되는 표현이 아니라 두루 쓰이는 일반용어가 되었다. 트레일러 쓰레기는 노스캐롤라이나를 비롯한 남부의 위쪽 지역들뿐만 아니라 펜실베이니아주 피츠버그, 미시간주 플린트 외곽 등지에도 나타났다. 멀리 떨어진 애리조나에서는 트레일러 쓰레기를 '무단토지점유자'라고 부르기도 했다. 당시 찍힌 사진을 보면 잡초가 우거진 지역에 트레일러가 놓여 있고, 앞마당에는 옥외 변소도 마련되어 있다. 삶의 터전을 떠나 떠돌이 빈민이 된다는 것은 곧 백인 쓰레기가 된다는 의미였다.[30]

트레일러 제작자들이 이런 좋지 않은 평판에 맞서 이미지를 극적으

애리조나의 무단토지점유자인 트레일러 쓰레기(1950)
– '무단토지점유자'라는 제목이 붙은 이동식 주택 사진. 애리조나주 윈컬먼(1950), #02–4537,
애리조나 주립도서관 역사 및 기록보관부에서 편찬한 사진집, 기록보관소 및 공식기록, 애리조
나 피닉스.

로 바꾸기 위한 캠페인을 시작했다. 1947년 무렵 그들은 [바퀴 달린 작은 이동 가옥이라는 의미로] '트레일러 코치trailer coach'라고 부르면서, 전보다 매혹적이고 편리한 인테리어를 강조하면서 '여성 고객들의 지지를 호소'했다. 어떻게든 이미지를 바꿔보자고 작심한 트레일러 제작자 협회는 손질이 잘 되고 가족 친화적인 정원이 떠오르는 트레일러 '공원'이라는 단어를 적극적으로 밀었다. 임시방편처럼 보이고 난민이 살던 제2차 세계대전 당시 트레일러 '캠프' 이미지를 벗어나려는 노력이었다. 요컨대, 바퀴 달린 이동 주택 이미지를 개선하기 위해 제작자들은 그것을 가정적인 이미지로 만들어야 했다. 눈치 빠르고 사회 변화에 민감한 홍보 기획자들은 트레일러 공원을 작은 교외로, 트레일러를 '바퀴 달린 방갈로' 이미지로 재창조하려고 공을 들였다. 말하자면 그들은 미국 어휘에서 '트레일러 쓰레기'라는 말을 없애려고 가능한 모든 노력을 했던 것이다.[31]

트레일러가 교외 주택단지의 규격화된 집들과 경쟁하기는 어렵다는 것이 증명되었다. 잠재적 구매자들은 경제적으로 불리한 상황에 놓였다. 연방주택관리국은 1971년까지는 이동 주택에 담보대출 보증을 고려하지 않았다. 따라서 트레일러가 더 저렴하기는 했지만, 트레일러 주인들은 다른 드러나지 않는 비용과 불이익에 직면했다. 상황이 이렇다 보니 트레일러 공원들은 가장 열악한 구역으로 쫓겨났다. 보호시설을 비롯하여 환경이 좋은 주거지역에서 안타까울 만큼 먼 거리였다. 더구나 어린이와 애완동물 출입을 금지하는 공원 관리자가 많았다. 교외에 거주하는 젊은 부부를 끌어들일 가장 확실한 매력이 되는 두 가지를 금지하는 셈이었다. 많은 공원이 점점 좁은 구역에 들어서다 보니 푸른 잔디밭은 손바닥만 하게 구색만 남거나 아예 없었다. 한편 많은 도시와 카운티에서는 퇴직자들조차 자신들을 반기는 분위기가 시들해져 가는 것을 느끼고 분개했다. 그들은 빠듯한 예산으로 생활했고, 따라서 지역 경제 활성화에 거의 기여하지 못했고, 재산세를 내지도 못했기 때문이다.[32]

볼Lucille Ball과 안나즈Desi Arnaz 주연의 할리우드 풍자 영화 〈OK 부부의 신혼여행The Long, Long Trailer〉(1954)은 교외 생활의 이상과 이리저리 떠도는 거리의 생활 사이의 부조화를 해학적으로 다룬 작품이다. 트레일러를 타고 떠나는 낭만적인 신혼여행을 꿈꿨던 부부는 거듭되는 불운에 시달린다. 이동 주택은 남편이 소중하게 여기는 골프채를 두기에 적합한 장소가 아니었고, 전반적으로 사생활, 특히나 성생활이 힘들었다. 주인공들을 가장 당혹스럽게 하는 장면은 3미터 넓이의 트레일러가 친척의 장미 덤불을 덮쳤을 때다. 트레일러 때문에 친척의 뜰이 망가지고, 고풍스러운 마을의 예쁜 집이었던 곳이 엉망이 되어버린다. 아무리 봐도 트레일러는 위험한 장애물이자 성가신 골칫거리로 보인다. 교외의 꿈같은 풍경에는 어울리지 않는 무엇으로.[33]

트레일러 생활이 대중화되어감에 따라서 반대의 목소리 역시 커졌다. 1950년대 말에는 조립식 주택보다 이동 주택이 많이 만들어졌지만, 지방자치단체들은 계속해서 이를 무시했다. 1962년 뉴저지의 중요한 법정 소송 결과, 트레일러 공원이 시골 읍내 경계 안으로 들어오지 못하게 할 수 있다는 다수의 판결이 내려졌다. 당시 반대 의견을 냈던 판사는 이런 결정의 위험한 함의를 경고했다. 그는 '트레일러 거주자'가 그동안 하나의 계급이 되었으므로, 이런 금지를 통해 '공공복지'

를 지킨다는 모호한 표현 아래서 차별이 용인되었다고 설명했다. 적어도 이 한 명의 법관이 보기에는, 대대로 내려온 사회적 편견 때문에 이동 주택 주인들이 '정처 없이 떠도는 유목민' '떠돌이 가난뱅이' 취급을 받고 있었다.[34]

이동 주택 판매업자와 부동산 중개인들은 다시 한 번 대중의 인식을 바꾸려고 노력했다. 이동 주택 공원의 질을 전반적으로 통제하기란 사실상 불가능했기 때문에 고급 버전을 추가하는 방법을 택했다. 그리고 소수만 이용 가능한 고가의 이동 주택단지를 만들고 광고했다. 트레일러들이 밀집한 음침하고 지저분한 슬럼가를 오성급 주거와 구분하기 위해 그들은 고급 버전이 들어선 장소를 '리조트'라고 부르며 브랜드 이미지 쇄신을 꾀했다. 이제 '트레일러 공원'은 금기어가 되었다. 배우 페스 파커가 데이비 크로켓을 상징하는 미국 너구리 가죽 모자를 벗고 부동산업자로 변신했다. 그는 고급 트레일러 유원지의 투자자이자 대표적인 옹호자가 되었다. 파커가 자랑스럽게 말한 '걱정 근심 없는 생활Carefree living'은 새로운 계급을 위한 새로운 모토로 만들어진 슬로건이었다. 돈벌이가 되는 고객들을 끌어들이려 열심인 선벨트 지역 투기자들이 생각하는 트레일러 생활은 호화 호텔에 비견될 만한 것이어야 했다. 캘리포니아주 산타바바라에 있는 페스 파커의 리조트는 바다가 보이는 전망, 골프장, 주식 시황판 등을 제공했다.[35]

그렇다고 데이비 크로켓의 야성의 외침이 완전히 사라진 것은 아니다. 이쪽 편에 있는 이들은 트레일러 생활은 30년 주택 담보대출로부터 자유라고 선언함으로써, 열린 길과 자유에 대한 매력적인 외침을 최신 버전으로 업데이트했다. 1957년 「트레일러 토픽스Trailer Topics」의 기자는 여유로운 한량이 되고 싶은 사람들의 심리를 십분 활용하면서 '얽매인 교외 생활에서' 벗어나 충분히 누릴 자격이 있는 휴식을 약속했다(기사에는 요염한 자태로 트레일러 소파에 앉아 있는 섹시한 금발 미녀의 사진이 실려 있다). 교외의 판에 박힌 생활, '잔디와 테라스, 이런저런 집안 배관을 애지중지 관리하는 일꾼' 역할을 하는 지루한 일상으로부터의 자유를 강조하는 이동 주택 판매업자들도 있었다.[36]

 '최초의 닉슨 나라'라고 불렸던 리처드 닉슨의 탄생지인 캘리포니아주 요바린다에도 눈길을 끄는 트레일러 마을이 세워졌다('닉슨 나라'란 공화당지지, 보수주의, 강한 계급의식을 가진 지역을 의미했다). 이곳에 들어선 레이크파크는 인공호수, 수영장, 푸른 조경, 부드럽게 굽이치는 거리로 가득한, 말하자면 골프장 스타일의 생활공간을 제공했다. 「뉴욕타임스」 기자가 보기에 이곳은 '교외의 축소판'이었다. 이곳 택지 개발 업자는 로스앤젤레스 출신의 두 남자였다. 그들은 오렌지카운티에서 건축 허가를 내줄 시청을 찾느라 3년을 허비했지만, 번번이 퇴짜를 맞았다. 따라서 요바린다에 와서는 기존 주민의 계급의식을 해치려는 마음은 추호도 없다는 것을 공무원들에게 납득시키는 데 공을 들였다. 택지 개발 업자들은 기존 안을 수정하여 이곳을 일종의 '회원제 클럽'처럼 만들겠다고 제안했다. 아름다운 환경을 강조하고 주민들이 마을 경관 유지를 위한 추가 비용을 지급하게 하겠다고 약속했다. 그것으로도 부족할까 봐 택지개발업자들은 마지막 한 가지를 더했다. 단지 전체를 감싸는 1.5미터 높이의 담장이다. 시 행정부 관계자는 "그들이 거기 있는지조차 우리는 알지 못할 것"이라고 말했다. 다른 지역 주민은 스스럼없이 "우리는 그들을 '담장 안의 사람들'이라고 부르며, 우리는

'담장 밖의 사람들'이다"라고 말했다. 계급 구별이 정당하다는 공공연한 믿음을 나타내는 상징물로 담장 건설만한 것이 있을까?[37]

그러나 요바린다 트레일러 마을은 전형적인 트레일러촌 이미지에는 좀처럼 맞지 않았다. 수준을 낮춰보면 당연히 미국 지도 곳곳에 있는 다수의 저급한 트레일러 공원이 있었다. 1968년 무렵 이동 주택 소유자 가운데 사무직 종사자는 13퍼센트에 불과했고, 가난한 트레일러 공원 거주자 가운데 상당한 비율이 시골, 주로 남부 지역 출신이었다. 새 트레일러를 살 여력이 없는 가구들은 감가 상각된, 2차 심지어는 3차 중고품 트레일러를 사거나 빌렸다. 새로운 중고시장이 생겼고, 이런 추세가 선벨트 지역과 중서부 지역을 비롯한 여러 곳에서 도시 주변에 불쑥불쑥 나타난 소위 '촌뜨기 천국'에 동력을 제공했다('촌뜨기 천국'은 두 명의 사회학자가 트레일러 공원에 붙인 별명이다). 주로 고속도로를 따라 흩어져 있으며 철로 근처에 위치하는 때도 많은 황폐한 트레일러 공원들은 폐차장과 거의 구별이 되지 않았다. 어느새 트레일러 쓰레기는 미국의 불가촉천민이 되어 있었다.[38]

설상가상으로 가난한 노동계급들이 사는 트레일러촌은 죄악의 소굴로 생각되었다. 원인은 제2차 세계대전 당시 '후방 부대'로 거슬러 올라간다. 부대 근처로 매춘부들이 이주해 이동식 성매매업소가 여기저기 들어섰다. 1950년대가 되면 『트레일러 창녀*Trailer Tramp*』니 『트레일러 공원의 여자들*The Trailer Park Girls*』 같은 제목을 단, 싸구려 통속소설이 어쩌다 만난 사람과의 성경험, 관음증 같은 이야기들을 들려주었다. 당시 표현으로 여성 트레일러 창녀는 '마을에서 마을로, 이 남자에서 저 남자로 옮겨 다녔다'. 소설뿐만 아니라 「크래커 걸*Cracker Girl*」(1953)이라는 소프트 포르노 잡지도 있었다. 철길을 건너가 비밀리에 섹스하는 스릴 등을 강조하면서 독자들을 자극하는 싸구려 잡지였다. 아무튼 트레일러 창녀와 이들의 유랑 생활은 약물과 도박이 그렇듯이 도시 외곽의 사회적 무질서를 확인해주는 역할을 했다.[39]

빈민이 이동 주택이라는 심상을 지배하고 있었다. 1969년 애팔래치아산맥 주변 13개 주가 이동 주택 선적량의 30퍼센트를 받아들이는 위치에 있었고, 당연히 (5,000달러 미만의) 가장 저렴한 모델들이 이곳으로 향했다. 1971년 뉴욕시가 최초의 트레일러 공원을 승인했다. 트레일러에 노숙자를 수용하자는 린지[John Lindsay] 시장의 정책이 시민들의 지지를 얻은 이후였다. 그런데 이곳에 수용된 사람들은 바워리가(街)의 부랑자들이 아니라 도시재개발로 살던 집에서 쫓겨난 사람들이었다. 어찌 된 영문인지 그들을 가장 비도시적인 주거로 밀어 넣는 것이 도시재개발 여파에 대한 해법이었다. 애팔래치아 산지부터 뉴욕시까지, 경제적으로 불안정하고 정치적 영향력도 가장 적은 이들이 이런 트레일러 공원에 들어갈 가능성이 가장 큰 후보로 간주되었다.[40]

저렴한 토지, 콘크리트와 진흙으로 다진 터, (무단토지점유자의 오두막 집을 최신형으로 업데이트한) 고물 트레일러가 백인 쓰레기 정체성의 기준이 되었다. 1960년대가 되면 구역 지정, 주택 공급, 학교 재정 지원 등을 통해서 계급이 대부분의 주거 단지 경관에 깊이 각인되었다. 시골 출신 남부 사람들이 일거리를 찾아 대도시로 이동함에 따라 새로운 종류의 계급 트라이벌리즘[class tribalism]이 등장했다[tribalism: 동질성을 가진 집단, 이해관계가 같은 집단, 즉 부족(tribe)을 중심으로 세력을 형성해 자기 집단의 이익과 명예를 추구하며 힘을 과시하는 현상]. 가난한 백인이 줄어드는 영토를 놓고 싸웠고, 계급 갈등이 주거 공간에서 펼쳐졌다. 이런 상황은 다시 우리를 헤이즐 브라이언Hazel Bryan으로, 그리고 현대 대중매체의 흥미 위주 보도의 결정체로 이끈다.[41]

1957년은 사회적 실험과 의식 고양이라는 면에서 결정적인 해였다. 아칸소주 리틀록이 국내외의 비상한 관심을 끌고 있었다. 주지사 포버스Orval Faubus가 센트럴 고등학교의 인종차별 교육 폐지를 방해하고 나섰을 때의 일이다. 9월 4일 센트럴 고등학교 건물로 들어가려는 15세 흑인 소녀 에크포드Elizabeth Eckford를 아칸소주 방위군이 가로막았다. 건물 밖에는 기자들이 모여 있었다. 「아칸소 데머크랫Arkansas Democrat」의 카운츠Will Counts와 「아칸소 가제트Arkansas Gazette」의 젠킨스Johnny Jenkins가 그날이 역사에 어떻게 기억될 것인가에 대한 기조를 정했다. 두 사람은 성난 군중 앞에서 차분하게 걷는 한 학생의 모습을 담은 거의 같은 사진을 찍었는데, 당시 충돌에서 계급과 인종을 어떻게 규정하고 구별할 것인가를 날카롭게 포착한 장면이 아닌가 싶다. 두 사진작가는 카메라 렌즈의 초점을 에크포드와 그녀 뒤에서 큰 소리로 욕을 하는 이름 모를 백인 소녀에게 맞추고 있다. 화가 나서 욕설을 퍼붓는 백인 소녀의 얼굴은 일그러져 있었다. 에크포드는 단정한 옷차림에 차분하고 성실해 보이지만, 그녀에게 적의를 품고 욕을 하는 백인 소녀는 지나치게 몸에 붙는 옷을 입고, 걸어가면서 위협적으로 소리를 지르느라 입을 벌린 모습이 흔히들 말하는 백인 쓰레기의 야비하고 투박한 모습을 그대로 투사하고 있다. 이들 사진기자가 작품을 통해 기록하고자 했던 바가 바로 이런 명확한 차이와 대비였다.[42]

사진 속의 의문의 백인 소녀가 바로 헤이즐 브라이언이었다. 헤이즐은 1년 뒤인 열여섯 살에 고등학교를 그만두고 결혼해 트레일러 거주자가 된다. 그러나 중요한 것은 그녀가 열다섯 살일 때 모습이다. 백인 쓰레기의 얼굴. 무식하다. 수치심을 모른다. 선천적으로 잔인하다. 자신이 태어난 환경과 동일한 비참한 삶을 되풀이할 능력밖에 없다.

헤이즐과 그녀의 가족은 제2차 세계대전 이후 리틀록으로 유입된 가난한 백인에 속했다. 그녀의 아버지는 상이군인으로 일할 수 없었다. 어머니는 웨스팅하우스사의 공장에서 일하고 있었다. 그들은 1951년 레드필드라는 작은 시골 마을을 떠났는데 당시 헤이즐은 열 살이었다. 그녀의 어머니는 열네 살에 자기보다 나이가 두 배 많은 남자에게 시집을 갔다. 양쪽 부모 모두 고등학교 졸업장이 없었고 아버지는 서커스단에 합류했다. 그들 가족이 살았던 레드필드의 집은 옥내 화장실도 옥외 변소도 없었다. 브라이언 가족의 도시 이주는 가족이 전에 누리지 못했던 기본적인 편의 시설을 누리게 해주었다. 그들이 리틀록에서 구입한 주택은 주도의 남동쪽 구획에 있는, 100퍼센트 백인 노동계급이 사는 동네에 있었다.[43]

사진이 나간 다음 날 헤이즐은 학교 밖에 있던 기자들에게 '백인도 권리가 있어야 한다'고 말해 다시 한 번 자신의 존재를 부각시켰다. 만약 흑인 학생들을 센트럴 고등학교에 들여보내면, 자신이 나갈 것이라고 그녀는 도발적으로 선언했다. 헤이즐은 그나마 남은 백인 노동계급의 명성이 인종차별 제도에 의존한다는 것을 이해할 만큼, 제2의 고향의 사회적 서열을 충분히 잘 알고 있었다. 인종 간의 경계가 무너지고 상호 침투가 가능해지면, 헤이즐 같은 사람들의 지위가 한층 악화할

1957년 9월 4일에 찍힌 윌 카운츠의 유명한 사진에서 헤이즐 브라이언은 일그러진 얼굴의 백인 쓰레기로 나온다.

− 윌 카운츠 선집, 인디애나 대학교 기록보관소

것이었다. 센트럴 고등학교 교장은 헤이즐이 자기 아버지에게 맞고 사는 아이로 유명했고, 정서적으로 불안했으며, 어느 모로 보아도 '우수한 학생'에는 속하지 않는다고 말했다. 문제 많은 소녀였던 (혹자는 나쁜 종자라고 할지도 모른다) 헤이즐은 유별난 행동으로 자신의 미심쩍은 출신 계급을 거듭 확인해주었다.[44]

「뉴욕타임스」의 벤저민 파인은 헤이즐 브라이언을 엘비스 프레슬리 콘서트에서 미쳐 날뛰는 여자애들에 비유했다(센트럴 고등학교를 찾은 일부 기자는 심지어 고등학생들에게 거리에서 로큰롤에 맞춰 춤을 춰보라고 부추기기도 했다). 흑인 학생들이 안내를 받아 학교에 들어가는 동안, 한 학생이 복도로 나와 '깜둥이들이 오고 있다'고 소리쳤다. 그러자 밖에 있던 부모들이 아이들에게 도망치라고 외치기 시작했다. 일단의 여학생들은 창문 앞에 서서 비명을 질렀다. 대다수 학생이 교사들의 지도로 열을 지어 서서히 건물에서 나왔다. 헤이즐의 절친한 친구, 파커Sammie Dean Parker 같은 몇몇 학생은 나중에 2층 창문에서 뛰어내렸다고 주장하기는 했지만.[45]

사실 리틀록에는 새로 설립된 두 개의 학교가 있었다. 흑인 학생들이 다니는 호러스만 고등학교와 도시 서편에 사는 부유한 가구들을 위한 R. C. 홀 고등학교(별칭 '캐딜락 고등학교')였다. 그러나 1920년대에 건설되어 주로 노동계급 자녀들을 받고 있던 센트럴 고등학교만이 인종차별 폐지 실천 학교로 선택되었다. 인종차별철폐 반대 세력의 수석 대변인인 일류시민협의회The Capital Citizens' Council 소속 거스리지Armis Guthridge 는 부유하게 사는 사람들은 '향후 진행될 인종 혼합이 소위 레드넥들이 사는 구역에서만 일어나도록' 만들고 있다고 선언했는데, 가난한 백인의 분노를 한층 부채질하려는 의도적인 발언이었다. 거스리지 자신도 잘 알고 있었듯이 '레드넥'은 감정적인 색채가 짙은 용어였다. 거스리지의 목적은 상류층으로 구성된 학교 이사회가 그들을 깔보고 있다는 사실을 도시의 백인 노동계급에 상기시키는 것이었다.[46]

아칸소 주지사 오벌 포버스 역시 계급 간의 균열을 이용했다. 그는 '캐딜락 무리'와는 거리를 두면서 스스로 상류층 오만의 희생자를 자처했다. 전국의 언론은 포버스를 오자크 산지, 그리시 크리크 출신의 '힐빌리'로 묘사했다. 「타임」은 그를 '입가에 묻은 우유를 닦아낼 생각도 하지 않고' 손님을 맞이하는 사람으로 그렸다. 오지 출신 촌뜨기답게 사람들 앞에서 '요란한 트림 소리를 내는' 일도 있었다. 「라이프」지에는 주지사의 '친척'인 손베리Taylor Thornberry라는 사람이 대문짝만하게 실리기도 했다. 멜빵 달린 작업복을 입은, 사시에 정신 질환자처럼 보이는 남자다. 아이젠하워Eisenhower 대통령과 포버스는 드라마가 펼쳐지는 현장을 피해 로드아일랜드주 뉴포트에서 비공개 면담을 했다. 당시 대통령은 법원에서 명한 인종차별 폐지안을 받아들이라고 포버스를 설득하려 했다. 남부의 주지사는 모욕감을 느끼고 화가 난 채로 면담장을 떠났다. 나중에 포버스는 당시 아이젠하워 대통령의 보좌관들이 자신을 '촌뜨기'로 치부한다는 사실을 충분히 인지하고 있었다고 말했다.[47]

위기 초반부터 포버스는 센트럴 고등학교에 주 방위군 투입을 정당화하려고 인종과 계급 폭력에 대한 두려움을 이용했다. 학기 시작 하루 전 연설에서 포버스는 백인 '대열'이 수많은 외딴 지역에서 리틀록을 습격하려고 준비하고 있다는 전언을 들었다고 주장했다. 그런 충돌에서 인종 간의 전쟁이 일어나느냐, 일어나지 않느냐는 중요하지 않았다. 아무튼 포버스는 백인 폭력배, 대중 선동가, 레드넥들이 역사에 이름을 남기려고 다투고 있다고 알렸다.[48]

포버스는 레드넥 카드를 즐겨 활용했다. 포버스의 계속되는 저항에 대노한 아이젠하워가 101 공수부대를 파견하는 한편, 아칸소 주방위군을 연방군에 편입시켜버렸다. 연방군까지 동원한 보호 덕분에 센트럴 고등학교에 등록한 흑인 학생 아홉 명의 등교가 가능했다. 나라 전체가 주목하는 상황에서 카메라 앞에 선 아칸소 주지사는 남부에 대한 고정관념을 정확하게 구현했다. 포버스는 남부의 어리석음과 후진성을 완벽하게 보여주는 초상이었다. 「타임」의 어느 기자는 '허구의 폭력을 꾸며내고', 이를 현실화하도록 군중을 '자극한다'며 포버스를 비난했다.[49]

리틀록은 1957년에 가장 중요한 국내 뉴스였다. 이로 인해 센트럴 고등학교는 일종의 '뉴스룸'으로 바뀌었고, 주요 신문, 잡지, 텔레비전 방송국 기자들이 일제히 몰려들었다. 9월 말이 되자 처음 수십 명이던 언론인 수가 225명으로 늘었다. 다들 내로라하는 유명 기자와 카메라맨들이었다. 법원과 주지사가 줄다리기를 벌이는 사이 교착상태에 빠진 교내에서 '위기감'이 고조되는 상황은 국내를 넘어 세계의 이목을 끌었다. 9월 24일, 아칸소 주도에 군대를 파견하겠다고 밝히는 아이젠하워 대통령의 텔레비전 연설은 시청률이 무려 62퍼센트였다. 폭도들의 습격으로 기자들 자신이 폭력의 목표가 되기도 했다. 윌슨[Alex Wilson]이라는 흑인 기자가 사람들에게 맞고 발길질을 당하는 장면이 필름에 고스란히 담기기도 했다. 「라이프」지의 한 기자는 주먹으로 얼굴을 맞

테일러 손베리, 사시 증상이 있는 오벌 포버스의 친척. 「라이프」지에 실린 모습이다(1957). 손베리의 모습은 포버스의 힐빌리 출신이라는 사실, 즉 그의 비천한 뿌리를 강조했다.
— 「라이프」지, 1957년 9월 23일. 프랜시스 밀러^{Francis Miller}/라이프 컬렉션/게티 이미지

고, 경찰 호송차에 실려 가서 치안 문란 행위로 기소까지 당했다. 챈슬러[John Chancellor] 기자에 따르면, '군중 속의 폭력배들'이 자신의 동료를 밀쳤고 따라다니며 추잡한 욕을 해댔다. 위장하고 가라는 충고를 받아들여 주로 용달용으로 쓰이는 소형 오픈 트럭을 빌리고, 허름한 재킷을 입고, 넥타이를 매지 않은 기자도 있었다. 한 기자는 안전한 위장을 위해 겉으로 보이는 계급 정체성을 바꾸어 가난한 백인 노동자로 보이게 했다.[50]

언론은 남부 사람 하면 떠오르는 고정관념에 쉽게 빠져들었다. '작업복을 걸친 많은 사람' '담배를 씹는 백인 남자' 혹은 「뉴욕타임스」 기사에서 강조했듯이 병사들에게 큰소리로 욕설하는 '뼈만 앙상한 붉은 목덜미의 남자' 같은 표현이 지면에 넘쳐났다. 아칸소 현지 기자도 시위자들을 '많은 레드넥들'이라고 부르며 무시했다. 곁에 있었던 무질서한 여자들은 '부정한 아내들'과 '잔인한 여자들'이 되었다. 한 남부 기자는 노골적으로 이렇게 말했다. "제기랄, 저들을 봐. 그들은 백인 쓰레기일 뿐이야. 대부분." 같은 달에 테네시주 주도 내슈빌에서도 한 초등학교의 흑백 통합 교육 이후 폭도들의 폭행이 분출되었다. 「타임」의 한 기자는 무리 속의 여자들을 맹비난했다. 문신한 팔로 돌을 던지는 웨이트리스는 말할 것도 없고, '헤어롤을 말고 늘어진 블라우스를 입은 멍한 표정의 여자들'이라는 표현을 쓰면서. 특히 혐오감을 불러일으킨 한 여자는 딱히 들을 사람도 없는데 아프리카계 미국인 아이들에 대해서 소리를 질렀다. "쟤들의 꼬불꼬불한 검은 머리카락을 뽑아버려!"[51]

이상은 모두 예측 가능한 주제들로, 골치 아픈 선동가들을 아칸소와 테네시의 '정상적인' 양민과 구별하는 데 일조했다. 아이젠하워 대통령조차도 텔레비전 연설에서 폭력이 '대중을 선동하려는 극단주의자들' 때문이라고 비난하고, 리틀록의 핵심 주민들은 그런 행동을 지지하지 않는, 준법정신이 투철하고 세금을 꼬박꼬박 내고 교회에 열심히 다니는 양민들이라고 보았다. 헤어롤을 한 여자들, 문신을 자랑하는 웨이트리스를 보며 독자들이 트레일러 쓰레기를 떠올렸다면, 폭동을 일으킨 레드넥들은 〈앤디 그리피스 쇼〉에 나오는 분노로 이글이글 타는 눈에 미쳐 날뛰는 어니스트 T. 배스에 한층 가까웠다. 1959년 「타임스 문예 부록Times Literary Supplement」은 센트럴 고등학교에서 영원히 기억될 것은 바로 '레드넥, 크래커, 타르힐을 비롯한 가난한 백인 쓰레기'의 '흉측한 얼굴'이라고 인정했다.[52]

이처럼 당혹스러운 상황을 유발했음에도 오벌 포버스는 정치 무대에서 사라지지 않았다. 전국 언론의 집중적인 조명을 받는 상태에서 벗어난 다음 그는 1958년 재선에 성공했고, 이후 세 번의 임기를 더 지냈다. 무기를 버리고 항복하기를 거부한 주지사로서 포버스는 자신을 '강제 통합' 반대라는 백인의 민주적인 권리를 충실하게 지킨 수호자로 그렸다. 어느 남부 기자는 포버스의 이런 '칠전팔기' 정신을 칭송하면서 특유의 강인함이 오자크 산악지대에서 보낸 유년시절 덕분이라고 보았다. 당시 포버스는 가슴받이에 멜빵이 달린 작업복을 입고 무려 8킬로미터를 걸어서 건물이 낡다 못해 허물어져가는 학교에 다녔다. 힐빌리가 이렇게까지 성공할 수 있었다. 포버스는 전략적인 측면에서 상층계급의 지지 상실을 수용했다. 그들은 형태에 상관없이 레드넥이 갖는 일체의 권력에 분개하는 사람들이었다. 미시시피 출신 바더먼과 포버스 이전에 같은 아카소 주지사를 지낸 데이비스Jeff Davis가 그랬듯이 포버스는 권력을 유지하기 위해 가난한 백인의 폭력 행위를 통한 위협을 십분 활용했다. 그리고 그것은 효과가 있었다.[53]

리틀록이 뉴스 매체를 사로잡고 있던 같은 해에 할리우드는 레드 넥 이미지를 활용한 장편 영화를 하나 만들었다. 앤디 그리피스 주연, 카잔Elia Kazan 감독의 〈군중 속의 얼굴A Face in the Crowd〉은 그리피스가 이후에 텔레비전에서 맡은 온화한 보안관 역할과는 완전히 다른 모습을 보여주었다. 빈털터리 노숙자 신세인 래리 '론섬' 로즈가 아칸소주의 어느 감옥에서 기타를 치다가 사람들 눈에 띄어, 엄청난 영향력을 지닌 텔레비전 스타로, 전 국민의 환호를 받는 인물로 급속히 성장하는 과정을 더듬어가는 전반적으로 암울한 줄거리다. 관객 처지에서 그리 피스의 연기는 휴이 롱과 엘비스 프레슬리가 혼합된 모습이었다. 고함치고 노래를 부르는 '권력에 광분한 레드넥'의 모습이었다.[54]

〈군중 속의 얼굴〉에서 주목할 부분은 줄거리만은 아니다. 카잔의 연출 기법 역시 중요한 홍보 포인트가 되었다. 그리피스를 역할에 몰입시키기 위해 카잔 감독은 백인 쓰레기라고 불리던 배우의 유년시절 기억을 활용했다. 이처럼 독특한 영화였던 〈군중 속의 얼굴〉은 계급과 관련하여 두 가지 핵심 메시지를 제공했다. 첫째, 영화는 관객에게 하층계급인 레드넥을 그에게 친숙한 지위 이상으로 올려주고 권력을 주면 얼마나 위험한가를 상기시켰다. 영화에 나오는 레드넥의 성격이 분노, 교활함, 과대망상증의 불안한 혼합이었기 때문이다. 둘째, 카잔 감독은 백인 쓰레기라고 불리던 그리피스의 과거 기억을 활용함으로써 가난한 사람들이 오물 취급을 받는 남부 문화를 호되게 질타했다.[55]

카잔은 또 다른 남부 이야기를 시도했는데 이번에는 배경이 대공황기였다. 〈대하를 삼키는 여인Wild River〉(1960)은 TVA, 즉 테네시강유역개발공사를 다루는데, 댐 공사로 인해 테네시강에 있는 섬에 사는 여가장과 그녀의 가족이 삶의 터전을 잃고 쫓겨나는 과정을 다룬다. 그녀의 아들은 게으르고 멍청한 모습으로 그려지며, 일하려고도 섬을 떠나려고도 하지 않고, 자기네 땅을 경작하는 흑인 물납소작인들에게 의지하기만 한다. 반면에 그녀의 딸은 살짝 헤픈 여자인데, TVA 직원이자신이 섬에서 빠져나가게 해줄 유일한 티켓이라고 보아 그와 어떻게든 동침을 해보려고 공을 들인다. 영화에는 일단의 험악한 백인이 현지 보안관이 지켜보는 앞에서 문제의 직원을 마구 두들겨 패는 장면이 나온다. 이전 영화에서처럼 카잔이 실제 가난한 백인을 엑스트라로 캐스팅하자 뉴스거리가 되었다. 영화 속의 '백인 쓰레기 무단토지점유자'들은 검홀로Gum Hollow라는 곳에 사는데, 그곳은 테네시주 클리블랜드 쓰레기 처리장에 실제로 존재하는 판자촌이었다. 그러나 지역 대표들은 그런 불쾌한 사람들이 영화에 등장한다는 사실에 분개했다. 결국 카잔이 사람들의 압력에 굴복했고, 문제의 장면을 재촬영했다. 이번에는 주민들이 '점잖은' 실직자라고 부르는 사람들을 [엑스트라로] 고용했다. 참으로 기이한 에피소드가 아닐 수 없다. 자신들이 도덕성을 판단하는 심판자라고 생각하는 오만한 소도시 사람들은 극빈 상태에 있는 사람들의 존재를 인정하는 것조차 거부했던 것이다.[56]

카잔의 영화가 중류층 혹은 상류층 관객이 목표였다면, 동시대 또 다른 영화는 자동차 극장용으로 준비되었고, 1961년에 대성공을 거두었다. 〈가난한 백인 쓰레기Poor White Trash〉라는 영화로 1957년에 〈바이우^{Bayou})라는 제목으로 개봉했다가 처참히 실패한 뒤에 재개봉한 작품이었다. 공격적이고 그럴싸한 마케팅 캠페인이 실패작을 히트작으로 바꾸어놓았다. 제작사는 새로운 제목을 적극적으로 활용하여 신문에 자극적인 광고를 실었다. '지금도 존재하고 있습니다!……가난한 백인 쓰레기가.' 영악한 홍보자들은 선정적인 무언가를 기대하는 성인들을 끌어들이기 위해서 아이는 입장을 금한다고 경고했다. 그러나 알고 보면 영화는 야하다기보다는 관음증에 가깝다. 영화에서 가장 매혹적인 장면은 체격이 좋은 가난한 백인 케이즌(캐리^{Timothy Carey} 분)이 거의 자기 성애에 가까운 광란의 춤을 추는 장면이다. 땀투성이가 되어 엘비스 프레슬리에게서 배웠다는 춤동작을 선보이는 거구의 배우는 공포스럽게 도끼를 휘두르는 늪지대 출신 불량배 역할도 겸하고 있었다. 성욕 과잉과 폭력성은 영화에 등장하는 가난한 백인, 즉 원시 종족의 특징이었다.[57]

이런 문화적 흐름에 속하는 모든 영화를 통틀어 가장 높은 평가를 받는 작품은 책의 도입부에서도 소개한 〈앵무새 죽이기〉(1962)다. 영화는 동시에 가장 고약한 가난한 백인의 초상을 제공하고 있다. 하퍼 리의 베스트셀러 소설을 토대로 제작된 〈앵무새 죽이기〉는 1930년대 남부의 어느 작은 마을에서 일어난 이야기를 들려준다. 영화는 법과 질서가 남부의 명예라는 현존하지 않는 규정 앞에 무릎을 꿇는 사회에서 사법제도의 한계를 강조하여 보여준다. 톰 로빈슨이라는 흑인 남자가 메이엘라 이월이라는 가난한 백인 소녀를 강간했다는 허위 혐의로 기소를 당한다. 재판을 보면서 관객은 배심원이 된다. 근면한 가장과 본데없이 자란 한심한 소녀 사이에서 선택을 강요당했다고 말할 수도 있으리라. 인종이 계급을 이길까, 아니면 계급이 인종을 이길까? 관객이 하지 않을 수 없는 선택이다. 로빈슨은 훌륭한 인품에 법을 준수하는 흑인을 대표한다. 그는 정직하고 고결하다. 반면에 이월 일가는 백인 쓰레기다.[58]

관객들은 이월 가족들이 사는 다 허물어져 가는 오두막은 보지 못한다. 하퍼 리가 소설에서 '제정신이 아닌 아이의 놀이터'라고 묘사한 그곳이다. 관객들은 또한 백인 쓰레기 가족이 마을 쓰레기장을 뒤지고 다니는 모습도 보지 못한다. 영화에서는 하퍼 리의 우생학적인 암시는 약화되고, 메이엘라의 아버지 밥 이월의 사악함은 강조된다. 밥 이월은 그레고리 펙이 연기하는, 로빈슨을 돕는 영웅적이고 도덕적으로 나무랄 데 없는 변호사 애티커스 핀치의 얼굴에 침을 뱉고 핀치의 두 아이를 살해하려고 한다. 물론 아이 살해 시도보다 사악한 것은 있을 수 없다. 그런 면에서 밥 이월에게 내릴 수 있는 평결은 한 가지뿐이다. 애티커스 핀치가 거리에서 날뛰는 '미친개'를 총으로 쏘아 죽인 것처럼, 영화 말미에, 이 복수심에 불타는 사악한 백인 빈민층 악당에게도 똑같은 운명이 기다리고 있다. 그렇지만 폭력으로 사악한 밥 이월을 심판하는 사람은 아이들의 아버지 애티커스 핀치가 아니라 유령처럼 숨어 지내는 이웃 래들리[Boo Radley]다. 문제 있는 과거를 가진 은둔형 외톨이 래들리가 핼러윈 밤에 위기에 처한 아이들을 구하는 수호천사 역할을 한다.[59]

이월 가족은 「뉴욕타임스」 영화 평론가가 말했듯이, 희화화한 모습일지 모르지만 친숙한 모습인 것도 사실이었다. 할리우드는 그들을 둘러싼 열악한 경제 상황을 드러내기보다는 그들 내면의 음흉한 악마를 강조했다. 1950년대에 '레드넥'은 거의 비상식적일 만큼 편협한 행동, 신념과 동의어가 되었다. 밥 이월을 연기한 배우는 비쩍 마른 모습이었는데, 한 관객은 심지어 그를 '퇴화했다'고까지 말했다. 왜소한 몸과 편협한 정신이 유전적으로 연결된다는 암시가 깃든 표현이다. 레드넥들의 행동을 이렇게 선정적으로 다루는 상황이 대형 스크린에서만 있었던 것은 아니다. 현실에서 이를 이용하는 사례까지 일어났다. 1957년 테네시주 내슈빌에서는 (남부 억양을 쓰며) 선두에 서서 폭도를 이끌었던 인종차별주의 말썽꾼이 알고 보니 뉴저지주 캠던 출신으로 돈을 받고 일하는 직업 선동가였다는 사실이 밝혀지기도 했다.[60]

영화 제작자 처지에서 레드넥 등장인물들의 매력은 양면성을 지니고 있었다. 한편으로 그들은 기성품 악당이었다. 다른 한편으로 그들은 거침없는 사람들이었다. 길들지 않은 자유분방함을 가진 그들은 정해진 테두리 안에서만 움직이는 교외 거주자들과 날카로운 대비를 이루었고, 때로는 투박한 남성미 과시로 높이 평가받을 수도 있었다. 할리우드에서 역시 그레고리 펙 주연 영화로 만들어진 윌슨$^{Sloan Wilson}$의 소설 『회색 플란넬 양복을 입은 남자$^{The Man in the Gray Flannel Suit}$』(1955)의 남자 주인공은 드럼 소리에 맞춰 춤을 추며 원초적 매력을 뽐내던 케이즌의 엉성한 모조품이었다. 제임스 딘$^{James Dean}$, 엘비스 프레슬리, 말런 브랜도$^{Marlon Brando}$, 티모시 캐리까지 모두가 가난한 백인 쓰레기로서 다듬어지지 않은 미국인, 길들지 않고 관습에 얽매이지 않는 자유로운 미국인이었다. 그들은 내심 속박에서 벗어나고 싶어 온몸이 근질거리는 순응주의자 남성 관객들을 조롱하며 그들의 마음에 야성의 씨앗을 뿌렸다.[61]

'레드넥' '백인 쓰레기'는 서로 대체 가능한 용어로 사용될 때도 잦았지만 모든 사람이 두 단어가 동의어라고 생각했던 것은 아니다. 『어느 남부 사람 남부를 발견하다』(1938)에서 조너선 대니얼스는 미천하게 태어난 모든 남부 사람이 '가난한 백인'은 아니라고 주장했다. 그는 앤드루 잭슨과 에이브러햄 링컨, '햇볕에 타서 목이 붉어지고 주름이 생긴' 남부 사람들을 예로 들었다. 대니얼스는 빈민을 두 진영으로 나눴다. 사회계층의 사다리를 밟고 올라가려 노력하는 근면하고 훌륭한 빈민과 최하층에 갇혀 꼼짝달싹하지 못하는 천박하고 가망 없는 사람들로. 대니얼스가 말하는 훌륭한 빈민은 '레드넥 특유의 굳세고 투박한 자질을 지니고 있는데' 과거 요먼 계급에게서 빌려온 자질이다. 그렇지만 대니얼스의 주장은 역사적 사실로 보아 정확하지 않았다. 아시다시피 앤드루 잭슨은 적들에게 법을 무시하는 폭력적인 크래커라는 비난을 들었고, 에이브러햄 링컨은 경멸의 의미로 가난한 백인 '머드실'이라고 불렸다. 하지만 대니얼스조차도 많은 남부 사람들이 레드넥을 '증오를 먹고 자라는' 사람으로 규정한다는 사실을 받아들일 수밖에 없었다. 레드넥은 흑인들을 경멸했고, 나아가 '흑인을 두둔하는 사람들'을 비하했다. 『앵무새 죽이기』에 나오는 밥 이월 사례를 보면, 그는 자신을 방해하는 누구든 상대의 등에 칼을 꽂을 각오가 되어 있었다. 그때는 그것이 꼼짝 못 하게 따라다니는 꼬리표였다.[62]

그렇다면 힐빌리는 어떤가? 1904년 미국방언협회에서는 레드넥과 힐빌리를 모두 '투박한 시골 사람'이라고 정의하면서도 이어서 지역적 차이를 다음과 같이 설명하고 있다. '힐빌리는 산지 출신이고, 레드넥은 습지 출신이다.' 레드넥처럼 힐빌리도 잔인하고 폭력적이라고 간주되었는데, 그들의 분노는 대부분 이웃, 가족, '타관사람'(달갑지 않은 이방인)을 향했다. 1880년대 유명했던 햇필드^{Hatfield}가와 맥코이^{McCoy}가의 싸움처럼, 힐빌리들은 앙숙 간의 싸움, 폭발적인 분노 표출로 유명했다. 싸우지 않으면 밀주를 벌컥벌컥 마시거나 일곱 살밖에 안 된 딸들을 시집보내는 식이었다. 또한 그들은 예전의 무단토지점유자처럼 장시간 게으름을 피우는 경향이 있다고 생각되었다. 임신으로 인한 강제 결혼, 맨발, 임신한 여자들의 이야기가 퍼져 있었다. 버지니아주 블루리지산맥의 고립된 지방을 연구한 1933년 보고서에 따르면, 인터뷰한 여자 중의 하나는 결혼이란 '많은 아이를 가진다'는 의미라고 무심코 말했다. "저도 그랬어요." 여자의 설명이 이어졌다. "열다섯 명. 아홉은 살아 있고, 여섯은 죽었지요."**63**

1938년 할리우드에서는 〈산골의 정의^{Mountain Justice}〉라는 영화를 개봉했는데, '힐빌리 소녀' 맥스웰^{Ruth Maxwell}의 실제 살인사건 재판을 토대로 한 내용이었다. 맥스웰은 취중에 자신에게 덤벼드는 친아버지를 정당방위로 살해했다. 재판을 다루는 과정에서 버지니아주 와이즈 카운티에 있는 맥스웰의 고향은 '칠칠치 못한 여자들과 어설픈 말라깽이 남자가 따분한 생활을 하는 곳'이라고 묘사된다. 워너 브러더스사는 영화를 지나치게 감상적이면서도 폭력적으로 만들었다. 영화 기술 자문은 스튜디오에 '미국 너구리 사냥용 개 여섯 마리, 옥수수 속대로 만든 담배 파이프 30개, 씹는담배 43뭉치', 1,000미터가 넘는 캘리코 천[날염을 한 거친 면직물]을 실어 달라고 말했다. 모두가 산골 생활의 우중충한 초상을 표현하기 위한 것들이었다. 사전 홍보에서는 '욕망과 채찍질로 점철된 강렬한 멜로드라마'가 될 것이라고 약속했다. 아니나 다를까 스크린에서 가장 충격적인 순간은 맥스웰의 아버지가 거대한 소몰이 채찍을 딸에게 휘두르는 순간이다.[64]

1930년대와 1940년대에는 웨브[Paul Webb] 의 연재만화 「산골 소년들[The Mountain Boys]」은 물론이고, 역시 신문에 실린 연재만화인 「릴 애브너[Li'l Abner]」가 대중적인 인기를 끌었다. 웨브의 작품은 〈켄터키 문샤인[Kentucky Moonshine]〉(1938)이라는 제목의 슬랩스틱 영화로 만들어졌다. 유명한 브러더스[Ritz Brothers] 코미디 팀이 출연했는데, 〈바보 삼총사[The Three Stooges]〉의 힐빌리 버전이었다. 뉴욕 사람인 삼총사가 힐빌리로 변장을 하는데, 길고 지저분한 턱수염에, 높이 솟은 원뿔형 모자를 쓰고, 지저분한 맨발이 드러나는 너덜너덜한 바지를 입고 등장한다. 그랜드오울아프리 라디오 방송국이 같은 시기에 개국했는데, 베벌리 힐빌리스[Beverly Hillbillies] 같은 이름의 음악 그룹들이 출연했다. 유명한 힐빌리 인사말 '하우디[Howdee]'로 널리 알려진 코미디언 펄[Minnie Pearl] 이 1940년대에 아프리 라디오에 출연하면서 연예인 경력을 시작했고, 나중에는 장기간 지속된 텔레비전 시리즈 〈히호[Hee Haw]〉의 스타가 되었다. 사실 펄은 진짜 산골 소녀와는 거리가 멀었다. '펄'은 부유한 집안에서 태어났고, 좋은 교육을 받았으며, 자신의 보드빌 쇼를 성공으로 만들어줄 순진한 산골 소녀라는 페르소나는 공들여 만들어낸 결과물이었다. 아무튼 힐빌리 '펄'은 미국 주류 사회와는 워낙 접촉이 없어서 트레이드마크인 모자를 가격표를 떼지 않은 채로 쓰고 다녔다.[65]

1940년대가 되면 힐빌리는 하나의 무대 행위이자, 시골 사람을 부르는 포괄적 명칭의 일종이 되었다. 정치인들도 무대의 배역을 맡았다. 이때의 정치인들은 미시시피주의 '백인 대장' 제임스 바더먼이나 루이지애나주의 휴이 롱에 비해 한층 완화된 버전의 연출법을 보여주었다. 1944년에는 지미 데이비스Jimmy Davis라는 이름의, 물납소작농 아들이 루이지애나 주지사가 되었다. 비록 스스로는 자신이 '그저 가난한 촌뜨기'라고 강조했지만 데이비스는 독특하게도 여러 계급에 걸쳐 있었다. 그는 컨트리 가수이자 할리우드 배우였고(당연히 서부극에 등장했다), 역사 교수이기도 했다. 어느 신문의 표현을 빌자면 '롱의 의자에 앉은 이 힐빌리'는 신종 정치인이었다. 데이비스는 소리를 지르지 않았고, 장광설을 늘어놓지도, 팔을 요란하게 흔들어대지도, 공허한 약속을 남발하지도 않았다. 간단히 말해서 그는 감각이 있는 힐빌리였다. 그렇다고 데이비스가 할리우드식 연출 기법을 완전히 넘어섰다는 의미는 아니다. 그는 주 의사당 계단을 말을 타고 오르는 쇼도 마다하지 않았다.[66]

분명 독특하지만 이런 정치인이 데이비스만 있었던 것은 아니다. 1944년 아이다호가 '노래하는 카우보이' 글렌 테일러Glen Taylor를 미국 상원으로 선출함으로써 데이비스를 선출한 루이지애나와 어깨를 나란히 하게 되었다. 그보다 전에 텍사스 유권자들도 비슷한 선택을 했다. 가수이자 라디오 프로그램 진행자인 윌버트 리 '패피' 오대니얼Willbert Lee 'Pappy' O'Daniel의 힐빌리 발라드와 라디오를 통해 들려주는 진부하고 상투적인 이야기에 매료되어 그에게 표를 던졌다. 텍사스 사람들은 가수와 라디오 프로그램 진행자로 명성을 얻기 전에 제분 회사를 운영하기도 했던 오대니얼을 먼저 주지사 관저로 보냈고, 이어서 미국 상원으로 보냈다. 오하이오에서 자란 오대니얼이 1941년 상원 의원 선거에서 물리친 사람은 다름 아닌 린든 존슨이었다. 미주리주에는 듀이 쇼트Dewey Short가 있는데, 이런 유의 정치인 가운데 유일한 공화당 원이라는 점이 자랑이라면 자랑이리라. 쇼트는 노래를 부르지는 않았지만 '힐빌리 데모스테네스[그리스의 웅변가, 정치가]'라는 애정이 담긴 별명을 얻었다. 그는 철학 교수, 정식 임명장을 받은 설교자, 하원 의원 등등 감투가 여럿이었다. 별명을 보고 쇼트의 연설 스타일이 고대 그리스의 웅변 전통에서 나왔다고 생각한다면 오산이다. 쇼트의 연설은 주로 두운을 맞춘, 신랄한 형용사 나열에 의존했다. 그는 's'로 시작하는 형용사들을 창의적으로 나열하면서 하원을 '나태하고supine, 비굴하고subservient, 졸리고soporific, 시건방지고supercilious, 무기력한pusillanimous 멍청이들의 집합체'라고 불렀고, 루스벨트가 자랑하는 브레인트러스트라는 정책 자문단을 '전문 바보들'이라고 비방했다. 세련되지 못하고 촌티 난다는 의미의 콘폰 패거리cornpone crowd라고 불리는 쇼트의 지지자들은 그가 근사한 수식어들을 훌륭하게 조합하여 자신의 문장에 흥취를 더한다는 이유로 계속해서 그에게 표를 주었고 재선에 성공하게 해주었다(cornpone: 남부의 대표적인 음식인 둥글납작한 옥수수빵).[67]

힐빌리들은 왜 이런 모습에 매료되었을까? 1949년 한 오스트레일리아 관찰자의 평이 이런 현상을 더없이 잘 해석하고 있지 않나 싶다. 그에 따르면 미국인들은 '태도 민주주의democracy of manners'를 좋아하는데 그것은 실제 민주주의와는 다르다. 평자가 말하고자 하는 바는 투표자들은 부에 있어서 엄청난 격차를 받아들이지만, 동시에 자신들이 뽑은 지도자가 '나머지 우리와 다르지 않은 외적인 태도를 기르고 보여주기'를 기대한다는 것이다.[68]

힐빌리를 긍정적으로 보는 신화는 이런 매력을 소위 진정성이라는 개념에 맞춰 해석한다. 앙숙 간의 싸움과 낚시로 시간을 허비하는 이미지를 넘어 힐빌리들은 아득한 과거의 온전한 황금시대에 대한 믿음을 활용했다. 그들이 고립되어 있고, 원시적이고, 바깥 세계에 어울리지 않지만 일종의 진정한 민주주의를 실천하고 있다는 믿음이었다. 이런 관점에서 그들은 윌리엄 굿델 프로스트가 말했던 순수한 앵글로색슨 혈통을 보유한 투박한 미국인이었다. 이런 환상은 1940년대와 1950년대에 '돈, 명성, 계급을 거들떠보지 않는' 소박하고 정직한 산골 사람들이라는 형태로 부활한다. 그렇다고 보드빌 쇼 풍의 익살스러운 모습이 호소력을 잃은 것은 결코 아니다. 힐빌리 밴드들이 화려한 스타가 되었고, 셰이^{Dorothy Shay}라는 여가수는 1950년에 「파크 애비뉴의 힐빌리^{Park Avenue Hillbilly}」라는 앨범으로 가수 생활을 시작했다. 셰이는 세련된 도시 사람 차림을 하고 '느긋하고 태평한' 분위기로 노래를 했다.[69]

일부 사람들은 1950년대 대표적인 대중문화 아이콘인 엘비스 프레슬리가 어느 정도는 힐빌리라고 믿었다. 1955년 뉴올리언스 인근 폰차트레인 해변에서 열린, 엘비스의 아주 초기 공연 중 하나는 '힐빌리 대축제'라고 불리기도 했다. 폰차트레인은 '힐빌리 아가씨 경연대회'가 열리는 곳이기도 했다. 엘비스 프레슬리는 또한 앤디 그리피스와 투어를 다니기도 했다. 초기에 엘비스의 음악 스타일은 힐빌리 음악, 즉 컨트리 음악과 R&B의 혼합처럼 보였다. 1956년 「타임스 피카윤^{Times-Picayune}」의 음악 평론가는 자신의 푸른색 스웨이드 신발에 대해 노래하는 '자칭 촌뜨기'에게 '과장된 힐빌리 방언'이 없어서 안심이라고 말했다. 같은 해에 할리우드 가십 칼럼니스트 호퍼^{Hedda Hopper}는 엘비스가 힐빌리를 다룬 동명의 풍자만화를 영화로 만든 〈릴 애브너〉의 배역을 제안 받은 적이 없다는 사실을 알고 마찬가지로 안심이라는 말을 했다.[70]

실제 엘비스는 두메산골 촌뜨기라는 의미의 힐빌리와는 거리가 멀었다. 그는 미시시피주 투펠로 출신의 가난한 백인 소년이었다. 그의 아버지는 물납소작농이었다. 엘비스는 마을에서도 엉뚱한 위치에 자리 잡은 그야말로 코딱지만 한 집에서 태어났다. 그러나 기타를 손에 쥐고 격렬한 (생각하기에 따라서는 난폭한) 춤을 추는 엘비스를 향해 수백만 명이 추파를 던지는 상황이 벌어지자, 사람들은 엘비스가 중산층 기준에 반항하면서 일종의 힐빌리처럼 행동한다고 생각했다. 제2의 고향인 테네시에 아주 잘 어울리는 그런 모습으로. 엘비스의 친구 하나는 1956년 기자에게 엘비스가 '대중 앞에 모습을 드러내기만 하면 여자애들이 산골 노새처럼 마구 뒹굴고 헐떡이고 난리가 났다'고 말하면서 엘비스의 힐빌리 이미지를 확인시켜주었다.[71]

컨트리 음악, 대중문화, 계급 정치가 전국 무대에서 합쳐진 것이 바로 1956년이었다. 그해 테네시 주지사 클레먼트^{Frank Clement}는 민주당의 사랑을 한몸에 받는 촌뜨기가 되었다. 클레먼트는 시카고에서 열리는 민주당 전당대회 기조연설자로 뽑혔는데, 부통령 후보 경선에 뛰어든 그에게는 영광스러운 자리였다. 「네이션^{Nation}」지의 기자는 클레먼트의 명연설을 기대하면서 서른다섯이라는 젊은 나이에 180센티미터 장신을 자랑하는, 검은 머리칼의 주지사를 '미국 정계에서 가장 잘생긴 남자 중의 하나'라고 불렀다. 그는 테네시주 산악 지역에 두루 유세를 다닌 것으로 유명했고, 사람들은 '맨발 소년의 성실성'을('정직한 힐빌리' 신화에 대한 분명한 암시) 찬양했다. 클레먼트가 입은 기성품 정장마저도 보통 사람에 대한 헌신을 보여주는 것으로 찬양의 대상이었다. '성공한 산골 남자가 [주도인] 내슈빌 방문 시에 하는 옷차림'이라면서 찬양하기 바빴다.[72]

클레먼트의 촌스러운 연설은 모든 음역을 넘나들었다. 그의 목소리는 때로는 우렁차게 울려 퍼지고, 때로는 속삭임처럼 가라앉았다. 혹은 어느 기자의 주장에 따르면, 클레먼트는 '산골의 피들처럼 지저귀다가 서서히 잦아들었다'. 클레먼트는 [성서에 나오는] 지옥의 유황불을 연상시키는 위협을 했다가도 보통은 신심 깊은 축복의 기도로 끝을 맺었다. 듀이 쇼트처럼 클레먼트는 두운법 구사의 귀재이기도 했다. 게다가 그는 가장 위대한 힐빌리 주지사인 앨라배마주의 '빅 짐' 폴섬Big Jim Folsom의 지원을 받고 있었다. 키가 188센티미터나 되는 폴섬은 무대에서 신발을 벗은 채로 '스트로베리 피커즈Strawberry Pickers'라는 밴드와 함께 유세를 벌이는 것으로 유명했다. 폴섬은 1954년 민주당의 대규모 예비선거 집회에서 연단에 올라 클레먼트에게 자신의 모든 힘을 활용하라고 말했다. "나가서 당당하게 파괴하고 자르고 과시해야 한다"고 말하면서. 위스키와 여자를 좋아하는 '키스하는 짐Kissing Jim'은 화려한 봉황 같은 클레먼트를 축복해주었다[Kissing Jim: 선거유세 기간에 자주 가던 길을 멈추고 젊은 여성들에게 키스한다는 이유로 언론에서 붙여준 별명].[73]

『분노의 포도』를 집필한 유명 작가 존 스타인벡이 글을 통해 클레먼트의 기조연설에 대해 가장 흥미로운 평가를 하였다. 스타인벡은 클레먼트라는 주지사가 '정치가로서 능력 면에서든, 뮤지컬 코미디 영역에서든' 장래가 촉망된다고 평가했다. 스타인벡은 문제의 민주당 정치인이 [세계적인 부흥목사로 유명한] 그레이엄$^{Billy\ Graham}$과 [화려한 의상과 쇼맨십으로 유명했던 피아니스트 겸 가수] 리버라치$^{Wladziu\ Valentino\ Liberace}$의 특징도 조금씩 가지고 있다고, 즉 '촌뜨기' 같은 면과 엘비스를 닮은 면을 동시에 보인다고 보았다. 스타인벡의 표현을 빌자면, 클레먼트의 목소리에서는 '스퀘어 댄스 시詩에 피들 연주의 통렬한 긴장감'이 느껴지며, 클레먼트가 '더없이 간절한 마음으로 되풀이 말하는 순간에는……세련된 섹스어필 분위기가 났다'[square dance: 남녀 네 쌍이 한 조를 이루어 사각형으로 마주 보고 서서 시작하는 미국의 전통춤]. 작가는 클레먼트가 좋은 방향으로 당을 뒤흔들 것으로 생각하는 동시에 한편으로 클레먼트의 '투박한 촌뜨기' 스타일은 다른 곳에서는 쉽게 길러지기 힘든 지역적인 특성이라고 보았다.[74]

스타인벡은 남부 정치인 문제의 핵심을 파악한 것으로 보인다. 문제의 주지사가 대중을 선동하는 연예인에 불과한가, 아니면 진정으로 나라 전체를 대변해 목소리를 낼 수 있는가? 1964년에 자기 인생에서 가장 화려했던 1956년 그 순간을 되돌아보면서 클레먼트는 당시 자신은 사람들이 자기 연설에 환호한다는 것을 알고 있었지만, 동시에 일부 관중이 자신을 비웃고 있다고도 확신했다고 말했다. 같은 해에 존슨 대통령의 특별보좌관이었던 텍사스 사람 버스비$^{Horace\ Busby}$는 모이어스$^{Bill\ Moyers}$에게 남부인 특유의 모음을 끄는 느린 말투를 쓰는, 린든 베인스 존슨이 후보 수락 연설을 할 때 사실상 클레먼트와는 정반대로 가야 한다고 말했다. 버스비는 또한 "웅변술은 현대적이어야 하고,

옛날 방식에 물들지 않아야 하며, 두운법은 최소화해야 한다"라고도 말했다.[75]

엘비스 비슷한 태도를 보인 테네시 주지사는 1956년 부통령 후보 경선에서 이기지 못했다. 대신에 제2인자 자리는 키포버Estes Kefauver 상원 의원에게 돌아갔다. 같은 테네시주 출신이지만 클레먼트보다 부드러운 힐빌리 페르소나를 표출하는 사람이었다. 무엇보다 키포버는 예일 대학교 학위를 가지고 있었다. 키포버는 1948년 공직 출마 당시 미국 너구리 털가죽으로 만든 모자를 썼다. 상대편이 그를 공산주의에 추파를 던지는 교활한 '애완 너구리'라고 부르자 보란 듯이 그렇게 했던 것이었다. 1956년 키포버는 대통령 후보자에게 어느 기자가 적절하게 표현한 '계산된 대중 친화력'을 보탤 것으로 생각되었다. 말하자면 키포버의 억지로 꾸민 태도에는 어떤 진정성도 없었다. 키포버는 '허울뿐인 가짜 힐빌리'였고, 대통령 후보 스티븐슨Adlai Stevenson의 대중성 부족을 보충하기 위한 싸구려 속임수에 불과했다. 일리노이 출신 스티븐슨은 '따분한 대머리 샌님'으로 불렸다. 물론 스티븐슨과 키포버는 선거에서 패배했다[1956년 대선에서 드와이트 아이젠하워가 재선에 성공했다].[76]

한편, 클레먼트는 엘비스를 주지사 관저로 불러 대접했고, 1958년에는 상원 통신위원회에서 힐빌리 음악과 로큰롤을 옹호하는 발언을 함으로써 거듭 친절을 베풀었다. 당시 베스트셀러 저서 『숨은 설득자들 Hidden Persuaders』의 저자 밴스 패커드가 클레먼트에 앞서 증언에 나섰는데, 패커드는 (힐빌리들의) 마운틴 뮤직mountain music이 국민의 취향을 오염시키고 있다고 주장했다[마운틴 뮤직: 미국 애팔래치아산맥 남부 농민과 나무꾼들 사이에서 생겨난 민속 음악으로 전자악기를 쓰지 않고 기타, 만돌린 등을 사용하며 합창 형식을 띤다). 패커드의 말을 듣고 분개한 클레먼트는 힐빌리들은 순수한 엘리자베스 여왕 시대 사람들이며, 그들의 '비음 하모니'야말로 아메리칸드림의 진정한 표현이라고 옹호하고 나섰다. 예리한 필치를 자랑하는 시카고 기자 하나는 클레먼트 주지사가 '열 걸음 떨어진 곳에 있는 손풍금과 결투를 하겠다고 나서지 않는 것'이 놀라웠다고 익살맞게 표현했다.[77]

테네시 출신 키포버는 전통적인 자유주의자이고, 앨라배마의 폴섬은 포퓰리스트, 테네시의 클레먼트는 인종 문제 부분에서 온건파에 속했다. 그러나 이들 모두는 정치 분야에서 출세하기 위해 쇼맨, 즉 연예인 역할을 해야 했다. 클레먼트는 주지사보다 높은 공직을 목표로 했지만, 기조연설을 하던 그날 밤을 끝으로 멈추고 말았다. 부통령직에 입후보한 남부 시골 출신 중에 결국 대통령직에 오른 사람은 경험이 풍부하고 노련미가 넘치는 텍사스 사람 린든 베인스 존슨이었다. 그뿐이었다.

상원의 막후 조종자이자 협상 해결사로 통했던 다수당 대표 존슨은 나라에서 대통령에 이어 두 번째로 막강한 힘을 가진 인물로 생각되었다. 존슨은 '타협의 명수'라고 불렸던 켄터키주의 헨리 클레이 숭배자였다(대통령 재직 중에 존슨은 백악관 집무실에 클레이의 초상화를 걸어놓았다). 때때로 민주당 상원 의원 사이에서 가장 중재자 같은 역할을 해온 존슨은 동료들의 취향과 관심사에도 항상 주의를 기울였다. 같은 맥락에서 그는 '상원의 분위기를 감지하지 못하는 사람은 지도자가 될 권리가 없다'고 공언했다. 존슨은 (실제로 과거에 직접 경험했던) 학교 교사와 보안관, 보안관 중에서도 메이베리의 앤디 그리피스보다 냉정하고 무서운 보안관의 모습이 교차하는 인물이었다. 텔레비전 드라마 주인공 앤디 그리피스 보안관과 존슨의 공통점은 시골 사람 특유의 개인 설득 기술이었다. 존슨의 (설득) 레퍼토리에는 스토리텔링, 언어를 통한 가격, 물리적 접촉 등이 두루 포함되었다. 설득 과정에서 존슨은 심리학은 물론이고 자신이 상대하는 모든 상원 의원의 개인 취향과 습관에 대한 상세한 지식 역시 유리하게 활용했다. 말하자면 상원은 '작은 마을'이었고, 린든 존슨은 현대판 보안관으로서 그곳을 지배했다.[78]

1960년 일반적으로 존재감이 없는 부통령 자리를 받아들이는 순간부터 존슨은 케네디의 충실한 부관이 되었다. 1963년 11월 22일 뜻하지 않게 대통령직에 오른 다음에야 그의 세련되지 못한 남부인 페르소나에 대한 대중의 반응이 달라졌다. 한동안 존슨은 당내 자유주의 지식인들 사이에서 전에는 누려보지 못한 일종의 공감을 얻었다. 존슨은 JFK처럼 근사하거나 세련되지 않았다. JFK의 외향적인 스타일은 특혜받은 성장 과정에서 나오는 거칠 것 없는 자신감을 반영한다. 일부 언론이 지속해서 존슨의 촌스러운 남부 방식을 폄하했지만, 가까운 친구들은 존슨이 결코 '하찮은 시골 촌놈'이 아니라고 반박하며 맞섰다. 그런데도 남부 출신 정치인답게 린든 베인스 존슨은 이색적인 것을 좋아했다. 그는 선거 유세 중에 텍사스 방언을 써서 군중과 친밀한 유대감을 형성했다. 한 칼럼니스트는 존슨이 '서민의 기본 욕구를 이해하고 깊이 파고들고 있다'고 높이 평가했다. 1963년 이전에는 마치 부채처럼 취급되었던 시골뜨기 특징들이 젊은 대통령을 잃고 국가가

슬픔에 빠진 상황에서 갑자기 소중한 자산이 되었다.[79]

존슨의 색다르고 적극적인, 변형된 남부 정체성에 위대한 사회라고 알려진 그의 대표 정책이 더해졌다. 1965년 초·중등교육법이 통과되자마자 대통령은 텍사스의 스톤월로 날아가 대공황기에 자신이 교사로 있었던 단칸 교사校舍에서 법안에 서명했다. 거기에 있는 동안 존슨은 자신을 '물납소작농의 아들'이라고 불렀다. 빈곤 타개를 위한 존슨의 의지는 남부의 현실을 받아들이는 데서 시작되었다. 1960년 처음 대통령 선거에 출마할 때 존슨은 하워드 오덤의 신조를 되풀이했다. 즉, 그의 목표는 '자원 낭비, 생명 낭비, 기회 낭비'를 막는 것이었다. 위대한 사회 정책을 들고 나오면서 존슨이 추진한 입법은 두 계급에 초점을 맞추고 있었다. 도시의 흑인 빈민 인구와 애팔래치아 산지 주민이었다. 존슨은 위대한 사회 정책을 새로운 뉴딜정책으로 보고 자신의 개혁을 엘리너 루스벨트의 업적과 연결했다. 엘리너 루스벨트가 힐빌리들에게 가졌던 정서적 호소력을 상기시키고 활용하려는 심산이었다. 영부인 버드 존슨Bird Johnson이 켄터키주 산골을 방문해 점심 급식을 나눠주고 신규 체육관을 헌정하기도 했다. 당시 행사에서 남편, 즉 존슨 대통령은 의자에 앉아 현지 주민들과 이야기를 나눴다.[80]

대통령이 다섯 개 주를 순방하는 동안, 사진기자들이 따라다니면서 황폐한 오두막집 문간에 앉아 애정 어린 시선으로 산골 주민들의 이야기에 귀를 기울이는 대통령의 모습을 카메라에 담았다. 제임스 에이지나 워커 에번스가 그리던 1930년대 모습으로 돌아간 듯한 그런 모습이었다. 당시 애팔래치아 지역이 직면한 문제는 극히 심각했다. 무엇보다 국내 다른 지역과 비교하여 실업률이 높았다(일부 지역은 전국

1963년 린든 베인스 존슨의 켄터키 방문 행사 사진에는 애팔래치아 산골에 사는 빈민 가족들과 대화를 나누는 대통령의 사진들도 포함되어 있다.
- #215-23-64, 켄터키주 아이네즈, 세실 스토턴Cecil Stoughton이 찍은 LBJ 도서관 사진, 텍사스주 오스틴 소재, 린든 베인스 존슨 도서관

평균의 서너 배에 달했다). 이외에도 열악한 주거, 교육받지 못한 노동력, 노천광으로 파괴된 환경 등등. 석탄 채굴 회사들이 주 법원의 편파적인 도움을 받으면서 들판을 황폐화하고, 숲을 파괴하고, 원하는 곳이면 아무 데나 도로를 건설하고, 상수도를 오염시킬 특권을 누리는 가운데, 해당 지역 농가들은 자기 재산에 대한 기본 권리조차 박탈당했다. 마침내 존슨 행정부가 애팔래치아 지역개발법을 통과시켜 사회 기반 시설, 학교, 병원을 제공했다. 이후 그곳의 빈곤을 직접 목도한 뒤에 대통령은 의료 보호법의 필요성을 절감했다고 선언했다. 시골 지역 빈곤과의 싸움은 존슨의 전반적인 '빈곤과의 전쟁'에서 핵심 과제였다. 그러나 이처럼 과감한 정책들조차도 황폐해진 지역 경제가 그동안 경험해온 엄청난 파괴를 감당하고 해결하기에는 불충분했다.[81]

린든 존슨은 자신의 대중적인 이미지를 만드는 과정에서 아주 세세한 부분까지 의식하고 신경을 썼다. 존슨은 (챙이 넓은) 카우보이모자가 아니라 챙을 좁게 바꾼 모자를 썼다. 이것이 과거와 달라진 근대화한 남부인, LBJ였다. 애팔래치아 지역을 도울 방안을 모색하면서 존슨은 자신을 '차갑고 무관심한' 정부가 '하찮은 서민'의 처우 개선에 민감하게 반응하게끔 하는 다정한 후원자로 생각했다. 존슨은 기본적인 인간의 품위를 유지할 수 있어야 한다고 주장하면서 소박한 논리를 내놓았다. "어떤 미국 가구도 매일의 따뜻한 식사, 따뜻한 집, 훌륭한 자녀 교육…… 그리고 가끔의 소박한 삶의 즐거움이 없는, 말하자면 그보다 못한 상태에 안주해서는 안 된다." 이는 1944년 프랭클린 루스벨트가 제2 권리장전을 위해 간곡히 권고한 내용에 대한 존슨 식의 해석이었다. 루스벨트의 제2 권리장전에는 '국가의 산업, 상점, 농장, 광산 등에서 유용하고 보수가 좋은 일자리를 가질 권리' '적절한 식량과 옷가지, 여가를 누릴 충분한 수입을 올릴 권리' '모든 가구가 괜찮은 집을 가질 권리' '양질의 교육을 받을 권리' 등이 포함되었다.[82]

그렇지만 사적으로 존슨이 항상 시골의 백인 빈민층에게 다정했던 것은 아니다. 차를 타고 테네시주를 지나다가 인종차별적인 푯말을 들고 있는 일단의 '못생긴' 여자들을 보고 존슨은 백인 쓰레기에 대해 이런 말을 했다. "핵심을 말해주겠네. 만약 자네가 밑바닥 백인 남자에게 그가 최고의 흑인 남자보다 낫다는 확신을 심어줄 수 있다면, 백인 남자는 자네가 자기 주머니를 털어도 알아차리지 못할 걸세. 젠장, 그에게 업신여길 대상을 주게. 그러면 자네를 위해 기꺼이 자기 주머니를 비울 걸세." 노벨문학상을 받은 작가 포크너[William Faulkner]처럼 존슨은 가난한 백인의 그릇된 자부심이 그들의 약한 고리, 즉 약점이라는 것을 잘 알고 있었다. 아무튼 대통령으로서 존슨은 계급과 인종이 분열된 남부 문화에서 얼마나 중요한가를 결코 간과한 적이 없었다.[83]

존슨의 약속은 좌파, 우파에 상관없이 비판자들을 납득시키지 못했다. 흑인 해방운동 지도자 맬컴 엑스[Malcolm X]는 그를 '크래커 당의 우두머리'라고 불렀다. 1964년 공화당 대통령 후보 골드워터[Barry Goldwater]의 선거운동원은 도시 폭력, 포르노그래피, 유방을 노출한 복장의 소녀들, 스트립쇼를 하는 술집 같은 충격적이고 불안한 장면들을 담은, 공포로 가득한 영상을 하나 준비했다. '미국의 쇠퇴'를 열변하는 30분짜리 영상에서는 결코 존슨의 이름을 언급하지는 않는다. 그러나 먼지투성이 시골길을 빠른 속도로 달려가는 링컨콘티넨털 차량의 반쯤 열린 창문에서 누군가 맥주 캔을 내던지는 모습이 등장한다. 이것은 차를 타고 텍사스 농장 주변을 정처 없이 달리던 존슨에 대한 노골적인 희화화였고, 이를 통해 장신의 텍사스 남자를 흔한 레드넥으로 만들려는 속셈이었다(지미 카터의 쓸모없는 동생 빌리 카터^{Billy Carter}는 나중에 레드넥은 창밖으로 맥주 캔을 던지지만 전형적인 남부의 백인 남자는 그렇지 않다고 말하곤 했다). 골드워터의 선거운동은 도덕적 타락이라는 우생학 주장을 상기시키면서 현직 대통령을 백인 쓰레기의 상징으로 만들고 있었다. 아무튼 존슨의 링컨콘티넨털은 중요한 것을 말해준다. 뭔가 대단해 보이는 대통령이 사실은 대놓고 반항적인 충동을 표출하고 탐닉했다는 사실이다. 존슨이 차를 타고 자기 농장 주변을 고속으로 달리면서 종이컵에 맥주를 따라 마시는 모습을 상상해보라. 존슨은 「타임」 사진기자 앞에서 운전대를 잡고 포즈를 취했고, 시끄럽게 우는 새끼 돼지를 보란 듯이 안고 있기도 했다. 존슨은 이런 식으로 기자들을 놀리는 한편으로 특유의 촌뜨기 유머를 표출했다.[84]

1950년대와 60년대에는 개인이 타는 차가 아주 독특한 방식으로 계급을 나타냈고, 계급에의 소속은 물론 계급 경계 침범도 규정했다. 엘비스 프레슬리는 다수의 캐딜락, 링컨 한 대, 롤스로이스 한 대를 가지고 있었다. 그러나 엉뚱한 계급 사람들이 운전하는 경우, 고급 차는 미국인들이 상향 이동에 대해 느끼는 근본적인 불쾌감을 증폭시키는 역할을 할 뿐이었다. 엘비스가 유달리 좋아했던 캐딜락에 애완 침팬지 스캐터 전용으로 만든 푹신한 좌석만큼 그런 우려를 잘 보여주는 것도 없었다. 근사한 자동차의 주인이라면 응당 독자들이 휙휙 넘겨보는 고급 잡지 광고에 어울리는 교양을 보여주어야 했다. 물론 어떤 사람이 강요된 계급 정체성이라는 제약을 멀리 던져버림으로써 자유라는 판타지를 자극하는 낭만적인 모습도 생각해볼 수 있으리라. 그러나 하층계급 남자는 그런 역할을 하기에는 아무래도 부적절해 보였다. 엘비스와 그의 침팬지가 바로 그랬다. 존슨도 마찬가지였다. 적어도 고집스럽게, 존슨을 워싱턴 사람이 아니라 텍사스 시골뜨기로 보려고 했던 케케묵은 사고의 비판자들은 그렇게 생각했다.[85]

심지어 존슨의 동지이자 자유주의 성향의 아칸소주 상원 의원인 풀브라이트[William Fulbright]는 엘비스가 뒤집힌 계급 질서를 상징한다면서 불만을 표시했다. '로큰롤 제왕'이 대통령보다 많은 돈을 번다는 것이 이유였다. 사우스다코타주의 맥거번[George McGovern]은 엘비스가 평범한 대학 교수진 월급을 합친 전체보다 많은 돈을 번다면서 불편한 심기를 드러냈다. 그렇다면 엘비스는 어떻게 그렇게 많은 돈을 벌었을까? 「뉴욕타임스」 영화 평론가인 크로우더[Bosley Crowther]는 '괴상한 노래'와 '광란의' 다리 떨기로 돈벌이를 한다고 혹평했다.[86]

사람들은 하층계급 범죄를 매스컴의 영향력 때문에 인기 아이돌 스타들에게서 물든 것으로 생각했다. 존슨에 대한 네거티브 선거운동 영상 제작을 후원한 '도덕적인 미국을 생각하는 어머니들[Mothers for a Moral America]'은 존슨이 보여주는 레드넥 방식이 계급 질서를 무너뜨릴 위험이 있다고 보았다. 골드워터의 영상 제작자 중에 한 사람의 말을 빌자면, 윗물이 맑아야 아랫물도 맑은 법이었다. 대통령의 행동이 거칠고 품위가 떨어지면, 부도덕한 하층계급의 욕망을 용인하는 꼴이 된다. 부지런히 노동하지 않고 얻는 부, 결혼과 무관한 성생활, 적절한 혈통이 수반되지 않은 성공은 모두 위험한 신호였다. 말하자면 사회가 나빠지고 있었다.[87]

골드워터 지지자들은 존슨의 행동을 퇴화한 백인 쓰레기 가부장 같은 존재의 행동으로 여겼을지 모르지만, 자유주의 개혁가들은 빈곤을 수반하는 행동들 역시 혈통의 문제라고 생각했다. '빈곤 문화' '빈곤의 악순환' '능력의 혜택을 받지 못한 사람' 같은 새로운 용어들이 족보의 중요성을 한층 강화했다. 이처럼 변화의 시대인 1960년대에도 계급은 여전히 혈통이며 유전을 강력히 암시하는 단어들과 연결되었다.[88]

또한 계급은 정체성의 원천이 되는 땅과 완전히 분리되지 않았다. 1960년대 가장 영향력 있는 지식인 중의 하나였던 하버드 대학교의 갤브레이스John Kenneth Galbraith는 풍요로운 사회에서 빈곤의 '섬들'을 찾아냈다. 정책을 둘러싼 논쟁 형성에 중요한 공헌을 했던 『또 다른 미국The Other America』의 저자인 사회주의자 해링턴Michael Harrington은 빈민은 '보이지 않는 땅', 즉 이제는 분리된 안전한 교외에 사는 중산계급의 사회의식에서는 보이지 않는 가려진 영역을 차지하고 있다고 지적했다. 해링턴은 경제적 '거부자들'이라는 표현도 썼다. 만족스러운 생산성을 발휘하면서 사회에서 상향 이동을 하는 미국 주류 사회 노동력에서 소외당한 채로, 소모품 취급을 받는 사람들을 가리킨다. 빈민을 멀리 떨어진 식민지의 외딴곳에 버린다는 과거 영국인의 생각이 결코 사라진 것이 아니었다. 눈에서 멀어지면 마음에서도 멀어지는 법이니까.[89]

존슨 역시 푸대접받는 하층민 문제를 땅이라는 측면에서 고민했다. 존슨의 표현에 따르면 빈민은 '우리가 이미 가지고 있는 것이 결여된, 보잘것없는 땅에 사는 가엾은 사람들'이었다. 존슨은 먹고살 만한 면적의 땅을 가졌으면 하고 바랐던, 역사 속의 물납소작농을 염두에 두고 있었다. 존슨은 텍사스 구릉지대의 나트륨·칼슘 등의 함량이 높은

'칼리치^{caliche}라는 척박한 토양'에 대한 애착을 잃지 않았고, 자신의 강인한 힘이 그곳의 '거칠고 단단하고 점성이 강한 토양'에서 나왔다고 인정했다. 영부인 버드 존슨 역시 남편이 정치하면서 불굴의 의지를 발휘할 수 있었던 것은 젊은 시절 남편이 살았던 땅 덕분이라고 생각했다. 말하자면 존슨은 황무지에 살면 사람의 기백이 죽는다는 오랜 통념을 뒤집은 인물이었다. 존슨은 황무지의 진흙 속에 갇혀 옴짝달싹 못하는 나약함 따위와는 거리가 멀었다. 오히려 존슨은 자신을 가혹한 자연조건 극복에 필요한 강인함과 추진력으로 출신 계급의 한계를 극복하는 사람으로 생각했다.[90]

1965년 대통령 취임식 당시 존슨을 가장 정확하게 포착하고 표현한 사람은 「뉴욕타임스」 레스턴^{James Reston} 기자가 아닌가 싶다. '과거의 변경에 대한 신념'과 과학이라는 새로운 변경을 모두 이야기하는 사람이 있다. '그것이 자신의 마지막 말인 양, 항상 모든 말을 진심으로 하는' 그런 사람이 있다. '가까이서 지켜본 사람이라면 누구도 그의 진정성을 의심할 수 없다.' 레스턴은 존슨에게서 완전하게 '극화한 아메리칸드림' '세상의 정상에 선 가난뱅이, 촌뜨기'를 발견했다.[91]

취임식으로부터 2주 뒤에 존슨은 상원 청소년 교육 프로그램에서 학생들을 상대로 연설했다. 존슨은 학생들에게 그들의 조상이 누구인지, 피부 색깔이 무엇인지, 소작농의 집안에서 태어나 손바닥만 한 집에서 자랐는지 같은 것은 전혀 중요하지 않다고 자신 있게 말했다. 하지만 알고 보면 그는 이런 모든 것들이 매우 중요하다는 사실을 잘 알고 있었다. 촌뜨기 존슨은 사람들의 시선을 받는 높은 자리에 있는 순간을 나름 즐겨왔을지 모르지만, 속으로는 권력 엘리트 사이에서 자신의 지위가 결코 안정적이지 않다고 생각했다. 미국의 권력 엘리트는 결코 그를 완전히 받아들이지 않았다. 촌뜨기는 언제라도 백인 쓰레기 기질을 들킬 수 있었다. 숨기기 힘든 흔적들이 언제 어디서 튀어나올지 몰랐다. 오랜 습관 때문에 부적절한 어떤 단어가 부지불식간에 튀어나올 수도 있었다. 존슨은 남부 사람 특유의 투박한 느린 말투나 끈적끈적한 붉은 흙먼지 흔적을 결코 감출 수 없었다. 말하자면 계급 정체성을 말해주는 지울 수 없는 흔적들이 영원히 그를 따라다녔다. 존슨이 자신이 태어난 척박한 땅에서 아무리 멀리 떨어진 어딘가를 헤맬지라도.[92]

제3부

백인 쓰레기의 변모

제11장

레드넥 뿌리: 〈서바이벌 게임〉, 빌리 맥주, 태미 페이

"최초의 크래커 대통령은 지미와 빌리(카터)의 혼합이어야 했다.……지미의 신중하고 고결한 정의 아래서 작동하는 빌리의 '알게 뭐냐 저리 비켜' 식의 태도(혹은 인간의 한계에 대한 빌리의 인식 아래서 작동하는 지미의 이상주의), 그런 속에서 그들의 조지아에서 삶처럼 더할 나위 없이 훌륭한 혼합물이 만들어지는 그런 상태여야 했다."

- 로이 블런트 주니어^{Roy Blount Jr.}, 『크래커들^{Crackers}』(1980)

20세기 마지막 10년에 [인종, 종교, 계급, 성 등 여러 기준으로 분화된 집단이 각각의 이해관계에 따라 권리를 주장하는 데 초점을 맞추는] 정체성 정치가 선을 위한 힘으로 부상하면서, 누구나 과거 소외되었던 미국인들의 목소리를 인식하고 거기에 주의를 기울여야 진정성을 확보할 수 있게 되었다. 이제는 백인은 유색인종을 대변할 수 없었다. 남자가 여자를 대변할 수도 없었다. 1960년대 신좌파운동, 공민권운동, 블랙파워운동이 '제2물결 여성운동' 활성화에 도움을 주었지만, 정체성 정치는 좌파들의 전유물은 아니었다. 1968년 리처드 닉슨은, 자신을 성실하게 세금을 내면서 연방정부에 요구하는 것은 거의 없는 근면한 중산층 주택 소유자라고 생각하는 '침묵하는 다수'의 이해를 대변하겠다고 자처하면서 대통령 자리에 올랐다.[1]

정체성은 항상 정치 일부였고, 출세 지향적인 사람들은 옷 스타일을 바꾸듯 정체성을 고른다고 주장할 수도 있으리라. 그렇지만 이는 일부에 해당하는 양태일 뿐이다. 일부는 정체성을 선택할 수 있지만, 다수는 주어진 정체성을 갖고 산다. 백인 쓰레기들은 결코 스스로 그런 명칭을 선택하지 않았고, 시골 빈민 역시 사회의 왕따라는 사실을 인정하고 스스로 '폐기물 인간' '폐물' '클레이이터' 등의 표현을 쓰지는 않았다. 앞서 살펴본 것처럼 북군 병사와 링컨을 따르는 공화당원들은 메이슨-딕슨 선 너머 남부 사람들이 퍼붓는 '머드실'이라는 의도된 욕설을 적극적으로 받아들였다. 그들 스스로 정치적 담론을 형성할 문화적인 힘을 가지고 있었기 때문이다. 그러나 일반적으로 소외되고 추방당한 사람들은 그런 힘을 가지고 있지 않았다.

드디어 출세하고 성공한 사람들이 '백인 쓰레기' 정체성을 인정하면서 자신들의 암울한 계급 배경을 차별화된 (그리고 역으로 고결한) 유산으로 옹호하고 나서기 시작했다. 1980년대 말이 되기 전에 '백인 쓰레기'는 이미 그들 고유의 눈길을 끄는 문화 행태, 즉 음식, 말투, 취향, 일부에게는 향수를 자극하는 추억 등을 동반한 하나의 민족 정체성ethnic identity으로 브랜드 이미지를 쇄신했다. 이민자들은 그들이 돌아볼 해외의 뿌리를 가졌다면, 백인 쓰레기는 미국 안에 그들만의 나라를 만들어냈다. 가장 긍정적인 형태로 보면, 무정형의 미국 계급제도의 밑바닥을 이루는 이들은 이제 (바람직하지 않은 유전적 특징을 지닌) 열등한 '종족'으로 분류되지 않았고, 쉽게 벗어 던지고 되찾을 수도 있는 문화적 교합의 산물, 즉 주류 사회에서 용인받기 위해 굳이 피할 필요가 없는 전통 혹은 정체성으로 분류되었다. 그러나 최악의 형태로 보면, 백인 쓰레기 정체성은 개인의 유년시절 정신적 충격을 준 경험을 들추고, 유년시절 기억을 억압했다. 그것의 절대 사소하지 않은 부분이 성적인 일탈, 즉 오늘날에도 여전히 백인 쓰레기 미국인 주위를 맴도는 문제였다. 할리우드 소설가 디키$^{James\ Dickey}$의 폭력적인 스릴러물 『서바이벌 게임^{Deliverance}』(1970)을 각색한 동명의 영화에서는 전 국민에게 그런 일탈의 영원한 상징, 야만에 호소하는 사회 불청객의 모습을 적나라하게 보여주었다. 1972년에 개봉된 영화는 사우스캐롤라이나 접경지대에서 멀지 않은 조지아주 시골 지역을 배경으로 하는데, 백인 쓰레기의 추악함과 벽지 사람들의 방탕함에 대해 엄청나게 충격적인 초상을 전 국민의 뇌리에 각인시켰다.

도시를 배경으로 하든 시골을 배경으로 하든, 종교적이든 세속적이든, 앞에 앵글로^{Anglo}라는 단어가 붙든 아니면 다른 단어가 붙든, 국민적 소속감 추구는 결코 새로운 것이 아니다. 〈서바이벌 게임〉에 나오는 역행하는 메시지(특히 네드 비타라는 인물의 끔찍한 강간)로 인해 느슨하게 풀려난 끔찍한 문화적 기억에도 불구하고, 미국의 벽지는 재생과의 연관성을 완전히 잃지는 않았다. 애팔래치아는 여전히 많은 이들의 머릿속에 앵글로-색슨의 좀 더 순수한 혈통을 보유한 잃어버린 섬으로 남아 있었다. 제퍼슨이 말한 최고의 요민 '뿌리'를 찾을 수 있는 곳이 바로 이곳, 상상 속의 과거의 나라였다. 무엇보다 이곳 산지에서는 날것 그대로의 남성성을 찾을 수 있었다. 더욱 큰 흐름은 미국을 이전보다 민족을 의식하는 나라로, 다시 말해 민족성이 계급을 대신하는 그런 나라로 바꾸고 있었다. 그렇다고 유전 모델이 완전히 폐기된 것은 아니었다. 오히려 그것은 타고난 특성보다는 전달되는 문화적 가치에 초점을 맞추는 방향으로 형태를 바꾸었다.

이런 문화적 정체성의 본질을 두고 야기되는 혼란에 고유의 역설이 더해졌다. 현대 미국인들의 안정된 **진짜 자아**에 대한 맹목적인 추구는 뿌리가 버려질 수 있고, 실제로 버려질 때도 잦았던 시골에서 일어나고 있었다. 미국 모델에서는 사회이동에 앞서 동화가 진행되었다. 자신을 바라던 중산계급이라는 범주에 끼워 넣기 위해서는 새로운 정체성을 채택하거나 계급 위장을 가정해야 했다. 그런데 1960년대 무렵 중산계급은 **진짜와는 가장** 거리가 먼 위치가 되어 있었다. 교외 지역은 가열만 해서 먹는 냉동 포장 식품, 진부한 중산층의 속물근성, 저질 시트콤 같은 강렬한 이미지들을 제공했다. 여러 가지를 생각하게 하는 영화 〈졸업The Graduate〉의 고루한 만찬 장면이 대표적이다. 영화 속 만찬에서 주인공은 미래를 위해 플라스틱에 투자하라는 소리를 듣는다. 화학자들이 만들어낸 인공 제품만큼 진짜가 아닌 가짜, 가식을 잘 대변할 소재가 있을까? 중산계급이 느끼는 안도감이 착각이라는 인식이 점점 커지고 있었다. 두 명의 사회학자가 아이러니하게도, 1970년대에 여전히 주장되는 진짜 정체성이 시골 빈곤층이라는 고립된 집단에는 거의 존재하지 않는다는 결론을 내렸다. 테네시주 애팔래치아 지역의 힐빌리, 중서부 중에서도 북부 지역에서 어려운 생활을 하는 영세농, 뉴잉글랜드의 '습지에 사는 양키'들에게는 진짜 정체성을 찾아볼 수 없다고.[2]

1973년 PBS에서 방영된 〈어느 미국인 가정An American Family〉 덕분에 수백만 명의 시청자가 중산계급의 삶을 생생하게 느낄 수 있었다. 텔레비전 최초의 '리얼리티 쇼' 시도였던, 라우드 가족 이야기는 일종의 문제 가정 보고서였다. 라우드 가족은 [〈오지와 해리엇의 모험〉에 나오는]

오지와 해리엇에게서 10년, 그리고 [〈브래디 번치^{The Brady Bunch}〉의 주인공인] 온순하고 아동 친화적인 브래디 번치로부터는 정서적으로 몇 광년은 떨어져 보이는 사람들이었다. 제작진은 1년이라는 기간에 걸쳐 300시간 분량의 녹화를 했고, 이를 12시간 분량의 흥미진진한 TV 다큐멘터리로 편집하여 방영했다.

멋모르는 사람들은 새로운 TV 가족을 좋아했을지 모르지만, 「뉴욕타임스」 기사에서는 라우드 가족의 세계를 문화적 진공상태로 표현했다. 그들은 취미랄 것이 거의 없고, 전반적으로 세상의 고통에도 크게 신경을 쓰지 않으며, 서로를 상대할 때면 감정적으로 합선을 일으키는 것 같았다. 부모인 빌과 팻은 별거 중이었다. 갈등을 회피하고 실패를 전혀 인정하지 못하는 남편 빌은 이혼 앞에서도 자성이 없다. 해설자인 로이피^{Anne Roiphe}의 표현에 따르면 빌은 결혼 파탄을 '사소한 치통'처럼 느꼈다. 촬영 도중 라우드 가족의 집이 불타는 사고가 일어나지만, 그것조차도 가족들을 거의 동요시키지 못했다. 그들은 마치 '해파리'처럼 삶 속을 둥둥 떠다녔다. 투명한 무채색에 서로에게 반응하지 않는 냉담함을 보이면서. 그들은 '예쁜 것'을 중시했고, 겉보기에 예쁘고 성공한 이웃들 말고는 누구에게도 관심을 보이지 않았다. 라우드 가족은 '그렇지 않은 사람' 이야기가 나오면 어찌할 바를 몰라 했다.

로이피는 푸조^{Mario Puzo}의 〈대부^{Godfather}〉에 나오는 집안을 언급하면서 사뭇 장엄한 어조로 "어쩌면 라우드 가족의 일원이 되느니 콜레오네의 일원이 되는 편이 나을 것이다"라고 말했다. 적어도 동족을 위해서라면 폭력도 서슴지 않는 시칠리아 사람들의 성격은 따뜻한 피가 돌게 하니까(로이피가 '콜레오네' 대신 '레드넥'이라는 단어를 썼어도 괜찮을 뻔했다). 라우드 가족은 1970년대 수많은 중산계급 구성원들이 그렇듯이 스스로 얼마나 무미건조한 삶을 사는지를 자각하지 못한 채로 표류하고 방황했다. 이들 견본 가족을 향한 로이피의 최신 모토는 이렇다. '아무리 공허할지라도, 내 집만 한 곳은 없다.'[3]

역사소설이 문화적 갈망에 대한 하나의 해결책을 제시했다. 알렉스 헤일리^Alex Haley 의 『뿌리^Roots 』(1976)는 언론의 뜨거운 관심을 받았다. 무려 22주 동안 「뉴욕타임스」 베스트셀러 순위 꼭대기에 있었고, 나중에는 12시간짜리 미니시리즈로 만들어져 에미상 아홉 개 분야를 석권했다. 헤일리는 대다수가 가능하리라고 생각도 못한 일을 해냈다. 그는 아프리카계 미국인인 자기 가족의 역사를 추적해 감비아의 어느 마을까지 거슬러 올라갔다.

저자의 성공은 전적으로 자신의 부계 조상으로 미국에 와서는 토비라고 불렸던, 쿤타 킨테를 찾아냈다는 주장 덕분이었다. 헤일리는 자신이 오랜 시간 공들여 조사한 결과, 자기 가족의 구술역사(그리고 어느 흑인 이야기꾼이 말하던 역사)가 기록 문서로 입증 가능하다는 사실을 보여줄 수 있게 되었다고 주장했다. 책에 나오는 대화는 지어낸 것일 수 있지만, 가족사는 역사의 진정한 단편이라는 것이었다.

이런 엄청난 노력에 감명을 받은 「뉴욕타임스」는 '진짜 디테일이 풍부하게 담겨 있으며', 자신의 이야기에 '생생한 역사감'을 훌륭하게 주입했다고 헤일리를 극찬했다. 「뉴욕타임스」 역사상 가장 눈에 띄는 리뷰에서는 헤일리의 저서를 '산더미 같은 사실로 캐낸 진실'이라고 단언했다. 「뉴스위크」 역시 '개인적, 역사적 진실을 찾으려는 엄청난 열

정에 힘입은, 철저한 조사를 토대로 나온 놀라운 사회 기록'이라고 극찬했다. 그러나 모두 거짓이었다.[4]

엄청난 부수를 판매한 빅히트작의 저자가 자신의 진짜 뿌리를 밝혀내기는커녕 자신의 혈통을 꾸며냈다는 사실이 드러났다. 1977년에 저명 언론인과 학자들이 헤일리의 작품을 '사기'라고 부르면서 역사와 관련한 헤일리의 주장을 놓고 논쟁을 벌였고, 해당 내용이 신문에 발표되면서 이후에 4년에 걸쳐 전모가 밝혀졌다. 헤일리는 결코 존재한 적 없는 특출한 유산에 관한 장엄한 서사를 이야기하기 위해서 집안 구전을 조작하고 가계도를 윤색했다. 우선, 헤일리가 의존했던 감비아인 이야기꾼은 어쩌면 하나같이 그가 듣고 싶어 하는 이야기만 해주었다. 역사 속의 토비가 쿤타 킨테라는 이름으로 태어났다는 사실조차 거짓이었다. 즉, 헤일리가 말하는 토비의 가계도와 혈통은 완전한 허구였다. 헤일리가 말하는 아프리카는 타잔이 뛰어다니는 초목이 무성한 정글 이미지가 아니었고, 헤일리 자신이 반의식적으로 혹은 의식적으로 왜곡한 이미지였다. 헤일리는 감비아를 여러 마을로 이루어진 미국 중부와 흡사한 땅으로 변형시켰다. 유명한 그의 조상들이 살았던 실제 마을은 역사에 굶주린 아프리카계 미국인들에게 그들만의 플리머스 바위를 제공하는 원시 세계로 그려지는, 서아프리카의 상징적인 '에덴동산'과는 거리가 멀었다. 헤일리는 사실, 그의 조상은 영국의 교역소trading post에 살았다고 인정했다.[5]

이상의 왜곡과 포장이 『뿌리』 저자가 저지른 잘못 전부라고 해도, 그것만으로도 충분히 죄질이 좋지 않다. 그러나 뿌리를 찾으려는 헤일리의 노력은 훨씬 심각한 오류를 드러냈다. 쿤타 킨테의 미국 후손들의 생일이 틀린 것은 물론이고, 헤일리는 자신과 무관한 사람들이 자기 집안 가계도에 속한다고 간주했다. 『뿌리』에 기록된 백인과 흑인 가족 모두가 실존하는 역사 기록과 일치하지 않았다.

노스캐롤라이나의 리^{Lea}라는 백인 가족 후손에 대해 말하면서 헤일리는 '톰 리'라는 극악무도한 크래커를 등장시키는데, 100퍼센트 만들어낸 허구의 인물이었다. 톰 리는 쿤타 킨테의 딸인 (헤일리가 자신의 직계 조상이라고 주장하는) 키지를 강간하고, 물라토인 자기 아들 '닭치기 조지'의 가족을 팔아넘기는, 말하자면 아들까지 배신하는 그런 인물이다. 그러나 실제로 이런 일은 일어나지 않았을 가능성이 크다. 역사 기록에 등장하는 '토머스 리'라는 사람은 그 무렵에는 이미 사망했기 때문이다. 더구나 알고 보면 토머스 리는 헤일리가 말하는 '가난뱅이 크래커'가 아니라 1만 6,000에이커의 토지에 수많은 노예를 거느린 잘나가는 지주였다. 토머스 리의 친족 중에 몇몇은 명망 있는 공직에 오르기도 했다.

『뿌리』에서 계급 요소는 이처럼 아프리카인 측면뿐만 아니라 미국인 측면에서도 오류투성이였다. 또한 헤일리의 잃어버린 감비아 조상들이 엘리트 혈통이었고, 토비(혹은 쿤타 킨테)가 미국 남부에서 가장 힘든 노동을 하는 아프리카계 미국인 농장 노동자보다 혈통과 계급 면에서 우위라는 증거가 티끌만큼도 없었다. 그러나 헤일리 처지에서 미국의 쿤타 킨테는 자신의 자랑스러운 조상에 대한 기억을 소중하게 간직하고, 명예롭게 생각하는 남자의 모습을 하고 있어야 했다. 비록 노예가 되었어도 쿤타 킨테와 가족들은 하층계급인 크래커 친척들과는 스스로 구별을 해야 했다.[6]

그렇다면 분명히 정리해보자. 헤일리의 책은 자기 가족사를 허위로 꾸며냈을 뿐만 아니라 전적으로 보수적인 논리를 적용했다. 그는 자신을 아프리카 귀족의 일원으로 해석했고, 조상을 보면 개인의 장래성을 알 수 있다고 주장했다. 사실 『뿌리』는 진실이라기에는 너무 좋은 내용이다. 작품을 쓰기도 전에 여러 방송국에 자기를 홍보하느라 열심이었던 헤일리가 결국에는 거짓말쟁이에 사기꾼으로 밝혀진 이유가 여기에 있다.[7]

헤일리의 『뿌리』는 가계도를 꾸며내기가 얼마나 쉬운가를 여실히 보여준다. 이런 허구의 가계도를 꾸며낸 사람이 헤일리만은 아니었다. 사실 가계도 꾸며내기가 대유행이었다고 해도 과언이 아니다. 미치너 James A. Michener 는 20세기 역사소설 작가로 가장 인기를 끌었던 인물이라 할 수 있을 것이다. 미치너 역시 『체서피크만 Chesapeake 』(1978)이라는 소설에서 사실상 백인 버전의 『뿌리』를 만들어냈다. 미치너는 출신 계급이 다른 대여섯 가족을 추적하면서 그들의 운명을 황새와 뱁새가 여기저기 흩어져 있는 풍경과 연결 짓기도 했다. 미치너가 집중적으로 다루는 백인 쓰레기 혈통은 티모시 털록이라는 사람에게서 비롯되는데, 미치너는 그를 '몸집이 작고, 약삭빠르고, 교활하고, 복장이나 습관이 모두 더러운' 사람으로, '여섯 명이나 되는 사생아'의 아버지라고 묘사했다. 영국에서 별 볼 것 없는 생활을 하던 털록은 1600년대 무자비한 식민정책에 따라 메릴랜드 동부 연안에 [쓰레기처럼] 버려졌고, 습지에서 살았다.[8]

여러 세대가 흐른 뒤에도 털록 가문에는 거의 변화가 없었다. 에이머스 털록은 1970년대 트레일러에 사는 이빨 빠진 괴짜였다. 어느 서평가가 말한 것처럼 '야생의 습지인들'이 소설 전체 서사에 단단히 자리 잡고 있었다. 틸록 가문 사람들은 그들이 사는 땅과 더불어 여전한 모습이었다. 에이머스는 자신이 사는 트레일러를 산타와 일곱 난쟁이 같은 조잡한 조각상들로 둘러쌌다. 그리고 수렵 관리인을 찾아내 거위 사냥에 주로 사용했던 특별히 긴 (불법) 톰블리 총을 겨냥하는 데서 더없는 쾌락을 얻었다. 미치너의 역사적 재창조 속에서 틸록 가문 사람들은 모두 당장의 생존만 생각하는 교활하고 무자비한 존재들이었다.[9]

〈애덤스 연대기The Adams Chronicles〉는 1976년 건국 200주년 기념으로 방영된 텔레비전 미니시리즈다. 압도적인 서사와 텔레비전 역사물이라는 성격이 결합한 결과물로, 건국의 아버지들 자체가 미니시리즈를 만들고 남을 왕가 못지않은 영웅담을 제공한다는 사실은 전혀 이상한 일이 아니었다. 〈애덤스 연대기〉는 신경질적인 뉴잉글랜드 농부 존 애덤스가 대통령직에 오르기까지 과정을 추적한 다음, 이후 3대에 걸친 후손들의 삶으로 넘어가 20세기 초반까지 살았던 심지 굳은 역사학자로 뛰어난 기량을 자랑했던 헨리 애덤스Henry Adams에서 끝난다.

PBS에서 다룬 일종의 자매서 서문에서 신임 국회도서관장 부어스틴Daniel Boorstin 교수는 애덤스를 다음과 같은 모순어법으로 재정리했다. '자수성가한 귀족' 애덤스의 널리 유명한 '자만심', '여론과 괴리된 독립성'이 '애덤스가家 전통'으로 변한다. 계급적 오만이 존경할 만한 가문의 특성으로 재정의되었다는 의미다. 〈애덤스 연대기〉에는 틸록 일가 같은 사람들은 등장하지 않는다. 그렇다 보니 대중 선동가로 통하는 새뮤얼 애덤스Samuel Adams 같은 이가 가문의 '교활한' 문제아 역할을 하고 있다. 대륙회의에 참석하면서 마부가 딸린 화려한 고급 마차를

타고 가야 한다고 고집을 피웠던 입신 출세주의자 사촌과 대비되면서
존 애덤스의 '수수한' 면모가 한층 부각되었다.[10]

1970년대에 일어난 계급 재편 와중에 20세기 소수민족들의 정치적
인 지위는 일련의 변화를 견뎌냈다. 시작은 루스벨트의 뉴딜정책에서
포용한 사람들이 아닌, 다른 부류의 '잊힌 미국인들'에 대한 닉슨 대통
령의 호소였다. 닉슨이 호소했던 대상은 1969년 「뉴욕New York」 잡지에
실린 기사에서 해밀Pete Hamill이 밝힌 '백인 중하류층White Lower Middle Class'
이었다. 그들은 소외된 '서민'이었고, 닉슨은 이들 근면하고 진실한
'침묵하는 다수'를 미국 사회의 중추로 받아들이겠다고 약속했다. 노
백Michael Novak은 『녹아들지 않는 소수민족의 대두The Rise of the Unmeltable Ethnics』
(1972)에서 소수민족 출신 미국인들은 충성심, 국기 사랑, 근면함 같은
전통적인 가치를 이해하고 있으며, 정부가 불공평한 특별 지원을 제공
하리라고 기대하지 않기 때문에(사람들은 흑인이 그런 기대를 하고 있다고
생각했다), 바람직한 미국인이라고 주장하면서 이런 논의를 한 걸음 더
진척시켰다.[11]

복지 제도는 이 시기 미국인들을 분열시키는 이슈 가운데 하나였
다. 일부 닉슨 지지자는 복지 혜택 수급자 중에는 가끔씩만 정부의 지
원을 받는 근면한 사람이 있다는 사실을 충분히 알고 인정했다. 그러
나 그들이 보기에 영원한 의존의 늪에 빠진, 자격이 불충분한 사람들
도 있었다. 복지 제도 비판자들은 이를 인종 문제로 보는 경향이 강
했지만 사실은 그렇지 않았다. '잊힌 다수' 중에 1,740만 명으로 추산
되는 사람들이 가난한 백인이었고 이들의 대다수는 남부에 살았다.

1969년에는 여성들이 복지권 운동을 주도했다. 사우스캐롤라이나주 보퍼트에서 불만을 품은 사람들이 식료품 구매 할인권 지급 지연에 적극적으로 항의하러 나섰던 때다. 보육원을 운영하던 프레이저 부인 Mrs. Frazier이라는 여성이 '생활 보조금을 받는 어머니들'을 이끌고 시위를 주도했다. 동시에 일단의 부유층 여성들이 보퍼트의 역사적으로 중요한 주택과 정원을 둘러보는 연례 투어를 조직하자 프레이저 부인은 이에 맞서 빈민 주택을 둘러보는 투어를 조직했다. 그런데 범위를 넓혀 전국적인 논쟁을 보면 분위기가 사뭇 달랐다. 닉슨 지지자들은 복지 프로그램이 어떻게 '나약한 사람들을 양산하는가?'에 대해 성난 불만을 토로하는 것처럼 보였다. 이번에도 사람들은 빈곤이 문제 많은 성장 환경 탓이라고 생각했고 근면을 강조하면서 강인한 의지를 가지고 부지런히 일하면 사회에 단단한 뿌리를 내리고 상향계층이동이 가능하다고 주장했다. 그러나 프레이저가 보기에 어떤 사람이 직업을 가지고 가족을 부양하려면 복지와 보육 프로그램이 필수였다. 굶주림은 현실적인 위험이었다. 실제로 사우스캐롤라이나주 빈민들은 여전히 십이지장충 같은 기생충과 싸우고 있었다.[12]

1970년대 도시민들이 민족의 부활을 찬양하는 동안, 근면한 그리스인, 이탈리아인, 중국인은 집안의 전통을 계승하고 지지했다. 차이나타운 주변 식당들의 인기도 덩달아 상승했다. 중산계급들 사이에는 소수민족 전통 요리를 찬양하는 정서가 유행이었다. 왕년의 향수를 담은 흐릿한 불빛을 통해 보면 빈곤은 한층 완화된 모습으로 보이게 마련이었다. 근면성이라는 윤리 자체가 나무 모양의 민족과 가족 계보에 접목되었다. 과거의 빈곤은 부담스러운 짐이나 장애물이 아니었다. 무엇이 되었든 사람의 뿌리는 현재의 오점이 아니었다. 맨해튼의 빈민가인 로어 이스트 사이드에 사는 유대인들의 특색 있는 생활을 애정 어린 시선으로 표현한, 하우Irving Howe의 『우리 아버지들의 세상*World of Our Fathers*』(1976)을 요약하면서 한 비평가는 '모두가 뒤돌아볼 게토를 원한다'는 결론을 내렸다.[13]

그것이 사회이동으로 이어지는 경우 소수민족 정체성은 긍정적인 속성으로 여겨졌다. 비호감인 (혹은 미국인답지 않은) 특이성이 깔끔하게 정리된다. 특유의 음식, 문학, 음악, 의류 등이 장려되었다. 전체 민족성은 연방이민국이 있는 엘리스섬을 거쳐 들어온 병든 사람, 옹색한 개잠을 자는 지저분한 사람들, 말하자면 구체적인 개인과는 구분되는 것이었다. 유산이란 역사에 대한 기억 자체가 그렇듯이 언제나 선택적인 법이다. 소수민족 출신자와 빈민들은 멀리서 보면, 혹은 시간적인 거리를 두고 보면 칭찬할 만한 훌륭한 존재였다. 그렇게 하는 것이 전체 서사에서 중산계급의 우위를 보장해주는 한은 그랬다. 사람들은 잊어버리고 싶은 불쾌한 진실들은 내던져버리고, 유리해 보이고 지키고 싶은 일부 유산을 선택해 애지중지 소중히 하는 쪽을 택할 수 있었다.

머지않아 사람들은 같은 심리를 이용해 레드넥을 재단장하고 백인 쓰레기를 진정한 문화유산으로 받아들였다. 레이스용으로 개조된 시판 차를 가지고 벌이는, 열광적이고 거친 스포츠인 스톡카stock car 경주를 처음 시작한 이들은 위스키에 절어 살고 법망을 피해 다니기로 유명한 밀주업자들이었다. 그러나 1970년대가 되면 자동차회사와 유명 운전자들의 돈 덕분에, 불법 스포츠였던 것이 NASCAR라는 어엿한 대회가 되었고, 야심 많은 중산계급 미국인들이 즐기는 한층 다듬어진 오락거리가 되었다. 한편, 컨트리 음악 가수인 러셀[Johnny Russell]과 옥스퍼드[Vernon Oxford]는 크게 인기를 끌었던 싱글곡 「레드넥, 화이트삭스, 블루리본 비어[Rednecks, White Socks, and Blue Ribbon Beer]」(1973)와 「레드넥!(레드넥 국가)[Redneck!(the Redneck National Anthem)]」(1976)을 발표했다. 옥스퍼드는 '레드넥'을 '컨트리 뮤직을 즐기고 맥주를 좋아하는 사람'이라고 정의했다. 엘비스가 사망한 해인 1977년에는 컨트리록 음악의 새로운 여왕, 파튼[Dolly Parton]이 상류층 패션잡지 「보그[Vogue]」에 등장했다. 완전히 재단장한 레드넥, 즉 '세련되고 멋진 레드넥'이 1981년 할리우드 영화 〈도시의 카우보이[Urban Cowboy]〉까지 진출하는데, 뉴저지 출신 젊은 배우 트라볼타[John Travolta]가 딱딱한 카우보이모자를 쓰고 싸구려 술집을 드나들며 텍사스 사교댄스를 추는 뷰퍼드 데이비스 역할을 맡았다. 1986년에는 레드넥들이 사용하는 저속한 언어와 시골 요리를 찬미하는 미클러[Ernest Matthew Mickler]의 『백인 쓰레기 요리[White Trash Cooking]』가 출판되었다. 요식업자이면서 컨트리 음악 가수이기도 했던 미클러가 72세인 친척 아주머니에게 발간된 책을 주자 그녀는 이렇게 말했다. "흠, 사람들이 우리를 이렇게 부르지. 그렇지?"[14]

백인 쓰레기를 받아들이거나 그들에게 적응하는 방향으로의 전환이 겉보기처럼 마냥 매끄러웠던 것은 아니다. 돌리 파튼이 한껏 과장된 매춘부 같은 패션을 유행시키고, 자신의 노래를 통해 메릴린 먼로[Marilyn Monroe]와 제인 맨스필드[Jayne Mansfield] 같은 섹시한 금발미녀에 대한 풍자시를 텔레비전 드라마 〈릴 애브너〉에 나오는 데이지 메이와 연결하기는 했지만, 한편으로 대중이 생각하는 그녀의 정체성은 백인 쓰레기라는 불명예와 오점에서 벗어나지 않았다. "사람이 이렇게 싸구려로 보이게 만드는 데 얼마나 큰 비용이 드는지 모르실 거예요."
1986년 파튼이 어느 기자에게 했던 말이다. 섬세한 배려 따위는 눈곱만큼도 찾아볼 수 없었던 할리우드 블록버스터 〈서바이벌 게임〉은 또 어떤가! 우생학운동이 시야에서 사라진 이후, 이보다 충격적이고 파괴적인 힐빌리의 초상은 좀처럼 찾기 힘들 정도다. 원서와 영화를 본 백인 중산층 독자와 관객들은 저자 제임스 디키에게 팬레터를 보내 네 명의 용감무쌍한 애틀랜타 모험가들을, 황무지의 위험을 극복하고 백인 쓰레기 야만인들의 손아귀에서 벗어난 과거의 개척자들인 양 찬미했다. 디키의 제자 하나는 그것이 얼마나 비인간적인 어조인지는 의식하지 못한 채로 스승에게 한껏 아첨하는 편지를 보내기도 했다. 열광적인 오지 여행가였던 제자는 이렇게 말했다. "저는 활을 가지고 가지 않으며, 산 위에는 제가 몰래 접근해 죽여야 할 레드넥들도 없습니다만." 그는 도덕적인 관점에서 산을 오르는 스릴과 산지인에게 죽음을 선물하는 데서 오는 스릴을 구별하지 못했다.[15]

계급 간의 적대감은 없어지지 않고 지속되었다. 남부 교외 거주자 다수가 같은 지역에 사는 백인 쓰레기 하층계급에 동정심을 품지 않았다. 그들은 하층계급 레드넥과 '평균 이상의 레드넥' 사이에 날카로운 계급 구분 선을 그었다. 남부 출신 소설가이자 민권운동가인 스미스Lillian Smith는 독기 가득한 감정이 부글부글 끓고 있는 그런 곳들을 발견했다. 공화당 지지로 돌아선 북부 도시의 블루칼라 소수민족 출신들이 그렇듯이, 힘들게 중류계급에 합류한 남부 사람들은 '영세민 지원금이 들어올 때까지 한 달 내내 징징대며 우는소리를 해대는, 의지박약에 게으르고 아무짝에도 쓸모없는 사람들'을 혐오했다. 신분이 상승한 백인 쓰레기 부모의 아들들은 자신을 근면하게 일하는 자립적인 존재들이라고 간주하면서, 스미스의 표현을 빌자면, '사람은 자기 자신에 대해서 전적으로 홀로 책임을 지는 것'이라고 생각했다. 마찬가지로 백인 쓰레기를 경멸하는 자수성가한 남자는 자신의 부모 역시 연방 정부의 지원을 받고서야 타르 칠한 방수 종이를 덧댄 판잣집에서 벗어날 수 있었다는 사실 따위는 망각하는 쪽을 택했다. 또한 이제 자신은 존경할 만한 사회적 지위로 올라갔으므로, 자기 뒤에 남은 신분 상승 사다리는 치워버렸으면 했다.

교외 거주 백인의 흑인을 향한 증오가 백인 빈민층을 대하는 데서 그대로 되풀이되었다. 스미스는 과거의 남부 백인 빈민층과 신분 상승한 이민자의 공통점을 발견했다. "그동안 나라 모든 사람이 항상 원해 왔던 것, 그리고 대부분 이민자의 목적은 고약한 냄새가 나고, 판잣집에서 잠을 자고, 돼지 비곗살을 먹고, 나갈 일자리가 없으니 내일도 빈둥거릴 준비를 하는 모든 사람에게서 멀어지는 것이었다." 위로 올라간다는 것은 아직도 '빈곤이라는 수렁'에 빠져 있는 사람들 앞에 있다는 의미였다. 그러나 새로 중류계급에 합류한 이들 신흥 세력은 다른 이들이 극빈 상태를 벗어나도록 도와주기는커녕 정부가 빈민에게 돈을 퍼주는 것에 깊이 분개했다.[16]

웨스트버지니아주의 민주당 상원 의원 버드[Robert Byrd]가 여기에 딱 맞는 인물이다. 1971년 귀족 출신 케네디[Edward Kennedy]를 물리치고 민주당 상원 원내대표로 선출된 그는 「뉴욕타임스 매거진[New York Times Magazine]」을 인용하자면, '원내대표라는 막강한 지위에 오른 백인 빈민층 출신'이었다. 고아로 한때 정육점 겸 잡화점을 운영하기도 했던 버드는 린든 존슨을 후견인으로 두고 있다는 점을 자랑스러워했다. 버드는 복지, 폭도, 공산주의를 공격함으로써 유명해졌다. 버드는 조사관을 고용해 워싱턴 D.C. 복지 수혜자 명부에서 사기꾼들을 색출했다. 또한 폭도들은 확실히 제거해야 하며, 약탈자들은 보이는 즉시 '신속하고 가차 없이' 쏘아버려야 한다는 무자비한 말도 서슴지 않았다. 이런 태도 때문에 버드는 상원에서 가장 미움을 받는 사람 중의 하나가되었다. 상원에서 그는 드라큘라, 지킬 앤드 하이드[이중인격자], 우라이아 힙 등으로 비유되었다. 우라이아 힙은 찰스 디킨스Charles Dickens 의 소설 『데이비드 코퍼필드David Copperfield』에 나오는 아부 좋아하고 탐욕스럽고 출세 지향적인 점원이다. 버드가 상원 원내대표로 선출된 이후, 한 상원 의원 보좌관은 민주당원들이 이제 '성공한 레드넥이 보여주는 파리한 메피스토펠레스 같은 모습'을 우러러봐야 할 판이라고 말했다.

버드는 생활보호 대상자들을 '간통을 일삼는 게으름뱅이'라고 불렀다. 심지어 그는 정부 지원을 받는 아이들에 대해서도 동정심이나 연민을 보이지 않고 매정했다. 아이들이 그저 배고픈 정도이고 굶주리는 것이 아니라면 원조를 받을 자격이 안 된다는 식이었다. KKK단의 과거 회원답게 버드는 (주로 흑인인) 컬럼비아 특별구(수도 워싱턴의 소재지)의 복지 혜택 수혜자와 자기 출신지인 웨스트버지니아의 게으름뱅이 낙오자들을 편리하게 구분하고 다르게 대했다. 따라서 그는 산지 백인 중에 복지 혜택 부정 수급자를 근절하려는 노력은 일절 하지 않았다. 처음 상원 의원에 출마했을 때 버드는 판잣집을 돌며 유세를 하는 동안 자동차 뒷좌석에 앉아 피들 곡을 연주함으로써 힐빌리 무리의 환심을 사려고 했다. 과거 아칸소 주가^{州歌}에 등장하는 피들을 연주하는 아칸소 여행자의 아련한 기억을 재연하면서 버드는 영리하게도 19세기 드라마의 두 가지 역할을 동시에 했다. 바로 가난한 백인과 야심 찬 정치인이었다. 「뉴욕타임스」는 버드가 '가난한 백인 권력의 화신'이라고 선언했다. 버드는 릴리언 스미스가 말하는 성난 레드넥으로, '초목을 베어내며 길을 내고' '빈곤의 숲에서 빠져나간' 입지전적인 인물이었다. 정치적 불관용의 상징으로서 버드는 더없이 냉혹한 모습을 보여주었다.¹⁷

스펙트럼의 반대쪽 끝에는 조지아주의 지미 카터^{Jimmy Carter}가 있었다. 리버럴 성향의 민주당원으로 1970년 조지아주의 주지사로 선출되었을 때, 그는 '남부의 신임 주지사' 중의 하나로 「타임」지의 표지에 등장했다. 제임스 바더먼, 유진 탤미지 같은 혐오스러운 이미지의 남부 정치인들이 사라진 지 수십 년이 지났지만, 카터는 여전히 이기기 위해 '레드넥' 선거운동을 펼쳐야 했다. 흑백 분리를 주장하면서 백인의 분노에 불을 붙여 여러 차례 앨라배마 주지사에 당선된 월리스^{George Wallace} 사례를 카터도 무시할 수는 없었다. 블루칼라와 농촌 유권자의 표를 얻기 위해 카터는 같은 리버럴 성향의 경쟁자 샌더스^{Carl Sanders}를 보통 사람과는 동떨어진 생활을 하는 기업 변호사라고 강조했다. 카터의 보좌관들은 샌더스에게 '커프스단추 칼'이라는 별명을 붙여 귀족적인 이미지를 부각했다. 또한 회원제 컨트리클럽 문을 보여주면서 성우가 "우리 같은 사람은 초대받지 못한다. 우리는 먹고사느라 너무 바쁘니까"라고 말하는 텔레비전 광고를 만들었다. 더불어 카터의 캠페인 팀은 가능한 후보가 못나 보이는 사진을 퍼뜨렸는데, 가난한 촌뜨기처럼 보이게 하려는 의도였다. 트랙터를 타고 있는 카터의 모습을 담은 사진도 있었다. 카터의 재산은 땅콩 농사 혹은 창고업으로 정직하게 벌어들인 돈이었다. 적어도 이론적으로는 그랬다. 말하자면 카터는 애틀랜타나 워싱턴 같은 대도시 출신 '거물' 정치인이 아니었다.[18]

결선투표 기간에 샌더스 쪽에서는 카터의 땅콩 농장 소작농들이 사는 황폐한 주택 사진이 실린, 불쾌한 전단지를 만들어 대응했다. 전단지의 설명은 '누군가 이런 사람들을 대변해야 할 때가 아닌가?'라는, 카터가 내건 슬로건을 역으로 이용해 창피를 주고 비웃는 내용이었다. 가장 비판적인 내용을 담은 전단지에는 카터가 인종차별주의 지도자와 함께 침대로 올라가는 장면이 담겨 있다. 여기서 카터는 광대 같은 맨발의 레드넥으로 그려졌다. 카터가 입고 있는 물방울무늬 정장 때문에 바보 같은 느낌이 한층 강화되었다. 여기서 말하려는 핵심은 카터가 보수 유권자들을 정치적으로 만족하게 할 정도로 자신의 계급 정체성을 조작할 수 있는, [성서의 비유를 들자면] 자신의 반점을 바꿀 수 있는 표범 같은 사람이라는 것이었다. 이런 공격은 진실과 동떨어진 것만은 아니었다. 카터는 예비선거에서는 흑인 소외에 크게 문제의식을 느끼지 않았지만, 본 선거에서는 태도를 바꿔 레드넥 어필을 완화했다.[19]

정치인 카터는 1972년 조지아주의 주도 애틀랜타에서 상영된 〈서바이벌 게임〉을 썩 내키지 않지만 관람해야 했다. 영화 홍보자들은 〈서바이벌 게임〉이 조지아주에 도움이 된다고 주장했지만, 카터는 신중한 입장이었다. 실제로 원작자 디키와 카터는 조지아 사람이라는 것 말고는 공통점이 전혀 없었다. 카터는 침례교도였고 절대 금주주의를 따르는 아내를 두고 있었던 반면, 디키는 부유한 집안 태생에 엄청난 애주가였고, 또한 병적으로 자기중심적인 사람이었다. 부잣집 응석받이로 나약한 젊은 시절을 보낸 뒤에 불안감에 시달리던 디키는 힐빌리 아이라는 자신의 이미지를 새롭게 만들어냈다. 디키는 힐빌리 출신이라는 이미지 이외에도 자신에 대해서 많은 거짓말을 했다. 조지아 북부 디키의 친척들은 알고 보면 대지주들로서, 그들의 과거 재산에는 상당수의 노예도 포함되어 있었다.[20]

1970년에 나온 디키의 소설은 잃어버린 남성성에 관한 고통스러운 탐구이자, 자기 '내면의 힐빌리'를 되찾으려는 시도였다. 표면상으로 소설(그리고 영화)은 애팔래치아로 카누 여행을 온 네 남자 이야기다. 통통한 미혼남 바비(비티[Ned Beatty] 분)가 영화에서 산지 남자 중의 하나에게 강간을 당하는데, 이때 공격자는 그를 '암퇘지'라고 부르고, '돼지처럼 꽥꽥 댄다'고 말한다. 성심리[性心理] 스릴러물인 이 영화에서 멋 부리기 좋아하는 도시 사람들은 마땅한 벌을 받는 데서 그치지 않는다. 그들은 자신들의 원시 본능을 다시 발견해야 했다. 디키는 이를 좋은 일이라고 여겼고, 따라서 주인공은 결국 더욱 강한 남자가 된다. 인터뷰에서 소설가 디키는 그가 보기에 오지의 매력은 사람이 괴물의 상대가 될 수 있다는 점이며, 오지 사람들 방식으로 행동한다는 것은 결국 '생존을 위해 필요하다고 느끼는 무엇이든 한다'는 의미라고 인정했다. 소설과 영화 모두에서 도시 남자는 두 건의 살인을 저지르고, 여행 동반자인 드루(콕스[Ronny Cox] 분)의 죽음을 감추고, 자신들의 불운한 여행에서 일어난 일을 절대 발설하지 않기로 약속한다. 그렇게 의 형제로 거듭 살아남은 3인은 자신들의 추한 비밀을 영원히 묻어두기로 한다.[21]

드루는 죽을 수밖에 없었다. 드루는 네 명의 애틀랜타 사업가 중에 이곳 촌사람들에게 어느 정도의 연민을 보여준 유일한 사람이었다. 그는 밴조-기타 이중주 이후 백치천재 증후군^{idiot-savant}을 앓는 10대 아이에게 관심을 보인다(소설에서 로니라는 이름의 이 등장인물은 알비노로 추정된다). 영화의 메시지는 명확하다. 연민은 도시 남자가 극복해야 하는 연약함의 신호라는 것이다. 영화는 폭력에 의존하고 이성의 통제를 받지 않는 오지인의 심리로 뛰어들어 대리 체험하는 방법을 통해서만 주인공들이 자신들의 길들지 않은 레드넥 뿌리를 되찾을 수 있다고 주장하고 있다.[22]

디키의 이야기가 엄청난 호소력을 지녔던 이유는 그가 묘사한 현상이 미국 사회 다른 곳에서도 모습을 드러냈기 때문이다. 울프^{Tom Wolfe}가 「에스콰이어」에서 말한 것처럼 스톡카 경주 NASCAR도 같은 종류의 매력을 제공했다. 위험이 주는 순간의 쾌락을 위해 사는 분방한 사람들은 자기 행동의 결과에 대한 두려움이 없다. 노스캐롤라이나 출신 카레이서 존슨^{Junior Johnson}은 모든 개인 혹은 계급이 동질감을 느낄 수 있는 영웅일 뿐만 아니라, 출신 주의 외떨어진 산골짜기에서 위스키 사업을 하다가 스톡카 경주의 세계로 진출한 '희귀종'이기도 했다. 존슨은 단숨에 모든 것을 갖게 되었다. 돈, 단층이 아닌 3단 복층 구조의 집, 가금류 사업장까지. 그가 멜빵바지 작업복을 칼라를 세운 바람막이와 하얀 기지 바지와 맞바꿨다면 그렇게 큰 대중적인 인기를 얻지 못했을 것이다. 그러나 이 '촌뜨기 종자'는 시속 175마일로 차를 모는 방식으로 중요한 어떤 것을 증명했다. 그것은 일종의 광기였고, '날것 그대로의 힐빌리'의 모습이었다. 그리고 그것이 바로 사람들을 끌어들이는 그의 매력이었다.[23]

〈서바이벌 게임〉의 마초 스타 레이놀즈Burt Reynolds 는 이어서 남부 스톡카 레이서의 생활 방식에 경의를 표하며 남부 말투를 쓰는 영화에 출연했다. 〈스모키 밴디트Smokey and the Bandit 〉(1977)에서 레이놀즈가 맡은 역할은 추적을 낙으로 삼고 법망을 피해 다니는 트럭운전사였다. 한편 예기치 않은 여자 동승자가 생기는데 (배우 필드Sally Field가 맡은) 도망친 신부였다. 둘은 문명의 규제를 거부한다. 영화에서 레이놀즈는 앞서도 소개한 19세기 『무단토지점유자의 생활』에 나오는 '슈그' 같은 현대판 무단토지점유자였고, 출세를 위해 판에 박힌 지루한 일상에 뛰어들기를 거부했기 때문에 존경을 받았다. 〈스모키 밴디트〉는 1977년 두 번째로 높은 수익을 올린 영화였지만 주로 미국 남부와 중서부 지방에서 얻은 인기였다. 여기서 끝이 아니었다. 1979년 CBS는 〈해저드 마을의 듀크 가족〉이라는 TV 시리즈를 시작했는데, 줄거리는 선홍색 경주용 자동차로 치장한 반골 기질의 밀주업자들과 허벅지가 드러나는 짧은 청반바지가 트레이드마크인 데이지라는 섹시한 친구를 중심으로 돌아간다. 덴버 파일Denver Pyle 이 멜빵바지 작업복과 촌스러운 훈계로 유명한 제스 아저씨로 캐스팅되었다. 파일은 이전에 〈앤디 그리스피 쇼〉에서 음악에 관심이 많은 힐빌리 집안의 무뚝뚝한 아버지, 브리스코 달링 주니어 역할을 맡기도 했다.[24]

NASCAR 경주를 구경하는 수천 명의 관람객 중에는 영화 속 레이놀즈 같은 노상강도를 동경하는 사람들이 있었다. 그들은 반항의 외침을 시작하고, 진탕 술을 마시고, '잔뜩 부풀린 금발에 만발한 유방'을 자랑하며 싸구려 댈러스 카우걸 복장으로 돌아다니는 헤픈 여자들에게 추파를 던지는 그런 사람들이었다. 그들은 특정한 자유를 받아들였다. 공공연히 자신을 드러내고 후회 없이 사는 천박한 시골뜨기가 될 자유를. '평균 이상의 레드넥', 떠오르는 백인 쓰레기 중류 계급은 이들 힐빌리 레이서들에게서 동질감을 느꼈다. 디트로이트에서 나오는 돈뭉치를 받아 쥐면서 멜빵 달린 작업복에서 벗어나 대중의 더할 나위 없는 존경과 사랑을 받는 남자와. 한편 시골 빈민 처지에서 보면 계급 구조는 크게 달라지지 않았다. 돈뭉치가 힐빌리 한두 명을 유명하게 만들어주었을지 모르지만, 시골에 남아 있는 사람들은 어떤 사회적 혜택도 거둬들이지 못하고 있었다. 평균 이상에 속하는 '상류 레드넥들'이 백미러에서 저만치 뒤처져 있는 사람들을 찾기는 어렵지 않은 일이었다.[25]

카터의 대통령 당선은 과거 남부 정치인에게서의 탈피처럼 보였다. 카터는 거듭난 기도교인이자 (핵물리학을 공부한) 해군 장교였고, 1976년 자신의 선거운동을 유권자에 대한 거짓말 거부라는 원칙하에 진행했던 사람이었다. 선거운동 초기 카터는 뉴햄프셔 초등학교 어린이들 앞에서 특이한 연설을 했는데, 당시 그는 미국이라는 나라는 '미국 사람들 수준만큼 훌륭하고, 정직하고, 품위 있고, 유능하고, 인정 많고, 사랑으로 가득한 정부를 가질 수 있다'고 주장했다. 과거 (레드넥) 남부의 분노를 연료로 하는 포퓰리즘에서 극적으로 발전한, 다정다감한 민주당 정치인, 복음이 주입된 기독교도 포퓰리스트의 등장이었다.[26]

전임자를 통틀어 카터의 태도는 아마도 프랭크 클레먼트의 품위 있고 건실한 태도에 가장 가까울 것이다. 그러나 [클레먼트와 달리] 자신의 종교적 견해는 주로 개인적인 차원으로 두는 편이었다. 카터는 클레먼트처럼 신나게 춤을 추는 연예인 끼도 없었고, (168센티미터 정도의 아담한 키로) '빅 짐' 폴섬처럼 거구를 자랑하는 익살꾼도 아니었다. 카터는 자신을 예일 대학을 졸업한 테네시주 자유주의자 에스테스 키포버에 비유하는 쪽을 좋아했다. 선거 캠페인 문구에는 초기 카터 집안 설명에 '통나무 오두막' 이야기가 들어가 있다. 하지만 지미 카터가 뒤뜰에 테니스코트가 딸린 집에서 자랐다는 사실은 빠져 있었다. 물론 카터가 남부인의 자부심을 이야기했고, 올맨 브러더스^{Allman Brothers} 같은 컨트리록 그룹이 그를 지지한 것도 사실이다. 카터의 정치 참모들은 시골 사람들에게 맞춘 라디오 광고 제작을 잊지 않았다. "우리는 지난 100년 동안 온갖 조잡한 농담의 대상으로 놀림을 받아왔다. 워싱턴 정치인들이 우리의 일원을 백악관에서 쫓아내게 내버려두지 마라." 카터가 자신의 크래커 뿌리를 명시적으로 인정한 것은 언제일까? 카터가 (미래에 UN 대사가 되는) 자신의 지지자 영^{Andrew Young}의 말을 인용했을 때였다. 영은 카터가 '성공한 백인 쓰레기'라고 말했었다. 덕분에 땅콩 농사꾼 지미 카터는 '교화된' 백인 쓰레기가 되었다. 조지아주의 흑인 하원 의원이었던 영은 흑인 빈민층과 백인 빈민층 사이에 오랜 적대감이 극복될 수 있을 것이라는 의미로 이런 표현을 썼다.[27]

닉슨 시대의 지저분한 정치를 넘어섰지만 카터의 주일학교 교사 페르소나에는 한계가 있었다. 동료인 조지아주 로이 블런트 주니어^{Roy} ^{Blount Jr.}는 저서 『크래커들^{Crackers}』(1980)에서 카터의 이런 이미지 문제를 영리하게 정리했다. 디키가 그랬던 것처럼 카터는 자기 내면의 레드넥을 찾기보다 자신이 무엇이 아닌가를 열거하느라 바빴다. '그는 인종차별주의자가 아니었고, 엘리트주의자가 아니었고, 성차별주의자가 아니었고, 워싱턴 사람이 아니었고, 멍청이가 아니었고, 거짓말쟁이가 아니었고, 변호사가 아니었고……공론가가 아니었고, 편집증 환자가 아니었고, 사기꾼이 아니었다.' 카터는 끊임없이 부정하기 바빴다. 브런트는 이처럼 카터가 '레드넥에서 저열함이나 게으른 이미지'를 제거함으로써 그것이 의미하는 '핵심 알맹이나 뼈대' 없이 껍데기만 남게 되었다고 결론을 내린다. 동시에 카터가 아무리 자유주의자 면모를 보여도, 아무리 관대하고 싹싹해 보여도, 레드넥 그림자는 항상 그를 따라다녔다. 그런 그림자 속에서 언론은 이를 드러낸 카터의 유명한 미소, 카터와 늪 토끼의 기묘한 결투, 그리고 무엇보다 그의 레드넥 도플갱어인 동생 빌리에 집착하면서 숨어서 때를 기다렸다.[28]

카터는 1970년대에 맞는 완벽한 후보였다. 그가 '뿌리'를 가지고 정치에 들어온 사람이었기 때문이다. 카터는 조지아주 섬터 카운티에 있는 작은 마을 플레인스 출신으로 땅을 사랑하고, 친족을 사랑하고, 현지 지역사회를 소중히 여기는 그런 사람으로서 선거에 출마했다. 그런 소박한 유산이 그의 명함이었다. 「크리스천 사이언스 모니터Christian Science Monitor」에서 소개한 후보자 프로필을 보면 '이보다 끈덕지게 자신의 뿌리를 고수하는 사람은 드물다'고 결론을 내리고 있다. 알렉스 헤일리처럼 카터는 자기 집안 가계도에 집착했다. 그는 자신의 '보통 사람' 혈통을 성공적으로 구축했다. 1977년 영국에서 출판된 귀족 명감에서 카터 가문의 혈통과 관련하여 찾아낸 23페이지 분량의 의외의 결과를 발표하기 전까지는 그랬다. 미국 대통령은 하찮은 연한계약하인의 후손이 아니라 영어권에서 더없이 중요한 가족사를 가지고 있었다. 알고 보니 카터는 조지 워싱턴, 영국 여왕 둘 다와 관련이 있었다. 「뉴욕타임스」는 동포 미국인이 이런 발견을 '아주 재미있게' 생각할 것으로 예상했다. 또한 과거 영국에서 카터 집안사람의 일부가 밀렵꾼, 즉 미국의 자칭 밀주업자에 맞먹는 사람들이었다는 사실을 지적함으로써 발표의 충격을 완화시켰다. 고귀한 혈통인가, 아니면 힐빌리 밀주업자인가? 영국의 연구 결과물인 「디브렛 귀족 연감Debrett's Peerage」측의 대변인 중의 하나는 카터 집안이 그동안 '더없이 똑똑한' 사람들을 배출했다고 주장하면서 우생학적인 사고를 자극하기도 했다. 동시에 전문가들은 그동안 지미 카터 가문의 혈통은 굼뜬 '못난이'의 출현역시 충분히 경험했으며, 지미의 동생 빌리가 상대적으로 바람직하지못한 기질들을 얻은 것도 바로 이런 방계 흐름을 통해서였다고 이야기했다.[29]

그렇다고 해도 빌리 카터는 굼뜬 못난이가 아니었다. 그는 레드넥사이에서 빛나는 별이 되었고, 남부 시골 출신 유명 인사의 사인을 받고 함께 사진을 찍으려는 관광객들이 카터의 고향 플레인스로 몰려들었다. 빌리는 '빌리 맥주'라는 자체 브랜드 맥주를 생산하기 시작했고, 전국 곳곳에서 진행하는 강연 일정을 짜고 준비할 대리인도 고용했다. 그는 성정이 그대로 드러나는 자유분방한 의견을 여과 없이 발설하는것으로 유명했다. 빌리는 하루에 펠멜 담배 다섯 갑을 피우는 골초였다. 또한 CB 무선통신에서 쓰는 암호명 'Cast Iron', 즉 '무쇠'는 종류에 상관없이 어떤 술이든 다량으로 마실 수 있는 무쇠 같은 술 소화능력을 갖췄다고 하여 붙여진 이름이다. 빌리는 '마약중독자'가 아니었고, 패망했는데도 남부연합의 대의를 찬미하는 그런 부류도 아니었다. 남북전쟁이라면 어느 쪽에서 싸웠을 것 같은가라는 질문에 빌리는 농담으로 이렇게 답했다. "습지에 숨어 있을 것 같네요." 1981년 형이 대통령직에서 내려온 뒤에 빌리는 이동식 주택을 판매하는 일을 했다.[30]

『크래커들』의 작가 로이 블런트는 지미가 동생 빌리 같은 모습을 조금 더 가지고 있었으면, 조금 더 무례하고 건방졌으면 하고 바랐다. "최초의 크래커 대통령은 지미와 빌리의 혼합이었어야 했다.……지미의 신중하고 고결한 정의 아래서 작동하는 빌리의 '알게 뭐냐 저리 비켜' 식의 태도(혹은 인간의 한계에 대한 빌리의 인식 아래서 작동하는 지미의 이상주의), 그런 속에서 그들의 조지아에서의 삶처럼 더할 나위 없이 훌륭한 혼합물이 만들어지는 그런 상태여야 했다." 블런트가 생각하는 바람직한 크래커 대통령은 '[지미 카터보다] 목소리는 우렁차고, 남에게 무시당하기 쉬운 미소는 줄여야 했다'.[31]

그러나 지미 카터의 내부에는 블런트가 인식한 것보다 많은 레드넥 기질이 있었던 모양이다. 1976년 카터 보좌진에서 사임한 연설원고 작성자 슈럼Bob Shrum은 어려운 처지의 사람들에게 공감하고 동정심이 많다고 알려진 것과는 다른 후보자의 모습을 폭로했다. 노동자 관중을 앞에 두고 연설할 때는 공개적으로 광부들을 옹호했던 카터가 개인적으로 슈럼에게 한 말은 달랐다. "그는 광부들의 진폐증 의료보험 혜택을 높이는 데 반대했는데, 이유는 '그들이 각자의 선택으로 광부가 되었기 때문'이었다." 계급 상황에 대한 이해가 부족해서 그렇게 인색한 모습을 드러냈던 것이 아닌가 싶다. 광부들이 직업에 따르는 위험을 받아들였기 때문에 고통을 받아야 하는가? 카터는 1977년 낙태를 희망하는 빈민 여성에 대한 의료보험 지급을 제한하는 하이드 개정안Hyde Amendment을 지지하면서 다시 한 번 동정심 없는 인색한 모습을 보여주었다. NBC 우드러프Judy Woodruff 기자의 질문에 답하면서 대통령은 엄밀한 도덕적 기준에서 자신의 처지를 옹호하지 않고 어설픈 계급 논리를 폈다. "음, 아시다시피, 우리 삶에는 불공평한, 말하자면 부자들은 감당할 수 있지만 가난한 사람들은 감당하지 못하는 많은 것들이 있습니다. 그러나 나는 연방정부가, 도덕적 요소가 포함된 상황에서, 이런 기회를 정확히 평등하게 만들어주는 조처를 취해야 한다고는 생각지 않습니다." 본질적으로 카터는 연방정부가 빈민 여성들이 가난하기 때문에 누리는 의료보험 혜택을 거부할 수 있어야 한다고 주장한 것이다. 부자는 원하는 대로 할 수 있고, 가난한 사람은 자기 행동에 대한 벌을 받아야 한다는 논리다. 카터는 이처럼 숙명론적인 관점을 곧잘 드러냈다. 빈민 여성들은 그럴 만하니 그런 운명에 처한 것이고, 광부들은 [자신들이 택한 것이니] 진폐증을 견뎌야 한다. 사실상 메시지는 이렇다. 스스로 어쩌지 못하는 상황에서 평등이나 동정을 기대하지 마라.³²

조지아주 플레인스 출신 카터에 대한 미국의 열광은 상당히 급속하게 시들해졌다. 1979년 무렵 카터의 쇠락해가는 인기는 늪 토끼 일화에서 압축적으로 나타났다. 언론이 희화화하며 물고 늘어졌던 이야기인데, 대통령 보좌진이 보도될 때까지 현장 이미지 공개를 거부한 것도 이런 분위기에 일조했다. 카터가 직접 들려준 늪지대 탐험 이야기가 시작이었다. 카누의 노를 젓다가 야생 토끼 한 마리가 자기가 타고 있는 작은 배를 쫓아와 '이빨을 드러내고 으르렁거리는 모습'을 보았다는 내용이었다. 카터는 별나기도 하고 우습기도 한 경험이라고 생각했다. 기자들은 카터의 이야기를 현대판 서부 변경 개척자의 과장된 자기 자랑으로 바꾸었다. 한 기자는 다음과 같이 꾸짖었다. '곰들과 맞붙어 싸우는 대니얼 분' 대신에 카터는 '피터 래빗'[영국 작가 포터^{Beatrix} ^{Potter}가 지은 동화의 주인공]과 싸우고 있었다. 다른 이들은 대통령이 반자이 버니, 즉 〈몬티 파이튼의 성배^{Monty Python and the Holy Grail}〉에 나오는 유명한 식인 토끼와 싸웠다고 비꼬았다. 대통령의 나약한 리더십 스타일을 상징하는 비유였다. (조지아주 오지의 늪지대라면) 카터에게는 익숙한 지역이었을 것이 분명한데도 잔뜩 겁을 먹은 촌뜨기라는 이미지가 점점 힘을 얻었다. 말하자면 지미 카터는 〈서바이벌 게임〉의 대담 무쌍한 주인공이 아니었다. 오히려 영화 〈하비^{Harvey}〉에 나오는 스튜어트^{Jimmy Stewart}에 가깝다. 초자연적인 토끼가 존재한다는 것을 증명하지도 못하고, 자신을 시골 무지렁이로 보이게 만드는 소문을 잠재우지도 못하는 의지박약한 남자[영화 〈하비〉는 키가 180센티미터가 넘는 거대한 상상 속의 토끼를 절친으로 두고 있는 남자의 이야기다].**33**

1980년 카터는 레이건^{Ronald Reagan}에게 패했다. 레이건은 남부 문화에 대한 이해도는 극히 낮았지만 이미지 메이킹에 대해서는 알아야 할 모든 것을 알고 있는 남자였다. 레이건의 백악관은 매혹적인 할리우드 세트장 형식을 따랐다. 그는 아일랜드 중남부에 있는 티퍼레리 카운티의 발리포린 마을에 갔을 때는 아일랜드 사람 연기를 할 수도 있는 사람이었다. 당시 레이건은 자신의 출연작 가운데 가장 유명한 〈산타페 트레일^{Santa Fe Trail}〉에서처럼 카우보이모자를 쓰고 말을 탔다. '연기하는 대통령'은 감동적인 대사를 전달하고, 카메라에 멋지게 찍히고, 바람직한 어조와 감정을 표현하는 훈련을 받았다는 점에서 대다수 정치인이 갖지 못한 재주를 가지고 있었다. 진정한 웅변은 텔레비전의 도래와 함께 사양길에 접어들었기 때문에, 그의 숭배자들이 주장하는 '위대한 의사 소통자'라기보다는 세심하게 연마한 '언론 반사' 능력을 갖춘 배우였다. 레이건은 카터가 상징했던 모든 것을 거부하면서 대통령직에 올랐다. 남부 시골 출신, 보통 사람, 맨발에 청바지를 입은 촌스러운 미국인 이미지 등등. 레이건은 턱시도를 입은 근사한 모습이었다. 낸시 레이건이 친구들에게 카터 일가가 백악관을 '돼지우리'처럼 만들어놓았다고 말했다는 소문이 퍼지기도 했다. 낸시 레이건의 눈에 그들은 백인 쓰레기였고, 그들이 남긴 모든 흔적은 제거되어야 했다.[34]

1980년 어느 신문기사에서는 자타가 공인하는 골수 보수주의자이자 저명한 레이건 지지자인 뷰캐넌Patrick Buchanan이 레드넥에 대해 다소 모호한 주장을 펴기도 했다. 뷰캐넌은 정부 때문에 도시 흑인들이 빈곤의 덫에 빠졌고, 흑인 남자가 가족의 부양자가 되는 데서 오는 자부심을 박탈당했다고 비난했다. 뷰캐넌의 바람은 이들이 레이건 지지로 돌아서서 새로운 '침묵하는 흑인 다수'를 형성하는 것이었다. 뷰캐넌은 빈민을 '전문 빈곤 팔이 공무원'의 노리개로 묘사했는데, 이는 뉴딜정책을 추진한 렉스퍼드 터그웰을, 빈민을 꼭두각시처럼 조종하는 인형 조종사였다고 비난했던 공격을 떠올리게 했다. 뷰캐넌이 제시한 처방 중에 가장 눈에 띄는 것은 도시 흑인들이 픽업트럭 범퍼에 레이건 스티커를 붙이고, 어깨에 미국 국기(사실 남부연합기라고 했어야 했다)를 자랑스레 붙이고 다니는 레드넥들을 모방해야 한다는 주장이었다.

뷰캐넌은 가난한 흑인과 레드넥을 같은 처지에 둠으로써 정부 관료를 그들 모두의 적으로 만들었다.[35]

로리 블런트의 친구 중 하나는 카터 대통령 선출을 보며 '우리는 이제 쓰레기가 아니다'라고 외쳤다. 그러나 안타깝게도 1987년 무렵이 되면 그런 희망적인 분위기는 잦아들었다. 그해 최대 스캔들은 짐 베이커Jim Bakker 목사의 몰락이었다. 미천한 신분 출신이었던 베이커와 그의 아내 태미 페이Tammy Faye는 노스캐롤라이나 샬럿 소재 PTL 텔레비전 방송국을 통해 텔레비전 전도사 왕국을 건설했다. PTL은 '하나님을 찬양하라/사랑을 전파하라'로 해석되는 'Praise the Lord/Pass the Love'의 줄임말인데, 대략 1,300만 가구가 시청하는 것으로 추산되었다. 부부는 또한 헤리티지 USAHeritage USA라는 2,300에이커 규모의 기독교 테마파크를 개장했다. 1984년 베이커는 대표적인 보수 종교지도자로 리버티 대학교 설립자인 폴웰Jerry Falwell, 기독교 방송국 CBN 설립자 로버트슨Pat Robertson과 함께 레이건이 주인인 백악관에 모습을 드러내기도 했다. 3년 뒤에 FBI 조사(여기서 PTL은 '약탈 전파 클럽Pass the Loot Club'으로 불렸다)에서 베이커는 사기와 음모 관련 24가지 혐의 모두에 유죄 선고를 받았다. 판사는 혐오감에 치를 떨면서 부도덕의 극치인 목사에게 징역 45년을 선고했다. 결과적으로 베이커는 5년을 감옥에서 살고 가석방되었다.[36]

베이커를 '성경학교 중퇴자'로 묘사한 폭로 글에 따르면 그는 추종자들을 사취했을 뿐만 아니라 엄청나게 사치스러운 생활을 했다. 베이커는 수많은 주택, 1953년식 롤스로이스, 매끈한 유선형의 주거용 보트를 가지고 있었고, 옷장 안에는 값비싼 정장들이 가득했다. 베이커와 태미 페이는 트레일러 생활에서 수백만 달러의 급료와 보너스를 축적하는 풍족한 생활을 하게 되었다.[37]

목사 베이커는 과잉, 즉 과도함에 대한 백인 쓰레기의 꿈을 설교했다. 1985년 어느 프로그램에서 베이커는 자기가 지은 기독교 테마파크 내 호텔의 호화로운 스타일을 옹호했다. "언론인들은 우리가 여전히 쓰레기 속에 있어야 한다고 생각합니다.……그들은 정말로 기독교도들이 추레하고 볼품없고 초라하고 가치 없는 사람들이어야 한다고 생각합니다. 왜냐면 우리가 그들만큼 좋은 것들을 가지게 되는 순간, 우리가 그들에게 위협이 되기 때문입니다." 자신의 과잉 탐닉을 인정하면서, 베이커는 노래하듯 이렇게 중얼거렸다. "저는 과도합니다. 주여, 저는 과도합니다.……하나님은 위대한 하나님이십니다. 하나님은 나의 최고의 것들을 누릴 자격이 있습니다." 이류 사기꾼 베이커는 영화 〈군중 속의 얼굴〉에서 앤디 그리피스가 맡은 래리 '론섬' 로즈라는 인물의 현실 버전이었다. 엄청나게 오래 계속되는 베이커 부부의 쇼를 보고 난 뒤에 어느 기자는 그들의 번영 신학과 거실 설교는 '드라마 〈페티코트 교차로〉가 풍기는 싸구려 느낌'이 들었다고 평했다.[38]

탐욕은 뒷이야기 정도에 불과했다. 신도들과 함께 눈물을 흘리며 울 때면 볼을 타고 흘러내리는 화장으로 유명해진 태미 페이는 신경안정제 중독으로 치료 시설로 실려 가는 신세가 되었다. 한편 그녀의 목사 남편은 교회 비서에게 입막음용으로 돈을 주고 있었다. 그가 7년 전에 성적으로 착취하던 젊은 여자였다. 한 Jessica Hahn 은 「플레이보이 Playboy」에 이런 사연을 폭로하기도 했다. 이것이 다가 아니었다. 베이커와 한의 모텔 만남을 주선했던 같은 교회 남자 직원은 문제의 TV 사제와 세 번의 동성애 관계를 맺었다고 고백했다.[39]

타블로이드 신문에서 베이커의 불륜을 활용하는 방식은 공식 '리얼리티 TV' 탄생의 전조가 되었을지 모른다. 사람들은 통제 불능 베이커 부부에서 TLC에서 방영된 리얼리티 쇼 〈허니 부부가 왔어요〉에 나오는 조지아 시골의 백인 쓰레기 나라를 멍청히 바라보는 데까지 이어지는 불경스러운 연결을 직접 추적할 수가 있다. 설교자의 성적 도착과 예쁜 어린이 선발대회의 헛소리들은 미국 하층계급이 보여주는 저속한 행동에 집착하는 대중의 심리를 이용하고 있었다(태미 페이는 2004년 리얼리티 쇼 〈써리얼 라이프The Surreal Life〉에서 실제로 주연을 맡기도 했다). PTL 목사가 사기를 쳤던 사람들은 주로 백인 빈민층이었다. 프로그램 시청자의 대다수는 거듭난 기독교인으로 고졸에도 미치지 못하는 학력에 더없이 안타깝게도 실직 상태였다. 한 직원이 폭로한 것처럼 PTL은 사회보장 연금과 생활보호 지원금이 나오는 매월 1일에 헌금을 내라는 호소를 내보냈다. 복음주의의 위선을 비판해온 사람들이 분통을 터뜨릴 수밖에 없는 부분이었다. 분개한 어느 논설위원은 베이커를 비롯한 텔레비전 전도사들을 백악관에 초대해 대접한 레이건 대통령을 공격했다. 국민이 그들에게서 '미국의 전통 가치'를 배울 수 있을 것이라면서 '백인 쓰레기를 앞장서서' 데려왔다는 것이었다. 베이커 부부가 '뚜쟁이처럼 차려입고' 밤낮으로 텔레비전에 나와 영어를 학살하고 종교를 모독했다는 비판도 제기되었다.[40]

알고 보면 베이커 부부는 남부 토박이도 아니었다. 태미 페이는 미네소타주 작은 시골 마을의 아이가 여덟이나 되는 찢어지게 가난한 가정에서 태어났다. 그녀의 집에는 실내 화장실조차 없었다. 태미 페이의 부모는 [성령의 힘을 강조하는 기독교 근본주의 교파인] 펜테코스터 파의 설교자였다. 기계공의 아들인 짐은 미시간 출신이었다. 그들은 펜테코스터 파의 종교적 메시지가 먹히는 시장이 그곳에 있다는 것을 알고 노스캐롤라이나로 옮겼다. 태미 페이는, 어느 종교학자가 내린 결론처럼, 카리스마 넘치는 쇼의 중심에서 노래하고 울면서 누리는 화려한 명성, 말하자면 '무대 위의 삶'을 즐겼다. 태미 페이의 물리적 외모는 계급 정체성을 분명히 보여주었다. 부분 탈색한 금발 머리, 진한 화장, 태운 피부, 화려하고 알록달록한 드레스, 트레이드마크인 가짜 속눈썹. 그녀는 벼락부자 여성의 화신이었다.[41]

이런 외모를 통해서만 태미 페이는 테네시 사람 돌리 파튼과 같은 페르소나를 공유할 수 있었다. 돌리 파튼은 '요염한 관능미가 넘치는 몸', 화려하고 야한 복장, 커다랗게 부풀린 금발 가발로 유명한 컨트리 음악 가수로, 어느 학자는 이런 그녀의 특성을 '과도한 여성성'이라고 부르기도 했다. 공교롭게도 돌리 파튼의 할아버지도 펜테코스터 파 설교자였다. 태미 페이처럼 돌리 파튼은 싸구려 가게에서 옷을 사는 것을 좋아했다. 파튼은 자서전에서 자신의 그런 이미지는 자신을 잡지 모델처럼 여기고 싶은, 가난한 백인 쓰레기 소녀들의 꿈을 표현한 것이라고 고백했다. 그녀의 설명을 들어보자. "잡지 모델들은 들일을 해야 하는 그런 모습으로는 전혀 보이지 않습니다. 세숫대야에 떠놓은 물로 대충 샤워를 해야 하는 그런 삶을 사는 사람들로도 보이지 않습니다. 남자, 혹은 소년들이 기분 내키면 아무 때나, 자기 하고 싶은 만큼 거칠게, 손을 대도 되는 그런 여자들로는 보이지 않습니다." 여성에게 빈곤은 단

내슈빌의 어느 음반 가게에 있는 돌리 파튼의 포스터는 그녀의 '과도한 여성성'을 잘 포착하고 있다. 1977년 「에스콰이어」지에 실렸던 사진이다.

- 「에스콰이어」

순히 돈이 없다는 비참함을 한참 넘어서는 어떤 것이었다.[42]

여기에 태미 페이가 그녀의 팬들 사이에서 가졌던 진정한 매력의 단서가 있다. 그들은 페이의 자기 과시 벽과 과도함을 보며 대리 만족을 느꼈다. 돌리 파튼의 스타일이 통속적인 희가극처럼 보일 수도 있다. 외면은 창녀고 내면은 상냥한 시골 소녀라는. 마찬가지로 태미 페이의 여장 남자 같은 모습이 게이 커뮤니티에서 사랑을 받았다. 태미 페이는 AIDS로 죽어가는 게이 남성들에게 동정심을 보여준 아주 드문 보수 복음주의자 중의 하나이기도 했다. 그녀는 또한 진정한 신봉자들에게는 현실의 기독교인 신데렐라 이야기의 주인공이 되었다. PTL의 한 협력사에서는 태미 페이의 수제 인형을 만들어 675달러에 판매했다(어린이용이 아니라 성인용으로 만든 것이었다). 태미 바비[Tammy Barbie]라는 이름의 인형이었는데, 커다란 가슴에, 한껏 과장된 속눈썹으로 꾸민, 동화 속 공주님 같은 모습이었다.[43]

그러나 태미 페이의 동화는 해피엔딩이 아니었다. 언론의 집중포화가 부부를 더없이 한심하게 보이게 만들었다. 태미는 순진한 아내로서 동정심을 거의 얻지 못했다(그녀가 기소를 면하게 해준 것은 오히려 괴짜 같은 면모였을 것이다). 태미 페이 베이커의 한껏 과장된 백인 쓰레기 이미지에는 괴기스러울 정도의 무언가가 있었다. 그녀는 아름다움, 교육, 재능 때문이 아니라, 사회 상류층의 세련된 매너에 동참하기를 거부하는, 독특한 케이블 TV 인격을 만들어냈기 때문에 아메리칸드림을 성취할 수 있었다. 태미 페이는 (《어느 미국인 가정》에 나오는) 팻 라우드와 중산계급 예절이 상징하는 모든 것, 즉 감정 절제, 적절한 어휘 선택, 은은한 복장, 분명한 세련미에 대한 거부를 상징했다. 그렇다고 그녀

번영 신학의 솔깃한 물질적인 메시지. 자신의 앨범 「포기하지 마$^{Don't\ Give\ Up}$」의 표지에 나온 태미 페이 베이커

– 태미 페이 베이커, 「포기하지 마」(1985)

는 촌스럽지도 않았고, 옛날 요먼 계급의 소박함을 구현한 화신도 아니었다. 태미 페이는 머리끝부터 발끝까지 화려하게 꾸민 자신을 기꺼이 받아들였다. 그녀의 싸구려 티가 나는 과도한 화려함은 가난한 백인 팬들에게는 매력적으로 보였고 중산층 미국인들에게는 고개를 도리도리 젓게 하는 구제불능으로 보였다.

아이러니는 태미 페이의 백인 쓰레기 '뿌리'가 완전히 꾸며낸 것은 아니라 해도 그렇게 순수하지도 않다는 점이다. 그녀의 가짜 속눈썹과 두꺼운 화장은 1980년대와 1990년대 대중매체 확산과 함께 찾아온 계급 정체성의 재검토와 궤를 같이하는 이상한 가장무도회의 일부였다. 태미 페이는 자신의 속눈썹 스타일을 루실 볼^{Lucille Ball}······그리고 미니 마우스^{Minnie Mouse}에게서 빌려왔다고 말했다. 에버트^{Roger Ebert}는 "방송 시간이라는 측면에서 그녀는 아마도 역사상 어느 누구보다 자기 삶의 오랜 시간을 TV 생방송을 하며 살았을 것이다"라고 주장했다. 외부로 보이는 그녀의 공적 자아는 형편없는 상투적 문구들의 혼합물이었다. 그녀는 진정성 투사라는 측면에서 보면 〈베벌리 힐빌리스〉보다 나을 것이 없었다. 태미 페이는 (주로 고의성 없이 우연히) 과장되어 있었고, 무엇보다도 자신이 사랑했던 텔레비전이라는 초현실적인 세계의 창조물이었다.[44]

제12장

레드넥 정체성 선언: 슬러밍, 뺀질이 윌리, 세라 페일린

계급 간의 위험한 균열이 미합중국에 건재하다.

아니라도 누구도 말하지 못하게 하라.

- 캐럴린 슈트^{Carolyn Chute}, 『금지된 선택^{The Beans of Egypt, Maine}』(1995년 개정판)

짐 베이커 스캔들은 1980년대와 1990년대에 유행하던 백인 쓰레기와
멋진 레드넥을 향해 우르르 몰려가는 사회 분위기를 멈출 정도는 아
니었다. 마고 제퍼슨^{Margo Jefferson}은 「보그」지에서 이런 새로운 유행을
'슬러밍^{slumming}'이라고 불렀다[슬러밍: 호기심이나 자선 목적으로 빈민가를
방문하거나 그런 사람들과 어울리는 것]. 이런 맥락에서 가장 놀라운 고백
중의 하나는 범죄 드라마인 〈매그넘 P.I.^{Magnum, P.I.}〉에서 깐깐하고 고지
식한 영국인 집사 조너선 퀘일 히긴스 3세 역할을 맡은 미국인 배우,
힐러먼^{John Hillerman}에게서 나왔다. 힐러먼은 그를 자신들의 일원이라고
주장하는 영국 팬들의 편지를 받으면, "실망시켜드리고 싶지는 않지
만, 저는 텍사스 출신 레드넥입니다"라고 답장을 보낸다고 말했다.[1]

이미지를 정화하고 '레드넥'을 애정 어린 용어로 만들고자 하는 목
소리도 점점 커졌다. 레드넥 언론인으로 유명해진 그리자드^{Lewis Grizzard}

는 레드넥에 대한 조롱을 멈출 때가 되었다고 생각했다. 그리자드는 힐빌리를 보호 계층으로 규정한 신시내티의 1993년 차별반대조례를 찬양했고, 1996년 애틀랜타 하계 올림픽을 앞두고 애틀랜타에서도 유사 법안이 통과되기를 희망했다. 1991년 플로리다에서는 어떤 사람이 경찰관을 크래커라고 불러 명예를 훼손했다는 이유로 증오 범죄규정에 따라 기소되기도 했다. 그리자드가 보기에 '레드넥'은 자외선 차단제가 나오기 전에 야외에서 일해 몸의 여기저기가 균일하지 않게 햇볕에 탄, 자기 아버지 같은 사람, 즉 '농경인'을 의미했다. 물론 그리자드의 이런 설명은 옳지 않다. 지금까지 살펴본 기나긴 연대표가 말해주듯이.[2]

정체성과 관련하여 상당히 모호한 구석들이 여전히 남아 있었다. 레드넥, 크래커, 힐빌리는 민족 정체성, 인종에 대한 별칭, 노동자의 명예로운 훈장 등의 다른 의미를 동시에 지니고 있었다. 노스캐롤라이나 기자가 이런 정체성 혼란을 깔끔하게 정리했다. "만약 당신이 자신을 레드넥이라고 생각한다면, 당신은 자신을 근면하고, 재미를 추구하고, 독립적인 사람으로 생각하는 것이다. 만약 당신이 자신을 레드넥이라고 생각하지 않는다면, 당신은 그들이 시끄럽고, 불쾌하고, 편협하고, 천박하다고 생각하는 것이다." 기사에 덧붙여 스톡카 경주인 NASCAR, 음식, TV 시리즈 〈히호〉 등이 등장하는 깜짝 퀴즈가 나와 있다. 간단한 정답 수 계산으로 '진정한 남부 촌뜨기와 동경하며 흉내내는 가짜'를 구별할 수 있다는 의미였다.[3]

분명 혈통은 정체성 고려에서 가장 중요한 요소로 남아 있었다. 1994년에 어느 기자는 화가 나서 조지아주 정치인 깅그리치^{Newton Leroy}

Gingrich가 레드넥이 아니라고 주장했다. 킹그리치가 펜실베이니아에서 태어났고, 남부 억양을 쓰지 않으며, 대학교 교수로 재직했고, 애틀랜타 교외 거주자의 지지를 받아 하원 의원으로 선출되었는데 이들의 다수가 양키라는 이유였다. 기자는 '그쪽 부류 다수와 친척 관계'에 있기 때문에 자신이 관련 전문성을 가지고 있다고 주장했다. 나아가 기자는 '킹그리치가 진정한 레드넥들이 있는 공간에서 반 시간도 버티지 못할 것'이라고 장담했다. 기자가 보기에 어떤 사람은 뼛속까지 레드넥이든지, 아니든지 둘 중의 하나지 중간 따위는 없었다. 이런 척도에 따르면, 킹그리치뿐만 아니라 듀크David Duke도 레드넥이 아니었다. 듀크는 과거 KKK단의 일원이었고, 1991년 루이지애나 주지사 선거에 출마한 인물이었다. 듀크는 미국인답지 않은 나치식 경례를 좋아하기 때문에 실격이었다. 잘생겨 보이려고 성형수술 유혹에 굴복한 것도 역시 자격 미달이었다. "남부의 호한이라면 누구도 그런 것은 꿈도 꾸지 않는다. 그것은 남자답지 못하며, 남부 사람답지도 않다." 이것이 다트머스 대학교를 나왔고, 닉슨 대통령과 레이건 대통령의 연설원고 작성자를 역임했던 보수 지식인 하트Jeffrey Hart의 관점이었다.[4]

이제 레드넥은 더는 컨트리 음악 가수들만의 영역이 아니었다. 그것은 공인, 묘하게 돌연변이를 일으킨 성·계급 정체성을 평가하는 수단인, 문화적 공용어의 일부가 되어 있었다. 현대 백인 쓰레기 소설 장르에서 찬사를 받은 걸출한 여성 작가가 둘 있다. 앨리슨Dorothy Allison과 캐럴린 슈트는 윌리엄 포크너, 제임스 에이지의 전통을 이으며 농촌빈곤의 실상을 적나라하게 드러내는 소설을 내놓았다. 우선 앨리슨은 『캐롤라이나의 사생아*Bastard Out of Carolina*』(1992)에서 자신의 유년시절 경험을 통해 알게 된 사실을 창의적으로 재구성했다. 한편 노동계급이면서 대학 교육을 받은 포틀랜드 출신 작가 슈트는 처녀작 『금지된 선택』(1985)에서 메인주 시골에 사는 트레일러 쓰레기를 다뤘다. 여타 작가들과 구별되는 두 작가의 차이점은 이들이 외부 관찰자로서가 아니라 계급 내부에서 글을 썼다는 점이다. 그들은 글을 통해 자신의 정체성을 드러냈고, 빈민 여성의 경험을 어떻게 기술해야 할지를 정확하게 알고 있었다. 여전히 둘의 핵심 주제는 계급과 성이었고, 둘 다 자신이 다루는 대상을 근사한 남부 여자로 보기 좋게 꾸미지 않았다. 오히려 두 작가는 여자들은 결코 '백인 쓰레기'나 '레드넥'을 영광스러운 훈장으로 생각할 수 없다는 냉정한 현실을 보여주었다.[5]

작가로서는 앨리슨이 더 돋보였다. 그렇지만 빈약한 서술은 어쩌면 슈트에게 의도적인 것이었을지 모른다. 슈트는 사건들을 일어나는 그대로 기술하고, 자신이 그리는 백인 쓰레기 등장인물들의 내면 삶에 대한 통찰을 거의 제공하지 않는다. 슈트의 소설에서 이야기의 중심이 되는 빈 가족은 메인주, 이집트라는 마을의 한복판을 차지한 채로 불규칙하게 퍼져 있는 확대가족이다. 그들은 잡다한 무리다. 우선, 빌과 그의 어머니 메리가 있는데, 어머니는 정신이 이상해서 나무 위 오두막에 틀어박혀 지낸다. 루번은 결국 감옥에 들어가는 폭력적인 술주정뱅이다. 로버타 고모는 그녀가 가죽을 벗겨서 먹는 토끼들처럼 아이를 쑴벙쑴벙 낳는다. 루번의 여자친구, 매들린은 루번의 구타를 견디며 산다. 등장인물들이 지닌 유일한 능력은 총을 쏘고 아이를 낳는 것이다. 빌은 고모 로버타와 잠자리를 하는 관계다. 따라서 로버타가 낳은 여러 아이 중에는 빌의 아이들도 있을 것이다. 아이를 잘 낳는 로버타는 역설적이게도 육아에 대해서는 그야말로 젬병이다. 아이들이 멋대로 돌아다니고, 아무 데나 침을 뱉고, 시끄러운 소리를 내고, 동전을 삼키도록 내버려둘 뿐이다. 빌은 이웃에 사는 얼린 포멀로를 강간하고(혹은 강간하지 않고), 이후 그녀는 빌의 아내가 된다. 그러면서도 빌은 계속해서 고모와 잠자리를 한다. 한편 매들린은 가슴이 삐져나오고 등과 팔이 드러나는 얇은 옷을 입고 돌아다닌다.[6]

얼린은 계급이라는 측면에서 빈 집안보다는 한 단계 위에 있지만 그들에게 혐오감과 매력을 동시에 느낀다. 얼린은 빌과의 첫 성관계를 한 마리 곰에게 폭력적인 대우를 받는 것에 비유한다. 그녀는 빌의 커다란 발을 보며 두려움에 휩싸인다. 성행위가 끝난 뒤에 그녀는 '머릿속으로 커다란 몸집의 빈 집안 아이들의 여러 가능성을 그려본다. 여우 눈을 한, 누런 이빨을 가진, 고기를 게걸스럽게 먹는 빈'. 빌은 일을 하다 눈을 다치고 일자리를 잃는다. 이후 통증을 비롯해 여러 가지 육체적인 문제로 고통을 겪으면서도 얼린이 정부에서 식료품 할인 구매권을 받지 못하게 한다. 빌은 병원에 가는 것도 거부하다가 결국에는 구조대원에게 실려서 병원에 간다. 상처받은 남자는 "나는 오줌만도 못한 놈이야"라며 얼굴을 찌푸린다. 그리고 어느 부잣집 창에 대고 총을 쏜 다음 빗발치는 경찰관들의 총탄 속에서 죽음을 맞이한다. 얼린은 총을 움켜쥔 채로 쓰러지는 빌의 모습을 지켜본다.[7]

빈 집안사람들은 말하자면 폐기물 인간들이었다. 여자들은 아이를 낳는 씨암컷이었다. 그들은 빈 혈통에 관해서 이야기하는데, 하나같이 닮은 모습이었다. 얼린의 아버지는 빈 집안사람들이 미개한 포식자라고 혹평한다. "뭔가가 뛰어가면, 빈 집안사람은 총을 쏜다. 그리고 쓰러지면 먹어치우지." 얼린의 아버지는 자신이 이들 '더할 수 없이 형편없는 사람들'보다 우월하다고 믿는다. 그들은 낡은 트레일러에 살지만 자신은 어엿한 집을 지어서 살기 때문이다. 여자들에 대해서도 마찬가지였다. 얼린의 아버지는 로버타를 지목하면서 아이를 아홉이나 낳고 나면 남편을 두면 안 된다는 법이 있어야 한다고 투덜댄다. '아이가 아홉이 되면' '구멍을 막는다'. 루번이 경찰에 잡혀가자 얼린의 아버지는 '남은 이교도들도 손발을 묶어버렸으면 좋겠다'는 희망 사항을 이야기한다. 얼린의 아버지가 생각하는 방법은 이렇다. 아이들을 모아 그들이 '만개한 빈씨 일원'이 되기 전에 몰살하는 것이다.[8]

『금지된 선택』에서는 계급투쟁이 가장 낮은 수준에서 벌어진다. 중산계급은 이 책에서 의미 있는 존재감이 전혀 없다. 포멀로 집안과 빈 집안을 구별해주는 것은 포멀로 집안사람 그램의 종교적 규율과 얼린의 아버지가 장인 기술을 가지고 있다는 것뿐이다. 얼린의 아버지가 양쪽 집의 부지를 나누는 차량 진입로를 순찰해야 한다고 주장하는 대목에서 계급이 생생하게 드러난다. 얼린의 아버지는 딸에게 "통행로에서도 빈 씨네 쪽으로는 건너가지 마라. 절대!"라고 명령한다. 물론 그녀는 건너갔고, 결국 아버지는 반대쪽에 딸을 빼앗긴다.[9]

작가로서 슈트의 평판은 종종 그녀가 살아온 삶과 하나가 된다. 약간의 겸손을 보태 그녀는 '문학 전통에 대한 분명한 무지' 때문에도 찬사를 받는다. 그런 무지 덕분에 역으로 '건강한 독창성'을 가지게 되었기 때문이다. 평론가들이 그녀를 윌리엄 포크너와 비교하지만, 정작 그녀는 이전에 포크너의 소설을 접한 적이 없었다. 슈트가 포크너의 소설을 접한 것은 오히려 어느 평론가가 『금지된 선택』과 미시시피 출신 작가 포크너의 작품 사이에 유사성을 지적한 이후였다. 「뉴스위크」 평론가는 슈트 책의 등장인물들을 '강제 불임수술 후보들'이라고 보았다. '아버지가 누구인지 불분명한 사악한 아기들이 바닥을 어지럽히고 있는 그런 곳에 있는.' 인터뷰에서 슈트는 가난했던 자신의 과거를 이야기하면서 자신이 여전히 '우리 사람들'과 개인적인 유대감을 가지고 있다고 주장했다. 또한 그녀는 '물질적인 조건이 삶을 결정한다'고 말했다.[10]

글을 모르는 노동자 남편 마이클은 슈트가 '우리 사람들'과 연결되는 통로였다. 남편이 촌사람들에 대해 들려준 여러 이야기가 그녀의 글쓰기에 영향을 미쳤다. 슈트 자신은 토마토 농장, 닭고기 가공 공장, 신발 공장에서 일한 적이 있다. 포틀랜드 교외 노동자 계급 마을에서 성장하면서 그녀는 고등학교를 중퇴하고, 나중에 메인주 남부 소재 대학교에 다녔다. 슈트의 아버지는 노스캐롤라이나 출신이었고, 덕분에 그녀는 남부에 뿌리를 두었다. 이런 모든 것이 깊은 정치적 함의를 담고 있는 그녀 작품의 토대에 영향을 미쳤다. 슈트는 누구든 [노력하면] 빈곤의 악순환에서 벗어날 수 있다는 생각을 거부했다. 그것이 자신의 '고향' '가족' '뿌리'를 떠난다는 의미가 아니라면 말이다. 가난한 백인의 동족 본능이 그들의 강점이었다. 장소와 땅에 대한 의식은 그들을 잡아주는 유일한 균형추였다.[11]

이후 15년 세월을 거치면서 슈트의 정치는 날카롭고 선명해졌다. 1985년에 슈트는 자신을 레드넥이라 부르지 않았지만 2000년에는 그렇게 불렀다. 슈트는 전기 같은 현대적인 설비가 없고 현대식 화장실도 없이 살았고, 2002년까지는 컴퓨터도 없었다. 슈트는 계속해서 작업 부츠를 신고 머릿수건을 두른 채로 일했다. '레드넥'은 슈트에게 노동자 계급 포퓰리즘의 상징이었다. 그녀는 자체적인 메인주 민병대를 조직하고, 총기 소지를 지지하고, 기업권력에 대한 노골적인 비판자가 되었다. 슈트는 1995년『금지된 선택』개정판 후기에서 이렇게 말했다. "계급 간의 위험한 균열이 미합중국에 건재하다." 빈 씨 일가는 이제 생존을 위해 발버둥 치는 보통 사람들이 아니었다. 그들은 다가오는 계급 전쟁과 '무너지는' 아메리칸드림의 상징이었다.[12]

도로시 앨리슨 역시 슈트만큼의 계급에 관심을 보여주었다. 앨리슨은 남녀 사이에 어렵고 때로는 폭력적인 관계에 관해 이야기한다. 앨리슨 소설의 여성 등장인물들이 슈트가 그리는 빈 집안 여성들과 같은 방식으로 환경에 휩쓸린 피해자일 가능성은 크지 않다. 앨리슨이 그리는 여자들은 물질적으로 그들보다 풍족하고, 가족 구성원들의 더큰 지지를 받는다. 그러나 두 작가 모두 정서적으로 성장을 저해당한 가난한 백인 남자를 그리며, 결과적으로 일상의 부담이 여자들에게 한층 무겁게 떨어진다는 사실을 인식했다.[13]

앨리슨의 소설『캐롤라이나의 사생아』에서 어린 앤 '본' 보트라이트는 어머니의 두 번째 남편인 대디 글렌 워델의 손아귀에서 신체적, 성적 학대를 견딘다. 메인주의 이집트 마을에서 빈 일가 사람들이 그랬듯이, 사우스캐롤라이나 그린빌에서 보트라이트 집안사람들은 무시를 받는다. 대디 글렌의 본에 대한 곪을 대로 곪은 증오는 깊이 뿌리박힌 모욕감에서 나온다. 글렌은 중산계급 가정 출신이지만 아무것도 아닌 신세가 되었다. 육체 노동자로 일하는 그는 자기 형제들이 가진 어엿한 집과 가정을 갈망한다. 형제 하나는 의사고 다른 한 사람은 변호사다. "내가 하는 일은 제대로 되는 것이 하나도 없어." 그는 투덜댄다. "내가 꿀단지에 손을 넣으면 똥이 돼버려." 글렌은 또한 얼 보트라이트가 여자들을 대하는 태도를 질투한다. 빈 집안사람들과 달리 보트라이트 남자는 자기네 확대가족의 여자와 아이들을 애정을 가지고 대하고 보호하려고 한다.[14]

앨리슨은 계부의 가족과 어머니 가족을 구별하는 가느다란 선에 매혹되었다. 계부의 가족이 돈은 더 많을지 모르지만 천박하고 잔인했다. 어머니의 사촌들은 계부 가족의 차를 보고 '깜둥이 쓰레기' 같다고 속삭인다. 슈트의 소설에 나오는 포멀로 집안사람들처럼 그들은 자기 아래 사람들을 무시해야 한다는 강박관념을 느낀다. 계급제도를 유지하는 것은 수치심이었다.[15]

소설 말미에서 본은 글렌에게서 벗어나고, 그런 과정에서 동시에 그에게 밀려난다. 물리적으로 상해를 입은 그녀의 어머니가 가족을 버리고 글렌과 함께 캘리포니아로 떠나기로 했기 때문이다. 도망치면서 그녀의 어머니는 1세기 전에 크래커들의 전략을 되풀이한다. 도망쳐서 다른 어딘가에서 다시 시작한다는. (열다섯에 임신하고 결혼해서 열일곱에서 과부가 되고, 스물한 살에 글렌과 두 번째 결혼했던) 어머니의 삶을 조명하면서, 본은 자신이 그보다 분별 있는 결정들을 내릴 능력이 있는지 자문한다. 그녀는 자기 어머니를 비난하지 않는다. 왜냐면 자신이 같은 실수들을 피할 수 있다는 보장이 없기 때문이다.[16]

여기서 교훈은 사람들의 선택은 계급 탓이기도 하고, 성별 탓이기도 하다는 것이다. 앨리슨의 이야기는 자신이 태어난 빈곤의 덫에서 빠져나가는 사람보다 그렇지 못한 사람이 (특히 여성들이) 많다는 사실을 상기시키는 역할을 한다. 저자 앨리슨처럼 빈민을 비난하지 않고 이해하는, 성공한 사람이 되는 것은 예외적인 경우다. 아메리칸드림은, 자신의 운명을 개척할 능력이 있는 사람들이 계급 간의 균열에 끼어 꼼짝 못하는 사람들을 비난하기 쉽다는 점에서 양면성을 지닌다. 『앵무새 죽이기』의 등장인물 스카우트가 보여주듯 일상의 불평등에 대한 인식은 어린아이의 눈을 통해 드러날 때 가장 강렬하게 묘사된다.

재능 있는 백인 쓰레기 작가들의 대두와 더불어 문학 작품목록이 새로운 차원을 띠게 될 무렵인 1993년 미국인들은 또 다른 남부 출신에게 백악관을 돌려주었다. 빌 클린턴과 함께 국민의 관심이 다시 한번 계급 정체성과 미국 민주주의 사이의 불편한 관계에 집중되었다. 아칸소주 호프에서 미약하게 시작한 소년은 로즈 장학금을 받고, 예일대 법학대학원을 나오고, 자기가 태어난 주의 주지사가 되었다. 줄여서 아메리칸드림. 윌리엄 제퍼슨 클린턴은 같은 이름을 가진, 몬티셀로 출신 남자[토머스 제퍼슨]가 1779년에 입안한 교육보급 계획안의 완벽한 사례였다. 당시 토머스 제퍼슨은 폐물들 속에서 결국에는 나라의 재능 있는 귀족 대열에 합류할 수 있는, 자격을 가진 젊은이를 찾아내야 한다고 주장했다. 대통령이 된 첫해 7월 4일 독립기념일 연설에서 클린턴은 30년 전에 백악관 로즈가든에서 케네디 대통령을 만나 악수를 하면서 '돈도 없고 정치적인 연줄도 없는 아칸소주 작은 마을 출신 소년'으로서 느꼈던 경외심을 이야기했다.[17]

클린턴의 파란만장한 성공담은 찰스 디킨스와 도로시 앨리슨 소설의 혼합이었다. 클린턴은 1950년대 경제적으로 안정적인 중산층 핵가족에서 성장한 것은 아니다. 클린턴의 아버지는 아들이 태어나기 석 달 전에 죽었고, 어머니는 외조부모에게 아들을 맡기고 간호학교에 다녔다. "우리 가족의 강인한 정신은 지갑 무게로 측정되지 않는다." 클린턴은 1993년 독립기념일 연설 도중 자랑스럽게 선언했다. 그러나 그의 어머니 버지니아를 통해 널리 알려진 것처럼 빌의 유년시절에는 암울한 시기가 있었다. 민주당 전당대회에서 상영된 전기 영상을 보면 클린턴의 상처 입은 뿌리가 드러난다. 계부의 성을 따랐다고는 해도 불과 열네 살이던 어린 클린턴은 계부에게 맞서야 한다는 현실을 깨달았다. 계부 로저 클린턴Roger Clinton은 자동차 딜러이자 도박꾼이었다. 술을 과도하게 마셨고, 그런 날이면 폭력적으로 변했다. 어느 날 빌은 조용히 계부에게 말했다. "다시는 우리 엄마에게 손찌검하지 마세요. 절대로. 절대로." 그러나 슈트와 앨리슨이 소설에 나오는 남성 등장인물들을 대할 때와 마찬가지로 클린턴도 그에 대한 동정심이 없지 않았다. 계부의 문제에 대해 '그는 스스로를 충분히 소중하게 생각하지 않았다'고 말했다. 말하자면 클린턴의 계부는 백인 쓰레기의 수치심에 대한 자각을 내면화했던 사람이었다.[18]

선거 유세 도중 클린턴은 제퍼슨이 했던 말을 인용했고, 워싱턴으로 향하는 취임 축하 여정을 제퍼슨의 사저인 '몬티셀로' 저택이 있는 언덕에서 시작했다. 전직 대통령 레이건은 공화당 전당대회에서 클린턴이 케네디 혹은 제퍼슨의 후계자라는 생각을 무시하고 호프에서 온 소년의 가식을 문제 삼을 기회를 얻었다. 클린턴을 향한 유명한 야유에서 레이건은 텍사스 사람 벤슨Lloyd Bentsen이 1988년 부통령 후보 토론에서 인디애나주의 퀘일^{Dan Quayle}을 향해 써먹었던 대사를 바꾸어 사용했다. 퀘일이 자신을 젊고 자유분방한 JFK에 비유하자, JFK와 일해 본 경험이 있는 벤슨은 이렇게 답했다. "의원님!" 벤슨이 우렁차게 말했다. "당신은 잭 케네디와는 전혀 딴판입니다." 짐짓 심각한 체하면서 레이건은 자기 버전의 면박 주기 신공을 펼쳤는데, 이번 상대는 주지사 빌 클린턴이었다. "나는 토머스 제퍼슨을 압니다. 그는 내 친구지요. 주지사님, 당신은 토머스 제퍼슨과는 전혀 딴판입니다."[19]

그렇다면 빌 클린턴은 무엇이었을까? 그는 특정 고정관념을 구현했다. 콜레스테롤이 풍부한 식사습관, 어머니와 관련된 매 맞는 아내 이야기, 아칸소 산지에 있는 지저분한 판잣집에 대한 언급 등등이 그렇다. 그뿐만이 아니었다. 선거 유세 도중에 클린턴은 조지라는 이름의 (아칸소가 아니라) 일리노이 노새와 함께 활짝 웃는 얼굴로 사진을 찍었다. 또한 클린턴의 취임행사 도중에는 빌이라는 이름의 노새가 펜실베이니아 대로를 거니는 모습이 언론의 주목을 받았다.[20]

아칸소주는 1992년 1인당 소득이 50개 주 가운데 47위였고, '미개한 레드넥'이라는 오명으로 상처를 입은 주라는 유산이 오래도록 남아 있었다. 자신의 연설에서 제퍼슨 혹은 케네디에 호소함으로써, 클린턴은 고향 주와 계급 배경에서 자신을 떼어내려 노력하고 있었다. 클린턴의 멘토는 자유주의 교육 옹호자이자 진정한 거물급 정치인인 풀브라이트^{James William Fulbright}였지만 그것만으로는 부족했다. 클린턴이 대통령 선거에서 이기려면 국민적인 우상들이 필요했다. 심지어 대통령직을 떠난 3년 후인 2004년에도 클린턴은 여전히 자신의 성장배경과 야망이라는 양극단 사이에서 균형을 잡으려 애쓰고 있었다. 이는 텍사스의 석학 아이빈즈^{Molly Ivins}가 클린턴의 두툼한 회고록을 평하면서 지적한 부분이기도 하다. "한 발 뒤로 물러서서 생각해보면 가망 없는 두 메산골 촌뜨기 소년의 순수한 아메리칸드림이 그리는 포물선에 감탄할 수밖에 없다."[21]

빌 클린턴은 힐빌리도 레드넥도 아니었지만 민주당 전당대회에서 자기 안에 '약간의 부바^{Bubba}' 즉 '촌뜨기' 속성을 지니고 있다고 분명하게 주장했다. 클린턴에 경의를 표하는 의미에서 출판된 「부바 매거진^{Bubba Magazine}」은 손에 맥주를 들고 모자를 쓰고 있는 클린턴 사진을 표지에 실었다. 「새러소타 헤럴드-트리뷴^{Sarasota Herald-Tribune}」의 유머작가 데이비드 그라임스^{David Grimes}에 따르면, 클린턴은 스스로 정체성을 규정하는 이런 행동으로 앤드루 잭슨, (모두를 통틀어 가장 거물급 부바인) 린든 존슨, 지미 카터를 포함하는 소위 '부바 대통령' 대열에 놓이게 되었다.

클린턴의 당선은 과거의 비엘리트 남부 대통령들이 하지 못했던 것을 해냈다. 크래커와 레드넥을 미국 사회 주류가 받아들일 수 있는 어떤 것으로 바꾼 일이다. 텍사스 태생으로 뉴욕에서 일하는 「부바 매거진」 편집자는 부바를 애국적이고, 종교적이며, 야한 농담을 즐기지만, 정체성 표출에서는 '사회경제적 집단들을 초월하는' 사람이라고 표현했다. 부바는 특정 지역에 근거하지 않으며, 흔히 민족 정체성과 연관되는 문화적 성장 배경에 대한 고정관념도 거부했다. 부바가 된다 함은 한가한 자신, 멜빵 달린 작업복 바지 혹은 트럭 운전사 모자 같은 것을 쓰고 있는 자신을 편안하게 받아들이는 것이었다. 정장과 넥타이를 벗어 던지고 레드넥 풍으로 편안하게 입어라(누군가는 이를 백인 쓰레기 체험이라고 부를지도 모른다). 이것은 부바를 새로운 보통 사람으로 선택함으로써 (그리고 선출함으로써) 계급을 대수롭지 않게 만들려는 또 하나의 시도일 뿐이었다. 적어도 클린턴 시대가 형태를 갖춰가는 동안 선구적인 개혁가들은 대중적인 말투로 그렇게 부르기를 좋아했다.[22]

물론 클린턴에게는 그보다 서민적이지 않은 별명도 있었다. '뺀질이 윌리Slick Willie'는 아칸소 시절부터 백악관까지 내내 클린턴을 끈덕지게 따라다니던 욕이었다. (흡입했든 안 했든 마리화나 태우기, 징집 기피, 불륜 혐의 등) 자신에게 붙는 여러 문제에 대해 클린턴은 부인하면서 진심처럼 보이는 설명을 내놓았지만 항상 솔직 담백하지 못하다는 인상을 주었다. 이런 측면에서 클린턴은 말만 번지르르한 사람, 심지어 사기꾼으로 그려진다. '뺀질이 윌리'는 남부와 시골 분위기를 풍기는 이름이었다. 「아칸소 데모크랫Arkansas Democrat」의 그린버그Paul Greenberg의 주장처럼 클린턴의 대두에는 저속한 남부 소설이라는 배경도 있었다. 교묘한 언변으로 이리저리 피해 가는 클린턴 특유의 재간은 숨을 구멍만 있으면 어디로든 몸을 감추는 그런 사람을 연상시켰다. 호프 출신 소년에게 1980년에 그런 불명예스러운 명칭을 처음 부여한 사람이 바로 그린버그였다. 다른 칼럼니스트는 그 별명에서 지극히 남부적인 어떤 것을 보았다. 이는 클린턴이라는 자유주의 정치인이 남부 특유의 현실에 반사적으로 행동한 결과로 얻는 별명으로 보였다. 남부에서 정직했다가는 경력을 망치기에 십상이었다.[23]

클린턴이 출신으로부터 완전히 자유로울 수는 없었다. 언변이 뛰어나기는 했지만, 클린턴은 결코 레이건만큼 번드르르하지는, 혹은 미끌미끌하지는 않았다. 오죽하면 레이건은 '테플론 입힌 대통령Teflon-coated president'이라고 알려졌을 정도다. 대통령이 된 첫해 클린턴이 잠깐 말을 더듬는 모습을 보이자 어느 논설위원은 뺀질이 윌리가 앤디 그리피스 보안관의 조수 바니 파이프처럼 보인다고 말했다. 이미지는 정말로 중요했고 정치인들은 항상 만만한 공격 대상이었다. 글이나 풍자만화 등에서 그들에게 붙여진 꼬리표가 아무리 천박하고 덧없고 불쾌한 것일지라도. 1990년대 관건은 사람들이 클린턴을 더 호의적인 시선으로 보게 해주고 그의 청바지에 묻은 흙먼지를 털어줄 적절한 이미지를 찾는 것이었다. 클린턴의 남부 촌뜨기 이미지를 장점으로 바꿔줄 결정적 계기가 되어줄 것은 무엇일까? 나중에 밝혀진 것처럼 엘비스가 그를 살렸다.[24]

클린턴은 엘비스 이미지를 발전시키는 데 전혀 거리낌이 없었다. 뉴욕시 뉴스 프로그램에 나와서 로큰롤 제왕의 노래를 불렀고, 로즈Charlie Rose와의 인터뷰 도중에는 농담으로 엘비스 최고의 히트작 중 하나의 제목을 빌려와서 '잔인하게 굴지 마세요don't be cruel'라고 언론에 호소하기도 했다. 그렇지만 엘비스 이미지 모방이 정말로 효과를 본 순간은 클린턴이 엘비스의 「상심의 호텔Heartbreak Hotel」을 색소폰으로 연주하며 〈아세니오 홀 쇼Arsenio Hall Show〉에 등장했을 때였다. 클린턴은 (지미 카터는 하지 못했던) 과거 남부의 정치 전략, 즉 노래하고 어깨춤을 추면서 공직에 오르는 그들만의 방식을 되살렸다. 부통령인 테네시 출신 고어Al Gore도 이런 분위기 조성에 일조했다. 고어는 엘비스를 위한 사전 공연을 해보고 싶었던 자신의 오랜 소망이 이 순간에 이루어졌다고 고백함으로써 민주당 전당대회 분위기를 띄우기도 했다. 지방을 도는 마지막 유세에서 클린턴은 연설 뒤에 자신을 희화화하는 한 줄을 보냈다. 청중 각각이 지금 엘비스와 교감을 나누는 중이라고. 현직 대통령이던 공화당의 조지 H. W. 부시는 '아칸소 엘비스'에 열광하는 기자들을 보고 이만저만 약이 오른 것이 아니었다. 부시의 보좌진이 민주당의 선거유세에 맞불을 놓을 엘비스 흉내를 내는 배우를 고용했을 정도였다. 클린턴은 이를 대수롭지 않게 여겼고, 엘비스 흉내를 냈던 배우를 나중에 대통령 취임식에 초청했다.[25]

'엘비스는 미국이다', 클린턴 보좌진 중의 하나는 그렇게 설명했다. 레이건이 작은 마을 같은 미국이라는 향수로 1950년대 느낌을 되찾으려 했다면, 클린턴은 1950년대를 부모보다 정치적이지 않은, 재미를 좇는 10대 이미지와 다시 연결했다. 마리화나 흡연에 징집 기피자 낙인이 찍힌 클린턴은 이렇게 하여 위험한 1960년대에서 벗어나 논란이 덜 한 1950년대의 아이로 이미지가 재정립된다. 클린턴은 남부 노동자 계급과 연결되는 가교를 건설하고, 자신을 상상 가능한 최선의 방식으로 남부의 아들로 만들기를 바랐다. 그런 면에서 엘비스 팬이 되는 것은 분열된 유권자 안에서 좀 더 온건하고 중립적인 자리를 차지하는 방법이었다. 부바보다 훨씬 좋은 젊음이 넘치는 역할, 클린턴이 자신의 남부 촌뜨기 이미지를 전달하기에 그보다 근사한 방법은 없었다.[26]

그러나 아무리 정감 있는 모습도 백악관을 잃은 보수 공화당원들의 미움을 누그러뜨릴 수는 없었다. 워싱턴 기자들은 저렇게 심한 독설은 일찍이 본 적이 없다고 말했다. 대통령으로서 존중을 찾아보기 힘든 지극히 개인적이고 가혹한 공격이 클린턴에게 가해졌다. 아프리카계 미국인인 플로리다 기자 맥스웰Bill Maxwell은 1994년 이유를 알 것 같다면서 나름의 분석을 내놓았다. 맥스웰은 클린턴 때리기 말투에서 익

Maybe some hate Clinton because he's too Southern

By BILL MAXWELL

Even at the start of the presidential campaign, 'Bubba' and Arkansas jokes jammed the airways. The 'Slick Willie' motif emerged and stuck. 'Hee-haute' cuisine made the rounds.

Bill Jeff with a Georgia mule: Just too down home?

1994년에 빌 클린턴의 논란 많은 백인 쓰레기 명성은 일리노이 노새와 함께 찍은 선거유세 사진으로 한층 강화되었다.
– '백인 쓰레기처럼 보이다: 어떤 사람들은 클린턴이 너무 남부스러워서 싫을지도 모른다.' 노스캐롤라이나, 윌밍턴, 「스타 뉴스$^{Star-News}$」 1994년 6월 19일

숙한 어떤 것을 보았는데, 그것은 클린턴이 백인 쓰레기로 간주된다는 사실과 관련되어 있었다. 레이건의 언론 보좌관 거겐$^{David\ Gergen}$과 지나치게 감정적인 연설 원고 작성자 누넌$^{Peggy\ Noonan}$은 자신들의 대통령 레이건을 초월적인 아버지 같은 존재라고 보았고, 영국 왕이 국민에게 불러일으키는 가족 같은 느낌이 있는 그런 존재라고 간주했다. 이런 레이건 숭배자들에게 클린턴은 자리에 걸맞지 않은 사람, 성장 환경 때문에 대통령이라는 자리를 더럽히는 사기꾼이었다. 말하자면 영세민이 군주의 자리를 차지한 꼴이었다.[27]

맥스웰 생각에 클린턴의 저속함, 남부스러움은 어머니 버지니아에게서 유래한 것으로 보였다. 버지니아가 출판한 회고록을 보면 그녀의 인생 역정은 암울하기 짝이 없다. 버지니아의 어머니는 마약중독자였고, 유년시절은 결핍의 시간이었고, 그녀는 네 번이나 결혼했다. 그녀의 외모는 트레일러 쓰레기를 연상시켰다. '정면에만 흰머리를 남기고 나머지 부분을 염색한 헤어스타일, 화려한 화장, 알록달록한 복장, 손에 쥐고 있는 경마 전문지'까지(태미 페이의 흔적들이 버지니아를 따라다녔다). 적들의 눈에 클린턴은 그런 문제 많은 어머니의 아들이었고, '미국 대통령의' 올바른 '가계도'를 보여주기에는 부족한 일종의 사생아 종자였다고 맥스웰은 말했다.[28]

1998년 르윈스키$^{Monica\ Lewinsky}$ 스캔들이 터졌을 무렵, 클린턴의 적들은 결함 많은 대통령을 윌리엄스$^{Tennessee\ Williams}$의 연극에 나올 법한 인물로 그릴 만반의 준비가 되어 있었다. '뺀질이 윌리'가 마침내 트레일러 쓰레기에게 어울리는 저속하고 분별없는 성적 행각에 걸려든 것이었다. 그는 대통령 집무실을 더럽혔다. 특별 검사 스타$^{Kenneth\ Starr}$는 조

사의 핵심은 섹스가 아니라 위증과 권력 남용에 관한 것이라고 주장
했지만, 최종보고서에는 섹스라는 단어가 500번이나 등장한다. 이를
보고 「하퍼스 매거진Harper's Magazine」 편집자 히트Jack Hitt는 스타 검사가
'외설 서적' 집필에 열중하면서, 서글픈 멜로드라마의 시시한 디테일
하나하나를 기록하고 (음미했다고) 주장했다. 클린턴 대통령 법무팀은
스타 검사의 유일한 목적은 대통령에게 창피를 주는 것이라고 맞섰다.
이것은 전국을 무대로 이루어진 백인 쓰레기 정체성 선언이나 마찬가
지였다. 탄핵 사유가 되려면 헌법에 어긋나는 '심각한 부정행위' 혹은
'정부 절차의 무결성에 대한 심각한 도전'이라는 요건이 충족되어야
했다. '중대 범죄와 비행' 수준까지 올라가려면. 모든 외설적인 디테일
을 기록함으로써 스타 검사는 중대 범죄를 저급한 외설과 동일시하려
고 했다.[29]

보수주의자들은 클린턴의 비행이 토머스 제퍼슨의 그것과 비교되
면 어쩌나 하는 생각에 어쩔 줄을 몰라 했다. 제3대 대통령 제퍼슨의
부계 DNA 검사가 르윈스키 스캔들이 터진 것과 같은 해에 있었다.
발전된 과학 덕분에 몬티셀로 저택의 주인이, 죽은 아내의 배다른 자
매로 아내보다 훨씬 어린 몬티셀로의 노예 샐리 헤밍스가 낳은 아이
들의 아버지라는 사실이 밝혀졌다(적어도 제퍼슨가의 남자가 정기적으로
그녀와 관계를 맺었다는 사실이. 제퍼슨 자신 이외에 누가 과연 그럴 수 있었겠는
가?). 결과에 당황한 해설가들은 사건의 사실을 왜곡했다. 그들은 제
3대 대통령의 부도덕 혐의를 무죄로 만들어주기 위해 요상한 비교 조
합을 개발해 근거랍시고 제시했다. 첫째, 샐리는 미인이었다(모니카는
천박하고). 둘째, 클린턴은 [아내가 있는] 간통범이었다(제퍼슨은 오랜 시간

홀아비였다). 셋째, 제퍼슨은 말을 통해 육체의 욕망 따위는 넘어서고도 남는 훌륭한 사람이었다(반면에 단순히 말재간이 좋을 뿐인 클린턴은 본인의 하찮은 혈통을 넘어서지 못했다). 그러므로 제퍼슨과 클린턴의 욕망을 하나로 생각하는 것은 고결한 미국인이라면 결코 묵인할 수 없는 단순화의 오류다.[30]

르윈스키 사건을 다르게 본 편집자도 있었다. 그는 클린턴이 탄핵이라는 시련에서 살아남아 더욱 강하고 인기 있는 모습으로 재등장한 다음, 이에 대한 설명을 찾으려 했다. 클린턴에 대한 증오가 비이성적이라면, 그에 대한 사랑도 마찬가지다. 기자는 이것이 '엘비스 원칙'이라고 결론을 내렸다. 모든 미국인이 왕들에 대해 가지고 있는 잠재의식 속의 욕망이 이런 모습이라고. JFK는 매력적인 캐멀롯Camelot 이미지, 즉 전설의 아서왕 이미지를 가지고 있었고, 레이건은 할리우드 왕족 이미지를 가지고 있었다. 한편 클린턴과 엘비스(수백만 팬들의 '제왕')는 무일푼에서 부자가 된 군주들이었다. 대체로 미국인들이 우러러본 왕들은 설명하기 힘든 성적 매력과 과하지 않은 자만심을 가진 남자였다. 여기서 요지는 약간의 백인 쓰레기다움은 전화위복이 될 수 있다는 것이다. 외모가 중요한 현대 미국 정계에서 폼 나는 오만함은 영향력을 가졌다. 그런 의미에서 먼데일Walter Mondale 이나 듀카키스Michael Dukakis 처럼 정장에 넥타이를 맨 절제된 후보들은 클린턴과 동급이 아니었다. 근사한 레드넥 분위기를 풍기는 것은 (말하자면 약간의 부바 기질을 가진 것은) 재미없고 눈에 띄지 않고 특징 없이 고만고만한, 말하자면 무리와 구별되지 않는 정치인이 되는 것보다 나았다.[31]

클린턴 이해하기는 여전히 사람들의 취미활동으로 남아 있었다.

1998년의 날조된 대통령 불륜 스캔들을 섬뜩한 기분으로 지켜보던 소설가 모리슨^{Toni Morrison}은 나름의 결론을 내렸다. 대통령이 비유적으로 '체포되어 몸수색을 당하는' 상황에서 일어나는 사생활 침해, 대통령 집무실 뒤집기는 모리슨이 보기에 흑인들이 직면하는 수준의 취급이었다. 그들이 '아무리 똑똑해도, 일을 열심히 해도', '지켜야 할 선'이 있는 법이다. 그런데 클린턴은 그동안 선을 넘었다. 모리슨은 클린턴은 '우리나라 최초의 흑인 대통령'이었다고 생각했다. 클린턴의 성장 과정, 가난한 한부모 가정, 노동자 계급 같은 행동 방식들, 색소폰 연주, 정크푸드에 대한 사랑까지, '흑인다운 색채'가 뚜렷했다. 이런 클린턴의 모습은 정말로 엘비스 같다. 클린턴은 1990년대에도 여전히 헌신적인 추종자들을 거느린 레드넥 엘비스가 아니라 1950년대 '힐빌리 캣^{Hillbilly Cat}'이라고 불리던 초기의 엘비스였다. 당시 엘비스는 흑인과 백인의 경계를 넘나들던, 말하자면 남부에서도 밑바닥 사람들 사이에서만 편안하게 행해지던 그런 일을 서슴지 않고 하던 젊은이였다.[32]

'최초의 흑인 대통령'이라는 클린턴에 대한 칭호는 2001년 하원 흑인의원 모임 만찬에서 재확인되었다. 2007년 오바마가 대통령 선거에 출마했을 때, 마틴 루서 킹 목사의 친구이자 지미 카터 대통령의 보좌관이었던 앤드루 영은 클린턴은 '오바마와 하나도 다르지 않은 흑인이었다'고 말했다. 정말 이상한 말이 아닌가? 아칸소 출신 부바와 케냐인의 아들이 흑인다움에서 차이가 없다고? 여기서 영은 흑인다움을 문화적 정체성으로 다루고 있었고, 하와이와 자카르타에서 보낸 오바마의 유년시절에는 남부적인 색채가 없었다. 남부 사람인 「워싱턴 포스트」의 파커^{Kathleen Parker}는 비유 언어에서 혼란을 인지하고, 색소폰을 밴조로 바꾸기만 하면 클린턴이 잡다한 '백인 쓰레기 수사'가 뒤섞인 혼합물이 된다고 말했다. 언론인 클라인[Joe Klein]은 대놓고 클린턴을 다룬 소설 『프라이머리 컬러스[Primary Colors]』(1996)에서 이런 수사를 한층 심화시킨다. 소설에서 클린턴은 잭 스탠턴이라는 남자로 등장한다. 스탠턴은 미성년 흑인 소녀와 잠자리를 함으로써 성적 금기를 어기고 사생아의 아버지가 된다. 니콜스[Mike Nichols] 감독이 클라인의 소설을 토대로 만든 영화에서 부바 대통령 역할은 말끔한 이미지의 행크스[Tom Hanks] 같은 배우가 아니라 투박한 트라볼타[John Travolta]가 연기한다. 이 스탠턴이라는 남자는 흑인의 상징인가? 아니면 트레일러 쓰레기인가?[33]

이후 상황을 보면 공화당 사람들이 추문으로 얼룩진 클린턴의 두 번째 임기를 교훈과 경계의 의미로 해석하지 않은 것이 분명해 보인다. 공화당은 2008년 (사실상) 백인 쓰레기인 알래스카 주지사 페일린[Sarah Palin]을 자당 부통령 후보로 내세웠기 때문이다. 지독하게 직설적인 리치[Frank Rich] 「뉴욕타임스」 기자는 공화당의 이런 결정을 '페일린과 매케인의 속도위반 결혼'이라고 칭했다. 애리조나주의 덕망 있고 전반적으로 명민한 정치인인 매케인[John McCain]이 이번에는 왜 그답지 않은 실수를 저지른 것일까? 「슬레이트[Slate]」지에서는 페일린의 고향 와실라를 담은 온라인 비디오를 만들었다. 그곳을 특별할 것 없는 황무지, 차를 몰던 사람들이 잠시 들러 '주유를 하고 소변을 본' 다음 도로로 다시 나오는 그런 장소로 묘사하고 있다. 다른 데서 와실라는 '앵커리지에서 회자되는 대부분의 레드넥 농담의 핵심 알맹이'로 묘사되었다.

종^{Erica Jong}은 「허핑턴포스트^{Huffington Post}」에서 '백인 쓰레기 아메리카는 분명 투표자들에게 매력적'이라고 말하면서, 부통령 후보로 지명된 며칠 후에 인터넷에 올라온 페일린의 포토샵 처리된 이미지도 그런 맥락에서 이해할 수 있다고 주장했다. 페일린이 성조기 문양 비키니를 입고, 손에는 돌격 소총을 들고, 특유의 검은테 안경을 쓰고 있는 모습의 사진이다. 사진 속의 페일린은 극성스럽게 자녀를 돌보는 엄마의 이미지와 화끈한 여군 이미지를 동시에 보여주고 있다.[34]

페일린의 10대 딸인 브리스틀^{Bristol}의 임신 소식은 존스턴^{Levi Johnston}과의 속도위반 약혼으로 이어졌고, 이는 공화당 전당대회 시기에 맞춰 깔끔하게 정리되었다. 「Us 위클리^{Us Weekly}」는 표지에 페일린을 등장시키고 「아기, 거짓말, 스캔들^{Babies, Lies, and Scandal}」이라는 도발적인 제목을 달았다. 모린 다우드^{Maureen Dowd}는 대본 없이 진행하는 최초의 텔레비전 인터뷰를 준비하면서 페일린을 영화 〈마이 페어 레이디^{My Fair Lady}〉의 일라이자 둘리틀에 비교했다. 페일린의 미심쩍은 계급 배경에 대해 그보다 더 직설적인 비유가 있을 수 있을까? 페일린 집안의 멜로드라마를 보며 한 언론인은 알래스카 출신의 이 집안 이야기가 마치 텔레비전 리얼리티 쇼에 나오는 자극적인 줄거리를 연상시킨다고 생각했다. 농으로 한 말이 2년 뒤에 사실이 되었다. 시골 오지 출신 후보가 주지사를 그만두고 〈세라 페일린의 알래스카^{Sarah Palin's Alaska}〉라는 제목의 리얼리티 TV 쇼에 출연하기로 했던 것이다.[35]

페일린의 입후보는 모든 점에서 주목할 만한 사건이었다. 페일린은 대통령 선거에 후보로 나온 이들 가운데 전체 계급으로 치면 두 번째, 레드넥으로 치면 첫 번째 여성이었다. 존 매케인 대통령 후보 보좌관들은 그녀가 순전히 이미지 때문에 선택되었으며, 오바마가 역사적인 승리를 거둔 이후 결함 많은 부통령 후보자 페일린을 비난하고 내치는 데 자신들이 한목소리를 냈다고 인정했다. 위키리크스가 페일린의 신용카드 계정을 해킹한 것이 촉발제가 되어 페일린의 의복 비용을 둘러싼 언론의 집중포화가 시작되었다. 뿔난 보좌관은 페일린의 마구잡이 쇼핑을 '전국 방방곡곡의 니먼마커스 백화점을 약탈하는 와실라 힐빌리'라며 맹비난했다.[36]

알래스카 출신인 페일린은 쉽고 매력적인 공격 목표가 되었다. 언론인들은 페일린이 지식 면에서 깜짝 놀랄 만한 오류를 보여주고도 전혀 창피해하지 않을 때면 어이없다는 반응을 보였다. NBC 진행자 쿠릭Katie Couric과의 실패한 인터뷰는 소위 말하는 '가차저널리즘Gotcha Journalism', 즉 흠집 내기, 꼬투리 잡기 보도 형태라고 말하고 넘어갈 수 있는 정도가 아니었다. 페일린은 사실을 오해하고 있는 수준이 아니었다. 그녀는 단 하나의 복잡한 개념도 분명하게 말할 능력이 없는 여자라는 인상을 주었다(인터뷰에 나온 페일린을 보고 있노라면 '머리가 비었다'는 크래커를 향한 오랜 경멸과 비방이 맞는 말이 아닌가 싶었다). 그러나 1세기 전에 앤드루 잭슨도 머리 좋은 '아이디어맨'으로 자신을 내세우지는 않았고, 매케인 캠프 사람들도 페일린에게서 그런 면모를 기대하지는 않았다. 매케인 캠프가 [페일린을 통해] 되살렸으면 하고 바랐던 것은 앤드루 잭슨이 보여주었던 오지 출신 특유의 오만한 스타일이었다. 그래서였을까? '알래스카 출신 세라'는 선거 유세 중에 소형 비행기에서 늑대를 향해 총을 쏘고 무스Moose 고기를 좋아한다고 자랑하면서 19세기 말 20세기 초에 유명했던 오클리Annie Oakley 같은 존재로 자신의 위치를 정했다[오클리는 오하이오 출신 명사수로 〈와일드 웨스트 쇼〉 등에서 신기에 가까운 사격 솜씨를 뽐냈다].

그것으로는 페일린을 주류의 공격으로부터 구출하기에 충분하지 않았다(페일린은 자기방어적으로 이를 '변변찮은 언론'이라고 불렀다). 세라 페일린은 자수성가한 여성이라는 이력이 없었다. 빌 클린턴은 옥스퍼드 대학교 로즈 장학생이었다는 사실로 '백인 쓰레기' 딱지를 상쇄했지만 페일린은 그럴 수 없었다. 페일린은 여섯 개나 되는 별 볼 것 없는 대학을 다녔을 뿐이었다. 또한 아들 중의 하나를 이라크에 파병하기는 했지만 페일린 자신은 (지미 카터의 군대 생활 같은) 직접적인 군대 경험도 없었다. 「뉴요커」지에 쓴 글에서 태넌하우스$^{Sam Tanenhaus}$는 페일린의 자기만족적인 태도가 인상적이었다고 말한다. "아무리 어설픈 상태라도 항상 자기다운 것에 대한 확신이 넘쳤다."[37]

모린 다우드는 페일린이 '음악 없는 컨트리 음악 여왕'이라는 재미난 말을 했다. 페일린에게는 타고난 음악적 재능이 없음은 물론이고, 돌리 파튼 특유의 자기 비하적인 유머감각도 없었다. 진짜 수수께끼는 '어떻게'가 아니라 '왜' 페일린이 선택되었는가였다. 백인 쓰레기 바비는 시각적으로 매력적인 동시에 파괴력을 가지고 있었고, 더구나 자동차 번호판 표어가 '최후의 변경$^{The Last Frontier}$'인 주 출신이었다. 남은 과제는 편안하고 전통적인 여성 이미지와 함께 페일린의 악동 같은 측면을 포장하는 것이었다. 인기 싱글 컨트리 음악 「레드넥 우먼$^{Redneck Woman}$」(2004)에서 윌슨$^{Gretchen Wilson}$은 비현실적인 중산계급의 상징으로서 바비 인형이 되기를 거부했는데, 공화당 부통령 후보 페일린의 의상 폭식은 그녀가 바비 인형이 되어보는 짧은 기회였다.

페일린의 일라이자 둘리틀 면모가 만천하에 드러난 것은 델라웨어 상원 의원 바이든^Joe Biden 과의 텔레비전 토론에 나왔을 때였다. 페일린이 어떻게 치장하고 나와서 어떤 모습을 보여줄지에 전 국민의 이목이 쏠리던 순간이었다. 당시 페일린은 짧은 검은색 드레스에 하이힐을 신고 진주로 치장을 하고 무대에 나와 카메라를 향해 윙크했다. 얼굴 아래를 보면 워싱턴의 사교계 명사처럼 보였지만, 윙크는 시골 식당에서 일하는 껌을 질경질경 씹어대는 웨이트리스가 아닌가 하는 생각을 어렴풋이 하게 했다. 이처럼 두 가지 극단적인 모습을 체화하면서 매력적인 열성 엄마 이미지는 결국 매케인 보좌진이 '힐빌리'와 자기중심적 '프리마 돈나'라고 파악했던 이미지에 밀렸다. 페일린은 앞에서 말한 TV 드라마 〈군중 속의 얼굴〉 주인공 '론섬' 로즈의 여성판이었다. 거품 가득하고 자기밖에 모르는 공주병 기질이 있는.[38]

페일린이 전국적으로 노출되고 세간의 이목이 쏠리던 시기 전체를 통틀어 성은 중요한 서브텍스트^subtext 역할을 했다. 모욕적인 험담이라는 측면에서, 브리스틀 페일린의 혼외 임신은 빌 클린턴의 유명한 바람둥이 행각과는 다르게 다뤄졌다. 블로거들은 다운증후군을 앓는 페일린의 아들 트리그가 '사실은 브리스틀이 낳은 아이 아니야?'라는 소문을 퍼뜨림으로써 혼란을 가중시키고 쟁점을 흐렸다. 이런 '아기 바꿔치기' 이야기는 근친 사생아 출산이라는 오지 사람들의 부도덕에 새로운 관점을 제시하려는 의도였다. 가계도로 비판자들을 가장 애먹였던 사람이 빌 클린턴의 어머니 버지니아였다는 것을 상기해보라. 그런 유산은 지속된다. 우생학(그리고 뒤이은 단종법)을 지지하는 수사법을 보면, 주로 여성을 오염된 종축, 즉 출산자로 공격하려는 의도를 담고

Palin's supporters identify with her: she represents the erasure of any distinction between the governing and the governed.

브로드너[Steve Brodner]가 유명세를 좇는 힐빌리로 묘사한 세라 페일린의 캐리커처. 2009년 「뉴요커」지에 실렸다.
ㅡ「뉴요커」, 2009년 12월 7일

있다.[39]

미국 북부에 있는 노스다코타주 파고라는 도시를 배경으로 하는 영화 〈파고Fargo〉를 떠올리게 하는 특유의 북부 억양 때문에 세라 페일린의 그렇지 않아도 부자연스러운 연설이 더욱 듣기 힘들었다. TV 토크쇼 진행자였던 캐벗Dick Cavett은 페일린의 연설을 두고 그야말로 통렬한 풍자글을 썼다. 글에서 캐벗은 페일린을 고등학교 영어 교육에 조의를 표해야 마땅할 '연쇄 문법 살해자'라고 칭했다. 캐벗은 계속해서 페일린이라면 죽고 못 사는 팬들, '나 같은 엄마'라고 페일린을 흠모하거나 총으로 늑대를 쏘는 모습을 보고 감동하는 그런 사람들에게 궁금한 것이 있다고 말했다. 이런 특성 중에 페일린이 정부를 통치하는 데 도움이 되는 것이 있는가? 어느 것이든 구체적으로 어떻게 도움이 될지 설명할 수 있는가?

시민으로서, 유권자로서 우리는 이미 이런 경험이 있다. '정직한 에이브Honest Abe' 링컨은 원숭이, 머드실, 켄터키의 백인 쓰레기라고 불렸다. 앤드루 잭슨은 무례하고 성마른 크래커라고 불렸다(또한 페일린처럼 잭슨의 문법 실력도 자랑할 만한 것과는 거리가 멀었다). 그렇다면 이런 질문이 제기된다. 정치 행위자에게 실용적인 형태의 포퓰리즘으로서 자산이 될 수 있는 평범함이 오히려 부채로 바뀌는 지점은 과연 어디일까? 또한 캐벗이 페일린 지지자들이 그렇다고 말한 것처럼, 유권자들이 '거의 엘비스에 맞먹을 정도의 추종'에 휩쓸리는 모습이 굳이 충격을 받을 만한 일일까? 선거를 동시에 여러 연기자가 나와 솜씨를 자랑하는, 정신없이 돌아가는 서커스 무대로 바꾸어보면, 무대 위의 춤추는 곰이 이길 가능성은 항상 있는 법이다.[40]

2008년 선거 무렵 미국인들은 새로운 미디어인 리얼리티 TV를 철저하게 맛본 뒤였다. 이를 통해서 한순간에 유명 인사가 되면, 아무것도 아닌 사람에서 전국적인 우상으로 부상할 수 있었다. 〈스완The Swan〉에서는 노동계급 여자들이 성형수술과 유방확대수술을 통해서 뭐랄까, 상대적으로 수수한, 교외 주민 같은 돌리 파튼으로 변모했다. 〈아메리칸 아이돌American Idol〉이 무명의 가수 지망생을 하루아침에 노래로 전국에 돌풍을 일으키게끔 해준 것은 주지의 사실이다. 대중의 관심을 받고 싶어 안달인 상속녀 힐턴Paris Hilton도 이런 기회를 놓치지 않았다. 힐턴은 아칸소주 시골 어느 집에 가서 생활하는 모습을 보여주는 〈심플 라이프The Simple Life〉에 출연했다(〈심플 라이프〉는 뉴욕시에서 살던 부부가 시골 농장으로 이사하면서 겪게 되는 상황을 코믹하게 그린, 1965~1971년에 방영된 시트콤 〈그린 에이커스Green Acres〉의 업데이트 버전이라고 볼 수 있다). '욕망과 다원주의의 매력적인 결합'이라고 묘사되었던 트럼프Donald Trump가 진행했던 〈견습생The Apprentice〉은 인정사정없이 견습생을 해고하는 무자비함을 찬양했다. 위에 열거한 것들을 포함하여 여러 리얼리티 쇼에서 재능은 부차적인 요소일 뿐이었다. 훈련받지 않은 스타들을 쓰는 이유는 사람들의 관음증적인 관심을 충족시키기 위해서다. 시청자들은 그들이 평범한 사람으로서 허영, 욕망, 탐욕 같은 인간의 최악의 자질들을 보여주기를 기대한다. 2008년 선거운동 당시 페일린은 카메라가 비추지 않는 곳에서 (널리 알려진 리얼리트 쇼 중의 하나의 명칭을 빌자면) '극단적 변신' 과정을 거쳤다[〈극단적 변신Extreme Makeover〉은 외모에 문제가 있다고 생각하는 참가자를 선정해 전문가 컨설팅을 통해 극적으로 바꿔준다는 콘셉트의 리얼리티 쇼로 2002년부터 2007년까지 방영되었다]. 매케인의 선거 참모들은 누구든지 유명 인사에 가깝게 바꿀 수 있다고 말하는 리얼리티 TV의 자만을 믿었다. 이 경우에 그들의 실험은 전국 정치 형태를 바꾸는 효과가 있었다.[41]

2008년 이후 백인 쓰레기 비유를 가지고 장난을 치는 다수의 새로운 TV 쇼들이 생겨났다. 〈습지 사람들Swamp People〉〈허니 부부가 왔어요〉〈힐빌리 손 낚시Hillbilly Handfishin'〉〈레드넥 아일랜드Redneck Island〉〈덕 다이너스티Duck Dynasty〉〈밀주업자들Moonshiners〉〈애팔래치아의 무법자들Appalachian Outlaws〉은 모두 급속히 발전하는 산업 일부가 되었다. 대공황기에 '후버빌'이라고 불리던 실업자 수용 판자촌을 방문해 그곳의 무주택자들을 마치 동물원에 있는 동물 보듯 구경하던 사람들처럼, 텔레비전은 서커스의 곁들임 공연을 미국인의 거실로 가져왔다. 슬러밍에 대한 현대인의 욕망은 예전 보드빌 쇼 등장인물들을 되살리는 형태로 모습을 드러냈다. 어느 해설가는 루이지애나가 배경인 크게 성공한 리얼리티 쇼 〈덕 다이너스티〉를 언급하면서, "모든 남자가 [19세기 말] 햇필드-맥코이 가문의 대결 장면에서 그대로 걸어 나와 옥수수 속대로 만든 파이프 담배를 피우는 그런 사람들 같다"고 말했다. 그래서일까? 〈덕 다이너스티〉에 나오는 로버트슨가家의 남자는 1938년 할리우드 영화 〈켄터키 문샤인〉에 나오는 [4인조 코미디팀] 리츠 브러더스의 먼 친척뻘로 보였다.[42]

리얼리티 프로그램은 감정을 자극하는 경쟁과 노골적인 스캔들로 연명한다. 장수 프로그램이었던 〈허니 부부가 왔어요〉는 2014년에 폐지되었는데, 엄마 준 섀넌June Shannon이 유죄판결을 받은 아동 성추행자와 사귄다는 사실이 밝혀진 이후에야 취해진 조치였다. 이어서 그녀는 두 딸의 아버지가 NBC의 훔쳐보기 리얼리티 프로그램인 〈약탈자 잡기To Catch a Predator〉에서 함정수사에 걸려 유죄판결을 받은 다른 성범죄자라는 사실을 밝혔다. 비록 어린 딸인 '허니 부부'가 제목에 나오는 주인공이지만 엄마 준은 쇼의 진정한 스타이자 새로운 모습의 백인 쓰레기였다. 오랫동안 백인 쓰레기 하면 사람들은 비쩍 마르고 누렇게 뜬 초췌한 모습을 생각했다. 그러나 준은 엄청난 과체중에 초등학교 딸을 치장해 예쁜 어린이 선발대회에 끌고 가는, 전형적인 엄마와는 정반대 모습을 보여주었다. 준은 세 명의 다른 남자에게서 네 딸을 낳았는데, 그중에 한 명은 이름이 기억나지 않는다고 했다. 준이 사는 조지아주 시골의 매킨타이어 마을은 침체된 빈곤지역이었다. 전체 가구의 4분의 1은 독신 여성이 가장이었고, 2013년 기준으로 매킨타이어 마을 중위 가구의 소득은 1만 8,243달러였다[같은 해 미국 전체의 중위 가구 평균 소득은 5만 1,939달러였다].**43**

빈부 격차가 2000년 이후 확장되었고 보수주의자들이 백인 쓰레기 공격에 앞장서고 있었다. 『흑인 레드넥과 백인 자유주의자Black Redneck and White Liberals』(2005)에서 경제학자이자 후버연구소 연구원인 소얼Thomas Sowell은 도시 흑인의 범죄 문화를 레드넥 문화와 연결했다. 소얼의 저서는 1956년까지 거슬러 올라가는 인용문으로 시작된다. "이들은 우리 도시에 끔찍한 문제들을 만들어낸다. 이들은 일자리를 가질 능력이 없거나 의지가 없으며, 끊임없이 법을 무시하고, 아이들을 방치하고, 술을 과도하게 마신다. 이들의 도덕 기준은 도둑고양이 수준만도 못하다." 소얼은 독자들이 위의 인용문을 보고 전형적인 [흑인] 인종차별주의 공격과 관련지어 생각하리라고 추정했다. 그러나 알고 보면 이는

먼 친척. 〈켄터기 문샤인〉(1938)에 나오는 코미디팀 리츠 브러더스와 그들의 닮은꼴 후계자라고 할 수 있는 〈덕 다이너스티〉의 남성 출연진. 〈덕 다이너스티〉는 크게 인기를 끌었던 A&E의 리얼리티 TV 쇼였다.

인디애나폴리스에 사는 백인 빈민층을 겨냥한 말이었고, 북부 여러 도시에 사는 '달갑지 않은' 남부 백인도 공격의 대상이었다.

소얼은 수백 년 전으로 거슬러 올라가는 불변의 하위문화가 내내 있었다고 주장했다. 백인 빈민층을 켈트족(스코틀랜드계 아일랜드 사람)으로 둔갑시키는, 문제 많은 역사 연구 결과물인 맥휘트니^{Grady McWhiney}의 『크래커 문화^{Cracker Culture}』(1988)를 근거로 소얼은 흑인의 나쁜 특성들(나태함, 난잡함, 폭력성, 서툰 영어)은 오지의 백인 이웃들에게서 전해진 것이라고 주장했다. 소얼이 제시하는 기묘한 오지 재구성에서, 충분히 오랜 전통의 안구를 후벼 파는 잔인한 싸움은 흑인들의 남성미 과시의 근원으로 해석된다. 무단토지점유자라는 주제를 되살리면서도 마찬가지였다. 소얼은 무단토지점유 문제에 노예제도가 끼친 영향을 경시하고, 백인 빈민층에서 흑인까지 퍼진 우생학 비슷한 문화적 감염으로 대체했다. 나아가 소얼은 오늘날 백인 자유주의자들 역시 사회복지(제도) 고착화를 통해 '흑인 레드넥들'의 파괴적인 생활 방식을 부추겨왔기 때문에, 현재와 같은 사회 상황에 똑같은 책임이 있다고 주장했다.[44]

빈민 문제가 자기네 탓이라고 비난하는 또 다른 보수주의자는 헤이스^{Charlotte Hays}다. 그녀의 2013년 저서 『언제 백인 쓰레기가 새로운 표준이 되었나?^{When Did White Trash Become the New Normal?}』는 비만, 무례한 태도, 그리고 사회가 하층계급을 '본'으로 삼을 때 야기되는 국가 쇠퇴의 위험에 맞선 '남부 마님'의 수다스러운 장광설이라 할 수 있다. 헤이스는 리얼리티 쇼 〈허니 부부가 왔어요〉가 2012년 공화당 전당대회보다 많은 시청자를 끌어들인 것이 이만저만 걱정되는 일이 아니라며 우려를 표명했다. 오만한 마님께서 자신의 불평불만을 표현한 문장은 [예전 부르주아들이 애용했던] '요즘은 쓸 만한 도우미를 구할 수 없다니까'가 아닐까 싶다. 공손함이라는 미덕이 사라지는 모습을 볼 때마다 작가 겸 블로거로서 헤이스의 상식은 모욕을 당했다. 하락한 최저임금 때문에 수백만 명이 빈곤 수준에서 헤매고 있다는 사실은 신경 쓸 바가 아니었다. 오히려 헤이스는 글에서 제임스타운과 플리머스의 식민지 개척자들은 '약간의 굶주림'이 있어야 사람들이 부지런히 일하게 된다는 것을 이해하고 있었다고 말했다. 만약 헤이스가 실제 제임스타운을 이야기하는 것이라면, [약간이 아닌] '많은 굶주림'과 '약간의 식인 풍습'이라고 말했어야 한다. 헤이스는 계급이 미국 체제와는 무관하다고 고집하는 많은 사람을 대표한다고 보았다. 헤이스는 어떤 문명의 건전성을 결정하는 핵심은 (안타깝게도 사회 열등생들은 더 이상 실천하지 않는) 예의의 유무라고 주장한다. 헤이스는 글에서 "신사란, 잡역부도 그가 올바로 행동하려고 노력하면 신사로 간주될 수 있는 그런 방식으로 정의된다"고 말한다.[45]

소얼과 헤이스는 1970년대에 시작된 문화적 변화에 맞서고 있다. 헤이스는 정체성 정치를 완전히 떨쳐버리고 싶어 한다. 헤이스가 모든 종류의 백인 쓰레기 슬러밍을 조롱하는 이유가 바로 여기에 있다. 대신에 헤이스는 전통적인 예의를 되살리려 한다. 그녀는 마치 가짜 품위라는 겉치장 아래서 계급 정체성을 감추는 것이 가능한 일인 양 행동하고 있다. 헤이스는 평등이라는 미명을 원했지만 빈부 격차를 줄일 어떤 방법도 제시하지 않았다. 소얼은 인종을 민족 정체성과 유산, 즉 세대에서 세대로 문화적으로 전해지는 어떤 것으로 고쳐 쓰려고 하면서 알렉스 헤일리가 시작한 작업을 재고하고 다른 것으로 대체했다. 수정주의자의 펜을 이용해 소얼은 아프리카와의 연결, 즉 헤일리가 구축한 뿌리와의 연결을 끊고, 고귀한 아프리카계 미국인 조상을 품위가 떨어지는 잡종으로 대체했다. 즉, 백인 아메리카의 타락한 크래커로.

하층계급에 대한 두려움 때문에 (백인, 흑인 할 것 없이) 배우지 못한 사악한 사람들이 미국 사회에 심각한 손상을 입히고 사회 전체를 타락시킨다고 주장하는 일단의 전문가들이 존재한다. 그들은 나라의 경제구조가 그들이 강조하는 사회현상과 인과관계에 있다는 사실을 부정한다. 그들은 역사를 부정한다. 그렇지 않으면 (노예를 소유한 대농장주, 과거의 땅 투기꾼, 은행, 조세정책, 거대 기업, 오늘날의 동정심 없는 정치인, 성난 유권자들 같은) 미국 경제의 가장 강력한 엔진들이 백인 쓰레기, 혹은 잘못된 꼬리표가 붙은 '흑인 레드넥', 그리고 노동 빈민 전반에 미치는 지속적인 영향에 상당한 책임이 있다는 사실을 인정해야 하기 때문이다. 서글픈 사실은, 우리가 계급 분석을 하지 않으면, 우리는 자칭 애국자들이 '세계 역사상 가장 위대한 문명'이라고 명명해온 땅에 존재하는 폐기물 인간의 숫자에 지속해서 충격을 받으리라는 점이다.

에필로그

미국의 별종—백인 쓰레기의 오랜 유산

끈질기게 지속되는 두 가지 문제가 우리의 '민주주의' 과거를 덜커덩거리며 통과해왔다. 하나는 프랭클린, 제퍼슨, 그리고 미국 지형의 '예외적인' 특징들을 내세움으로써 계급을 묵살하려는 그들의 열망까지 거슬러 올라간다. 이런 처지에서는 미국 지형의 예외적인 특징들이 [여타 사회와는 다른] 예외적인 사회를 만들어낸다고 생각했다. 이들 건국의 아버지들은 광대한 대륙이 인구 과밀 현상을 줄이고 계급 구조를 수평하게 만듦으로써 인구 관련 딜레마를 마법처럼 해결해줄 것이라고 주장했다. 이런 환경에 의한 해결책뿐만 아니라 더욱 광범위하고 극도로 유용한 신화가 하나 생겨났다. 미국은 국민 모두에게 발언권을 주고 있으며, 모든 시민이 정부에 진정한 영향력을 행사할 수 있다는 신화였다(여기서 지적하지 않을 수 없는 것은 일부 시민, 특히 그들의 지분이 부동산 소유에서 나오는 사람들이 다른 시민들보다 가치 있다는 주장을 인정하고 받아들였기 때문에 이런 신화가 항상 힘을 얻고 자격을 인정받았다는 점이다).

영국 식민지의 흔적은 결코 완전히 지워지지 않았다. '요먼'은 영국의 계급이었고, 도덕적 가치를 토지 경작과 동일시하는 영국의 기존 관행을 반영하고 있었다. 19세기 미국인들은 자기네 처지에서 결혼, 친족 관계, 가계도, 혈통을 통해 계급 지위를 복제하기 위해 가능한 모든 일을 했다. 19세기 남부연합이 농촌 귀족주의 가식의 절정(가장 공공연한 표명)이자 하층계급을 지배하는 엘리트가 있어야 한다는 사회 요구의 노골적인 수용이었던 반면, 이어지는 다음 세기는 [우월한] 마스터 계급을 번식시키고 키워야 한다는 주장을 정당화할 과학적인 근거를 자처하는 우생학의 충격적인 요구에 직면했다. 이처럼 미국인들은 계급 구별 욕망을 포기하지 **않았을** 뿐만 아니라, 되풀이해서 계급 구별을 재생산했다. 일단 미합중국 정부가 자신을 '자유세계의 지도자'로 그리기 시작하자 한층 제왕 같은 국가 수장에 대한 열망이 커졌다. 민주당원들은 아서왕 전설을 떠올리는 케네디의 캐멀롯 왕국에 꾸뻑 죽었고, 공화당원들은 레이건의 할리우드 궁정을 추앙하고 떠받들었다.

사실 미국의 민주주의는 모든 사람에게 의미 있는 발언권을 부여한 적이 없다. 대신 대중에게는 상징들이 주어졌는데 공허한 상징일 때도 잦았다. 국민국가는 전통적으로 국가의 수장이 국민 대다수를 대표하고 그들의 대리인 역할을 할 수 있다는 허구에 의존한다. 미국 버전에서 대통령은 계급 간 깊은 골의 존재를 가릴 공유 가치에 폭넓게 호소해야 한다. 이런 전략이 효과가 있을 때도 통일성은 끊임없이 계속되는 이념적 기만을 대가로 찾아온다. 조지 워싱턴과 프랭클린 루스벨트는 당대에 국가의 아버지로 불렸고, 지금은 옛날 옛적, 인정 많고 온화한 가장 대우를 받고 있다. 앤드루 잭슨과 시어도어 루스벨트는 입이 걸고 자신만만한 전사로 전해 내려온다. 레이건이 아주 효과적으로 해낸 것처럼 카우보이 상징들은 사악한 제국에 맞서 국가의 명예를 지킬 만반의 준비를 하고 있다. 좀 더 최근으로 오면 미국인들은 극적인 효과를 위해 조종사 복장을 하고 항공모함에 오르는 대통령을 보기도 했다. 주인공은 당연히 조지 W. 부시다. 너무 성급하게 이라크 전투 작전의 종료를 선언하던 때의 복장이다. 한편, 집단 기억에서 누락된 윌리엄 매킨리 같은 기업의 꼭두각시 역할을 했던 대통령들도 있었다. 매킨리는 빅 스틸[Big Steel: 미국 최대의 철강업체 USX Corp.의 별칭]을 비롯한 일단의 제조업체들의 이해관계에 놀아나는 꼭두각시였다. 2012년 대통령 후보 롬니^{Mitt Romney}는 친기업 정책을 야유하는 사람들을 향해 '기업이 곧 국민입니다. 친구여'라고 응수하기도 했다. 이로 인해 롬니는 본인이 의도한 것은 아니겠지만 새로운 매킨리가 되었다. 기업하는 '1퍼센트'가 그를 지지하는 유권자였고, 청바지 착용 같은 보여주기식 행동은 그의 보수적인 이미지 완화에 거의 도움이 되지 않았다.

(사회적 권력이든, 경제적 권력이든, 단순히 상징적 권력이든) 권력이란 철저한 검사를 받는 경우가 거의 없다. 만약 권력이 그런 철저한 검사를 받는다면, 동시에 도덕적 명령을 만족시키고 현실적 대의를 추구하면서, 전반적인 해결책을 요구하는 국민의 요구가 결코 그렇게 절박해지지 않을 것이다. 예를 들어 우리는 미국인들이 투표권 확장에 격렬하게 저항해온 것을 알고 있다. 권력을 쥐고 있는 사람들은 흑인, 여성, 빈민들의 선거권을 무수히 많은 방식으로 박탈해왔다. 또한 우리는 역

사적으로 여성들이 기업만큼 보호받지 못했다는 사실 역시 알고 있다. 미국인들은 철저한 민주주의 대신 민주적으로 보이는 연출법에 만족해왔다. 평소보다 편안한 복장을 하고 바비큐 파티에 참석하거나 자녀와 함께 보물찾기하러 가는 정치인들의 거창한 수사와 과장된 모습에. 그들은 종종 청바지나 군대 위장복을 입고, 카우보이모자나 부바 야구모자를 쓴 모습을 보여주는데, 모두가 자신들이 평범한 보통 사람이라는 인상을 심어주려는 노력이다. 그러나 대통령은 물론이고 나라의 다른 정치인들은 선출된 뒤에는 보통 사람이라고는 도저히 생각할 수 없다. 그런 사실을 숨기는 것이야말로 국가권력의 실질적인 계급 속성을 왜곡하는 진정한 위장이요 속임수다.

'미국 사람'을 대변한다고 자처하는 정치인들의 연극은 빈곤의 역사를 부각하는 데는 아무런 도움이 되지 않는다. 자기 노새와 쟁기가 있는 소작농은 역사 속의 기억으로 간직할 만한 로맨틱한 모습이 아니다. 그 개인은 그동안 우리가 겪어온 어떤 전쟁, 치열했던 어떤 선거 못지않게 중요한 우리의 역사이다. 소작농과 그의 오두막은 사회 정체 停滯의 영원한 상징으로 우리에게 남아 있어야 한다.

최하층 계급은 분명코 존재한다. 그들이 말썽을 일으키고, 반란을 조장하고, 폭동에 가담하고, 남부연합 대열에서 도망쳐 습지대 어딘가에 숨어 그곳에서 지하경제를 만드는 수준으로 부상하지 않는 그런 순간에도 분명코 존재한다. 황무지 속으로 사라져버리지 않은 사람들은 시골 마을에, 도시에 존재하며, 나라 곳곳의 포장된 혹은 포장되지 않은 도로변을 따라 돌아다닌다. 워커 에번스나 도로시아 랭의 사진에서든, 아니면 '리얼리티 TV' 속의 코믹한 형태로든, 빈민을 보면 우리는 이런 풍요 속에 어떻게 저런 사람들이 존재하는지 의아하지 않을 수 없다. 제2차 세계대전 도중에 남부의 트레일러 쓰레기를 보면서 「워싱턴포스트」 칼럼니스트 애그니스 마이어는 '여기가 정말 미국인가?' 하고 묻는다.

맞다. 여기가 미국이다. 그것은 미국 역사의 필수적인 부분이다. 빈민의 상황을 개선하려는 시도가 있을 때 발생하는 반발 역시 마찬가지다. 뉴딜정책이든, 린든 베인스 존슨의 복지 정책이든, 오바마 시대 건강보험 개혁이든, 불평등과 빈곤을 퇴치하려는 어떤 노력에든, 가혹하고 불가피해 보이는 반발이 뒤따른다. 성난 시민들이 달려들어 호되게 때려댄다. 그들은 정부가 (암묵적으로 혹은 명시적으로 그럴 자격이 없는) 빈민을 도우려고 비상한 노력을 기울이고 있다고 생각하며, 관료들이 근면하게 일하는 남녀에게서 돈을 훔쳐 낭비하고 있다고 비난한다. 이것이 바로 닉슨의 계급을 변형시킨 호소였으며, 이를 닉슨의 선거참모들은 '침묵하는 다수'를 향한 것으로 포장했다. 그보다 넓은 구조에서 보면 국가 개입에 대한 현대의 불평불만은 사회 평준화에 대한 과거 영국인의 두려움을 그대로 되풀이하고 있다. 과거 영국인은 국가 개입이 놀고먹는 비생산적인 사람이 되도록 부추긴다고 했었다. 나중에는 정부가 아메리칸드림을 짓밟는다는 식으로 발전했다. 잠깐. 도대체 누구의 아메리칸드림을 짓밟는다는 것인가?

계급은 사람들이, 실제 사람들이 사는 방식을 규정한다. 사람들은 신화에 살지 않는다. 꿈에 살지도 않는다. 정치는 항상 말하는 것, 혹은 눈에 보이는 것 이상이다. 계급을 부정하는 순간에도 정치인들은 계급 문제에 관여하고 있다. 남북전쟁은 인종적, 계급적 위계질서를 강화하려는 투쟁이었다. 남부연합은 백인 빈민층이 북군의 호소에 넘어가서 노예제를 끝내자는 데 표를 던지지 않을까 전전긍긍했다. 노예제도는 부유한 대농장주의 사익을 주로 반영하고 있었기 때문이다. 오늘날도 자주 [적에게] 설득을 당해 자기 집단의 이익에 반하는 방향으로 투표권을 행사하는 판단력이 흐린 유권자들이 있다. 그것도 대규모로. 이런 사람들은 대서양 연안 대학교 교수들이 젊은이들을 세뇌하고 할리우드 자유주의자들은 자신들을 웃음거리로 조롱하며 자신들과는 하등의 공통점이 없고, 미국을 증오하고, 혐오스럽고 불경한 생활 방식을 강요하고자 한다는 이야기를 듣는다. 사기꾼들은 본질에서, 남부 백인 대다수가 분리 독립을 저울질하던 시기에 들던 것과 똑같은 공포 가득한 메시지를 제공한다. 통제와 도전받지 않는 최상층 지위라는 필요성과 욕망 때문에 움직이는 미국 역사 속의 파워 엘리트는 그동안 사회 약자들을 달래고 회유하며 그들을 겨냥한 허위 정체성 의식을 만들어내는 방법으로, 다시 말해 사회 약자들이 세상 어디에나 있을 법한 실제 계급 간의 차이가 미국에는 없다는 식으로 부정하게 만드는 방법으로 번성해왔다.

이런 기만에 내재한 위험은 여러 가지다. 하층계급 뿌리에서 탈출한 비교적 적은 수의 성공한 사람들이 본보기로 거론된다. 마치 밑바닥에 있는 누구든 똑똑하고, 근면하게 일하고, 절약하고 저축하는 생활을 통해서 똑같은 성공 기회를 얻을 수 있는 양 이야기한다. 프랭클린이라는 '밑알'에서 자수성가한 남자 프랭클린이 나올 수 있을까? 어렵다. 프랭클린 자신이 식민지에서 성공하기 위해 후견인을 필요로 했고, 사회적 인맥이라는 같은 규칙은 끈질기게 이어지고 있다. 개인적인 인맥, 정실, 계급에 기반을 둔 지식 거래는 여전히 오늘날 직업과 사업 세계에서 사회이동을 추동하는 바퀴에 윤활유 역할을 하고 있다. 이 책이 이룬 것이 있다면, 그것은 아메리칸드림에 관한 수많은 허구를 드러내고, 건국의 아버지들이 내놓은 기발한 계획의 기능이 사회이동이라는 생각, 혹은 잭슨 민주주의는 사람을 자유롭게 했다는 생각, 혹은 남부연합의 핵심 목표는 계급과 인종 차별 보존이 아니라 주州의 권리 보존이었다는 생각 등등 독자의 잘못된 개념을 바로잡아주는 일일 것이다. 가끔은 이름 하나가 모든 것을 설명해준다. 흑인 지위 향상 혹은 공화주의 개혁과 동일시되는 재건 시대 남부 백인으로 알려지기 전에 스캘러왜그는 열등한 품종의 소로 규정되었다. 오늘날 스캘러왜그는 가난한 백인과 가난한 흑인이 유사한 경제적 이해관계를 맺고 있다고 감히 말하는 바람에 보수주의 신봉자들에 의해 남부의 배신자로 묘사되는 남부의 자유주의자들이다.

그렇게 우리는 품종, 혈통, 교배 등을 말하는 육종 관련 언어로 돌아간다. 이는 농업시대에 워낙 쉽게 이해되는 개념이었고, 제한적인 사회관계가 강화되는 산업화 이전 경제에서 파급력이 컸다. 공화국이 사람들의 기대와 예상대로 평등을 위한 것이었다면, 어떻게 이런 언어가 그렇게 호소력을 가질 수 있었을까? 품종, 혈통 등에 대해 말하면 백인 사이에 불평등한 지위가 쉽게 정당화되었기 때문이다. 이는 사람들을 여러 범주로 나누고 계급 특권이 존재한다는 것을 부정하는 가장 좋은 방법이었다. 만약 당신이 어떤 종으로 범주화된다면, 자신의 존재를 스스로 통제할 수 없고, 정해진 운명을 피할 수도 없다는 의미가 된다.

품종, 혈통, 교배 같은 육종 개념은 사회 관행으로 인정되는 연구 분야의 왕년 전문가들이 축산학과 널리 퍼진 축산업 관행에서 가져와 끼워 넣은 것이다. 그들은 담황색 머리털에 누르스름한 피부의 아이들이 나쁜 토양과 근친번식을 통해 태어나는 것처럼 멍그럴은 (성별에 상관없이) 부모의 무능을 물려받는다고 말했다. 이런 식으로 부정적인 특질들이 전해졌다. 관목으로 뒤덮인 땅은 악랄한 소 떼, 혹은 그런 사람들을 낳았다. 결국 품종 혹은 혈통이 누가 성공하고 실패할지를 결정했다. 인간과 동물 종 사이의 이런 비유는 항상 존재했다. 1787년에 제퍼슨은 글에서 다음과 같이 말했다. "사람들은 말, 개, 기타 가축의 번식에서 우월한 아름다움이라는 조건은 당연히 주의를 기울일 가치가 있다고 생각한다. 인간의 경우에는 그렇지 않을 이유가 무엇인가?"

연관된 논리 아래에서 소위 '명백한 운명Manifest Destiny'이 육로를 개설하고 나라에서 나쁜 종들을 아마도 멕시코를 거쳐서 몰아내는 바람직한 수단이 되었다[Manifest Destiny: 1845년 텍사스 병합 당시 언론인 오설리번John O'Sullivan이 처음 사용한 표현이다. 오설리번은 서부로의 팽창을 계속해 아메리카 대륙 전체를 손에 넣는 것은 미국인의 '명백한 운명'으로 해마다 증가하는 수백만 인구의 자유로운 발전을 위하여 신이 베풀어 주신 것이라고 주장했다. 19세기 중후반 미국 팽창기에 영토 확장을 정당화하는 논리로 활용되었다]. 1860년 대니얼 헌들리는 가난한 백인 쓰레기들이 마법처럼 미합중국 밖으로 걸어나갈 것으로 생각했다. 과거 영국의 식민지 건설에서는 빈민을 [쓰레기 버리듯] 어딘가로 치워버려야 한다고 요구했다. 빈민 인구는 배출되고 걸러져야 했다. 즉, 몰아내야 했다. 바로 그런 똑같은 생각이 사회다윈주의와 우생학에 자양분을 제공했다. 만약 오염된 여자들이 보통 사람과 관계해 아이들을 낳는다면, 미래종의 질을 쇠퇴시키고 해치게 될 것이다. 자연이 열등한 종들을 추려내어 제거하거나, 아니면 인간의 손이 개입하여 우생학 창시자 프랜시스 골턴이 말하는 '통제된 번식'을 시행해야 한다. 그러므로 최하층민 가운데 잡종과 노둔을 불임시술을 통해 단종시켜야 한다.

나아가 특정 종들은 개량이 불가능하다고 주장함으로써 불평등을 모른 척하기가 그만큼 쉬워졌다. 듀보이스는 1909년 남부 정치인들이 비논리의 진공 속에서 길을 잃었다고 말했다. 그들은 인간은 자연의 힘을 이기지 못하기 때문에 어떠한 형태의 사회적 개입도 무의미하다고 주장하기 시작했다. 또한 일부 인종과 계급은 열등한 정신적, 육체적 자질에 하나같이 갇혀 있다고 주장했다. 이미 특권층인 사람들에게 보상하는 기존 정권을 지지함으로써 공익을 보호하고 있다는 남부의 주장은 본질적으로 반 민주주의적이었다. 다루기 힘든 종들에 대해서 자연을 탓하는 것은 무관심을 정당화하는 한 방편일 뿐이었다.

레이건 대통령이 [성서에 나오는] '언덕 위의 도시' 이미지를 불러일으키는 것을 좋아했던 반면, 레이건의 비판자들은 17세기에 그랬던 것처럼 20세기도 여전히 이 '빛나는 도시'의 일원이 될 자격이 제한되어 있다고 재빨리 지적했다. 레이건 정부가 표방한 경제정책 레이거노믹스Reaganomics 하에서 부유 계층에 대한 세율이 극적으로 낮아졌다. 뉴욕 주지사 쿠오모Mario Cuomo는 1984년 민주당 전당대회에 기조연설자로 나섰을 당시 인상적인 방식으로 이 문제를 이야기했다. "레이건 대통령은 처음부터 자신은 일종의 사회다윈주의, 적자생존을 믿는다고 말했습니다.……따라서 우리가 강자에게 신경 쓰는 것을 받아들여야 하며, 나머지는 경제적 야심과 자선으로 해결되기를 바라야 한다고 말입니다. 부자를 더욱 부자가 되게 만들어라, 그러면 거기서 떨어지는 떡고물이 중간계급 그리고 중간계급이 되려고 필사적으로 노력하는 사람들에게는 충분할 것입니다." 쿠오모의 냉혹한 언어는 듀보이스, 그리고 우월 종과 열등 종 구분을 정당화했던 사고방식을 상기시키는 듀보이스의 반^{反}다위니즘 어조를 그대로 따라 하고 있었다. 현상을 유지하는 것으로 충분하지 않았다. 아무 일 없이 사회구조를 파괴하지 않은 채로 불평등이 확장되고 계급 간의 간격은 넓어질 수 있기 때문이다. 2009년 미국의 상위 1퍼센트는 국세와 지방세로 소득의 5.2퍼센트를 낸 반면, 하위 20퍼센트는 10.9퍼센트를 냈다. 말하자면 각 주는 빈민을 굳이 벌하지 않고도 불리하게 만들었다.[1]

계급은 단순히 소득이나 경제적 가치문제만은 아니었다. 계급은 물리적인 (그리고 물론 신체적인) 측면으로도 규정되었다. 지저분한 발과 누런 얼굴은 지금까지도 비행과 타락의 신호로 남아 있다. 판잣집, '가축우리', '오두막집', 빈민가 혹은 트레일러 공원에 사는 것은 어엿한 '집'이라는 이름을 결코 얻을 수 없는 그런 장소에 사는 것이다. 과도적 공간, 불안정한 공간으로서 이들 장소는 안정감, 생산성, 경제적 가치, 인간적 가치 등의 시민임을 나타내는 표시가 결여된 사람들을 담고 있다.

모두에게 열린 구직 기회(즉 완전고용이라는 신화)는 그저 신화일 뿐이다. 경제가 모든 사람에게 고용을 제공할 수는 없다는 사실을 사람들은 좀처럼 인정하지 않는다. 16세기에 영국인에게는 군대에 밀어 넣을 '빈민 예비군'이 있었다. 현대 미국의 빈민 예비군은 최악의 일자리,

가장 열악한 임금을 받는 지위로 내쫓기고 있으며, 구체적으로 석탄을 캐고 화장실과 축사를 청소하고 계절에 따라 이동하는 떠돌이 노동자로 들판에서 과일을 따고 동물 털을 뽑고 도축하는 노동력을 제공하고 있다. 폐기물 인간들은 사회 부의 토대가 되는 노동력의 최하층을 채우는, 글자 그대로 '머드실mudsill'로 남아 있다. 백인 빈민층은 사람들을 증오하도록, 그러나 자신들을 줄 세우는 사람들은 미워하지 않도록 교육받고 있다. 앞서도 소개했던 린든 존슨의 말을 다시 인용해보겠다. "만약 자네가 밑바닥 백인 남자에게 그가 최고의 흑인 남자보다 낫다는 확신을 심어줄 수 있다면, 백인 남자는 자네가 자기 주머니를 털어도 알아차리지 못할 걸세. 젠장, 그에게 업신여길 대상을 주게. 그러면 자네를 위해 기꺼이 자기 주머니를 비울 걸세." 린든 존슨은 백인 빈민층의 이런 속성을 잘 알고 있었다고 볼 수 있다.

우리나라는 민주주의 국가라고 자처하지만, 대다수가 평등에는 크게 신경을 써본 적이 없는 그런 나라다. 혈통이란 그렇게 작용하지 않기 때문이다. 상속자, 가계도, 핏줄 등등 부를 가진 유사 귀족들은 여전히 자신들의 사회적 힘을 확고히 할 방법을 찾는다. 지금도 우리는 실력이나 재능이 있다는 아무런 보장 없이도 상속재산에 따라 지위를 얻는 모습을 본다. 좀 더 구체적으로 말해보자. 과연 우리가 도널드 트럼프, 조지 W. 부시, 제시 잭슨 주니어Jesse Jackson Jr., 혹은 찰리 쉰Charlie Sheen, 패리스 힐턴 같은 할리우드 인사들을 알았을까? 이들, 그리고 유사한 다른 많은 이들이 힘 있고 영향력 있는 부모를 가졌다는 사실을 제외해도? 심지어 전국 정치에서 능력을 널리 인정받는 사람 중에도 알고 보면 우리 사회 족벌주의의 산물인 경우가 적지 않다. 앨버트 고어 주니어, 랜드 폴^{Rand Paul}, 앤드루 쿠오모^{Andrew Cuomo}, 그리고 수많은 케네디가의 사람들. 우리 사회는 유명인의 자녀가 훨씬 유리한 지점에서 시작할 수 있게 해준다. 정당한 후계자, 현대판 선택받은 청교도 자녀들로서 그들을 떠받들면서.

토머스 제퍼슨의 공식에서는 자연이 계급을 결정한다. 자연은 자연 발생적인 귀족을 필요로 했다. 토머스 제퍼슨의 표현을 빌자면 '우연한 귀족^{accidental aristoi}'을. 욕망의 불꽃이 강자는 강자와 관계하여 번식하고, '착하고 현명한' 자는 아름다움, 건강, 덕성, 재능을 좇아, 다시 말하자면 앞으로 물려줄 발전적인 자질들을 좇아 결혼하도록 이끈다. 제퍼슨이 말하는 마스터 계급과 20세기 초 우생학자들 주장에는 중요한 하나의 차이점이 있다. 제퍼슨이 남성이 자기 짝을 선택하는 데만 초점을 맞췄다면, 우생학자들은 중산층 여성들에게 결혼하려는 남성의 족보를 꼼꼼히 조사하라고 촉구했다는 점이다. 결혼은 항상 계급 지위와 관련되었다. 오늘날 온라인 이성 소개 서비스 역시 사람은 완벽한 짝, 즉 천생연분을 찾을 수 있으며, 완벽한 짝의 기본은 같은 계급과 흥미라는 우생학 개념을 전제로 하고 있다. 2014년부터 2015년 사이에 전파를 탄 이하모니닷컴^{eHarmony.com}의 여러 광고 역시 같은 메시지를 보내고 있다. '정상적인' 중산층 가입자는 절대 저속한 (즉, 하층계급의) 낙오자와 엮여서는 안 된다. 역사가 레포르^{Jill Lepore}가 〈뉴요커〉 잡지에서 밝힌 내용을 보면, 결혼 생활 상담을 하다가 1956년 컴퓨터를 이용한 중매 사업을 시작한 포페노^{Paul Popenoe} 박사는 아니나 다를까 우생학 분야 권위자로 사회 경력을 시작한 인물이었다. 일부 온라인 이성 소개 서비스들은 아주 노골적이다. 굿진스^{Good Genes}라는 회사 웹사이트를 보면, '아이비리그 출신'이 '어울리는 자격'을 갖춘 예비 배우자를 찾을 수 있게 도와준다고 장담한다. 여기서 말하는 것은 비슷한 계급과 족보를 가진 사람을 찾아주겠다는 의미다.[2]

적자생존의 자연법칙이 인위적인 귀족주의를 실력주의로 대체하리라고 여겨졌다. 그렇지만 동시에 사람들은 자연법칙 덕분에 인간의 실패를 혈통의 차이, 열등한 종과 연결 짓고, 실패에 어떤 필연성을 부여할 수 있게 되었다. 오랫동안 널리 받아들여진 이런 사고방식에 따르면, 자연이 지배한다면, 자연 역시 정원사가 필요했다. 인간 잡목과 잡초는 때때로 솎아주어야 했다. 그것이 무단토지점유자들의 용도였다. 1차 정착민으로 인디언들의 영토를 잠식하고, 평균 이상의 재력을 지닌 농부들이 도착하면 그 땅에서 쫓겨나는 그런 존재였다. 머지않아 경계 지역 치안 감시가 인종 분리법으로 확장되었고, 이후에는 토지 사용 제한법으로 확대되어, 오늘날 교외 지역을 만들면서 쭉정이와 알맹이를 분리하게 되었다. 세심하게 계획된 도시와 인근 지역에서 부동산 가치가 조절되는 과정에서 계급 간의 장벽은 높아졌다.

19세기 미국인은 쉽게 동물과 인간을 동일시했다. 종마는 엘리트 대농장주 같아서 당연히 가장 좋은 목초지가 제공되었다. 백인 쓰레기 같은 허약한 싸구려 말은 습지대 근처에서 빈둥거리고 있었다. 자주 언급되는 않지만 우리 사회는 아직도 인간의 가치를 그가 점유하고 소유한 토지의 가치로 측정한다. 도시 변두리의 평가절하된 땅에 있는 트레일러 공원과 마찬가지로, 도시 슬럼가는 윌리엄 버드가 말한 디즈멀 습지의 현대판이다. 부패하고 비생산적인 상태로 남아 있는 위험하고 미개한 황무지다.

위치가 가장 중요하다. 위치는 특권층 학교, 안전한 동네, 사회 기반 시설 정비, 최고의 병원과 식료품점 등에 대한 접근성을 결정한다. 상층과 중산층 부모들은 자녀들에게 자신들의 특정한 계급 환경에서 살아남는 법을 가르친다. 그리고 자식에게 이런 목적에 적합한 물질적 자원을 준다. 그러나 1936년 헨리 윌리스가 글에서 말한 것을 좀 더 진지하게 생각해보도록 하자. 당시 그는 다음과 같은 질문을 던졌다. 10만 명의 빈민층 아이들과 10만 명의 부유층 아이들에게 똑같은 음식, 의복, 교육, 관심, 보호를 제공한다면 어떻게 될까? 계급의 경계가 사라질 것이다. 이것이 계급을 없애는 생각할 수 있는 유일한 방법이었다. 윌리스는 이렇게 말했다. 그런데 그가 말하지 않은 것이 있다. 이런 방법을 실천하려면 아이들을 각자의 집에서 데리고 나와서 중립적이고 공평한 환경에서 키워야 한다. 알고 보면 무척 위험한 발상이 아닐 수 없다!

우리는 계급적인 이점과 우위를 유지하고 아이들에게 물려주기 위해 항상 혈통에 의존해왔고, 지금도 마찬가지다. 통계 측정에 따르면, 성공의 가장 좋은 예측 변수는 조상의 계급 지위라는 사실을 설득력 있게 보여준다. 미국 독립을 주장했던 혁명론자들이 구세계의 귀족주의를 증오했던 것을 생각하면 아이러니하게도, 오늘날 미국인들은 예전 구세계 방식으로 부를 물려주는 반면, 현대 유럽 국가들은 국민에게 [미국보다] 상당히 많은 사회복지를 제공하고 있다. 평균을 내보면 미국인들은 자기 부의 50퍼센트를 자식에게 물려준다. 북유럽 국가들은 사회계층이동 가능성이 [미국보다] 훨씬 높다. 덴마크 부모는 자신이 소유한 전체 부의 15퍼센트를 자식에게 물려주고, 스웨덴 부모는 27퍼센트를 물려준다. (잠재적 가능성을 측정하는 척도로서) 계급에 따르는 부와 특권이 실제 유전적인 특성보다 훨씬 중요한 유산이다.[3]

믿기 힘든 발상을 우생학이 번창하던 시대의 이야기로 치부하고 간과해서는 안 된다. 우생학 사고가 지금도 전혀 죽지 않았기 때문이다. 샬럿 헤이스는 빈민은 '약간' 굶주려도 무방하다고 공공연히 말했고 같은 생각을 하는 다른 사람들도 분명 있다. '불임치료fertility treatment'라는 중립적으로 보이는 용어 덕분에 부자들은 나라 여기저기에 있는 '베이비 센터'에서 정자와 난자를 구매해 자기네 부류를 번식할 수 있다. 복음주의 보수주의자들은 모든 사람은 생육하고 번성해야 한다는 신의 의지를 위반하는 것이라면서 낙태와 산아제한에 반대한다. 그러나 부자연스러운 재생산 방식에 대한 우려에도 불구하고 불임치료를 반대하지는 않는다. 낙태 반대 활동가들은 우생학자들과 마찬가지로 국가가 빈민 미혼 여성의 번식 습성에 개입할 권리가 있다고 생각한다.

빈민 여성들은 카터 대통령 시절 정부 지원을 받으며 낙태할 권리를 빼앗겼고, 지금은 복지 재원으로 일회용 기저귀를 구매하는 것을 금지하고 있다. 현대 보수주의자들에게 여성들은 자손을 낳는 일종의 씨짐승으로서 가치가 가장 중요하다. 2012년 공화당 예비선거 토론에서 이런 의식이 적나라하게 드러났다. 당시 후보자들은 앞서 나온 후보를 능가하려고 노력하는 과정에서 자기 가족의 규모를 앞다투어 자랑했고, 카메라가 연단 좌우로 움직이며 가족들의 모습을 담았다. 이들 공화당원은 20세기 초에 시골 농산물 품평회에서 열리는 '우량가족' 선발대회 수상자들이 보여주는 자부심을 흉내 내고 있었다. 한 기자는

[당시 후보 경선에 참여했던] 헌츠먼$^{Jon\ Huntsman}$과 롬니$^{Mitt\ Romney}$의 자녀가 결합해 아이를 낳아야 한다면서 "그러면 깜짝 놀랄 만큼 아름다운 모르몬교도라는 우수 민족이 탄생할 것이다"라고 농담하기도 했다[둘 다 모르몬교 출신이었다]. 미국에는 '자신의 핏줄'을 번식시키려는 문화적 열망이 남아 있다. 다양한 영역에서 지속하는 정실주의 관행이 그렇듯이 계급은 과거와 다르지 않은 여러 방식으로 재생산되고 있다.[4]

절대로 변하지 않은 것들이 있다. 여러 세기 동안 사람들은 아메리칸드림이라는 관념에 빠져서 착각해 왔다. 오늘날 미국 예외주의라고 알려지고 널리 받아들여지는 특이한 믿음이 하나 있다. 그런데 연원을 거슬러 올라가면 역사가 길다. 섬나라 영국이 아메리카 대륙 식민지 개척을 시작하던 시기에 예측하고 실시된 정책들까지 거슬러 올라가기 때문이다. 영국이 대륙 지배라는 광범위한 식민지 개척 노력에 나서게 한 것은 리처드 해클루트의 환상적인 글이었다. 같은 이데올로기가 벤저민 프랭클린, 토머스 페인, 토머스 제퍼슨의 이론에도 동력을 제공했다(한편 영국의 경제학자 페티$^{William\ Petty}$의 정치산술이 인구 증가에 대한 오랜 열광에 힘을 실어주었다). 시어도어 루스벨트 역시 대가족을 거느린 부모들에게 보상하고, 우생학적으로 건강한 결혼을 장려하고, 미국인을 가장 건강한 앵글로 색슨 가족의 일원으로 인정하고 싶은 꿈이 있었다.

여기서 나오는 것이 노예제도와 자유민 노동의 문제다. 노예제도가 융성하도록 내버려두면 평범한 백인 남자와 그들 가족의 경제적 발전 기회가 방해를 받고 사회이동이 힘들어질 것이라는, 섬세하고 합리적인 아이디어를 처음으로 실행에 옮긴 사람은 조지아주의 제임스 오글소프였다. 이렇게 하여 남부 여러 주에서 인종적 우위가 계급적 우위와 밀접하게 얽히게 되었고, 백인 지배 엘리트가 정치를 좌우하고 경제 시스템을 자기네 소수에게 유리하게 조작하는 한 양자는 결코 분리될 수 없었다. 물론 이제 우리는 노예제도와 아프리카계 미국인의 재능을 억압한 과거가 비극적으로 잘못된 일이었다는 것을 안다. 그렇다면 우리는 왜 계급 중심 권력관계의 병적인 특징이 미국 공화국의 정치적 유산의 일부라는 사실을 계속해서 무시하는가? 만약 아메리칸드림이 사실이었다면, 상향계층이동이 훨씬 더 분명하게 드러났어야 한다.

제대로 이해해보자. 토지 분야에서 자유 시장이 만들어진 적이 결코 없었기 때문에 과거 우리 사회에는 상향 이동만큼이나 많은 하향 이동이 있었다. 역사적으로 미국인들은 사회계층이동을 물리적 이동과 혼동해왔다. 계급 시스템은 소위 개척자 무리와 대륙을 가로질렀다. 우리는 사실을 인정해야 한다. 전체적으로 부자들에게 좋은 땅을 배분하는 일을 좌지우지하고, 가난한 무단토지점유자들을 그들의 땅에서 강제로 쫓아낸 것은 전능한 투기꾼들이었다. 보이는 손의 개입이 없으면, [보이지 않는 손이라는] 시장은 과거 어느 때도, 그리고 지금도, 가장 능력 있는 사람이 걸맞은 보상을 받도록 마법처럼 길을 열어주는 법이 없다. 과거에도 지금도, 능력이 아니라 인맥이 좋은 사람이 특별 대우를 받고 있다.

자유는 회전문 같은 것이다. 그렇게 보면 하향계층이동의 현실이 이해가 된다. 문을 통해 일부가 들어오는 동시에 다른 이들을 차가운 밖으로 나가게 한다. 이는 당연히 착취를 허용하는, 심지어 부추기는 시스템이다. 합리화 과정을 거쳐서 사람들은 오랫동안 실패를 개인적인 결점 탓으로 돌리는 경향이 있었다. 이것이 2010년대에 들어 하원의 공화당 사람들이 늘어놓는 편리한 불평이었다. 하원의장이었던 베이너John Boehner가 공개적으로 실직을 개인의 나태와 동일시하는 발언을 한 적이 있는데, 바로 이런 의식을 드러낸 것이었다. 또 다른 하원의장 깅그리치Newt Gingrich는 2011년 말에 학교를 구빈원으로 만들어 빈곤을 퇴치하려 했던 제퍼슨의 독립혁명 시대 해법을 기꺼이 지지하는 듯한 모습을 보였다가 신문의 헤드라인을 장식하기도 했다. 당시 깅그리치의 발언을 들어보자. "몹시 가난한 동네가 있습니다. 그리고 학교에 가야 하는 학생들이 있습니다. 아이들은 돈도 없고 일을 하는 습관도 들지 않았습니다.……그런 아이들이 보조 잡역부가 되어 걸레로 바닥을 닦고 화장실을 청소하면 어떨까요?" 우리나라가 하향계층이동의 의미를 온전히 이해했던 것은 대공황 때뿐이었다. 당시 국민의 4분의 1이 실직 상태가 되자 개인을 탓하는 오랜 관습이 더는 설득력이 있을 수 없었다.[5]

대부분 평범한 사람의 삶에서 일어나는 일상적인 부당함은 무시된다. 그렇다고 그것이 가난한 사람들이 자신의 생활 여건에 무감하다는 의미는 아니다. 그동안 정치인들은 고의로 많은 사회문제를 못 본 척해왔다. 미국이 대체로 무계급 사회를 유지하면서 부유한 국가로 성장해온 양 가장하는 것은 조금의 과장도 없이 잘못된 역사다. '1퍼센트'는 부유한 사람들의 독점을 일컫는, 최근에 널리 사용되는 표현이다. 덕분에 사람들이 집중된 권력 때문에 야기되는 병폐에 관심을 두기 시작했다. 그러나 '1퍼센트'라는 별칭으로 표현되는 현상은 새로운 것이 아니다. 기만적인 수사로 사회 현실을 감추려는 온갖 노력에도 불구하고, 계급 분리와 차별은 항상 우리 정치 논쟁의 중심에 있었고 지금도 마찬가지다. 그동안 백인 빈민층은 수백 년 동안 그들에게 부과된 명칭들이 말해주는 것처럼 다양한 외피를 쓰고 우리 곁에 있었다. 폐기물 인간, 오물, 느림뱅이, 아일랜드 촌뜨기, 악당, 폐물, 무단토지점유자, 크래커, 클레이이터, 태키, 머드실, 스캘러왜그, 브라이어 호퍼, 힐빌리, 백인 깜둥이, 타락자, 백인 쓰레기, 레드넥, 트레일러 쓰레기, 습지 인간 등등으로 불리며.

그들은 열악한 토지에서 먹고산다고 비난을 받아왔다. 마치 그들에게 다른 선택이 존재하는데도 안 하는 양. 시골이나 도시의 엘리트, 그리고 중산층의 마음속에 그들은 처음부터 잡초투성이에 생산성이 낮은 토양의 산물로서 존재했다. 그들은 빈곤으로 물리적으로 상처를 입은 나태하고 근본 없는 부랑자로 묘사되었다. 흙을 먹고 누렇게 변했고, 진흙과 가축 배설물 속에서 나뒹굴었고, 그들의 목은 뜨거운 태양에 붉게 탔다. 초라한 입성에 변변히 먹지도 못하는 아이들을 보면서 사람들은 그들이 영구적 결함이 있는 종種이라고 생각하게 되었다. 성적 일탈은 어떤가? 그것은 도시에서 멀리 떨어진 외진 곳에 있는 비좁은 거처 때문이라고 간주됐다. 도시에서는 살아 있는 도덕적 어휘가 사라져버린 그런 곳에서 살기 때문이라고. 우리는 이런 뒤처진 집단들은 멸종되었으며, 현재는 선진적인 사고와 정서의 시대라고 생각한다. 그러나 오늘날의 트레일러 쓰레기는 어제의 차를 타고 떠돌던 부랑자들일 뿐이다. 즉, 구닥다리 자동차를 타고 다니는 오키, 마차를 타고 다니던 플로리다 크래커들의 업데이트 버전일 뿐이다.

명칭은 자주 바뀌지만 그들은 절대 사라지지 않는다. 우리가 자신에게 어떻게 말하든 하나의 국가로서 우리의 정체성은 이들 소외된 사람들과 밀접하게 관련되어 있다. 게다가 우리는 인종뿐만 아니라 우량종과 열등종에도 집착한다. 우리가 이런 집착을 하는 데는 충분한 이유가 있다. 우리는 미국을 '하나의' 기회의 땅뿐만 아니라 '유일한' 기회의 땅이라고 부름으로써, 자체 상승 동력이라는 진정한 잠재력이 영원히 존재할 것이라고 후대에 약속해왔다.

미국에서 신분 상승에 실패한 사람들은 하나의 문명으로서 우리의 정체성에 결정적인 영향을 미치는 부분이다. 백인 쓰레기에 대한 최악의 고정관념을 이용하고, 영화가 제작되는 나라 일부에 버젓이 존재했던 빈곤을 무시하는 오싹한 모험담을 그린, 할리우드 영화 〈서바이벌 게임〉의 뒷이야기에서 하나의 잔인한 아이러니가 발견된다. 전문 배우하고는 거리가 멀었던 한 배우가 눈길을 끈다. 바로 빌리 레든 Billy Redden 이다. 영화에서 빌리는 근친상간으로 태어나 백치천재 증후군을 앓는 10대 소년 역할을 맡았고, 앉아서 밴조를 치는 모습으로 등장한다. 영화 제작자들은 그의 특이한 외모(분장으로 특이함이 한창 강화되었다) 때문에 조지아주 레이븐 카운티 학생 중에 그를 선택했다. 당시 빌리는 열다섯 살이었다. 그는 밴조 연주를 할 줄 몰랐기 때문에 연주자가 뒤에서 연주했고, 카메라맨이 알아서 그럴싸한 장면을 만들어냈다. 2012년 영화제작 40주년을 맞아 인터뷰했을 때 빌리는 자기 역할과 비교하면 충분한 돈을 받지 못했다고 말했다. 56세의 빌리는 그렇지 않았다면 "지금 내가 월마트에서 일하고 있지는 않을 것이다. 나는 겨우 입에 풀칠하면서 살고 있다"고 말했다.[6]

빈곤의 존재를 어쩔 수 없이 인정해야 할 때 중산층 미국인들이 느끼는 불편한 심기는 머릿속 이미지와 현실의 단절을 한층 부각시킨다. 제임스 에이지가 1941년 가난한 물납소작농의 세계를 폭로한 이래 거의 진척이 없다는 것이 명확해 보인다. 우리는 지금도 여전히 [에이지가 말한] '그것이 지니는 잔인한 광휘'를 모른다. 계급 색채를 띠는 수사의 끈질긴 잔존, 텔레비전을 통해 나오는, 지금까지 존재했던 가장 부유한 나라에 있는 퇴화한 존재들과 낭비되는 삶들의 초상을 보며 느끼는 충격은 정적인 시골 체험을 강화한다. 그렇다면 빌리 레든은 어떻게 되는가? 1972년 어느 시골 소년이 지적장애를 가진 힐빌리, 즉 백치천재라는 스테레오 타입에 맞춰 분장했다. 오늘날 그가 겪는 생존을 위한 몸부림은 누구의 기대도 충족시키지 못한다. 왜냐면 그의 이야기는 평범하기 때문이다. 그는 괴짜도 아니고 삐딱하지도 않다. 또한 삐죽삐죽 고르지 않은 수염을 노출하지도, 반다나라고 부르는 화려한 색상의 목도리를 두르지도, 악어를 사냥하지도 않는다. 빌리는 그저 월마트에서 일하는 수십만 명의 얼굴 없는 종업원 가운데 한 명일 뿐이다.

마뜩잖을지 모르지만, 백인 쓰레기는 우리나라 서사에서 중심이 되는 가닥이다. (때로는 보이고, 때로는 보이지 않는) 그런 사람들의 존재야말로 미국 사회가 우리가 의식하고 싶지 않은 이웃들에게 부여한, 자꾸 바뀌는 꼬리표에 집착한다는 증거다. "그들은 우리가 아니야"라고들 말한다. 그러나 싫든 좋든, 그들은 우리이며 항상 우리 역사의 본질적인 일부였다.

주

머리말

1. Harper Lee, *To Kill a Mockingbird* (New York: HarperCollins, 1960; anniversary publication, 1999), pp.194~195.

2. 다음 기사에 나온 12장의 사진을 참조하라. "KKK Rallies at South Carolina Statehouse in Defense of Confederate Flag," NBC News, July 19, 2015 ; "Paula Deen : 'Why, of Course, I Say the N-Word, Sugar. Doesn't Everybody?,'" Thesuperficial.com, July 19, 2013. 폴라 딘을 '예순여섯 살의 백인 쓰레기, 트레일러 공원에 사는 구닥다리 노파, 촌티가 줄줄 흐르는 무식한 백인'이라고 묘사하는 내용에 대해서는 다음 자료를 참조하라. "Paula Deen's Southern-Fried Racist Fantasies," *The Domino Theory by Jeff Winbush*, June 20, 2013.

서론

1. Charles Murray, *Coming Apart: The State of White America, 1960~2010* (New York: Crown Forum, 2012), pp.4~5.

2. 〈오지와 해리엇의 모험〉은 1952년에 처음 방영된 반면 〈신혼 여행자〉는 1951년에 시작되었다. Murray, *Coming Apart*, pp.8~9.

3. Francis J. Bremer, "Would John Adams Have Called John Winthrop a Founding 'Father'?," *Common-Place* 4, no. 3 (April 2004).

4. Sacvan Bercovitch, "How the Puritans Won the American Revolution," *Massachusetts Review* 17, no. 4 (Winter 1976): pp.597~630, esp. p.603. Michael P. Winship, "Were There Any Puritans in New England?," *New England Quarterly* 74, no. 1 (March 2001): pp.118~138, esp. pp.131~138; Peter J. Gomes, "Pilgrims and Puritans: 'Heroes' and 'Villains' in the Creation of the American Past," *Proceedings of the Massachusetts Historical Society* 95 (1983): pp.1~16, esp. pp.2~5, p.7.

5. 기념비의 최종 높이는 대략 24미터다. James F. O'Gorman, "The Colossus of Plymouth: Hammatt Billings National Monument to the Forefathers," *Journal of*

the Society of Architectural Historians 54, no. 3 (September 1995): pp.278~301.

6. Roger Cushing Aikin, "Paintings of Manifest Destiny: Mapping a Nation," *American Art* 14, no. 3 (Autumn 2000): pp.84~85.

7. Matthew Dennis, *Red, White, and Blue Letter Days: An American Calendar* (Ithaca, NY: Cornell University Press, 2002), p.85, p.87, p.101; Ann Uhry Abrams, *The Pilgrims and Pocahontas: Rival Myths of American Origin* (Boulder, CO: Westview Press, 1999), p.5, p.26. Flora J. Cooke, "Reading Lessons for Primary Grades: History, Series I, 'The Pilgrims,'" *Course of Study* 1, no. 5 (January 1901): pp.442~447; John H. Humins, "Squanto and Massasoit: A Struggle for Power," *New England Quarterly* 60, no. 1 (March 1987): pp.54~70.

8. 주민들이 감쪽같이 사라진 로어노크를 둘러싼 미스터리한 분위기에 대해서는 다음 자료들을 참조하라. Kathleen Donegan, *Seasons of Misery: Catastrophe and Colonial Settlement in Early America* (Philadelphia: University of Pennsylvania Press, 2014), pp.23~24, p.67; Karen Ordahl Kupperman, "Roanoke Lost," *American Heritage* 36, no. 5 (1985): pp.81~90.

9. 토머스 제퍼슨의 제자이자 훗날 미국의 법무장관이 되는 윌리엄 워트(William Wirt)는 1803년, 포카혼타스를 제임스타운의 '수호신'이라고 불렀다. 마사 워싱턴(Martha Washington)의 손자인 조지 워싱턴 파크 커티스(George Washington Parke Custis)는 1830년 희곡 「포카혼타스」를 썼다. 메리 버지니아 월(Mary Virginia Wall)은 그녀의 희곡 「버지니아 데어의 딸(The Daughter of Virginia Dare)」(1908)에서 데어를 포화탄의 배우자이자 포카혼타스의 어머니로 묘사했다. 남부 출신 작가 베이철 린지(Vachel Lindsay)는 1917년 미국의 탄생지로서 버지니아를 예찬하는 송시를 내면서 "우리의 어머니, 포카혼타스"라고 말하고 있다. Jay Hubbard, "The Smith-Pocahontas Story in Literature," *Virginia Magazine of History and Biography* 65, no.3 (July 1957) : pp.275~300.

10. Edward Buscombe, "What's New in the New World?," *Film Quarterly* 62, no. 3 (Spring 2009): pp.35~40; Michelle LeMaster, "Pocahontas: (De)Constructing an American Myth," *William and Mary Quarterly* 62, no. 4 (October 2005): pp.774~781; Kevin D. Murphy, "Pocahontas: Her Life and Legend: An Exhibition Review," *Winterthur Portfolio* 29, no. 4 (Winter 1994): pp.265~275. 여성과 자연에 대해서는 다음 자료를 참조하라. Sherry Ortner, "Is Female to Male as Nature Is to Culture?" *Women, Culture, and Society*, eds. Michelle Zimbalist Rosaldo and Louise Lamphere (Stanford, CA: Stanford University Press, 1974), pp.68~87; Anne Kolodny, *The Land Before Her: Fantasy and Experience of the American Frontier, 1630~1860* (Chapel Hill: University of North Carolina Press, 1984):

pp.3~5; Susan Scott Parrish, "The Female Opossum and the Nature of the New World," *William and Mary Quarterly* 54, no. 3 (July 1997): p.476, pp.502~514.

11. Hubbard, "The Smith-Pocahontas Story," pp.279~285. 스미스는 1608년에 나온 자신의 첫 책에서 구출담을 간략히 언급했지만 정교하게 다듬어진 내용이 소개된 것은 1624년 저서에 이르러서이다.(*Generall Historie of Virginia, New England, and the Summer Isles . . .*) Karen Ordahl Kupperman, ed., *Captain John Smith: A Select Edition of His Writings* (Chapel Hill : University of North Carolina Press, 1988), pp.57~73. 랠프 해머(Ralph Hamor)는 포카혼타스를 "저속한 교육, 야만적인 매너, 저주받은 세대의 일원"이라고 묘사했고, 롤프와 포카혼타스의 결합을 "농장의 이익과 명예를 위한 것일 뿐"이라고 보았다. Hamor, *A True Discourse of the Present State of Virginia* (London, 1615; reprint ed., Richmond: Virginia Historical Society, 1957), p.24, p.63. 당시 대중적인 인기를 끌었던 스코틀랜드 담시에 대해서는 다음 자료를 참조하라. Rayna Green, "The Pocahontas Perplex : The Image of Indian Women in American Culture," *Massachusetts Review* 16, no.4 (Autumn 1975) : pp.698~714, esp. pp.698~700.

12. Buscombe, "What's New in the New World?," 36; Murphy, "Pocahontas: Her Life and Legend," p.270.

13. Nancy Shoemaker, "Native-American Women in History," *OAH Magazine of History* 9, no. 4 (Summer 1995): pp.10~14; Green, "The Pocahontas Perplex," p.704.

14. 뉴잉글랜드에서 (대부분이 어린이와 청소년이었던) 하층계급 노동력을 유지하기 위한 강압 및 처벌 수단 활용에 대해서는 다음 자료를 참조하라. Barry Levy, *Town Born: The Political Economy of New England* (Philadelphia: University of Pennsylvania Press, 2013), pp.61~72. 심지어 윌리엄 브래드퍼드(William Bradford)는 저서 『플리머스 식민지의 역사(*Of Plymouth Plantation*)』에서 소위 정치산술 기법을 활용하여 아동의 '증가'가 사망자 수보다 많았음을 보여주고자 했다. Donegan, *Seasons of Misery*, p.119, pp.135~136, p.138, pp.153~154; Richard Archer, *Fissures in the Rock: New England in the Seventeenth Century* (Hanover and London: University of New Hampshire Press, 2001), p.44, p.50, pp.59~63.

15. Donegan, *Seasons of Misery*, p.70, pp.74~76, p.78, pp.100~103(cannibalism), pp.108~110. 영국인과 에스파냐인의 금을 찾으려는 욕망에 대해서는 다음 자료를 참조하라. Constance Jordan, "Conclusion: Jamestown and Its North Atlantic World," *Envisioning an English Empire: Jamestown and the Making of the North Atlantic World*, eds. Robert Appelbaum and John Wood Sweet (Philadelphia: University of Pennsylvania Press, 2005), pp.280~281.

16. François Weil, "John Farmer and the Making of American Genealogy," *New England Quarterly* 80, no. 3 (September 2007): pp.408~434, esp. p.431; Francesca Morgan, "Lineage as Capital: Genealogy in Antebellum New England," *New England Quarterly* 83, no. 2 (June 2010): pp.250~282, esp. pp.280~282; Michael S. Sweeney, "Ancestors, Avotaynu, Roots: An Inquiry into American Genealogical Discourse" (Ph.D. dissertation, University of Kansas, 2010), p.41.

17. Francis J. Bremer, "Remembering—and Forgetting—Jonathan Winthrop and the Puritan Founders," *Massachusetts Historical Review* 6 (2004): pp.38~69, esp. pp.39~42. 법적 지위에 대해서는 다음 자료를 참조하라. Christopher Tomlins, *Freedom Bound: Law, Labor, and Civic Identity in Colonizing English America, 1580~1865* (New York: Cambridge University Press, 2010), pp.119~120. 새로운 필라델피아 시청에 대해서는 다음 자료를 참조하라. David Glassberg, "Public Ritual and Cultural Hierarchy: Philadelphia Civic Celebration at the Turn of the Century," *Pennsylvania Magazine of History and Biography* 107, no. 3 (July 1983): pp.421~448, esp. pp.426~429. 플리머스 바위에 대해서는 다음 자료를 참조하라. Abrams, *The Pilgrims and Pocahontas*, 6; Gomes, "Pilgrims and Puritans," 6. 1820년 연설에서 변호사 대니얼 웹스터는 이 바위를 "황무지로 뒤덮이고, 이리저리 떠돌아다니는 야만인들이 사는, 광활한 나라에서 [우리 선조들의] 최초의 거점"이라고 표현했다. John Seelye, *Memory's Nation: The Place of Plymouth Rock* (Chapel Hill: University of North Carolina Press, 1998), p.75.

18. 빈곤층을 없애려는 영국인들의 생각에 대해서는 다음 자료들을 참조하라. E. P. Hutchinson, *The Population Debate: The Development of Conflicting Theories up to 1900* (Boston: Houghton Mifflin, 1967), p.37, p.44, p.52, pp.123~124; Timothy Raylor, "Samuel Hartlib and the Commonwealth of Bees," *Culture and Cultivation in Early Modern England*, eds. Michael Leslie and Timothy Raylor (New York: St. Martin's, 1992), p.106.

19. Abbot Emerson Smith, *Colonists in Bondage: White Servitude and Convict Labor in America, 1607~1776* (Chapel Hill: University of North Carolina Press, 1947): p.5, p.7, p.12, p.20, pp.67~85, pp.136~151; A. Roger Ekirch, "Bound for America: A Profile of British Convicts Transported to the Colonies, 1718~1775," *William and Mary Quarterly* 42, no. 2 (April 1985): pp.184~222; Abbott Emerson Smith, "Indentured Servants: New Light on Some of America's 'First' Families," *Journal of Economic History* 2, no. 1 (May 1942): pp.40~53; A. L. Beier, *Masterless Men: The Vagrancy Problem in England, 1560~1640* (London: Methuen, 1985), pp.162~164; Tomlins, *Freedom Bound*, p.21, pp.76~77; Farley Grubb, "Fatherless and

Friendless: Factors Influencing the Flow of English Emigrant Servants," *Journal of Economic History* 52, no. 1 (March 1992): pp.85~108. '이집트 노예' 비유에 대해서는 다음 자료를 참조하라. Marilyn C. Baseler, *Asylum for Mankind: America, 1607~1800* (Ithaca, NY: Cornell University Press, 1998), pp.99~101. '리틀 베스' 암스트롱에 대해서는 다음 자료를 참조하라. Emma Christopher, *A Merciless Place: The Fact of British Convicts After the American Revolution* (New York: Oxford University Press, 2010), p.32.

20. Baseler, *"Asylum for Mankind,"* pp.35~40, p.75; Tomlins, *Freedom Bound*, 504; Beier, *Masterless Men*, 95; Sir Josiah Child, *A Discourse on Trade* (London, 1690), pp.172~173; John Combs, "The Phases of Conversion: A New Chronology for the Rise of Slavery in Virginia," *William and Mary Quarterly* 68, no. 3 (July 2011): pp.332~360.

1장

1. Peter C. Mancall, *Hakluyt's Promise: An Elizabethan's Obsession for an English America* (New Haven, CT: Yale University Press, 2007), p.3, pp.6~8, p.25, p.31, p.38, p.40, p.102.

2. Ibid., p.8, p.63, pp.76~77; D. B. Quinn, ed., *The Voyages and Colonizing Enterprises of Sir Humphrey Gilbert*, 2 vols. (London: Hakluyt Society, 1940), 1:102; Kenneth R. Andrews, *Trade, Plunder and Settlement: Maritime Enterprise and the Genesis of the British Empire, 1480~1630* (Cambridge: Cambridge University Press, 1984), pp.30~31, pp.200~201, p.218, pp.294~299.

3. Mancall, *Hakluyt's Promise*, pp.3~4, pp.92~100, p.158, pp.184~194, p.218, pp.221~231; E. G. R. Taylor, "Richard Hakluyt," *Geographical Journal* 109, no. pp.4~6 (April~June 1947): pp.165~171, esp. pp.165~166; Kupperman, *Captain John Smith*, pp.3~4, p.267. 스미스의 해클루트 인용에 대해서는 다음 자료를 참조하라. David B. Quinn, "Hakluyt's Reputation," *Explorers and Colonies: America, 1500~1625* (London and Ronceverte, WV: Hambledon Press, 1990), p.19.

4. Mancall, *Hakluyt's Promise*, p.72, p.92, pp.128~129, p.139, pp.183~184; David B. Quinn and Alison M. Quinn, eds., *A Particular Discourse Concerning the Greate Necessite and Manifolde Commodyties That Are Like to Growe to This Realm of Englande by the Westerne Discoveries Lately Attempted. Written in the Year 1584. By Richard Hackluyt of Oxforde. Known as Discourse of Western Planting* (London: Hakluyt Society, 1993), xv, xxii. 여기서부터는 「서부 식민에 대한 담론」에 언급된 내용이다.

5. Hakluyt, "Discourse of Western Planting," p.8, p.28, p.31, p.55, p.116, p.117, p.119. 몽테뉴의 『식인종에 대하여(*Des Cannibales*)』는 1603년 영어로 번역되었다. ; Lynn Glaser, *America on Paper: The First Hundred Years* (Philadelphia: Associated Antiquaries, 1989), pp.170~173; Scott R. MacKenzie, "Breeches of Decorum: The Figure of a Barbarian in Montaigne and Addison," *South Central Review*, no. 2 (Summer 2006): pp.99~127, esp. pp.101~103.

6. 버지니아주를 롤리 경의 신부로 묘사한 부분에 대해서는 다음 자료를 참조하라. "Epistle Dedicatory to Sir Walter Ralegh by Richard Hakluyt, 1587," *The Original Writings and Correspondence of the Two Richard Hakluyts*, ed. E. G. R. Taylor, 2 vols. (London: Hakluyt Society, 1935), 2: pp.367~368; Mary C. Fuller, *Voyages in Print: English Travel to America, 1576~1624* (New York: Cambridge University Press, 1995), p.75.

7. Tomlins, *Freedom Bound*, pp.114~118, pp.135~138, pp.143~144; John Smith, *Advertisements: Or, The Pathway to Experience to Erect a Plantation* (1831), *The Complete Works of Captain John Smith* (1580~1631), ed. Philip L. Barbour, 3 vols. (Chapel Hill: University of North Carolina Press, 1986), 3: p.290.

8. 거름에 대한 언급은 다음 자료를 참조하라. Smith, *The Generall Historie of Virginia, New England, and the Summer Isles . . .* (1624) ; John Smith, *Advertisements for the Unexperienced Planters of New England, or Any Where* (1631) in Barbour, *The Complete Works of Captain John Smith*, 2: p.109; 3: p.276. 옥스퍼드 영어사전에 따르면, 'waste'라는 단어가 땅과 연결되는 경우 서너 가지 의미를 가졌다. (1a) 사람이 살지 않거나 황량한 지역, 사막, 또는 황무지. (1b) 망망대해, 공중의 빈 공간, 눈으로 덮인 땅. (2) 어떤 목적으로도 경작되거나 사용되지 않는 땅으로, (사적으로 소유되지 않고) 공유되어 있는 땅. (3) 황폐지(荒廢地). 법적인 정의는 "상속권을 포함하지 않는 종신 차지인의 불법 행위, 즉 이익에 도움이 되지 않는 방향의 행위로, 이는 보유재산의 파괴, 혹은 상속재산의 피해로 이어진다". 땅의 소유자가 아니라 임차인을 의미하며, 임차인이 해당 부동산에 피해를 입히고 가치를 줄어들게 한다. '황무지(wasteland)'는 경작되지 않거나 자연 상태인 땅, 혹은 (흔히 개발된 땅에 둘러싸인) "경작이나 건물 용도로 사용되지 않거나 그에 적합하지 않아서 방치된" 땅을 의미했다.

9. Hakluyt, "Discourse of Western Planting," p.115. 토지개량(agrarian improvement)이라는 말에 대해서는 다음 자료를 참조하라. Andrew McRae, *God Speed the Plough: The Representation of Agrarian England, 1500~1660* (Cambridge: Cambridge University Press, 1996), p.13, p.116, pp.136~137, p.162, p.168.

10. Hakluyt, "Discourse of Western Planting," p.28; the elder Hakluyt's "Inducements

to the Liking of the Voyage Intended Toward Virginia" (1585), in Taylor, *The Original Writings*, 2: p.331; McRae, *God Speed the Plough*, p.168. Timothy Sweet, "Economy, Ecology, and Utopia in Early Colonial Promotional Literature," *American Literature* 71, no. 3 (September 1999): pp.399~427, esp. pp.407~408. 해클루트가 생각하는 일거리 목록은 (깃털을 뽑고 포장하는 것까지) 다음 자료에 나와 있다. George Peckham's *A True Reporte of Late Discoveries and Possession, Taken in the Right of the Crowne of Englande of the Newfound Landes: By That Valiant and Worthye Gentleman, Sir Humphrey Gilbert, Knight.* 해클루트가 나중에 관련 내용을 포함시켰다. Richard Hakluyt, *The Principall Navigations Voiages and Discoveries of the English Nation* (London, 1589), eds. David Beers Quinn and Raleigh Ashlin Skelton, 2 vols. (reprinted facsimile, London: Cambridge University Press, 1965), 2: pp.710~711.

11. Hakluyt, "Discourse of Western Planting," p.28, p.120, pp.123~124. 여러 식민지를 적극 활용해 빈곤층의 나태한 어린아이들에 대한 영국의 부담을 덜어야 한다는 주장에 대해서는 다음 자료를 참조하라. Hakluyt the elder, "Inducements for Virginia," in Taylor, *The Original Writings*, 2: p.330; Gilbert, "A Discourse of a Discoverie for a New Passage to Cataia" (London, 1576), in Quinn, *The Voyages and Colonizing Enterprises of Sir Humphrey Gilbert*, 1: p.161; and Peckham, "A True Report," in Hakluyt, *Principall Navigations*, 2: pp.710~711.

12. Hakluyt, "Discourse of Western Planting," p.28.

13. John Cramsie, "Commercial Projects and the Fiscal Policy of James VI and I," *Historical Journal* 43, no. 2 (2000): pp.345~364, esp. pp.350~351, 359.

14. Walter I. Trattner, "God and Expansion in Elizabethan England: John Dee, 1527~1583," *Journal of the History of Ideas*, vol. 25, no. 1 (January~March 1964): pp.17~34, esp. pp.26~27; Beier, *Masterless Men*, p.56, pp.149~150, p.168.

15. Hakluyt, "Discourse of Western Planting," 28. 길버트 경도 궁핍한 처지에 있는 사람들을 교수대로 보내는 대신 식민지 개척에 활용해야 한다는 동일한 주장을 폈다. "A Discourse of a Discoverie for a New Passage to Cataia," in Quinn, *The Voyages and Colonizing Enterprises of Sir Humphrey Gilbert*, 1: pp.160~161. 로마법 하에서 남자, 여자, 어린이는 전쟁포로로 잡히면 노예가 될 수 있었다. 전쟁포로는 노예로 일하는 대가로 목숨을 살려주었다. Peter Temin, "The Labor Market of the Early Roman Empire," *Journal of Interdisciplinary History* 34, no. 4 (Spring 2004): pp.513~538, esp. 534. 어느 프랑스 학자는 영국민족지에서 'rubbish men'이라는 단어가 채무노예 지칭에 사용되었다고 지적했다. Alain Testart, "The Extent and Significance of Debt Slavery," *Revue Française de Sociologie* 43, no. 1

(2002): pp.173~204, esp. p.199.

16. Hakluyt, "Discourse of Western Planting," pp.31~32, p.120. 거지의 자녀를 노동력으로 활용하는 방안에 대해서는 다음 자료를 참조하라. A. L. Beier, "'A New Serfdom': Labor Laws, Vagrancy Statutes, and Labor Discipline in England, 1350~1800," in *Cast Out: Vagrancy and Homelessness in Global Perspective*, eds. A. L. Beier and Paul Ocobock (Athens: Ohio University Press, 2009), p.47.

17. Beier, *Masterless Men*, pp.158~160; C. S. L. Davies, "Slavery and Protector Somerset: The Vagrancy Act of 1547," *Economic History Review* 19, no. 3 (1966): pp.533~549.

18. William Harrison, "Chapter IX: Of Provisions Made for the Poor" (1577 and 1857), in *Elizabethan England: From "A Description of England," by William Harrison* (*in "Holinshed's Chronicles"*), edited by Lothrop Withington, with introduction by F. J. Furnivall (London: The W. Scott Publishing Co., 1902), pp.122~129, esp. p.122; Patrick Copland, *Virginia's God Be Thanked, or A Sermon of Thanksgiving for the Happie Successe of the Affayres in Virginia This Last Yeare. Preached by Patrick Copland at Bow-Church in Cheapside, Before the Honourable Virginia Company, on Thursday, the 18. of April 1622* (London, 1622), p.31.

19. Beier, *Masterless Men*, p.43; Copland, *Virginia's God Be Thanked*, p.31; John Donne, *A Sermon upon the Eighth Verse of the First Chapter of the Acts of the Apostles. Preached to the Honourable Company of the Virginia Plantation, 13, November 1622* (London, 1624), p.21. 존 화이트는 이런 부정적인 이미지를 반박하기는 했지만 '식민지들이 여러 나라의 배설기관 혹은 하수구가 되어 오물을 빼내야 한다'는 생각이 널리 퍼져 있었다는 사실은 인정했다. John White, *The Planters Plea, or the Grounds of Plantations Examined and Usuall Objections Answered* (London, 1630), p.33. 손위 해클루트의 "우리 국민 중에 찌꺼기"라는 문구에 대해서는 다음 자료를 참조하라. "Letter of Instruction for the 1580 Voyage of Arthur Pet and Charles Jackman," in Hakluyt, *Principall Navigations*, 1: p.460. 가난한 사람들을 선별해 식민지로 옮겨야 한다는 아이디어는 고대 로마까지 거슬러 올라간다. 키케로는 가난한 사람들을 "'dordem urbis et faecem' 즉 '도시에 들러붙은 찌꺼기'로 '배출시켜 식민지로' 보내야 한다"고 말했다. Paul Ocobock, introduction in Beier and Ocobock, *Cast Out*, p.4.

20. Harrison, *Elizabethan England*, p.122. 경계 없이 되는 대로 퍼져있다는 빈민에 대한 해리슨의 비유는 당시 영국인들이 황무지에 대해 생각하는 방식과 일치했다. 1652년에 어느 작가는 "이 나라에는 많은 완전히 텅 빈 황무지들이 여기저기 흩어져 있다. (흉측한 카오스처럼) 우리의 불신과 불이익에도 아랑곳하지 않고"

라고 묘사했다. *Wast Land's Improvement, or Certain Proposals Made and Tendered to the Consideration of the Honorable Committee Appointed by Parliament for the Advance of Trade, and General Profits of the Commonwealth*…(London, 1653), p.2.

21. 윌리엄 해리슨은 일부 사람들이 '소의 번식'이 빈곤층의 '과잉 증가'보다 훨씬 낫다고 생각할 때 자신은 전시에는 이들 빈곤층이 필요하다는 사실을 지적했다고 주장했다. 만약 영국이 침략을 당하면 그들만이 '인간 장벽'을 만들 수 있을 테니까. Harrison, *Elizabethan England*, p.125; Beier, *Masterless Men*, pp.75~76.

22. Nicholas P. Canny, "Ideology of English Colonization: From Ireland to America," *William and Mary Quarterly* 30, no. 4 (October 1973): pp.575~590, esp. pp.589~590; Canny, "The Permissive Frontier: The Problem of Social Control in English Settlements in Ireland and Virginia," *The Western Enterprise: English Activities in Ireland, the Atlantic, and America, 1480~1650*, eds. K. R. Andrews, N. P. Canny, and P. E. H. Hair (Detroit: Wayne State University Press, 1979), pp.17~44, esp. pp.18~19. Linda Bradley Salamon, "Vagabond Veterans: The Roguish Company of Martin Guerre and Henry V," in *Rogues and Early Modern English Culture*, eds. Craig Dionne and Steve Mentz (Ann Arbor: University of Michigan Press, 2004), pp.261~293, esp. p.265, pp.270~271; Roger B. Manning, "Styles of Command in Seventeenth Century English Armies," *Journal of Military History* 71, no. 3 (July 2007): pp.671~699, esp. pp.672~673, p.687.

23. Craig Dionne, "Fashioning Outlaws: The Early Modern Rogue and Urban Culture," Salamon, "Vagabond Veterans," in Dionne and Mentz, *Rogues and Early Modern English Culture*, pp.1~2, p.7, pp.33~34, pp.267~268, pp.272~273; Harrison, *Elizabethan England*, pp.127~128; Beier, *Masterless Men*, pp.93~94; Claire S. Schen, "Constructing the Poor in Early Seventeeth-Century London," *Albion: A Quarterly Journal Concerned with British Studies* 32, no. 3 (Autumn 2000): pp.450~463, esp. p.453.

24. 논고에서 해클루트는 다음과 같이 말했다. "그곳에서 국경분쟁이 일어난다면, 그리고 그로 인해 우리가 요새를 쌓고 방비를 강화한다면, 군대 규율 속에서 훈련을 받은 아이들이 병사로 복무하면서 그곳과 고국 사람들을 지키는 데 필요한 머릿수를 채우게 될 것이다." "Discourse of Western Planting," pp.119~120, p.123. 식민지 개척을 적극 옹호하고 독려한 다른 사람들은 식민지 개척 업무가 군복무의 대체물이고, 그것이 게으른 빈민에게 필요한 규율을 제공할 것이라고 주장했다. 영국군 지휘관이었던 크리스토퍼 칼레일(Christopher Carleill)은 북해 연안 저지대 전쟁에 참전한 스스로의 경험을 토대로 이런 주장을 폈다. Carleill, *A Breef and Sommarie Discourse upon the Entended Voyage to the Hethermoste Partes*

of America: Written by Captain Carleill in April 1583 (1583), p.6. 병사들을 총알받이로 생각하는 견해에 대해서는 다음 자료를 참조하라. Salamon, "Vagabond Veterans," p.271; Sweet, "Economy, Ecology, and Utopia in Early Colonial Promotional Literature," pp.408~409.

25. 지금까지 어떤 학자도 빈민 아이들 훈련과 그들을 재활용 폐기물 취급하는 것 사이의 연관관계를 인정하지 않았다.

26. 거리에서 용변을 금하는 법률, 신성모독과 채소절도 처벌에 대해서는 다음 자료를 참조하라. "Articles, Lawes, and Orders, Divine, Politique, and Martiall for the Colony of Virginia: First Established by Sir Thomas Gates. . . . May 24, 1610," in *For the Colonial in Virginia Britannia. Lavves, Diuine, Morall, and Martiall, & c. Alget qui non Ardet. Res nostrae subinde non sunt, quales quis optaret, sed quales esse possunt* (London, 1612), pp.10~13, pp.15~17; Kathleen M. Brown, *Foul Bodies: Cleanliness in Early America* (New Haven, CT: Yale University Press, 2009), pp.61~64. 아내를 살해해 인육을 먹는 남자에 대해서는 다음 자료를 참조하라. *A True Declaration of the Estate of the Colonie in Virginia, with a Confutation of Such Scandalous Reports as have Tended to the Disgrace of So Worthy an Enterprise* (London, 1610), p.16; John Smith, *The Generall Historie of Virginia, New England, and the Summer Isles . . .* (1624), in Barbour, *The Complete Works of Captain John Smith*, 2: pp.232~233; Donegan, *Seasons of Misery*, p.103.

27. Donne, *A Sermon upon the Eighth Verse of the First Chapter of the Acts of the Apostles*, p.19.

28. Karen Ordahl Kupperman, "Apathy and Death in Early Jamestown," *Journal of American History* 66, no. 1 (June 1979): pp.24~40, esp. pp.24~27, p.31; Wesley Frank Craven, *The Virginia Company of London, 1606~1624* (Williamsburg: Virginia 350th Anniversary Celebration Corporation, 1957), pp.22~28, pp.32~34. 금 발견 가능성에 대해서는 다음 자료를 참조하라. David Beers Quinn, *England and the Discovery of America, 1481~1620* (New York: Knopf, 1974), pp.482~487. 일확천금의 유혹, 신대륙에서 발견된 금변기 같은 널리 퍼진 풍자에 대해서는 다음 자료를 참조하라. George Chapman, *Eastward Hoe* (London, 1605; reprint, London: The Tudor Facsimile Texts, 1914), p.76. '느려터진 게으름'에 대해서는 다음 자료를 참조하라. *A True Declaration of the Estate of the Colonie* (1610), p.19. '짐승 같은 나태함', '게으름'에 대해서는 다음 자료를 참조하라. Virginia Company, *A True and Sincere Declaration of the Purpose and End of the Plantation Begun in Virginia* (London, 1610), p.10.

29. Hakluyt, "Discourse on Western Planting," p.28. 해클루트는 험프리 길버트의

주장에서 이런 아이디어를 얻었다. 길버트는 빈민 아이들에게 '유용한 기술'을 가르쳐 인디언에게 판매할 '자질구레한 소품'을 만들게 해야 한다고 조언했다. Gilbert, "A Discourse of a Discoverie for a New Passage to Cataia" (1576), in Quinn, *The Voyages and Colonial Enterprises of Sir Humphrey Gilbert*, 1: p.161. Canny, "The Permissive Frontier," p.25, pp.27~29, p.33. 카드게임, 강간, 선원들과의 거래 금지에 대해서는 다음 자료를 참조하라. "Articles, Lawes, and Orders . . . Established by Sir Thomas Gates," pp.10~11, pp.13~14.

30. 토머스 모어의 유토피아(1516)에 대해서는 다음 자료를 참조하라. Joan Thirsk, "Making a Fresh Start: Sixteenth-Century Agriculture and the Classical Inspiration," in Michael Leslie and Timothy Raylor, eds., *Culture and Cultivation in Early Modern England: Writing and the Land* (Leicester and London: Leicester University Press, 1992), p.22.

31. 롤프와 담배재배에 대해서는 다음 자료를 참조하라. Philip D. Morgan, "Virginia's Other Prototype: The Caribbean," in *The Atlantic World and Virginia, 1550~1624*, ed. Peter C. Mancall (Chapel Hill: University of North Carolina Press, 2007), p.362; Edmund S. Morgan, "The Labor Problem at Jamestown, 1607~1618," *American Historical Review* 76, no. 3 (June 1971): pp.595~611, esp. p.609.

32. Manning C. Voorhis, "Crown Versus Council in the Virginia Land Policy," *William and Mary Quarterly*, 3rd ser., 3, no. 4 (October 1946): pp.499~514, esp. pp.500~501; Edmund S. Morgan, *American Slavery, American Freedom: The Ordeal of Colonial Virginia* (New York: Norton, 1975), pp.93~94, pp.171~173. 모건은 제임스타운 대농장주인 존 포리(John Pory)의 말을 인용하면서 이렇게 말했다. "우리의 주요 재산은…하인들로 구성된다." Morgan, "The First American Boom," *William and Mary Quarterly* 28, no. 2 (1971): pp.169~198, esp. pp.176~177.

33. Tomlins, *Freedom Bound*, pp.31~36, pp.78~81; Mary Sarah Bilder, "The Struggle over Immigration: Indentured Servants, Slaves, and Articles of Commerce," *Missouri Law Review* p.61 (Fall 1996): pp.758~759, p.764; Warren M. Billings, "The Law of Servants and Slaves in Seventeenth Century Virginia," *Virginia Magazine of History and Biography* 99, no. 1 (January 1991): pp.45~62, esp. pp.47~49, p.51.

34. Morgan, "The First American Boom," p.170, pp.185~186, p.198; Schen, "Constructing the Poor in Early Seventeenth-Century London," p.451; Billings, "The Law of Servants and Slaves," pp.48~49. 연한계약 노동자의 높은 사망률에 대해서는 다음 자료를 참조하라. Martha W. McCartney, *Virginia Immigrants and Adventurers: A Biographical Dictionary* (Baltimore: Genealogical Publishing Company, 2007), p.14; Smith, *The Generall Historie of Virginia, New England, and the Summer Isles* . . .

, in Barbour, *The Complete Works of Captain John Smith*, 2: p.255.

35. 존 포트(John Pott) 박사가 3~4 파운드어치 구슬로 몸값을 지불하고 인디언에 게서 그녀를 해방시켰다. 그리고는 포트 박사 역시 그녀의 죽은 남편이 3년 치 노동을 자기한테 빚지고 있다고 주장했다. McCartney, *Virginia Immigrants and Adventurers*, p.258; and "The Humble Petition of Jane Dickenson Widdowe" (1624), in *Records of the Virginia Company of London*, ed. Susan M. Kingsbury, 4 vols. (Washington, DC: Government Printing Office, 1906~35), 4: p.473; Canny, "The Permissive Frontier," p.32.

36. Smith, *The Generall Historie of Virginia, New England, and the Summer Isles*···(1624), in Barbour, *The Complete Works of Captain John Smith*, 2: p.388. 베니스의 상인은 1600년에 출간되었다. 로마법 하에서는 전쟁포로뿐만 아니라 채무자, 버려진 아 이들까지도 노예가 될 수 있었다. 그리고 노예의 아이들 역시 노예가 될 수 있 었다. 제임스타운에서는 채무자의 아이들이 노예가 되었다. Temin, "The Labor Market of the Early Roman Empire," p.513~538, esp. p.524, p.531.

37. David R. Ransome, "Wives for Virginia, 1621," *William and Mary Quarterly* 48, no. 1 (January 1991): p.3~18, esp. pp.4~7. 버지니아 식민지 초기에 남녀 성비 는 대략 4 대 1이었다. Virginia Bernhard, "'Men, Women, and Children' at Jamestown: Population and Gender in Early Virginia, 1607~1610," *Journal of Southern History* 58, no. 4 (November 1992): pp.599~618, esp. pp.614~618. 영국인 의 뿌리를 지켜줄 사절로서 수소와 암소 운송에 대해서는 다음 자료를 참조하 라. Virginia DeJohn Anderson, "Animals into the Wilderness: The Development of Livestock Husbandry in the Seventeenth-Century Chesapeake," *William and Mary Quarterly* 59, no. 2 (April 2002): pp.377~408, esp. p.377, p.379. 자손을 낳 을 일종의 씨짐승으로서 식민지에 여자들을 보낸다는 아이디어는 새삼스러운 것은 아니었다. 1656년 크롬웰(Cromwell)은 2,000명의 젊은 영국 여자들을 바베 이도스섬으로 보냈는데, '출산을 통해 백인 인구를 충원하도록' 하자는 발상이 었다. Jennifer L. Morgan, *Laboring Women: Reproduction and Gender in New World Slavery* (Philadelphia: University of Pennsylvania Press, 2004), pp.74~75.

38. William Berkeley, *A Discourse and View of Virginia* (London, 1663), p.2, p.7, p.12.

39. Samuel Eliot Morrison, "The Plymouth Company and Virginia," *Virginia Magazine of History and Biography* 62, no. 2 (April 1954): pp.147~165; Donegan, *Seasons of Misery*, p.119.

40. Tomlins, *Freedom Bound*, p.23, pp.54~56; Alison Games, *Migration and Origins of the English Atlantic World* (Cambridge, MA: Harvard University Press, 1999), p.25, p.48, p.53; T. H. Breen and Stephen Foster, "Moving to the New World: The

Character of Early Massachusetts Migration," *William and Mary Quarterly* 30, no. 2 (April 1973): pp.189~222, esp. p.194, p.201; Nuala Zahedieh, "London and the Colonial Consumer in the Late Seventeenth Century," *Economic History Review* 42, no. 2 (May 1994): pp.239~261, esp. p.245.

41. "General Observations" (1629), in *John Winthrop Papers*, 6 vols. (Boston: Massachusetts Historical Society, 1928~), 2: pp.111~115; Edgar J. A. Johnson, "Economic Ideas of John Winthrop," *New England Quarterly* 3, no. 2 (April 1930): pp.235~250, esp. p.245, p.250; Francis J. Bremer, *John Winthrop: America's Forgotten Founder* (New York: Oxford University Press, 2003), pp.152~153, pp.160~161, pp.174~175, p.181, footnote 9 on pp.431~432.

42. John Winthrop, "A Model of Christian Charity" (1630), *Collections of the Massachusetts Historical Society*, 3rd ser., 7 (Boston, 1838), 33; Scott Michaelson, "John Winthrop's 'Modell' Covenant and the Company Way," *Early American Literature* 27, no. 2 (1992): pp.85~100, esp. p.90; Lawrence W. Towner, "'A Fondness for Freedom': Servant Protest in Puritan Society," *William and Mary Quarterly* 19, no. 2 (April 1962): pp.201~219, esp. pp.204~205.

43. Norman H. Dawes, "Titles of Symbols of Prestige in Seventeenth-Century New England," *William and Mary Quarterly* 6, no. 1 (January 1949): pp.69~83; David Konig, *Law and Society in Puritan Massachusetts: Essex County, 1629~1692* (Chapel Hill: University of North Carolina Press, 1979), pp.18~19, pp.29~30, p.92; *John Winthrop Papers*, p.4, p.54, p.476; Bremer, *John Winthrop*, p.355.

44. Towner, "'A Fondness for Freedom,'" p.202; Tomlins, *Freedom Bound*, pp.254~255; Bremer, *John Winthrop*, p.313.

45. Tomlins, *Freedom Bound*, p.56, pp.255~256, p.258. 열네 살은 매사추세츠 법에서 분별연령(age of discretion)이라 하여 형법상의 책임을 지는 나이였고, 대부분은 스물한 살이 되어야 성인이 되었다. Ross W. Beales Jr., "In Search of the Historical Child: Adulthood and Youth in Colonial New England," *American Quarterly* 27, no. 4 (April 1975): pp.379~398, esp. p.384~385, pp.393~394, p.397. 매사추세츠에서는 1623년 토지를 불하하면서 우선 젊은이들이 가정에 거주하면서 대가 없이 가족들을 위해 일하도록 했다. 매사추세츠, 코네티컷, 로드 아일랜드에서 '결혼하지 않은 모든 사람은 가족과 함께 살아야 한다'는 법이 통과되었다. William E. Nelson, "The Utopian Legal Order of Massachusetts Bay Colony, 1630~1686," *American Journal of Legal History* 47, no. 2 (April 2005): pp.183~230, esp. p.183; Archer, *Fissures in the Rock*, p.106.

46. Tomlins, *Freedom Bound*, p.307, p.310; Philip Greven, *Four Generations: Population,*

Land, and Family in Colonial Andover, Massachusetts (Ithaca, NY: Cornell University Press, 1970), p.75, pp.81~83, p.125, p.132, p.135, p.149.

47. 윈스럽의 처음 두 아내는 출산 도중 사망했다. 마지막 아내는 윈스럽이 죽기 1년 전에 아이를 낳았다. Bremer, *John Winthrop*, pp.90~91, pp.102~103, p.115, p.314, p.373.

48. Cotton Mather, *A Good Master Well Served* (Boston, 1696), pp.15~16, pp.35~36, p.38; Towner, "'A Fondness for Freedom,'" pp.209~210; Robert Middlekauf, *The Mathers: Three Generations of Puritan Intellectuals, 1596~1728* (New York: Oxford University Press, 1971), p.195.

49. William Perkins, "On the Right, Lawful, and Holy Use of Apparel" in *The Whole Treatise of the Cases of Conscience Distinguished into Three Books* (Cambridge, England, 1606); Louis B. Wright, "William Perkins: Elizabethan Apostle of 'Practical Divinity,'" *Huntington Library Quarterly* 2, no. 2 (January 1940): pp.171~196, esp. pp.177~178; Stephen Innes, *Creating the Commonwealth: Economic Culture of Puritan New England* (New York: Norton, 1998), pp.101~103. 1651년 매사추세츠만 식민지 관리들은 '열등한 환경, 교육, 직업을 가진 남녀가 젠틀맨 복장을 하는 것에 대해서 전적인 혐오와 반감'을 선언했다. Leigh Eric Schmidt, "'A Church-Going People Are a Dress-Loving People': Clothes, Communication, and Religious Culture in Early America," *Church History* 58, no. 1 (March 1989): pp.36~51, esp. pp.38~39. 킹필립전쟁 기간에 법원은 '18명의 부인과 처녀, 30명의 젊은 이들을……비단옷을 자랑하듯이 입었다는 이유'로 기소했다. Laurel Thatcher Ulrich, *The Age of Homespun: Objects and Stories in the Creation of an American Myth* (New York: Knopf, 2001), p.125; Konig, *Law and Society in Puritan Massachusetts*, p.148. 아이와 하인을 지나치게 관대하게 대하는 부모와 주인을 우려하는 내용에 대해서는 다음 자료를 참조하라. Edmund Morgan, *The Puritan Family: Religious and Domestic Relations in Seventeenth-Century New England* (Westport, CT: Greenwood Press, 1966), p.149.

50. 교회 신도가 법정소송에서 누리는 여러 특권에 대해서는 다음 자료를 참조하라. Thomas Haskell, "Litigation and Social Status in Seventeenth-Century New Haven," *Journal of Legal Studies*, no. 2 (June 1978): pp.219~241. 메리 다이어에 대해서는 다음 자료를 참조하라. Carla Gardina Pestana, "The Quaker Executions as Myth and History," *Journal of American History* 80, no. 2 (September 1992): pp.441~469, esp. p.441, pp.460~464; David D. Hall, *Worlds of Wonder, Days of Judgment: Popular Religious Belief in Early New England* (Cambridge, MA: Harvard University Press, 1990), pp.172~174, p.186. 영국에서 파문은 개인의 상속을 금지하

거나 소송권을 제한하는 등의 엄중한 처벌로 이어질 수 있었다. 뉴잉글랜드에서
는 적어도 처음에는 파문은 그저 공민권 박탈로만 이어졌다. 그러나 1638년 법
원에서 보다 엄한 처벌을 정했다. 어떤 사람이 파문 이후 6개월 이내에 뉘우치
고 재입문을 구하지 않으면, 벌금이나 징역형 부과, 추방은 물론이고 그보다 '더
한 것'도 가능했다. Konig, *Law and Society in Puritan Massachusetts*, p.32.

51. Archer, *Fissures in the Rock*, p.44, p.50, pp.59~63, endnote p.5, p.180; Robert
    J. Dinkin, "Seating the Meetinghouse in Early Massachusetts," *New England
    Quarterly* no. 3 (September 1970): pp.450~464, esp. pp.453~454.

52. Kathryn Zabelle Derounian, "The Publication, Promotion, and Distribution of
    Mary Rowlandson's Indian Captivity Narrative in the Seventeenth Century,"
    Early American Literature 23, no. 3 (1988): pp.239~262. 롤런드슨이 영국의 계
    급과 물질적 상징을 수용하고 있다는 점에 대해서는 다음 자료를 참조하라.
    Nan Goodman, "'Money Answers All Things': Rethinking Economic Cultural
    Exchange in the Captivity Narrative of Mary Rowlandson," *American Literary
    History* 22, no. 1 (Spring 2010): pp.1~25, esp. p.5.

53. Mary Rowlandson, *The Sovereignty and Goodness of God, Together with the Faithfulness
    of His Promises Displayed: Being a Narrative of Captivity and Restoration of Mrs. Mary
    Rowlandson and Related Documents*, ed. Neil Salisbury (Boston: Bedford Books, 1997),
    p.1, p.16, p.26, p.75, p.79, p.83, p.86, p.89, pp.96~97, p.103; Ulrich, *The Age
    of Homespun*, p.59; Teresa A. Toulouse, "'My Own Credit': Strategies of (E)
    valuation in Mary Rowlandson's Captivity Narrative," *American Literature* 64, no. 2
    (December 1992): pp.655~676, esp. 656~58; Tiffany Potter, "Writing Indigenous
    Femininity: Mary Rowlandson's Narrative of Captivity," *Eighteenth-Century Studies*
    36, no. 2 (Winter 2003): pp.153~167, esp. p.154.

54. Increase Mather, *Pray for the Rising Generation, or a Sermon Wherein Godly Parents
    Are Encouraged, to Pray and Believe for Children* (Boston, 1678), p.12, p.17; Hall, *Worlds
    of Wonder*, pp.148~155; Gerald F. Moran, "Religious Renewal, Puritan Tribalism,
    and the Family in Seventeenth-Century Milford, Connecticut," *William and
    Mary Quarterly* 36, no. 2 (April 1979): pp.236~254, esp. pp.237~238, pp.250~254;
    Bremer, *John Winthrop*, 314~315; Lewis Milton Robinson, "A History of the
    Half-Way Covenant" (Ph.D. dissertation, University of Illinois, 1963).

55. 해클루트는 두 개의 헌사를 썼다. 하나는 버지니아를 결혼적령기의 신부라고 강
    조했고, 다른 하나는 어린아이로 부각했다. 어린아이로 부각한 헌사에서는 엘
    리자베스 여왕이 아이의 대모로서 탄생을 도우면서 수다쟁이 산파들을 감독하
    는 것으로 묘사된다. 새뮤얼 퍼처스(Samuel Purchas)도 같은 혼인 비유를 쓰면서

버지니아의 '사랑스러운 외모'가 '최고 남편감의 구애와 사랑을 받을 만하다'
고 썼다. "Epistle Dedicatory to Sir Walter Ralegh by Richard Hakluyt, 1587,"
De Orbe Novo Petri Martyris, in Taylor, *The Original Writings*, 2: p.367; "To the
Right Worthie and Honourable Gentleman, Sir Walter Ralegh," in A *Notable
Historie Containing four Voyages Made by Certayne French Captaynes into Florida* (London,
1587), [2]. 월터 롤리는 기아나에 대해서 같은 비유를 쓰면서, 그녀는 "아직 자신
의 처녀성을 잃지 않았다"고 말했다. Sir Walter Ralegh, *The Discovery of the Large,
Rich, and Beautiful Empire of Guiana, with a relation of the Great and Golden City of
Manoa* (which the Spaniards call El Dorado), etc. performed in the Year 1595, edited
by Sir Robert H. Schomburgk (London, 1848), p.115; Louis Montrose, "The Work
of Gender in the Discourse of Discovery," *Representations* p.33 (Winter 1991):
pp.1~41, esp. pp.12~13; Fuller, *Voyages in Print*, p.75; Morgan, "Virginia's Other
Prototype," p.360.

56. Rachel Doggett, Monique Hulvey, and Julie Ainsworth, eds., *New World Wonders:
European Images of the Americas, 1492~1700* (Washington, DC: Folger Shakespeare
Library/Seattle: University of Washington Press, 1992), p.37; Edward L. Bond, "Sources
of Knowledge, Sources of Power: The Supernatural World of English Virginia,
1607~1624," *Virginia Magazine of History and Biography* 108, no. 2 (2000):
pp.105~138, esp. p.114.

57. Jack Dempsey, ed., *New England Canaan by Thomas Morton of "Merrymount"*
(Scituate, MA: Digital Scanning, 2000), pp.283~288; Karen Ordahl Kupperman,
"Thomas Morton, Historian," *New England Quarterly* 50, no. 4 (December 1977):
pp.660~664; Michael Zukerman, "Pilgrims in the Wilderness: Community,
Modernity, and the May Pole at Merrymount," *New England Quarterly* 50, no.
4 (December 1977): pp.255~277; John P. McWilliams Jr., "Fictions of Merry
Mount," *American Quarterly* 29, no. 1 (Spring 1977): pp.3~30.

58. 모턴은 1628년 체포된 이후 처음에는 (뉴햄프셔주의) 쇼울섬에 유배되었고, 다시
배를 타고 잉글랜드로 갔다. 1629년에 뉴잉글랜드로 돌아왔고 1630년에 다시
잉글랜드로 추방되었다. 1643년에 다시 돌아왔지만, 이듬해에 다시 체포되었다.
모턴은 1645년 관할권 밖으로 나간다는 조건으로 석방되었고, 이에 따라 메인으
로 갔으며 훗날 그곳에서 사망했다. 모턴의 생애를 개관한 가장 좋은 자료는 다
음과 같다. Jack Dempsey, *Thomas Morton of "Merrymount": The Life and Renaissance
of an Early American Poet* (Scituate, MA: Digital Scanning, 2000).

59. 모턴은 인디언들이 사용하는 특별한 물('수정우물')이 불임을 치료해준다고 믿
었다. 관련하여 다음 자료를 참조하라. Dempsey, *New English Canaan*, p.7,

pp.26~27, pp.53~55, p.70, p.90, p.92, pp.120~121, pp.135~136, p.139. 모턴
의 저작에 관한 좋은 분석들을 보고 싶다면 다음 자료들을 참조하라. Michelle
Burnham, "Land, Labor, and Colonial Economics in Thomas Morton's New
English Canaan," *Early American Literature* 41, no. 3 (2006): pp.405~428,
esp. p.408, pp.413~414, p.418, p.421, pp.423~424; Edith Murphy, "'A Rich
Widow, Now to Be Tane Up or Laid Downe': Solving the Riddle of Thomas
Morton's 'Rise Oedipeus,'" *William and Mary Quarterly* 55, no. 4 (October 1996):
pp.755~768, esp. p.756, p.759, pp.761~762, pp.765~767.

60. Hamor, *A True Discourse of the Present State of Virginia*, p.20; Hakluyt, "Epistle
Dedicatory to Sir Walter Ralegh by Richard Hakluyt, 1587," 2: pp.367~368. 로슨
은 또한 양과 소의 '놀라운 개체증가'를 강조했는데 이때 사용한 단어가 'fat'이
었다. 'fat'은 이곳 동물들의 풍부한 생식능력을 표현하는 데 쓰인 또 다른 단어
다. John Lawson, *A New Voyage to Carolina*, with introduction by Hugh Talmage
Lefler (reprint of 1706 London ed., Chapel Hill: University of North Carolina Press, 1967),
pp.87~88, p.91, p.196. 존 스미스도 인디언 여자들이 "쉽게 아이들을 낳는다"라
는 주장을 받아들이고 거듭 이야기했다. Smith, *The Generall Historie of Virginia,
New England, and the Summer Isles* … (1624) 2: p.1165. 신세계의 풍부한 생식능력
을 강조하는 이미지들에 대해서는 전반적으로 다음 자료를 참조하라. Parrish,
"The Female Opossum and the Nature of the New World," pp.475~514, esp.
pp.502~506, p.511. 신세계에서 원주민 여자들이 쉽게 아이를 낳는다는 주장
이 영국인들 사이에 쉽게 받아들여진 데는 로마시대 유산의 영향이 크다. 과
거 로마인들은 야만인과 유목민 여자들이 "쉽게 아이를 낳는다"고 주장했다.
Morgan, *Laboring Women*, pp.16~17.

61. Tomlins, *Freedom Bound*; 올솝은 또한 메릴랜드를 '(풍요로운) 자연의 자궁'을 가
지고 있다고 표현하면서 덕분에 그곳에서 다양한 동물들이 태어난다고 말했다.
그곳 땅의 '넘치는 풍요로움'을 올솝은 임신한 여자의 배에 비유하기도 했다.
'교미결혼'이 '처녀성을 가지고 시장으로' 오는 여성들 이야기라는 관점에서 올
솝은 처녀들을 자신들의 자궁을 '임대하는' 매춘부나 첩, 자궁을 '곰팡이 슬게'
하는 노처녀들과 비교하기도 했다. George Alsop, *A Character of the Province of
Maryland* (London, 1666), in *Narratives of Early Maryland, 1633~1684*, ed., Clayton G.
Hall (New York: Charles Scribner's Sons, 1910), pp.340~387, esp. pp.343~344, p.348,
p.358. *A Brief Description of the Province of Carolina on the Coasts of Floreda* (London,
1666), pp.9~10.

62. 토지 확보를 노린 결혼사기에 대해서는 다음 자료를 참조하라. Morgan, "The
First American Boom," pp.189~190. 역사가 캐럴 섀마스(Carole Shammas)는 버

지니아와 메릴랜드 식민지가 미망인에게 특히 관대했고, 그런 문화가 그들과 결혼하는 남자들에게 이득이 되었으며, 덕분에 '활기찬 미망인 결혼 시장'이 조성되었다고 지적했다. Shammas, "English Inheritance Law and Its Transfer to the Colonies," *American Journal of Legal History* 31, no. 2 (April 1987): pp.145~163, esp. pp.158~159. 높은 사망률과 재혼율에 대해서는 다음 자료를 참조하라. Lorena Walsh, "'Till Death Do Us Part': Marriage and Family in Seventeenth-Century Maryland," in *The Chesapeake in the Seventeenth Century*: *Essays on Anglo-American Society*, eds. Thad W. Tate and David L. Ammerman (Chapel Hill: University of North Carolina Press, 1979), pp.126~152. 미망인은 보통 죽은 남편 재산의 여성유언집행인이 되었고, 여자 대부분이 남편 사후 1년 이내에, 늦어도 결코 2년을 넘기지 않고 재혼했다. James R. Perry, *The Formation of a Society on Virginia's Eastern Shore, 1615~1655* (Chapel Hill: University of North Carolina Press, 1990), p.41, p.79, p.81.

63. T. H. Breen, "A Changing Labor Force and Race Relations in Virginia, 1660~1710," *Journal of Social History* 7, no. 1 (Autumn 1973): pp.3~25, esp. p.10. '나라의 찌꺼기'를 비롯한 여러 비하 표현, 베이컨이 나태한 사람, 빚에 허덕이는 사람들을 끌어들이고 있다는 혐의에 대해서는 다음 자료를 참조하라. "William Sherwood's Account" and "Ludlow's Account," in "Bacon's Rebellion," *Virginia Magazine of History and Biography* 1, no. 2 (October 1893): p.169, p.171, p.183. '저속하고 무식한' '최근 하인 상태에서 막 기어 나온' 베이컨 추종자들에 대해서는 다음 자료를 참조하라. "A True Narrative of the Late Rebellion in Virginia, by the Royal Commissioners, 1677," in *Narratives of the Insurrections, 1675~1690*, ed. Charles M. Andrews (New York: Charles Scribner's Sons, 1915), pp.110~111, p.113. 반란자들을 돼지에 비유한 것에 대해서는 다음 자료를 참조하라. William Sherwood, "Virginias Deploured Condition, Or an Impartiall Narrative of the Murders comitted by the Indians there, and of the Sufferings of his Maties Loyall Subjects under the Rebellious outrages of Mr Nathaniell Bacon Junr: to the tenth day of August Anno Dom 1676 (1676)," in *Collections of the Massachusetts Historical Society*, vol. 9, 4th ser. (Boston: Massachusetts Historical Society, 1871): p.176.

64. Stephen Saunders Webb, *1676: The End of American Independence* (New York: Knopf, 1984; reprint ed., Syracuse, NY: Syracuse University Press, 1995), p.16, p.34, p.41, p.66; Tomlins, *Freedom Bound*, pp.39~41, p.425.

65. 베이컨 선언에서 그는 버클리파가 영국인 정착민의 생명보다는 '마음 맞는 인디언들'을 보호하는 강력한 '도당'을 만들었다고 분명히 밝혔다. 베이컨의 반란은 또한 버클리의 분명한 명령 없이는 인디언에 대한 군사행동을 금지한 총독

의 정책에도 반대했다. Nathaniel Bacon, "Proclamations of Nathaniel Bacon," *Virginia Magazine of History and Biography* 1, no. 1 (July 1893): pp.57~60; and Webb, 1676, p.7, p.74.

66. '모험가'에 대해서는 다음 자료를 참조하라. Sherwood, "Virginias Deploured Condition," p.164. 불공평한 세금, '모든 담배를 수중에 사잰' '고위층'에 대해서는 다음 자료를 참조하라. "A True Narrative of the Late Rebellion," p.108, p.111; Peter Thompson, "The Thief, a Householder, and the Commons: Language of Class in Seventeenth Century Virginia," *William and Mary Quarterly* 63, no. 2 (April 2006): pp.253~280, esp. p.264, pp.266~267. 빚, 세금, 담뱃값 하락이 겹쳐서 반란의 경제적 이유를 제공했다는 주장에 대해서는 다음 자료를 참조하라. Warren M. Billings, "The Causes of Bacon's Rebellion: Some Suggestions," *Virginia Magazine of History and Biography* 78, no. 4 (October 1970): pp.409~435, esp. pp.419~422, pp.432~433. 베이컨 반란의 여파로 드러난 토지 문제의 중요성과 시의회의 악습에 대해서는 다음 자료를 참조하라. Michael Kammen, "Virginia at the Close of the Seventeenth Century: An Appraisal by James Blair and John Locke," *Virginia Magazine of History and Biography* 74, no. 2 (April 1966): pp.141~169, esp. p.143, pp.154~155, p.157, pp.159~160.

67. 베이컨은 1676년 10월 26일 죽었고, 버클리는 1677년 7월 9일에 죽었다. 캐슬린 브라운(Kathleen Brown)의 지적처럼 이질에 의한 베이컨의 죽음은 '그가 자기 몸의 타락'으로 패배했음을 의미했다. Brown, *Foul Bodies*, 67. 베이컨의 죽음 원인은 이를 달고 사는 저급한 사람 및 동물과 연결된다는 점에서 그만큼 중요했을 것이다. 어떤 이야기에 따르면, "베이컨은 '불결한 질병'에 걸렸고 그의 몸에서 번식하는 해충을 도저히 박멸할 수 없어서 결국 셔츠를 벗어 불 속에 던져야 했다". "A True Narrative of the Late Rebellion," p.139; Wilcomb E. Washburn, "Sir William Berkeley's 'A History of Our Miseries,'" *William and Mary Quarterly* 14, no. 3 (July 1957): pp.403~414, esp. p.412; Wilcomb E. Washburn, *The Governor and the Rebel: A History of Bacon's Rebellion in Virginia* (Chapel Hill: University of North Carolina Press, 1957), p.85, pp.129~132, pp.138~139.

68. Andrews, *Narratives of the Insurrections*, 20. 흰색 앞치마에 대해서는 다음 자료를 참조하라. Mrs. An. Cotton, "An Account of Our Late Troubles with Virginia. Written in 1676," in *Tracts and Other Papers, Principally Relating to the Origin, Settlement, and Progress of the Colonies of North America, from the Discovery of the Country to the Year 1776*, ed. Peter Force, 4 vols. (Washington, DC, 1836~1846), 1:8. 다른 이야기에서 여자들은 수호천사로 불리는데, 애프라 벤(Aphra Behn)은 베이컨 반란을 다룬 자신의 연극에서 여자들이 전투를 피하기 위한 정전의 상징으로

활용되었다고 넌지시 말한다. "The History of Bacon's and Ingram's Rebellions, 1676," in Andrews, *Narratives of the Insurrections*, 68; Behn, *The Widow Ranter, or, The History of Bacon in Virginia. A Tragi-Comedy* (London, 1690), p.35; Washburn, *The Governor and the Rebel*, pp.80~81; Terri L. Snyder, *Brabbling Women: Disorderly Speech and the Law in Early Virginia* (Ithaca, NY: Cornell University Press, 2003), pp.33~34; Webb, 1676, pp.20~21.

69. 리디아 치스먼에 대해서는 다음 자료를 참조하라. "The History of Bacon's and Ingram's Rebellions," in Andrews, *Narratives of the Insurrections*, pp.81~82. 엘리자베스 베이컨의 재혼에 대해서는 다음 자료를 참조하라. "Bacon's Rebellion," p.6. 반란 참가자들의 미망인 재산을 몰수했다 되돌려준 과정에 대해서는 다음 자료를 참조하라. Washburn, *The Governor and the Rebel*, pp.141~142; Wilcomb E. Washburn, "The Humble Petition of Sarah Drummond," *William and Mary Quarterly* 13, no. 13 (July 1956): pp.354~375, esp. p.356, p.358, pp.363~364, p.367, p.371. Lyon G. Tylor, "Maj. Edmund Chisman," *William and Mary Quarterly* 1, no. 2 (October 1892): pp.89~98, esp. pp.90~91, pp.94~97; Susan Westbury, "Women in Bacon's Rebellion," in *Southern Women: Histories and Identities*, eds. Virginia Bernhard, Betty Brandon, Elizabeth Fox-Genovese, and Theda Perdu (Columbia: University of Missouri Press, 1992), pp.30~46, esp. pp.39~42.

70. Webb, *1676*, 102, pp.132~163.

71. Behn, *The Widow Ranter*, p.3, p.12, p.42, p.45, p.48; Jenny Hale Pulsipher, "'The Widow Ranter' and Royalist Culture in Colonial Virginia," *Early American Literature* 39, no. 1 (2004): pp.41~66, esp. pp.53~55; Snyder, *Brabbling Women*, pp.11~12, p.117, pp.122~123.

72. Jane D. Carson, "Frances Culpeper Berkeley," in *Notable American Women, 1607~1950*, ed. Edward James et al., 3 vols. (Cambridge, MA: Harvard University Press, 1971), 1: pp.135~136; Snyder, *Brabbling Women*, pp.19~25.

73. Kathleen M. Brown, *Good Wives, Nasty Wenches, and Anxious Patriarchs: Gender, Race, and Power in Colonial Virginia* (Chapel Hill: University of North Carolina Press, 1996), pp.129~133; Tomlins, *Freedom Bound*, p.455, pp.457~458.

74. Morgan, *Laboring Women*, pp.77~83; Anderson, "Animals into the Wilderness," p.403.

75. 인용 내용에 대해서는 다음 자료를 참조하라. Francis Bacon, *The Two Books of Francis Bacon, of the Proficience and Advancement of Learning, Divine and Human* (London, 1808), p.72; 인용에 대한 다른 해석을 보고 싶다면 다음 자료를 참조하라. Parrish, "The Female Opossum and the Nature of the New World," p.489.

76. Turk McClesky, "Rich Land, Poor Prospects: Real Estate and the Formation of a Social Elite in Augusta County, Virginia, 1738~1770," *Virginia Magazine of History and Biography* 98, no. 3 (July 1990): pp.449~486; John Combs, "The Phases of Conversion: A New Chronology for the Rise of Slavery in Virginia," *William and Mary Quarterly* 68, no. 3 (July 2011): 332~360; Emory G. Evans, *A "Topping People": The Rise and Decline of Virginia's Old Political Elite, 1680~1790* (Charlottesville: University of Virginia Press, 2009), pp.1~30.

2장

1. 제퍼슨이 로크에게서 빌려온 문구에 대해서는 다음 자료를 참조하라. John Locke, *Two Treatises of Government*, ed. Peter Laslett (Cambridge: Cambridge University Press, 1988), p.523, p.415. 남녀노소를 가리지 않고 모두 로크를 읽어야 한다는 식민지 사람들의 생각에 대해서는 로크의 저서에 대한 다음 광고자료들을 참조하라. *Massachusetts Evening Gazette*, March 4, 1774; *Boston Evening Gazette*, October 19, 1772; *New London Gazette*, October 9, 1767. 로크의 대표적인 비판자는 (그의 '제자'이기도 한) 웨일스의 성직자 조사이어 터커(Josiah Tucker)였다. Josiah Tucker, *A Series of Answers to Certain Popular Objections, Against Separating from the Rebellious Colonies, and Discarding Them Entirely; Being the Concluding Tract of the Dean of Gloucester, on the Subject of American Affairs* (Gloucester, UK, 1776), in *Four Tracts on Political and Commercial Subjects* (Gloucester, 1776; reprint ed., New York, 1975), pp.21~22, pp.102~103. 노예무역에 대한 로크의 관여에 대해서는 다음 자료를 참조하라. David Armitage, "John Locke, Carolina, and the Two Treatises of Government," *Political Theory* 32, no. 5 (October 2004): pp.602~627, esp. p.608; James Farr, "Locke, Natural Law, and New World Slavery," *Political Theory* 36, no. 4 (August 2008): pp.495~522, esp. p.497; Wayne Glausser, "Three Approaches to Locke and the Slave Trade," *Journal of the History of Ideas* 51, no. 2 (April~June 1990): pp.199~216, esp. pp.200~204; George Frederick Zook, "The Royal Adventurers in England," *Journal of Negro History* 4, no. 2 (April 1919): pp.143~162, esp. p.161.

2. 섀프츠베리는 1672년 다른 식민지 영주인 피터 콜레튼 경(Sir Peter Colleton)에게 쓴 편지에서 캐롤라이나를 '내 사랑'이라고 언급했다. ; Langdon Cheves, ed., *The Shaftesbury Papers and Other Records Relating to Carolina* (Charleston: South Carolina Historical Society, 1897), p.416; L. H. Roper, *Conceiving Carolina: Proprietors, Planters, and Plots, 1662~1729* (New York: Palgrave Macmillan, 2004), p.15.

3. Armitage, "John Locke, Carolina, and the Two Treatises of Government,"

p.603, pp.607~608; Armitage, "John Locke, Theorist of Empire?," in *Empire and Modern Political Thought*, ed. Sankar Muthu (Cambridge: Cambridge University Press, 2015), 7. 비서의 주요 역할에 대해서는 다음 자료를 참조하라. Herbert Richard Paschal Jr., "Proprietary North Carolina: A Study in Colonial Government" (Ph.D. dissertation, University of North Carolina, 1961), p.145; Barbara Arneil, *John Locke and America: The Defense of English Colonialism* (Oxford: Clarendon Press, 1996), pp.1~2, pp.21~22, pp.24~26, pp.43~44.

4. "Concessions and Agreement Between the Lords Proprietors and Major William Yeamans and Others" (January 7, 1665) and *The Fundamental Constitutions of Carolina* (July 21, 1669), in *North Carolina Charters and Constitutions, 1578~1698*, ed. Mattie Erma Edwards Parker (Raleigh, NC: Carolina Charter Tercentenary Commission, 1963), pp.122~123, p.129, p.133.

5. Ibid., p.107, p.112, pp.129~130, p.132, pp.137~142, p.145; Charles Lowry, "Class, Politics, Rebellion, and Regional Development in Proprietary North Carolina, 1697~1720" (Ph.D. dissertation, University of Florida, 1979), pp.38~39; Paschal, "Proprietary North Carolina: A Study in Colonial Government," p.216, p.229, esp. pp.236~237.

6. Parker, *The Fundamental Constitutions of Carolina*, p.129, p.134; *The Fundamental Constitutions of Carolina*, in *Locke: Political Essays*, ed. Mark Goldie (Cambridge: Cambridge University Press, 1997), p.162; Farr, "Locke, Natural Law," pp.498~500; Thomas Leng, "Shaftesbury's Aristocratic Empire," in *Anthony Ashley Cooper, 1621~1681*, ed. John Spurr (Surrey, UK: Ashgate, 2011), pp.101~126; Shirley Carter Hughson, "The Feudal Laws of Carolina," *Sewanee Review* 2, no. 4 (August 1894): pp.471~483, esp. p.482.

7. Parker, *The Fundamental Constitutions of Carolina*, p.129, pp.136~137

8. 영주 관할인에 대해서는 다음 자료를 참조하라. David Wootton, ed. and introduction, *John Locke: Political Writings* (New York: Penguin, 1993), p.43; John Locke, "An Essay on the Poor Law" (1697) and "Labour" (1661), in Goldie, *Locke: Political Essays*, p.192, p.328.

9. Daniel W. Fagg Jr., "St. Giles' Seigniory: The Earl of Shaftesbury's Carolina Plantation," *South Carolina Historical Magazine* 71, no. 2 (April 1970): pp.117~123, esp. p.123; Shaftesbury to Mr. Andrew Percival, May 23, 1674, in *Collections of the South Carolina Historical Society*, vol. 5 (Charleston: South Carolina Historical Society, 1897), 5: pp.443~444.

10. Thomas Woodward to Proprietors, June 2, 1665, in *The Colonial Records of North*

Carolina, ed. William L. Saunders (Raleigh: Hale, 1886), 1: pp.100~101. 이하에서는 CRNC로 표기. Lindley S. Butler, "The Early Settlement of Carolina: Virginia's Southern Frontier," *Virginia Magazine of History and Biography* 79, no. 1, Part One (January 1971): pp.20~28, esp. p.21, p.28. 무단토지점유자들의 유입에 대해서는 다음 자료를 참조하라. Robert Weir, "Shaftesbury's Darling': British Settlement in the Carolinas at the Close of the Seventeenth Century," in *The Oxford History of the British Empire*, vol. 1, *The Origins of the Empire: British Overseas Enterprise to the Close of the Seventeenth Century*, ed. Nicolas Canny (Oxford: Oxford University Press, 1998), p.381.

11. '게으르거나 방탕한' 이주자들에 대한 로크와 섀프츠베리의 거부감에 대해서는 다음 자료를 참조하라. Locke's Carolina Memoranda, and Lord Ashley to Joseph West, December 16, 1671, *Collections of the South Carolina Historical Society*, 5: p.248, p.366.

12. Richard Waterhouse, *A New World Gentry: The Making of a Merchant and Planter Class in South Carolina, 1670~1770* (New York: Garland, 1989), pp.62~63, p.71, p.74; Lori Glover, *All Our Relations: Blood Ties and Emotional Bonds Among the Early South Carolina Gentry* (Baltimore: Johns Hopkins University Press, 2000), pp.87~88.

13. Theo. D. Jervey, "The White Indentured Servants of South Carolina," *South Carolina Historical and Genealogical Magazine* 12, no. 4 (October 1911): pp.163~171, esp. p.166. 노예는 1740년에 인구의 72%가 되었고, 이후 40년에 걸쳐 인구의 50% 정도로 줄었다. 이와 관련해서는 다음 자료를 참조하라. Tomlins, *Freedom Bound*, pp.436~437. 높은 노예수입률에 대한 두려움은 1690년대에 시작되었고, 이런 불균형을 상쇄하려는 노력 속에서, 영주 관할인 보충은 여전히 중요한 방정식 일부분이었다. Brad Hinshelwood, "The Carolinian Context of John Locke's Theory," *Political Theory* 4, no. 4 (August 2013): pp.562~590, esp. pp.579~580.

14. Noeleen McIlvenna, *A Very Mutinous People: The Struggle for North Carolina, 1660~1713* (Chapel Hill: University of North Carolina Press, 2009), p.1, p.13, p.162; Kirsten Fischer, *Suspect Relations: Sex, Race, and Resistance in Colonial North Carolina* (Ithaca, NY: Cornell University Press, 2002), p.24; A. Roger Ekirch, "Poor Carolina": *Politics and Society in Colonial North Carolina, 1729~1776* (Chapel Hill: University of North Carolina Press, 1981), xviii~xix, p.24. '쓸모없는 느림보들'에 대해서는 다음 자료를 참조하라. Hugh Talmage Lefler, ed., *A New Voyage to Carolina by John Lawson* (Chapel Hill: University of North Carolina Press, 1967), p.40.

15. "From the *Gentlemen's Magazine*," *Boston Evening-Post*, February 5, 1739. 논문 제목의 이탤릭체는 원문을 그대로 표기한 것이다.

16. *Oxford English Dictionary*, p.467; William Shakespeare's poem "The Passionate Pilgrim" (1598), line 201.

17. Sharon T. Pettie, "Preserving the Great Dismal Swamp," *Journal of Forestry* 20, no. 1 (January 1976): pp.28~33, esp. p.29, p.31; McIlvenna, *A Very Mutinous People*, p.18. 디즈멀 습지의 넓이에 대한 다른 추정치들도 있다. 알렉산더 크로스비 브라운 (Alexander Crosby Brown)은 식민지 시대 디즈멀 습지가 1,000km² 에서 1,700km² 사이였다고 추정한다. Brown, *The Dismal Swamp Canal* (Chesapeake: Norfolk County Historical Society of Chesapeake, Virginia, 1970), p.17.

18. William Byrd, "The Secret History of the Dividing Line" (이후 SH로 표기), "The History of the Dividing Line Betwixt Virginia and North Carolina, Run in the Year of Our Lord, 1728"(개정판, 이후 HDL로 표기), in *The Prose Works of William Byrd of Westover: Narratives of a Virginian* (Cambridge, MA: Belknap Press of Harvard University Press, 1966), pp.19~20, p.63, p.70, p.190, pp.196~197, p.199, p.202.

19. 습지는 경계가 불분명하다는 점과 점이지대로서 습지에 대해서는 다음 자료를 참조하라. William Howarth, "Imagining Territory: Writing the Wetlands," *New Literary History* 30, no. 3 (Summer 1999): pp.509~539, esp. p.521. 경계를 둘러싼 계속되는 분쟁에 대해서는 다음 자료를 참조하라. Lowry, "Class, Politics, Rebellion," p.31, pp.45~46.

20. Byrd, HDL, 202; Charles Royster, *The Fabulous History of the Dismal Swamp Company* (New York: Knopf, 1999), pp.6~7, pp.82~83, pp.89~91, pp.98~99, p.117, pp.287~288, pp.292~293, pp.299~301, p.340, pp.342~343. 윌리엄 버드의 「경계선 분할 역사」완결판은 1841년에야 공개되었다. 조지 워싱턴 등의 회사 설립을 촉진한 것은 이전에 나온 짧은 요약본이었다. "A Description of the Dismal Swamp in Virginia," *The Mail, or Claypoole's Daily Advertiser*, March 15, 1792.

21. Hugh T. Lefler and William S. Powell, *Colonial North Carolina: A History* (New York: Charles Scribner's Sons, 1973), pp.81~86; Lindley Butler, *Pirates, Privateers, and Rebel Raiders of the Carolina Coast* (Chapel Hill: University of North Carolina Press, 2000), pp.4~8, p.30, pp.39~41, p.46, pp.52~56, p.60, p.68; Marcus Rediker, "'Under the Banner of the King of Death': The Social World of Anglo-American Pirates, 1716~1726," *William and Mary Quarterly* 38, no. 2 (April 1981): pp.203~227, esp. p.203, pp.205~206, pp.218~219; David Cordingly, *Under the Black Flag: The Romance and the Reality of Life Among the Pirates* (New York: Harvest, 1995), pp.18~19, pp.198~202.

22. Webb, 1676, p.26, p.98; Jacquelyn H. Wolf, "Proud and the Poor: The Social Organization of Leadership in Proprietary North Carolina, 1663~1729" (Ph.D.

dissertation, University of Pennsylvania, 1977), pp.28~29. 지배지주들이 더욱 조밀한 정착민 분포를 선호했다는 사실에 대해서는 다음 자료를 참조하라. Lord Ashley to Governor Sayle, April 10, 1671, Lord Ashley to Sir John Yeamans, April 10, 1671, Lord Ashley to Sir John Yeamans, September 18, 1671, in *Collections of the South Carolina Historical Society*, 5: p.311, pp.314~315, p.344; Barbara Arneil, "Trade, Plantations, and Property: John Locke and the Economic Defense of Colonialism," *Journal of the History of Ideas*, vol. 55, no. 4 (October 1994): pp.591~609, esp. p.607; McIlvenna, *A Very Mutinous People*, p.31, p.33; Lowry, "Class, Politics, Rebellion," pp.33~34, pp.45~46, pp.80~81.

23. 재클린 울프(Jacquelyn Wolf)는 309명이 전체 불하지의 49%를 소유하고 있었다고 계산했다. 1663년부터 1729년까지 토지를 불하받은 양도증서의 수는 3,281개였다. 이 중에 2,161개가 복수의 양도증서를 가진 사람의 소유였다. 1730년에 이곳의 전체 인구가 3만 6,000명이었고, 이 가운데 3,200명에서 6,000명이 노예로 추산되었다. Wolf, "The Proud and the Poor," pp.25~28, pp.150~151, p.157, pp.172~173; Fischer, *Suspect Relations*, 27. 찰스 라우리(Charles Lowry)는 십일조 부과용 토지 대신 지적(地籍)을 활용하여 1만 3,887명의 백인과 3,845명의 노예로 하층 인구수를 계산했다. 동시대 평자들은 1720년 노스캐롤라이나에 노예가 500명에 불과하다고 생각했다. Lowry, "Class, Politics, Rebellion," pp.8~9, pp.79~80, p.84, p.113, pp.115~117, pp.122~123; McIlvenna, *A Very Mutinous People*, p.23, pp.133~134. 주민들이 나태하다는 목사의 의견에 대해서는 다음 자료를 참조하라. "Mr. Gordon to the Secretary, May 13, 1709," in Saunders, *CRNC*, 1: p.714; "Petition to Governor and Council, February 23, 1708/9," in *The Colonial Records of North Carolina*, ed. Robert J. Cain, vol. 7, *Records of the Executive Council*, 1664~1734 (Raleigh: Department of Cultural Recourses, North Carolina Division of Archives and History, 1984), p.431.

24. 최초 특허장의 잠재적 결함 때문에 1665년 두 번째 특허장이 교부되었다. "Charter to the Lord Proprietors of Carolina" (June 30, 1650), in Parker, *North Carolina Charters and Constitutions*, p.90; Wolf, "The Proud and the Poor," p.69; McIlvenna, *A Very Mutinous People*, pp.49~50, pp.97~99. 앨버말을 손에 넣으려는 버클리 총독의 시도에 대해서는 다음 자료를 참조하라. Cain, *Records of the Executive Council*, 7:xix. 캐롤라이나를 보다 엄격하게 통제하려 했던 여러 노력에 대해서는 다음 자료를 참조하라. "Mr. Randolph's Memoranda About Illegal Trade in the Plantations, Mentioned in the Foregoing Presentment," November 10, 1696, and another report by Randolph, dated March 24, 1700, in Saunders, *CRNC*, 1: pp.464~470, p.527.

25. Saunders, *CRNC*, 1:xxi; Mattie Erma E. Parker, "Legal Aspects of 'Culpeper's Rebellion,'" *North Carolina Historical Review* 45, no. 2 (April 1968): pp.111~127, esp. pp.118~120, pp.122~124; McIlvenna, *A Very Mutinous People*, pp.56~57, pp.65~66.

26. "Answer of the Lords Proprietors of Carolina Read the 20 Nov. 1680", "Petition of Thomas Miller to the King, November 20, 1680," in Saunders, *CRNC*, 1:p.303, pp.326~328; and Parker, "Legal Aspects of 'Culpeper's Rebellion,'" pp.111~127, esp. pp.111~112; Lowry, "Class, Politics, Rebellion," p.49.

27. 토머스 밀러를 둘러싼 논쟁에 대해서는 다음 자료를 참조하라. "Affidavit of Henry Hudson, January 31, 1679," and "Carolina Indictment of Th. Miller Received from Ye Comm. Of Ye Customes the 15 July 1680," in Saunders, *CRNC*, 1:pp.272~274, pp.313~317; Lindley S. Butler, "Culpeper's Rebellion: Testing the Proprietors," in *North Carolina Experience: An Interpretative and Documentary History*, eds. Lindley S. Butler and Alan D. Watson (Chapel Hill: University of North Carolina Press, 1984), pp.53~78, esp. pp.56~57. 노스캐롤라이나에 랜드그레이브와 커시크가 거의 없었다는 주장에 대해서는 다음 자료를 참조하라. Paschal, "Proprietary North Carolina," p.184.

28. Wolf, "The Proud and the Poor," 68, and footnote 29 on 172; Paschal, "Proprietary North Carolina," 179; McIlvenna, *A Very Mutinous People*, p.73, p.80, p.146; Lefler and Powell, *Colonial North Carolina*, 54; Lowry, "Class, Politics, Rebellion," 49, pp.96~97. 스포츠우드 총독이 노스캐롤라이나와 벌인 전쟁, 그리고 투스카로라 인디언과의 관계 등에 대해서는 다음 자료를 참조하라. "Colonel Spotswood to the Board of Trade, July 25, 1711," in Saunders, *CRNC*, 1: p.782.

29. "Journal of John Barnwell," *Virginia Magazine of History and Biography* 6, no. 1 (July 1898): pp.442~455, esp. 451; 반웰의 반역에 대해서는 다음 자료를 참조하라. "Colonel Spotswood to the Board of Trade, July 26, 1752," in Saunders, *CRNC*, 1:862. 반웰은 대략 500명의 야마시 인디언을 비롯한 여러 인디언 동맹군과 한편이 되었다. 그들이 투스카로라족 공격에 관심을 두는 이유 역시 노예 획득에 대한 기대 때문이었다. Lowry, "Class, Politics, Rebellion," pp.98~99.

30. "Governor Spotswood to the Earl of Rochester, July 30, 1711," in Saunders, *CRNC*, 1:798; Lord Culpeper to the Board of Trade, December 1681, British Public Record Office, class 1, piece 47, folio 261, Library of Congress, Washington, DC; Barbara Fuchs, "Faithless Empires: Pirates, Renegadoes, and the English Nation," *ELH* 67, no. 1 (Spring 2000): pp.45~69, esp. pp.50~51.

31. Byrd, SH and HDL, p.19, p.66, p.195; Philip Ludwell and Nathaniel Harrison,

"Boundary Line Proceedings, 1710," *Virginia Magazine of History and Biography* 5 (July 1897): 1~21. 버드는 두 개의 글을 1729년에서 1740년 사이에 집필한 것으로 보인다. 한층 잘 다듬어진 「경계선 분할 역사」는 1841년에야 출판되었지만 버드는 친구들과 기타 관심 있는 사람들에게는 이전부터 회람시켰다. 이에 대해서는 다음 자료를 참조하라. Kenneth A. Lockridge, *The Diary, and Life, of William Byrd II of Virginia*, 1674~1744 (Chapel Hill: University of North Carolina Press, 1987), p.127, pp.142~143; Louis B. Wright and Marion Tinling, eds., *William Byrd of Virginia: The London Diary (1717~1721) and Other Writings* (New York: Oxford University Press, 1958), pp.39~40.

32. William Byrd to Charles Boyle, Earl of Orrery, July 25, 1726, in "Virginia Council Journals, 1726~1753," *Virginia Magazine of History and Biography* 32, no. 1 (January 1932): pp.26~27; Robert D. Arner, "Westover and the Wilderness: William Byrd's Images of Virginia," *Southern Literary Journal* 7, no. 2 (Spring 1975): 105~123, esp. pp.106~107.

33. Byrd, SH, p.66, p.81; HDL, p.182. '편력 기사' 언급에 대한 또 다른 논의는 다음 자료를 참조하라. Susan Scott Parrish, "William Byrd and the Crossed Languages of Science, Satire, and Empire in British America," in *Creole Subjects in the Colonial Americas: Empires, Texts, and Identities*, eds. Ralph Bauer and Jose Antonio Mazotti (Chapel Hill: University of North Carolina Press, 2009), pp.355~372, esp. p.363.

34. Byrd, HDL, p.182, pp.204~205. 여자들이 모든 일을 하고 '남편들은 침대에서 코를 골며 누워 있다'는 생각은 훨씬 오래전부터 이야기된 주제다. 토머스 모어(Thomas More)는 『유토피아(*Utopia*)』에서 이런 기형적인 성별 분업 패턴을 언급하면서 모든 남녀는 생산적인 노동에 종사해야 한다는 생각을 피력했다. Thomas More, *Utopia*, eds. George M. Logan and Robert M. Adams (Cambridge: Cambridge University Press, 1989; rev. ed., 2011), p.51.

35. Byrd, SH, p.143; HDL, pp.311~312. 옥스퍼드 영어사전에 따르면, '소택지 사람들(bogtrotting)'이라는 단어는 1682년에 처음 사용되었고, 아일랜드 사람들뿐만 아니라 소택지 근처에 사는 가난한 사람들을 가리켰다.

36. Byrd, HDL, p.196. 그동안 학자들은 버드의 느림보 나라(Lubberland)와 태만 언급을 인식하고는 있지만, 그것의 뿌리가 '게으름뱅이 로런스'라는 민간전승이라는 사실을 추적하지는 못했다. '게으름뱅이 로런스'는 구전으로 전해지다가 1670년에 처음으로 출판되었다. 버드는 여기에서 영향을 받아 게으른 캐롤라이나 사람들이 게으름뱅이 로런스처럼 벽난로 구석에 앉아 있다고 표현했다. '게으름뱅이 로런스' 민간전승의 역사에 대해서는 다음 자료를 참조하라. J. B. Smith, "Toward a Demystification of Lazy Lawrence," *Folklore* 107 (1996):

pp.101~105; Susan Manning, "Industry and Idleness in Colonial Virginia: A New Approach to William Byrd," *Journal of American Studies* 28, no. 2 (August 1994): pp.169~190; and James R. Masterson, "William Byrd in Lubberland," *American Literature* 9, no. 2 (May 1937): pp.153~170. 버드는 또한 1685년에 통속지 형태로 등장했던 「느림보 나라로의 초대(An Invitation to Lubberland)」에도 영향을 받았다. 이 장시에서 느림보 나라는 사람이 '노동을 하지 않고 게으른 삶을 영위'할 수 있고 '모든 사람이 자기가 좋아하는 일을 하는' 풍요로운 나라다. *An Invitation to Lubberland, with an Account of the Great Plenty of That Fruitful Country* (London, ca. 1685).

37. Byrd, HDL, p.192, p.196; SH, pp.59~61, p.63. 멧돼지는 새끼나 어린 돼지, 즉 동족을 잡아먹고, 갓 태어난 소를 포함해 못 먹는 것이 없다. 또한 포식동물이고 죽은 짐승의 썩어가는 고기와 배설물도 가리지 않는다. 돼지고기에 대한 버드의 논리는 아마 1709년 존 로슨이 노스캐롤라이나에 대해 쓴 이야기에서 영향을 받았을 것이다. 로슨은 얼마나 많은 인디언이 요오스를 앓고 있는지를 이야기하고, 돼지고기를 몸 전체에 분비물을 퍼뜨리는 '역겨운 음식'이라고 말했다. Lefler, *A New Voyage to Carolina*, p.25; 코가 없으면 사람이 동물 상태로 돌아간다는 생각은 영국인들 사이에 널리 퍼진 생각이었다. 이유는 인간은 코가 있는 유일한 피조물이라는 믿음 때문이었다. 때문에 영국의 소화집(笑話集)에는 코가 없는 사람들에 관한 불쾌한 농담이 가득했다. Simon Dickie, "Hilarity and Pitilessness in the Mid-Eighteenth Century: English Jestbook Humor," *Eighteenth-Century Studies* 37, no. 1, Exploring Sentiment (Fall 2003): pp.1~22, esp. pp.2~3.

38. Byrd, HDL, pp.160~161, pp.221~222, p.296. 버드는 인디언들이 건강하고 튼튼하며, 음란함이라는 질병에 대한 내성도 유럽인보다 강하다고 생각했다. Fischer, *Suspect Relations*, pp.75~77. 로슨은 남자들이 언제 병들어 죽게 될지도 모르는 상태에서 '4~5년을 하인 상태'로 보내지 말고 인디언 여자들과 결혼해야 한다고 주장했다. 로슨과 버드 둘 다 다른 인종 간의 결혼이 유혈대립보다 좋은 정복 방법이라고 주장했다. Lefler, *A New Voyage to Carolina*, p.192, p.244, p.246. 버드는 보다 안정적인 스위스-독일 정착민 공동체를 만들어 탐험 도중 자신이 본 위험한 부랑자들을 대체할 수 있기를 기대하면서 '느림보 나라' 서쪽의 10만 에이커를 사들였다. 말년까지 버드는 17만 9,440 에이커를 손에 넣었다. Lockridge, *The Diary, and Life, of William Byrd*, p.140; Wright and Tinling, *William Byrd of Virginia*, p.41.

39. 1711년부터 1720년 사이에 노스캐롤라이나에 있었던 존 엄스턴의 이야기에 대해서는 다음 자료를 참조하라. "Mr. Urmston's Letter," July 7, 1711, in Saunders, *CRNC*, 1: p.770; 존슨 총독의 언급에 대해서는 다음 자료를 참조하라.

Ekirch, Poor Carolina, p.67; 문단 끝에 나오는 여행자에 대해서는 다음 자료를 참조하라. J. F. D. Smyth, Esq., *A Tour of the United States of America* (Dublin, 1784), pp.64~65.

40. Smyth, *A Tour of the United States of America*, p.65.

41. *A Voyage to Georgia: Begun in the Year 1735, by Frances Moore*, Georgia Historical Society, Savannah.

42. 식민지 좌우명에 대해서는 다음 자료를 참조하라. Mills Lane, ed., *General Oglethorpe's Georgia: Colonial Letters*, 1733~1743 (Savannah, GA: Beehive Press, 1990), xviii. 최초 정착민 집단에 대해서는 다음 자료를 참조하라. E. M. Coulter and A. B. Saye, eds., *A List of the Early Settlers of Georgia* (Athens: University of Georgia Press, 1949), xii, 111. 오글소프는 '소문'에 따르면 임신한 여성의 출산을 돕는 특이한 역할도 했다고 한다. Mr. Benjamin Ingham's journal of his voyage to Georgia, 1736, in Egmont Papers, Philips Collection, University of Georgia, vol. 14201, pp.442~443; and Joseph Hetherington to Mr. Oglethorpe, March 22, 1733/34, in Lane, *General Oglethorpe's Georgia*, p.138.

43. 모방에 대해서는 다음 자료를 참조하라. James Edward Oglethorpe, *Some Account of the Design for the Trustees for Establishing Colonies in America*, eds. Rodney M. Baine and Phinizy Spalding (Athens: University of Georgia Press, 1990), pp.31~32. 오글소프가 공동체를 위해 희생하고 푹신한 침대를 포기한 일화에 대해서는 다음 자료를 참조하라. Samuel Eveleigh to the Trustees, April 6, 1733, in Lane, *General Ogle thorpe's Georgia*, 1: p.13; Governor Johnson to Benjamin Martyn, July 28, 1733, Mr. Beaufain to Mr. Simond, January 23, 1733/34, Extract of a letter from Georgia, March 7, 1735/36, Egmont Papers, vol. 14200, p.36, p.62; vol. 14201, p.314.

44. Oglethorpe, *Some Account of the Design*, p.51; Rodney E. Baine, "General James Oglethorpe and the Expedition Against St. Augustine," *Georgia Historical Quarterly* 84, no. 2 (Summer 2000): pp.197~229, esp. pp.197~198. 당시 오글소프가 서배너에서 펼친 군사작전에 대해서는 다음 자료를 참조하라. Turpin C. Bannister, "Oglethorpe's Sources for the Savannah Plan," *Journal of the Society of Architectural Historians* 20, no. 2 (May 1961): pp.47~62, esp. pp.60~62.

45. 오글소프는 조지아에서 남자들이 '남부럽지 않은 생활을 유지할 만큼 노동하기'를 바랐고, 부인과 맏아들의 노동 가치가 하인과 노예의 필요성을 상쇄할 정도가 되리라고 추산했다. James Oglethorpe, *A New and Accurate Account of the Provinces of South-Carolina and Georgia* (London, 1733), p.39, pp.42~43; Philip Thicknesse to his mother, November 3, 1736, in Lane, *General Oglethorpe'*

s Georgia, 1: p.281; Rodney Baine, "Philip Thicknesse's Reminiscences of Early Georgia," *Georgia Historical Quarterly* 74, no. 4 (Winter 1990): pp.672~698, esp. pp.694~695, pp.697~698. 시민병 아이디어에 대해서는 다음 자료를 참조하라. Benjamin Martyn, *An Account, Showing the Progress of the Colony* (London, 1741), p.18. 여성과 청결에 대한 오글소프의 관점에 대해서는 다음 자료를 참조하라. Oglethorpe, *Some Account of the Design*, p.23, p.26, pp.29~31. 여성 노예 문제에 대해서는 다음 자료를 참조하라. Betty Wood, *Slavery in Colonial Georgia*, 1730~1775 (Athens: University of Georgia Press, 1984), p.18. 1732년부터 1741년까지 조지아에 들어온 정착민의 45.4%가 소위 말하는 '외국인 개신교도'였다. Coulter and Saye, *A List of the Early Settlers*, x.

46. James Oglethorpe to the Trustees, August 12, 1733, in Egmont Papers, vol. 14200, pp.38~39.

47. Colonel William Byrd to Lord Egmont, July 12, 1736, in "Colonel William Byrd on Slavery and Indentured Servants, 1736, 1739," *American Historical Review* 1, no. 1 (October 1895): pp.88~99, esp. p.89. 존 콜레튼에 대해서는 다음 자료를 참조하라. J. E. Buchanan, "The Colleton Family and Early History of South Carolina and Barbados, 1646~1775" (Ph.D. dissertation, University of Edinburgh, 1989), p.33.

48. James Oglethorpe to the Trustees, January 17, 1738/9, Egmont Papers, vol. 14203, p.143.

49. "The Sailors Advocate. To Be Continued." (London, 1728), p.8, pp.10~17; Julie Anne Sweet, "The British Sailors' Advocate: James Oglethorpe's First Philanthropic Venture," *Georgia Historical Quarterly* 91, no. 1 (Spring 2007): pp.1~27, esp. pp.4~10, p.12.

50. John Vat to Henry Newman, May 30, 1735, Patrick Tailfer and Others to the Trustees, August 27, 1735, in Lane, *General Oglethorpe's Georgia*, 1: p.178, p.225.

51. "Oglethorpe State of Georgia," October 11, 1739, (Introductory Discourse to the State of the Colony of Georgia), Egmont Papers, vol. 14204, p.35; "The Sailors Advocate," p.12; Wood, *Slavery in Colonial Georgia*, p.66; Coulter and Saye, *A List of the Early Settlers*, pp.106~111.

52. 소수의 인디언 노예에 대해서는 다음 자료를 참조하라. Rodney M. Baine, "Indian Slavery in Colonial Georgia," *Georgia Historical Quarterly* 79, no. 2 (Summer 1995): pp.418~424. 채무자와 그들의 경제적 취약성에 대해서는 다음 자료를 참조하라. Oglethorpe, *Some Account of the Design*, pp.11~12; Oglethorpe, *A New and Accurate Account*, pp.30~33; Rodney M. Baine, "New Perspectives on Debtors in Colonial Georgia," *Georgia Historical Quarterly* 77, no. 1 (Spring 1993): pp.1~19,

esp. p.4.

53. Milton L. Ready, "Land Tenure in Trusteeship Georgia," *Agricultural History* 48, no. 3 (July 1974): pp.353~368, esp. pp.353~357, p.359.

54. Translation of Reverend Mr. Dumont's Letter to Mr. Benjamin Martyn, May 21, 1734, Egmont Papers, vol. 14207. 뒤몽은 프랑스 기독교 분파인 발도파 공동체를 대표해 로테르담에서 이 편지를 썼다.

55. Oglethorpe, *A New and Accurate Account*, pp.73~75. 다른 홍보용 글에서 오글소프는 로마의 여러 식민지에서도 토지가 있는 남자만이 결혼하고 아이를 낳았다고 지적하면서 비슷한 주장을 폈다. Oglethorpe, *Some Account of the Design*, p.6, pp.9~10, p.40.

56. James Oglethorpe to the Trustees, January 16, 1738/9, James Oglethorpe to the Trustees, January 17, 1738/9, in Egmont Papers, vol. 14203, pp.142~143.

57. Wood, *Slavery in Colonial Georgia*, p.67.

58. 오글소프 살해시도에 대해서는 다음 자료를 참조하라. "New York. Jan. 9. We Hear from Georgia," *Boston Gazette*, January 22, 1739.

59. Alan Gallay, "Jonathan Bryan's Plantation Empire: Land, Politics, and the Formation of a Ruling Class in Colonial Georgia," *William and Mary Quarterly* 45, no. 2 (April 1988): pp.253~279, esp. p.253, pp.257~260, p.275.

3장

1. *Poor Richard, 1741. An Almanack for the Year of Christ 1741, . . .* By Richard Saunders (Philadelphia, 1741), in *The Papers of Benjamin Franklin*, ed. Leonard W. Labaree et al., 40 vols. (New Haven, CT: Yale University Press, 1959~), 2: p.292. 이하에서는 *Franklin Papers*로 표기한다.

2. 사일런스 두굿과 프랭클린이 문학 분야에서 활용한 타인을 가장한 글쓰기에 대해서는 다음 자료를 참조하라. Albert Furtwangler, "The Spectator's Apprentice," in *American Silhouettes: Rhetorical Identities of the Founders* (New Haven, CT: Yale University Press, 1987), pp.15~34, esp. pp.28~30; R. Jackson Wilson, *Figures of Speech: American Writers and the Literary Marketplace from Benjamin Franklin to Emily Dickinson* (New York: Johns Hopkins University Press, 1989), pp.21~65. 딩고에 대해서는 다음 자료를 참조하라. David Waldstreicher, *Runaway America: Benjamin Franklin, Slavery, and the American Revolution* (New York: Hill & Wang, 2004), pp.50~52, p.220. 잡지 「펜실베이니아 가제트」의 상업적인 성공에 대해서는 다음 자료를 참조하라. Charles E. Clark and Charles Wetherell, "The Measure of

Maturity: The Pennsylvania Gazette, 1728~1765," *William and Mary Quarterly* 46, no. 2(April 1989): pp.279~303, esp. p.291. 프랭클린이 발행한 달력의 폭넓은 인기에 대해서는 다음 자료를 참조하라. William Pencak, "Politics and Ideology in 'Poor Richard's Almanack,'" *Pennsylvania Magazine of History and Biography* 116, no. 2 (April 1992) : pp.183~211, esp. pp.195~196. 프랭클린의 은퇴에 대해서는 다음 자료를 참조하라. Benjamin Franklin, *The Autobiography, with introduction by Daniel Aaron* (New York: Vintage, 1990), p.116.

3. Carl Van Doren, *Benjamin Franklin* (New York: Viking, 1938), pp.170~171, pp.174~180, pp.195~196, pp.210~215, p.220, pp.223~224. 교육기관 제안에 대해서는 다음 자료를 참조하라. George Boudreau, "'Done by a Tradesman': Franklin's Educational Proposals and the Culture of Eighteenth-Century Philadelphia," *Pennsylvania History* 69, no. 4 (Autumn 2002): pp.524~557. 펜실베이니아 병원에 대해서는 다음 자료를 참조하라. William H. Williams, "The 'Industrious Poor' and the Founding of the Pennsylvania Hospital," *Pennsylvania Magazine of History and Biography* 97, no. 4 (October 1973): pp.431~443. 유럽의 프랭클린에 대한 환영에 대해서는 다음 자료를 참조하라. J. L. Heilbron, "Benjamin Franklin in Europe: Electrician, Academician, and Politician," *Notes and Records of the Royal Society of London* 61, no. 3 (September 22, 2007): pp.353~373, esp. p.355; and L. K. Mathews, "Benjamin Franklin's Plans of Colonial Union," *American Political Science Review* 8, no. 3 (August 1914): pp.393~412.

4. 쾌락과 고통으로 형성되는 인간의 충동에 대한 프랭클린의 여러 주장에 대해서는 다음 자료를 참조하라. Franklin, "A Dissertation on Liberty and Necessity, Pleasure and Pain" (London, 1725), in *Franklin Papers*, 1: pp.57~71, esp. p.64, p.71; Joyce Chaplin, *Benjamin Franklin's Political Arithmetic: A Materialist View of Humanity* (Washington, DC: Smithsonian Institution Libraries, 2006), pp.12~16.

5. Peter Kalm, *Travels into North America; Containing Its Natural History, and a Circumstantial Account of Its Plantations and Agricultural in General, with the Civil, Ecclesiastical and Commercial State of the Country, the Manners of the Inhabitants, and Several Curious and Important Remarks on Various Subjects*, trans. John Reinhold Forster, vol. 1 (Warrington, UK, 1770), 1: pp.305~306; Benjamin Franklin to Samuel Johnson, August 23, 1750, Franklin Papers, 4: pp.40~42, esp. p.42.

6. '정지 상태에서 느끼는 불안'에 대해서는 다음 자료를 참조하라. "A Dissertation on Liberty," *Franklin Papers*, 1: p.64. '해외를 휘젓고 다니는 사람들'로서 영국인에 대해서는 다음 자료의 헌사 부분을 참조하라. Hakluyt, *Principall Navigations*, 1:[2].

7. Franklin, "Observations Concerning the Increase of Mankind" (1751), *Franklin Papers*, 4: pp.225~234, esp. p.228. 이 논고는 1755년에 처음 출판되었다. William F. Von Valtier, "The Demographic Numbers Behind Benjamin Franklin's Twenty-Five-Year Doubling Period," *Proceedings of the American Philosophical Society* 155, no. 2 (June 2011): pp.158~188, esp. pp.160~161, footnote 9.

8. Franklin, "Observations Concerning the Increase of Mankind," *Franklin Papers*, p.231. 젊어서 결혼하는 것의 가치에 대해서는 다음 자료를 참조하라. Franklin to John Alleyne, August 9, 1768, *Franklin Papers*, 3: pp.30~31, 15: p.184.

9. "The Speech of Miss Polly Baker," April 15, 1747, *Franklin Papers*, 3: pp.123~125. 어느 작가는 폴리 베이커가 1745년 매사추세츠주, 우스터에서 다섯 번째 사생아를 낳은 혐의로 재판을 받았던 실존 여성 엘리너 켈로그(Eleanor Kellog)의 사연을 토대로 하고 있다고 주장했다. Max Hall, *Benjamin Franklin and Polly Baker: The History of a Literary Deception* (Pittsburgh: University of Pittsburgh Press, 1960; rev. ed., 1990), pp.94~98.

10. 미혼 남자에 대한 벌칙에 대해서는 다음 자료를 참조하라. "To All Married Men to Whom These Presents Shall Come," *New-York Gazette, March 20, 1749, reprinted in the Boston Evening Post*, April 7, 1749; "From an Epistle from a Society of Young Ladies," *New-York Evening Post*, October 28, 1751; 미혼 남자에게 세금을 물리자는 주장에 대해서는 다음 자료를 참조하라. *Boston Evening Post*, August 4, 1746; 프랭클린은 다른 글에서 "미혼 남자는 연방에서 자신의 잠재적 가치를 거의 실현하지 못하고 있다"라고 말했다. Franklin, "Old Mistresses Apologue," June 25, 1745, *Franklin Papers*, 3: pp.30~31.

11. William H. Shurr, "'Now, God, Stand Up for Bastards': Reinterpreting Benjamin Franklin's Autobiography," *American Literature* 64, no. 3 (September 1992): pp.435~451, esp. p.444. '출산 장려론자로서 프랭클린의 확신'에 대해서는 다음 자료를 참조하라. Dennis Hodgson, "Benjamin Franklin on Population: From Policy to Theory," *Population and Development Review* 17, no. 4 (December 1991): pp.639~661, esp. pp.640~641.

12. Franklin, "Observations Concerning the Increase of Mankind," *Franklin Papers*, 4: pp.231~232. 로크의 아틀란티스 관련 글(1678~79)을 발췌한 다음 자료를 참조하라. Goldie, ed., *Locke: Political Essays*, xxvi, pp.255~259.

13. Franklin, "The Interest of Great Britain Considered (1760)," *Franklin Papers*, 9: pp.59~100, esp. pp.73~74, pp.77~78, pp.86~87, p.94.

14. Franklin to Peter Collinson (1753), *Franklin Papers*, 5: pp.158~159; and "Information to Those Who Would Remove to America," by Dr. Franklin,

Boston Magazine (October 1784), pp.505~510. Franklin, "The Interest of Great Britain Considered (1760)," *Franklin Papers*, 9: p.86.

15. Franklin, *The Autobiography*, pp.13~25. 도망친 하인들에 대해서는 다음 자료를 참조하라. Marcus Rediker, "'Good Hands, Stout Heart, and Fast Feet': The History and Culture of Working People in Early America," *Labour/Le Travail* 10 (Autumn 1982): pp.123~144, esp. p.141; *The Infortunate: The Voyage and Adventures of William Moraley, an Indentured Servant*(1743), eds. Susan E. Klepp and Billy G. Smith, 2nd ed. (University Park: Pennsylvania State University Press, 2005), xvii~xviii, xxv~xxvi, p.16, p.26, p.41, p.51, pp.72~74, pp.78~79, pp.87~88, p.97.

16. Billy G. Smith, "Poverty and Economic Marginality in Eighteenth-Century America," *Proceedings of the American Antiquarian Society 132*, no. 1 (March 1988): 85~118, esp. pp.100~103, p.105, p.113; Gary B. Nash, "Poverty and Poor Relief in Pre-Revolutionary Philadelphia," *William and Mary Quarterly* 33, no. 1 (January 1976): pp.3~30, esp. pp.12~13. 유아사망률에 대해서는 다음 자료를 참조하라. Susan E. Klepp, "Malthusian Miseries and the Working Poor in Philadelphia, 1780~1830," in *Down and Out in Early America*, ed. Billy G. Smith (University Park: Pennsylvania State University Press, 2004), pp.63~92, esp. p.64.

17. Jack Marietta, *The Reformation of American Quakerism, 1748~1783* (Philadelphia: University of Pennsylvania Press, 1984), pp.21~24, p.28, p.51, p.65; Jean R. Soderlund, "Women's Authority in Pennsylvania and New Jersey Quaker Meetings, 1680~1760," *William and Mary Quarterly* 44, no. 4 (October 1987): pp.722~749, esp. pp.743~744.

18. Frederick B. Tolles, "Benjamin Franklin's Business Mentors: The Philadelphia Quaker Merchants," *William and Mary Quarterly* 4, no. 1 (January 1947): pp.60~69; J. A. Leo Lemay, *The Life of Benjamin Franklin*, vol. 1, *Journalist, 1706~1730* (Philadelphia: University of Pennsylvania Press, 2005), 1: p.238, p.258, p.268, pp.458~459, and vol. 2, *Printer and Publisher, 1730~1747* (Philadelphia: University of Pennsylvania Press, 2005), 2: pp.322~323; Jacquelyn C. Miller, "Franklin and Friends: Franklin's ties to Quakers and Quakerism," *Pennsylvania History* 57, no. 4 (October 1990): pp.318~336, esp. pp.322~326.

19. 비퀘이커교도 엘리트의 성장에 대해서는 다음 자료를 참조하라. Stephen Brobeck, "Revolutionary Change in Colonial Philadelphia: The Brief Life of the Proprietary Gentry," *William and Mary Quarterly* 33, no. 3 (July 1976): pp.410~434, esp. p.413, pp.417~418, pp.422~423; Thomas M. Doerflinger, "Commercial Specialization in the Philadelphia Merchant Community, 1750~1791," *Business*

History Review 57, no. 1 (Spring 1983): pp.20~49, esp. p.22, p.28, p.46.

20. Robert F. Oaks, "Big Wheels in Philadelphia: Du Simitière's List of Carriage Owners," *Pennsylvania Magazine of History and Biography* 95, no. 3 (July 1971): pp.351~362, esp. p.351, p.355. 프랭클린이 소유한 말과 마차에 대해서는 다음 자료를 참조하라. Lemay, *The Life of Benjamin Franklin*, 2: pp.320~321, and footnote 36 on 594; "Appendix 2: Franklin's Residences and Real Estate to 1757" and "Appendix 8: Franklin's Wealth, 1756," in Lemay, *The Life of Benjamin Franklin*, vol. 3, *Soldier, Scientist, and Politician, 1748~1757* (Philadelphia: University of Pennsylvania Press, 2008), 3: pp.599~602, pp.630~634. 프랭클린은 문장(紋章), 좋은 가구 같은 엘리트 신분을 말해주는 다른 상징들도 손에 넣었다. 또한 '나의 기호품'이라고 부르는 것들을 영국과 유럽에서 구입해 새집을 장식했다(프랭클린은 1764년부터 새집을 짓기 시작했다). 관련하여 다음 자료를 참조하라. Edward Cahill, "Benjamin Franklin's Interiors," *Early American Studies 6*, no. 1 (Spring 2008): pp.27~58, esp. pp.44~46.

21. Lemay, *The Life of Benjamin Franklin*, 2: p.320.

22. *Pennsylvania Gazette*, January 20, 1730, in *Franklin: Writings*, ed. J. A. Leo Lemay (New York: Library of America, 1987), p.139. 대략 73,000명의 유럽인이 1730년대에 영국령 북아메리카로 이주했고, 이들 중에 최소 17,000명이 필라델피아 항구에 도착했다. 1730년대에 필라델피아에 상륙한 승객의 거의 3분의 1이 연한계약하인이었고, 추가적으로 500명의 수입노예가 더해져 사회계층의 맨 밑바닥을 이루고 있었다. 영국에서 죄수노동자들이 가장 많이 유입된 것은 18세기 중반이었다. 필라델피아 사람들은 도망 하인 문제를 우려했다. *Pennsylvania Gazette*, July 2, 1751.

23. *Boston News Post-Boy* December 4, 1704; 부채에 대해서는 다음 자료를 참조하라. [Boston] *Weekly Rehearsal* May 14, 1733; 단추에 대해서는 다음 자료를 참조하라. *New-York Gazette* or *Weekly PostBoy* June 15, 1747.

24. [Boston] *Weekly Rehearsal*, March 20, 1732; Jenny Davidson, *Breeding: A Partial History of the Eighteenth Century* (New York: Columbia University Press, 2009), pp.137~143; Boudreau, "Done by a Tradesman," p.529.

25. Williams, "The 'Industrious Poor' and the Founding of the Pennsylvania Hospital," pp.336~337, p.339, pp.441~442; Franklin to Peter Collinson, May 9, 1753, and "'Arator': On the Price of Corn, and the Management of the Poor" (1766), *Franklin Papers*, 4: pp.479~486, esp. pp.479~480; 13: pp.510~515.

26. Franklin to Peter Collinson, May 9, 1753, *Franklin Papers*, 4: pp.480~482.

27. "To the Author of the Letter on the Last *Pennsylvania Gazette*," *Pennsylvania*

Gazette, May 15, 1740; Franklin, *Plain Truth: or, Serious Considerations on the Present State of the City of Philadelphia and Province of Pennsylvania. By a Tradesman of Philadelphia* (Philadelphia, 1747), "Form of Association," *Pennsylvania Gazette*, December 3, 1747, in *Franklin Papers*, 3: pp.180~212, esp. pp.198~199, p.201, p.211; "Extracts from Plain Truth," *New-York Gazette, or Weekly Post-Boy*, December 14, 1747.

28. *Plain Truth*, and "Form of Association," in *Franklin Papers*, 3:p.198, p.209, p.211.

29. "Petition to the Pennsylvania Assembly Regarding Fairs" (1731), *Franklin Papers*, 1: p.211; *Pennsylvania Gazette*, November 18, 1731, Waldstreicher, *Runaway America*, p.94; Franklin, *The Autobiography*, pp.34~35.

30. '노예근성이라는 얼룩을 씻어낼 수 없다'는 내용에 대해서는 다음 자료를 참조하라. "From the Reflector: Of Ambition and Meanness," *Boston Evening Post*, March 2, 1752; 상전을 바짝 뒤쫓는 열등한 부류에 대해서는 다음 자료를 참조하라. *The New-York Weekly Journal*, March 3, 1734. 알고 보면 영국에서는 상인 계급 사이에서 사회계층이동이 더욱 활발했다. Neil McKendrick, John Brewer, and John Harold Plumb, eds., *Birth of a Consumer Society: The Commercialization of Eighteenth-Century England* (Bloomington: Indiana University Press, 1982), p.20.

31. "From a Paper entitled COMMON SENSE. The First Principles of Religion for Preserving Liberty," *Pennsylvania Gazette*, February 12, 1741.

32. Franklin to Benjamin Franklin Bache, September 25, 1780, *Franklin Papers*, 33: p.326.

33. Franklin to Peter Collinson, May 9, 1753, *Franklin Papers*, 4: pp.480~482.

34. Ibid.; Franklin to Peter Collinson [1753?], *Franklin Papers*, 5: pp.158~159.

35. 페인의 소책자가 미친 영향에 대해서는 다음 자료를 참조하라. Trish Loughan, "Disseminating Common Sense: Thomas Paine and the Problem of the Early National Best Seller," *American Literature 78*, no. 1 (March 2006): pp.1~28, esp. p.4, p.7, p.12, p.14. 페인의 출신을 비롯한 과거에 대해서는 다음 자료를 참조하라. John Keane, *Tom Paine: A Life* (Boston: Little, Brown, 1995), p.62, pp.73~74, p.79, p.84; J. C. D. Clark, "Thomas Paine: The English Dimension," in *Selected Writings of Thomas Paine*, eds. Ian Shapiro and Jane E. Calvert (New Haven, CT: Yale University Press, 2014), p.538; John Brewer, *The Sinews of Power: War, Money and the English State*, 1688~1783 (Cambridge, MA: Harvard University Press, 1900), pp.104~105, pp.222~230; Edward Larkin, "Inventing an American Public: Paine, the 'Pennsylvania Magazine,' and American Revolutionary Discourse," *Early American Literature 33*, no. 3 (1998): pp.250~276, esp. p.254, p.257, p.261;

and Robert A. Ferguson, "The Commonalities of *Common Sense*," *William and Mary Quarterly* 57, no. 3 (July 2000): pp.465~504, esp. pp.487~489, p.502.

36. Thomas Slaughter, ed., *Common Sense and Related Writings by Thomas Paine* (Boston: Bedford/ St. Martin's, 2001), p.79; Thomas Paine, "Agrarian Justice, Opposed to Agrarian Law, and to Agrarian Monopoly," (1797), in Shapiro and Calvert, *Selected Writings of Thomas Paine*, p.555, p.557.

37. 상업과 국가에 대한 자신의 이론에 대해 페인은 글에서 이렇게 말했다. "영국에 이득이 되는 것은 상업이지 아메리카 정복이 아니다. 두 나라가 프랑스와 에스파냐처럼 독립적인 관계가 되면 상업은 오래도록 지속할 것이다. 여러 품목에서 두 나라 모두 지금보다 나은 시장을 찾을 수 없기 때문이다." Slaughter, ed., *Common Sense*, pp.89~90, p.110.

38. Slaughter, *Common Sense*, p.86, p.89, p.100, p.113. 애덤 스미스(Adam Smith)는 『국부론(*The Wealth of Nations*)』(1776)에서 영국이 막대한 부채를 지고 있으며 비용이 많이 드는 전쟁에 반복적으로 참여하고 있다는 사실을 부각하면서, 영국의 금융 시스템에 유사한 비판을 제기했다.

39. Slaughter, *Common Sense, p.89, p.100, pp.102~104*. 펜실베이니아에서 밀과 밀가루를 유럽 남부에 판매한 것에 대해서는 다음 자료를 참조하라. T. H. Breen, "An Empire of Goods: The Anglicization of Colonial America, 1760~1776," *Journal of British Studies* 25, no. 4 (October 1986): pp.467~499, esp. p.487. 페인이 편집장으로 일했던 「펜실베이니아 매거진: 아메리칸 먼슬리 뮤지엄」에서 1771년부터 1773년 사이에 필라델피아 항구를 통해 들어온 수입품 목록(용적 톤수와 금액)을 발표한 적이 있다. *Pennsylvania Magazine; or, American Monthly Museum* (February 1775), p.72.

40. 페인은 글에서 이렇게 말했다. "영국에서 상업에 종사하고 합리적인 부류는 여전히 우리 편일 것이다. 왜냐면 무역이 있는 평화가 무역이 없는 전쟁보다 날 테니까." Slaughter, *Common Sense*, p.114. 1775년과 1776년 대륙회의 내에서 진행된 자유무역 관련 논쟁에 대해서는 다음 자료를 참조하라. Staughton Lynd and David Waldstreicher, "Free Trade, Sovereignty, and Slavery: Toward an Economic Interpretation of the American Revolution," *William and Mary Quarterly* 68, no. 4 (October 2011): pp.597~630, esp. p.610, pp.624~630. 영국에 있는 소위 '아메리카의 친구들'이 독립을 지지했던 것은 경제적, 정치적 이유로 대영제국과 아메리카 사이에 강력한 동맹관계가 유지되기를 바랐기 때문이다. Eliga H. Gould, *The Persistence of Empire: British Political Culture in the Age of the American Revolution* (Chapel Hill: University of North Carolina Press, 2000), p.165.

41. Thomas Paine, "A Dialogue Between the Ghost of General Montgomery Just

Arrived from the Elysian Fields; and an American Delegate, in the Wood Near Philadelphia"(1776). 처음에는 신문에 실렸다가 『상식』 개정판에 수록되었다. Philip Foner, ed., *The Complete Writings of Thomas Paine*, 2 vols. (New York: Citadel, 1945), 2:91. 페인은 후기 저작들에서 대서양 양편의 상업적 동맹이라는 개념을 한층 발전시켰다. Thomas Paine, *Rights of Man, Part the Second. Combining Principle and Practice*, second edition (London, 1792), pp.82~88; Thomas C. Walker, "The Forgotten Prophet: Tom Paine's Cosmopolitanism and International Relations," *International Studies Quarterly* 44, no. 1 (March 2000), pp.51~72, esp. pp.59~60. 페인은 또한 아메리카 인디언의 결혼이라는 비유를 통해서 상호 애정과 자발적인 상업의 속성을 탐구했다. 각종 경칭과 작위가 '권위에 짓눌리고 미신을 믿는 평범한 사람들'에게 미치는 해로운 영향도. "Reflections on Titles," *Pennsylvania Magazine; or, American Monthly Museum* (May 1775), pp.209~210; and "The Old Bachelor, No. IV. Reflections on Unhappy Marriages," *Pennsylvania Magazine; or, American Monthly Museum* (June 1775), pp.263~265.

42. Slaughter, *Common Sense*, pp.112~114. 페인은 [영국에 반기를 드는] 반란을 진행하는 세 가지 방법이 있다고 지적했다. '의회에 있는 사람들의 합법적인 목소리에 의해, 군사력에 의해, 폭도에 의해' 독립을 선언하는 것이다. '우리 병사들이 항상 온건한 시민이라는 보장도, 다수가 합리적인 사람들이라는 보장도 없다.'

43. Slaughter, *Common Sense*, p.79, pp.83~84, p.102, p.105; Keane, *Tom Paine*, p.74.

44. 페인이 탄 배는 1774년 11월 30일에 필라델피아에 도착했고, 페인이 『상식』 초판본을 내놓은 것은 1776년 1월 10일이었다. Keane, *Tom Paine*, p.84; "To the Honorable Benjamin Franklin, Esq.," March 4, 1775, in Foner, *Complete Writings*, p.1132. 페인은 「펜실베이니아 매거진」에서 독자들에게 아일랜드 출신 작가인 올리버 골드스미스의 『세계사(History of the World)』를 추천하면서 골드스미스의 시 한 편과 초상화를 포함했다. "List of New Books," and "Retaliation; a Poem, by Dr. Goldsmith," *Pennsylvania Magazine; or, American Monthly Museum* (January 1775), p.40, p.42; Oliver Goldsmith, *History of Earth and Animated Nature; abridged*. By Mrs. Pilkington (Philadelphia, 1808), pp.16~22. 골드스미스 책 초판은 1774년 런던에서 전체 여덟 권으로 발행되었다.

45. 린네는 저서 『자연의 체계(Systema Naturae)』 초판본을 1735년에 출간했는데, 거기서는 대륙과 피부색에 기초한 네 집단의 호모사피엔스가 있다고 간단히 제시하기만 했다. 1758년에는 이들 각각의 여러 특성을 이야기했다. 1735년 판본은 2절판으로 11페이지 분량에 불과했지만 1758년 판본은 3,000페이지가 넘는 방대한 양이었다. 뷔퐁은 저서 『박물지(Histoire Naturalle)』(1749)에서 린네가 사용하는 보다 정적인 '변종'이라는 단어보다 '종족'이라는 단어를 선호했다. 뷔

종은 인간 종족들을 특성들이 세대에서 세대로 전달되는 특정한 종, 즉 혈통으로 보았다. Sir Charles Linné, *A General System of Nature, Through the Three Grand Kingdoms of Animals, Vegetables, and Minerals; Systematically Divided into Their Several Classes, Orders, Genera, Species, and Varieties, with Their Habitations, Manners, Economy, Structure, and Peculiarities,* trans. William Turton, M.D. (London, 1802), 1; Nicholas Hudson, "From 'Nation' to 'Race': The Origins of Racial Classification in Eighteenth-Century Thought," *Eighteenth-Century Studies* 29, no. 3 (1996): pp.247~264. esp. p.253.

46. Joseph Priestley, *An Address to Protestant Dissenters of All Denominations, on the Approaching Election of Members of Parliament, with Respect to the State of Public Liberty in General, and of American Affairs in Particular* (London, 1774), 9; "Free Thoughts on Monarchy and Political Superstition," *St. James Chronicle or the British Evening Post,* January pp.22~25, 1774; 미국 신문에서 같은 기사를 다시 실은 것에 대해서는 다음 자료를 참조하라. *Dunlap's Pennsylvania Packet or, the General Advertiser,* April 25, 1774; 같은 기사는 또한 다음 신문에도 실렸다. *The Norwich Packet and the Connecticut, Massachusetts, New Hampshire and Rhode Island Weekly Advertiser,* May 12, 1774. 프랭클린과 프리스틀리의 교류와 우정에 대해서는 다음 자료를 참조하라. Verner W. Crane, "The Club of Honest Whigs: Friends of Liberty and Science," *William and Mary Quarterly* 23, no. 2 (April 1966): pp.210~233, esp. p.231.

47. Slaughter, *Common Sense,* pp.87~90, p.94, p.99, p.104, p.110; James V. Lynch, "The Limits of Revolutionary Radicalism: Tom Paine and Slavery," *Pennsylvania Magazine of History and Biography* 123, no. 5 (July 1999): pp.177~199.

48. Slaughter, *Common Sense,* p.88, p.90, pp.92~93, p.99; Keane, *Tom Paine,* pp.42~45. 캐나다에 대해서는 다음 자료를 참조하라. Paine, *Letter Addressed to the Abbe Raynal, on the Affairs of North America: in Which the Mistakes in the Abbe's Account of the Revolution of America Are Corrected and Cleared Up* (1782), in Foner, *Complete Writings,* 2: p.258.

49. Slaughter, *Common Sense,* p.100, pp.104~105.

50. Ibid., pp.87~88, pp.93~94, p.110; 계류 중인 소송에서 토지 훼손 방지를 위한 법원 명령서에 대해서는 다음 자료를 참조하라. Book 2, chapter 14, "Of Waste," in Sir William Blackstone, *Commentaries on the Laws of England* (London, 1765~66).

51. Slaughter, *Common Sense,* pp.113~114.

52. Paine, "A Dialogue Between the Ghost of General Montgomery" (1776) and *Letter Addressed to the Abbe Raynal, on the Affairs of North America* (1782), in Foner, *Complete Writings,* 2: p.92, p.243. 페인은 이 대화 내용을 다음 신문에도 발표했다.

Dunlap's Pennsylvania Packet, February 19, 1776.

4장

1. 제퍼슨이 '자유의 제국'과 '자유를 위한 제국'이라는 표현을 사용한 것에 대해서 는 다음 자료를 참조하라. Thomas Jefferson to George Rogers Clark, December 25, 1780, *Papers of Thomas Jefferson*, ed. Julian Boyd et. al., 40 vols. to date (Princeton, NJ: Princeton University Press, 1950~), 4: p.237; Thomas Jefferson to James Madison, April 27, 1809, in *The Papers of Thomas Jefferson: Retirement Series*, ed. J. Jefferson Looney, 11 vols. to date (Princeton, NJ: Princeton University Press, 2005~), 1: p.69. 이하에서는 *PTJ*와 *PTJ-R*로 표기한다. Andrew Burstein and Nancy Isenberg, *Madison and Jefferson* (New York: Random House, 2010), pp.388~390. John Murrin, "The Jeffersonian Triumph and American Exceptionalism," *Journal of the Early Republic* 20, no. 1 (Spring 2000): pp.1~25.

2. John E. Selby, *The Revolution in Virginia*, 1775~1783 (Williamsburg, VA: Colonial Williamsburg Foundation, 1988), pp.26~32; Michael McDonnell, "Jefferson's Virginia," in *A Companion to Thomas Jefferson*, ed. Francis D. Cogliano (Chichester, UK: Wiley-Blackwell, 2012), pp.16~31, esp. pp.21~22. 제퍼슨의 노예소유에 대해 서는 다음 자료를 참조하라. Lucia Stanton, *"Those Who Labor for My Happiness": Slavery at Thomas Jefferson's Monticello* (Charlottesville: University of Virginia Press, 2012), 56. 제퍼슨은 담배와 밀도 재배했지만, 핵심 돈벌이 작물은 담배였다. 이에 대해 서는 다음 자료를 참조하라. Barbara McEwan, *Thomas Jefferson: Farmer* (Jefferson, NC: McFarland & Co., 1991), pp.2~3, pp.39~42, pp.45~46.

3. Thomas Jefferson to John Jay, August 23, 1785, and Thomas Jefferson to Francis Willis, July 15, 1796, *PTJ*, 8: p.426, 29: p.153; Thomas Jefferson, *Notes on the State of Virginia*, ed. William Peden (Chapel Hill: University of North Carolina Press, 1955), pp.164~165. 농부로서 제퍼슨의 힘들었던 경험에 대해 더없이 훌륭하게 개관한 내용은 다음 자료를 참조하라. Lucia Stanton, "Thomas Jefferson: Planter and Farmer," in Cogliano, *A Companion to Thomas Jefferson*, pp.253~270.

4. Thomas Jefferson to Thomas Leiper, February 23, 1801, *PTJ*, 8: pp.210~212, 33: p.50. 제퍼슨의 새로운 쟁기 디자인에 대해서는 다음 자료를 참조하라. Thomas Jefferson to Sir John Sinclair, March 23, 1798, *PTJ* 30: pp.197~209; '저항을 최 소화한 가장 쉽고 확실한 볏 설계안'이라는 제목의 최초의 제안서가 매사추세 츠 역사협회에 MSi5[전자북 형태]라는 파일로, 날짜가 적혀 있지 않은 쟁기 그 림과 함께 있다. Thomas Jefferson Papers: An Electronic Archive, Boston, MA:

Massachusetts Historical Society, 2003, thomasjeffersonpapers.org; and August C. Miller Jr., "Jefferson as an Agriculturalist," *Agricultural History* 16, no. 2 (April 1942): pp.65~78, esp. p.70, pp.71~72, p.75.

5. 농업과 개량에 대한 영국인들의 생각에 대해서는 다음 자료를 참조하라. Joan Thirsk, "Plough and Pen: Writers in the Seventeenth Century," *Social Relations and Ideas: Essays in Honour of R. H. Hilton* (Cambridge: Cambridge University Press, 1983), pp.295~318, esp. pp.297~298, p.316; Benjamin R. Cohen, *Notes from the Ground: Science, Soil, and Society in the American Countryside* (New Haven, CT: Yale University Press, 2009), p.18, p.20, p.25. 근대 초기 영국의 농업에 대해서는 다음 자료를 참조하라. McRae, *God Speed the Plough*, pp.203~204, p.206, p.208, p.210; George Washington to William Pierce, 1796, in *The Writings of Washington from the Original Manuscript Sources, 1744~1799*, ed. John C. Fitzpatrick, 39 vols. (Washington, DC: Government Printing Office, 1931~44), 34: p.451; and Jefferson, *Notes on the State of Virginia*, p.85; Miller, "Jefferson as an Agriculturalist," p.69, pp.71~72.

6. 제퍼슨은 노예를 '경작지에 얽매여 있다'고 표현했는데 이에 대해서는 다음 자료를 참조하라. Jefferson, *Notes on the State of Virginia*, p.139.

7. Kevin J. Hayes, "The Libraries of Thomas Jefferson," in *A Companion to Thomas Jefferson*, pp.333~349; Burstein and Isenberg, *Madison and Jefferson*, 558. 제퍼슨의 문학 공부와 쾌락주의에 대해서는 다음 자료를 참조하라. Andrew Burstein, *The Inner Jefferson: Portrait of a Grieving Optimist* (Charlottesville: University of Virginia Press, 1995), pp.16~17, p.32, p.34, p.129, p.133; and Burstein, *Jefferson's Secrets: Death and Desire at Monticello* (New York: Basic Books, 2005), p.162, pp.165~166. 제퍼슨의 프랑스산 포도주와 사치품 구매에 대해서는 다음 자료를 참조하라. Herbert E. Sloan, *Principle and Interest: Thomas Jefferson and the Problem of Debt* (Charlottesville: University of Virginia Press, 1995), p.25, and note 84 on pp.259~260, and *Jefferson's Memorandum Books: Accounts, with Legal Records and Miscellany, 1767~1826*, eds. James A. Bear Jr. and Lucia C. Stanton (Princeton, NJ: Princeton University Press, 1997), p.671, p.686, p.717, p.724, p.728, p.734, pp.741~742, p.807. 제퍼슨이 자신의 노예 제임스 헤밍스(James Hemings)에게 프랑스 요리 공부를 시킨 것에 대해서는 다음 자료를 참조하라. Annette Gordon-Reed, *The Hemingses of Monticello: An American Family* (New York: Norton, 2008), pp.164~165, p.209.

8. Thomas Jefferson to Charles Wilson Peale, April 17, 1813, *PTJ-R*, 6: p.69.

9. 경작자들이 '진정하고 실질적인 미덕의 퇴적물'을 가지고 있다는 내용에 대해서는 다음 자료를 참조하라. Jefferson, *Notes on the State of Virginia*, p.164.

10. Michael A. McDonnell, *The Politics of War: Race, Class, and Conflict in Revolutionary*

Virginia (Chapel Hill: University of North Carolina Press, 2007), p.27, p.93, p.95, p.109, p.119, pp.227~229, pp.258~261, p.275, pp.277~278, pp.306~307, pp.389~394; John Ferling, "Soldiers for Virginia: Who Served in the French and Indian War?," *Virginia Magazine of History and Biography* 94, no. 3 (July 1986): pp.307~328; Thomas Jefferson to Richard Henry Lee, June 5, 1778, *PTJ*, 2: p.194.

11. Thomas L. Humphrey, "Conflicting Independence: Land Tenancy and the American Revolution," *Journal of the Early Republic* 28, no. 2 (Summer 2008): pp.159~182, esp. p.170; L. Scott Philyaw, "A Slave for Every Soldier: The Strange History of Virginia's Forgotten Recruitment Act of 1 January 1781," *Virginia Magazine of History and Biography* 109, no. 4 (2001): pp.367~386, esp. p.371.

12. Stanley Katz, "Thomas Jefferson and the Right to Property in Revolutionary America," *Journal of Law and Economics* 19, no. 3 (October 1976): pp.467~488, esp. pp.470~471.

13. Holly Brewer, "Entailing Aristocracy in Colonial Virginia: 'Ancient Feudal Restraints' and Revolutionary Reform," *William and Mary Quarterly* 54, no. 2 (April 1997): pp.307~346; Christopher Michael Curtis, *Jefferson's Freeholders and the Politics of Ownership in the Old Dominion* (New York: Cambridge University Press, 2012), pp.21~26, p.56, p.72, pp.75~76.

14. Curtis, *Jefferson's Freeholders*, p.56, p.72.

15. Humphrey, "Conflicting Independence," pp.180~181.

16. 이 법안은 1778년에 처음 발의되었고, 1780년, 1785년에 다시 나와서 하원에서는 통과되었지만 상원에서 폐기되었다. 이에 대해서는 다음 자료를 참조하라. "A Bill for the More General Diffusion of Knowledge" (1778), *PTJ*, 2: pp.526~535; and Jennings L. Wagoner Jr., *Jefferson and Education* (Charlottesville, VA: Monticello Monograph Series, 2004), pp.34~38.

17. Jefferson, *Notes on the State of Virginia*, p.146. 존 버니언은 'muck'를 두 가지 의미로 사용했다. 하나는 '추문'으로 은밀함의 상징이었고, 다른 하나는 저서 『소년소녀들을 위한 책(*Book for Boys and Girls*)』에 나오는 '퇴비'로 변해버린 망친 작물의 상징이었다. Roger Sharrock, "Bunyan and the English Emblem Writers," *Review of English Studies* 21, no. 82 (April 1945): pp.105~116, esp. pp.109~110, p.112.

18. "A Bill for Support of the Poor," *PTJ*, 2: pp.419~423. 이 법안은 1785년에야 통과되었다.

19. Georges-Louis Leclerc, Comte de Buffon, *Natural History, General and Particular, by the Count de Buffon, Translated into English*, 8 vols. (2nd. ed., London, 1785), 3:104,

pp.134~136, p.190.

20. Ibid., 3: pp.57~58, pp.61~62, pp.129~130, pp.192~193.

21. Jefferson, *Notes on the State of Virginia*, pp.7~8, p.10, p.19, pp.21~22, pp.43~54, pp.58~65, 79, pp.226~231, pp.253~254.

22. Thomas Jefferson to the Marquis de Chastellux, June 7, 1785, *PTJ*, 8: pp.185~186.

23. Thomas Jefferson to G. K. van Hogendorp, October 13, 1785, and Thomas Jefferson to John Jay, August 23, 1785, *PTJ*, 8: p.426, p.633; 지형도에 대해서는 다음 자료를 참조하라. McRae, *God Speed the Plough*, pp.231~261.

24. "Report of the Committee, March 1, 1784," *PTJ*, 6: p.603; C. Albert White, *A History of the Rectangular Survey System* (Washington, DC: Government Printing Office, 1983), p.11, p.512; William D. Pattison, *Beginnings of the American Rectangular Land Survey System*, 1784~1800 (Chicago: University of Chicago Press, 1957), pp.42~45, pp.63~65; Peter Onuf, "Liberty, Development, and Union: Visions of the West in the 1780s," William and Mary Quarterly 43, no. 2 (April 1986): pp.179~213, esp. p.184.

25. J. Hector St. John de Crèvecoeur, *Letters from an American Farmer*, ed. Susan Manning (New York: Oxford University Press, 1997), xi~xiii, p.15, p.25, pp.27~28, pp.41~42, pp.45~47. 쟁기 위에 아들을 올려놓는 농부 이야기 발췌내용에 대해서는 다음 자료를 참조하라. "Pleasing Particulars in Husbandry & c. [From Letters from J. Hector St. John, a Farmer in Pennsylvania, to his Friend in England]," *Boston Magazine* (July 1986), pp.285~291, esp. 285; Thomas Philbrick, "Crevecoeur as New Yorker," *Early American Literature* 11, no. 1 (Spring 1976): pp.22~30; St. John Crèvecoeur to Thomas Jefferson, May 18, 1785, *PTJ*, 8: pp.156~157.

26. Answers to Démeunier's First Queries, January 24, 1786, *PTJ*, 10: p.16.

27. 독일인을 버지니아로 들여오는 방안에 대해서는 다음 자료를 참조하라. Thomas Jefferson to Richard Claiborne, August 8, 1787, *PTJ*, 16: p.540. 독일인을 이용해 노예들을 훈련하는 방안에 대해서는 다음 자료를 참조하라. Thomas Jefferson to Edward Bancroft, January 26, 1789, *PTJ*, 14: p.492, 35: pp.718~721.

28. McDonnell, *The Politics of War*, p.439, p.455, pp.480~482; Woody Holton, "Did Democracy Cause the Recession That Led to the Constitution?," *Journal of American History* 92, no. 2 (September 2005): pp.442~469, esp. pp.445~446.

29. John Ferling, *Whirlwind: The American Revolution and the War That Won It* (New York: Bloomsbury, 2015), pp.320~321; Charles Royster, *A Revolutionary People at*

War: The Continental Army and the American Character, 1775~1783 (Chapel Hill: University of North Carolina Press, 1979), pp.353~357.

30. "Jefferson's Reply to the Representations of Affairs in America by British Newspapers" [before November 20, 1784], *PTJ*, 7: pp.540~545; Wallace Evan Davies, "The Society of Cincinnati in New England, 1783~1800," *William and Mary Quarterly* 5, no. 1 (January 1948): pp.3~25, esp. p.3, p.5.

31. Thomas Jefferson to Abigail Adams, February 22, 1787, *PTJ*, 11: pp.174~175; Thomas Jefferson to James Madison, January 30 and February 5, 1787, in *The Republic of Letters: The Correspondence Between Thomas Jefferson and Madison, 1776~1826*, ed. James Morton Smith, 3 vols. (New York: Norton, 1994), 1: p.461; Burstein and Isenberg, *Madison and Jefferson* pp.146~148, p.168; Woody Holton, *Unruly Americans and the Origins of the Constitution* (New York: Hill & Wang, 2007), pp.145~148, p.155, p.159; and David P. Szatmary, *Shays' Rebellion: The Making of an Agrarian Insurrection* (Amherst: University of Massachusetts Press, 1980), p.66.

32. Abigail Adams to Thomas Jefferson, September 10, 1787, *PTJ*, 12: p.112. 돼지 우리처럼 지저분한 곳에 사는 셰이스라는 부분에 대해서는 다음 자료를 참조하라. "To the Printer," *American Recorder, and Charlestown Advertiser*, January 19, 1787. 셰이스를 따르는 반란자들을 '누더기들'로 묘사하는 대목에 대해서는 다음 자료를 참조하라. the account of Reverend Bezaleel Howard of Springfield (September 1787), reprinted in Richard D. Brown, "Shays Rebellion and Its Aftermath: A View from Springfield, 1787," *William and Mary Quarterly* 40, no. 4 (October 1983): pp.598~615, esp. p.602. 셰이스를 따르는 반란자들을 "배회하는 늑대들처럼 누더기를 걸치고 사방에 퍼져 있다"라고 표현한 대목에 대해서는 다음 자료를 참조하라. *New Haven Gazette, and Connecticut Magazine*, January 25, 1787.

33. "Jefferson's Observations on Démeunier's Manuscript," *PTJ*, 10: p.52.

34. Curtis, *Jefferson's Freeholders*, p.97, p.101.

35. Fredrika J. Teute and David S. Shields, "The Court of Abigail Adams," and "Jefferson in Washington: Domesticating Manners in the Republican Court," *Journal of the Early Republic* p.35 (Summer 2015): pp.227~235, pp.237~259, esp. pp.229~230, p.242, p.246; Charlene M. Boyer Lewis, *Elizabeth Patterson Bonaparte: An American Aristocrat in the Early Republic* (Philadelphia: University of Pennsylvania Press, 2012), p.12, p.16, p.20, p.23, p.29.

36. Pater Shaw, *The Character of John Adams* (Chapel Hill: University of North Carolina Press, 1976), p.227, p.230, pp.232~233.

37. See Simon Newman, "Principles or Men? George Washington and the Political

Culture of National Leadership, 1776~1801," *Journal of the Early Republic* 12, no. 4 (Winter 1992): pp.447~507.

38. Burstein and Isenberg, *Madison and Jefferson*, p.262, p.381; Jean Edward Smith, *John Marshall: Definer of a Nation* (New York: Henry Holt, 1996), p.12; John C. Rainbolt, "The Alteration in the Relationship Between the Leadership and Constituents in Virginia, 1660~1720," *William and Mary Quarterly* 27, no. 3 (July 1970): pp.411~434, esp. pp.418~422. 버지니아 상류층은 학식을 헛되이 과시하고 벼락부자 티를 내는 옷차림을 싫어했는데, 제퍼슨과 존 마셜 같은 사람이 자신들의 신분에 어울리지 않는 소박한 복장을 했던 것도 바로 이런 이유 때문이다. 이런 시각은 로버트 먼퍼드(Robert Munford)의 풍자극에 잘 표현되어 있다. 이에 관하여는 다음 자료를 참조하라. Jay B. Hubbell and Douglas Adair, "Robert Munford's 'The Candidates,'" *William and Mary Quarterly* 5, no. 2 (April 1948): pp.217~257, esp. pp.233~235, pp.240~242; 제퍼슨과 그가 키우는 양에 대해서는 다음 자료를 참조하라. Stanton, "Thomas Jefferson: Planter and Farmer," p.264.

39. Jefferson, *Notes on the State of Virginia*, pp.86~87, pp.138~140.

40. "A Bill Declaring What Persons Shall Be Deemed Mulattos," *PTJ*, 2: p.476; Thomas Jefferson to Francis C. Gray, March 4, 1815, *PTJ-R*, 8: pp.310~311. 제퍼슨의 양 육종 방법에 대해서는 다음 자료를 참조하라. "Notes on Breeding Merino Sheep," enclosure in Thomas Jefferson to James Madison, May 13, 1810, and Thomas Jefferson to William Thorton, May 24, 1810; and "Petition of Albemarle County Residents to the Virginia General Assembly" [before December 19, 1811], *PTJ-R*, 2: p.390, 2: p.413, 4: p.346; *Thomas Jefferson's Farm Book: With Commentary and Relevant Extracts from Other Writings*, ed. Edwin Morris Betts (Charlottesville: University of Virginia Press, 1999), pp.111~141. 제퍼슨의 주장은 의사 패리(Caleb Hillier Parry)의 1816년 논고에서도 되풀이된다. 패리는 같은 동물 교배 패턴을 인간에게 적용해 네 단계의 혼혈 유형을 지정했다. 1차는 물라토(mulatto), 2차는 쿼드룬(quadroon), 3차는 메스티소(mestizo), 4차는 퀸터룬(quinteroon)이었다. 패리는 퀸터룬은 '흑인의 오염'이 없는 '거의 완벽한 백인'이라고 주장했다. 그는 또한 이는 오직 백인 남성과 혼혈 여성 사이에만 작동하는 공식이라고 강조했다. "백인 여성과 흑인 남성 사이의 혼혈에서는 반대 결과가 일어난다." 즉, 아이들이 혼혈을 거듭할수록 완벽한 흑인으로 돌아간다고 주장했다. Dr. C. H. Parry, "On the Crossing the Breeds of Animals," *Massachusetts Agricultural Repository and Journal* (June 1, 1816): pp.153~158; Buffon, Natural History, 3: pp.164~165; and Andrew Curran, "Rethinking Race History:

The Role of the Albino in the French Enlightenment Life Sciences," *History and Theory* p.48 (October 2009): pp.151~179, esp. p.171.

41. William Short to Thomas Jefferson, February 27, 1798, *PTJ*, 30: p.150.

42. 제퍼슨은 인종 혼혈이 흑인들을 개량한다고 생각했다. 그는 글에서 이렇게 말했다. "백인과의 최초 혼혈 사례에서 모든 사람이 흑인의 육체와 정신의 개량을 봤고, 그들의 열등한 상태가 순전히 생활 여건의 영향만은 아니라는 것이 증명되었다." Jefferson, *Notes on the State of Virginia*, p.141; Stanton, "Those Who Labor for My Happiness," pp.64~65, pp.178~179, p.197, p.224; and Gordon-Reed, *The Hemingses of Monticello*, p.41, p.49, p.80, p.86, pp.100~101, pp.661~662.

43. Thomas Jefferson to Joel Yancy, January 17, 1819, and Thomas Jefferson to John W. Eppes, June 30, 1820, *Thomas Jefferson's Farm Book*, p.43, p.46. 제퍼슨은 여자 노예의 가격을 출산 능력으로 평가했다. 친척이 판매를 고려 중인 한 여자 노예에 관해 이야기하면서 제퍼슨은 그녀를 '출산이 끝난' 여자라고 표현했다. 이에 대해서는 다음 자료를 참조하라. Thomas Jefferson to William O. Callis, May 8, 1795, *PTJ*, 28: p.346.

44. John Adams to Thomas Jefferson, August [14?], November 15, 1813, *The Adams-Jefferson Letters: The Complete Correspondence Between Thomas Jefferson and Abigail and John Adams*, ed. Lester J. Cappon (Chapel Hill: University of North Carolina Press, 1959), pp.365~366, pp.397~402.

45. Thomas Jefferson to John Adams, October 28, 1813, *The Adams-Jefferson Letters*, pp.387~388; Jefferson, *Notes on the State of Virginia*, p.140; Burstein, *Jefferson's Secrets*, pp.167~168.

46. Thomas Jefferson to John Adams, October 13, 1813, *The Adams-Jefferson Letters*, pp.387~389.

47. Thomas Jefferson to William Wirt, August 5, 1815, *PTJ-R*, 8: pp.642~643. 제퍼슨은 '기능공 계급'을 사악해지기 쉬운 '포주'라고 묘사하기도 했다. Thomas Jefferson to John Jay, August 23, 1785, *PTJ*, 8: p.426; *Notes on the State of Virginia*, 165. 제퍼슨은 또한 '요먼'이라는 단어를 미합중국의 비엘리트 계급을 표현하기 위해 사용했다. Thomas Jefferson to James Monroe, May 5, 1793, and Thomas Jefferson to James Madison, May 5, 1793, *PTJ*, 25: pp.660~661.

48. John Adams to Thomas Jefferson, November 15, 1813, *The Adams-Jefferson Letters*, p.401.

5장

1. John R. Van Atta, *Securing the West: Politics, Public Lands, and the Fate of the Old Republic, 1785~1850* (Baltimore: Johns Hopkins University Press, 2014), pp.17~18, p.23.

2. Malcolm J. Rohrbough, *The Land Office Business: The Settlement and Administration of American Public Lands, 1789~1837* (Belmont, CA: Wadsworth, 1990), 6; Eliga H. Gould, *Among the Powers of the Earth: The American Revolution and the Making of a New World Empire* (Cambridge, MA: Harvard University Press, 2012), p.12.

3. 남부 오지라는 개념이 식민지시대부터 시작되었고, 대서양 연안 정착지와는 분명하게 구별되는 지역으로서 그곳의 존재는 독립혁명이 끝나고 공화국 초기에 새로운 변경들이 나타나는 동안에도 지속되었다. Robert D. Mitchell, "The Southern Backcountry: A Geographical House Divided," *The Southern Backcountry: Interdisciplinary Perspectives on Frontier Communities*, eds. David C. Crass, Steven D. Smith, Martha A. Zierden, and Richard D. Brooks (Knoxville: University of Tennessee Press, 1998), pp.1~35, esp. p.27.

4. Van Atta, *Securing the West*, p.14, p.18.

5. 1815년에 등장하는 무단토지점유자의 정의에 대해서는 다음 자료를 참조하라. John Pickering, "Memoir of the Present State of the English Language in the United States, with a Vocabulary Containing Various Words Which Has Been Supposed to Be Peculiar to This Country," *Memoirs of the American Academy of Arts and Sciences* (January 1, 1815), p.523. 피커링(Pickering)은 무단토지점유자라는 단어가 미국에서 어떻게 쓰였는가를 설명하면서, 영국인 에드워드 어거스터스 켄들(Edward Augustus Kendall)의 글을 인용했다. Kendall, *Travels Through the Northern Part of the United States in the Years 1807 and 1808* (New York, 1809), p.160; Nathaniel Gorham to James Madison, January 27, 1788, *The Papers of James Madison*, 10: pp.435~436. 옥스퍼드 영어사전에서는 매디슨이 무단토지점유자라는 단어를 최초로 사용했다고 설명하지만, 매디슨은 고램이 자기에게 보낸 편지에 쓴 말을 조지 워싱턴에게 보내는 편지에서 그대로 반복했을 뿐이다. Madison to Washington, February 3, 1788, *The Papers of James Madison*, 10: p.463. '무단토지점유자'라는 단어가 쓰인 펜실베이니아 신문 기사에 대해서는 다음 자료를 참조하라. "Philadelphia, August 10," *The [Philadelphia] Federal, and Evening Gazette*, August 10, 1790. 뉴욕 서부에 있는 6백만 에이커가량 되는 땅과 관련된, 펠프스-고램 구매(Phelps-Gorham Purchase)에 대해서는 다음 자료를 참조하라. William H. Stiles, "Pioneering in Genesee County: Entrepreneurial Strategy and the Concept of Central Place," *New Opportunities in a New Nation: The Development of New York After the Revolution*, eds. Manfred Jonas and Robert W.

Wells (Schenectady, NY: Union College Press, 1982), pp.35~68.

6. Kendall, *Travels*, 160~62; Alan Taylor, "'A Kind of War': The Contest for Land on the Northeastern Frontier, 1750~1820," *William and Mary Quarterly* 46, no. 1 (January 1786): pp.3~26, esp. pp.6~9; 매사추세츠 링컨 카운티 대법원에서 판결한 대니얼 힐드레스 사건에 대해서는 다음 자료를 참조하라. "Various Paragraphs," *Columbian Centinel. Massachusetts Federalist*, October 18, 1800.

7. 켄들은 "무단토지점유자들이 메인에만 있는 특이한 현상은 아니었다"라고 주장하면서 펜실베이니아를 언급했다. 이에 대해서는 다음 자료를 참조하라. Kendall, *Travels*, pp.161~162. 여러 포고문에 대해서는 다음 자료를 참조하라. *Proclamation, by Honorable George Thomas, Esq. Lieutenant Governor and Commander in Chief of the Province of Pennsylvania* . . . (October 5, 1742); *Proclamation, by Honorable James Hamilton, Lieutenant Governor and Commander in Chief of the Province of Pennsylvania* . . . (July 18, 1749); *Proclamation, by the Honorable John Penn, Esq., Lieutenant Governor and Commander in Chief of the Province of Pennsylvania* (September 23, 1766); 사형에 대한 강조에 대해서는 다음 자료를 참조하라. *Proclamation, by the Honorable John Penn, Esq., Lieutenant Governor and Commander in Chief of the Province of Pennsylvania* . . . (February 24, 1768). 대영제국에도 미국의 무단토지점유자에 맞먹는 존재들이 있었다. 영지에서 경작하지 않는 숲과 습지에 사는 부랑자들뿐만 아니라, 1666년 런던 대화재 이후 자기 소유가 아닌 집에서 생활하는 사람들이었다. 추방 경고에 대해서는 다음 자료를 참조하라. the broadside warning of ejectment: *This Court Taking into Consideration, the Utmost Time for Taking Down and Removing All Such Sheds, Shops, and Other Like Buildings, Which Have Been Erected Since the Late Dismal Fire* . . . (London, 1673); A. L. Beier, Masterless Men, p.9, p.19, pp.73~74.

8. Eric Hinderaker, *Elusive Empires: Constructing Colonialism in the Ohio Valley, 1763~1800* (Cambridge: Cambridge University Press, 1997), pp.239~240, p.244, p.246; Holly Mayer, "From Forts to Families: Following the Army into Western Pennsylvania, 1758~1766," *Pennsylvania Magazine of History and Biography* 130, no. 1 (January 2006): pp.5~43, esp. p.13, p.21, pp.23~24, pp.36~38, p.40.

9. 앙리 부케 대령에 대해서는 다음 자료를 참조하라. Bouquet to Anne Willing, Bedford, September 17, 1759, *The Papers of Colonel Henry Bouquet*, ed. Sylvester E. Stevens et al., 19 vols. (Harrisburg: Pennsylvania Historical Commission and Works Progress Administration, 1940~44), 3: pp.371~372, 4: pp.115~116.

10. 'squat'과 'squatting'의 다양한 의미에 대해서는 다음 자료를 참조하라. *Oxford English Dictionary*; Melissa J. Pawlikowski, "'The Ravages of a Cruel and Savage

Economy': Ohio River Valley Squatters and the Formation of a Communitarian Political Economy, 1768~1782"(2011년 7월 17일 미국공화국 초기 역사학자협회에서 소개된 논문) 호텐토트에 대해서는 다음 자료를 참조하라. "The Voyage of Peter Kolben, A.M., to the Cape of Good Hope; with an Account of the Manners and Customs of Its Inhabitants," *The Pennsylvania Herald, and General Advertiser,* July 21, 1786. 바닥에 웅크리고 앉은 체로키족 여자에 대해서는 다음 자료를 참조하라. "A True Relation of the Unheard of Sufferings of David Menzies, Surgeon Among the Cherokees; Deliverance in South-Carolina," *The Boston Post-Boy and Advertiser,* March 6, 1767. 영국군의 전투방식에 대해서는 다음 자료를 참조하라. "Annapolis, in Maryland, July 15," [Boston] *Weekly News-Letter,* August 19, 1756; "New-York, March 27," *The New-York Gazette: or, The Weekly Post-Boy,* March 27, 1758; "Extract of a Letter from Ticonderoga, July 31," *Pennsylvania Gazette,* August 9, 1759; also see John K. Mahon, "Anglo-American Methods of Indian Warfare, 1675~1794," *Mississippi Valley Historical Review* 45, no. 2 (September 1958): pp.254~275. 'standing'의 법적 의미의 중요성에 대해서는 다음 자료를 참조하라. Tomlins, *Freedom Bound,* pp.119~120.

11. 편지를 쓴 식민지 관리는 또한 '그들이 잔인함을 즐기고', 말 도둑들이며, '나태한 이야기'를 퍼뜨려 전쟁을 선동하려 한다고 강조했다. Captain Gavin Cochrane to Lord Dartmouth, June 22, 1767, in M. Mathews, "Of Matters Lexicographical," *American Speech* 34, no. 2 (May 1959): pp.126~130. 남부의 크래커들에 대해서는 다음 자료를 참조하라. Mr. Simpson and Mr. Barnard, Address Presented to Governor James Wright in March 1767, in *The Colonial Records of the State of Georgia,* ed. Allen D. Chandler, 26 vols. (Atlanta, 1904), 14: pp.475~476; and Mr. James Habersham to Governor James Wright, in *The Letters of James Habersham 1756~1775,* in *The Collections of the Georgia Historical Society,* 15 vols. (Savannah, 1904), 6: p.204; 또한 다음 자료에도 인용되어 있다. Delma E. Presley, "The Crackers of Georgia," *Georgia Historical Quarterly* 60, no. 2 (Summer 1976): pp.102~116, esp. pp.102~103. 눈알을 파내는 크래커에 대해서는 다음 자료를 참조하라. "Extracts of the Letter from a Camp Near Seneca, August 18," *Pennsylvania Ledger,* October 26, 1776 (해당 기사는 로드아일랜드, 코네티컷, 매사추세츠 등지 다수의 신문에 다시 실렸다).

12. 우드메이슨은 또한 그들을 '강도, 난봉꾼, 무뢰한, 세상 최악의 인간쓰레기'라고 불렀다. 나아가 그는 그런 사람들이 '부유한 대농장주와 인디언' 사이에 '장벽을 치려고' 했다고 지적했다. Richard Hooker, ed., *The Carolina Backcountry on the Eve of the Revolution: The Journal and Other Writings of Charles Woodmason, Anglican*

Itinerant (Chapel Hill: University of North Carolina Press, 1953), p.25, p.27, pp.31~32, pp.52~54, pp.60~61, p.154.

13. 인선 알렉산더 캐머런(Ensign Alexander Cameron)이 사용한 '허풍쟁이(cracking) 상인들' 언급에 대해서는 다음 자료를 참조하라. 캐머런은 사우스캐롤라이나의 영국인 중개업자로 개빈 코크런(Gavin Cochrane) 선장에게 보낸 1765년 2월 3일 자 편지에서 백인 밀렵꾼에 관해 이야기하고 있다. John L. Nichols, "Alexander Cameron, British Agent Among the Cherokee, 1764~1781," *South Carolina Historical Magazine* 97, no. 2 (April 1996): pp.94~114, esp. p.95, p.97. 캐머런은 코크런이 그들을 크래커라고 부르기 전에 '허풍쟁이 상인들'이라는 말을 사용한 최초의 사람이 아닌가 싶다. 캐머런은 스코틀랜드 태생으로 1738년 제임스 오글소프 장군 휘하 병사로 처음 미국에 왔다. (불결하고 지저분한 사람을 가리키는) '이투성이 크래커(louse cracker)' 표현에 대해서는 다음 자료를 참조하라. *New-England Courant*, February 22~March 5, 1722. '이투성이 크래커'의 정의에 대해서는 다음 자료를 참조하라. John Ebers, *The New and Complete Dictionary of England and German Language*, vol. 2 (Leipzig, 1798), p.363. 허송세월하는 사람을 가리키는 '실없는 크래커(joke cracker)'에 대해서는 다음 자료를 참조하라. "Cursory Thoughts," *Vermont Gazette*, August 5, 1805. 냄새 나는 폭죽(smelly firecracker)과 유사한 고약한 욕에 대해서는 다음 자료를 참조하라. *Lloyd's Evening Post*, May 15~17, 1765. 거짓말쟁이, 혹은 믿기지 않는 이야기를 떠벌리는 사람이라는 의미로 쓰이는 크래커에 대해서는 다음 자료를 참조하라. "No. CXXXIV. Kit Cracker, a Great Dealer in the Marvelous, Describes Himself and His Adventures to the Observer," Richard Cumberland, *The Observer: Being a Collection of Moral, Literary and Familiar Essays* (London, 1791), pp.86~95.

14. 미친 동물처럼 행동하는 '미친 사람들(crack brained people)'에 대해서는 다음 자료를 참조하라. "No. III, To the Editors of the Charleston Courier," *United States Gazette*, June 13, 1804; "crack brained son" in *The Providence Gazette, and Country Journal*, January 3, 1768; 건초꾼과 '나태한(crack-brained)' 주정뱅이를 비교한 패러디에 대해서는 다음 자료를 참조하라. "Attention Haymaker!," *Thomas's Massachusetts Spy, or Worcester Gazette*, July 20, 1796. 저명한 조지아 신탁관리위원 에그몬트 백작(Earl of Egmont)이 'crack brained'라는 단어를 사용한 사례에 대해서는 다음 자료를 참조하라. Robert G. McPherson, ed., *The Journal of the Earl of Egmont, Abstract of the Trustees Proceedings for Establishing the Colony of Georgia, 1732~1738* (Athens: University of Georgia Press, 1962), p.59. 우드메이슨 목사 역시 노스캐롤라이나 사람들에 대해서 말하면서 'crack'd brain'이라는 표현을 쓴 적이 있다. 이에 대해서는 다음 자료를 참조하라. Hooker, *The Carolina Backcountry*,

p.62; 'crack brained'는 다음 자료들에도 등장한다. *Oxford English Dictionary*; Thomas Tusser, *Five Hundred Points of Good Husbandry* (1573; reprint ed., Oxford, 1848), p.93.

15. '잔인함에 대한 탐닉'과 '무법천지 악당' 언급에 대해서는 다음 자료를 참조 하라. Gavin Cochrane to Lord Dartmouth, June 27, 1766, in Mathews, "Of Matters Lexicographical," p.127. 폐물로서 'rascal', 종군민간인, 여위고 열등한 동물에 대해서는 다음 자료를 참조하라. *Oxford English Dictionary* ; '쓰레기(trash)' 라는 의미로 쓰이는 'rascal'에 대해서는 다음 자료를 참조하라. Edward Philips, *A New World of Words: or A General Dictionary* (London, 1671), n.p.

16. Benjamin Rush, "An Account of the Progress of Population, Agriculture, Manners, and Government in Pennsylvania, in a Letter to a Friend in England," in *Essays, Literary, Moral, Philosophical* (Philadelphia, 1798), p.214, pp.224~225. 1816년 미시간 준주의 주지사는 프랑스 정착민들을 똑같이 묘사했다. 인디언 방식을 채택하고, 잠깐 장사를 한 다음 장시간 게으름을 피우면서 농사는 나 몰 라라 하며 내버려둔다는 내용이었다. 그들은 또한 '가정생활 같은 일상적인 행 동'에도 무지했다. 그 때문에 주지사는 새로운 이주민들이 오기 전까지 미시간 준주는 '궁핍하고 무능력한 사람들에게' 시달릴 것이라고 경고했다. Governor Lewis Cass to Secretary of War, May 31, 1816, in *The Territorial Papers of the United States*, vol. 10, *The Territory of Michigan, 1805~1820*, ed. Clarence Edwin Carter (Washington, DC: Government Printing Office, 1942), pp.642~643. 빈민을 체로 거르듯 제거한다는 발상이 한편으로는 더욱 부유한 정착민의 서부 주들로의 이 주를 수반했다. John Melish (who wrote on Kentucky), *Travels in the United States of America in the Years 1806 & 1807, and 1809, 1810, & 1811*, 2 vols. (Philadelphia, 1812), 2: p.204.

17. 땅투기꾼과 계급의 힘에 대해서는 다음 자료를 참조하라. Lee Soltow, "Progress and Mobility Among Ohio Propertyholders, 1810~1825," *Social Science History* 7, no. 4 (Autumn 1983): pp.405~426, esp. p.410, pp.412~415, p.418, p.420; Andrew R. L. Cayton, "Land, Power, and Reputation: The Cultural Dimension of Politics in the Ohio Country," *William and Mary Quarterly* 47, no. 2 (April 1990): pp.266~286, esp. p.278; Rudolf Freud, "Military Bounty Lands and the Origins of the Public Domain," *Agricultural History* 20, no. 1 (January 1946): pp.8~18, esp. p.8. 버지니아에서 켄터키까지 하향식 사회구조 재배치와 상인계급의 부상에 대 해서는 다음 자료를 참조하라. Craig T. Friend, "Merchants and Markethouses: Reflections on Moral Economy in Early Kentucky," *Journal of the Early Republic* 17, no. 4 (Winter 1997): pp.553~574, esp. pp.556~557, p.572. 자신들의 계급권력

을 키우기 위해 친족 네트워크를 활용하는 상류층 투기꾼에 대해서는 다음 자료를 참조하라. Marion Nelson Winship, "The Land of Connected Men: A New Migration Story from the Early Republic," *Pennsylvania History* p.64 (Summer 1997): pp.88~104, esp. p.90, p.97.

18. 노병에 대해서는 다음 자료를 참조하라. Peter Onuf, "Settlers, Settlements, and New States," in *The American Revolution: Its Character and Limits*, ed. Jack Greene (New York: New York University Press, 1987), pp.171~196, esp. pp.180~182. 제퍼슨의 무단토지점유자 정책에 대해서는 다음 자료를 참조하라. Thomas Jefferson to Secretary of War, April 8, 1804, in *The Territorial Papers of the United States*, vol. 13, *The Territory of Louisiana-Missouri, 1803~1806*, ed. Clarence Edwin Carter (Washington, DC: Government Printing Office, 1948), 13: p.19; and Thomas Jefferson to Albert Gallatin, November 3, 1808, in *The Territorial Papers of the United States*, vol. 7, The Territory of Indiana, 1800~1810, ed. Clarence Edwin Carter (Washington, DC: Government Printing Office, 1939), 7: pp.610~611; Bethel Saler, *The Settlers' Empire: Colonialism and State Formation in America's Old Northwest* (Philadelphia: University of Pennsylvania Press, 2015), pp.48~50, p.54; Van Atta, *Securing the West*, pp.77~78.

19. 비참한 상황과 취약한 빈곤층 인구에 대해서는 다음 자료를 참조하라. Mathew Carey, *Essays on Political Economy, or, The Most Certain Means of Promoting Wealth, Power, Resources, and Happiness of Nations: Applied to the United States* (Philadelphia, 1822), p.177, p.376. 공교육과 빈민에 대해서는 다음 자료를 참조하라. Andrew R. L. Cayton, *The Frontier Republic: Ideology and Politics in the Ohio Country, 1780~1825* (Kent, OH: Kent State University Press, 1986), p.77, pp.144~145; Van Atta, *Securing the West*, pp.110~112, p.118, p.210.

20. 토지가 없는 상태와 제한된 사회계층이동에 대해서는 다음 자료를 참조하라. Gary Edwards, "'Anything . . . That Would Pay': Yeoman Farmers and the Nascent Market Economy on the Antebellum Plantation Frontier," in *Southern Society and Its Transformation, 1790~1860*, eds. Susanna Delfino, Michele Gillespie, and Louis M. Kyriakoudes (Columbia: University of Missouri Press, 2011), pp.102~130, esp. p.108, p.110; Craig Thompson Friend, "'Work & Be Rich': Economy and Culture on the Bluegrass Farm," in *The Buzzel About Kentuck*, ed. Craig Thompson Friend (Lexington: University Press of Kentucky, 1999), pp.124~151, esp. pp.128~133. 소작권을 잃게 하는 토지중개업자에 대해서는 다음 자료를 참조하라. Robert P. Swierenga, "The 'Western Land Business': The Story of Easley & Willingham, Speculators," *Business History Review* 41, no. 1 (Spring

1967): pp.1~20, esp. p.12, p.16; Rohrbough, *The Land Office Business*, pp.170~171, pp.175~176, pp.235~236. 소작농이 (부를 물려받은 부자의 아들들과 비교하여) 대지주가 되기 어려운 상황에 대해서는 다음 자료를 참조하라. Soltow, "Progress and Mobility," p.423.

21. 잭슨의 이혼을 둘러싼 추문에 대해서는 다음 자료를 참조하라. Norma Basch, "Marriage, Morals, and Politics in the Election of 1828," *Journal of American History* 80, no. 3 (December 1993): 890~918; John Ward, *Andrew Jackson: Symbol for an Age* (New York: Oxford University Press, 1953), pp.54~55; Andrew Burstein, *The Passions of Andrew Jackson* (New York: Knopf, 2003), p.11, p.170, p.172.

22. 튼튼하고 강한 나무 '올드 히커리'에 대해서는 다음 자료를 참조하라. "Ode to the Fourth of July," *Salem* [MA] *Gazette*, July 15, 1823; 잭슨의 별명이 '강인하고, 타협을 모르고, 능력 있는 사람'이라는 의미라는 것에 대해서는 다음 자료를 참조하라. "Old Hickory," *Haverhill* [MA] *Gazette and Patriot*, August 7, 1824.

23. Wilson's poem "The Pilgrim," and "Extract of a Letter from Lexington," *The Port-Folio* (June 1810): pp.499~519, esp. p.505, pp.514~15. 윌슨에 대해서는 다음 자료를 참조하라. R. Cantwell, *Alexander Wilson: Naturalist and Pioneer* (Philadelphia: J. B. Lippincott, 1961). 윌슨은 새와 무단토지점유자 연구에 같은 기준을 적용했다. 그는 '조류의 특징은 특정한 서식지, 둥지를 만드는 방식을 관찰함으로써' 판단할 수 있다고 말했다. Edward H. Burtt Jr. and William E. Davis Jr., *Alexander Wilson: The Scot Who Founded American Ornithology* (Cambridge, MA: Belknap Press of Harvard University Press, 2013), p.11.

24. Wilson, "Extract of a Letter from Lexington," p.519. 자기 땅이라는 주장을 확보할 때 집이 지니는 상징적인 의미에 대해서는 다음 자료를 참조하라. Anna Stilz, "Nations, States, and Territory," *Ethics* 121, no. 3 (April 2011): pp.572~601, esp. pp.575~576.

25. Cornelia J. Randolph to Virginia J. Randolph (Trist), August 17, 1817, *PTJ-R*, Thomas Jefferson Foundation, Charlottesville, 코닐리아의 편지에 대해 알려준 리사 프란카빌라(Lisa Francavilla)에게 감사의 말을 전하고 싶다.

26. "Measuring for a Bed," *New Bedford* [MA] *Mercury*, February 12, 1830 (reprinted from the Baltimore Emerald); "Sporting in Illinois," *Spirit of the Times; A Chronicle of Turf, Agriculture, Field Sports, Literature, and Stage* (July 14, 1838): p.169; and Ludwig Inkle, "Running from the Indians," *Magnolia; or Southern Monthly* (August 1841): pp.359~362. esp. p.360.

27. John M. Denham, "The Florida Cracker Before the Civil War as Seen Through Travelers' Accounts," *Florida Historical Quarterly* 72, no. 4 (April 1994):

pp.453~468, esp. p.460, pp.467~468; Inkle, "Running from the Indians."

28. 함성과 꽥꽥 소리를 지르는 크래커에 대해서는 다음 자료를 참조하라. "The Tobacco Roller," [Augusta, GA] *Southern Sentinel*, November 6, 1794. 미시시 피 무단토지점유자를 스크리머라고 부르는 데 대해서는 다음 자료를 참조하라. "Taking the Mississippi," *Maine Farmer*, October 26, 1848. 후저 일화에 대해서 는 다음 자료를 참조하라. "A Forcible Argument," *New Hampshire Centinel*, June 15, 1837; "The Hoosier Girls," [Charleston, SC] *Southern Patriot*, October 12, 1837; "Hoosier Poetry," [New Orleans] *Daily Picayune*, July 26, 1838; *Barre* [MA] *Weekly Gazette*, November 2, 1838; "From the National Intelligencer," *Macon Georgia Telegraph*, April 7, 1840.

29. John Finley, "The Hoosier's Nest," *Indiana Quarterly Magazine of History* 1, no. 1 (1905): pp.56~57; William D. Pierson, "The Origins of the Word 'Hoosier': A New Interpretation," *Indiana Magazine of History* 91, no. 2 (June 1995): pp.189~196.

30. "Cracker Dictionary," *Salem* [MA] *Gazette*, Mary 21, 1830; "Southernisms," *New Hampshire Patriot* & *State Gazette*, July 27, 1835; "The Gouging Scene," *Philadelphia Album and Ladies Literary Portfolio*, September 25, 1830; 'jimber-jawed' 와 'gimbal-jawed' 둘 다 경첩이나 관절을 의미하는 'gimbal'에서 파생된 것인 데 따라서 튀어나오고 늘어진 턱을 의미했다. 관련하여 다음 자료를 참조하라. *Oxford English Dictionary*.

31. "Cracker Dictionary." 다른 작가는 '덧없이 사라지는 무상함'이라는 개념을 기본 으로 하여 '무단토지점유자'의 정체성을 규정했다. "Original Correspondence," *Boston Courier*, November 25, 1830.

32. M. J. Heale, "The Role of the Frontier in Jacksonian Politics: David Crockett and the Myth of the Self-made Man," *Western Historical Quarterly* 4, no. 4 (October 1973): pp.405~423, esp. pp.405~409, p.417; James R. Boylston and Allen J. Wiener, *David Crockett in Congress: The Rise and Fall of the Poor Man's Friend* (Houston: Bright Sky Press, 2009), pp.2~3.

33. Cynthia Cumfer, "Local Origins of National Indian Policy: Cherokee and Tennessee Ideas About Sovereignty and Nationhood, 1790~1811," *Journal of the Early Republic* 23, no. 1 (Spring 2003): pp.21~46, esp. p.25, p.31; Heale, "The Role of the Frontier in Jacksonian Politics," pp.416~417; and "Premium on Fecundity," [Haverhill, MA] *Essex Gazette*, April 3, 1830.

34. *Davy Crockett's Almanack of 1837* (Nashville, 1837), pp.40~43; Heale, "The Role of the Frontier in Jacksonian Politics," 408; James Atkins Shackford, *David Crockett:*

The Man and the Legend (Chapel Hill, NC: University of North Carolina Press, 1956), pp.68~69, p.136, p.144; Alexander Saxton, *The Rise and Fall of the White Republic: Class Politics and Mass Culture in Nineteenth-Century America* (London: Verso, 1990), p.78, p.83; Boylston and Wiener, *David Crockett in Congress*, p.16. 크로켓이 부자 투기꾼들보다 빈민을 옹호했다는 부분에 대해서는 다음 자료를 참조하라. "Remarks of Mr. Crockett, of Tennessee," *United States Telegraph*, May 19, 1828; "Congressional Canvas," [Columbia, SC] *Columbia Telescope*, June 12, 1829; "Col. David Crockett, of Tennessee," *Daily National Intelligencer*, June 22, 1831; "Cracker Dictionary."

35. "There Are Some Queer Fellows in Congress," [Fayetteville, NC] *Carolina Observer*, March 20, 1828. 정부, 원주민 추장 블랙 호크(Black Hawk), 끝도 없이 '늘어선 야생 여우 떼'를 능가하는 크로켓의 인기에 대해서는 (크로켓 자신이 쓴 것으로 추정되는) 전기를 발췌한, 다음 자료를 참조하라. "Preface of Hon. David Crockett's Biography," *United States Telegraph*, February 22, 1834. 훈련받은 곰과의 비교에 대해서는 다음 자료를 참조하라. "The Indian Question," *Raleigh Register, and the North Carolina Gazette*, July 1, 1834; 프레더릭 더글러스(Frederick Douglass)가 크로켓을 익살꾼에 비유한 내용은 다음 자료를 참조하라. "Meeting in New York," *The North Star*, June 8, 1849, Todd Vogel, *Rewriting White: Race, Class and Cultural Capital in Nineteenth-Century America* (New Brunswick, NJ: Rutgers University Press, 2004), p.25.

36. *Davy Crockett's Almanack of 1837*, p.8, p.17.

37. 가난한 무단토지점유자들을 옹호하는 크로켓의 연설에 대해서는 다음 자료를 참조하라. Guy S. Miles, "Davy Crockett Evolves, 1821~1824, *American Quarterly* 8, no. 1 (Spring 1956): pp.53~60, esp. pp.54~55; Melvin Rosser Mason, "'The Lion of the West': Satire on Davy Crockett and Frances Trollope," *South Central Bulletin* 29, no. 4 (Winter 1969): pp.143~145; Walter Blair, "Americanized Comic Braggarts," *Critical Inquiry* 4, no. 2 (Winter 1977): pp.331~349.

38. 크로켓이 테네시주 동료들과 소원해진 것에 대해서는 다음 자료를 참조하라. "Col. David Crockett, of Tennessee." 인디언이주법 반대에 대해서는 다음 자료를 참조하라. "The Indian Question." 잭슨의 개가 되기를 거부했다는 부분에 대해서는 다음 자료를 참조하라. "Politics of the Day," *Daily National Intelligencer*, March 30, 1831; "Col. Crockett. From the Boston Journal," *Indiana Journal*, May 31, 1834; Megan Taylor Shockley, "King of the Wild Frontier vs. King Andrew I: Davy Crockett and the Election of 1831," *Tennessee Historical Quarterly* 56, no. 3 (Fall 1997): pp.158~169, esp. pp.161~162, p.166.

39. 잭슨의 친구들과 동맹자들의 변절에 대해서는 다음 자료를 참조하라. Burstein, *The Passions of Andrew Jackson*, pp.209~211.

40. '서부의 강인한 아들들'에 대해서는 다음 자료를 참조하라. "Old Hickory," [Haverhill, MA] *Gazette and Patriot*, August 7, 1824. 변경 테네시의 나무를 연상시키는, 섬유질이 발달한 단단한 나무 이름을 따서 지은 '올드 히커리'라는 별명에 대해서는 다음 자료를 참조하라. Harry L. Watson, *Liberty and Power: The Politics of Jacksonian America* (New York: Hill & Wang, 1990; rev. ed., 2006), p.77.

41. "Emigration to the Westward," [Boston] *Independent Chronicle*, September 11, 1815; 또한 다음 전단도 참조하라. "Unparalleled Victory" (Boston, 1815). 영국군 사망자 수를 자랑하는 잭슨에 대해서는 다음 자료를 참조하라. "Address, Directed by Maj. General Jackson to Be Read at the Head of Each Corps Composing the Line Below New Orleans, January 24, 1815," *Albany Argus*, February 28, 1815 (이 연설은 전국의 여러 신문에 실렸다). 뉴올리언스에서 잭슨이 거둔 핏빛 승리를 찬양한 시에 대해서는 다음 자료를 참조하라. "The River Mississippi," *American Advocate and Kennebec Advertiser*, March 25, 1815; Burstein, *The Passions of Andrew Jackson*, p.125.

42. Burstein, *The Passions of Andrew Jackson*, p.5, p.121, p.138. 제퍼슨의 잭슨에 대한 언급을 다룬, 대니얼 웹스터의 1824년 설명에 대해서는 다음 자료를 참조하라. Kevin J. Hayes, ed., *Jefferson in His Own Time: A Biographical Chronicle of His Life, Drawn from Recollections, Interviews, and Memoirs by Family, Friends, and Associates* (Iowa City: University of Iowa Press, 2012), p.99.

43. '일반적인 대화에서는 활기가 넘쳤지만'이라고 잭슨을 공격하는 제스 벤튼 (Jesse Benton)의 소책자에 대해서는 다음 자료를 참조하라. "From the Georgia Constitutionalist," [Charleston, SC] *City Gazette and Commercial Daily Advertiser*, October 22, 1824. 오지인과 무단토지점유자에 대해서는 다음 자료를 참조하라. "Foreign Notices of American Literature," *Literary Gazette*, March 3, 1821.

44. '남자다운 자유분방함을 표현하는 거친 본능'에 대해서는 아쉴르 뮈라(Achille Murat)의 다음 저서에 대한 서평을 참조하라. *Essay on the Morality and Politics of the United States of North America (1832)*, *North American Quarterly Magazine* (March 1838): pp.103~119, esp. p.107. 저자 아쉴르 뮈라는 잭슨의 동지였던 존 커피(John Coffee)의 가까운 친구로 플로리다에서 몇 년 동안 살았다.

45. David S. Heidler and Jeanne T. Heidler, *Old Hickory's War: Andrew Jackson and the Quest for Empire* (Baton Rouge: Louisiana State University Press, 2003), pp.87~108.

46. 영국 언론에서는 잭슨을 인디언을 말살하고, 미국인의 성격에 야만적인 모습을 들여왔다고 맹비난했다. 영국 시민 두 명을 처형한 것을 '극악무도한 잔인

성'의 또 다른 사례로 간주했다. 이에 대해서는 다음 자료를 참조하라. "From the Liverpool Courier of Aug. 18," *Commercial Advertiser*, October 3, 1818; Isaac Holmes, *An Account of the United States of America, Derived from Actual Observation, During a Residence of Four Years in That Republic* (London, 1824), p.83; "American Justice!! The Ferocious Yankee Gen.! Jack's Reward for Butchering Two British Subjects!," Tennessee State Museum Collection, Nashville; Heidler and Heidler, *Old Hickory's War*, pp.154~157; David S. Heidler, "The Politics of National Aggression: Congress and the First Seminole War," *Journal of the Early Republic* 13, no. 4 (Winter 1993): pp.501~530, esp. pp.504~505.

47. "White Savages," *Thomas's Massachusetts Spy, and Worcester Gazette*, September 9, 1818. 폭력적인 크래커에 대한 세미놀 부족들의 불신에 대해서는 다음 자료를 참조하라. "From Darien Gazette," [Windsor] *Vermont Journal*, June 28, 1819. 인디언들이 '크래커들 주택'만 공격했다는 설명에 대해서는 다음 자료를 참조하라. "Seminole—First Campaign. Extracts from the Journal of a Private," *New Hampshire Gazette*, May 9, 1827.

48. 잭슨이 애덤스에게 "망할- 그로티우스! 망할-푸펜도르프! 망할- 바텔! 이것은 짐 먼로와 내 문제일 뿐이야!"라고 말하면서 분노를 터뜨렸다는 내용에 대해서는 다음 자료를 참조하라. [그로티우스, 푸펜도르프, 바텔은 모두 근대 국제법학자들이다] Ward, *Andrew Jackson: Symbol for an Age*, p.63. 잭슨이 일부 상원 의원의 귀를 잘라버리겠다고 협박했다는 내용에 대해서는 다음 자료를 참조하라. "Mr. Lacock's Reply," *Nile's Weekly Register*, April 3, 1819.

49. F. P. Prucha, "Andrew Jackson's Indian Policy: A Reassessment," *Journal of American History* 56, no. 3 (December 1969): pp.527~539, esp. p.529; Waldo S. Putnam, *Memoirs of Andrew Jackson; Major General in the Army of the United States and Commander in Chief of the Division of the South* (Hartford, CT, 1818), 310. 잭슨의 가장 충직한 협력자이자 전기 작가이기도 했던 존 이튼(John Eaton)은 잭슨이 화를 잘 내고 성마른 기질이며, 그것 때문에 많은 논란과 분쟁이 빚어진다고 인정했다. 세미놀 전쟁의 여파로 이런 점이 널리 알려지게 되었다고 생각했다. 관련하여 다음 자료를 참조하라. "The Life of Andrew Jackson," *Western Review and Miscellaneous Magazine* (September 1819): pp.87~91, esp. p.87. 그의 '불같이 성급한' 기질과 '법체계' 무시에 대해서는 다음 자료를 참조하라. "General Andrew Jackson," *National Register*, August 5, 1820; 잭슨의 점잖지 못한 성격에 대해서는 다음 자료를 참조하라. "The Presidency," *Eastern Argus*, October 7, 1823. '군대 우두머리'에 불과하다는 클레이의 모욕적인 발언에 대해서는 잡지에 실렸던 클레이의 다음 서신을 참조하라. *Daily National Intelligencer*, February 12, 1825. 옹호

자들은 잭슨에게는 변경 모든 정착민의 생명을 지킬 의무가 있고, 잭슨의 정책은 향후 이주자 보호를 전제로 한 것이라고 주장했다. 또한 포악한 적을 다루는 유일한 방법은 폭력이라고도 주장했다. "Defense of Andrew Jackson: Strictures on Mr. Lacock's Report on the Seminole War," *Niles Weekly Register*, March 13, 1819.

50. 인디언 추방에 대해서는 다음 자료를 참조하라. Michael Morris, "Georgia and the Conversation over Indian Removal," *Georgia Historical Quarterly* 91, no. 4 (Winter 2007): pp.403~423, esp. p.405, p.419. 잭슨은 인디언이 영토에 대한 권리를 조금이라도 가지고 있다는 주장을 부인했고, '인디언들이 살지도 않고 개간하지도 않은 국가의 토지'에 대한 인디언의 권리주장을 거부했다. Prucha, "Andrew Jackson's Indian Policy: A Reassessment," p.532. 앨라배마 무단토지점유자에 대해서는 다음 자료를 참조하라. Van Atta, *Securing the West*, pp.186~187; Rohrbough, *The Land Office Business*, p.163.

51. 디킨슨과의 결투에 대해서는 다음 자료를 참조하라. Burstein, *The Passions of Andrew Jackson*, pp.56~57; "Col. Benton and Col. Jackson," Daily National Journal, June 30, 1828. 1824년에 나온 잭슨과 디킨슨의 결투를 소개한 글에 대해서는 다음 자료를 참조하라. "Traits in the Character of General Jackson," *Missouri Republican*, September 13, 1824.

52. *Some Account of Some of the Bloody Deeds of Gen. Andrew Jackson* (broadside, Franklin, TN, 1818); "Reminiscences; or an Extract from a Catalogue of General Jackson's 'Juvenile Indiscretions,' from the Age of 23 to 60," *Newburyport Herald*, July 1, 1828.

53. Andrew Jackson to John Coffee, June 18, 1824, in *Correspondence of Andrew Jackson*, ed. John Spencer Bassett, 6 vols. (Washington, DC, 1926~34), 3: pp.225~26; and Matthew Warshauer, "Andrew Jackson as 'Military Chieftain' in the 1824 and 1828 Presidential Elections: The Ramifications of Martial Law on American Republicanism," *Tennessee Historical Quarterly* 57, no. 1 (Spring/ Summer 1998): pp.4~23.

54. "The Presidency" and "General Jackson," *Louisville Public Advertiser*, January 14, 1824, and October 22, 1822.

55. "Sketch of a Debate: Seminole War," *City of Washington Gazette*, February 5, 1819.

56. "The Beau and the Cracker," Columbian Museum and Savannah Advertiser, October 7, 1796; *To a Woodman's Hut* (New York, 1812). 이런 구성과 줄거리는 생각보다 오랜 역사를 가졌을 수도 있다. 『고귀하신 나리와 가난한 산지기의 대화 (*A Dialogue Between a Noble Lord, and a Poor Woodman*)』(1770)라는 작품과 분명한 유사성

을 보이기 때문이다. 조지프 다드리지(Joseph Doddridge)의 이야기는 다음 저서에
실려 있었다. *Logan. The Last of the Race of Schikellemus, Chief of the Cayuga Nation*
(1823). 위의 내용은 세실 D. 에비(Cecil D. Eby)의 다음 글에서 인용되어 있다.
"Dandy Versus Squatter: An Earlier Round," *Southern Literary Review* 20, no. 2 (Fall
1987): pp.33~36, esp. p.34.

57. 1824년 대통령 선거운동 기간에 필라델피아에서 장군과 '세련된 멋쟁이 남
    자'의 우스꽝스러운 조우를 묘사한, 유명한 일화가 널리 퍼졌다. "Anecdote of
    General Jackson," *Raleigh Register, and North Carolina State Gazette*, February 13,
    1824.

58. '관 전단지'에 대한 크로켓 식의 반응에 대해서는 다음 자료를 참조하라. John
    Tailaferro, *Account of Some of the Bloody Deeds of GENERAL JACKSON, Being a*
    Supplement to the "Coffin Handbill" (broadside, Northern Neck, VA, 1828). 잭슨을 '촌
    스럽다'고 하는 부분에 대해서는 다음 자료를 참조하라. "General Jackson,"
    Maryland Gazette and the State Register, January 22, 1824. 잭슨이 평범한 가정 태생
    이라는 이야기에 대해서는 다음 자료를 참조하라. "Jackson's Literature," *United*
    States' Telegraph, March 8, 1828. 잭슨의 평범함과 교육 결여에 초점을 맞춘 다른
    글들을 보려면 다음 자료를 참조하라. "The Presidency," [Portland, ME] *Eastern*
    Argus, October 7, 1823; "Something Extraordinary," *Raleigh Register, and North*
    Carolina State Gazette, August 6, 1824; "General Jackson," *National Advocate*,
    March 10, 1824.

59. 잭슨의 크래커 지지자에 대해서는 다음 자료를 참조하라. *New Orleans Argus*,
    August 21, 1828 (이 기사는 조지아주의 「다리엔 가제트(Darien Gazette)」에서 나왔고, 뉴
    햄프셔, 코네티컷, 뉴욕 등의 신문에도 널리 실렸다.); "The Backwoods Alive with Old
    Hickory," *Louisville Public Advertiser*, February 27, 1828.

60. "Jackson Toasts," *Newburyport Herald*, June 22, 1828; "Humorous Sketch,"
    Norwich Courier, April 1, 1829; "Barney Blinn" (from the Augusta Georgia Chronicle),
    New London Gazette, December 19, 1827. '잭슨 장군 송가(Ode to General Jackson)'
    라는 제목의 노래를 보면, 잭슨이 군도(軍刀)로 영국인을 베고, '그들의 다리
    를 모두 해치웠다'. 그러나 잭슨이 '머리에 총을 맞았을 때'도 지지자들의 영
    원한 헌신은 변함이 없었다. Charles Mathews, *The London Mathews; Containing*
    an Account of the Celebrated Comedian's Journey to America . . . (Philadelphia, 1824),
    pp.33~34. 잭슨이 '실수투성이에 배움이 짧고 무식한 사람'이라는 사실에 전
    혀 문제를 느끼지 않는 전형적인 잭슨 지지자에 대한 풍자는 다음 자료를 참조
    하라. "The Subjoined Communication," *New- England Galaxy and United States*
    Literary Advertiser, November, 7, 1828.

61. "Mr. Jefferson's Opinion of Gen. Jackson— Settled," *Indiana Journal*, January 3, 1828.

62. 레이철 잭슨의 행복한 결혼생활 운운하는 변명에 대해서는 다음 자료를 참조하라. *New Hampshire Patriot & State Gazette*, April 23, 1827. 뜻하지 않은 중혼을 주장하는 변명은 여러 신문에 널리 실렸다. 예를 들어 소개하자면 다음 자료가 있다. [Portland, ME] *Eastern Argus*, May 8, 1827. 뜻하지 않은 중혼 이야기의 오류를 드러낸 내용에 대해서는 다음 자료를 참조하라. Burstein, *The Passions of Andrew Jackson*, pp.28~33, pp.227~228, pp.241~248; and Ann Toplovich, "Marriage, Mayhem, and Presidential Politics: The Robards-Jackson Backcountry Scandal," *Ohio Valley History* 5 (Winter 2005): pp.3~22.

63. 잭슨이 다른 남자의 아내를 훔쳤다는 주장에 대해서는 다음 자료를 참조하라. "From Harrisburgh, Pa.," *New Orleans Argus*, May 17, 1828; Charles Hammond, "The Character of Andrew Jackson," *Truth's Advocate and Monthly Anti-Jackson Advocate* (*Cincinnati, 1828*), p.216.

64. Basch, "Marriage, Morals, and Politics in the Election of 1828," p.903; Charles Hammond, "View of General Jackson's Domestic Relations," *Truth's Advocate and Monthly Anti-Jackson Advocate*, 5; "Dana vs. Mrs. Jackson," *Richmond Enquirer*, May 4, 1827; "Dana vs. Mrs. Jackson," *New Hampshire Patriot & State Gazette*, May 21, 1827. 데이나에 대해서는 다음 자료를 참조하라. James D. Daniels, "Amos Kendall: Kentucky Journalist, 1815~1829," *Filson Historical Quarterly* (1978): pp.46~65, esp. pp.55~56. 레이철의 '통나무 오두막에나 어울릴 법한' 부도덕함에 대해서는 다음 자료를 참조하라. "Mrs. Jackson," *Richmond Enquirer*, May 4, 1827. 잭슨 자신은 물라토, 즉 흑백 혼혈이라는 식으로 공격을 받았다. 어머니가 흑인 남자와 동거한 전력이 있는 영국 종군민간인이었다는 소문이 널리 퍼졌을 때의 이야기다. 이런 이야기는 잭슨의 미심쩍은 가계도, 즉 잭슨이 어떤 '혈통 혹은 인종' 출신인가에 초점을 맞추고 있다. "Rank Villainy and Obscenity," *Charleston* [SC] *Mercury*, August 22, 1828.

65. 세탁부에 대한 언급과 레이철이 '검게 탄 피부에 몸집 좋은 외모'였다는 헐뜯는 논평에 대해서는 다음 자료를 참조하라. Lynn Hudson Parsons, *The Birth of Modern Politics: Andrew Jackson, John Quincy Adams and the Election of 1828* (New York: Oxford University Press, 2009), p.189; 레이철의 발음에 대해서는 다음 자료를 참조하라. "British Scandal," *Salem Gazette*, April 15, 1828; 레이철이 좋아했던 「고무나무 위의 주머니쥐」라는 노래에 대해서는 다음 자료를 참조하라. "Mrs. Jackson," *New Bedford* [MA] *Mercury*, December 5, 1828; 그녀의 죽음을 재촉했던 여러 공격에 대해서는 다음 자료를 참조하라. "Mrs. Jackson," [Portland,

ME] *Eastern Argus Semi-Weekly*, February 24, 1829.

66. "The Game of Brag," *Richmond Enquirer*, February 29, 1840. 수다쟁이 시골 정치인에 대해서는 다음 자료를 참조하라. George Watterston, *Wanderer in Washington* (Washington, DC, 1827), 3. 잭슨이 '뉴올리언스의 기사'라는 표현에 대해서는 다음 자료를 참조하라. "Toasts at a Celebration in Florida," *Orange County Patriot, or the Spirit of Seventy-Six*, March 14, 1815. 잭슨을 나라의 구원자로 보는 견해에 대해서는 다음 자료를 참조하라. John Eaton, *Letters of Wyoming to the People of the United States, on the Presidential Election, and in Favor of Andrew Jackson* (Philadelphia, 1824), 12. "잭슨은 무적의 영웅! 비교할 데 없는 남자!……기사도 소설이며 역사의 많은 페이지를 채울 그보다 고귀한 인물은 없다"라고 잭슨을 칭송하는 글에 대해서는 다음 자료를 참조하라. William P. Van Ness, *A Concise Narrative of General Jackson's First Invasion of Florida, and of His Immortal Defense of New-Orleans; with Remarks. By Aristides* (Albany, NY, 1827), pp.29~30. "Mr. J. W. Overton's Address," *Carthage Gazette*, June 9, 1815. 1824년 애덤스 지지자들은 자신들은 '자랑질로 야단법석인 그런 부류'가 아니라고 주장했다. 그러나 1832년 그들 역시 지지 후보에 대해 허풍을 떨고 자랑을 하고 있었다. 이에 대해서는 다음 자료를 참조하라. "Presidential," *Middlesex Gazette*, June 23, 1824; 헨리 클레이와 허풍쟁이 모습을 보였던 그의 무리에 대해서는 다음 자료를 참조하라. "Henry Clay," *Richmond Enquirer*, August 21, 1832; '선거운동용 신문'이라는 용어에 대해서는 다음 자료를 참조하라. "To the Editor of the Globe," *Richmond Enquirer*, August 31, 1832; '허풍질'이라는 말이 선거에서 클레이의 강점을 옹호하기 위해 여러 신문에서 사용된 사례에 대해서는 다음 자료를 참조하라. "Put Up Your Cash!," *Rhode Island Republican*, October 2, 1832; 허풍과 선거에 대해서는 다음 자료를 참조하라. "From the National Intelligencer," *The Connecticut Courant*, May 25, 1835; 휘그당의 허풍질이 실패한 것을 비웃는 시에 대해서는 다음 자료를 참조하라. "The Whigs Lament, After the Election in '35," *New Hampshire Patriot & State Gazette*, June 1, 1835; 휘그당원과 허풍질에 대해서는 다음 자료를 참조하라. "General Harrison," *Richmond Enquirer*, July 29, 1836; "Pennsylvania," *Richmond Enquirer*, September 27, 1836. 미국을 방문한 뒤에 영국 여성 프랜시스 트롤프(Francis Trollope)는 글에서 다음과 같이 말했다. "모든 미국인은 허풍선이다. 항상 자랑하고 있다." "Leaves from Mrs. Trollope's Journal," *Connecticut Mirror*, September 1, 1832.

67. "A Challenge. The Walnut Cracker, vs. the Knight of the Red Rag," *Pendleton Messenger*, August 2, 1820; 이 이야기는 원래 테네시주 어느 신문에 실렸고, 다시 사우스캐롤라이나 펜들턴의 신문에 실렸다. 기본 줄거리는 주들 사이의 경계선

침범을 둘러싸고 벌어진 결투였다. 도전장을 던지면서 호두 크래커는 상대에게 [결투 시에 흔히 보내는] '장갑 대신' 자신이 자른 여러 사람의 머리를 보낸다.

68. John R. Van Atta, "'A Lawless Rabble': Henry Clay and the Cultural Politics of Squatters' Rights, 1832~1841," *Journal of the Early Republic* 28, no. 3 (Fall 2008): pp.337~378; 1838년 상원 연설에서 나온 클레이의 언급에 대해서는 다음 자료를 참조하라. "The Squatter in the White House," *Mississippian*, September 6, 1844; Rohrbough, *The Land Office Business*, pp.162~163, pp.169~175, pp.235~236. 「뉴욕포스트」에 처음 실린 무단점유자들에게 호의적인 이미지와 토지선매권 논쟁에 대해서는 다음 자료를 참조하라. "The Squatters," *Mississippian*, March 24, 1837, and "The Squatters," *Wisconsin Territorial Gazette and Burlington Advertiser*, July 10, 1837.

69. Michael E. Welsh, "Legislating a Homestead Bill: Thomas Hart Benton and the Second Seminole War," *Florida Historical Quarterly* 27, no. 1 (October 1978): pp.157~172, esp. pp.158~159; Van Atta, *Securing the West*, p.181, pp.226~228.

70. "Public Exhibition. Mammoth Hog, Corn Cracker. 'Kentucky Against the World,'" [New Orleans] *Daily Picayune*, June 3, 1840; Gustav Kobbe, "Presidential Campaign Songs," *The Cosmopolitan* (October 1888), pp.529~535, esp. p.531; Robert Gray Gunderson, *The Log-Cabin Campaign* (Lexington: University of Kentucky Press, 1957), p.1, p.8, pp.75~77, pp.102~103, pp.110~115. 데이비 크로켓의 작품으로 추정되는 마틴 밴 뷰런의 가짜 후보 약력을 보면, 밴 뷰런이 기묘한 남녀 추니라면서 잔인하다 싶을 만큼 조롱하고 있다. 이에 대해서는 다음 자료를 참조하라. David Crockett, [Augustin Smith Clayton] *The Life of Martin Van Buren* (Philadelphia, 1835), pp.27~28, pp.79~81; J. D. Wade, "The Authorship of David Crockett's 'Autobiography,'" *Georgia Historical Quarterly* 6, no. 3 (September 1922): pp.265~268.

71. John S. Robb, "The Standing Candidate; His Excuse for Being a Bachelor," *Streaks of Squatter Life, or Far West Scenes* (Philadelphia, 1847), pp.91~100. 롭의 이야기는 여러 신문에도 실렸다. "The Standing Candidate," *Cleveland Herald*, March 19, 1847, and "Old Sugar! The Standing Candidate," *Arkansas State Democrat*, June 4, 1847. (이전의 시골 오지인 이야기처럼) 손님을 따뜻하게 맞이하는 (그리하여 무단토지점유자들이 폭력적인 사람들일지 모른다는 독자들의 생각을 바로잡아주는) 관대한 무단토지점유자를 등장시킨 또 다른 이야기에 대해서는 다음 자료를 참조하라. "Sketches of Missouri," [Hartford, CT] *New-England Weekly Review*, January 22, 1842.

72. Daniel Dupre, "Barbecues and Pledges: Electioneering and the Rise of

Democratic Politics in Antebellum Alabama," *Journal of Southern History* 60, no. 3 (August 1994): pp.479~512, esp. p.484, p.490, pp.496~497. 무단토지점유자가 경쟁 입찰자에게 폭력을 동원한 위협을 가할지 모른다는 두려움에 대해서는 다음 자료를 참조하라. "Land Sales," *New Hampshire Sentinel*, August 13, 1835.

73. Alexander Keyssar, *The Right to Vote: The Contested History of Democracy in the United States* (New York: Basic Books, 2000), p.26, pp.50~52; Marc W. Kruman, "The Second Party System and the Transformation of Revolutionary Republicanism," *Journal of the Early Republic* 12, no. 4 (Winter 1992): pp.509~537, esp. p.517; Robert J. Steinfeld, "Property and Suffrage in the Early Republic," *Stanford Law Review* p.41 (January 1989): pp.335~376, esp. p.335, p.363, p.375; Thomas E. Jeffrey, "Beyond 'Free Suffrage': North Carolina Parties and the Convention Movement of the 1850s," *North Carolina Historical Review* 62, no. 4 (October 1985): pp.387~419, esp. pp.415~416; Fletcher M. Green, "Democracy in the Old South," *Journal of Southern History* 12, no. 1 (February 1946): pp.3~23.

74. 잭슨이 헌법에 들어갈 참정권 제한 내용을 기초했다는 부분에 대해서는 다음 자료를 참조하라. "An Impartial and True History of the Life and Service of Major General Andrew Jackson," *New Orleans Argus*, February 8, 1828. 플로리다에 대해서는 다음 자료를 참조하라. Herbert J. Doherty Jr., "Andrew Jackson on Manhood Suffrage: 1822," *Tennessee Historical Quarterly* 15, no. 1 (March 1956): pp.57~60, esp. p.60. 해럴드 시레트(Harold Syrett)는 이를 더없이 훌륭하게 표현했다. "잭슨은 다수의 정부 지배를 돕거나 소수의 정부 지배를 약화하는 방향으로 고안된 정책을 단 한 번도 지지한 적이 없다." Harold C. Syrett, *Andrew Jackson, His Contribution to the American Tradition* (New York, 1953), p.22. 라이베리아의 보통선거권은 9년 동안 지속하다가 1848년 새로운 제한요건들이 더해졌다. 미국은 또한 여성에게 투표권을 준 최초의 국가도 아니다. 그 영광은 1893년 뉴질랜드에 돌아갔다. 흑인, 여성, 빈민을 겨냥한 참정권 제한은 1965년 투표권법(Voting Rights Act)이 제정될 때까지 지속되었다. 심지어 지금도 미국은 빈민의 선거권을 박탈하고 있다. 관련하여 다음 자료를 참조하라. Adam Przeworski, "Conquered or Granted? A History of Suffrage Extensions," *British Journal of Political Science* 39, no. 2 (April 2009): pp.291~321, esp. p.291, pp.295~296, p.314.

75. 조지 맥더피(George McDuffie)의 연설을 듣는 '시골 크래커'의 대조적인 모습에 대해서는 다음 자료를 참조하라. *Augusta Chronicle and Georgia Advertiser*, August 18, 1827. 헨리 클레이는 정착민을 '무단토지점유자'라고 불러서 비난을 받았는데, "생활이나 지위에서 불명예스러운 상태를 나타내는 용어"였기 때문이다. "Distinctive Features of Democracy—Outlines of Federal Whiggism—

Conservative Peculiarities," *Arkansas State Gazette*, October 19, 1842.

76. 존 퀸시 애덤스 대통령이 '시골 오지인'을 만난 이야기는 다음 자료를 참조하라. "Letter to the Editor of the New-York Spectator," *Connecticut Courant*, January 27, 1826; and James Fenimore Cooper, *Notions of the Americans; Picked up by a Traveling Bachelor*, p.2 vols. (London, 1828), 1:87.

77. Sarah Brown, "'The Arkansas Traveller': Southwest Humor on Canvas," *Arkansas Historical Quarterly* 40, no. 4 (Winter 1987): pp.348~375, esp. pp.349~350. 가난한 조지아 크래커들이 일시적으로는 바비큐를 대접받지만, 궁핍하고 무지한 생활에서 결코 벗어나지 못한다는 비슷한 시각에 대해서는 다음 자료를 참조하라. "A Georgia Cracker," *Emancipator*, March 26, 1840.

6장

1. '가난한 백인 쓰레기'라는 말이 가장 먼저 사용된 사례 중의 하나는 1822년 조지타운에서 볼 수 있다. '지난 목요일 순회재판소에서 진행된 아주 새롭고 별난 재판'에 관한 기사였다. "재판은 검둥이들과 가난한 백인 쓰레기를 떨게 한 강력한 마력을 지닌 흑인 여자 낸시 스완과 관련된 것이었다." *Bangor* [ME] *Register*, August 1, 1822. '백인 쓰레기'를 인쇄물에서 최초로 언급한 작가는 과거에는 이런 식으로 쓰이는 '백인 쓰레기'라는 말을 들어본 적이 없다고 말했다. "From the Chronicle Anecdotes," [Shawnee] *Illinois Gazette*, June 23, 1821. 가난한 백인이 노예보다 불쌍하다는 주장이 미주리 타협(Missouri Compromise)을 둘러싼 논쟁 당시 등장했다. "Slavery in the New States," *Hallowell* [ME] *Gazette*, December 8, 1819. 가난한 백인 노동자 계급을 "노예들보다 무례하고 교양이 없다"고 표현한 자료에 대해서는 다음을 참조하라. "Maryland," *Niles Weekly Register*, December 15, 1821. 흑인 남자가 백인 쓰레기들이 흑인 자유민 집단과 결혼한다는 말을 듣고 충격을 받는다는 내용을 담은 풍자글은 다음 자료를 참조하라. *Baltimore Patriot and Mercantile Advertiser*, April 12, 1831. 워싱턴시티에서 열린 앤드루 잭슨의 장례식에 등장한 가난한 백인 쓰레기에 대한 묘사는 다음 자료를 참조하라. *New York Herald*, June 30, 1845.

2. Emily P. Burke, *Reminiscences of Georgia* (Oberlin, OH, 1850), pp.205~206; "Sandhillers of South Carolina," *Christian Advocate and Journal*, August 1, 1851; "The Sandhillers of South Carolina," *Ohio Farmer*, January 1, 1857; "Clay for Food," *Ballou's Pictorial Drawing-Room Companion*, July 1, 1858; "Clayeaters. From Miss Bremer's 'Homes of the New World,'" *Youth's Companion* (September 21, 1854): p.88; "Poor Whites of the South," *Freedom's Champion*, April 11, 1863; "Poor

Whites in North Carolina," *Freedom's Record*, November 1, 1865.

3. George M. Weston, *The Poor Whites of the South* (Washington, DC, 1856), 5; Eric Foner, *Free Soil, Free Labor, Free Men: The Ideology of the Republican Party Before the Civil War* (New York: Oxford University Press, 1970; rev. ed., 1995), p.42, pp.46~47.

4. Daniel Hundley, *Social Relations in Our Southern States*, ed. William J. Cooper Jr. (1860; reprint ed., Baton Rouge: Louisiana State University Press, 1979), xv, p.251, p.254, p.258.

5. Harriet Beecher Stowe, *Dred: A Tale of the Great Dismal Swamp*, ed. Robert S. Levine (1856; reprint ed., Chapel Hill: University of North Carolina Press, 2000), pp.106~107, p.109, pp.190~191, p.400; also see Allison L. Hurst, "Beyond the Pale: Poor Whites as Uncontrolled Contagion in Harriet Beechers Stowe's Dred," *Mississippi Quarterly* 63, no. pp.3~4 (Summer/Fall 2010): pp.635~653; Hinton Rowan Helper, *The Impending Crisis of the South: How to Meet It*, ed. George M. Fredrickson (1857; reprint ed., Cambridge, MA: Belknap Press of Harvard University Press, 1968), ix, p.32, pp.44~45, pp.48~49, p.89, p.110, p.381. 1860년에 증보판이 출간되어 10만 부가 넘게 팔렸다. 헬퍼에 따르면 1860년 5월까지 137,000부가 팔렸다. David Brown, *Southern Outcast: Hinton Rowan Helper and "The Impending Crisis of the South"* (Baton Rouge: Louisiana State University Press, 2006), p.1, p.130, p.148, p.182.

6. 멕시코와의 과달루페-이달고 조약으로 3억 3,900만 에이커, 오리건주 1억 8,100만 에이커, 개즈든 매입으로 7,800만 에이커의 땅이 추가되었다. 포크가 일으킨 전쟁에 대해서는 다음 자료를 참조하라. Thomas Hietala, *Manifest Design: American Exceptionalism and Empire*, rev. ed. (Ithaca, NY: Cornell University Press, 2003), p.2, p.10, p.36, pp.40~42, p.49, pp.52~53, pp.81~83, pp.200~201, pp.230~231, p.251; Amy Greenberg, *A Wicked War: Clay, Polk, and Lincoln and the 1846 Invasion of Mexico* (New York: Knopf, 2012), p.25, p.55, pp.61~63, p.67, pp.78~79, pp.84~85, p.95, p.100, p.104, pp.259~261; Jesse S. Reeves, "The Treaty of Guadalupe-Hidalgo," *American Historical Review* 10, no. 2 (January 1905): pp.309~324; Jere W. Robinson, "The South and the Pacific Railroad, 1845~1855," *Western Historical Quarterly* 5, no. 2 (April 1974): pp.163~186.

7. 이런 이념의 인기가 점점 증가한 현상에 대해서는 다음 자료를 참조하라. Reginald Horsman, *Race and Manifest Destiny: The Origins of American Racial Anglo-Saxonism* (Cambridge, MA: Harvard University Press, 1981), p.183, pp.208~209, pp.224~ 228, pp.236~237. 프랭클린의 이론이 남북전쟁 이전에는 여전히 영향력을 가지고 있었다. 한 작가는 증가율이 23년마다 두 배가 된다고 주장했다. 이런 주장이 프랭클린과 다른 점이 있다면, 1,700만 인구 중에 '1,400만 명

이 앵글로-색슨 종족'이라는 주장이었다. 이에 대해서는 다음 자료를 참조하라. "America," *Weekly Messenger* (December 7, 1842): pp.1502~1503; "Progress of the Anglo-Saxon Race," *Literary World* (July 26, 1851): pp.72~73; 인구와 언어로 세계를 정복하는 (미국과 영국의) 앵글로-색슨족에 대해서는 다음 자료를 참조하라. "The Anglo-Saxon Race," *Christian Observer*, March 22, 1860.

8. "The Education of the Blood," *American Monthly Magazine* (January 1837): pp.1~7, esp. p.4.

9. "Spurious Pedigrees" and "American Blood," *American Turf Register and Sporting Magazine* (June 1830 and November 1836): pp.492~494 and pp.106~107; John Lewis, "Genealogical Tables of Blooded Stock," *Spirit of the Times: A Chronicle of the Turf, Agriculture, Field Sports, Literature and the Stage* (January 14, 1837): p.380; and "From Our Armchair: The Races," *Southern Literary Journal and Magazine of Arts* (March 1837): pp.84~86.

10. 알렉산더 워크의 책은 1853년 필라델피아에서 재출간되었다. "Intermarriage," *British and Foreign Medical Review or Quarterly Journal of Practical Medicine and Surgery* 7 (April 1839): pp.370~385. 오슨 파울러는 제퍼슨의 논리를 따라 글에서 다음과 같이 말했다. "농부들은 자신의 양, 암소, 수망아지, 심지어 돼지까지도 1등급 품종인지 알아보려고 갖은 노력을 마다치 않으면서 정작 미래 자녀의 혈통에 대해서는 전혀 관심을 쏟지 않는다." 파울러는 또한 인종을 차별하면서 인디언과 흑인은 선천적으로 우월한 백인에게 굴복해야 한다고 주장했다. Orson Squire Fowler, *Hereditary Descent: Its Laws and Facts Applied to Human Improvement* (New York, 1848), p.36, p.44, pp.66~69, p.80, p.92, p.100, p.125, p.127, p.135. 이런 새로운 조언 글의 또 다른 사례에 대해서는 다음 자료를 참조하라. Dr. John Porter, *Book of Men, Women, and Babies: The Laws of God Applied to Obtaining, Rearing, and Developing of Natural, Healthful, and Beautiful Humanity* (New York, 1855), p.25, pp.28~29, p.73, p.79, p.110, p.193; "Remarks on Education," *American Phrenological Journal*, November 1, 1840; 소 육종과 관련하여 사용된 '족보에 유의하라'는 똑같은 표현에 대해서는 다음 자료를 참조하라. "Essay upon Livestock," *Farmer's Register; a Monthly Magazine*, February 28, 1838; "Our Anglo-Saxon Ancestry," *Philanthropist*, December 8, 1841; 일반적인 유전에 대한 생각은 다음 자료를 참조하라. Charles Rosenberg, *No Other Gods: On Science and American Social Thought* (Baltimore: Johns Hopkins University Press, 1961), p.28, pp.31~32, p.34, p.40, p.42; Robyn Cooper, "Definition and Control: Alexander Walker's Trilogy on Woman," *Journal of the History of Sexuality* 2, no. 3 (January 1992): pp.341~364, esp. p.343, p.345, pp.347~348.

11. 로런스는 1819년에 『생리학, 동물학, 인간의 자연사 강의(*Lecture on Physiology, Zoology, and the Natural History of Man*)』를 출판했다. 로런스와 노트가 속한 여러 사상 학파에 대해서는 다음 자료를 참조하라. John Haller Jr., "The Species Problem: Nineteenth-Century Concepts on Racial Inferiority in the Origins of Man Controversy," *American Anthropologist* p.72 (1970): pp.1319~1329. 잡종으로 서 물라토에 대한 노트의 주장, 오늘날 '앵글로-색슨족과 흑인'은 '별개의 종' 이라는 주장에 대해서는 다음 자료를 참조하라. J. C. Nott, "The Mulatto a Hybrid—Probable Extermination of the Two Races If the Whites and Blacks Are Allowed to Intermarry," *Boston Medical and Surgical Journal*, August 16, 1843; Reginald Horsman, *Josiah Nott of Mobile: Southerner, Physician, and Racial Theorist* (Baton Rouge: Louisiana State University Press, 1987).

12. "Literary Notices," *Northern Light*, September 2, 1844; Horsman, "Scientific Racism and the American Indian at Mid-Century," *American Quarterly* 27, no. 2 (May 1975): pp.152~168.

13. "Inaugural Address 1836," in *First Congress—First Session. An Accurate and Authentic Report of the Proceedings of the House of Representatives. From the 3d of October to the 23d of December*, by M. J. Favel (Columbia, TX, 1836), p.67; Sam Houston to Antonio Santa Anna, March 21, 1842, in *Writings of Sam Houston, 1813~1863*, eds. Amelia W. Williams and Eugene C. Barker, 8 vols. (Austin, TX, 1938), 2: p.253; Charles Edward Lester, *Sam Houston and His Republic* (New York, 1846), p.103.

14. 휴스턴의 취임식과 연설에 대해서는 다음 자료를 참조하라. *First Congress—First Session. An Accurate and Authentic Report of the Proceedings of the House of Representatives*, p.57, pp.65~69. 텍사스 혁명 전에 휴스턴이 인디언들과 함께 망 명생활을 하던 '천하고 타락한 사람'이라고 부정적으로 이야기하는 기사들이 있 었다. "General Houston," *Rural Repository*, July 16, 1836. 이전에 조지아주 정치 인이었던, 미라보 라마 대령은 언론에서 '정치가, 시인, 전사'이며 '남부 기사도 정신의 극치'라고 칭송을 받았다. "A Modern Hero of the Old School," *Spirit of the Times*, June 18, 1836. 라마는 '병사들에게 몰살 전쟁'을 요구하면서 "따라서 어떤 타협도 인정하지 않으며 그들의 완전한 몰살 이외에는 끝이 나지 않는다" 라고 말했다. 그는 자연에 맡기고 기다릴 생각은 추호도 없었다. Gary Clayton Anderson, *The Conquest of Texas: Ethnic Cleansing in the Promised Land, 1820~1875* (Norman: University of Oklahoma Press, 2005), p.174; Mark M. Carroll, *Homesteads Ungovernable: Families, Sex, Race and the Law in Frontier Texas, 1823~1860* (Austin: University of Texas Press, 2001), pp.23~24, pp.33~38, p.43; Peggy Pascoe, *What Comes Naturally: Miscegenation Law and the Making of Race in America* (New York:

Oxford University Press, 2009), p.18, p.21.

15. 기디언 린스컴에 대해서는 다음 자료를 참조하라. Mark A. Largent, *Breeding Contempt: The History of Coerced Sterilization in the United States* (New Brunswick, NJ: Rutgers University Press, 2011), pp.11~12.

16. Carroll, *Homesteads Ungovernable*, pp.3~5, pp.11~13, pp.17~19.

17. Ibid., p.42, p.46. 제임스 뷰캐넌과 레비 우드버리의 연설에 대해서는 다음 자료의 부록을 참조하라. *Congressional Globe*, Senate, 28th Congress, 1st Session, June 1844, p.726, p.771. Horsman, *Race and Manifest Destiny*, p.217. "에스파냐 사람들이 정복당한 천한 원주민과 결합하는 바람에 멍그럴 혈통은 나태하고 우둔하게 되었다"는 식의 멍그럴 개념에 대해서는 다음 자료를 참조하라. Brantz Mayer, *Mexico as It Was and as It Is* (New York, 1844), p.333.

18. William W. Freehling, *The Road to Disunion: Secessionists at Bay, 1776~1854* (New York: Oxford University Press), p.419; Greenberg, *A Wicked War*, pp.69~70; Hietala, *Manifest Design*, p.5, pp.26~34, pp.40~43, p.50. 벤저민 러시의 이론에 관해서는 이 책 5장을 참조하라. 로버트 워커의 텍사스 합병 관련 연설에 대해서는 다음 자료의 부록을 참조하라. *Congressional Globe*, Senate, 28th Congress, 1st Session, June 1844, p.557; Robert Walker, *Letter of Mr. Walker, of Mississippi, Relative to the Annexation of Texas* (Washington, DC, 1844), pp.14~15; Horsman, *Race and Manifest Destiny*, pp.215~217; Stephen Hartnett, "Senator Robert Walker's 1844 Letter on Texas Annexation: The Rhetorical Logic of Imperialism," *American Studies* 38, no. 1 (Spring 1997): pp.27~54, esp. pp.32~33. 노트의 자료 오용에 대해서는 다음 자료를 참조하라. C. Loring Brace, "The 'Ethnology' of Josiah Clark Nott," *Journal of Urban Health* 50, no. 4 (April 1974): 509~528; Albert Deutsch, "The First U.S. Census of the Insane (1840) and Its Use as Pro-Slavery Propaganda," *Bulletin of the History of Medicine* p.15 (1944): pp.469~482.

19. 다음 자료의 부록에 실린 텍사스 합병 관련 연설. Alexander Stephens, *Congressional Globe*, 28th Congress, 2nd Session, House of Representatives, January 25, 1845, p.313. 워커는 텍사스를 '훼손된 주'의 상처를 치유하기 위해 미국에 재통합되어야 하는, '정맥과 동맥'을 갖춘 하나의 유기체로 표현하기도 했다. 이에 대해서는 다음 자료를 참조하라. *Letter of Mr. Walker*, 9; Horsman, *Race and Manifest Destiny*, p.218.

20. 결혼을 통한 병합에 대해서는 다음 자료를 참조하라. Nancy Isenberg, *Sex and Citizenship in Antebellum America* (Chapel Hill: University of North Carolina Press, 1998), 140; James M. McCaffrey, *Army of Manifest Destiny: The American Soldier in the Mexican War, 1846~1848* (New York: New York University Press, 1992), 200;

케이브 존슨 쿠츠에 대해서는 다음 자료를 참조하라. Michael Magliari, "Free Soil, Unfree Labor: Cave Johnson Couts and the Binding of Indian Workers in California, 1850~1867," *Pacific Historical Review* 73, no. 3 (August 2004): pp.349~390, esp. p.359, pp.363~365. 포크와 쿠츠의 관계에 대해서는 다음 자료를 참조하라. Greenberg, *A Wicked War*, p.69. 전쟁은 홍수처럼 쏟아지는 인종 차별적인 선동을 촉발했다. 이에 대해서는 다음 자료를 참조하라. Lota M. Spell, "The Anglo-Saxon Press in Mexico, 1846~1848," *American Historical Review* 38, no. 1 (October 1932): pp.20~31, esp. p.28, p.30.

21. 텍사스 하층민에 대해서는 다음 자료를 참조하라. Carroll, *Homesteads Ungovernable*, p.4, p.79, pp.84~86. 혼혈과 '멍그럴 댄디즘'에 대해서는 다음 자료를 참조하라. Charles Winterfield, "Adventures on the Frontier of Texas and California: No. III," *The American Review; A Whig Journal of Politics, Literature, Art and Science* (November 1845): pp.504~517. 미국인들은 캘리포니아 주민을 '멍그럴 인종', 즉 '에스파냐 사람의 오만함과 인디언의 나태함'이라는 최악의 특성이 혼합된 결과라고 말했다. 이에 대해서는 다음 자료를 참조하라. "California in 1847 and Now," *Ballou's Pictorial Drawing-Room Companion*, February 6, 1858.

22. 연한계약하인으로 동원된 원주민에 대해서는 다음 자료를 참조하라. Margliari, "Free Soil, Unfree Labor," pp.349~358. 인디언들을 노예와 하인으로 활용한 것에 대해서는 다음 자료를 참조하라. "California—Its Position and Prospects," *United States Magazine and Democratic Review* (May 1849): pp.412~427. 플로리다로 갈 결혼 적령기 여자들을 모집하는 데도 비슷한 주장이 동원되었다. *New Bedford Mercury*, September 4, 1835. 소설가 엘리자 파넘(Eliza Farnham)은 캘리포니아로 갈 여자들을 모집하는 홍보성 글을 쓰기도 했다. 파넘의 다음 저서를 참조하라. *California, Indoor and Outdoor, How We Farm, Mine, and Live Generally in the Golden State* (New York, 1856); Nancy J. Taniguchi, "Weaving a Different World: Women and the California Gold Rush," *California History* 79, no. 2 (Summer 2000): pp.141~168, esp. pp.142~144, p.148. 본문에 소개된 프랑스의 풍자만화에 대해서는 다음 자료를 참조하라. *Le Charivari*, ca. 1850, Picture Collection, California State Library. 여자들을 캘리포니아로 수입해 노처녀 문제를 해결하자는 주장에 대해서는 다음 자료를 참조하라. "A Colloquial Chapter on Celibacy," *United States Magazine and Democratic Review* (December 1848): pp.533~542, esp. p.537. 남자 300명당 여자 1명이 있었다고 주장하는, 캘리포니아의 성비 불균형에 대해서는 다음 자료를 참조하라. "Letters from California: San Francisco," *Home Journal*, March 3, 1849.

23. Sucheng Chan, "A People of Exceptional Character: Ethnic Diversity, Nativism,

and Racism in the California Gold Rush," *California History* 79, no. 2 (Summer 2000): pp.44~85; Hinton Rowan Helper, *The Land of Gold: Reality Versus Fiction* (Baltimore, 1855), p.264.

24. Helper, *Land of Gold*, p.264; Brown, *Southern Outcast*, pp.25~26.

25. Helper, *Land of Gold*, p.166, p.214, pp.221~222, p.268, pp.272~273, p.275. 헬퍼는 또한 인디언들이 눈 녹듯이 사라진다는 오래된 비유를 사용하기도 했다. Laura M. Stevens, "The Christian Origins of the Vanishing Indian," in *Mortal Remains: Death in Early America*, eds. Nancy Isenberg and Andrew Burstein (Philadelphia: University of Pennsylvania Press, 2003), pp.17~30, esp. p.18.

26. Helper, *Land of Gold*, pp.38~39, p.47, p.92, p.94, p.96, p.111.

27. Ibid., pp.121~130. 패배한 황소에 빗댄 헬퍼의 묘사는 남부 여러 주에서 패배한 백인 빈민층을 묘사하는 일종의 모델이 된다. 헬퍼는 남부에서 자유민 백인 노동자는 "혐오스러운 짐승 같은 취급을 받고 극도의 경멸과 함께 소외를 당했다"면서 다음과 같이 말했다. "그는 더없이 하찮은 존재로 간주되었다. 그가 채찍을 들고 있는 위풍당당한 기사님들 앞에서 감히 입이라도 열면, 알파벳 셋으로 이루어진 단음절어, 예를 들어 yea나 nay 같은 말을 흐릿하게 발언하기라도 하면, 건방지다는 소리를 들었을 것이다"라고 말했다. *The Impending Crisis*, p.41.

28. Helper, *Land of Gold*, p.150, pp.152~160, pp.180~182, p.185; Helper, *The Impending Crisis*, p.42, p.49, p.89, pp.102~103, pp.101~111.

29. Foner, *Free Soil, Free Labor, Free Men*, p.166; Richard H. Sewell, *A House Divided: Sectionalism and Civil War, 1848~1865* (Baltimore: Johns Hopkins University Press, 1988), pp.52~55; John Bigelow, *Memoir of the Life and Public Services of John Charles Fremont* (New York, 1856), pp.50~53.

30. 난민과 추방자 처지의 가난한 백인들에 대해서는 다음 자료를 참조하라. "Slavery and the Poor White Man," *Philanthropist*, May 31, 1843. 노예제도가 백인 주민을 격감시키고 남부에서 노예소유주와 '노예소유주의 아랫사람' 사이에 계급적, 정치적 위계질서를 만들어낸다는 주장에 대해서는 다음 자료를 참조하라. "Slavery and the Poor White Men of Virginia," *National Era*, January 11, 1849. '육지의 협잡꾼'에 대해서는 다음 자료를 참조하라. Helper, *The Impending Crisis*, p.151.

31. 데이비드 윌멋에 대해서는 다음 자료를 참조하라. Foner, *Free Soil, Free Labor, Free Men*, p.60, p.116; Jonathan H. Earle, *Jacksonian Antislavery and the Politics of Free Soil, 1824~1854* (Chapel Hill: University of North Carolina Press, 2004), pp.1~3, pp.27~37, pp.123~139; "Slavery," *Workingman's Advocate*, June 22, 1844; "Progress Towards Free Soil," and "The Homestead," *Young America*, January 17, February

21, 1846. 1854년 의회에서 홈스테드법 통과가 좌절된 것에 대해서는 다음 자료를 참조하라. Gerald Wolff, "The Slavocracy and the Homestead Problem of 1854," *Agricultural History* 40, no. 2 (April 1966): pp.101~112.

32. 다음 기사를 참조하라. "Slavery in Kentucky," *Philanthropist*, May 5, 1841. 윌멋은 "백인 여자에게서 태어나고 보살핌을 받은 남자들은 깜둥이 계집의 젖을 먹고 자란 형편없는 남자들에게 지배당하지 않을 것이다!"라고 하면서 혈통 관련 논쟁을 이용해 남부의 백인 노예소유자들을 공격했다. 앞에서도 언급한 것처럼 당시 이론에 따르면, 혈통의 특성이 어머니의 젖을 통해 다음 세대로 전달되었다. 인용 부분에 대해서는 다음 자료를 참조하라. Earle, *Jacksonian Antislavery*, p.131.

33. 프리몬트의 대통령 후보 수락 연설에 대해서는 다음 자료를 참조하라. Bigelow, *Memoir of the Life and Public Services of John Charles Fremont*, p.458; "America vs. America," *Liberator*, July 22, 1842; Helper, *The Impending Crisis*, p.42, p.121, p.149, p.376.

34. Helper, *The Impending Crisis*, pp.67~72, pp.90~91; Weston, *The Poor Whites of the South*; 남부인들이 농업 상황을 활용해 어떻게 남부의 쇠퇴를 한탄하는가에 대해서는 다음 자료를 참조하라. Drew Gilpin Faust, "The Rhetoric and Ritual of Agriculture in Antebellum South Carolina," *Journal of Southern History* 45, no. 4 (November 1979): pp.541~568.

35. '굳은 상처'라는 표현에 대해서는 다음 자료를 참조하라. Warren Burton, *White Slavery: A New Emancipation Cause Presented to the United States* (Worcester, MA, 1839), pp.168~169; Henry David Thoreau, "Slavery in Massachusetts," in *Reform Papers*, ed. Wendell Glick (Princeton, NJ: Princeton University Press, 1973), p.109; 이 점에 대한 논의는 다음 자료를 참조하라. Jennifer Rae Greeson, *Our South: Geographic Fantasy and the Rise of National Literature* (Cambridge, MA: Harvard University Press, 2010), p.207.

36. Stowe, *Dred*, pp.105~106, pp.190~193.

37. Jeff Forret, *Race Relations at the Margins: Slaves and Poor Whites in the Antebellum Southern Countryside* (Baton Rouge: Louisiana State University Press, 2006), p.112; Timothy James Lockley, *Lines in the Sand: Race and Class in Lowcountry Georgia, 1750~1860* (Athens: University of Georgia Press, 2001), p.115, p.129, p.164.

38. Forret, *Race Relations at the Margins*, p.29, p.97, p.105, p.112; 그레그의 연설에 대해서는 다음 자료를 참조하라. Helper, *The Impending Crisis*, p.377; Tom Downey, "Riparian Rights and Manufacturing in Antebellum South Carolina: William Gregg and the Origins of the 'Industrial Mind,'" *Journal of Southern History* 65, no. 1 (February 1999): pp.77~108, esp. p.95; Thomas P. Martin, "The Advent of

William Gregg and the Grantville Company," *Journal of Southern History* 11, no. 3 (August 1945): pp.389~423.

39. 뉴올리언스 노동자와 현장에서 일하는 빈민 백인 남녀에 대해서는 다음 자료를 참조하라. Helper, *The Impending Crisis*, pp.299~301; Seth Rockman, *Scraping By: Wage Labor, Slavery, and Survival in Early Baltimore* (Baltimore: Johns Hopkins University Press, 2009).

40. 가난한 백인 사이에 사회이동을 가로막는 계급장벽에 대해서는 다음 자료를 참조하라. Charles C. Bolton, *Poor Whites of the Antebellum South: Tenants and Laborers in Central North Carolina and Northeast Mississippi* (Durham, NC: Duke University Press, 1994), p.14, p.25, pp.27~29, p.53, p.67, p.69, p.94; Stephen A. West, *From Yeoman to Redneck in the South Carolina Upcountry, 1850~1915* (Charlottesville: University of Virginia Press, 2008), pp.28~39, pp.43~44. 노예를 소유하지 않은 백인들에게 점점 기회가 줄어드는 것에 대해서는 다음 자료를 참조하라. Gavin Wright, *The Political Economy of the Cotton South: Households, Markets, and Wealth in the Nineteenth Century* (New York: Norton, 1978), pp.24~42.

41. Stowe, *Dred*, p.27, p.37, p.109, p.194.

42. William Cooper's introduction in Hundley, *Social Relations in Our Southern States*, xv~xx.

43. Hundley, *Social Relations in Our Southern States*, xxxii~xxxiii, pp.27~29, p.31, pp.34~36, pp.40~41, pp.43~44, p.60, pp.70~71, p.82, p.91, p.198, p.226, p.239, p.251, pp.255~257.

44. Stowe, *Dred*, p.81, p.83, pp.86~87, pp.89~90, p.99, pp.107~109, pp.190~194, 400, p.543, p.549.

45. "Curious Race in Georgia," *Scientific American*, July 31, 1847. 뉴햄프셔의 에밀리 필스버리(Emily Pillsbury)는 1840년 서배너여자보육원에서 아이들을 가르치는 일을 했으며 9년 동안 남부에 머물렀다. 남부에 머무는 동안 그녀는 목사 A. B. 버크(Burke)와 결혼했지만 남편이 죽자 오하이오로 떠났다. Burke, *Reminiscences of Georgia*, p.206. '노예주 내의 비정상적인 계급들'에 대해서는 다음 자료를 참조하라. "Selections: Manifest Destiny of the American Union," *Liberator*, October 30, 1857「웨스트민스터 리뷰(Westminster Review)'라는 영국 잡지에 처음 실린 것을 다시 실은 것이다.)

46. 백인 쓰레기 여자들을 '형편없는 모성의 표본'으로 묘사한 내용에 대해서는 다음 자료를 참조하라. "Up the Mississippi," *Putnam's Monthly Magazine of American Literature, Science, and Art* (October 1857): pp.433~456, esp. p.456. 기이한 안색과 머리카락에 대해서는 다음 자료를 참조하라. Burke, *Reminiscences of Georgia*, p.206;

"Sandhillers of South Carolina," *Christian Advocate and Journal*, August 7, 1851; "The Sandhillers of South Carolina," *Ohio Farmer*, January 31, 1857; "Clay-Eaters," *Ballou's Pictorial Drawing-Room Companion*, July 31, 1858. 흙을 먹는 영아에 대해서는 다음 자료를 참조하라. "The Poor Whites of the South," *Freedom's Champion*, April 11, 1863; Hundley, *Social Relations in Our Southern States*, pp.264~265.

47. Isabella D. Martin and Myrta Lockett Avary, eds., *A Diary from Dixie, as Written by Mary Boykin Chesnut* (New York, 1905), pp.400~401.

48. 해먼드는 또한 물라토는 주로 도시에 있으며, 북부사람 혹은 외국인이 흑인 과 성관계를 맺은 결과로 태어난다고 주장했다. 그는 이들을 '멍그럴'이라고 불렀다. 해먼드에 대해서는 다음 자료를 참조하라. Drew Gilpin Faust, *James Henry Hammond and the Old South: A Design for Mastery* (Baton Rouge: Louisiana State University Press, 1982), pp.278~282; James H. Hammond, *Two Letters on Slavery in the United States, Addressed to Thomas Clarkson, Esq.* (Columbia, SC, 1845), pp.10~11, p.17, p.26, p.28. 노예제를 지지하는 지식인 중 다른 사람들에 대해서는 다음 자료를 참조하라. Drew Gilpin Faust, "A Southern Stewardship: The Intellectual and Proslavery Argument," *American Quarterly* 31, no. 1 (Spring 1979): pp.63~80, esp. p.67, pp.73~74; Laurence Shore, *Southern Capitalists: Politics and Ideology in Antebellum South Carolina* (Chapel Hill: University of North Carolina Press, 2000), p.43.

49. 터커에 대해서는 다음 자료를 참조하라. Faust, "A Southern Stewardship," p.74. 「리치먼드 인콰이어러」에 대해서는 다음 자료를 참조하라. "White Slavery The Privileged Class," *National Era*, January 24, 1856. 남부의 보수적인 노예제 옹호 주장에 대한 공화주의자들의 반응에 대해서는 다음 자료를 참조하라. "Charles Sumner's Speech," *Ohio State Journal*, June 19, 1860. Hundley, *Social Relations in Our Southern States*, 272. 피터 콜친(Peter Kolchin)은 노예제 옹호자들은 피부색 에 상관없이 노예를 두는 것을 옹호했다고 주장해왔다. Kolchin, "In Defense of Servitude: Proslavery and Russian Pro-Serfdom Arguments, 1760~1860," *American Historical Review* 85, no. 4 (October 1980): pp.809~827, esp. pp.814~817.

50. 판결이 내려진 것은 1857년 3월 6일이었다. 토니 대법원장은 독립선언문은 노 예나 아프리카계 후손을 언급하지 않았다고 주장했다. 그는 노예와 흑인 자유 민이나 물라토 사이에는 차이가 없으며, '낙인'과 '더없이 심화한 퇴화'는 영원 히 인종 전체에 적용된다고 주장했다. 이런 '넘을 수 없는 장벽'이 독립혁명과 연방헌법제정회의 시기에 마련되었다는 것이었다. 토니 대법원장은 나아가 흑 인종은 '지워지지 않는 표시들'에 의해 구분된다고 주장했다. 따라서 그는 드레 드 스콧은 '아프리카계 흑인이고, 그의 조상은 순수한 아프리카 혈통'이라는 생 각을 지지했다. *Scott v. Sandford*, 19 How. p.393 (U.S., 1856), pp.396~397, p.403,

pp.405~407, pp.409~410, p.419. 족보와 가계의 중요성에 대해서는 다음 자료를
참조하라. James H. Kettner, *The Development of American Citizenship, 1608~1870*
(Chapel Hill: University of North Carolina Press, 1978), p.326, p.328. 토니 대법원장
은 1851년 판결에서도 북서부토지조례의 권위를 받아들이지 않았고, 당시 판례
를 '드레드 스콧' 판결에서도 활용했다. William Wiecek, "Slavery and Abolition
Before the Supreme Court," *Journal of American History* 65, no. 1 (June 1978):
pp.34~58, esp. p.54, p.56. 토니 대법원장은 (이번에도 역시 족보와 가계의 중요성을
강조하면서) 전체 인종의 모든 후손을 단일한 범주에 놓았기 때문에, 노예와 자유
민 흑인 사이에 차이가 없다고 주장할 수 있었다. Dan E. Fehrenbacher, *Slavery,
Law, and Politics: The Dred Scott Case in Historical Perspective* (New York: Oxford
University Press, 1981), pp.187~198.

7장

1. 제퍼슨 데이비스의 앨라배마주 몽고메리 도착과 연설에 관해서는 다음 자
   료를 참조하라. *Charleston* [SC] *Mercury*, February 19, 1861, in *Jefferson Davis,
   Constitutionalist: His Letters, Papers and Speeches*, ed. Dunbar Rowland, 10 vols.
   (Jackson: Mississippi Department of Archives and History, 1923), 5: pp.47~48.

2. 토머스 제퍼슨은 국가통합이 공통의 문화적 가치와 민족에 뿌리를 두고 있다고
   보았다. 제퍼슨은 너무 많은 이민자가 미국을 "이질적이고, 응집력이 없고, 산만
   한 집단으로 바꾸고 있다"라고 우려했다. 또한, 그는 미국정부가 이민을 제한함
   으로써 미국 사회가 '보다 동질적이고, 평화롭고, 영속성 있게' 되기를 희망했다.
   Jefferson, *Notes on the State of Virginia*, pp.84~85. 다른 이들도 '하나의 육체 비유'
   를 사용했다. 예를 들어 어느 작가는 모든 남부 노예주들이 비유적으로 [서로]
   혼인한 사이고, "어떤 양키도 갈라놓지 못할 것이다"라고 주장했다. *Richmond
   Examiner*, October 19, 1861.

3. 데이비스는 네 번의 연설에서 '퇴화한 자식들'이라는 단어를, 또 다른 연설에
   서는 '퇴화한 후손들'이라는 단어를 사용했다. 데이비스의 1861년 2월 18일 연
   설에 대해서는 다음 자료를 참조하라. Rowland, ed., *Jefferson Davis*, 5: p.48; for
   other references, see ibid., 4: p.545; 5: p.4, p.391; 6: p.573.

4. 데이비스의 1862년 12월 26일 연설에 대해서는 다음 자료를 참조하라. "Jeff
   Davis on the War: His Speech Before the Mississippi Legislature," *New York
   Times*, January 14, 1863.

5. "Speech of Jefferson Davis at Richmond" (taken from the *Richmond Daily Enquirer*,
   January 7, 1863), Rowland, *Jefferson Davis*, 5: pp.391~393.

6. 적을 악마화하는 것의 중요성에 대해서는 다음 자료를 참조하라. Jason Phillips, *Diehard Rebels: The Confederate Culture of Invincibility* (Athens: University of Georgia Press, 2007), pp.40~41.

7. 남부연합 내부 분열을 감추려는 노력에 대해서는 다음 자료를 참조하라. Paul Escott, *After Secession: Jefferson Davis and the Failure of Confederate Nationalism* (Baton Rouge: Louisiana State University Press, 1978); George C. Rable, *The Confederate Republic: A Revolution Against Politics* (Chapel Hill: University of North Carolina Press, 1994), p.27; Michael P. Johnson, *Toward a Patriarchal Republic: The Secession of Georgia* (Baton Rouge: Louisiana State University Press, 1977), p.41. 남부연합이 아니라 연방을 위해 싸운 남부인에 대해서는 다음 자료를 참조하라. William W. Freehling, *The South vs. the South: How Anti-Confederates Shaped the Course of the Civil War* (New York: Oxford University Press, 2001), xiii. 계급투쟁에 대해서는 다음 자료를 참조하라. David Williams, *Rich Man's War: Class, Caste, and Confederate Defeat in the Lower Chattahoochee Valley* (Athens: University of Georgia Press, 1998); Wayne K. Durrill, *War of Another Kind: Southern Community in Great Rebellion* (New York: Oxford University Press, 1990). 전쟁 기간 남부에서의 반대 의견에 대해서는 다음 자료를 참조하라. Victoria E. Bynum, *The Long Shadow of the Civil War: Southern Dissent and Its Legacies* (Chapel Hill: University of North Carolina Press, 2010); Daniel E. Sutherland, ed., *Guerrillas, Unionists, and Violence on the Confederate Homefront* (Fayetteville: University of Arkansas Press, 1999).

8. 「뉴욕헤럴드(New York Herald)」는 해당 인용 부분을 게재하고 앨라배마의 「머스코지 헤럴드(Muskogee Herald)」에 실린 기사의 일부라고 주장했다. 「뉴욕헤럴드」 작가인 이는 버지니아, 미시시피, 루이지애나, 사우스캐롤라이나, 앨라배마에서 발행되는 다수의 남부 신문에서 쉽게 찾아볼 수 있는 수많은 공격 중의 하나일 뿐이라며 볼멘소리를 했다. "Ridiculous Attacks of the South upon the North, and Vice Versa," *New York Herald*, September 16, 1856.

9. '기름 범벅 정비공' 현수막에 대해서는 다음 자료를 참조하라. "Great Torchlight Procession! Immense Demonstrations," *Boston Daily Atlas*, October 1856.

10. 제퍼슨 데이비스가 1851년 5월 26일, 미시시피주 애버딘에서 했던 연설에 대해서는 다음 자료를 참조하라. Rowland, *Jefferson Davis*, 2: pp.73~74. 데이비스는 1858년 11월 16일, 미시시피 주의회에서 행한 연설에서도 비슷한 주장을 폈다. ibid., 3: p.357. 이런 생각은 가난한 백인들의 충성심을 재확인하려는 목적으로 남부의 지배 엘리트에 의해 널리 활용되었다. Williams, *Rich Man's War*, 28; William J. Harris, *Plain Folk and Gentry in a Slave Society: White Liberty and Black Slavery in Augusta's Hinterlands* (Middletown, CT: Wesleyan University Press, 1985), p.75.

11. 부랑자들을 겨냥한 영어 욕설로 거슬러 올라가는 '오물(offscourings)'은 지독한 모욕이었다. 이는 대소변 배설물을 의미했다. 도시 불량배와 북군에 대해서는 다음 자료를 참조하라. Lorien Foote, *The Gentlemen and the Roughs: Violence, Honor, and Manhood in the Union Army* (New York: New York University Press, 2010). 이민자들에 대해서는 다음 자료를 참조하라. Tyler Anbinder, "Which Poor Man's Fight? Immigrants and Federal Conscription of 1863," *Civil War History* 52, no. 4 (December, 2006): pp.344~372. '고트족과 반달족'보다 나쁜 북부 남자들에 대해서는 다음 자료를 참조하라. "The Character of the Coming Campaign," *New York Herald*, April 28, 1861. 남부연합은 흑인 병사들을 병사 혹은 전쟁포로로 인정하기를 거부했고, 그런 부대를 지휘하는 북군 장교 누구든 죽음을 피할 수 없을 것이라고 주장했다. Dudley Taylor Cornish, *The Sable Arm: Black Troops in the Union Army, 1861~1865* (1956; reprint ed., Lawrence: University Press of Kansas, 1987), pp.158~163, p.178.

12. James Hammond, Speech to the U.S. Senate, March 4, 1858, *Congressional Globe*, 35th Congress, 1st Session, Appendix, p.71; also see Faust, *James Henry Hammond and the Old South*, p.374.

13. Hammond, Speech to the U.S. Senate, p.74. 공화당(그리고 공화당의 철학)과 사회주의 혁명을 동일시하는 것은 남부 작가들 사이에서는 흔한 일이었다. Harris, *Plain Folk and Gentry*, p.138; and Manisha Sinha, *The Counter-Revolution of Slavery: Politics and Ideology in Antebellum South Carolina* (Chapel Hill: University of North Carolina Press, 2000), p.191, pp.223~229.

14. '붉은 공화주의자'에 대해서는 다음 자료를 참조하라. "The War upon Society— Socialism," *De Bow's Review* (June 1857): pp.633~644. 노예를 가난한 백인과 동격으로 취급하는 검은 공화주의자에 대해서는 다음 자료를 참조하라. Williams, *Rich Man's War*, p.47; also see Arthur Cole, "Lincoln's Election an Immediate Menace to Slavery in the States?," *American Historical Review* 36, no. 4 (July 1931): pp.740~767, esp. p.743, p.745, p.747. 인종 간의 혼혈 위협에 대해서는 다음 자료를 참조하라. George M. Fredrickson, "A Man but Not a Brother: Abraham Lincoln and Racial Equality," *Journal of Southern History* 41, no. 1 (February 1975): pp.39~58, esp. p.54. 링컨의 재선 운동 기간에 제기된 인종 간 혼합에 대한 비난에 대해서는 다음 자료를 참조하라. Elise Lemire, *"Miscegenation": Making Race in America* (Philadelphia: University of Pennsylvania Press, 2002), pp.115~123.

15. Alexander Stephens, "Slavery the Cornerstone of the Confederacy," speech given in Savannah, March 21, 1861, in *Great Debates in American History: States Rights (1798~1861); Slavery (1858~1861)*, ed. Marion Mills Miller, 14 vols. (New

York, 1913), 5: p.287, p.290.

16. 위그폴의 주장에 대해서는 다음 자료를 참조하라. "Proceedings of the Confederate Congress," *Southern Historical Society Papers* (Richmond, VA, 1959), 52: p.323. 구두닦이에 대한 언급은 다음 자료를 참조하라. "Latest from the South," [New Orleans] *Daily Picayune*, February 15, 1865. 위그폴의 연설에 나오는 계급 관련 부분에 대해서는 다음 자료를 참조하라. "The Spring Campaign—Davis' Last Dodge," *New York Daily Herald*, February 9, 1865. Edward S. Cooper, *Louis Trezevant Wigfall: The Disintegration of the Union and the Collapse of the Confederacy* (Lanham, MD: Fairleigh Dickinson University Press, 2012), pp.137~140.

17. Williams, *Rich Man's War*, p.184. 징병에 대해서는 다음 자료를 참조하기 바란다. Albert Burton Moore, *Conscription and Conflict in the Confederacy* (New York, 1924), pp.14~18, p.34, p.38, p.49, p.53, p.67, pp.70~71, p.308. 탈영과 병역의무의 불평 등한 부담에 대해서는 다음 자료를 참조하라. Scott King-Owen, "Conditional Confederates: Absenteeism Among Western North Carolina Soldiers, 1861~1865," *Civil War History* p.57 (2011): pp.349~379, esp. p.377; Rable, *The Confederate Republic*, p.294; and Jaime Amanda Martinez, "For the Defense of the State: Slave Impressment in Confederate Virginia and North Carolina" (Ph.D. dissertation, University of Virginia, 2008). 일부 조지아인은 노예 무장이 '부자들의 전 쟁에서 가난한 사람들이 피 흘리며 싸운다'는 볼멘소리를 없애고, 백인 탈영병 이 남부연합군으로 복귀하게 해줄 것이라고 생각하기도 했다. Philip D. Dillard, "The Confederate Debate over Arming Slaves: View from Macon and Augusta Newspapers," *Georgia Historical Quarterly* 79, no. 1 (Spring 1995): pp.117~146, esp. p.145.

18. 북군 장군들의 [계급에 대한] 태도와 정책에 대해서는 다음 자료를 참조하 라. Mark Grimsley, *The Hard Hand of War: Union Military Policy Toward Southern Civilians, 1861~1865*(New York: Cambridge University Press, 1995); *Ulysses S. Grant: Memoirs and Selected Letters* (New York: Library of America, 1990), pp.148~149. 그랜트 는 전쟁 기간에 작성한 편지에서도 같은 5 대 1 비율을 언급했다. 그는 또한 "만 약 모든 남부 사람이 지도자에 의해 속박되지 않는, 편견 없는 감정을 표현할 수 있다면, 전쟁은 즉시 끝날 수 있을 것"이라는 비슷한 견해를 전쟁 중에도 피력했 다. Grant to Jesse Root Grant, August 3, 1861, Grant to Julia Dent Grant, June 12, 1862, in ibid., 972, 1009. 힌턴 로언 헬퍼에 대해서는 다음 자료와 본서 6장을 참 조하라.

19. *The Irrepressible Conflict. A Speech by William H. Seward, Delivered at Rochester, Monday, Oct 25, 1858* (New York, 1858), pp.1~2.

20. "The Destinies of the South: Message of His Excellency, John H. Means, Esq., Government of the State of South-Carolina, . . . November 1852," *Southern Quarterly Review* (January 1853): pp.178~205, esp. p.198; James Hammond, *Governor Hammond's Letters on Southern Slavery: Addressed to Thomas Clarkson, the English Abolitionist* (Charleston, SC, 1845), 21; Jefferson Davis, "Confederate State of America—Message to Congress, April 29, 1861," in *A Compilation of the Messages and Papers of the Confederacy*, ed. James D. Richardson, 2 vols. (Nashville: United States Publishing Co., 1906), 1: p.68; Christa Dierksheide and Peter S. Onuf, "Slaveholding Nation, Slaveholding Civilization," in *In the Cause of Liberty: How the Civil War Redefined American Ideals*, eds. William J. Cooper Jr. and John M. McCardell Jr. (Baton Rouge: Louisiana State University Press, 2009): pp.9~24, esp. p.9, pp.22~23.

21. "The Union: Its Benefits and Dangers," *Southern Literary Messenger* (January 1, 1861): pp.1~4, esp. p.4; and "The African Slave Trade," *Southern Literary Messenger* (August 1861): pp.105~113; Rable, *The Confederate Republic*, p.55. 헬퍼의 책에 대한 반응에 대해서는 다음 자료를 참조하라. Brown, *Southern Outcast*; and Williams, *Rich Man's War*, pp.31~32.

22. *Memoir on Slavery, Read Before the Society for the Advancement of Learning, of South Carolina, at Its Annual Meeting at Columbia. 1837. By Chancellor Harper* (Charleston, SC, 1838), pp.23~24. 남부에서 낮은 식자율, 빈민이 초등교육을 받을 기회가 적었다는 부분에 대해서는 다음 자료를 참조하라. Carl Kaestle, *Pillars of the Republic: Common Schooling and American Society, 1780~1860* (New York, 1893), p.195, p.206; James M. McPherson, *Drawn with the Sword: Reflections on the American Civil War* (New York: Oxford University Press, 1996), p.19. 식자율에 대한 추정치는 상당히 다르다. 맥퍼슨(McPherson)은 노예주와 북부 주들 사이에 식자율 차이가 3 대 1이라는 낮은 수치를 선택했다. 웨인 플린트(Wayne Flynt)는 1850년 연방인구조사에 따르면, 백인 문맹률이 노예주에서 20.3퍼센트, 뉴욕주, 뉴저지주, 펜실베이니아주 같은 중부 대서양 연안 주에서 3퍼센트, 뉴잉글랜드에서 0.42퍼센트라고 지적했다. 그렇게 보면 뉴잉글랜드를 기준으로 하면 40 대 1이 넘고, 중부 대서양 연안의 주들은 7 대 1이다. Wayne Flynt, *Dixie's Forgotten People: The South's Poor Whites* (Bloomington: Indiana University Press, 1979), p.8. 남부연합에 별도의 출판업을 요구한 것에 대해서는 다음 자료를 참조하라. Michael T. Bernath, *Confederate Minds: The Struggle for Intellectual Independence in the Civil War South* (Chapel Hill: University of North Carolina Press, 2013).

23. "The Differences of Race Between the Northern and Southern People," *Southern*

Literary Messenger (June 1, 1860): pp.401~409, esp. p.403. 남부에서의 귀족 지배에 대해서는 다음 자료를 참조하라. Frank Alfriend, "A Southern Republic and Northern Democracy," *Southern Literary Messenger* (May 1, 1863): pp.283~290. 빈민을 설득해 끌어들이려는 시도에 대해서는 다음 자료를 참조하라. "Message of Gov. Joseph E. Brown," November 7, 1860, in *The Confederate Records of Georgia*, ed. Allen D. Candler, 5 vols. (Atlanta, 1909~11), 1:47; William W. Freehling and Craig M. Simpson, *Secession Debated: Georgia Showdown in 1860* (New York: Oxford University Press, 1992); Bernard E. Powers Jr., "'The Worst of All Barbarism': Racial Anxiety and the Approach of Secession in the Palmetto State," *South Carolina Historical Magazine* 112, no. 3/4 (July~October 2011): pp.139~156, esp. p.151; Harris, *Plain Folk and Gentry*, p. 134. 자경단과 '미니트맨'에 대해서는 다음 자료를 참조하라. West, *From Yeoman to Redneck*, pp.68~69, pp.76~81, p.84, pp.91~92. 남부 주들에 있는 북부 관찰자들은 글에서 다수의 가난한 백인이 [남부 11개 주의] 연방 탈퇴에 반대했지만 '침묵하지 않을 수 없다'고 느꼈다고 말했다. "The Poor Whites at the South—Letter from a Milwaukee Man in Florida," *Milwaukee Daily Sentinel*, April 15, 1861. 알프렌드(Alfriend)는 브라운 주지사와 같은 주장을 폈는데, 링컨 행정부가 '링컨 자신은 물론이고 능수능란한 조언자들의 온갖 그럴싸한 기교를 동원'해 가난한 백인을 자기네 편으로 끌어당길 것이라고 주장했다. "링컨은 사람들의 허영심에 아첨하고, 연방의 구호물과 저렴한 토지를 바라는 나태하고 탐욕스러운 성향을 애지중지 받들며 만족시켜줄 것이다." 그리하여 공화당의 메시지가 '남부 사회 하층계급'까지 널리 퍼질 것이다. 알프렌드는 또한 남부를 기다리는 것은 정복전쟁 아니면 계급전쟁이라고 예언했다. "정복전쟁이 아니라면 내전이 될 것이다. 남부와 북부 사이의 내전이 아니라 노예소유주와 북부의 지원을 받는 비노예소유주 사이의 내전이." "Editor's Table," *Southern Literary Messenger* (December 1, 1860): pp.468~474, esp p.472.

24. 제임스 D. B. 디보는 자신의 잡지를 발간하기 위해 뉴올리언스로 이주한 사우스캐롤라이나 사람이다. 처음에는 제목이 '남부와 서부에 대한 상업적 리뷰(Commercial Review of the South and West)'였지만, 나중에 자기 이름을 따서 '디보스 리뷰(De Bow's Review)'라고 했다. 초기에는 남부에서 공교육과 산업화를 옹호했지만, 나중에는 '면화는 왕'이고 노예제가 남부의 우월성을 보증하는 주된 원천이라는 분리주의자들의 수사를 온전히 받아들였다. 디보는 1860년에 『남부 비노예소유주들이 노예제에서 얻는 이득(The Interest in Slavery of the Southern Non-Slaveholder)』이라는 소책자를 발간했고, 이후에 「찰스턴 머큐리(Charleston Mercury)」와 「디보스 리뷰」에 기사 형태로도 실었다. 관련하여 다음 자료를 참

조하라. James De Bow, "The Non-Slaveholders of the South: Their Interest in the Present Sectional Controversy Identical with That of Slaveholders," *De Bow's Review*, vol. 30 (January 1861): pp.67~77; Eric H. Walther, "Ploughshares Come Before Philosophy: James D. B. De Bow," in *The Fire-Eaters* (Baton Rouge: Louisiana State University Press, 1992), pp.195~227; Sinha, *The Counter-Revolution of Slavery*, p.234. 조지아 주지사 조지프 브라운도 가난한 백인들에게 비슷한 호소를 했다. 브라운은 남부의 높은 임금을 칭송하고, 노예제도가 없어지면 가난한 백인들은 법적 사회적 지위를 잃고 노예들은 조지아주 산악지대에 사는 사람들을 약탈하게 될 것이라고 경고했다. 조지아주 산악지대라고 하면 극빈한 비노예 소유주의 비율이 높은 곳으로 알려져 있었다. 엘리트 분리주의자들은 브라운의 이런 주장을 크게 반겼다. '가난한 사람들'이 연방으로부터의 분리·독립이라는 대의에 호응해 분연히 '일어서게 하고', '부자에 맞서 진영을 갖추게 만들지 모르는' 각종 유혹 앞에서 마음을 단단히 추스르도록 만드는 '잘 계산된' 주장이라고 생각했다. Johnson, *Toward a Patriarchal Republic*, pp.49~51.

25. Rable, *The Confederate Republic*, pp.32~35, pp.40~42, pp.50~51, pp.60~61; Johnson, *Toward a Patriarchal Republic*, pp.63~65, p.110, pp.117~123, p.153, p.156; William C. Davis, *Jefferson Davis: The Man and His Hour* (Baton Rouge: Louisiana State University Press, 1991), p.308; Stephanie McCurry, *Confederate Reckoning: Power and Politics in the Civil War South* (Cambridge, MA: Harvard University Press, 2010), p.51, p.55, p.63, p.75, p.81; G. Edward White, "Recovering the Legal History of the Confederacy," *Washington and Lee Legal Review* p.68 (2011): pp.467~554, esp. p.483. 「남부문학통신(Southern Literary Messenger)」은 헌법 개정으로 '법적으로 선거권을 행사할 능력이 없는 계급들'의 선거권을 제한하고, 이를 통해 남부 연합 정부가 '정규교육조차 받지 않고 법을 무시하는 다수에 휘둘리는' 상황에서 자유로워져야 한다고 생각했다. "Editor's Table," p.470; Richard O. Curry, "A Reappraisal of Statehood Politics in West Virginia," *Journal of Southern History* 28, no. 4 (November 1962): pp.403~421, esp. p.405. 테네시주 동부의 연방주의자와 그들이 엘리트주의 정부를 강요하는 분리주의자들에 대해 가졌던 두려움에 대해서는 다음 자료를 참조하라. Noel L. Fisher, "Definitions of Victory: East Tennessee Unionists in the Civil War and Reconstruction," in Sutherland, ed., *Guerrillas, Unionists, and Violence on the Confederate Homefront* (Fayetteville: University of Arkansas Press, 1999), pp.89~111, esp. pp.93~94.

26. 심스는 경계 주들이 제조업을 활성화시켜 가난한 백인 인구가 늘어날까 봐 걱정했다. William Gilmore Simms to William Porcher Miles, February 20, 24, 1861, in *The Letters of William Gilmore Simms*, eds. Mary C. Simms Oliphant,

Alfred Taylor Oldell, and T. C. Duncan Miles, 5 vols. (Columbia: University of South Carolina Press, 1952~56), 4: p.330, p.335; Alfriend, "A Southern Republic and Northern Democracy"; also see "The Poor Whites to Be Dis-Enfranchised in the Southern Confederacy," *Cleveland Daily Herald*, February 2, 1861. 「남부연합 (Southern Confederacy)」의 편집장이었던, 플로리다의 T. S. 고든(Gordon)은 제퍼슨 이 말한 인권이라는 개념을 거부하자는 생각은 물론이고 자신의 세대는 '스스로 생각하고' '선조들의 의견'을 무시할 권리가 있다는 주장도 옹호했다. a reprint of Gordon's article in "Bold Vindication of Slavery," *Liberator*, March 22, 1861; Rable, *The Confederate Republic*, p.50, pp.55~56.

27. 노예소유주들로만 구성된 상원을 구성하자는 주장에 대해서는 다음 자료를 참 조하라. 러핀은 대중을 '돼지 같은 다수'라고 불렀던 데 반해, 조지아의 보수주 의자들은 폭도나 '내부의 적들'이라고 불렀다. William Kauffman Scarborough, ed., *The Diary of Edmund Ruffin*, 3 vols. (Baton Rouge: Louisiana State University Press, 1972~89), 2: pp.167~171, p.176, p.542; Rable, *The Confederate Republic*, p.42; Johnson, *Toward a Patriarchal Republic*, p.101, pp.130~131, p.143, pp.178~179, p.184; McCurry, *Confederate Reckoning*, p.43; reprint and discussion of editorial published in the *Charleston* [SC] *Mercury* in "Seceding from Secession," *New York Times*, February 25, 1861. 5분의 3타협이 남부 주들의 권리를 침해한다고 보 았던 또 다른 분리주의자 사례에 대해서는 다음 자료를 참조하라. "National Characters The Issues of the Day," *De Bow's Review* (January 1861); 'title of nobility'에 대해서는 다음 자료를 참조하라. "Department of Miscellany . . .The Non-Slaveholder of the South," *De Bow's Review* (January 1, 1861).

28. "The Southern Civilization; or, the Norman in America," *De Bow's Review* (January/ February 1862).

29. John F. Reiger, "Deprivation, Disaffection, and Desertion in Confederate Florida," *Florida Historical Quarterly* 48, no. 3 (January 1970): pp.279~298, esp. pp.286~287; Escott, *After Secession*, p.115, p.119; Reid Mitchell, *Civil War Soldiers* (New York: Viking, 1988), p.160; "The Conscription Bill. Its Beauty," *Southern Literary Messenger* (May 1, 1862): p.328; Harris, *Plain Folk and Gentry*, p.153. '타 타르족'이라는 욕설에 대해서는 다음 자료를 참조하라. James D. Davidson to Greenlee Davidson, February 12, 1861, in Bruce S. Greenawalt, "Life Behind Confederate Lines in Virginia: The Correspondence of James D. Davidson," *Civil War History* 16, no. 3 (September 1970): pp.205~226, esp. p.218; Williams, *Rich Man's War*, p.122; Bessie Martin, *Desertion of Alabama Troops in the Confederate Army: A Study in Sectionalism* (New York: Columbia University Press, 1932), p.122.

30. 20인 이상 노예를 거느린 대농장주는 징집을 면제한다는 '20인 노예법'에 대해서는 다음 자료를 참조하라. Williams, *Rich Man's War*, p.132; Escott, *After Secession*, 95; King-Owen, "Conditional Confederates," p.351, p.359, pp.377~378. 역사가 제임스 펠란(James Phelan)은 계급이라는 관점에서 애국심을 측정했다. 글에서 펠란은 "지적 능력, 지위, 교육에 대한 자부심이 있어야만, 위험과 희생이 따르는 상황에서 애국심의 필요성을 민감하게 감지하고 민활하게 발휘할 수가 있다"라고 말했다. 가난한 백인 농부들에게는 그런 자질들이 부족했다. James Phelan to Jefferson Davis, May 23, 1861, in *The War of Rebellion: A Compilation of the Official Records of the Union and Confederate Armies*, p.130 vols. (Washington, DC: Government Printing Office, 1880~1901), Series IV, 1: p.353, Escott, *After Secession*, p.115; Rable, *The Confederate Republic*, p.156, pp.190~191; Harris, *Plain Folk and Gentry*, p.64; Jack Lawrence Atkins, "'It Is Useless to Conceal the Truth Any Longer': Desertion of Virginia Soldiers from the Confederate Army" (M.A. thesis, Virginia Polytechnic Institute, 2007), pp.41~42.

31. 계급의식이 강한 남자들은 영예와 군 복무가 자신들이 '올바른 부류'임을 보여준다고 생각했다. Lee L. Dupont to his wife, February 27, 186[1 or 2], Dupont Letters, Lowndes-Valdosta Historical Society, as quoted in David Carlson, "The 'Loanly Runagee': Draft Evaders in Confederate South Georgia," *Georgia Historical Quarterly* 84, no. 4 (Winter 2000): pp.589~615, esp. p.597. 노스캐롤라이나의 「롤리 위클리 스탠더드」의 편집장, 윌리엄 홀든(William Holden)은 징병제를 강도 높게 비판했다. 홀든은 글에서 "우리는 흑인들은 살이 찌고 피부에 윤기가 흐르는데 전쟁 때문에 굶어 죽는 백인 아이가 하나라도 나오는 상황을 원치 않는다"라고 말했다. *Raleigh Weekly Standard*, July 1, 1863, as quoted in Rable, *The Confederate Republic*, pp.190~191. '들개 포획인'에 대해서는 다음 자료를 참조하라. John Beauchamp Jones, *A Rebel Clerk's Diary at the Confederate Capital*, 2 vols. (Philadelphia, 1866), 2: p.317; 또한 *Richmond Whig*의 다음 사설도 참조하라. 같은 글이 다음 자료에도 실렸다. "The Rebel Army and the Rebel Government," *Philadelphia Inquirer*, January 24, 1862.

32. Robert E. Lee to President Jefferson Davis, August, 17, 1863, in *The Wartime Papers of Robert E. Lee* (Boston: Little, Brown, 1961), p.591; Atkins, "Desertion among Virginia Soldiers," p.47~48; Harris, *Plain Folk and Gentry*, pp.179~180. 노스캐롤라이나주의 탈영 비율은 버지니아주의 수치에 더욱 근접했을 것으로 추정된다. 하지만 정확한 수치를 알기는 극도로 어렵다. Richard Reid, "A Test Case of the 'Crying Evil': Desertion Among North Carolina Troops During the Civil War," *North Carolina Historical Review* 58, no. 3 (July 1981): pp.234~262, esp.

p.234, pp.237~238, p.247, p.251, p.253, pp.254~255. 연방군에 합류한 남부연합 사람들에 대한 보복에 대해서는 다음 자료를 참조하라. Lesley J. Gordon, "'In Time of War': Unionists Hanged in Kinston, North Carolina, February 1864," in Sutherland, *Guerrillas, Unionists, and Violence*, pp.45~58; Bynum, *The Long Shadow of the Civil War*, p.28, pp.43~46; Victoria E. Bynum, *The Free State of Jones: Mississippi's Longest Civil War* (Chapel Hill: University of North Carolina Press, 2001).

33. 조지아 탈영병과 변절자들의 부인이 반항하며 당국을 조롱했다는 이야기에 대해서는 다음 자료를 참조하라. Carlson, "The 'Loanly Runagee,'" p.600, pp.610~613; Harris, *Plain Folk and Gentry*, pp.180~181.

34. 소개된 우스갯소리에 대해서는 다음 자료를 참조하라. *Houston Tri-Weekly Telegraph*, December 23, 1864. 제임스 스콧의 『약자의 무기 : 일상적인 형태의 저항(*Weapons of the Weak : Everyday Forms of Resistance*)』(1985)이라는 작품을 토대로 캐서린 주프리(Katherine Guiffre)는 힘없는 집단이 대규모 봉기 같은 극단적인 행위 대신 (험담하기, 꾀병 부리기, 좀도둑질 같은) 일상적인 반항을 할 때도 많다고 주장한다. Katherine A. Guiffre, "First in Flight: Desertion as Politics in the North Carolina Confederate Army," *Social Science History* 21, no. 2 (Summer 1997): pp.245~263, esp. pp.249~250, p.260. 나는 이런 우스갯소리들이 비슷한 목적이 있다고 생각하는데, 지배 엘리트가 반역, 비겁함, 반란 행위라고 보는 것들을 별 것 아니라는 듯이 가볍게 취급하는 역할이다.

35. 남부연합군에서 복무한 사람들의 예상치에 대해서는 역사가들 사이에 이론이 있다. 가장 최근의 추정치에 대해서는 다음 자료를 참조하라. McCurry, *Confederate Reckoning*, p.152. 탈영에 대해서는 다음 자료를 참조하라. Mark A. Weitz, *More Damning Than Slaughter: Desertion in the Confederate Army* (Lincoln: University of Nebraska Press, 2005); Reid, "A Test Case of the 'Crying Evil,'" p.234, p.247. 강제 징집되거나 대리 징집된 병사들, 그리고 전쟁 말기에 입대한 사람들의 불평불만에 대한 최고의 연구결과에 대해서는 다음 자료를 참조하라. (이들 집단은 남부연합 병사들의 동기부여 연구에서 무시될 때가 많았다) Kenneth W. Noe, *Reluctant Rebels: The Confederates Who Joined the Army After 1860* (Chapel Hill: University of North Carolina Press, 2010), p.2, p.7, pp.88~89, pp.94~95, p.108, pp.113~114, p.178, p.190. 케네스 W. 노(Kenneth W. Noe)가 지적한 것처럼, 징집병과 대리복무자, 즉 불만을 품었을 가능성이 농후한 이들은 역사가들이 개인적인 감정을 최소한으로밖에 파악하지 못하는 두 집단이기도 하다. 이들의 서신을 추적하기는 쉽지 않다. 글을 쓸 줄 아느냐 모르느냐도 역시 계급이 결정한다. 그러므로 개인 서신에 의존하는 역사학자들은 필연적으로 계급적 편견을 보일 수밖에 없다. 하층계급 출신의 대리복무자와 그들의 신원파악 어려움에 대

해서도 역시 다음 자료를 참조하라. John Sacher, "The Loyal Draft Dodger? A Reexamination of Confederate Substitution," *Civil War History* 57, no. 2 (June 2011): pp.153~178, esp. pp.170~173. 최초 조지아 지원병의 일원이었던 윌리엄 앤드루스 병장은 리 장군이 항복한 뒤에 쓴 글에서 병사들 사이에 악화될 대로 악화된 분노에 대해 다음과 같이 말했다. "연방으로 복귀해야 하는 것이 쓰라린 고통이기는 했지만 그렇다고 우리가 남부연합의 손실을 크게 아쉬워했다고 생각하지는 마라. 그동안 병사들이 이런저런 방식으로 정부로부터 받아온 대우 때문에 그들은 정부에 반감을 품고 있었다." David Williams, Teresa Crisp Williams, and David Carlson, *Plain Folk in a Rich Man's War: Class and Dissent in Confederate Georgia* (Gainesville: University Press of Florida, 2002), p.194.

36. Williams et al., *Plain Folk in a Rich Man's War*, pp.25~29, pp.34~36; "Cotton Versus Corn," *Philadelphia Inquirer*, May 4, 1861.

37. Teresa Crisp Williams and David Williams, "'The Woman Rising': Cotton, Class, and Confederate Georgia's Rioting Women," *Georgia Historical Quarterly* 86, no. 1 (Spring 2002): pp.49~83, esp. pp.68~79; 리치먼드에서 일어난 폭동에 대해서는 다음 자료를 참조하라. Michael B. Chesson, "Harlots or Heroines? A New Look at the Richmond Bread Riot," *Virginia Magazine of History and Biography* 92, no. 2 (April 1984): pp.131~175; 1863년의 리치먼드 빵 폭동에 관한 두 가지 기록에 대해서는 다음 자료를 참조하라. Mary S. Estill, "Diary of a Confederate Congressman, 1862~1863," *Southwestern Historical Quarterly* 39, no. 1 (July 1935): pp.33~65, esp. pp.46~47; Jones, April 2, 1863, *A Rebel Clerk's Diary*, 1: pp.285~287; Williams, *Rich Man's War*, p.99, pp.100~101, pp.114~115; Escott, *After Secession*, p.122. 레버것(Lebergott)의 주장처럼 남부연합이 충분한 세금을 거두지 못했기 때문에 징발에 의존할 수밖에 없었고, 징발은 가장 취약한 사회구성원이 대상이 될 때가 많았다. 바로 남편이 병사로 징집된 여성들이 운영하는 농장이었다. 이런 관행이 탈영을 부채질했고, 정부를 향한 여성들의 분노를 한층 심화시켰다. Stanley Lebergott, "Why the South Lost: Commercial Purpose in the Confederacy, 1861~1865," *Journal of American History* 79, no. 1 (June 1983): pp.58~74, esp. pp.71~72. 일부 기사에서는 남부연합을 옹호하면서 리치먼드 시위가 '빵 폭동'인데, 원인이 결핍이 아니라 범죄라고 주장했다. "Outrageous Proceedings in Richmond," *Staunton Spectator*, April 7, 1863; 그러나 같은 신문에 실린 다른 기사는 계급투쟁이 남부연합의 대의를 파괴하고 있다고 주장했다. "The Class Oppressed," *Staunton Spectator*, April 7, 1863.

38. "Pity the Poor Rebels," *Vanity Fair*, May 9, 1863.

39. Entries for July 26, 27, 1863, Lucy Virginia French Diaries, 1860, 1862~1865,

microfilm, Tennessee State Library and Archives, Nashville; Stephen V. Ash, "Poor Whites in the Occupied South, 1861~1865," *Journal of Southern History* 57, no. 1 (February 1991): pp.39~62, esp. p.55.

40. 병사들이 고통을 당하는 사이 고급 음식을 놓고 만찬을 즐기던 정부 관료에 대해서는 다음 자료를 참조하라. Jones, September 22, 1864, *A Rebel Clerk's Diary*, 2: p.290; 버리나 데이비스에 대한 냉대에 대해서는 다음 자료를 참조하라. Jones, March 19, 1865, *A Rebel Clerk's Diary*, 2: p.453.

41. "The Drum Roll," *Southern Field and Fireside*, February 18, 1864; Anne Sarah Rubins, *The Shattered Nation: The Rise and Fall of the Confederacy, 1861~1868* (Chapel Hill: University of North Carolina Press, 2005), 88. 계급 특권 상실이라는 동일한 주제가 ('침실 침구들을' 세탁해야 하는 아내들이라 하여) 1865년 2월 12일 자 「리치먼드 데일리 휘그(Richmond Daily Whig)」에도 등장한다. George C. Rable, "Despair, Hope, and Delusion: The Collapse of Confederate Morale Re-Examined," in *The Collapse of the Confederacy*, eds. Mark Grimsley and Brooks D. Simpson (Lincoln: University of Nebraska Press, 2001), pp.129~167, esp. pp.149~150; and "Items of Interest," *Houston Daily Telegraph*, December 21, 1864.

42. "Sketches from the Life of Jeff. Davis," *Macon Daily Telegraph*, March 12, 1861. 링컨을 취한 주정뱅이라고 부르는 남부 신문들에 대해서는 다음 자료를 참조하라. "The News," *New York Herald*, May 21, 1861. '일리노이 원숭이'라고 조롱받았던 링컨에 대해서는 다음 자료를 참조하라. Josiah Gilbert Holland, *The Life of Abraham Lincoln* (Springfield, MA, 1866), p.243; "A Bad Egg for the Lincolnites," *The Macon Daily Telegraph*, September 18, 1861, and *Richmond Examiner*, October 19, 1861. 데이비스와 링컨이 같은 켄터키 출생이라는 것에 대해서는 다음 자료를 참조하라. "News and Miscellaneous Items," *Wisconsin Patriot*, March 30, 1861. 헌터의 링컨에 대한 견해에 대해서는 다음 자료를 참조하라. Letter from Salmon Portland Chase, October 2, 1862, in *Diary and Correspondence of Salmon Portland Chase*, eds. George S. Denison and Samuel H. Dodson (Washington, DC: American Historical Association, 1903), p.105. 중서부 지방 출신을 향한 비방에 대해서는 다음 자료를 참조하라. John Hampden Chamberlayne, *Ham Chamberlayne—Virginia: Letters and Papers of an Artillery Officer in the War for Southern Independence, 1861~1865* (Richmond, VA, 1932), p.186. 체임버레인(Chamberlayne) 역시 메릴랜드주 사람들을 자유민 노동 풍조에 양키 혈통을 가지고 있다고 비난했다. 체임버레인은 그들이 저열한 품성을 가지고 있다면서 구체적으로 '공립초등학교 정도의 교육을 받고', '양키 혈통이 튀긴 네덜란드인의 기질을 지녔다'고 표현했다. 체임버레인은 또한 일해서 돈을 버는 방법밖에 모른다면서 그들을 무시했다. 그들이 '부단히

자기 손으로, 혹은 자기 머리를 써서 힘들게 일하는 사람이 가장 가치 있다'고 생각한다는 것도 무시와 비난의 이유가 되었다. ibid., p.105.

43. "The Presidential Campaign," *New York Herald*, June 8, 1860.

44. "The Educated Southerner," "The Effect of Bull Run upon the Southern Mind," "Anti-Mortem Sketches," and Charles Godfrey Leland, "North Men, Come Out!," *Vanity Fair*, May 6, August 17, August 21, and September 28, 1861. 1859년 12월 31일부터 1863년 7월 4일까지 발행된 「배니티 페어」에 대해서는 다음 자료를 참조하라. James T. Nardin, "Civil War Humor: The War in Vanity Fair," *Civil War History* 2, no. 3 (September 1956): pp.67~85, esp. p.67; "The Bad Bird and the Mudsill," *Frank Leslie's Illustrated Newspaper*, February 21, 1863.

45. "A Soldier's Speech," *Wooster* [OH] *Republican*, November 12, 1863. 어느 에세이 작가는 머드실이 연방 경제의 근간이라고 주장했다. "Who Are the Mudsills?," *American Farmer's Magazine*, August 1858. 가필드는 남군 탈영병에 대한 평가 에서는 그리 관대하지 않았다. 그들을 "반군에 들어가기를 두려워했던 겁쟁이 에, 죽이는 데 드는 총알 값도 아까운 생각 없는 사람들"이라고 표현했다. Harry James and Frederick D. Williams, eds., *The Diary of James Garfield*, p.4 vols. (East Lansing: Michigan State University, 1967-1981), 1: p.65, Mitchell, *Civil War Soldiers*, p.33. 사람들의 감성을 자극하면서 북부의 머드실을 편드는 또 다른 사례는 「북부인 들이여, 나서라!(Northmen, Come Out!)」라는 시다. "스스로의 강인함을 보여주 고 그들에게 알려주라 / 일하는 사람이 얼마나 위대한가를 / 스스로의 힘을 보 여주고 그들에게 느끼게 하라 / 머드실이 쇠로 무장하면 얼마나 강력한가를." Charles Godfrey Leland, "Northmen, Come Out!," *Hartford Daily Courant*, May 6, 1861. 원래는 「배니티 페어」에 실렸던 글이다. 북부 사람들은 높은 가격을 주 고 '머드실 대리복무자'를 사는 '분리주의자 대부호들'에 대해서도 보도했다. *Hartford Daily Courant*, December 20, 1861.

46. Grimsley, *The Hard Hand of War*, pp.15~16, p.56, pp.68~70. 핼릭은 국제 법 전문가였고, 점령군이 충성하지 않은 시민들에게 세금을 부과할 수 있다 는 원칙은 에머리히 데 바텔(Emerich de Vattel)의 1793년 논고 『국제법(The Law of Nations)』에 나와 있다. 이런 관행은 남북전쟁에서 새롭게 나타난 현상은 아 니었지만, 이전과 다른 점은 부자들만을 목표로 했다는 점이었다. W. Wayne Smith, "An Experiment in Counterinsurgency: The Assessment of Confederate Sympathizers in Missouri," *Journal of Southern History* 35, no. 3 (August 1969): pp.361~380, esp. pp.361~364; Louis S. Gerteis, *Civil War St. Louis* (Lawrence: University of Kansas Press, 2001), pp.172~176. 이런 정책을 구체화시킨 게릴라전 에 대해서는 다음 자료를 참조하라. Daniel E. Sutherland, "Guerrilla Warfare,

Democracy, and the Fate of the Confederacy," *Journal of Southern History* 68, no. 2 (May 2002): pp.259~292, esp. pp.271~272, p.280, p.288; Michael Fellman, *Inside War: The Guerrilla Conflict in Missouri During the American Civil War* (New York: Oxford University Press, 1989), p.88, p.94, p.96.

47. John F. Bradbury Jr., "'Buckwheat Cake Philanthropy': Refugees and the Union Army in the Ozarks," *Arkansas Historical Quarterly* 57, no. 3 (Autumn 1998): pp.233~254, esp. pp.237~240. 남부 피난민들의 총수에 대한 추정치는 다양하다. 스티븐 애쉬(Stephen Ash)는 거의 8만 명의 백인 난민이 1865년 무렵 연방 경계선 안으로 들어왔다고 주장한다. 엘리자베스 매시(Elizabeth Massey)는 전쟁으로 자신들의 터전에서 쫓겨난 사람이 25만 명이며, 다수는 여자였다고 주장한다. Stephen V. Ash, *When the Yankees Came: Conflict and Chaos in the Occupied South, 1861~1865* (Chapel Hill: University of North Carolina Press, 1999); Stephen V. Ash, *Middle Tennessee Society Transformed, 1860~1870: War and Peace in the Upper South* (Knoxville: University of Tennessee Press, 1988); Mary Elizabeth Massey, *Women in the Civil War* (Lincoln: University of Nebraska Press, 1966), pp.291~316.

48. Grimsley, *The Hard Hand of War*, p.108; Smith, "An Experiment in Counterinsurgency," p.366; Jacqueline G. Campbell, "There Is No Difference Between a He and a She Adder in Their Venom: Benjamin Butler, William T. Sherman, and Confederate Women," *Louisiana History: Journal of the Louisiana Historical Association* 50, no. 1 (Winter 2009): pp.5~24, esp. p.12, p.15, pp.18~19. 1867년 글에서 메리언 사우스우드(Marion Southwood)는 부자들의 은닉재산에 대해 언급했을 뿐만 아니라, '귀족주의에 젖은 오만으로' 충성 맹세에 '콧방귀를 뀐' 이들이 바로 엘리트층이었다는 사실 역시 강조했다. Marion Southwood, *"Beauty and Booty": The Watchword of New Orleans* (New York, 1867), p.123, pp.130~133, p.159. 무례한 여자를 벌하고 불충한 여자들의 재산을 몰수한다는 동일한 법칙이 미주리에서 핼릭 장군에 의해 확립되었다. Gerteis, *Civil War St. Louis*, p.174. 남부연합 지지자들은 상류층 재산 파괴를 계급적 관점에서 이야기했다. 한 회계사는 글에서 '지저분한' 북부 출신 남자들이 "남부 대농장주의 호화 저택 안을 요란하고 어수선하게 휘젓고 다닌다"라고 말했다. "Rebel (Yankee Definition)," *Houston Tri-weekly Telegraph*, November 18, 1864. 메릴랜드에서는 버지니아 노예소유주가 자신의 노예들을 돌려달라고 요구하자, 십여 명의 북군 병사가 남자를 담요 위에 던진 다음 다시 공중으로 내던졌다. 한 하사관은 문제의 노예소유주를 '버지니아 신사의 완벽한 표본'이라고 표현하면서, 남자가 '북군 병사, 즉 북부의 머드실에게' 모욕을 당하고 혼쭐이 나는 상황에 적잖이 공포를 느꼈을 것이라며 즐거워했다. James Oakes, *Freedom National: The Destruction of*

Slavery in the United States, 1861~1865 (New York: W. W. Norton, 2012), p.365.

49. Hans L. Trefousse, *Andrew Johnson: A Biography* (New York: Norton, 1989), p.19, pp.21~23, p.43, p.55, p.138, p.152, pp.155~156, p.168, p.179; Ash, *Middle Tennessee Society Transformed*, 107, pp.159~160; Rufus Buin Spain, "R. B. C. Howell, Tennessee Baptist, 1808~1868" (M.A. thesis, Vanderbilt University, 1948), pp.105~107. 존슨이 모든 시민에게 충성 맹세를 받으려 했고, 최고 부유층에서 시작하여 목사, 의사 순으로 분리독립 동조를 계급이라는 잣대로 측정하려 했다는 것은 무척 흥미로운 부분이다. ibid., p.101, pp.104~106.

50. Grimsley, *The Hard Hand of War*, p.169, pp.202~203; Debra Reddin van. Tuyll, "Scalawags and Scoundrels? The Moral and Legal Dimensions of Sherman's Last Campaigns," *Studies in Popular Culture* 22, no. 2 (October 1999): pp.33~45, esp. pp.38~39. 병사들은 전쟁이 사우스캐롤라이나 탓이라고 비난했고, 사우스캐롤라이나의 정치 엘리트를 폭정과 오만의 상징으로 생각했다. 그들은 수도에 복수하고 싶은 마음이 간절했다. 따라서 그곳에서 소유물을 부수고, 건물에 불을 지르고, 엘리트들의 집을 목표로 삼아 약탈했다. Charles Royster, *The Destructive War: William Tecumseh Sherman, Stonewall Jackson, and the Americans* (New York: Knopf, 1991), pp.4~5, pp.19~21.

51. Grimsley, *The Hard Hand of War*, pp.173~174, p.188; Burstein and Isenberg, *Madison and Jefferson*, pp.204~205.

52. Hallock Armstrong to Mary Armstrong, April 8, 1865, in *Letters from a Pennsylvania Chaplain at the Siege of Petersburg, 1865* (published privately, 1961), p.47.

53. Letter from William Wheeler, April 1, 1864, in *Letters of William Wheeler of the Class of 1855* (Cambridge, MA: H. G. Houghton & Co., 1875), pp.444~446; Grimsley, *The Hard Hand of War*, pp.173~174; John D. Cox, *Traveling South: Travel Narratives and the Construction of American Identity* (Athens: University of Georgia Press, 2005), p.165, pp.174~176. 가난한 백인이나 흑인이 사는 오두막이나 상황에 차이가 없다는 부분에 대해서는 다음 자료를 참조하라. George H. Allen, *Forty-Six Months with the Fourth R. I. Volunteers in the War of 1861 to 1865: Comprising a History of Marches, Battles, and Camp Life, Compiled from Journals Kept While on Duty in the Field and Camp* (J. A. & R. A. Reid Printers, 1887), p.219; "Confederate Prisoners at Chicago," *Macon Daily Telegraph*, February 14, 1863; Mitchell, *Civil War Soldiers*, p.42, p.95, p.97; Diary of Robert Ransom, *Andersonville Diary, Escape, and List of the Dead, with Name, Co., Regiment, Date of Death and No. of Grave in Cemetery* (Auburn, New York, 1881), p.71.

54. 진흙과 늪지대를 뚫고 가는 행군, 반도들과의 싸움에 대해서는 다음 자료를 참

조하라. Manning Ferguson Force, "From Atlanta to Savannah: The Civil War Journal of Manning F. Force, November 15, 1864~January 3, 1865," *Georgia Historical Quarterly* 91, no. 2 (Summer 2007): pp.185~205, esp. pp.187~190, pp.193~194. 진흙으로 만든 거대한 무덤들에 대해서는 다음 자료를 참조하라. Drew Gilpin Faust, *The Republic of Suffering: Death and the American Civil War* (New York: Random House, 2008), pp.73~75.

55. Phillips, *Diehard Rebels*, p.56, p.62. 남부연합 지지자들은 또한 연방징병법에 반발하여 일어난 뉴욕시의 징병거부폭동(draft riot)이 북부 계급 혁명의 신호탄이 되기를 바랐다. "Important News from the North" 외 기사 건, *Richmond Enquirer*, July 18, 1863; A. Hunter Dupree and Leslie H. Fischel Jr., "An Eyewitness Account of the New York City Draft Riots, July, 1863," *Mississippi Valley Historical Review* 47, no. 3 (December 1960): pp.472~479, esp. p.476.

56. "Recent News by Mail," *Philadelphia Inquirer*, April 14, 1861.

8장

1. W. E. B. Du Bois, "The Evolution of the Race Problem," *Proceedings of the National Negro Conference* (New York, 1909), pp.142~158, esp. pp.148~149.

2. Ibid., pp.147~148, pp.152~154, p.156.

3. Ibid., pp.153~154, p.157

4. Charles Darwin, *The Descent of Man* (London, 1871), 2: pp.402~403. 골턴의 핵심 저작물을 꼽자면 다음과 같다. "Hereditary Talent and Character" (1865), *Hereditary Genius* (1869), *Inquiry into Human Faculty* (1883), *Natural Inheritance* (1889); Mark H. Haller, *Eugenics: Hereditarian Attitudes in American Thought* (New Brunswick, NJ: Rutgers University Press, 1963), pp.4~6, pp.8~12. Richard A. Richards, "Darwin, Domestic Breeding and Artificial Selection," *Endeavour* 22, no. 3 (1988): pp.106~109; 다윈이 자연선택설을 만들어가는 과정에서 가축 육종의 중요성에 대해서는 다음 자료를 참조하라. Robert J. Roberts, "Instinct and Intelligence in British Natural Theology: Some Contributions to Darwin's Theory of Evolutionary Behavior," *Journal of the History of Biology* 14, no. 2 (Autumn 1981): pp.193~230, esp. pp.224~225.

5. "Plebein [sic] Aristocracy," *Independent* (May 24, 1864); Heather Cox Richardson, *West from Appomattox: The Reconstruction of America After the Civil War* (New Haven, CT: Yale University Press, 2007), pp.17~20.

6. 가난한 백인과 해방노예에게 적합한 자유노동경제의 전형적인 예에 대해서

는 다음 자료를 참조하라. "The Emancipation and Free Labor Question in the South," *New York Herald*, May 18, 1865; Heather Cox Richardson, *The Death of Reconstruction: Race, Labor, and Politics in the Post~Civil War North, 1865~1901* (Cambridge, MA: Harvard University Press, 2004), pp.21~22, pp.24~25, p.34, p.39, p.42.

7. 신문들은 '반란에 자발적으로 참여했고, 과세재산의 추정 가치가 2만 달러를 넘는 모든 사람'이라고 하여 엘리트 계급을 사면에서 배제하는 규정에 집중 했다. "President Johnson's Plan of Reconstruction in Bold Relief," *New York Herald*, May 31, 1865; "President Johnson and the South Carolina Delegation," *Philadelphia Inquirer*, June 26, 1865. 뉴욕의 모든 신문이 얼마나 이 점을 강조 했는가를 보여주는 기사에 대해서는 다음 자료를 참조하라. "The New York Press on the President's Talk with the South Carolina Delegation," *Daily Ohio Statesman*, July 6, 1865. Andrew Johnson, "Proclamation 134 Granting Amnesty to Participants in the Rebellion, with Certain Exceptions," May 29, 1865; "Interview with South Carolina Delegation, June 24," in *The Papers of Andrew Johnson, May~August 1865*, ed. Paul H. Bergeron (Knoxville: University of Tennessee Press, 1992), 8:pp.128~129, pp.280~284.

8. 존슨이 엘리트의 지지 필요성을 느끼고 사면하기로 한 데 대해서는 다음 자료 를 참조하라. Eric Foner, *Reconstruction: America's Unfinished Revolution, 1863~1877* (New York: Harper & Row, 1988), p.191. 존슨은 권한 제한 적용 대상인 15,000명 중 에 13,500명을 사면해주었다. Richardson, *The Death of Reconstruction*, p.16.

9. 서로의 전멸을 바라는 인종전쟁에 대한 존슨의 관점에 대해서는 다음 자료를 참조하라. "The Negro Question Dangers of Another 'Irrepressible Conflict,'" *New York Herald*, July 12, 1865; [San Francisco] *Evening Bulletin*, July 31, 1865. 흑인 선거권이 해방노예와 백인 빈민층 사이에 인종전쟁을 일으킬 것이라는 존슨의 견해에 대해서는 다음 자료를 참조하라. "The President upon Negro Suffrage," *Philadelphia Inquirer*, October 25, 1865; "Interview of George L. Stearns," October 3, 1865," *The Papers of Andrew Johnson*, 9: p.180.

10. 다음 상원들의 발언을 참조하라. David Schenck, Henry S. Lane, John P. Hale, and Reverdy Johnson, *Congressional Globe*, 38th Congress, 2nd Session, p.959, pp.984~985, p.989; Congressman Green Clay Smith, *Congressional Globe*, 39th Congress, 1st Session, p.416; Paul Moreno, "Racial Classification and Reconstruction Legislation," *Journal of Southern History* 61, no. 2 (May 1995): pp.271~304, esp. pp.276~277, pp.283~287; Michele Landis Dauber, "The Sympathetic State," *Law and History Review* 23, no. 2 (Summer 2005): pp.387~442, esp. p.408, p.412, pp.414~415.

11. '게으름뱅이 백인'에 대해서는 다음 자료를 참조하라. "North Carolina: Blacks and Whites Loafing," *New York Times*, May 28, 1866; "From Over the Lake. Barancas Gens. Steel and Ashboth The Seen and Unseen The Refugee Business, Etc., Etc.," *New Orleans Times*, March 9, 1865. 가난한 백인 난민과 아이들에 대해서는 다음 자료를 참조하라. "Poor White Trash," *Independent* (September 7, 1865): 6; Daniel R. Weinfield, "'More Courage Than Discretion': Charles M. Hamilton in Reconstruction-Era Florida," *Florida Historical Quarterly* 84, no. 4 (Spring 2006): pp.479~516, esp. p.492; William F. Mugleston and Marcus Sterling Hopkins, "The Freedmen's Bureau and Reconstruction in Virginia: The Diary of Marcus Sterling Hopkins," *Virginia Magazine of History and Biography* 86, no. 1 (January 1978): pp.45~102, esp. p.100. 또한 보고서에 따르면 노스캐롤라이나에 가장 많은 '백인 쓰레기'가 있고, 해방노예국에서 판결하는 대부분의 사건이 이들과 관련되어 있었다. "Affairs in the Southern States: North Carolina," *New York Times*, March 22, 1865.

12. "From the South: Southern Journeyings and Jottings," *New York Times*, April 15, 1866; Sidney Andrews, *The South Since the War* (Boston, 1866); Whitelaw Reid, *After the War: A Tour of the Southern States* (London, 1866); John T. Trowbridge, *The South: A Tour of Its Battlefields and Ruined Cities* (Hartford, CT: 1866). 앤드루의 책은 '진실을 가슴 아플 정도로 가감 없이 드러내는' 가난한 백인들의 초상화를 제공하는 것으로 유명했다. "New Books," *Philadelphia Inquirer*, April 23, 1866. 그는 전형적인 백인 빈민을 신체 발육이 부진하여 왜소하고 '얼굴에는 표정이 없고, 발걸음에는 주저와 우유부단함이 가득하고, 행동거지 전체가 효율적이지 못한' 모습을 보여주는 존재로 그리는데, 이런 초상을 다음 자료에 그대로 다시 실었다. *Freedmen's Record. Organ of the New England Aid Society* (November 1, 1865): pp.186~187.

13. 길모어의 곰팡이 언급은 사회진화론자 허버트 스펜서의 "공동체의 일부분에 병적인 상태를 야기하는 것은 무엇이든 필연적으로 모든 다른 부분에도 해를 가할 수밖에 없다"는 주장과 동일하다. Spencer, *Social Statistics, or, The Conditions Essential to Human Happiness Specified and the First of Them Developed* (London, 1851), p.456. Edward Kirke (pseudonym of James Roberts Gilmore), *Down in Tennessee, and Back by Way of Richmond* (New York, 1864), p.104, p.184, pp.188~189. 길모어의 책에서 발췌한 부분은 다음 신문들에 실려 있었다. "The White Population in the South. 'Poor Whites'-'Mean Whites'-And the Chivalry," *New Hampshire Sentinel*, November 10, 1864; "The Common People of the South" *Circular* (September 26, 1864): pp.222~223; "From 'Down in Tennessee.' The 'Mean Whites' of the

South," *Friends' Review* (October 15, 1864): pp.101~102. 길모어는 또한 기사도 발표했다. J. R. Gilmore, "The Poor Whites of the South," *Harper's New Monthly Magazine* (June 1, 1864): pp.115~124.

14. 앤드루스는 글에서 다음과 같이 말했다. "남부에서 현안이 되는 진짜 문제는 '흑인을 어떻게 할 것인가?'가 아니라 '백인을 어떻게 할 것인가?'라고 말하지 않을 수 없다." Andrews, *The South Since the War*, p.224. 본문에서 인용한 변형된 문구('가난한 백인'이라는 표현이 첨가되었다)는 콜로라도에서 발행된 다음 신문 기사에 등장한다. (「시카고 리퍼블리컨(Chicago Republican)」에 다시 실렸다) "The Rising Race in the South," *Miner's Register*, January 12, 1866. Reynard, "A Vacation Tour in the South and West: Hell Opens Her Mouth," *Christian Advocate and Journal* (August 24, 1865), p.266.

15. 「뉴욕타임스」의 어느 작가는 가난한 백인이 80년 동안이나 투표권을 가지고 있으면서 '경솔하고 무지하고 수준 낮은' 상태, '교활한 지도자들에게 쉽게 속고 휘둘리는 봉'으로 남아 있었다고 주장했다. "The Suffrage Question," *New York Times*, February 13, 1866; "The Poor Whites," *Miner's Register*, October 18, 1865; Reid, *After the War*, p.59, p.221, pp.247~250, p.255, pp.302~303, p.325, p.348; Andrews, *The South Since the War*, pp.335~336. 가난한 백인보다 교육에 대한 열정이 컸던 해방노예에 대해서는 다음 자료를 참조하라. "A Dominant Fact of the Southern Situation," *New York Times*, August 10, 1865. 교육 면에서 해방노예들의 급속한 발전에 대해서는 다음 자료를 참조하라. "Condition of the South," *New York Times*, August 27, 1867. 가난한 백인들의 평등한 교육 기회 요구에 대해서는 다음 자료를 참조하라. "The Education of Poor Whites," *New York Times*, October 5, 1865. 해방노예들의 깔끔함, 검약함, 선거권 준비 등에 대해서는 다음 자료를 참조하라. Trowbridge, *The South*, p.220, p.458, p.589; Stephen K. Prince, *Stories of the South: Race and Reconstruction and Southern Identity* (Chapel Hill: University of North Carolina Press, 2014), p.28. 두뇌와 신체 면에서 해방노예가 가난한 백인보다 우월하다는 주장에 대해서는 다음 자료를 참조하라. "The Negro, Slave and Free," *Hartford Daily Courant*, March 6, 1865. 해방노예의 충성심과 가난한 백인의 미덥지 못한 모습에 대해서는 다음 자료를 참조하라. "Governing and Governed" and "Two Reasons," *New Orleans Tribune*, June 8, 1865, August 27, 1865; "Reconstruction," *Wilkes Spirit of the Times*, August 26, 1865; "Reconstruction and Negro Suffrage," *Atlantic Monthly* 16, no. 94 (August 1865): pp.238~247, esp. p.245; Richardson, *The Death of Reconstruction*, pp.32~37.

16. '무력한'이라는 표현에 대해서는 다음 자료를 참조하라. "The Poor Whites," *Miner's Register*, October 18, 1865. 기형적이고 백치 같다는 표현에 대해서는 다

음 자료를 참조하라. Gilmore, *Down in Tennessee*, p.187. '경솔하고', 말을 '더듬고', 정신이상자 같은 '멍한 시선'에 대해서는 다음 자료를 참조하라. "The Poor White Trash," *New Orleans Tribune*, September 1, 1865. 다윈의 진화론에서 최하층에 속하는 가난한 백인에 대해서는 다음 자료를 참조하라. "From the South: Southern Journeyings and Jottings," *New York Times*, April 7, 1866; "The Poor Whites," *The Congregationalist*, September 22, 1865. '인류'에 속하기는 하지만 "여러 세대를 거듭해온 장기간의 무지, 방치, 퇴화, 빈곤의 여파로 자신이 속한 인류의 수준 높은 자질들은 거의 발전시키지 못했다"라는 주장에 대해서는 다음 자료를 참조하라. J. S. Bradford, "Crackers," *Lippincott's Magazine*, vol. 6 (November 1870): pp.457~467, esp. p.457.

17. '위험한 계급'에 대해서는 다음 자료를 참조하라. "The Poor Whites," *Miner's Register*, October 18, 1865. 근친결혼, 근친상간, 부인매매에 대해서는 다음 자료를 참조하라. Gilmore, *Down in Tennessee*, p.184, p.187. 딸들의 간통을 묵인하는 어머니, 흑인과 성관계를 갖는 가난한 백인 여성들에 대해서는 다음 자료를 참조하라. "The Low-Down People," *Putnam's Magazine* (June 1868): pp.704~713, esp. pp.705~706. 철도 객차 안에서 생활하는 불결한 난민에 대해서는 다음 자료를 참조하라. Reid, *After the War*, 248; W. De Forest, "Drawing Bureau Rations," *Harper's Monthly Magazine* 36 (May 1868): pp.792~799, esp. p.794, p.799. 허버트 스펜서에 대해서는 다음 자료를 참조하라. Robert J. Richards, *Darwin and the Emergence of Evolutionary Theories of Mind and Behavior* (Chicago: University of Chicago Press, 1987), pp.303~304; 스펜서는 자신의 저서 『생물학 원리(*Principles of Biology*)』에서 처음으로 '적자생존'이라는 말을 사용했다. (London, 1864, 1: p.444, p.455) 다윈과 스펜서의 인기에 대해서는 다음 자료를 참조하라. "The Theory of Natural Selection," *The Critic* (November 26, 1859), pp.528~530; "Natural Selection," [New Orleans] *Daily Picayune*, January 9, 1870. 다윈의 나무 비유를 강조하고, 자연선택의 엄혹한 법칙이 특정 나뭇가지들은 '썩어서 떨어진다'는 의미라고 주장하는 기사에 대해서는 다음 자료를 참조하라. "Review of Darwin's Theory of the Origins of Species by Means of Natural Selection," *American Journal of Science and the Arts* (March 1860): pp.153~184, esp. p.159.

18. "The Low-Down People," *Putnam's Magazine of Literature, Science, Art and National Interests* (June 1868): pp.704~716. 『주크가』의 중요성에 대해서는 다음 자료를 참조하라. Nicole Hahn Rafter, *White Trash: The Eugenic Family Studies, 1877~1919* (Boston: Northeastern University Press, 1988), pp.2~3, pp.6~7.

19. Sanford B. Hunt, "The Negro as Soldier," *Anthropological Review* 7 (January 1869): pp.40~54, esp. p.53; John S. Haller Jr., *Outcasts from Evolution: Scientific Attitudes of*

Racial Inferiority, 1859~1900 (Urbana: University of Illinois Press, 1971), pp.20~32.

20. '멍그럴(Mongrel)'은 다양한 근원에서 나왔다. 동물과 식물 교배, 진화론, 흑인 과 백인의 잡혼 및 혼혈에 대한 인종차별주의 주장들, 그보다 앞선 정복 이론들 (야만인과 몽골인 무리가 'mongrel hordes'가 되었다), 족보가 전혀 없는 하층민을 가리 키는 'mongrel pup'이라는 영어 욕설 등등. 해방 노예를 가리키는 사생아에 잡 종(mongrel race)이라는 표현에 대해서는 다음 자료를 참조하라. "Free Blacks of the North," [Fayetteville, NC] *Carolina Observer*, October 7, 1858. 타락한 니그 로와 같은 수준이 되기를 거부한 멍그럴 당(mongrel party)이라는 표현에 대해서 는 다음 자료를 참조하라. "Correct Likeness of the Union Party," [Millersburg, OH] *Holmes County Farmer*, October 5, 1865; "Mexico and the Indians—Two More 'Twin Relics' for the Next New Party," *New York Herald*, June 28, 1867. '저급한 혈통의 혼합'으로부터 '최고의 혈통'을 지키려는 노력에 대해서는 다 음 자료를 참조하라. "Our People," *New-Orleans Times*, November 24, 1865. 멍 그럴이 족보 없는 잡종 개와 동일시되었던 부분에 대해서는 다음 자료를 참조 하라. "Strange Dog," [New Orleans] *Daily Picayune*, June 12, 1866. 유명한 영국 의 똥개시(mongrel pup rhyme)에 대해서는 다음 자료를 참조하라. ('똥개, 강아지, 새끼, 사냥개 / 저질 잡종견 중에') "Letter from Mobile," *Daily Picayune*, August 16, 1866. 남부를 멕시코라는 멍그럴 공화국과 비교한 것에 대해서는 다음 자료를 참조하라. "The Future of the Freemen," *New-Orleans Times*, October 22, 1865; "Southern Self-Exile—Mexico and Brazil," *Richmond Examiner*, April 14, 1866; "The Mongrel Republics of America," *Old Guard*, September 1867, pp.695~702; "Editor's Table," *Old Guard* (September 1868): pp.717~720. 'mongrel hordes'에 대해서는 다음 자료를 참조하라. "Speech of Gen. Geo. W. Morgan," *Daily Ohio Statesman*, October 5, 1865. Elliott West, "Reconstructing Race," *Western Historical Quarterly* 34, no. 1 (Spring 2003): pp.6~26, esp. p.11; Haller, *Outcasts from Evolution*, pp.72~73, p.82; John G. Menke, *Mulattoes and Race Mixture: American Attitudes and Images, 1865~1918* (Ann Arbor, MI: UMI Research Press, 1979), p.51, pp.60~61, pp.101~102; Forrest G. Wood, *Black Scare: The Racist Response to Emancipation and Reconstruction* (Berkeley: University of California Press, 1968), pp.65~70. '족보 없 는' 개를 가리키는 오래전부터 쓰인 영어 욕설에 대해서는 다음 자료를 참조 하라. Neil Pemberton and Michael Worboys, *Mad Dogs and Englishmen: Rabies in Britain, 1830~2000* (New York: Palgrave, 2007), pp.30~31. '정욕'과 '자연에 대한 유 린'을 의미하는 '멍그럴'이라는 단어의 그리스 어원에 대해서는 다음 자료를 참 조하라. Warren Minton, "Notes. On the Etymology of Hybrid (Lat. Hybrida)," *American Journal of Philology* (October 1, 1884): pp.501~502.

21. 카펫배거와 그가 들고 다니는 검은색 여행용 가방에 대해서는 다음 자료를 참조하라. Ted Tunnell, "'The Propaganda of History': Southern Editors and the Origins of the 'Carpetbagger' and the 'Scalawag,'" *Journal of Southern History* 72, no. 4 (November 2006): pp.789~822, esp. p.792. 인종 배신자와 반역죄라는 주제에 대해서는 다음 자료를 참조하라. Hyman Rubin III, *South Carolina Scalawags* (Columbia: University of South Carolina Press, 2006), xvi; Foner, *Reconstruction*, p.297.

22. '멍그럴 시민권' 거부라고 지칭되는 민권법안에 대한 존슨 대통령의 거부에 대해서는 다음 자료를 참조하라. "Veto of Civil Rights Bill," [Harrisburg, PA] *Weekly Patriot and Union*, April 5, 1866; Francis S. Blair Jr. to Andrew Johnson, March 18, 1866, and the Veto of the Civil Rights Bill, March 27, 1866, in Bergeron, *The Papers of Andrew Johnson*, vol. 10, February~July 1866, 10: p.270, pp.312~320. 존슨은 1867년 12월 3일 연두교서에서 더욱 명백한 견해를 밝혔다. 그는 서로 다른 두 인종이 '혼혈이나 융합을 통해 하나의 동종 집단'이 될 수는 없다고 주장했다. 또한 남부에서 이를 강제하려는 노력은 '나라의 절반을 아프리카화하게' 될 것이라고 경고했다. 민권법 거부에서 드러난 멍그럴 시민권에 대한 존슨의 비난과 반대 논리는 에드거 코언(Edgar Cowan)이 상원에서 행한 여러 차례의 연설에서도 되풀이되었다. 코언은 해당 법률안 통과로 시민권을 얻을 집시, 중국인, 인디언들이 얼마나 위험한 존재인가를 강조했다. Senate, *Congressional Globe*, 39th Congress, 1st Session, May 30, 1866, pp.2890~2891. 존슨은 개인적으로 '적격성(fitness)'이라는 개념에 관심을 쏟았고, 당시의 법률안거부교서에서도 해당 부분을 언급했다. John H. Abel Jr. and LaWanda Cox, "Andrew Johnson and His Ghost Writers: An Analysis of the Freedmen's Bureau and Civil Rights Veto Messages," *Mississippi Valley Historical Review* 48, no. 3 (December 1961): pp.460~479, esp. p.475.

23. 임기 동안 존슨은 29개의 법률안에 거부권을 행사했는데, 이는 이전 어느 대통령과 비교해도 훨씬 많은 숫자였다. 초대 워싱턴 대통령부터 남북전쟁 기간까지, 모든 대통령을 통틀어 거부권을 행사한 법률안의 총수가 59개였다. 수정헌법 14조가 지니는 혁명적인 의의에 대해서는 다음 자료를 참조하라. Robert J. Kraczorowski, "To Begin the Nation Anew: Congress, Citizenship, and Civil Rights After the Civil War," *American Historical Review* 92, no. 1 (February 1987): pp.45~68, esp. p.45; Wood, Black Scare, pp.111~113. 존슨을 탄핵으로 몰고 간 각종 법률안 거부 행위, 특히 수정헌법 14조와 군통솔 관련 법률안 반대에 대해서는 다음 자료를 참조하라. Michael Les Benedict, *The Impeachment and Trial of Andrew Johnson* (New York: Norton, 1973), p.49; Hans L. Trefousse, *Impeachment of a President: Andrew Johnson, the Blacks, and Reconstruction* (New York: Fordham University

Press, 1999), pp.41~48, p.54.

24. '계급에 대한 자부심'과 '인종에 대한 자부심'에 대해서는 다음 자료를 참조하라. "Extension of Suffrage," *Macon Daily Telegraph*, October 28, 1865. 혈통 보호에 동원된 여성들에 대해서는 다음 자료를 참조하라. "Our People," *New-Orleans Times*, November 24, 1865. 프랜시스 블레어 주니어의 형인 몽고메리 블레어(Montgomery Blair) 상원 의원은 뉴욕시에서 열린 대규모 민주당 집회 연설에서 버림받은 여성들만이 흑인 남성과 결혼한다고 주장했다. "The New York Campaign," *New York Herald*, October 19, 1865; F. Fleming, ed., "The Constitution and the Ritual of the Knights of the White Camelia," in *Documents Relating to Reconstruction* (Morgantown, WV, 1904), p.22, p.27. 백동백 기사단과 인종순수성에 대해서는 다음 자료를 참조하라. "Arkansas," *New York Herald*, October 31, 1868. 혼혈아를 사생아처럼 취급하는 분위기에 대해서는 다음 자료를 참조하라. "Miscegenation," *Georgia Weekly Telegraph*, February 27, 1870.

25. 블레어가 다윈의 『종의 기원』을 좋아했다는 사실에 대해서는 다음 자료를 참조하라. Foner, *Reconstruction*, p.340. 블레어의 연설에 대해서는 다음 자료를 참조하라. General Blair's Letter to General George Morgan, July 13, 1868" and "Speeches of Horatio Seymour and Francis P. Blair, Jr., Accepting the Nominations, July 10, 1868," in Edward McPherson, *The Political History of the United States of America During the Period of Reconstruction (from April 15, 1865, to July 15, 1870)* . . . (Washington, DC, 1880), pp.369~370, pp.381~382; "General Blair's Speeches," [Alexandra, LA] *Louisi ana Democrat*, September 2, 1868; "Blair on the Stump," *New York Times*, August 9, 1868. 조지아 판례에 대해서는 다음 자료를 참조하라. *Scott v. State*, 39 Ga. 321 (1869). 해당 판례를 보도한 내용에 대해서는 다음 자료를 참조하라. "Social Status of the Blacks," *New York Herald*, June 27, 1869; Charles Frank Robinson III, *Dangerous Liaisons: Sex and Love in the Segregated South* (Fayetteville: University of Arkansas Press, 2003), p.24, pp.37~38; Pascoe, *What Comes Naturally*, p.20; James R. Browning, "Anti-Miscegenation Laws in the United States," *Duke Bar Journal* 1, no. 1 (March 1951): pp.26~41, esp. p.33. 혼혈들의 결합이 양쪽 인종의 결함을 한층 악화시킬 것이라는 이론에 대해서는 다음 자료를 참조하라. "The Philosophy of Miscegenation," *New-Orleans Times*, January 4, 1867. 민주당 정치인들이 저열한 백인들의 '방종'으로 색슨 혈통이 타락하는 것을 억제하기 위해 인종 간 혼혈에 반대하는 법들을 지지했다는 점도 마찬가지로 중요한 지점이다. "Remarks of Thomas Orr, in the Senate, on the Bill to Prevent the Amalgamation of the African with the White Race in Ohio," [Columbus, OH] *Crisis*, February 28, 1861.

26. 하이먼(Hyman)은 정치 지도자 자리에 있는 스캘러왜그를 표적으로 삼아 습격하는 것을 포함하여 폭력이 공화당 해체의 핵심 수단이었다고 주장한다. Hyman, *South Carolina Scalawags*, xvi, xxv, p.41, p.45, p.48. 공화당 부통령 후보 스카일러 콜팩스(Schuyler Colfax)는 스캘러왜그를 옹호하는 설득력 있는 연설을 하면서 그들에게 가해지는 악의적인 위협을 부각했다. "Political Intelligence," *New York Herald*, October 8, 1868. 스캘러왜그의 처형에 대해서는 다음 자료를 참조하라. "The Rebel Press," [Raleigh, NC] *Tri-Weekly Standard*, 1868. 「애틀랜타 컨스티튜션(Atlanta Constitution)」 편집자는 민주당 대통령의 취임은 스캘러왜그와 카펫배거 처형의 신호탄이 될 것이라고 주장했다. George C. Rable, *But There Was No Peace: The Role of Violence in the Politics of Reconstruction* (Athens: University of Georgia Press, 1984), p.69. 공화당 급진파 애슈번(Mr. Ashburn) 살해사건 재판에서 변호사(다름 아닌 전직 주지사 조지프 브라운)는 스캘러왜그에 대한 비방과 중상을 활용하여 공격을 정당화했다. "The Ashburn Tragedy," *Georgia Weekly Telegraph*, July 17, 1868. KKK단이 스캘러왜그를 목표 삼아 공격했다는 부분에 대해서는 다음 자료를 참조하라. "Editorial," *Daily Memphis Avalanche*, June 7, 1868. 스캘러왜그에 대한 발포 요구에 대해서는 다음 자료를 참조하라. "Reconstruction Convention," *Daily Austin Republican*, July 22, 1868. 민주당의 선거 캠페인을 조롱하는 공화당의 선거 관련 시에 대해서는 다음 자료를 참조하라. (총을 쏘고 칼로 찔러 죽이자 / 감히 자기 생각을 말하는 사람들을 / 우리에게 힘이 없다 해도, 우리에게는 의지가 있네 / 스캘러왜그를 몰아내자, 지옥 끝까지) "Democratic Principles," *Houston Union*, May 7, 1869. 1868년에 발생한 저명 공화당 정치인 암살에 대해서는 다음 자료를 참조하라. Foner, *Reconstruction*, p.342.

27. 스캘러왜그에게 키스하는 정형화된 흑인 남자 '커피' 이야기는 다음 자료를 참조하라. "'I Salute You, My Brother,'" [Memphis, TN] *Public Ledger*, May 7, 1868; "A Scalawag Senator Invites a Darkey to His House," [Atlanta] *Daily Constitution*, July 3, 1868. '흑백 혼혈에' '초라하고' '칠칠치 못하고' '악취를 풍기는' 스캘러왜그에 대해서는 다음 자료를 참조하라. "Arkansas," "News in Brief," and "The Scalawag," *Daily Avalanche*, May 20, June 24, August 27, 1868; "Ye Stinkee and the Perry House," *Georgia Weekly Telegraph*, March 27, 1868. '스캘러왜그 백인 쓰레기의 노예'라는 표현에 대해서는 다음 자료를 참조하라. "Mississippi," *New York Herald*, August 12, 1868. '아주 저급한' 연설들로 흑인들을 자극했다는 내용, 버지니아에서 공화당 집회 뒤에 칼턴(Carlton) 판사가 했다는 논평에 대해서는 다음 자료를 참조하라. "Meeting at Music Hall Last Night," [Albany, IN] *Daily Ledger*, October 31, 1868. 당 공작원의 역할에 대해서는 다음 자료를 참조하라. "Carpet Baggery and Scalawagerie," *New-Orleans Times*, August

16, 1868; Foner, *Reconstruction*, p.297.

28. "The Autobiography of a Scalawag," *Boone County* [IN] *Pioneer*, March 13, 1868.

29. '태생이 비천한 인간 찌꺼기이자 왕년의 노예'라는 언급에 대해서는 다음 시를 참조하라. "White Men Must Rule," published in the [Raleigh] *North Carolinian*, February 15, 1868, as quoted in Karen L. Zipf, "'The Whites Shall Rule the Land or Die': Gender, Race, and Class in North Carolina Politics," *Journal of Southern History* 65, no. 3 (August 1999): pp.499~534, esp. p.525. '멍그럴 공화주의' 대신에 세습 엘리트를 권좌로 돌려보내야 한다는 구체적인 요구에 대해서는 다음 자료를 참조하라. "Address of the Conservative Men of Alabama to the People of the United States," *Daily Columbus* [GA] *Enquirer*, October 1, 1867.

30. 웨이드 햄프턴에 대해서는 다음 자료를 참조하라. "The Week," *Nation* 7, no. 165 (August 27, 1868): p.161; "America," *London Daily News*, September 18, 1865. 스캘러왜그를 부랑 종자로 부른 데 대해서는 다음 자료를 참조하라. "Horse and Mule Market," [New Orleans] *Daily Picayune*, February 9, 1867. 카펫배거를 '북부의 오물'이라고 칭하고, 스캘러왜그를 '남부의 토사물 찌꺼기'라고 부르는 데 대해서는 다음 자료를 참조하라. "Feels Bad," [Raleigh, NC] *Tri-Weekly Standard*, May 14, 1868. 전후 재건 실패를 요약 설명하는 과정에서도 같은 주제가 다시 사용된다. Charles Gayarre, "The Southern Question," *North American Review* (November/ December 1877): pp.472~499, esp. pp.482~483.

31. 스피어의 연설에 대해서는 다음 자료를 참조하라. "Bullock Ratification Meeting," *Georgia Weekly Telegraph*, March 27, 1868.

32. 잡다한 혈통에 대해서는 다음 자료를 참조하라. "Negro Suffrage," *Abbeville* [SC] *Press*, March 16, 1866; 또한 멍그럴들은 부모 세대가 가지고 있는 온갖 악덕은 퍼뜨리면서 미덕은 거의 퍼뜨리지 않는다는 내용에 대해서는 다음 자료를 참조하라. "Results of Miscegenation," *Pittsfield* [MA] *Sun*, March 16, 1865. 나머지까지 그들 수준으로 끌어내리는 저급한 품종으로서 스캘러왜그 소에 대해서는 다음 자료를 참조하라. *New York Tribune*, October 24, 1854. 한 언론인은 '스캘러왜그'를 '세련된 버지니아 신사들의 우아한 언어'라고 조롱하면서, 해당 단어는 계급 배경과 무관하게 연방에 충성하거나 공화당을 지지하는 모든 원주민에게 적용된다고 주장했다. "Virginia," *New York Times*, July 27, 1868. 실제 '스캘러왜그'를 연구해온 학자들에 따르면, 그들은 백인 쓰레기는 아니지만 남부의 남북전쟁 전의 정치인 혹은 1870년대에 리디머 정부를 구성했던 반대세력보다 하층계급에 속했던 것은 사실이다. 다수는 초등교육밖에 받지 못했고 흑인의 참정권을 지지했다. 제임스 배기트(James Baggett)의 주장처럼 '그들보다 우월한 부류라고 판단되었던 보수주의자들이 지배하는 것을 막기 위해서' Baggett,

"Summing Up the Scalawags," and appendix Table 3, *The Scalawags: Southern Dissenters in the Civil War and Reconstruction* (Baton Rouge: Louisiana State University Press, 2003), pp.261~262; Hyman, *South Carolina Scalawags,* xxi, pp.27~28, p.52; James Baggett, "Upper South Scalawag Leadership," *Civil War History* 29, no. 1 (March 1983): pp.53~73, esp. pp.58~60, p.73. (비노예소유주가 대다수를 차지하는) 영세한 토지소유 상태에 대해서는 다음 자료를 참조하라. Richard L. Hume and Jerry B. Gough, *Blacks, Carpetbaggers, and Scalawags: The Constitutional Conventions of Radical Reconstruction* (Baton Rouge: Louisiana State University Press, 2008), p.6, p.19, p.262, p.270.

33. 북부와 남부를 통합하는 교육의 중요성에 대해서는 다음 자료를 참조하라. "National Help for Southern Education," "President Hayes's Speech," and "Education for the South," *New York Times,* January 31, September 2, December 17, 1880; Charles F. Thwing, "The National Government and Education," *Harper's New Monthly Magazine* 68 (February 1884): pp.471~476; Allen J. Going, "The South and the Blair Education Bill," *Mississippi Valley Historical Review* 44, no. 2 (September 1957): pp.267~290. A. D. 메이요 목사는 [연방 차원의 교육 지원이 필요하다는] 블레어의 법안을 가장 열렬하게 지지한 사람 중에 하나였고, 남부의 가난한 백인들을 교육시키자고 주장하는 사람이었다. A. D. Mayo, "The Third Estate of the South," *Journal of Social Sciences* (October 1890): xxi~xxxii. 화해를 다룬 이야기들에 대해서는 다음 자료를 참조하라. Nina Silber, "What Does America Need So Much as Americans?": Race and Northern Reconciliation with Southern Appalachia, 1870~1900," in *Appalachians and Race: The Mountain South from Slavery to Segregation,* ed. John Inscoe (Lexington: University of Kentucky Press, 2001): pp.245~258.

34. Mary Denison, *Cracker Joe* (Boston, 1887), pp.9~10, p.17, p.33, pp.97~198, p.206, p.233, pp.248~255, p.314, p.317, p.320. 크래커에 대한 긍정적인 초상을 보여주는 다른 화해 이야기들에 대해서는 다음 자료를 참조하라. "The Southern Cracker," *Youth's Companion* (May 13, 1875): pp.149~150; Charles Dunning, "In a Florida Cracker's Cabin; To the Mockingbird," *Lippincott's Magazine* (April 1882): pp.367~374; Zitella Cocke, "Cracker Jim," *Overland Monthly and Out West Magazine* 10, no. 55 (July 1887): pp.51~70.

35. William Goodell Frost, "University Extension in Kentucky" (September 3, 1898): pp.72~80, esp. p.72, p.80; Frost, "Our Contemporary Ancestors in the Southern Mountains," *Atlantic Monthly* p.83 (March 1899): pp.311~319; James Klotter, "The Black South and White Appalachia," *Journal of American History* 66, no. 4 (March

1980): pp.832~849, esp. p.840, p.845. 칭찬일색이 아닌 묘사들에 대해서는 다음 자료를 참조하라. Will Wallace Harvey, "A Strange Land and Peculiar People," *Lippincott's Magazine* p.12 (October 1873): pp.429~438, esp. p.431. 다른 이들은 교류가 단절되어 산악지대에 고립된 상황이 그들이 보여주는 무기력, 무법 상태, 무지, 씨족사회에서나 볼 법한 피의 복수 등의 원인이라고 보았다. James Lane Allen, "Mountain Passes of the Cumberland (with Map)," *Harper's New Monthly Magazine* p.81 (September 1890): pp.561~576, esp. p.562. 앨런은 또한 '전반적인 무기력', '근육 발달 등의 건강한 맛이 없는' 앙상한 신체, '억양이 단조로운 목소리' 등이 그들의 독특한 골상(그리고 시간왜곡 같은 생활방식)에서 기인한다고 강조했다. James Lane Allen, "Through the Cumberland Gap on Horseback," *Harper's New Monthly Magazine* p.73 (June 1886): pp.50~67, esp. p.57.

36. 아칸소주의 데이비스는 1901년부터 1913년까지 선출직으로 일했다. 상원의 원으로도 일한 적이 있는 틸먼은 1890년 처음으로 사우스캐롤라이나 주지사로 선출되었다. 바더먼은 1904년부터 1908년에 미시시피 주지사가 되었고, 이어서 1913년부터 1919년까지는 상원 의원이었다. Stephen Kantrowitz, *Ben Tillman and the Reconstruction of White Supremacy* (Chapel Hill: University of North Carolina Press, 2000); William F. Holmes, *White Chief: James Kimball Vardaman* (Baton Rouge: Louisiana State University Press, 1970); Albert D. Kirwan, *Revolt of the Rednecks: Mississippi Politics, 1876~1925* (Lexington: University of Kentucky Press, 1951), pp.145~147, pp.152~153, pp.160~161. 제프 데이비스에 대해서는 다음 자료를 참조하라. Richard L. Niswonger, "A Study in Southern Demagoguery: Jeff Davis of Arkansas," *Arkansas Historical Quarterly* 39, no. 2 (Summer 1980): pp.114~124. 가이 렌처와 관련된 '레드넥'이라는 단어에 얽힌 이야기는 다음 자료를 참조하라. "Mississippi Campaign Reaches Noisy Stage," [New Orleans] *Daily Picayune*, July 11, 1911. 미시시피 습지대의 레드넥에 대해서는 다음 자료를 참조하라. Hunt McCaleb, "The Drummer," *Daily Picayune*, April 2, 1893. 보어전쟁 기간의 레드넥에 대해서는 다음 자료를 참조하라. "Dashing Sortie by British," [Baltimore] *Sun*, December 11, 1899. 한 기사에 따르면, 보어인들은 영국인과 미국인을 '망할 레드넥'이라고 불렀다. "The News from Ladysmith," *New York Daily Tribune*, November 2, 1899. 가이 렌처에 대해서는 다음 자료를 참조하라. Dunbar Rowland, *The Official and Statistical Register of the State of Mississippi*, 1908, vol. 2 (Nashville, 1908): pp.1156~1157. 1891년 8월 13일, 미시시피 정계에서 '레드넥'이라는 단어가 처음 등장한 사례에 대해서는 다음 자료를 참조하라. Patrick Huber and Kathleen Drowne, "Redneck: A New Discovery," *American Speech* 76, no. 4 (Winter 2001): pp.434~443. 「가난한 백인이 되느니 차

라리 깜둥이가 되고 싶어(I Would Rather Be a Negro Than a Poor White Man)」라는 민요에 대해서는 다음 자료를 참조하라. Thomas W. Talley, *Negro Folk Rhymes: Wise and Otherwise* (New York, 1922), p.43. 해당 민요의 연대에 대해서는 다음 자료를 참조하라. Archie Green, "Hillbilly Music: Source and Symbol," *Journal of American Folklore* 78, no. 309 (July~September 1965): pp.204~228, esp. p.204.

37. '깜둥이 냄새가 진동하는 대통령'에 대해서는 다음 자료를 참조하라. *Biloxi Herald*, April 22, 1903; "Vardaman at Scranton," [New Orleans] *Daily Picayune*, June 24, 1903. '깜둥이 냄새가 진동하는 [흑백] 잡혼주의자'에 대해서는 다음 자료를 참조하라. "Correspondence: A Mississippian on Vardaman," *Outlook*, September 12, 1903; "Lynch Law, and Three Reasons for Its Rule," [New Orleans] *Times-Picayune*, March 21, 1904; "Southern Democrats Berate President," *New York Times*, October 19, 1901; J. Norrell, "When Teddy Roosevelt Invited Booker T. Washington to Dinner," *Journal of Blacks in Higher Education*, no. 63 (Spring 2009): pp.70~74; Dewey W. Grantham Jr., "Dinner at White House: Theodore Roosevelt, Booker T. Washington, and the South," *Tennessee Historical Quarterly* 17, no. 2 (June 1958): pp.112~130, esp. pp.114~118.

38. 바더먼이 뉴욕에서 최악질 불한당도 유세 중에 감히 사용하지 않을 '상스러운 말'과 '더러운 음담패설'을 하고, '형언하기 힘든 천박함'을 보인다는 루스벨트의 언급에 대해서는 다음 자료를 참조하라. Theodore Roosevelt to Lyman Abbott, October 7, 1903, Theodore Roosevelt Papers, Manuscript Division, Library of Congress, Washington, DC. 루스벨트는 추문을 캐는 폭로기사 전문이었던 레이 스태너드 베이커(Ray Stannard Baker) 기자에게 보낸 편지에서도 비슷한 견해를 이야기했다. Roosevelt to Ray Stannard Baker, June 3, 1908, in *The Letters of Theodore Roosevelt*, ed. Elting Morison, 8 vols. (Cambridge, MA: Harvard University Press, 1951~54), 6: pp.1046~1048. 바더먼의 개를 빗댄 모욕을 둘러싼 논쟁에 대해서는 다음 자료를 참조하라. "The Vardaman Campaign," *Macon Telegraph*, August 31, 1903; "It Is Not Denied," "And This Man Wants to Be Governor!," *The Biloxi Daily Herald*, July 31, August 5, 1903; 그리고 두 개의 제목 없는 기사가 있다. *The Biloxi Daily Herald*, July 22, August 1, 1903; "Vardaman Wrote It," *New York Times*, August 16, 1904.

39. 레드넥과 힐빌리에 대해서는 다음 자료를 참조하라. "Vardaman, the Saint," [Gulfport, MS] *Daily Herald*, March 3, 1911. '더러운' 민주주의와 민중에 대해서는 다음 자료를 참조하라. "Vardaman at Scranton," [New Orleans] *Daily Picayune*, June 24, 1903. '주술사'로서 바더먼에 대해서는 다음 자료를 참조하라. William Alexander Percy, *Lanterns on the Levee: Recollections of a Planter's Son* (Baton

Rouge: Louisiana State University Press, 1973; originally published 1941), p.143.

40. John M. Mecklin, "Vardamanism," *Independent* (August 31, 1911): pp.461~463. 크래커의 일상 교통수단으로서 '크래커 마차'(당시 철자로 하자면 'critter-kyarts')의 상징적인 의미에 대해서는 다음 자료를 참조하라. "Work Among the 'Poor Whites,' or 'Crackers,'" *Friends' Review* (March 22, 1888): pp.532~533. 아프리카계 미국인 신문에서 지적하는 바더먼의 인종차별주의에 대한 비판은 다음 자료를 참조하라. "That Devilish Old Vardaman," *Topeka Plaindealer*, August 15, 1913. 미시시피주 가난한 백인들의 문맹 문제는 다음 자료를 참조하라. S. A. Steel, "A School in the Sticks: Problem of White Illiteracy," *Zion's Herald*, December 30, 1903; "Governor Vardaman on the Negro," *Current Literature* 36, no. 3 (March 1904): pp.270~271. 가난한 백인들을 흑인과 대립시키는 전략의 중요성에 대해서는 다음 자료를 참조하라. John Milton Cooper Jr., "Racism and Reform: A Review Essay," *Wisconsin Magazine of History* 55, no. 2 (Winter 1971): pp.140~144; Kirwan, *Revolt of the Rednecks*, p.212.

41. Percy, *Lanterns on the Levee*, pp.148~149.

42. 루스벨트의 방문과 연설에 대해서는 다음 자료를 참조하라. "President Denounces Rape and Lynching," [Columbia, SC] *State*, October 26, 1905; "Gala Day in Little Rock. President on Race Problem," *Charlotte Daily Observer*, October 26, 1905; "Twelve Doves of Peace Hover over Roosevelt," *Lexington Herald*, October 26, 1905. 제퍼슨 데이비스를 비난한 부분에 대해서는 다음 자료를 참조하라. "The President's Most Important Speech," *Macon Telegraph*, October 29, 1905; "Governor Jefferson Davis," *Morning Olympian*, December 6, 1905; "Can't Train with Roosevelt Now," *Fort Worth Telegram*, December 6, 1905. 루스벨트가 바더먼의 총격 위험을 피했다는 논평에 대해서는 다음 자료를 참조하라. "Vardaman Outwitted," *New York Times*, November 1, 1905; William B. Gatewood Jr., "Theodore Roosevelt and Arkansas, 1901~1912," *Arkansas Historical Quarterly* 32, no. 1 (Spring 1973): pp.3~24, esp. pp.18~19; Mrs. Wallace Lamar, "Roosevelt Wrongs His Mother's Blood," *Macon Telegraph*, October 26, 1905; Henry Fowler Pringle, "Theodore Roosevelt and the South," *Virginia Quarterly Review* 9, no. 1 (January 1933): pp.14~25.

43. 부커 T. 워싱턴의 교육 프로그램에 대한 루스벨트의 견해에 대해서는 다음 자료를 참조하라. Theodore Roosevelt to L. J. Moore, February 5, 1900, in Morison, *The Letters of Theodore Roosevelt*, 2: p.1169; Thomas G. Dyer, *Theodore Roosevelt and the Idea of Race* (Baton Rouge: Louisiana State University Press, 1980), p.97.

44. Theodore Roosevelt to Cecil Arthur Spring-Rice, August 11, 1899, in Morison,

The Letters of Theodore Roosevelt, 2: p.1053; Roosevelt, "The World Movement," in *The Works of Theodore Roosevelt*, ed. Herman Hagdorn (New York: Charles Scribner's Sons, 1924), 14: pp.258~285; Dyer, *Theodore Roosevelt and the Idea of Race*, p.39, p.42, p.64, p.148; David H. Burton, "The Influence of the American West on the Imperialist Philosophy of Theodore Roosevelt," *Arizona and the West* 4, no. 1 (Spring 1962): pp.5~26, esp. pp.10~11, p.16.

45. 당연히 루스벨트는 자신의 아마존 탐험 이야기를 글로 썼다. Theodore Roosevelt, *Through the Brazilian Wilderness* (New York, 1914). 루스벨트의 여정에 대한 상세한 이야기는 다음 자료를 참조하라. Candice Millard, *River of Doubt: Theodore Roosevelt's Darkest Journey* (New York: Doubleday, 2005). 루스벨트가 말하는 강인한 남성성에 대한 가장 좋은 논쟁은 다음 자료를 참조하라. Gail Bederman, *Manliness and Civilization: A Cultural History of Gender and Race in the United States, 1880~1917* (Chicago: University of Chicago Press, 1995), pp.170~215.

46. 러프 라이더 연대의 구성에 대해서는 다음 자료를 참조하라. Gary Gerstle, "Theodore Roosevelt and the Divided Character of American Nationalism," *Journal of American History* 86, no. 3 (December 1999): pp.1280~1307, esp. pp.1282~1283, pp.1286~1287.

47. Frederic Remington, "Cracker Cowboys of Florida," *Harper's New Monthly Magazine* 91, no. 543 (August 1895): pp.339~346, esp. p.339, pp.341~342, p.344; 비슷한 그림에 대해서는 다음 자료를 참조하라. "Florida Crackers and Cowboys," [San Francisco] *Daily Evening Bulletin*, May 5, 1883.

48. Theodore Roosevelt to Owen Wister, April 27, 1906, *The Letters of Theodore Roosevelt*, 5: pp.226~228; "Br'er Vardaman," *Biloxi Herald*, January 21, 1902.

49. 루스벨트는 '민족 자멸'이라는 개념을 위스콘신 대학교 에드워드 로스(Edward Ross) 교수에게서 차용했다. Theodore Roosevelt to Marie Van Horst, October 18, 1902. 이 편지는 '유명한 민족 자멸 서신'이 되었고, 수신인인 메리 밴 호스트(Marie Van Horst)의 저서 『수고하는 여자(*The Woman Who Toils*)』(New York: Doubleday, Page & Co., 1903)에 서론으로 실렸다. ; Theodore Roosevelt, "On American Motherhood," March 13, 1905(전국 어머니회의에서 행한 연설), in [*Supplemental*] *A Compilation of the Messages and Speeches of Theodore Roosevelt, 1901~1905*, ed. Alfred Henry Lewis, vol. 1 (Washington, DC: Bureau of National Literature and Art, 1906), pp.576~581; Dyer, *Theodore Roosevelt and the Idea of Race*, p.15, p.147, pp.152~155, p.157; Laura L. Lovett, *Conceiving the Future: Pronatalism, Reproduction, and the Family in the United States, 1890~1938* (Chapel Hill: University of North Carolina Press, 2007), pp.91~95. '민족 자멸'을 우려하는 공포전파자 대다수가 결코 통계학적인

데이터에 근거하고 있지 않았다. Miriam King and Steven Ruggles, "American Immigration, Fertility, and Race Suicide at the Turn of the Century," *Journal of Interdisciplinary History* 20, no. 3 (Winter 1990): pp.347~369, esp. pp.368~369.

50. 미국육종협회 우생학분과 보고서 내용으로 다음 자료를 참조하라. Harry H. Laughlin, *Scope of the Committee's Work*, Eugenics Record Office Bulletin, No. 10A (Cold Spring Harbor, Long Island, NY), 16. 다음 자료에도 인용되어 있다. Julius Paul, "Population 'Quantity' and 'Fitness for Parenthood' in the Light of State Eugenic Sterilization Experience, 1907~1966," *Population Studies* 21, no. 3 (November 1967): pp.295~299, esp. p.295; Theodore Roosevelt to Charles Davenport, January 3, 1913, Charles Benedict Davenport Papers, American Philosophical Society, Philadelphia (Digital Library, #1487); Theodore Roosevelt, "Twisted Eugenics," *Outlook* (January 3, 1914): pp.30~34; Dyer, *Theodore Roosevelt and the Idea of Race*, pp.158~160.

51. 루스벨트의 새로운 소득세법 비판과 어머니들과 관련된 다른 제안들에 대해서는 다음 자료를 참조하라. Theodore Roosevelt, "A Premium on Race Suicide," *Outlook* (September 27, 1913); 루스벨트는 또한 '독신자와 자식이 없는 사람들에게 매우 높은 세금을 부과해야 한다'는 생각도 지지했다. Kathleen Dalton, *Theodore Roosevelt: A Strenuous Life* (New York: Vintage Books, 2004), p.312; "Mother's Pensions in America," *Journal of the American Institute of Criminal Law and Criminology* 9, no. 1 (May 1918): pp.138~140, esp. p.139. '적격' 어머니들에 대해서는 다음 자료를 참조하라. Jessica Toft and Laura S. Abrams, "Progressive Maternalist and the Citizenship Status of Low- Income Single Mothers," *Social Science Review* 78, no. 3 (September 2004): pp.447~465, esp. p.460. 일부 법학자들은 이런 연금이 '위험한 상황'까지 가지 않게끔 '아동빈곤'을 예방하여 우생학에도 마찬가지로 도움이 될 것으로 보았다. Susan Sterett, "Serving the State: Constitutionalism and Social Spending, 1860s~1920s," *Law and Social Inquiry* 22, no. 2 (Spring 1997): pp.311~356, esp. p.344.

52. "Eugenic Mania," *Pacific Medical Journal* (October 1, 1915): pp.599~602; Steven Selden, "Transforming Better Babies into Fitter Families: Archival Resources and the History of the American Eugenics Movement, 1908~1930," *Proceedings of the American Philosophical Society* 149, no. 2 (June 2005): pp.199~225; Daniel J. Kelves, *In the Name of Eugenics: Genetics and the Uses of Human Heredity* (New York: Knopf, 1985), pp.59~62, pp.91~92; Matthew J. Lindsay, "Reproducing a Fit Citizenry: Dependency, Eugenics, and the Law of Marriage in the United States, 1860~1920," *Law and Social Inquiry* 23, no. 3 (Summer 1998): pp.541~585; Mark A.

Largent, *Breeding Contempt: The History of Coerced Sterilization in the United States* (New Brunswick, NJ: Rutgers University Press, 2008), pp.13~95.

53. Kelves, *In the Name of Eugenics*, pp.44~46, p.103; Anne Maxwell, *Picture Imperfect: Photography and Eugenics, 1870~1940* (Brighton: Sussex Academic Press, 2008), p.111; Matthew Frye Jacobson, *Barbarian Virtues: The United States Encounters Foreign Peoples at Home and Abroad, 1876~1917* (New York: Hill & Wang, 2000), pp.157~158; Jan A. Witkowski, "Charles Benedict Davenport, 1866~1944," in *Davenport's Dream: 21st Century Reflections on Heredity and Eugenics*, eds. Jan. A Witkowski and John R. Inglis (Cold Spring Harbor, NY: Cold Spring Harbor Laboratory Press, 2008), pp.47~48; Barbara A. Kimmelman, "The American Breeders' Association: Genetics and Eugenics in an Agricultural Context, 1903~1913," *Social Studies Science* 13, no. 2 (May 1983): pp.163~204.

54. 대븐포트는 1924년 형인 윌리엄 대븐포트에게 보낸 편지에서 이민자들이 전국에 들끓게 내버려둔다면, 200년 뒤에는 뉴욕과 북부가 미시시피로 변할 것이라고 말했다. 여기서 그는 남부의 낙후를 외국인 이민의 위험성을 설명하는 모델로 활용한다. Charles Davenport to William Davenport, February 11, 1924, Box 33, Charles Benedict Davenport Papers, 1876~1946, American Philosophical Society, as cited in Kelves, *In the Name of Eugenics*, 94. 대븐포트는 구빈원에서 남녀 공간을 나누지 않는 것이 남부의 핵심 문제라고 보았다. Davenport, *Heredity in Relation to Eugenics* (New York: Henry Holt & Co., 1911), p.67, pp.70~71, p.74, p.182, p.200. 미시시피에 대해서는 다음 자료를 참조하라. Edward J. Larson, *Sex, Race, and Science: Eugenics in the Deep South* (Baltimore: Johns Hopkins University Press, 1995), p.81, p.92. 대븐포트는 미국 통계국을 통해 사람들의 혈통에 관한 자료를 모으고, 이를 활용하여 각각의 카운티에서 어디가 '지적장애와 범죄의 중심지'인가를 밝히고, 오두막집 각각에서 어떤 자식이 태어나는가를 알아내고자 했다. Davenport, Heredity in Relation to Eugenics, p.1, pp.80~82, pp.87~90, pp.211~212, pp.233~234, pp.248~249, p.255, p.268. 우생학자이자 사회학자인 에드워드 로스('민족 자멸'이라는 단어를 만들어낸 인물이다) 역시 도시로의 이주는 시골과는 다른 우량종을 낳는다고 믿었다. 두개골이 상하로 긴 사람은 도시로 이동하는 반면, 가로로 넓은 사람과 정신적으로 열등한 사람은 시골에 남는다고 주장했다. Edward Ross, *Foundations of Sociology* (New York, 1905), p.364.

55. 엉덩이가 큰 여자와 말 육종에 대한 대븐포트의 언급에 대해서는 다음 자료를 참조하라. *Heredity in Relation to Eugenics*, p.1, pp.7~8. 미국육종협회 제4차 연례회의에서 나온 알렉산더 그레이엄 벨의 주장에 대해서는 다음 자료를 참조하라. "Close Divorce Doors If Any Children. Prof. Alexander Graham Bell Considers

Plan to Produce Better Men and Women," *New York Times*, January 30, 1908; W.
E. D. Stokes, *The Right to Be Well Born, or Horse Breeding in Its Relations to Eugenics*
(New York, 1917), p.8, p.74, p.76, p.199, p.256; "W. E. D. Stokes on Eugenics,"
Eugenical News 2, no. 2 (February 1917): p.13. '인간 순종'과 '미래 세대'에 대한 집
중논의에 대해서는 다음 자료를 참조하라. "A Perfect Race of Men: According
to Prof. Kellar the Success of Eugenics Depends on Rules Made by Custom,"
New York Times, September 27, 1908. 애버렐 해리먼의 미망인 메리 해리먼이
대븐포트의 우생학기록소에 돈을 기부하도록 부추긴 사람은 부부의 딸이었
다. 엄마의 이름을 물려받아 역시 '메리 해리먼'이었던 딸은 우생학 학자이면
서 말을 유난히 사랑했다. 그런가 하면 아버지의 이름을 그대로 물려받은 아들
윌리엄 애버렐 해리먼은 말 육종가였고, 딸인 메리 역시 소 육종에 관련한 일
을 했다. Persia Campbell, "Mary Harriman Rumsey," *Notable American Women,
1607~1950: A Biographical Dictionary*, vol. 1, eds. Edward T. James, Janet Wilson
James, and Paul Boyer (Cambridge, MA: Belknap Press of Harvard University Press, 1971):
pp.208~209.

56. 미시건 주의회 의원은 가망 없는 환자라고 생각되는 아이들을 전기로 죽이는 방
법을 제안했다. S. T. Samock, "Shall We Kill the Feeble-Minded?," *Health* (August
1903): pp.258~259. 의학박사 W. 던컨 맥킴(W. Duncan McKim)은 저서 『유전과
인류의 진보(*Heredity and Human Progress*)』(New York, 1900, pp.188~193)에서 탄산가스
질식으로 매우 허약하고 매우 사악한 사람들을 제거하는 방법을 주장했다. 할
아버지 처형에 대해서는 다음 자료를 참조하라. Kelves, *In the Name of Eugenics*,
p.92. 할아버지 대에서 퇴화가 멈춰야 한다는 비슷한 주장에 대해서는 다음 자
료를 참조하라. John N. Hurty, M.D., "Practical Eugenics," *Journal of Nursing*
12, no. 5 (February 1912): pp.450~453. 단종법과 적용 범주에 대해서는 다음 자
료를 참조하라. Paul, "Population 'Quantity' and 'Fitness for Parenthood,'"
p.296; Paul Popenoe, "The Progress of Eugenic Sterilization," *Journal of Heredity*
25, no. 1 (January 1934): pp.19~27, esp. p.20. 타우시그에 대해서는 다음 자료
를 참조하라. Thomas C. Leonard, "Retrospectives: Eugenics and Economics
in the Progressive Era," *Journal of Economic Perspectives* 19, no. 4 (Autumn 1905):
pp.207~224, esp. p.214.

57. 백인, 특히 백인 여성들이 흑인에 대해 본능적인 반감을 품고 있다는 주장
과 관련해서는 조지아 대학교 총장 월터 B. 힐(Walter B. Hill)의 다음 기사를
참조하라. "Uncle Tom Without a Cabin," *Century Magazine* 27, no. 6 (1884):
p.862; Reverend William H. Campbell's book, *Anthropology for the People: A
Refutation of the Theory of the Adamic Origins of All Races* (Richmond, 1891), p.269;

"The Color Line," *New York Globe*, June 1883; "Race Amalgamation," *American Economic Association. Publications* (August 1896): p.180; "The Psychology of the Race Question," *Independent* (August 13, 1903): 1939~1940; Ellen Barret Ligon, M.D., "The White Woman and the Negro," *Good Housekeeping* (November 1903): pp.426~429, esp. p.428; and Mencke, *Mulattoes and Race Mixture*, p.105, pp.107~108; Stokes, *The Right to Be Well Born*, p.86, pp.222~224, p.230. 결혼 전에 남편에 관해 확인하라는 부분에 대해서는 다음 자료를 참조하라. Mrs. John A. Logan, "Inheritance, Mental and Physical," *Philadelphia Inquirer*, April 24, 1904. 우생학에 따른 결혼, 즉 우생결혼에 대해서는 다음 자료를 참조하라. "Wants to Be a Eugenic Bride," *New York Times*, November 3, 1913. 우생결혼을 다룬 소설에 대해서는 다음 자료를 참조하라. (『계약 하의 구애 : 선택의 과학 *Courtship Under Contract : The Science of Selection*』) "Book Reviews," *Health* (February 1911): p.43. 루이지애나에서 여성 고아들에게 우생학을 가르치던 학교에 대해서는 다음 자료를 참조하라. "Quits Society for Eugenics," *New York Times*, August 29, 1913. 우생학 기록에 대해서는 다음 자료를 참조하라. "Superman a Being of Nervous Force . . . Eugenic Registry Plan Would Develop a Race of Human Thoroughbreds, It Is Argued—Elimination of the Unfit," *New York Times*, January 11, 1914; Selden, "Transforming Better Babies into Fitter Families," pp.206~207, pp.210~212. 우생학 운동에서 여성의 중요한 역할에 대해서는 다음 자료를 참조하라. Edward J. Larson, "'In the Finest, Most Womanly Way': Women in the Southern Eugenics Movement," *American Journal of Legal History* 39, no. 2 (April 1995): pp.119~147.

58. 1928년 즈음에는 거의 400곳의 단과대학과 종합대학이 우생학 과정을 제공하고 있었다. Steven Selden, *Inheriting Shame: The Story of Eugenics and Racism in America* (New York: Teachers College Press, 1999), p.49. 고더드는 노둔을 8~12세 정도의 정신연령을 가진 사람으로 분류했다. Henry H. Goddard, "Four-Hundred Feeble-Minded Children Classified by the Binet Method," *Journal of Psycho-Asthenics* 15, no. pp.1~2 (September and December, 1910): pp.17~30, esp. pp.26~27. 노둔과 성적 일탈에 대해서는 다음 자료를 참조하라. Edwin T. Brewster, "A Scientific Study of Fools," *McClure's Magazine* 39, no. 3 (July 1912): pp.328~334. 지적장애 여성들의 다산능력에 대해서는 다음 자료를 참조하라. "The Unfit," *Medical Record* (March 4, 1911): pp.399~400; Martin W. Barr, M.D., "The Feebleminded a Sociological Problem," *Alienist and Neurologist* (August 1, 1913): pp.302~305. 지적장애 소녀들을 사회에 대한 위협으로 보는 시각에 대해서는 다음 자료를 참조하라. "The Menace of the Feebleminded," *Colman's Rural World* (June 25, 1914): p.8. 여성 노둔들이 매춘부나 자녀를 떼로 거느린 몸가짐이 단정치 못한 주부가 된

다는 주장에 대해서는 다음 자료를 참조하라. George S. Bliss, M.D., "Diagnosis of Feebleminded Individuals," *Alienist and Neurologist* (January 1, 1918): pp.17~23; Kevles, *In the Name of Eugenics*, p.77, p.107; Davenport, *Heredity in Relation to Eugenics*, pp.233~243; Wendy Kline, *Building a Better Race: Gender, Sexuality, and Eugenics from the Turn of the Century to the Baby Boom* (Berkeley: University of California Press, 2005), pp.20~29.

59. 흑백 잡혼에 대한 지속적인 두려움에 대해서는 다음 자료를 참조하라. William Benjamin Smith, *The Color Line: A Brief in Behalf of the Unborn* (New York, 1905), p.5, p.8, pp.11~14, pp.17~18, p.74; Robert W. Shufeldt, M.D., *The Negro: A Menace to American Civilization* (Boston, 1907), pp.73~74, pp.77~78, pp.103~104, p.131. 1907년부터 1921년 사이 의회는 잡혼에 반대하는 21개의 법안을 제출했다. Robinson, *Dangerous Liaisons*, p.82.

60. 고더드가 재건시대 작가들이 백인 쓰레기를 묘사했던 것과 동일한 비유들을 사용한 부분에 대해서는 다음 자료를 참조하라. Henry Herbert Goddard, *The Kallikak Family: A Study in the Heredity of Feeble-Mindedness* (New York, 1912), p.66, pp.71~72. 1907년 최초로 단종법을 통과시킨 주들 중 하나인 인디애나주에서 제기된, 납세자들의 부담을 줄여준다는 주장에 대해서는 다음 자료를 참조하라. "Feeble-Minded Women," *Duluth News Tribune*, March 12, 1904; Davenport, *Heredity in Relation to Eugenics*, p.259; Kline, *Building a Better Race*, p.49, p.53; Kelves, *In the Name of Eugenics*, p.72. 육체노동을 위해 노둔이 필요하다는 주장에 대해서는 다음 자료를 참조하라. Lewis M. Terman, *The Measurement of Intelligence* (Boston: Houghton Mifflin, 1916), p.91. 이는 '벅 대 벨' 사건에서 수용시설 관리자 앨버트 프리디(Albert Priddy)가 폈던 주장이기도 하다. Gregory Michael Dorr, *Segregation's Science: Eugenics and Society in Virginia* (Charlottesville: University of Virginia Press, 2008), 132.

61. 매춘이 의심되는 사람들을 강제로 수용하는 내용을 담은, 1918년에 의회에서 통과된 체임벌린-칸(Chamberlain-Kahn) 법안에 대해서는 다음 자료를 참조하라. Kristin Luker, "Sex, Social Hygiene, and the State: The Double-Edged Sword of Social Reform," *Theory and Society* 27, no. 5 (October 1998): pp.601~634, esp. pp.618~623; Christopher Capozzola, "The Only Badge Needed Is Your Patriotic Fervor: Vigilance, Coercion, and the Law in World War I America," *Journal of American History* 88, no. 4 (March 2002): pp.1354~1382, esp. pp.1370~1373; Kline, *Building a Better Race*, pp.46~47; Aine Collier, *The Humble Little Condom: A History* (Amherst, NY: Prometheus Books, 2007), p.185, p.187. 징병 문제에 대해서는 다음 자료를 참조하라. Jeanette Keith, *Rich Man's War, Poor Man's Fight: Race,*

Class and Power in the Rural South During the First World War (Chapel Hill: University of North Carolina Press, 2004), p.43, pp.70~71, pp.73~75.

62. 육군에 멍청이들이 가득하다는 주장, 투표에 지능검사를 활용하자는 요청 등에 대해서는 다음 자료를 참조하라. "Are We Ruled by Morons?," *Current Opinion* 72, no. 4 (April 1922): pp.438~440. 낮은 지능지수가 나온 가난한 백인과 흑인, 특히 '디프사우스'라고 불리는 최남부 출신 사람들에 대해서는 다음 자료를 참조하라. M. F. Ashley Montagu, "Intelligence of Northern Negroes and Southern Whites in the First World War," *American Journal of Psychology* 58, no. 2 (April 1945): pp.161~188, esp. pp.165~167, pp.185~186; Daniel J. Kevles, "Testing the Army's Intelligence: Psychologists and the Military in World War I," *Journal of American History* 55, no. 3 (December 1968): pp.565~581, esp. p.576; Dorr, *Segregation's Science*, p.110; James D. Watson, "Genes and Politics," in Witkowski and Inglis, *Davenport's Dream*, p.11.

63. 십이지장충병은 제1차 세계대전 징집병 가운데 왜소증을 보이는 사람들의 원인으로 밝혀졌다. M. W. Ireland, *Albert Love, and Charles Davenport, Defects Found in Drafted Men: Statistical Information Compiled from the Draft Records* (Washington, DC, 1919), p.34, p.265. 백인 쓰레기가 흙을 먹는 중독에 걸렸다는 주장에 대해서는 다음 자료를 참조하라. (참으로 얄궂은 제목인데) "They Eat Clay and Grow Fat," *Philadelphia Inquirer*, November 26, 1895; "The Clay Eaters," *Fort Worth Register*, January 12, 1897. 십이지장충과 발육부진에 대해서는 다음 자료를 참조하라. Marion Hamilton Carter, "The Vampires of the South," *McClure's Magazine* 33, no. 6 (October 1909): pp.617~631; J. L. Nicholson, M.D., and Watson S. Rankin, M.D., "Uncinariasis as Seen in North Carolina," *Medical News* (November 19, 1904): pp.978~987; H. F. Harris, "Uncinariasis: Its Frequency and Importance in the Southern States," *Atlanta Journal-Record of Medicine*, June 1, 1903; "Uncinariasis, the Cause of Laziness," *Zion's Herald*, December 10, 1902; "The Passing of the Po' 'White Trash': The Rockefeller Com mission's Successful Fight Against Hookworm Disease," *Hampton-Columbia Magazine*, November 1, 1911. 백인 쓰레기 질병에 대해서는 다음 자료를 참조하라. James O. Breeden, "Disease as a Factor in Southern Distinctiveness," and Elizabeth W. Etheridge, "Pellagra: An Unappreciated Reminder of Southern Distinctiveness," in *Disease and Distinctiveness in the American South*, eds. Todd L. Savitt and James Harvey Young (Knoxville: University of Tennessee Press, 1988), pp.1~28, pp.100~119, esp. pp.14~15, p.104. 남부 출신 병사들이 '신체 발육 정도가 부진하다'는 군대의 조사결과에 대해서는 다음 자료를 참조하라. Natalie J. Ring, *The Problem of the South: Region,*

Empire, and the New Liberal State, 1880~1930 (Athens: University of Georgia Press, 2012), p.79.

64. S. A. Hamilton, "The New Race Question in the South," *Arena* 27, no. 4 (April 1902): pp.352~358; "Science and Discovery: The Coming War on Hookworm," *Current Literature* 17, no. 6 (December 1909): pp.676~680; E. J. Edwards, "The Fight to Save 2,000,000 Lives from Hookworm," *New York Times*, August 28, 1910; John Ettling, *The Germ of Laziness: Rockefeller Philanthropy and Public Health in the New South* (Cambridge, MA: Harvard University Press, 1981); Andrew Sledd, "Illiteracy in the South," *Independent*, October 17, 1901, pp.2471~2474; Richard Edmonds, "The South's Industrial Task: A Plea for Technical Training of Poor White Boys," 1901년 11월 14일, 애틀랜타에서 열린 남부방적업자협회 연례회의에 앞서 행한 연설.(Atlanta, 1901) 백인 빈민을 교육하고 교정하는 문제에 대해서는 다음 자료를 참조하라. Bruce Clayton, *The Savage Ideal: Intolerance and Intellectual Leadership in the South, 1890~1914* (Baltimore: Johns Hopkins University Press, 1972), pp.114~115, p.119, p.140. 여자들과 아이들을 위태롭게 하는 물방아 기계에 대해서는 다음 자료를 참조하라. Elbert Hubbard, "White Slavery in the South," *Philistine* (May 1902): pp.161~178; "Child Labor in the South," *Ohio Farmer* (February 3, 1906): p.121; Louise Markscheffel, "The Right of the Child Not to Be Born," *Arena* 36, no. 201 (August 1906): pp.125~127; Owen R. Lovejoy, assistant secretary of the National Child Labor Committee, "Child Labor and Family Disintegration," *Independent* (September 27, 1906): pp.748~750. 새로운 부랑자로서 소작농에 대해서는 다음 자료를 참조하라. Frank Tannenbaum, *Darker Phases of the South* (New York, 1924), pp.131~135; Ring, *The Problem of the South*, pp.25~26, pp.62~63, p.121, pp.125~126, pp.135~136. 많은 남부 주에서 흑인은 선거권을 박탈당했기 때문에 가난한 백인이 더욱 중요한 공격목표였다. 배운 데 없이 무지한 크래커는 여전히 정치적 힘을 가지고 있었고, 다수의 남부 엘리트는 이를 골치 아픈 상황이라고 생각했다. Charles H. Holden, *In the Great Maelstrom: Conservatives in Post~Civil War South Carolina* (Columbia: University of South Carolina Press, 2002), p.65, p.80.

65. Dorr, *Segregation's Science*, pp.122~123, p.129, p.132; Paul Lombardo, "Three Generations, No Imbeciles: New Light on Buck v. Bell," *New York University Law Review* 60, no. 1 (April 1965): pp.30~60, esp. p.37, pp.45~50.

66. David Starr Jordan and Harvey Ernest Jordan, *War's Aftermath: A Preliminary Study of the Eugenics of War as Illustrated by the Civil War of the United States and the Late Wars in the Balkans* (Boston: Houghton Mifflin, 1914), p.63; Dorr, *Segregation'*

s Science, pp.54~55, p.57, p.59, p.62, p.65; Gregory Michael Dorr, "Assuring America's Place in the Sun: Ivey Foreman Lewis and the Teaching of Eugenics at the University of Virginia, 1915~1953," Journal of Southern History 66, no. 2 (May 2000): pp.257~296, esp. pp.264~265.

67. 에스터브룩은 원족의 부도덕한 성관계와 높은 생식능력에 집중했을 뿐만 아니라, 교사 대부분이 아이들을 '지적장애', '어리석음', '가망 없음'으로 등급을 매기는 방식도 강조했다. 에스터브룩은 또한 근친결합 정도도 설명했는데, 주로는 6촌끼리 결혼을 했다. 그는 네 명의 '진원지', 즉 남성 조상을 찾아냈다. 하나는 조지프 브라운이라는 백인 남자로 순수 혈통의 인디언과 결혼한 사람이다. 에스터브룩은 그들의 '혈통'이 버지니아 일반 백인들과 같거나, 더 낫다고 설명했다. 원족 스스로 순수 백인 혈통을 가진 사람들을 '깨끗한 피'를 가지고 있다고 인식했다. Arthur H. Estabrook and Ivan E. M. McDougle, <i>Mongrel Virginians: The Win Tribe</i> (Baltimore: Williams & Wilkins Company, 1926), pp.13~14, p.23, p.119, p.125, pp.145~146, pp.154~157, pp.160~166, p.181, pp.203~205.

68. 에스터브룩은 저서에 1924년에 제안된 법안 복사본과 그에 대한 설명도 포함했다. Estabrook, <i>Mongrel Virginians</i>, pp.203~205. 버지니아의 1924년 인종순결법에는 '포카혼타스 예외' 조항도 포함되었는데, (존 롤프의 후손인) 엘리트 가문들을 인종적으로 더럽혀진 것으로 간주하지 않도록 하자는 취지였다. Richard B. Sherman, "'The Last Stand': The Fight for Racial Integrity in Virginia in the 1920s," <i>Journal of Southern History</i> 54, no. 1 (February 1988): pp.69~92, esp. p.78; Dorr, <i>Segregation's Science</i>, pp.145~146.

69. 공공장소에서 흑인과 백인이 어울리는 것을 금지한 법에 대해서는 다음 자료를 참조하라. Sherman, "The Last Stand,"' esp. pp.83~84. 올리버 웬들 홈스 연방대법원장의 견해에 대해서는 다음 판례를 참조하라. <i>Buck v. Bell</i>, 274 U.S. 200 (1927), 208.

70. 해리 로플린은 벅 집안을 "남부의 무능하고 무지하고 무가치한 반사회적인 백인 계급에 속한다"라고 설명했는데, 이는 앨버트 프리디의 말을 이용해 1924년 재판에 대한 자기 의견을 밝힌 것이었다. 1914년 주지사에게 제출하는 보고서에서 프리디는 '사회와 개인의 자선에 의지해 살아가는 비생산적이고 무능한 사람들' 사이에 유전적인 결함을 (범죄, 매춘, 주벽 같은) 반사회적 행동과 동일시함으로써 지적장애자에 대한 단종수술의 정당성을 옹호했다. Lombardo, "Three Generations, No Imbeciles," 37, pp.49~50, p.54; Dorr, <i>Segregation's Science</i>, pp.129~130, p.132, p.134. 우생학 지지자들은 단종수술 확산을 정당화하기 위해서 연방대법원 판결을 공개했다. Popenoe, "The Progress of Eugenic Sterilization," pp.23~26. 소송에 사용된 캐리 벅의 가계도에 대해서는 다음 자료

를 참조하라. "Most Immediate Blood-Kin of Carrie Buck, Showing Illegitimacy and Hereditary Feeblemindedness" (circa 1925), the Harry H. Laughlin Papers, Truman State University, Lantern Slides, Brown Box, 1307, accessed from Image Archive on the American Eugenics Movement, Dolan DNA Center, Cold Spring Harbor Laboratory (#1013), http://www.eugenicsarchive.org.

71. 루이스 M. 터먼(Lewis M. Terman)은 환경 영향을 무시하면서 계급은 유전적 능력의 정확한 결과물이라고 보았다. 터먼은 글에서 이렇게 말했다. "일반적으로 보면 특정 가족이 속한 사회계급은 우연보다는 부모가 타고난 지적, 성격적 자질에 영향을 받는다." 터먼의 계급 관련 주장에 대해서는 다음 자료를 참조하라. Terman, *The Measurement of Intelligence*, p.72, p.96, p.115. 터먼은 재능 있는 계급의 낮은 출산율을 특히 우려했고 이들 인구를 늘리기 위해 가능한 무엇이든 해야 한다고 생각했다. Lewis Madison Terman, "Were We Born That Way?," *The World's Work* 44 (May~October 1922): pp.655~660. 터먼의 지능 등급 분류는 엘리트주의에 가까웠다. 가장 심각하게 정신적으로 취약한 이들을 '지적장애자'라는 하나의 카테고리로 묶었고, 이어서 경계, 열등, 평균, 우월, 매우 우월, 엄선, 매우 엄선, 천재로 나누었다. 그에게 가장 중요했던 것은 최고 등급이었다. Terman, "The Binet Scale and the Diagnosis of Feeble-Mindedness," *Journal of the American Institute of Criminal Law and Criminology* p.7, no. 4 (November 1916): pp.530~543, esp. pp.541~542; Mary K. Coffey, "The American Adonis: A Natural History of the 'Average American' Man, 1921~1932," in *Popular Eugenics: National Efficiency and American Mass Culture in the 1930s*, eds. Susan Currell and Christina Cogdell (Athens: Ohio University Press, 2006), pp.185~216, esp. pp.186~187, p.196, p.198. 인기 강사였던 앨버트 F. 위검(Albert F. Wiggam) 같은 다른 우생학자들은 만약 지적이고 아름다운 여성이 후손을 낳지 않으면 '다음 세대는 못생기고 멍청해질 것'이라고 우려했다. (마치 그런 자질들이 한 계급에 통합되어 있기라도 한 양) R. le Clerc Phillips, "Cracks in the Upper Crust," *Independent* (May 29, 1926): pp.633~636.

72. C. W. 설리비와 그의 신작 『여자다운 여자(Woman on Womanhood)』에 대해서는 다음 자료를 참조하라. "Urging Women to Lift the Race," *New York Times*, November 19, 1911; 우생학적 여성주의, 남자들을 정밀히 조사하는 여자들, 연애결혼을 '과학적인 번식'을 토대로 최고의 짝을 찾는 '냉혹한 선택'으로 바꾸는 것에 대한 풍자를 보려면 다음 자료를 참조하라. Robert W. Chambers, "Pro Bono Publico: Further Developments in the Eugenist Suffragette Campaign," *Hampton's Magazine* (July 1, 1911): pp.19~30; William McDougall, *National Welfare and Decay* (London, 1921), pp.9~25. 맥두걸은 영국 사립학교 학생(교육받은 엘리트

집안의 자녀)과 공립학교 학생(상인과 장인들의 자녀)의 지적능력을 비교하는 유사한 연구를 수행하고 터먼과 같은 결론에 도달했다. 교육받은 엘리트의 자녀들에게서 눈에 띄는 우월성이 나타난다는 것이었다. Reverend W. R. Inge, "Is Our Race Degenerating?," *The Living Age* (January 15, 1927): pp.143~154.

73. Steven Noll, *Feeble-Minded in Our Midst: Institutions for the Mentally Retarded in the South, 1900~1940* (Chapel Hill: University of North Carolina Press, 1995), 71. 1920년대 노스캐롤라이나에서 범죄 성향을 보이는 극빈 계급 백인 소녀들의 단종수술을 얼마나 중요한 목표로 생각했는가에 대해서는 다음 자료를 참조하라. Karen L. Zipf, *Bad Girls at Samarcand: Sexuality and Sterilization in a Southern Juvenile Reformatory* (Baton Rouge: Louisiana State University Press, 2016), p.3, pp.66~67, p.73, pp.83~84, pp.150~152, p.154.

74. Sherwood Anderson, *Poor White* (New York: B. W. Huebsch, Inc., 1920), pp.3~8, pp.11~14, p.18; Stephen C. Enniss, "Alienation and Affirmation: The Divided Self in Sherwood Anderson's 'Poor White,'" *South Atlantic Review* 55, no. 2 (May 1990): pp.85~99; Welford Dunaway Taylor and Charles E. Modlin, eds., *Southern Odyssey: Selected Writings of Sherwood Anderson* (Athens: University of Georgia Press, 1997); 벽, 때로는 계급장벽을 만드는 사람들에 대한 앤더슨의 관심에 대해서는 다음 자료를 참조하라. Percy H. Boynton, "Sherwood Anderson," *North American Review* 224, no. 834 (March~May 1927): pp.140~150, esp. p.148.

75. Anderson, *Poor White*, p.29, p.43, p.55, p.56, p.62, p.72, p.80, pp.118~121, pp.127~128, p.156, p.169, pp.171~172, pp.190~191, pp.227~228, pp.230~231, pp.253~254, p.299.

76. Ibid., p.136, p.260, p.271, p.277, p.332, p.342, p.345, p.357, pp.367~371.

77. '어린애 같은 무기력' 혹은 '사회 계급의 성장 저해', '정신적인 장애'의 개념, 그리고 남부가 "자기 안의 앵글로-색슨을 묻어버렸다"라는 주장에 대해서는 다음 자료를 참조하라. Tannenbaum, *Darker Phases of the South*, pp.39~42, p.56, p.70, pp.117~119, p.183; William Garrott Brown, *Lower South in American History* (New York, 1902), p.266; Edgar Gardner Murphy, *The Problems of the Present South* (New York, 1909), p.123; Ring, *The Problem of the South*, p.139, p.148, p.152. 어스킨 콜드웰의 아버지 아이러 콜드웰(Ira Caldwell)은 1929년 「우생학 : 인종 개량 저널 (Eugenics : A Journal of Race Betterment)」에 스스로 '실수투성이 사람들'이라고 불렀던 가난한 백인 가정을 다루는 연재물을 5회에 걸쳐 발표했다. 이는 주크가에서부터 내려오는 직접 진행한 가족 연구였다. Ashley Craig Lancaster, "Weeding out the Recessive Gene: Representations of the Evolving Eugenics Movement in Erskine Caldwell's 'God's Little Acre,'" *Southern Literary Journal* 39, no. 2 (Spring

2007): pp.78~99, esp. p.81.

78. Erskine Caldwell, *The Bastard* (New York, 1929), pp.13~14, p.16, p.21, p.28.

79. Ibid., pp.21~23, pp.141~142, pp.145~146, pp.165~166, p.170, p.175, p.177, pp.198~199.

80. 귀족에 대한 논쟁을 다룬 기사들에 대해서는 다음 자료를 참조하라. Robert N. Reeves, "Our Aristocracy," *American Magazine of Civics* (January 1896): pp.23~29; Harry Thurston Peck, "The New American Aristocracy," *The Cosmopolitan* (October 1898): pp.701~709; Harry Thurston Peck, "The Basis for an American Aristocracy," *Independent* (December 22, 1898): 1842~1845; "Is America Heading for Aristocracy?," *The Living Age* (September 21, 1907): pp.757~760; Charles Ferguson, "A Democratic Aristocracy," *The Bookman: A Review of Books and Life* (October 1917): pp.147~148. 재능 있는 귀족을 선호하는 견해에 대해서는 다음 자료를 참조하라. James Southall Wilson, "The Future of Aristocracy in America," *North American Review* (January 1932), pp.34~40. 타고난 공무원 계급에 대해서는 다음 자료를 참조하라. James Edward Dunning, "An Aristocracy of Government in America," *Forum* (June 1910): pp.567~580. 이런 마스터 계급 양산에 대한 비판 역시 있었다. "Modern Biology as the Enemy of Democracy," *Current Opinion* 49, no. 3 (September 1920): pp.346~347; 과학과 전문성의 새로운 힘에 대해서는 다음 자료를 참조하라. JoAnne Brown, *The Definition of a Profession: The Authority of Metaphor in the History of Intelligence Testing, 1900~1930* (Princeton, NJ: Princeton University Press, 1992), p.41.

81. 플래퍼에 대해서는 다음 자료를 참조하라. Corra Harris, *Flapper Anne* (Boston: Houghton Mifflin, 1926). 1925년 「레이디스 홈 저널(Ladies' Home Journal)」에 연재되었다. Betsy Lee Nies, *Eugenic Fantasies: Racial Ideology and the Literature and Popular Culture of the 1920s* (New York: Routledge, 2010), p.41.

9장

1. David M. Kennedy, *The American People in the Great Depression: Freedom from Fear: Part I* (New York: Oxford University Press, 1999), pp.86~87, p.89.

2. U.S. National Emergency Council, *Report on Economic Conditions in the South. Prepared for the President by the National Emergency Council* (Washington, DC: Government Printing Office, 1938), 1; Will W. Alexander, "Rural Resettlement," *Southern Review* 1, no. 3 (Winter 1936): pp.528~539, esp. p.529, p.532, p.535, p.538. 다른 전문가의 설명에 따르면, 농촌재생은 현상 복원이 아니라 농부들에게 자신

들의 생활수준을 유지하고 개선할 수단을 제공하는 것이었다. Joseph W. Eaton, *Exploring Tomorrow's Agriculture: Co-Operative Group Farming-A Practical Program of Rural Rehabilitation* (New York: Harper & Brothers, 1943), pp.4~7.

3. Matthew J. Mancini, *One Dies, Get Another: Convict Leasing in the American South, 1866~1928* (Columbia: University of South Carolina Press, 1996), pp.2~3, p.23, pp.37~38; Edward L. Ayers, *Vengeance and Justice: Crime and Punishment in the Nineteenth-Century American South* (New York: Oxford University Press, 1985), pp.185~222.

4. Robert E. Burns, *I Am a Fugitive from a Georgia Chain Gang, foreword by Matthew J. Mancini* (Athens: University of Georgia Press, 1997), vi~ix. 1932년 무렵 죄수의 거의 3분의 1이 백인이었는데, 1908년 이래 세 배로 증가한 것이었다. Alex Lichtenstein, "Chain Gangs, Communism, and the 'Negro Question': John L. Spivak's Georgia Nigger," *Georgia Historical Quarterly* 79, no. 3 (Fall 1995): pp.633~658, esp. pp.641~642.

5. 워너 브러더스에 대해서는 다음 자료를 참조하라. Andrew Bergman, *We're in the Money: Depression America and Its Films* (Chicago: Ivan R. Dee, 1971), p.92.

6. Lewis W. Hine, *Men at Work: Photographic Studies of Modern Men and Machines* (New York, 1932), 권두 삽화; Kate Sampsell Willmann, "Lewis Hine, Ellis Island, and Pragmatism: Photographs as Lived Experience," *Journal of the Gilded Age and Progressive Era* 7, no. 2 (April 2008): pp.221~252, esp. pp.221~222.

7. Amity Shlaes, *The Forgotten Man: A New History of the Great Depression* (New York: Harper Perennial, 2008), p.129; Roger Daniels, *The Bonus March: An Episode of the Great Depression* (Westport, CT: Greenwood, 1971); John Dos Passos, "The Veterans Come Home to Roost," *New Republic* (June 29, 1932): pp.177~178. 어느 설명에 따르면 시위자 중에는 농부들도 다수 있었다고 한다. Mauritz A. Haligren, "The Bonus Army Scares Mr. Hoover," *Nation* 135 (July 27, 1932): 73. 판자촌 소각에 대해서는 다음 자료를 참조하라. "The Bonus Army Incident,"*New York Times*, September 16, 1932. 보너스 군대를 범죄자라고 부른 후버에 대한 반발에 대해서는 다음 자료를 참조하라. Harold N. Denny, "Hoover B.E.F. Attack Stirs Legion Anew," *New York Times*, September 13, 1932; John Henry Bartlett, *The Bonus March and the New Deal* (Chicago: M. A. Donohue & Co., 1937), p.13; Donald J. Lisio, "A Blunder Becomes a Catastrophe: Hoover, the Legion, and the Bonus Army," *Wisconsin Magazine of History* 51, no. 1 (Autumn 1967): pp.37~50.

8. Charles R. Walker, "Relief and Revolution," *Forum and Century* 88 (August 1932): pp.73~79.

9. Edward Newhouse, *You Can't Sleep Here* (New York: Macaulay, 1934), pp.103~104, p.112.

10. 1930년대 작가들에 대해서는 다음 자료를 참조하라. David P. Peeler, *Hope Among Us Yet: Social Criticism and Social Solace in Depression America* (Athens: University of Georgia Press, 1987), pp.167~168, p.171; Tom Kromer, *Waiting for Nothing* (New York, 1935), 186; Arthur M. Lamport, "The New Era Is Dead— Long Live the New Deal," *Banker's Magazine* (June 1933): pp.545~548.

11. 다음 사진들을 참조하라. "The Flood Leaves Its Victims on the Bread Line" and "Tennessee Puts a Chain Gang on Its Levees," *Life* 2, no. 7 (February 15, 1937): 9, pp.12~13.

12. "Muncie, Ind. Is the Great U.S. 'Middletown': And This Is the First Picture Essay of What It Looks Like," *Life* 2 (May 10, 1937): pp.15~25; Sarah E. Igo, "From Main Street to Mainstream: Middletown, Muncie, and 'Typical America,'" *Indiana Magazine of History* 101, no. 3 (September 2005): pp.239~266, esp. pp.244~245, p.255, pp.259~260. 어느 작가는 미국인의 생활수준에 대한 대중들의 이해는 '누구나 떠들어대지만 아무도 명확히 정의하지 않은 개념'이라고 지적했다. 계속해서 그는 "지금 말들 하는 미국인의 생활수준이란 아마 대다수 사람이 가졌으면 하고 희망하는 것들에 부여한 일련의 가치에 지나지 않을 것이다"라고 말한다. Elmer Leslie McDowell, "The American Standard of Living," *North American Review* 237, no. 1 (January 1934): pp.71~75, esp. p.72.

13. "The American Collapse," *The Living Age* (December 1, 1929): pp.398~401; 이집트 무덤 비유에 대해서는 다음 자료를 참조하라. Virgil Jordan, "The Era of Mad Illusions," *North American Review* (January 1930): pp.54~59.

14. William Stott, *Documentary Expression and Thirties America* (Chicago: University of Chicago Press, 1973), pp.62~63, pp.67~68, p.212. 로이 스트라이커가 진행한 사진작업에서 토양침식의 중요성에 대해서는 다음 자료를 참조하라. Stuart Kidd, "Art, Politics and Erosion: Farm Security Administration Photographs of the Southern Land," *Revue française d'études américaines*, rev. ed. (1986): pp.67~68; Arthur Rothstein, "Melting Snow, Utopia, Ohio," February 1940, Library of Congress, Prints and Photographs Division, Washington, DC; Peeler, *Hope Among Us Yet*, p.148.

15. 황지에 대해서는 다음 자료를 참조하라. Herbert J. Spinden, "Waters Flow, Winds Blow, Civilizations Die," *North American Review* (Autumn 1937): pp.53~70; Russell Lord, "Behold Our Land," *North American Review* (Autumn 1938): pp.118~132; 혼란의 고조에 대해서는 다음 자료를 참조하라. Russell Lord, "Back to the

Land?," *Forum* (February 1933): pp.97~103, esp. 99, p.102. 스핀든(Spinden)은 마야 미술을 전문으로 연구하는 고고학자다. 브루클린 박물관에서 1929년부터 1951년까지 미국 인디언 예술 및 문화 분야 큐레이터를 맡았다. Regna Darnell and Frederic W. Gleach, eds., *Celebrating a Century of the American Anthropological Association: Presidential Portraits* (New York, 2002), pp.73~76. Dorothea Lange and Paul Taylor, *An American Exodus: A Record of Human Erosion* (New York: Reynal & Hitchcock, 1939), p.102. 기술자이자 공공사업진흥국(WPA) 상담사인 데이비드 커쉬먼 코일(David Cushman Coyle)은 『황지(Waste)』라는 제목으로 영향력이 상당했던 소책자를 발간했다. '진흙(Mud)'이라는 제목이 붙은 첫 번째 장에서 코일은 다음과 같이 말한다. "사람이 땅을 만지기만 하면, 땅은 부서져서 쓸려가 버린다. 오두막을 지으면, 입구까지 가는 길이 입을 쩍 벌린 우곡이 되어버린다.……땅은 사람의 손길 아래서 오그라들고 시들어간다." *Waste: The Fight to Save America* (Indianapolis: Bobbs-Merrill, 1936), pp.5~6. 코일은 또한 '인간 침식(Human Erosion)'이라는 제목의 장도 포함시켰는데, '빈민가 또는 쓰레기로 만들어진 판잣집으로 이사하는' 노동자들, 미끄러져 내려가고 내려가서 결국은 구호가 필요한 선까지 떨어지는 그런 사람들을 묘사하고 있다. ibid., p.57. 코일이 발간한 소책자는 1936년 루스벨트의 재선 선거운동 당시 인디애나에서 핵심 선거운동 도구로 활용되었다. James Philip Fadely, "Editors, Whistle Stops, and Elephants: The Presidential Campaign in Indiana," *Indiana Magazine of History* 85, no. 2 (June 1989): pp.101~137, esp. p.106.

16. Carleton Beals, "Migs: America's Shantytown on Wheels," *Forum and Century* 99 (January 1938): pp.10~16, esp. pp.11~12; "'I Wonder Where We Can Go Now,'" *Fortune* 19, no. 4 (April 1939): pp.91~100, esp. p.91, p.94; Paul Taylor, "The Migrants and California's Future: The Trek to California and the Trek in California" [ca. 1935], in Taylor, *On the Ground in the Thirties* (Salt Lake City: Peregrine Smith Books, 1983), pp.175~184, esp. pp.175~177, p.179; Charles Poole, "John Steinbeck's 'The Grapes of Wrath,'" in "Books of the Month," *New York Times*, April 14, 1939; "'The Grapes of Wrath': John Steinbeck Writes a Major Novel About Western Migrants," *Life* 6, no. 23 (June 5, 1939): pp.66~67; Woody Guthrie, "Talking Dust Bowl Blues" (1940); Frank Eugene Cruz, "'In Between a Past and Future Town': Home, the Unhomely, and 'The Grapes of Wrath,'" *Steinbeck Review* 4, no. 2 (Fall 2007): pp.52~75, esp. p.63, p.73; Michael Denning, *The Cultural Front: The Laboring of American Culture in the Twentieth Century* (London: Verso, 1997), p.259; Vivian C. Sobchack, "The Grapes of Wrath (1940): Thematic Emphasis Through Visual Style," *American Quarterly* 31, no. 5 (Winter 1979):

pp.596~615.

17. Paul K. Conkin, *Tomorrow a New World: The New Deal Community Program* (Ithaca, NY: Cornell University Press, 1959), p.26, p.30; William H. Issel, "Ralph Borsodi and the Agrarian Response to Modern America," *Agricultural History* 41, no. 2 (April 1967): pp.155~166; Ralph Borsodi, "Subsistence Homesteads: President Roosevelt's New Land and Population Policy," *Survey Graphic* 23 (January 1934): pp.11~14, p.48, esp. p.13; Borsodi, "Dayton, Ohio, Makes Social History," *Nation* 136 (April 19, 1933): pp.447~448, esp. p.448. 오하이오주 데이턴에 대해서는 다음 자료를 참조하라. John A. Piquet, "Return of the Wilderness," *North American Review* (May 1934): pp.417~426, esp. pp.425~426; Charles Morrow Wilson, "American Peasants," *The Commonweal* 19 (December 8, 1933): pp.147~149; Pamela Webb, "By the Sweat of the Brow: The Back-to-the-Land Movement in Depression Arkansas," *Arkansas Historical Quarterly* 42, no. 4 (Winter 1983): pp.332~345, esp. p.337.

18. Webb, "By the Sweat of the Brow," p.334. 어느 평자는 "이들 자칭 농부의 다수는 농부가 아니고, 대부분은 경제번영이 돌아오면 도시 일자리로 돌아갈 것이다"라고 결론을 내렸다. W. Russell Taylor, "Recent Trends in City and County Population," *Journal of Land and Public Utility Economics* 9, no. 1 (February 1933): pp.63~74, esp. p.72.

19. Richard S. Krikendall, *Social Scientists and Farm Politics in the Age of Roosevelt* (Ames: Iowa State University Press, 1982), pp.12~14; M. L. Wilson, "The Fairway Farms Project," *Journal of Land and Public Utility Economics* 2, no. 2 (April 1926): pp.156~171, esp. p.156; Roy E. Huffman, "Montana's Contributions to New Deal Farm Policy," *Agricultural History* 33, no. 4 (October 1959): pp.164~167; "A Hope and a Homestead" (Washington, DC: Government Printing Office, 1935), 6, pp.8~10; M. L. Wilson, "The Subsistence Homestead Program," *Proceedings of the Institute of Public Affairs* 8 (1934): pp.158~175.

20. M. L. Wilson, "A New Land-Use Program: The Place of Subsistence Homesteads," *Journal of Land and Public Utility Economics* 10, no. 1 (February 1934): pp.1~12, esp. pp.6~8; Wilson, "Problem of Poverty in Agriculture," *Journal of Farm Economics* 22, no. 1, Proceedings Number (February 1940): pp.10~29, esp. p.20; *Farm Tenancy: Report of the President's Committee* (Washington, DC: Government Printing Office, 1937), p.4.

21. Wilson, "A New Land-Use Program," pp.2~3, pp.11~12; "A Hope and a Homestead," 4; *Farm Tenancy: Report of the President's Committee*, p.5.

22. Arthur F. Raper, *Preface to Peasantry: A Tale of Two Black Belt Counties*(Chapel Hill: University of North Carolina Press, 1936), p.61, p.172, p.218, p.405; Rupert B. Vance, *Human Factors in Cotton Culture: A Study in Social Geography of the American South* (Chapel Hill: University of North Carolina Press, 1929), p.153, p.248, p.279; *Farm Tenancy: Report of the President's Committee*, p.3, pp.5~7, p.9.

23. Harold Hoffsommer, "The AAA and the Cropper," *Social Forces* 13, no. 4 (May 1935): pp.494~502, esp. pp.494~96, p.501; Raper, *Preface to Peasantry*, p.61, p.75, pp.157~159, p.173, p.405; Vance, *Human Factors in Cotton Culture*, pp.161~162, p.168, p.201, p.204, p.215, p.259, pp.307~308; Wilson, "A New Land-Use Program," p.9, p.12; Wilson, "Problem of Poverty in Agriculture," pp.14~17, p.21; Wilson, "The Problem of Surplus Agricultural Population," *International Journal of Agrarian Affairs* 1 (1939): pp.37~48, esp. pp.41~43; Wilson, "How New Deal Agencies Are Affecting Family Life," *Journal of Home Economics* 27 (May 1935): pp.274~280, esp. pp.276~278.

24. Henry A. Wallace, "The Genetic Basis of Democracy" (February 12, 1939), in Henry A. Wallace, *Democracy Reborn*, ed. Russell Lord (New York: Reynal and Hitchcock, 1944), pp.155~156.

25. Wilson, "Problem of Poverty in Agriculture," p.20, p.23, p.28; Wallace, "Chapter VII: The Blessing of General Liberty," in *Whose Constitution? An Inquiry into the General Welfare* (New York: Reynal and Hitchcock, 1936), pp.102~103.

26. John Corbin, "The New Deal and the Constitution," *Forum and Century* 90, no. 2 (August 1933): pp.92~97, esp. pp.94~95; Wilson, "Problem of Poverty in Agriculture," p.17. 코빈은 「뉴욕타임스」의 연극비평가였지만, 4년 동안 역사를 공부했고, 이를 계기로 조지 워싱턴 전기를 집필하게 되었다. David M. Clark, "John Corbin: Dramatic Critic" (Lincoln: University of Nebraska Press, 1976). '재조정'이라는 단어의 중요성에 대해서는 다음 자료를 참조하라. "President's Address to the Farmers," *New York Times*, May 15, 1935.

27. Wallace, "Chapter VIII: Soil and the General Welfare," in *Whose Constitution*, p.109, pp.115~117.

28. Wallace, "Chapter IX: Population and the General Welfare," in *Whose Constitution*, pp.122~124, p.126. 영화에 나오는 대사 전체를 인용하자면 이렇다. "부자들이 태어나고 죽어 없어지고, 그들의 아이들도 나타났다가 사라지겠지만, 우리는 계속될 거예요. 우리가 생존하는 사람들이에요. 그들이 우리를 쓸어버릴 수는 없어요. 우리를 집어삼킬 수도 없어요. 우리는 영원히 계속될 거예요, 여보, 우리가 바로 사람들이니까요." *The Grapes of Wrath* (New York: Penguin, 2014), p.423.

29. Conkin, *Tomorrow a New World*, pp.128~130, pp.142~145; Richard S. Kirkendall, *Social Scientists and Farm Politics in the Age of Roosevelt* (Columbia: University of Missouri Press, 1966); Kennedy, *The American People in the Great Depression*, pp.208~210; Fred C. Frey and T. Lynn Smith, "The Influence of the AAA Cotton Program upon the Tenant, Cropper, and Laborer," *Rural Sociology* 1, no. 4 (December 1936): pp.483~505, esp. p.489, pp.500~501, p.505; Warren C. Whatley, "Labor for the Picking: The New Deal in the South," *Journal of Economic History* 43, no. 4 (December 1983): pp.905~929, esp. p.909, pp.913~914, p.924, pp.926~929; Jack T. Kirby, *Rural Worlds Lost: The American South*, 1920~1960 (Baton Rouge: Louisiana State University Press, 1987), pp.65~74; George Brown Tindall, *The Emergence of the New South*, 1913~1945 (Baton Rouge: Louisiana State University Press, 1967), p.409.

30. Kirkendall, *Social Scientists and Farm Politics*, pp.109~111; Sidney Baldwin, *Poverty and Politics: The Rise and Decline of the Farm Security Administration* (Chapel Hill: University of North Carolina Press, 1968), pp.92~96, pp.117~119. 유랑노동자에 대해서는 다음 자료를 참조하라. Paul Taylor, "What Shall We Do with Them? Address Before the Commonwealth Club of California" (April 15, 1938); "Migratory Agricultural Workers on the Pacific Coast" (April 1938), reprinted in Taylor, *On the Ground in the Thirties*, pp.203~220.

31. R. G. Tugwell, "Resettling America: A Fourfold Plan," *New York Times*, July 28, 1935. 터그웰의 제퍼슨 비판은 다음 자료를 참조하라. "'Through Our Fault' Is the Waste of Land," *Science New Letter* 30, no. 800 (August 8, 1936), pp.85~86; Tugwell, "Behind the Farm Problem: Rural Poverty, Not the Tenancy System, but the Low Scale of Life, Says Tugwell, Is the Fundamental Question," *New York Times Magazine*, January 10, 1937, pp.4~5, p.22; Rexford G. Tugwell, "The Resettlement Idea," *Agricultural History* 33, no. 4 (October 1959): pp.159~164, esp. pp.160~161. 농사에 대한 낭만과는 거리가 있는 현실적인 묘사는 다음 자료를 참조하라. Rexford G. Tugwell, Thomas Munro, and Roy E. Stryker, *American Economic Life and the Means of Its Improvement* (New York, 1930), p.90; Baldwin, *Poverty and Politics*, pp.87~88, pp.105~106, pp.163~164.

32. Tugwell, "Behind the Farm Problem," p.22, "The Resettlement Idea," p.162; Baldwin, *Poverty and Politics*, p.111.

33. Baldwin, *Poverty and Politics*, pp.113~114; Roger Biles, *The South and the New Deal* (Lexington: University of Kentucky Press, 1994), p.64; Howard N. Mead, "Russell vs. Talmadge: Southern Politics and the New Deal," *Georgia Historical Review* 65, no. 1 (Spring 1981): pp.28~45, esp. p.36, p.38, p.42.

34. '붉은 물 든 사람'에 대해서는 다음 자료를 참조하라. Paul Mallon, "Tugwell," and in the same paper, "Tugwellism," [Steubenville, OH] *Herald Star*, June 13, 1934. '세심하게 계획된 격의 없는 모습'에 대해서는 다음 자료를 참조하라. "Tugwell Defends 'New Deal' Earnestly; Ignore Red Scare," [Burlington, NC] *Daily Times-News*, April 24, 1934. '걸어다니는 꿈'에 대해서는 다음 자료를 참조하라. "Tugwell Meets His Critics," *Oelwein [IA] Daily Register*, June 11, 1934; "Sick of Propertied Czars at 24, Tugwell Homes Dreamy Economics," *Kansas City Star*, August 31, 1936; and "Tugwell Named to Fill New Post," *New York Times*, April 25, 1934.

35. 휴이 롱의 힐빌리 이미지에 대해서는 다음 자료를 참조하라. James Rorty, "Callie Long's Boy Huey," *Forum and Century*, August 1935, pp.74~82, pp.126~127, esp. p.75, pp.79~80, p.127. '가난한 백인 쓰레기'의 옹호자로서 휴이 롱에 대해서는 다음 추도연설에 대한 자료를 참조하라. "Friends Applaud Memory of Long in Senate Talks," [New Orleans] *Times-Picayune*, January 23, 1936. 휴이 롱이 루이지애나 빈민 지원에 실패한 것에 대해서는 다음 자료를 참조하라. Anthony J. Badger, "Huey Long and the New Deal," *New Deal/ New South: An Anthony J. Badger Reader* (Fayetteville: University of Arkansas Press, 2007), pp.1~30, esp. p.1, pp.5~7, pp.21~25. 휴이 롱의 소박한 어릿광대 역할에 대해서는 다음 자료를 참조하라. J. Michael Hogan and Glen Williams, "The Rusticity and Religiosity of Huey P. Long," *Rhetoric and Public Affairs* 7, no. 2 (Summer 2004): pp.149~171, esp. 151, pp.158~159. 농부나 '소박한 예전의 시골 소년'과 함께한다고 주장하는 정치인들에 대해서는 다음 자료를 참조하라. Roger Butterfield, "The Folklore of Politics," *Pennsylvania Magazine of History and Biography* 74, no. 2 (April 1950): pp.164~177, esp. pp.165~166. 바더먼과 같은 속임수를 썼던 '면화 에드' 스미스에 대해서는 다음 자료를 참조하라. Dan T. Carter, "Southern Political Style," in *The Age of Segregation: Race Relations in the South, 1890~1954*, ed. Robert Haws (Jackson: University Press of Mississippi, 1978), pp.45~67, esp. p.51. 편안하고 민주적인 사람인 양 하라고 터그웰에게 조언했던 친구들에 대해서는 다음 자료를 참조하라. Arthur Krock, "In Washington: Senator Smith Certainly 'Put On a Good Show,'" *New York Times*, June 12, 1934.

36. 가장 잔인한 공격에 대해서는 다음 자료를 참조하라. Blair Bolles, "The Sweetheart of the Regimenters: Dr. Tugwell Makes America Over," *American Mercury* 39, no. 153 (September 1936): pp.77~86, esp. pp.84~85. 뉴딜정책에 대한 비판에 대해서는 다음 자료를 참조하라. "What Relief Did to Us," *American Mercury* 38, no. 151 (July 1936): pp.274~283, esp. p.283; H. L. Mencken, "The

New Deal Mentality," *American Mercury* 38, no. 149 (May 1936): pp.1~11. 빈민구호보다 우생학을 지지하는 주장에 대해서는 다음 자료를 참조하라. Mencken, "The Dole for Bogus Farmers," *American Mercury* 39, no. 156 (December 1936): pp.400~407; Cedric B. Cowing, "H. L. Mencken: The Case of the 'Curdled' Progressive," *Ethics* 69, no. 4 (July 1959): pp.255~267, esp. pp.262~263.

37. '이들에게 과분한 것은 없다'는 터그웰의 슬로건에 대해서는 다음 자료를 참조하라. Rodney Dutcher, "Behind the Scenes in Washington," [Biloxi, MS] *Daily Herald*, September 12, 1937. 볼스는 프랭클린 루스벨트를 세금을 마구 써대는 낭비꾼이라고 비난하는 글도 썼다. "Our Uneconomic Royalist: The High Cost of Dr. Roosevelt," *American Mercury* 43, no. 171 (March 1938): pp.265~269.

38. "Mission of the New Deal by Rexford G. Tugwell," *New York Times*, May 27, 1934; "Address Delivered at the National Conference of Social Work, Kansas City, May 21, 1934," in Rexford Tugwell, *The Battle for Democracy* (New York: Columbia University Press, 1935), p.319. 터그웰은 [매디슨이 말한] 연성헌법 이론과 계급 간 힘의 불균형을 중재하는 정부의 역할을 옹호했다. "Design for Government" and "The Return to Democracy," ibid., pp.12~13, pp.204~205; Simeon Strunsky, "Professor Tugwell Defines the Battle for Democracy," *New York Times*, January 6, 1935.

39. 터그웰의 대출 옹호에 대해서는 다음 자료를 참조하라. Tugwell, "The Resettlement Idea," 161. 프로그램의 인기에 대해서는 다음 자료를 참조하라. Tindall, *The Emergence of the New South*, pp.423~424; Eleanor Roosevelt, "Subsistence Farmsteads," *Forum and Century* 91, no. 4 (April 1934): pp.199~202; Wesley Stout, "The New Homesteaders," *Saturday Evening Post* 207, no. 5 (August 4, 1934): pp.5~7, pp.61~65, esp. p.7, p.64; and Conkin, *Tomorrow a New World*, pp.116~117.

40. 아서데일의 영향에 대해서는 다음 자료를 참조하라. C. B. Baldwin in *Congressional Committee on Non-Essential Services*, May 18, 1943, p.4307; Linda T. Austin, "Unrealized Expectations: Cumberland, the New Deal's Only Homestead Project," *Tennessee Historical Quarterly* 68, no. 4 (Winter 2009): pp.433~450, esp. pp.443~444. 앨라배마주 공동체들에 대해서는 다음 자료를 참조하라. Charles Kenneth Roberts, "New Deal Community-Building in the South: The Subsistence Homesteads Around Birmingham, Alabama," *Alabama Review* 66, no. 2 (April 2013): pp.83~121, esp. 91, pp.95~96, p.99, p.102, p.110, pp.114~116; Jack House, "547 Homesteaders in District Now Enjoy More Abundant Life," *Birmingham News-Age Herald*, May 9, 1943. 이 기사를 보내준 찰

스 로버츠(Charles Roberts)에게 감사하다는 말을 전하고 싶다.

41. 자경자급농장 정착민과 쟁기 이미지들에 대해서는 다음 자료를 참조하라. Frank L. Kluckhorn, "Subsistence Homestead Idea Spreading," *New York Times*, December 9, 1934; Carl Mydans, "Homestead, Penderlea, North Carolina" (August 1936), Arthur Rothstein, "Plowing a Field at Palmerdale, Alabama. New Homestead in Background" (February 1937), Library of Congress, Prints and Photographs Division, FSA/OWI Collection, LC-USF33-T01-00717-M2, LC-USF34-005891-E; Roberts, "New Deal Community-Building in the South," p.91.

42. 펜더리아에 대해서는 다음 자료를 참조하라. Gordon Van Schaack, "Penderlea Homesteads: The Development of a Subsistence Homesteads Project," *Landscape Architecture* (January 1935): pp.75~80, esp. p.80. 주민들의 불평불만에 대해서는 다음 자료를 참조하라. Thomas Luke Manget, "Hugh MacRae and the Idea of the Farm City: Race, Class, and Conservation in the New South, 1905~1935" (M.A. thesis, Western Carolina University, 2012), pp.154~157; Harold D. Lasswell, "Resettlement Communities: A Study of the Problems of Personalizing Administration" (1938), in Series II: Writings, Box 130, Folders pp.135~139, Harold Dwight Lasswell Papers, Yale University, New Haven, CT; Conkin, *Tomorrow a New World*, pp.290~291.

43. 남부의 공동농업 문화의 부재에 대해서는 다음 자료를 참조하라. Charles M. Smith, "Observations on Regional Differentials in Cooperative Organization," *Social Forces* 22, no. 4 (May 1944): pp.437~442, esp. p.437, p.439, p.442. 그린벨트 도시 방문자들에 대해서는 다음 자료를 참조하라. Gilbert A. Cam, "United States Government Activity in Low-Cost Housing, 1932~1938," *Journal of Political Economy* 47, no. 3 (June 1939): pp.357~378, esp. p.373. 조립 공법에 대해서는 다음 자료를 참조하라. Greg Hise, "From Roadside Camps to Garden Homes: Housing and Community Planning for California's Migrant Work Force, 1935~1941," *Perspectives in Vernacular* 5 (1995): pp.243~258, esp. p.243, p.249; Conkin, *Tomorrow a New World*, pp.171~172; Philip K. Wagner, "Suburban Landscapes for Nuclear Families: The Case of the Greenbelt Towns in the United States," *Built Environment* 10, no. 1 (1984): pp.35~41, esp. p.41; Will W. Alexander, "A Review of the Farm Security Administration's Housing Activities," *Housing Yearbook*, 1939 (Chicago: National Association of Housing Officials, 1939), pp.141~143, pp.149~150. 이런 배제 정책에 항의하고 상원에서 1인 필리버스터를 진행한 사람은 휴이 롱뿐이었다. 사회보장 프로그램에서 농촌노

동자 배제에 대해서는 다음 자료를 참조하라. Mary Poole, *The Segregated Origins of Social Security: African Americans and the Welfare State* (Chapel Hill: University of North Carolina Press, 2006), p.33, p.39, p.41, p.43, p.45, p.94; Earl E. Muntz, "The Farmer and Social Security," *Social Forces* 24, no. 3 (March 1946): pp.283~290.

44. 「소작농」보고서를 작성한 특별위원회에서 헨리 월리스가 위원장을 맡았고, 윌 W. 알렉산더, R. G. 터그웰, M. L. 윌슨, 하워드 오덤은 위원이었다. 한편 직접 관여하지는 않았던 아서 레이퍼의 저작이 안에 인용되어 있다. *Farm Tenancy: Report of the President's Committee*, p.28, p.87.

45. Harvey A. Kantor, "Howard W. Odum: The Implications of Folk, Planning, and Regionalism," *American Journal of Sociology* 79, no. 2 (September 1973): pp.278~295, esp. pp.279~280; Dewey W. Grantham Jr., "The Regional Imagination: Social Scientists and the American South," *Journal of Southern History* 34, no. 1 (February 1968): pp.3~ 32, esp. pp.14~17.

46. Kantor, "Howard W. Odum," 283. 존슨이 오덤의 저서를 토대로 『황무지』를 편찬한 것과 관련해서는 다음 자료를 참조하라. *Gerald W. Johnson, The Wasted Land* (Chapel Hill: University of North Carolina Press, 1937), esp. pp.6~7. 「볼티모어 이브닝선」의 편집자 존슨이 받은 교육과 역할에 대해서는 다음 서평을 참조하라. "The Wasted Land," *Social Forces* 17, no. 2 (December 1938): pp.276~279; Louis Mazzari, "Arthur Raper and Documentary Realism in Greene County, Georgia," *Georgia Historical Quarterly* 87, no. 3/4 (Fall/Winter 2003): pp.389~407, esp. pp.396~97; Stuart Kidd, *Farm Security Administration Photography, the Rural South, and the Dynamics of Image-Making, 1935~1943* (Lewiston, NY: Edward Mellon Press, 2004), 50, pp.152~153; Mary Summer, "The New Deal Farm Programs: Looking for Reconstruction in American Agriculture," *Agricultural History* 74, no. 2 (Spring 2000): pp.241~257, esp. pp.248~250.

48. Odum, "Regionalism vs. Sectionalism in the South's Place in the National Economy," esp. p.339, p.345; Mitchell, "Southern Quackery," 145; William B. Thomas, "Howard W. Odum's Social Theories in Transition, 1910~1930," *American Sociologist* 16, no. 1 (February 1981): pp.25~34, esp. pp.29~30; 남부의 지역주의에 대한 오덤의 평가에 대해서는 다음 자료를 참조하라. "The Regional Quality and Balance of America," *Social Forces* 23, no. 3, *In Search of the Regional Balance in America* (March 1945): pp.269~285, esp. pp.276~277, pp.279~280.

49. Howard K. Menhinick and Lawrence L. Durisch, "Tennessee Valley Authority: Planning in Operation," *Town Planning Review* 24, no. 2 (July 1953): pp.116~145, esp. pp.128~130, p.142; and F. W. Reeves, "The Social Development Program

of the Tennessee Valley Authority," *Social Science Review* 8, no. 3 (September 1934): pp.445~457, esp. p.447, pp.449~453. 계획수립 과정에서 사회학의 중요성에 대해서는 다음 자료를 참조하라. Arthur E. Morgan, "Sociology and the TVA," *American Sociological Review* 2, no. 2 (April 1937): pp.157~165; William E. Cole, "The Impact of the TVA upon the Southeast," *Social Forces* 28, no. 4 (May 1950): pp.435~440; Daniel Schaffer, "Environment and TVA: Toward a Regional Plan for the Tennessee Valley, 1930s," *Tennessee Historical Quarterly* 43, no. 4 (Winter 1984): pp.333~354, esp. pp.342~343, pp.349~350, p.353; Sarah T. Phillips, *This Land, This Nation: Conservation, Rural America, and the New Deal* (New York: Cambridge University Press, 2007), p.80, p.89, pp.96~98, p.100, pp.105~107.

50. 계급 및 카스트제도에 대해서는 다음 자료를 참조하라. (여기서 오덤이 말하는 카스트제도는 근친결혼으로 포함 여부가 판단되는 가족 및 친족을 의미한다. 이런 의미의 카스트제도의 개념은 인종-성별에 따른 카스트제도와는 구별된다.) Howard W. Odum, "The Way of the South," *Social Forces* 23, no. 3, pp.258~268, esp. pp.266~267. 오덤은 또한 지역들은 '주민들 특유의 개성' 혹은 '역사'를 가지고 있다고 믿었고, 칼 샌드버그(Carl Sandburg)를 인용하여 민속문화의 강력한 영향력을 표현했다. 여기서 민속문화란 '일반 역사에 따라 주어진 것이 아닌, 특정 지역 종족, 관습과 구호, 방식과 태도 등이 주는 느낌과 분위기, 구조, 은어' 등을 말한다. Odum, ibid., 264, 268; Arthur T. Raper and Ira de A. Reid, "The South Adjusts—Downward," *Phylon* 1, no. 1 (1st quarter, 1940): pp.6~27, esp. pp.24~26.

51. 서신 형태로 오덤에게 전달된 46개의 응답지 가운데 9개에서 '무기력하다'라는 단어가 사용되었다. 다른 것들도 정확히 그 단어는 아니라도 관련 용어들을 사용하고 있었다. 벤저민 버크 켄드릭(Benjamin Burke Kendrick)과 토머스 애버내시(Thomas Abernathy)는 '무기력하다'가 '백인 빈민'보다는 나은 표현일 것으로 생각했다. B. B. Kendrick to Howard Odum, March 10, 1938, and Thomas Abernathy to Odum, April 6, 1938. '불분명하고 애매하다'에 대해서는 다음 자료를 참조하라. Charles Sydnor to Odum, March 12, 1939; '무기력하다'에 대한 다른 이들의 견해에 대해서는 다음 자료를 참조하라. Frank Owsley to Odum, March 27, 1938, Haywood Tearce to Odum, March 19, 1938, A. B. Moore to Odum, April 29, 1938, Earle Eubank to Odum, March 23, 1938, Read Bain to Odum, January 21, 1938, D. B. Taylor to Odum, January 25, 1938; '나태하고 무기력한 계급'에 대해서는 다음 자료를 참조하라. Dudley Tanner to Odum, January 25, 1938. Howard Washington Odum Papers, 1908~1982, Folder 3635, Special Collections, Wilson Library, University of North Carolina, Chapel Hill.

52. '무기력하다'라는 의미의 'shitless'는 1500년대까지 거슬러 올라간다. 무력하

고, 대책 없고, 게으르다는 의미였다. *Oxford English Dictionary*. 버지니아 대농장주와 루이지애나 노예들의 무기력한 행태에 대해서는 다음 자료를 참조하라. Frederick Law Olmsted, *The Cotton Kingdom: A Traveller's Observations on Cotton and Slavery in the American Slave States* (New York, 1861), p.106, p.373. 뉴잉글랜드에서 쓰는 용어로서 '무기력하다'에 대해서는 다음 자료를 참조하라. "Shiftless," *Ohio Farmer*, December 17, 1896; "'Farmer Thrifty' and 'Farmer Shiftless,'" *Maine Farmer*, June 4, 1870. 전형적인 '무기력한' 술집 주인에 대해서는 다음 자료를 참조하라. Gail Dickersin Spilsbury, "A Washington Sketchbook: Historic Drawings of Washington," *Washington History* 22 (2010): p.69~87, esp. p.73. 가족을 버린 무기력한 남편들과 뉴욕주에서 1897년에 통과된 '무기력한 아버지법 (Shiftless Fathers Bill)'에 대해서는 다음 자료를 참조하라. Michael Willrich, "Home Slackers: Men, the State, and Welfare in Modern America," *Journal of American History* 87, no. 2 (September 2000): pp.460~489, esp. p.469. 우생학과 '무기력하다'라는 표현에 대해서는 다음 자료를 참조하라. Irene Case and Kate Lewis, "Environment as a Factor in Feeble-Mindedness: The Noll Family," *American Journal of Sociology* 23, no. 5 (March 1918): pp.661~669, esp. p.662; Leonard, "Retrospectives: Eugenics and Economics in the Progressive Era," 220; Kelves, *In the Name of Eugenics*, pp.48~49; Davenport, *Heredity in Relation to Eugenics*, p.81~82. 소설에 나오는 가난한 백인의 무기력함, 무기력함과 소작농 및 단기체류의 연관성에 대해서는 다음 자료를 참조하라. William J. Flynt, *Poor but Proud: Alabama's Poor Whites* (Tuscaloosa: University of Alabama Press, 1989), ix, p.63, p.90, p.160, p.293. 무기력한 방랑자에 대해서는 다음 자료를 참조하라. "Causes of Poverty," *Genesee Farmer and Gardner's Journal*, March 10, 1832; Todd Depastino, *Citizen Hobo: How a Century of Homelessness Shaped America* (Chicago: University of Chicago Press, 2003), p.15, p.102; and W. J. Cash, *The Mind of the South* (New York: Knopf, 1941), pp.22~24.

53. 영화 리뷰를 참조하라. 리뷰에서는 스테핀 펫칫(Stepin Fetchit)을 '게으름뱅이', '일을 싫어한다는 사실이 두드러지는 흑인 노예'라고 묘사하고 있다. "Hearts in Dixie" (1929), *New York Times*, February 28, 1929; and D. Bogle, *Toms, Coons, Mulattoes, Mammies, and Bucks: An Interpretative History of Blacks in American Films* (New York: Continuum, 1994), 8; Ira de A. Reid to Howard Odum, February 2, 1938, Howard Washington Odum Papers.

54. M. Swearingen to Howard Odum, June 13, 1938. '깜둥이처럼 사는 사회의 찌꺼기'라는 표현에 대해서는 다음 자료를 참조하라. Frederic L Paxon to Odum, March 18, 1938. 흑인과 가난한 백인 주거지 사이에 구분이 명확하지 않다는

내용에 대해서는 다음 자료를 참조하라. Ulin W. Leavell to Odum, January 27, 1938. 가난한 백인이 흑인보다 나은 부분은 '딱 하나, 즉 피부색뿐'이라는 내용에 대해서는 다음 자료를 참조하라. L. Guy Brown to Odum, February 6, 1938. '모든 흑인에게 업신여김을 당했다'는 내용에 대해서는 다음 자료를 참조하라. A. C. Lervis to Odum, February 2, 1938. 흑인처럼 일하고, 흑인과 가까이서 생활하는 것에 대해서는 다음 자료를 참조하라. W. A. Schiffley to Odum, February 7, 1938. 'briar hopper'에 대해서는 다음 자료를 참조하라. Earle Eubank to Odum, March 23, 1938, Howard Washington Odum Papers.

55. Raymond F. Bellamy to Howard Odum, January 21, 1938, Howard Washington Odum Papers.

56. B. O. Williams to Howard Odum, February 9, 1938, Howard Washington Odum Papers.

57. James Agee and Walker Evans, *Let Us Now Praise Famous Men* (1941; reprint ed., Boston: Houghton Mifflin, 2001), pp.5~6, pp.8~9.

58. Ibid., pp.70~73, p.127, p.137, pp.164~165, pp.183~184, pp.205~206, pp.231~239. 물질문화에 대한 상세한 설명이 93페이지에 걸쳐서 진행된다. 이에 대해서는 다음 자료를 참조하라. Michael Trinkley, "'Let Us Now Praise Famous Men'-If Only We Can Find Them," *Southeastern Archeology* 2, no. 1 (Summer 1983): pp.30~36. 해당 다큐멘터리 제작공정에 들인 작가의 투자에 대해 에이지가 갖는 불신에 대해서는 다음 자료를 참조하라. James S. Miller, "Inventing 'Found' Objects: Artifactuality, Folk History, and the Rise of Capitalist Ethnography in 1930s America," *Journal of American Folklore* 117, no. 466 (Autumn 2004): pp.373~393, esp. pp.387~388.

59. Agee and Walker, *Let Us Now Praise Famous Men*, pp.184~185. 동시대 어느 비평가가 지적한 것처럼 에이지는 자신이 다루는 대상 못지않게 스스로에 대해서 (그리고 그라는 사람으로 대표되는 우리 자신과 관련된 상황에 대해서도) 많은 것을 폭로했다. 그것이 '사회를 기록하는 다큐멘터리의 중요한 가치'였다. Ruth Lechlitner, "Alabama Tenant Families," review of *Let Us Now Praise Famous Men, New York Herald Tribune Books*, Sunday, August 24, 1941, p.10; 이에 대한 논쟁은 다음 자료를 참조하라. Paula Rabinowitz, "Voyeurism and Class Consciousness: James Agee and Walker Evans, 'Let Us Now Praise Famous Men,'" *Cultural Critique* 21 (Spring 1992): pp.143~170, esp. p.162.

60. 1941년에 팔린 『이제 유명인들을 칭송하자』는 약 300권에 불과했다. Stott, *Documentary Expression and Thirties America*, p.264; Donald Davidson, *The Attack on Leviathan: Regionalism and Nationalism in the United States* (Chapel Hill: University

of North Carolina Press, 1938), p.308; Tindall, *The Emergence of the New South*, p.594; Edward S. Shapiro, "Donald Davidson and the Tennessee Valley Authority: The Response of a Southern Conservative," *Tennessee Historical Quarterly* 33, no. 4 (Winter 1974): pp.436~451, esp. p.443.

61. Jennifer Ritterhouse, "Dixie Destinations: Rereading Jonathan Daniels' A Southerner Discovers the South," *Southern Spaces* (May 20, 2010).

62. Jonathan Daniels, *A Southerner Discovers the South* (New York: Macmillan, 1938), p.31, p.140, p.148, pp.299~305. 관광지가 된 조지아의 협곡에 대해서는 다음 자료를 참조하라. Paul S. Sutter, "What Gullies Mean: Georgia's 'Little Grand Canyon' and Southern Environmental History," *Journal of Southern History* 76, no. 3 (August 2010): pp.579~616, esp. p.579, pp.582~583, pp.585~586, pp.589~590.

63. Daniels, *A Southerner Discovers the South*, p.25, p.58.

64. Ibid., 345.

65. Ibid., 346.

10장

1. Randall Woods, *LBJ: Architect of American Ambition* (New York: Free Press, 2006), p.458; Bobbie Ann Mason, *Elvis Presley: A Life* (New York: Viking, 2002), 105; Karal Ann Marling, "Elvis Presley's Graceland, or the Aesthetic of Rock 'n' Roll Heaven," *American Art* 7, no. 4 (Autumn 1933), p.99; Michael T. Bertrand, *Race, Rock, and Elvis* (Urbana and Chicago: University of Illinois Press, 2005), p.224.

2. Jack Gould, "TV: New Phenomenon: Elvis Presley Rises to Fame as Vocalist Who Is Virtuoso of Hootchy-Kootchy," *New York Times*, June 6, 1956. 주트 슈트 언급에 대해서는 다음 자료를 참조하라. Jules Archer, "Stop Hounding Teenagers!: Elvis Presley Defends His Fans and His Music," *True Story* (December 1956): pp.18~20, pp.22~24, p.26, p.28. "Elvis Presley: What? Why?," *Look Magazine* (August 7, 1956): pp.82~85; Candida Taylor, "Zoot Suit: Breaking the Cold War's Dress Code," in *Containing America: Cultural Production and Consumption in 50s America*, eds. Nathan Abrams and Julie Hughes (Edgbaston, Birmingham, UK: University of Birmingham Press, 2000), pp.64~65; Karal Ann Marling, *As Seen on TV: The Visual Culture of Everyday Life in the 1950s* (Cambridge, MA: Harvard University Press, 1994), pp.169~170; Michael Bertrand, "I Don't Think Hank Done It That Way: Elvis, Country Music, and the Reconstruction of Southern Masculinity," in *A Boy Named Sue: Gender and Country Music*, eds. Kristine M. McCusker and

Diane Pecknold (Jackson: University Press of Mississippi, 2004), pp.59~85, esp. p.59, p.62, p.66, p.73, p.75, p.84.

3. 린든 존슨이 남부 사람이라는 정체성을 극복하는 어려움에 대해서는 다음 자료를 참조하라. Joe B. Frantz, "Opening a Curtain: The Metamorphosis of Lyndon B. Johnson," *Journal of Southern History* 45, no. 1 (February 1979): pp.3~26, esp. pp.5~7, p.25.

4. 존슨의 취임연설에 대해서는 다음 자료를 참조하라. "The President's Inaugural Address, January 20, 1965," in *Public Papers of the Presidents of the United States: Lyndon B. Johnson: Containing the Public Messages, Speeches, and Statements of the President, 1965 (in Two Books), Book I—January 1 to May 31, 1965* (Washington, DC: Government Printing Office, 1966), pp.71~74, esp. p.73; Carroll Kilpatrick, "Great Society, World Without Hate," *Washington Post*, January 21, 1965.

5. Dale Baum and James L. Hailey, "Lyndon Johnson's Victory in the 1948 Texas Senate Race: A Reappraisal," *Political Science Quarterly* 109, no. 4 (Autumn 1994): pp.595~613, esp. p.596, p.613; Robert A. Caro, *The Years of Lyndon Johnson: Means of Ascent* (New York: Knopf, 1990), xxxii, p.211, p.218, p.223, p.228, p.232, p.238, pp.259~64, p.268, p.300; NASA 활동을 촉진하고 케네디의 우주정책 활성화에 미친 존슨의 결정적인 영향에 대해서는 다음 자료를 참조하라. Andreas Reichstein, "Space—The Last Cold War Frontier?" *Amerikastudien/American Studies* 44, no. 1 (1999): pp.113~136.

6. 차별과 불화에 맞선 형제애라는 주제에 대해서는 다음 자료를 참조하라. "Address to the Nation upon Proclaiming a Day of Mourning Following the Death of Dr. King, April 5, 1968," and his proclamation, in *Public Papers of the Presidents, Book I—January 1 to June 30, 1968~1969*, pp.493~495.

7. John O'Leary and Rick Worland, "Against the Organization Man: The Andy Griffith Show and the Small-Town Family Ideal," in *The Sitcom Reader*, eds. Mary M. Dalton and Laura R. Linder (Albany: SUNY Press, 2005), pp.73~84, esp. pp.80~82; syndicated columnist for the National Enterprise Association Erskine Johnson, "Andy Griffith Drops Yokel Role for Semi-intellectual," *Ocala Star-Banner*, October 2, 1960.

8. 고머 파일에 대해서는 다음 자료를 참조하라. "Comedies: Success Is a Warm Puppy," *Time* (November 10, 1967): p.88; Anthony Harkins, "The Hillbilly in the Living Room: Television Representations of Southern Mountaineers in Situation Comedies, 1952~1971," *Appalachian Journal* 29, no. 1/2 (Fall~Winter 2002): pp.98~126, esp. p.106. 「뉴욕타임스」 작가는 짐 네이버즈의 특징을 '해병대의

모든 사람이 자기 고향사람들처럼 친절하고 착하다고만 생각하는', '서투르면서도 천진난만한 매력'을 가진 '힐빌리'라고 표현한다. Jack Gould, "TV: Freshness in Old Military Tale," *New York Times*, September 26, 1964.

9. 「새터데이 이브닝 포스트」 표지를 참조하라.(1963년 2월 2일자) "Hope Quips Convulse Convention," *Billboard: The International Music-Record Newsweekly* (April 13, 1963), 41; Hal Humphrey, "Last Laugh on Ratings," *Milwaukee Journal*, November 16, 1963; Harkins, "The Hillbilly in the Living Room," p.112, p.114; Jan Whitt, "Grits and Yokels Aplenty: Depictions of Southerners on Prime-Time Television," *Studies in Popular Culture* 19, no. 2 (October 1996): pp.141~152, esp. p.148.

10. Richard Warren Lewis, "The Golden Hillbillies," *Saturday Evening Post* (February 2, 1963): pp.30~35, esp. p.34. 폴 헤닝(Paul Henning)이 〈베벌리 힐빌리스〉의 모든 에피소드를 공동집필하고 제작하고 연출했다. 헤닝의 인터뷰는 다음 자료를 참조하라. Noel Hoston, "Folk Appeal Was Hooterville Lure," [New London, CT] *Day*, August 10, 1986. 보수적인 여성 단체들과 더불어 할리우드 가십을 다루는 가장 영향력 있는 칼럼니스트가 〈베벌리 힐빌리스〉를 옹호하게 되었다. Hedda Hopper, "Hollywood: Hillbillies Take Off," [New Orleans] *Times-Picayune*, March 23, 1964. 할머니 역을 맡았던 배우 아이린 라이언(Irene Ryan)은 프로그램에 대해 다음과 같은 옹호 의견을 내놓았다. "어렸을 때 나는 오자크 산지[미국 미시시피주와 아칸소주에 걸쳐 있는 고원]를 돌아다니며 컸다. 우리 드라마 등장인물들도 그런 곳 출신이라고 생각된다. 그들은 정말로 재미있고 따뜻한 사람들이다. 하지만 지금까지 어느 누구도 그들의 이야기를 글로 쓰지 않았다. 그런데 우리 프로그램이 마침내 해냈다." Muriel Davidson, "Fame Arrived in a Gray Wig, Glasses and Army Boots," *TV Guide* (September 7, 1963): pp.5~7, esp. p.5.

11. 〈베벌리 힐빌리스〉와 조드 가족의 연관성에 대해서는 다음 자료를 참조하라. John Keasler, "TV Synopsis: Unappreciated Art Form," *Palm Beach Post*, May 30, 1970.

12. 데이비 크로켓 열풍에 대해서는 다음 자료를 참조하라. Steven Watts, *The Magic Kingdom: Walt Disney and the American Way of Life* (Columbia: University of Missouri Press, 1997), pp.313~322, esp. p.318, pp.320~321. 키가 196cm나 되는 파커가 잘 생겼다면서 미남 배우 지미 스튜어트(Jimmy Stewart)에 비유되었던 반면, 〈베벌리 힐빌리스〉의 가장 제드 클램펫 역을 맡은 버디 엡슨은 '기름 범벅에 고기 비린내'가 난다며 무시당했다. Bosley Crowther, "Screen Disney and the Coonskin Set," *New York Times*, May 26, 1955. 개리 쿠퍼, 지미 스튜어트 등에 비유되는 파커의 연기에 대해서는 다음 자료를 참조하라. "Meet Fess Parker," *St. Petersburg*

Times, December 24, 1954. 국회의사당에서 린든 존슨과 페스 파커가 함께 찍은 사진에 대해서는 다음 자료를 참조하라. "Davy Crockett and Old Betsey," [Santa Ana, CA] *Register*, April 1, 1955.

13. Harkins, "The Hillbilly in the Living Room," pp.100~101, p.114; Paul Harvey, "The Beverly Hillbillies," *Lewiston* [ME] *Evening Journal*, October 26, 1968; 폴 하비가 작성한 같은 기사가 남부에서도 유통되었다. 〈앤디 그리피스 쇼〉에 나오는 부보안관 바니 파이프가 대도시에서 맛본 실패에 대해서는 다음 자료를 참조하라. "Reunion to Bring Barney Fife Back," *New York Times*, November 20, 1965.

14. Hal Humphrey, "Viewing Television: Theory of the 'Hillbillies,'" [New Orleans] *Times-Picayune*, January 13, 1963. 다른 비평가는 시청률 10위권에 드는 텔레비전 프로그램 줄거리를 보면, '시골뜨기' 대 '도시 깍쟁이'의 구도에 의존하고 있다고, 즉 예전으로 치면 서울 멋쟁이 대 오지사람이라는 크래커 모티브에 의존하고 있다고 평가했다. 그는 〈베벌리 힐빌리스〉 등장인물들을 '활기 넘치는 상놈들'로, 〈앤디 그리피스 쇼〉 등장인물들을 '멍청이들'로, 고머 파일을 '게으름뱅이'로 불렀다. Arnold Hano, "TV's Topmost—This Is America?," *New York Times*, December 26, 1965.

15. Marling, "Elvis Presley's Graceland," p.74, pp.79~81, p.85, p.89.

16. '촌뜨기 출신 대지주'가 되어가는 엘비스에 대해서는 다음 자료를 참조하라. "Presley Buys $100,000 Home for Self, Parents," [New Orleans] *Times-Picayune*, March 24, 1957. 닉슨의 모스크바행에 대해서는 다음 자료를 참조하라. "'Made in U.S.A.'—In Red Capital," *U.S. News & World Report* (August 3, 1959): pp.38~39; Stephen J. Whitfield, *The Culture of the Cold War* (Baltimore: Johns Hopkins University Press, 1991), pp.72~73; Elaine Tyler May, *Homeward Bound: American Families in the Cold War* (New York: Basic Books, 1988), pp.10~12.

17. "By Richard Nixon," *New York Times*, July 25, 1959.

18. Charles Hillenger, "Disneyland Dedication: Vice-President and Other Celebrities Help Open Six New Attractions at Park," *Los Angeles Times*, June 15, 1959; Mary Ann Callan, "Says Pat Nixon: 'It's American Dream,'" *Los Angeles Times*, July 27, 1960; James McCartney, "Campaign Push Starts for Pat: Republicans Feel Pat Nixon May Hold the Key to the Election," *Pittsburgh Press*, September 1, 1960; Patricia Conner, "Women Are Spotlighted in 1960 Presidential Campaign," *Lodi* [CA] *News- Sentinel*, November 1, 1960; Marylin Bender, "Home and Public Roles Kept in Cheerful Order," *New York Times*, July 28, 1960; Martha Weinman, "First Ladies—In Fashion, Too? This Fall the Question of Style for a President's Wife May Be a Great Issue," *New York Times*, September 11, 1960.

19. Becky M. Nicolaides, "Suburbia and the Sunbelt," *OAH Magazine of History* 18, no. 1 (October 2003): pp.21~26; Eric Larrabee, "The Six Thousand Houses That Levitt Built," *Harper's Magazine* 197, no. 1180 (September 1948): pp.79~88, esp. pp.79~80, pp.82~83; Boyden Sparkes, "They'll Build Neighborhoods, Not Houses," *Saturday Evening Post* (October 28, 1944): 11, pp.43~46. '광대한 규모의 주거 정착촌'으로서 레빗타운에 대해서는 다음 자료를 참조하라. "New Model Homes to Be Opened Today," *New York Times*, April 3, 1949; Kenneth T. Jackson, *Crabgrass Frontier: The Suburbanization of the United States* (New York: Oxford University Press, 1985), pp.234~237; Thomas J. Anton, "Three Models of Community Development in the United States," *Publius* 1, no. 1 (1971): pp.11~37, esp. pp.33~34.

20. Sparkes, "They'll Build Neighborhoods," 44. 레빗 일가는 제한규정을 없앤 뒤에도 흑인 가구에 대한 차별과 냉대는 계속했다. "Housing Bias Ended," *New York Times*, May 29, 1949; and James Wolfinger, "'The American Dream−For All Americans': Race, Politics, and the Campaign to Desegregate Levittown," *Journal of Urban History* 38, no. 3 (2012): pp.230~252, esp. p.234. 노픽의 주거시설에 대해서는 다음 자료를 참조하라. Larrabee, "The Six Thousand Houses That Levitt Built," 80; Jackson, *Crabgrass Frontier*, p.234.

21. 바비큐 장면에 부여되는 상징적인 무게에 대해서는 다음 자료를 참조하라. Kristin L. Matthews, "One Nation over Coals: Cold War Nationalism and the Barbecue," *American Studies* 50, no. 3/4 (Fall/Winter 2009): pp.5~34, esp. p.11, p.17, p.26; and A. R. Swinnerton, "Ranch-Type Homes for Dudes," *Saturday Evening Post* (August 18, 1956): p.40. Lois Craig, "Suburbs," *Design Quarterly* 132 (1986): pp.1~32, esp. p.18; Ken Duvall, "Sin Is the Same in the City or the Suburb," *Toledo Blade*, December 6, 1960. '비옥한 땅'에 대해서는 다음 자료를 참조하라. Harry Henderson, "The Mass-produced Suburbs: I. How People Live in America's Newest Towns," *Harper's Magazine* 207, no. 1242 (November 1953): pp.25~32, esp. p.29. 집안일로서 잔디 깎기에 대해서는 다음 자료를 참조하라. Dan W. Dodson, "Suburbanism and Education," *Journal of Educational Sociology* 32, no. 1 (September 1958): pp.2~7, esp. p.4; Scott Donaldson, "City and Country: Marriage Proposals," *American Quarterly* 20, no. 3 (Autumn, 1968): pp.547~566, esp. pp.562~564; Harry Henderson, "Rugged American Collectivism: The Mass-produced Suburbs, II.," *Harper's Magazine* (December 1953): pp.80~86.

22. Frederick Lewis Allen, "The Big Change in Suburbia," *Harper's Magazine* 208, no. 1249 (June 1954): pp.21~28. 계급이 인종 분리를 강화하게 되는 방식

에 대해서는 다음 자료를 참조하라. "Economic Factors May Keep Suburbia Segregated," [Lexington, KY] *Dispatch*, June 19, 1968. 마와와 웨스트체스터 사례에 대해서는 다음 자료를 참조하라. Dodson, "Suburbanism and Education," 5~6. 구획 지정을 통한 계급 [구분] 전략에 대해서는 다음 자료를 참조하라. Carol O'Connor, *A Sort of Utopia: Scarsdale, 1891~1981* (Albany: SUNY Press, 1983), pp.30~42, pp.159~165; Lizabeth Cohen, *A Consumer's Republic: The Politics of Mass Consumption in Postwar America* (New York: Knopf, 2003), pp.202~208, p.231; Becky M. Nicolaides, "'Where the Working Man Is Welcomed': Working-class Suburbs in Los Angeles, 1900~1940," *Pacific Historical Review* 68, no. 4 (November 1999): pp.517~559, esp. p.557. 계급을 나타내는 상징물로서 깔끔하게 정리된 잔디밭과 정원에 대해서는 다음 자료를 참조하라. William Dobriner, *Class in Suburbia* (Englewood Cliffs, NJ: Prentice Hall, 1963), 23.

23. Wolfgang Langewiesche, "Everybody Can Own a House," *House Beautiful* (November 1956): pp.227~229, pp.332~335; Jackson, *Crabgrass Frontier*, p.205, p.235, p.238.

24. 주택건설은 은행 및 관련 기관에 크게 의존하기 때문에, 금융기관들은 인종적, 계급적 계층화 강화에 엄청난 영향력을 가지고 있었다. "Application of the Sherman Act to Housing Segregation," *Yale Law Journal* 63, no. 6 (June 1954): pp.1124~1147, esp. pp.1125~1126. 부동산 가치에 대한 주민들의 집착에 대해서는 다음 자료를 참조하라. Henderson, "Rugged American Collectivism," 85~86; Cohen, *A Consumer's Republic*, p.202, pp.212~213. 교외 지역의 다양성 부족에 대해서는 다음 자료를 참조하라. Sidonie Matsner Gruenberg, "The Challenge of the New Suburbs," *Marriage and Family Living* 17, no. 2 (May 1955): pp.133~137, esp. p.134; David Reisman, "The Suburban Dislocation," *Annals of the American Academy of Political and Social Science* 314 (November 1957): pp.123~146, esp. p.134. 루이스 멈퍼드의 비판에 대해서는 다음 자료를 참조하라. Penn Kimball, "'Dream Town'-Large Economy Size: Pennsylvania's New Levittown is Pre-Planned Down to the Last Thousand Living Rooms," *New York Times*, December 14, 1952; Vance Packard, *The Status Seekers: An Exploration of Class Behavior in America and the Hidden Barriers That Affect You, Your Community, Your Future* (New York: David McKay Co., 1959), p.28.

25. 벅스 카운티 레빗타운에 대해서는 다음 자료를 참조하라. "Levitt's Design for Steel Workers' Community," *New York Times*, November 4, 1951; David Schuyler, "Reflections on Levittown at Fifty," *Pennsylvania History* 70, no. 1 (Winter 2003): pp.101~109, esp. p.105. 트레일러 공원에 대해서는 다음 자료를 참조하라.

Don Hager, "Trailer Towns and Community Conflict in Lower Bucks County," *Social Problems* 2, no. 1 (July 1954): pp.33~38; Andrew Hurley, *Diners, Bowling Alleys, and Trailer Parks: Chasing the American Dream* (New York: Basic Books, 2001), pp.195~196.

26. 전시 노동자와 관련하여 '트레일러 쓰레기'라는 말이 최초로 언급된 사례에 대해서는 다음 자료를 참조하라. Mary Heaton Vorse, "And the Workers Say . . .," *Public Opinion Quarterly* 7, no. 3 (Autumn 1943): pp.443~456. '거대한 흉물'로 표현되는 집에서 만든 트레일러에 대해서는 다음 자료를 참조하라. Harold Martin, "Don't Call Them Trailer Trash," *Saturday Evening Post* 225, no. 5 (August 2, 1952): pp.24~25, pp.85~87; Allan D. Wallis, "House Trailers: Innovation and Accommodation in Vernacular Housing," *Perspectives in Vernacular Architecture* 3 (1989): pp.28~43, esp. pp.30~31, p.34; "Trailers for Army Areas," *New York Times*, March 19, 1941; Carl Abbott, *The New Urban America: Growth and Politics in the Sunbelt Cities* (Chapel Hill: University of North Carolina Press, 1981), pp.107~110; Hurley, *Diners, Bowling Alleys, and Trailer Parks*, p.203; "Trailers for Army Areas," *New York Times*, March 19, 1941; Lucy Greenbaum, "'Trailer Village' Dwellers Happy in Connecticut Tobacco Field," *New York Times*, April 13, 1942.

27. "Agnes Ernest Meyer" (1887~1970), *Notable American Women: The Modern Period*, eds. Barbara Sicherman and Carol Hurd Green (Cambridge, MA: Harvard University Press, 1980), pp.471~473; Agnes E. Meyer, *Journey Through Chaos* (New York, 1944), x.

28. Meyer, *Journey Through Chaos*, ix, pp.373~374.

29. Ibid., pp.196~199, p.210, p.216.

30. Alexander C. Wellington, "Trailer Camp Slums," *Survey* (1951): pp.418~421. 미시건주 플린트 외곽 지역에 들어선 트레일러 캠프와 노는 황무지에 대해서는 다음 자료를 참조하라. Walter Firey, *Social Aspects to Land Use Planning in the Country-City Fringe: The Case of Flint, Michigan* (East Lansing: Michigan State College, 1946), p.8, p.32, p.42, p.52, p.54. "Photograph of Mobile Homes, Described as 'Squatters,' in Winkelman, Arizona" (1950), Arizona Archives and Public Records, Arizona State Library. 트레일러 거주민들을 '무단토지점유자'로, 트레일러를 '가족용 개집'이라고 언급한 이전의 기록에 대해서는 다음 자료를 참조하라. "200,000 Trailers," *Fortune* 15, no. 3 (March 1937): pp.105~111, p.214, p.200, p.220, p.222, p.224, p.226, p.229, esp. pp.105~106, p.220. 무단토지점유자 비유는 계속해서 힘을 떨쳤다. Keith Corcoran, "Mobile Homes Merit More Respect," [Schenectady, NY] *Daily Gazette*, April 14, 1990.

31. John E. Booth, "At Home on Wheels: Trailer Exhibition Stresses Comfortable

Living," *New York Times*, November 16, 1947; Virginia J. Fortiner, "Trailers a la Mode," *New York Times*, April 27, 1947; "Trailers: More and More Americans Call Them Home," *Newsweek* (July 7, 1952): pp.70~73, esp. p.70; Martin, "Don' t Call Them Trailer Trash," 85. 1946년에 대략 6,000대의 트레일러가 대학 캠퍼스 용도로 사용되고 있었다. Milton Mac Kaye, "Crisis at the Colleges," *Saturday Evening Post* 219 (August 3, 1946): pp.9~10, pp.34~36, p.39, esp. p.35.

32. Allan D. Wallis, *Wheel Estate: The Rise and Decline of Mobile Homes* (New York: Oxford University Press, 1991), p.116. 구역제한에 대해서는 다음 자료를 참조하라. Emily A. MacFall and E. Quinton Gordon, "Mobile Homes and Low-Income Rural Families." (Washington, DC, 1973), pp.38~40; Robert Mills French and Jeffrey K. Hadden, "An Analysis of the Distribution and Characteristics of Mobile Homes in America," *Land Economics* 41, no. 2 (May 1965): pp.131~139; Lee Irby, "Taking Out the Trailer Trash: The Battle over Mobile Homes in St. Petersburg, Florida," *Florida Historical Quarterly* 79, no. 2 (Fall 2000): pp.181~200, esp. 188, pp.94~96; Hurley, *Diners, Bowling Alleys, and Trailer Parks*, pp.235~241, p.254, p.256, p.258.

33. Dina Smith, "Lost Trailer Utopias: The Long, Long Trailer (1954) and Fifties America," *Utopian Studies* 14, no. 1 (2003): pp.112~131.

34. "Trailers Gaining in Popularity in U.S. but Urban Planner Asserts Community Opposition Is Growing," *New York Times*, July 17, 1960; "Mobile Homes—Today's Name for Residence on Wheels," *Sarasota Herald-Tribune*, January 19, 1961. *Vickers v. Township Comm. of Gloucester Township*, 37 N.J. 232, 265, 181 A.2d 129 (1962), pp.148~149쪽에 나온 반대의견. 해당 소송을 둘러싼 논쟁은 다음 자료를 참조하라. Richard F. Babcock and Fred P. Bosselman, "Suburban Zoning and the Apartment Boom," *University of Pennsylvania Law Review* 11, no. 8 (June 1963): pp.1040~1091, esp. pp.1086~1088; "Would Forbid Trailer Parks: Council Group Acts," *Milwaukee Journal*, December 14, 1954.

35. Anthony Ripley, "Mobile Home 'Resorts' Make 'Trailer Park' a Dirty Word," *New York Times Magazine*, May 31, 1969, p.25, p.48; "Fess Parker's Dollars Ride on Wheels," [Bowling Green, KY] *Park City Daily*, November 11, 1962—NEA 의 할리우드 통신원 어스킨 존슨(Erskine Johnson)이 작성한 보도기사. "Giant Man, with a Giant Plan," *Tuscaloosa News*, March 28, 1969; "Fess Parker Rides Again," [Fredricksburg, VA] *Free Lance-Star*, October 3, 1970.

36. Morris Horton, "There's No Crack in Our Picture Window," *Trailer Topics* (May 1957): p.7, p.74, p.76; Agnes Ash, "Trailer Owners Staying Put," *Miami News*, July

24, 1960; "The Mobile Home Isn't So Mobile Any More," *Business Week* (March 16, 1957): pp.44~46.

37. Douglas E. Kneeland, "From 'Tin Can on Wheels' to the Mobile Home," *New York Times Magazine*, May 9, 1971. 1941년 디트로이트의 백인 마을은 연방주택관리국의 주택담보대출 승인을 받기 위해 인근 흑인 마을과의 사이에 담장을 세웠다. Jackson, *Crabgrass Frontier*, p.209.

38. "A Sociologist Looks at an American Community," *Life* (September 12, 1949): pp.108~119; Robert Mills French and Jeffrey K. Hadden, "Mobile Homes: Instant Suburbia or Transportable Slums?," *Social Problems* 16, no. 2 (Autumn 1968): pp.219~226, esp. pp.222~225; Bailey H. Kuklin, "House and Technology: The Mobile Home Experience," *Tennessee Law Review* 44 (Spring 1977): pp.765~844, esp. p.809, p.814; MacFall and Gordon, "Mobile Homes and Low-Income Rural Families," 46. 트레일러들의 높은 감가상각에 대해서는 다음 자료를 참조하라. Jack E. Gaumnitz, "Mobile Home and Conventional Home Ownership: An Economic Perspective," *Nebraska Journal of Economics and Business* 13, no. 4, *Midwest Economics Association Papers* (Autumn 1974): pp.130~143, esp. p.130, p.142. 덴버에 위치한 최악의 트레일러 공원 중에 하나를 보고 누군가는 다음과 같이 묘사했다. "'페이튼 플레이스'라고 불리는 이곳의 많은 트레일러 터들은 비어 있다. 누군가 떠나면서 잊어버린 낡은 사기 변기가 나뒹굴고 있는 곳도 있다. 팔려고 내놓은 터를 보니 푯말의 '빈 곳'이라는 영어단어 철자조차 틀려 있었다." Ripley, "Mobile Home 'Resorts,'" 48.

39. 후방의 군사 및 방위 시설에 있는 트레일러에서 생활하는 매춘부들에 대해서는 다음 자료를 참조하라. "Syphilis and Defense," *New York Times*, November 29, 1941. 전쟁 전에도 플로리다에 있는 트레일러 캠프들을 돌아다니는 '구르는 매춘굴'에 대한 루머, 아내와 정부 사이를 오가는 남자 같은 신문에 실린 선정적인 이야기들이 있었다. "200,000 Trailers," p.220, p.229. 트레일러 하면 부도덕한 행위를 떠올리게 되는 상황에 대해서는 다음 자료를 참조하라. Kuklin, "House and Technology," pp.812~813; Alan Bérubé and Florence Bérubé, "Sunset Trailer Park," in *White Trash: Race and Class in America*, eds. Annalee Newitz and Matt Wray (New York: Routledge, 1997), p.19; Orrie Hitt, *Trailer Tramp* (Boston: Beacon, 1957). 비슷한 제목의 책들로는 다음과 같은 것들이 있다. Loren Beauchamp, *Sin on Wheels: The Uncensored Confessions of a Trailer Camp Tramp* (1961), Glenn Canary, *The Trailer Park Girls* (1962). 「크래커 걸」의 표지를 보면, '그녀는 그의 재산이다. 지키고, 때리고, 활용하는'이라고 나와 있다. Harry Whittington, *Cracker Girl* (Stallion Books, 1953). 심리학자 해럴드 라스웰(Harold Lasswell)은 알

코올중독, 마약, 도박, 범죄 같은 다른 타락 원인들과 함께 '트레일러 유랑생활'을 열거하고 있다. Harold Lasswell, "The Socio-Political Situation," *Educational Research Bulletin* 36, no. 3 (March 13, 1957): pp.69~77, esp. p.75.

40. "The Mobile Home Market," *Appraiser's Journal* 40, no. 3 (July 1972): pp.391~411, esp. p.397; "Planners Approve City Trailer Parks for the Homeless," *New York Times*, March 23, 1971.

41. Cohen, *A Consumers' Republic*, pp.202~208, p.228, p.231, pp.240~241, p.404. 시골에서 대도시 지역으로의 이주에 대해서는 다음 자료를 참조하라. Pete Daniel, "Going Among Strangers: Southern Reactions to World War II," *Journal of American History* 77, no. 3 (December 1990): pp.886~911, esp. p.886, p.898. 텔레비전과 트라이벌리즘에 대해서는 다음 자료를 참조하라. H. J. Skornia, "What TV Is Doing to America: Some Unexpected Consequences," *Journal of Aesthetic Education* 3, no. 3 (July 1969): pp.29~44.

42. 카운츠는 사진을 찍었을 당시 석간이었던 「아칸소 데머크랫」에서 일하고 있었고, 덕분에 그의 사진이 먼저 공개되었다. 조니 젠킨스는 비슷한 사진을 다음날 오전 「아칸소 가제트」에 공개했다. Karen Anderson, *Little Rock: Race and Resistance at Central High School* (Princeton, NJ: Princeton University Press, 2010), p.2; Peter Daniel, *Lost Revolutions: The South in the 1950s* (Chapel Hill: University of North Carolina Press, 2000), 262; David Margolick, *Elizabeth and Hazel: Two Women of Little Rock* (New Haven, CT: Yale University Press, 2011), pp.1~2, pp.36~37, pp.59~61, p.63, pp.152~54.

43. Margolick, *Elizabeth and Hazel*, pp.38~39, p.41. 시골 백인들의 리틀록 이주에 대해서는 다음 자료를 참조하라. Ben F. Johnson III, "After 1957: Resisting Integration in Little Rock," *Arkansas Historical Quarterly* 66, no. 2 (Summer 1007): pp.258~283, esp. p.262.

44. Margolick, *Elizabeth and Hazel*, pp.70~71, p.88.

45. Benjamin Fine, "Students Unhurt," *New York Times*, September 24, 1957; Fletcher Knebel, "The Real Little Rock Story," *Look*, November 12, 1957, pp.31~33, esp. p.33; Margolick, *Elizabeth and Hazel*, p.37, p.105; Daniel, *Lost Revolutions*, p.263; Phoebe Godfrey, "Bayonets, Brainwashing, and Bathrooms: The Discourse of Race, Gender, and Sexuality in the Desegregation of Little Rock's Central High," *Arkansas Historical Quarterly* 62, no. 1 (Spring 2003): pp.42~67, esp. pp.45~47; Belman Morin, "Arkansas Riot Like Explosion," [Spokane, WA] *Spokesman Review*, September 23, 1957.

46. 거스리지의 발언에 대해서는 다음 자료를 참조하라. "Some Bitterness," *Arkansas*

Gazette, September 1, 1957; C. Fred Williams, "Class: The Central Issue in the 1957 Little Rock School Crisis," *Arkansas Historical Quarterly* 56, no. 3 (Autumn 1997) : pp.341~344; Graeme Cope, "Everybody Says All Those People. . . Were from out of Town, but They Weren't': A Note on Crowds During the Little Rock Crisis," *Arkansas Historical Quarterly* 67, no. 3 (Autumn 2008): pp.245~267, esp. p.261.

47. Roy Reed, *Faubus: The Life and Times of an American Prodigal* (Little Rock: University of Arkansas Press, 1997), p.358; "The South: What Orval Hath Wrought," *Time* (September 23): 1957, pp.11~14, esp. pp.12~13. Williams, "Class: The Central Issue," 344; "Orval's Iliad and Odyssey," *Life* (September 23, 1957): pp.28~35; Anderson, *Little Rock*, p.68; Don Iddon, "Faubus of Little Rock: 'The President Underestimated the Ruthless Ambition of This Hillbilly Who So Far Has Always Won in the End,'" [London] *Daily Mail*, September 26, 1957.

48. Benjamin Fine, "Militia Sent to Little Rock; School Integration Put Off," *New York Times*, September 3, 1957; "Speech of Governor Orval E. Faubus, September 2, 1957," http://southerncolloqrhetoric.net/resources/Faubus570902. pdf. 원래 연설은 오벌 유진 포버스 문서에 실려 있다.(1910~1994) Series 14, Box 496, University of Arkansas, Fayetteville, AK; David Wallace, "Orval Faubus: The Central Figure at Little Rock Central High School," *Arkansas Historical Quarterly* 39, no. 4 (Winter 1980): pp.314~329, esp. p.324.

49. Anthony Lewis, "President Sends Troops to Little Rock, Federalizes Arkansas National Guard; Tells Nation He Acted to Avoid Anarchy," *New York Times*, September 25, 1957. '허구의 폭력을 꾸며내는' 포버스에 대해서는 다음 자료를 참조하라. "Arkansas," *Time* (September 30, 1957): pp.17~19; "Little Rock Sputnik Is Burning Itself Out," Washington Afro-American, October 22, 1957.

50. John Chancellor, "Radio and Television Had Their Own Problems in Little Rock Coverage," *Quill* (December 1957): pp.9~10, pp.20~21; Jack Gould, "TV: Reality in the South," *New York Times*, September 26, 1957; Harold R. Isaacs, "World Affairs and U.S. Race Relations: A Note on Little Rock," *Public Opinion Quarterly* 22, no. 3 (Autumn 1958): pp.364~370, esp. pp.366~367; "A Historic Week of Civil Strife," *Life* (October 7, 1957): pp.37~48, esp. pp.38~39.

51. 현지 기자들이 그들을 레드넥이라고 부른 것에 대해서는 다음 자료를 참조하라. Cope, "Everybody Says All Those People,'" pp.246~247, p.267. '작업복 차림의 많은 이들'에 대해서는 다음 자료를 참조하라. Chancellor, "Radio and Television," 9. '붉은 목덜미의 남자'에 대해서는 다음 자료를 참조하라. Homer

Bigart, "School Is Ringed: Negroes Go to School in Little Rock as Soldiers Guard the Area," *New York Times*, September 26, 1957. 내슈빌 폭도 안의 여성들에 대해서는 다음 자료를 참조하라. "The South: What Orval Hath Wrought," p.12, p.15. 백인 쓰레기 군중에 대해서는 다음 자료를 참조하라. Stewart Alsop, "Tragedy in the Sunshine at Little Rock," *Victoria Advocate*, September 26, 1957 (reprinted from the *New York Herald Tribune*). '잡다한 가난한 백인이 모인 집단'으로 그려지는 폭도의 또 다른 초상은 특약 칼럼 집필자 밥 콘시딘(Bob Considine)의 다음 글에 나와 있다. "Anatomy of the Mob—II," *St. Petersburg Times*, September 16, 1957; Considine, "The Anatomy of Violence—1: Mob Actions Help Cause of Integration," *Milwaukee Sentinel*, September 14, 1957. 여자들을 '부정한 아내들'과 '잔인한 여자들'이라고 부른 것에 대해서는 다음 자료를 참조하라. Considine, "Riffraff of Little Rock Is Giving City Bad Name," *Milwaukee Sentinel*, September 12, 1957. 한 아프리카계 미국인 신문에서는 포버스 주지사가 '아칸소 힐빌리' 폭도들을 자극했다고 주장했다. "Ring Out the False, Ring in the True," *Baltimore Afro-American*, December 29, 1959.

52. "Eisenhower Address on Little Rock Crisis," *New York Times*, September 25, 1957; Jack Gould, "Little Rock: Television's Treatment of Major News Developments Found Superficial" and "The Face of Democracy," *New York Times*, September 15 and 26, 1957; Richard C. Bedford, "A Bigger Bomb," *Journal of Higher Education* 29, no. 3 (March 1958): pp.127~131; Daniel, *Lost Revolutions*, p.267; "Tragedy at Little Rock," *Times Literary Supplement*, August 28, 1959, p.491.

53. 아칸소에서 포버스의 정치적 성공에 대해서는 다음 자료를 참조하라. Reed, *Faubus*, p.251, p.352, p.357; Daniel, *Lost Revolutions*, p.283; Paul Greenberg, "Orval Faubus Finally Blurts Out Truth of His Defiance That Led to the Racial Crisis in Little Rock in 1957," [Washington, DC] *Observer-Reporter*, June 1, 1979; "The Faubus Victory," *Lakeland* [FL] *Ledger*, July 30, 1958; "Faubus Unperturbed by Crisis," [Hopkinsville] *Kentucky New Era*, September 20, 1957; Anderson, *Little Rock*, p.77; Thomas F. Pettigrew and Ernest Q. Campbell, "Faubus and Segregation: An Analysis of Arkansas Voting," *Public Opinion Quarterly* 24, no. 3 (Autumn 1960): pp.436~447. 포버스는 제프 데이비스를 염두에 두고 있었다. '제프 데이비스 이래 3선에 성공한 최초의 아칸소 주지사'가 되고 싶었기 때문이다. 결국 포버스는 1955년부터 1967년까지 6선에 성공했다. 또한 그는 이런 투표결과를 토대로 자신의 행동이 옳다고 주장했다. Wallace, "Orval Faubus," p.319, p.326; "Segregation Wins on Arkansas Poll," *New York Times*, January 29, 1956; "The Mike Wallace Interview: Guest Orval Faubus," September 15, 1957,

transcript, Harry Ransom Center, University of Texas at Austin.

54. Gilbert Millstein, "Strange Chronicle of Andy Griffith," *New York Times*, June 2, 1957; "A Face in the Crowd," *Berkshire* [MA] *Eagle*, June 6, 1957.

55. Millstein, "Strange Chronicle of Andy Griffith."

56. 〈대하를 삼키는 여인〉에 대해서는 다음 자료를 참조하라. Henry Goodman, "Wild River by Elia Kazan," *Film Quarterly* 13, no. 4 (Summer 1960): pp.50~51; Robert Murray and Joe Heumann, "Environmental Catastrophe in Pare Lorentz's 'The River' and Elia Kazan's 'Wild River': The TVA, Politics, and Environment," *Studies in Popular Culture* 27, no. 2 (October 2004): pp.47~65, esp. p.55. 검할로우를 둘러싸고 클리블랜드에서 일어난 논란에 대해서는 다음 자료를 참조하라. "Southern Pride Ends Movie Roles for 'White Trash,'" *Ocala Star-Banner*, November 15, 1959.

57. 공격적인 마케팅 캠페인에 대해서는 어스킨 존슨(Erskine Johnson) 할리우드 통신원의 다음 기사를 참조하라. "'Bayou' Film, Bust in 1957, Released Under New Title," [Florence, AL] *Times Daily*, December 11, 1962; Jim Knipfel, "The Brooklyn Cajun: Timothy Carey in 'Poor White Trash,'" The Chiseler, chiseler. org/post/6558011597/the-brooklyn-cajun-timothy-carey-in-poorwhite (2011). 광고 캠페인에 대해서는 다음 자료를 참조하라. [Hopkinsville] *Kentucky New Era*, October 9, 1961; "Compromise with Sin," *Lewiston* [ME] *Daily Sun*, June 23, 1962.

58. 리사 린드퀴스트 도어(Lisa Lindquist Dorr)는 강간을 둘러싼 정치학은 생각보다 복잡하다는 사실을 보여준다. 도어는 버지니아주 연구에서 백인 여자와 흑인 남자 피의자의 평판을 고찰했다. 리사가 보기에 〈앵무새 죽이기〉 영화와 하퍼 리의 소설은 극적인 효과를 노리고 훨씬 왜곡되고 편향된 모습을 보여준다. 이것이 백인 쓰레기 등장인물들을 한층 교활하고 음흉하게 만드는 데 이바지했다. 이월 일가는 전혀 자격이 없는데도 명예 보호를 요구했기 때문이다. Lisa Lindquist Dorr, *White Women, Rape, and the Power of Race in Virginia, 1900~1960* (Chapel Hill: University of North Carolina Press, 2004), p.79, pp.115~119.

59. 소설에서 하퍼 리는 이월 가족을 통렬하게 묘사한다. "어떤 경제여건의 변화도 그들의 상황을 바꾸지 못했다. 이월 가족 같은 사람들은 깊은 불황에 빠진 상황에서는 물론 한창 번창하는 호경기에도 국가의 [주체가 아닌] 객으로 산다. 아무리 유능한 무단결석 학생 지도원도 그들의 수많은 자녀가 학교에 다니게 할수는 없었다. 어떤 공중보건 담당관도 특유의 불결한 환경에서 기인하는 선천적 결함, 각종 기생충과 질병으로부터 그들을 구할 수는 없었다.……이월 가족들은 매일 쓰레기장을 뒤지며 물건을 긁어모았고 그렇게 얻은 결과물을 (먹는 것이 아

닐 경우) 오두막 주변에 마구 흩어놓았다. 그렇다 보니 오두막 주변은 제정신이 아닌 아이의 놀이터 같았다." 하퍼 리는 또한 애티커스 핀치가 백인 쓰레기에 대해 다른 정의를 내리게 한다. 빈곤과는 무관한 사람, 부유하든 가난하든 상관없이 흑인을 속이거나 그들을 불공평하게 대하려는 사람으로. Harper Lee, *To Kill a Mockingbird* (New York: HarperCollins, 1999; 초판본은 1960년에 나왔다.), pp.194~95, p.253.

60. 영화 〈앵무새 죽이기〉가 우생학이라는 주제에 대해서는 침묵하고 있었지만, 한 관객은 밥 이월을 '퇴화한 아버지', 딸을 '가난한 백인 쓰레기 유형'이라고 표현했다. 이에 대해서는 특약 칼럼니스트 앨리스 휴스(Alice Hughes)의 다음 글을 참조하라. "A Woman's New York," *Reading Eagle*, February 23, 1963. 「뉴욕타임스」는 밥과 메이엘라 이월의 모습이 '희화화'에 가깝다고 평했다. Bosley Crowther, "Screen: 'To Kill a Mockingbird,'" *New York Times*, February 15, 1963. 뉴저지 출신 직업 선동가인, 존 프레더릭 캐스퍼(John Frederick Kasper)의 복잡한 이력에 대해서는 다음 자료를 참조하라. John Egerton, "Walking into History: The Beginning of School Desegregation in Nashville," *Southern Spaces* (May 4, 2009).

61. 한 아프리카계 미국인 신문은 〈앵무새 죽이기〉 영화를 다음과 같이 묘사했다. "날것 그대로의 삶에는 에밀리 포스트(Emily Post)가 죽어라 강조했던 규칙 같은 것은 없다. [영화는] 빠르게 흘러가는 시간 속에서 세계가 부단히 앞으로 나아가는 동안에도 생활방식에 발전이 없고 정체된 사람들의 이야기다. 여기서 '가난한 백인 쓰레기'는 어떤 것도 만들어내지 못한다." "'Poor White Trash' in Neighborhood Runs," *Baltimore Afro-American*, September 22, 1962. 슬론 윌슨의 회색 플란넬 양복을 입은 남자와 인간의 개성 상실 위험에 대해서는 다음 자료를 참조하라. Anna Creadick, *Perfectly Normal: The Pursuit of Normality in Postwar America* (Amherst: University of Massachusetts Press, 2010), p.77, pp.86~87. 청바지와 흰색 티셔츠는 〈이유 없는 반항(Rebel Without a Cause)〉(1955)에서 제임스 딘의 복장이었을 뿐만 아니라, 1957년 내슈빌에서 흑백통합교육에 항의하던 성난 가난한 백인 남자들의 복장이기도 했다. "The South: What Orval Hath Wrought," p.15.

62. Daniels, *A Southerner Discovers the South*, p.183, p.175, p.179.

63. 다음 자료의 '레드넥'과 '힐빌리' 항목을 찾아보라. *Dialect Notes, Vol. II, Part IV, Publications of the American Dialect Society* (New Haven, CT, 1904), p.418, p.420. 햇필드가는 남녀를 가리지 않고 무자비하게 죽이면서 문명 세계의 핵심 금기를 깼다. "So Ends a Mountain Feud," *Kansas City Times*, January 30, 1921. 양쪽 집안의 불화와 반목에 대해서는 다음 자료를 참조하라. Altina L. Waller, "Feuding and Modernization in Appalachia: The Hatfields and McCoys," *Register*

of the Kentucky Historical Society 87, no. 4 (Autumn 1989): pp.385~404, esp. p.399, pp.401~402; Hal Boyle, "Arkansas Ends Hillbilly Myth," *Tuscaloosa News*, May 29, 1947. 「아칸소 가제트」에 실린 '힐빌리왕국(hillbillydom)' 비판에 대해서는 다음 자료를 참조하라. "Hillbillies in Action," *Tuscaloosa News*, August 12, 1940. 블루리지 산지 여성 인터뷰에 대해서는 다음 자료를 참조하라. Mandel Sherman and Thomas R. Henry, *Hollow Folk* (New York, 1933), p.26. 「할로우 포크(Hollow Folk)」 서평에서는 '비록 우리 인종의 구성원이지만' 그들이 '퇴화했다'면서 '그들의 문화가 원시 문화'라고 설명하고 있다. Robert E. L. Paris, "Hollow Folk," *American Journal of Sociology* 39, no. 2 (September 1933): p.256.

64. Frank S. Nugent, "The Screen: 'Mountain Justice,' A Hill-Billy Anthology Is Shown at the Rialto—A New Film at the Cine Roma," *New York Times*, May 13, 1937; Sharon Hatfield, "Mountain Justice: The Making of a Feminist Icon and a Cultural Scapegoat," *Appalachian Journal* 23, no. 1 (Fall 1995), pp.26~47, esp. p.28, p.33, p.35, p.37, p.42.

65. 힐빌리 음악 밴드, 연재만화, 〈켄터키 문샤인〉에 대해서는 다음 자료를 참조하라. Anthony Harkins, *Hillbilly: A Cultural History of an American Icon* (New York: Oxford University Press, 2004), pp.86~87, pp.103~113, pp.124~136, pp.154~155, pp.161~162. 미니 펄에 대해서는 다음 자료를 참조하라. Pamela Fox, "Recycled Trash: Gender and Authenticity in Country Music Autobiography," *American Quarterly* 50, no. 2 (1998): pp.234~266, esp. pp.253~254. 미니 펄 같은 '라디오에 나오는 시골뜨기'와 보드빌 쇼의 연관성에 대해서는 다음 자료를 참조하라. Bill C. Malone, "Radio and Personal Appearances: Sources and Resources," *Western Folklore* 30, no. 3, Commercialized Folk Music (July 1971): pp.215~225, esp. pp.216~217.

66. "The Hillbilly in Huey Long's Chair," *Milwaukee Journal*, January 4, 1946. 데이비스는 역사학 분야 학사학위가 있었고, 도드 여자대학교에서 역사를 가르쳤다. 한편으로 그는 1927년에 딴 심리학 분야 석사학위도 가지고 있었다. 그의 석사학위 논문은 백인, 흑인, 물라토의 지적인 차이라는 다소 인종차별적인 주제를 다루고 있다. 데이비스는 선거 유세 도중 자기 밴드와 함께 노래를 불렀다. 최대 히트곡은 「유 아 마이 선샤인(You Are My Sunshine)」이었다. 데이비스는 상대 후보를 공격하는 소위 네거티브 캠페인을 거부했다. 주지사에 출마하여 1944년~1948년 임기에 당선되었고, 1960~1964년 임기에 다시 당선되었다. 1963년에는 주의회 의사당 계단을 말을 타고 올라가는 볼거리를 제공했다. Angie Reese, "Jimmie Davis: From Sharecropper's Cabin to the Governor's Mansion" (M.A. thesis, Southeastern Louisiana University, 1995), p.1, pp.4~9, pp.14~16, p.30, p.99.

67. William C. Pratt, "Glen H. Taylor: Public Image and Reality," *Pacific Northwest Quarterly* 60, no. 1 (January 1969): pp.10~16; "O'Daniel Writes Own Songs for Vote Campaign" and "Biscuit Passing Pappy," [New Orleans] *Times-Picayune*, July 25 and August 14, 1938; "Hill-Billy Sense," *Cleveland Gazette*, September 10, 1938; P. McEvoy, "Pass the Biscuits, Pappy," Reader's Digest, October 1938, pp.9~12. 듀이 쇼트에 대해서는 다음 자료를 참조하라. "Hillbilly 'Demosthenes,'" *Milwaukee Journal*, August 3, 1942.

68. W. R. Crocker, "Why Do Americans Dislike the English?," *Australian Quarterly* 21, no. 1 (March 1949): pp.27~36, esp. pp.31~33. 크로커는 지미 데이비스와 패피 오 대니얼 두 사람을 모두 언급했다.

69. 힐빌리만이 과거 그대로 달라진 것이 없는 것처럼 보이는 시간 왜곡(time-warp) 이라는 주제에 대해서는 다음 자료를 참조하라. Brooks Blevins, "In the Land of a Million Smiles: Twentieth-Century Americans Discover the Arkansas Ozarks," *The Arkansas Historical Quarterly* 61, no. 1 (Spring 2000): pp.1~35, esp. p.2, p.20, p.24. 무계급 신화에 대해서는 대법원 판사 휴스(Hughes)의 애팔래치 아 산지 주민에 대한 다음 연설을 참조하라. "Merit Not Birth America's Basis," [Columbia, SC] *State*, February 25, 1915. 산골 사람들이 진정한 평등을 실천하 고 있으며, 그곳은 '가문과 사회적 지위에 대한 자부심이 아무런 의미가 없는' 곳이라는 이야기에 대해서는 다음의 영화 광고를 참조하라. 산골을 다룬 명작 소설 『킹덤컴의 양치기(The Little Shepherd of Kingdom Come)』를 토대로 1903년에 만 들어진 영화로, 문제의 광고는 「렉싱턴 헤럴드(Lexington Herald)」 1920년 3월 21일 자에 실렸다. 1950년대가 되면 평등주의라는 주제가 한층 뚜렷하게 드러 난다. *Julia McAdoo*, "*Where the Poor Are Rich*," *American Mercury* (September 1955): pp.86~89; Brooks Blevins, "Wretched and Innocent: Two Mountain Regions in the National Consciousness," *Journal of Appalachian Studies* 7, no. 2 (Fall 2001): pp.257~271, esp. pp.264~265. 「파크 애비뉴의 힐빌리」에 대해서는 다음 자료를 참조하라. Mark Barron, "Broadway Notes," [New Orleans] *Times-Picayune*, July 23, 1950.

70. 레드 스미스(Red Smith)와 엘비스 프레슬리가 나오는 '힐빌리 대축제' 공연 홍보 에 대해서는 다음 자료를 참조하라. [New Orleans] *Times-Picayune*, September 1, 1955. 1955년 앤디 그리피스와 함께한 투어에 대해서는 다음 자료를 참조하 라. Hedda Hopper, "Elvis Was Nice to Andy," *Times-Picayune*, February 6, 1957; Goddard Lieberson, "'Country' Sweeps Country: Hillbilly Music Makers Have Parlayed a Blend of Blues, Spirituals and Folk Tunes into a $50-Million-Year Business," *New York Times*, July 28, 1957; Dick Kleiner, "Elvis Presley," *Sarasota*

Journal, July 11, 1956; Vivian Boultinghouse, "The Guy with the Blue Suede Shoes," *Times-Picayune*, July 1, 1956; Hedda Hopper, "Hollywood: Star Switch on Goodwin," *Times-Picayune*, August 2, 1956.

71. 미시시피주 투펠로에서 태어난 엘비스의 배경에 대해서는 다음 자료를 참조하라. Lloyd Shearer, "Elvis Presley," *Parade*, September 30, 1956, pp.8~13, esp. p.11; Michael T. Bertrand, "A Tradition-Conscious Cotton City: (East) Tupelo, Mississippi, Birthplace of Elvis Presley," *Destination Dixie: Tourism and Southern History*, ed. Karen L. Cox (Gainesville: University of Florida Press, 2012), pp.87~109, esp. pp.87~88, pp.91~92, pp.95~97. 산골 노새 같았다는 엘비스의 여성 팬들에 대해서는 다음 자료를 참조하라. Jock Carroll, "Side-Burned Dream Boat of Red-Blooded Youth? This Reviewer (Male) Says I Like Elvis Presley," *Ottawa Citizen*, September 8, 1956.

72. Noel E. Parmenter Jr., "Tennessee Spellbinder: Governor Clement Runs on Time," *Nation* (August 11, 1956): pp.114~117, esp. p.113, p.116; "Democrats: Answer to Dick Nixon," *Newsweek* (July 23, 1956): pp.19~20; Harold H. Martin, "The Things They Say About the Governor!," *Saturday Evening Post* (January 29, 1955): pp.22~23, pp.48~51, pp.54~55, p.58, esp. p.22.

73. Martin, "The Things They Say About the Governor!," p.22, p.48; "Democrats: Answer to Dick Nixon," 20; Parmenter, "Tennessee Spellbinder," p.117; "Democrats' Keynote," *Time* (July 23, 1956): p.14. 폴섬에 대해서는 다음 자료를 참조하라. Paul E. Deutschman, "Outsized Governor: 'Big Jim' Folsom Loathes Shoes and Grammar—But Loves Nature, Girls and Being Top Man in Alabama," *Life* (September 1, 1947): pp.59~65, esp. p.59, pp.64~65; "'Clowning' Blamed in Folsom's Defeat" and "Politician in Squeeze: Gov. James E. Folsom," *New York Times*, June 6, 1948, and February 25, 1956; Robert J. Norrell, "Labor at the Ballot Box: Alabama Politics from the New Deal to the Dixiecrat Movement," *Journal of Southern History* 57, no. 2 (May 1991): pp.201~234, esp. p.230.

74. 클레먼트의 연설문에 대해서는 다음 자료를 참조하라. "Democratic National Convention: Keynote Address, by Frank Clement, Governor of Tennessee," *Vital Speeches of the Day*, vol. 22 (September 1, 1956): pp.674~679; John Steinbeck, "'Demos Get Selves Voice in Clement'-Steinbeck," [New Orleans] *Times-Picayune*, August 15, 1956.

75. 훗날 클레먼트가 했던 논평에 대해서는 다음 자료를 참조하라. Robert E. Corlew III, "Frank Goad Clement and the Keynote Address of 1956," *Tennessee Historical Quarterly* 36, no. 1 (Spring 1977): pp.95~107, esp. p.107. 클레먼트의 연설에 대

한 다른 비판적인 평가들이 있다. 일부는 겉만 번드르르한 '호언장담'에 불과하다고 말했고, 진정한 웅변이라고 보기 힘들다고 했다. "The New Democrats: A Democratic Party of Youth and Energy," *Life* (August 27, 1957): pp.20~36, esp. p.22; George E. Sokolsky, "'A Torrent of Oratory,' *Gadsden Times*, August 17, 1956; 1964년 7월 29일, 호러스 버스비가 빌 모이어스에게 보낸 메모도 참고자료가 된다. 다음 책의 부록 부분을 참조하라. Robert Mann, *Daisy Petals and Mushroom Clouds: LBJ, Barry Goldwater, and the Ad That Changed American Politics* (Baton Rouge: Louisiana State University Press, 2014), 122. 76. Hodding Carter, "Hushpuppies, Stew—and Oratory: Southern Politicians Must Be Showmen, Too, but Behind Their Act Is a Deadly Seriousness," *New York Times Magazine*, June 18, 1950; "The Politician as Bore," *Chicago Tribune*, March 23, 1956.

77. "Hillbilly Chivalry," *Chicago Tribune*, March 15, 1958.

78. 에스테스 키포버와 '빅 짐' 폴섬에 대해서는 다음 자료를 참조하라. William G. Carleton, "The Southern Politician—1900 and 1950," *Journal of Politics* 13, no. 2 (May 1951): pp.215~231, esp. pp.220~221; Corlew, "Frank Goad Clement," pp.106~107; 클레먼트의 명성 하락과 '그의 촌티 팍팍 나는 기조연설'과의 관련성에 대해서는 다음 자료를 참조하라. "Politics: Ole Frank," *Time* (August 10, 1962): 13. 전국에서 두 번째로 힘 있는 사람으로서 존슨에 대해서는 다음 자료를 참조하라. Stewart Alsop, "Lyndon Johnson: How Does He Do It?," *Saturday Evening Post* (January 24, 1959): pp.13~14, p.38, p.43, esp. pp.13~14. 존슨이 클레이의 초상화를 백악관 집무실에 걸어 두었다는 부분에 대해서는 다음 자료를 참조하라. "Portraits of Washington, Clay and Jackson on Walls," *New York Times*, March 2, 1964. 존슨의 교사 이력에 대해서는 다음 자료를 참조하라. John R. Silber, "Lyndon Johnson as Teacher," *Listener and BBC Television Review* 73 (May 20, 1965): pp.728~730.

79. 존슨이 공감을 얻었다는 이야기에 대해서는 다음 자료를 참조하라. James Reston, "The Office and the Man: Johnson Emerges Grave and Strong as the Presidency Works Its Change," *New York Times*, November 28, 1963; Anthony Lewis, "Johnson Style: Earthy and Flamboyant," *New York Times*, November 24, 1963; "Lyndon Baines Johnson," *New York Times*, August 27, 1964. 시골 촌놈 이미지를 거부하며 반박했던 존슨의 가까운 지인들에 대해서는 여러 신문에 소개된 AP의 다음 기사를 참조하라. Arthur Edson, "Johnson Called Complex Person Mistaken as a 'Cornball'" *Milwaukee Journal*, December 28, 1963. '깊이 파고들었다'는 부분에 대해서는 다음 자료를 참조하라. "Johnson's Way," *New York Times*, April 26, 1964; Russell Baker, "President's Manner, Like Jackson's, a

Folksy One," *New York Times*, November 2, 1964. 존슨의 쇼맨십과 깊은 감정에 대해서는 다음 자료를 참조하라. Marianne Means, "Despite His Informal Air, LBJ Seldom Shows Sensitive Side," *San Antonio Light*, October 10, 1965. 이처럼 존슨을 둘러싼 상반되는 감정의 공존은 그의 대통령 임기 내내 지속되었다. 2차 임기 때인 1968년에 어느 기자의 표현을 보면 존슨을 바라보는 모순된 감정들이 더욱 분명하게 드러난다. "소탈하고 서민적이든 진부하고 감상적이든, 마음에서 우러나온 자연스러운 감정이든 빗나간 기만이든, 영감을 주는 설득의 명수든 인정사정없는 압제자든, 린든 베인스 존슨은 이제 확실하게 권좌에 앉아 있다." AP 통신원 Saul Pett, "The Johnson Years: The Arc of Paradox," *Hutchinson* [*KS*] *News*, April 14, 1968.

80. Lyndon Johnson, "Remarks in Johnson City, Tex., Upon Signing the Elementary and Secondary Education Bill, April 11, 1965," *Public Papers of the Presidents: Johnson*, pp.412~414, esp. p.414. 린든 B. 존슨이 오덤이 했던 말을 반복했다는 부분에 대해서는 다음 자료를 참조하라. Lyndon B. Johnson, "My Political Philosophy," *Texas Quarterly* 1, no. 4 (Winter 1958): pp.17~22. 남부 의원 설득 전략에 대해서는 다음 자료를 참조하라. William B. Cannon, "Enlightened Localism: A Narrative Account of Poverty and Education in the Great Society," *Yale Law and Policy Review* 4, no. 1 (Fall~Winter 1985): pp.6~60, esp. p.39, p.43; John A. Andrew III, *Lyndon Johnson and the Great Society* (Chicago: Ivan R. Dee, 1998), pp.120~121. 영부인 버드 존슨이 남편 없이 방문한 사례에 대해서는 다음 자료를 참조하라. Nan Robertson, "Mrs. Johnson Visits Poverty Area," *New York Times*, March 22, 1964.

81. 사진에 대해서는 다음 자료를 참조하라. "Johnson and the People," *New York Times*, May 3, 1964. 백인 빈민층의 이미지에 대해서는 다음 자료를 참조하라. "Johnson's Great Society—Lines Are Drawn," *New York Times*, March 14, 1965; John Ed Pearce, "The Superfluous People of Hazard, Kentucky," *Reporter* 28, no. 1 (January 3, 1963): pp.33~35; Homer Bigart, "Kentucky Miners: A Grim Winter," *New York Times*, October 20, 1963; Robyn Muncy, "Coal-Fired Reforms: Social Citizenship, Dissident Miners, and the Great Society," *Journal of American History* (June 2009): pp.72~98, esp. p.74, pp.90~95; Ronald Eller, *Uneven Ground: Appalachia Since 1945* (Lexington: University Press of Kentucky, 2008), p.20, pp.23~25, pp.30~32, pp.36~39; David Torstensson, "Beyond the City: Lyndon Johnson's War on Poverty in Rural America," *Journal of Policy History* 25, no. 4 (2013): pp.587~613, esp. pp.591~592, p.596, p.606.

82. 존슨의 모자에 대해서는 다음 자료를 참조하라. "Random Notes from All Over:

Johnson Says Aye to LBJ Hats," *New York Times*, February 17, 1964. 빈민에 대해서는 다음 자료를 참조하라. Marjorie Hunter, "President's Tour Dramatized Issue" and "Johnson Pledges to Aid the Needy," *New York Times*, April 26, 1964, and September 21, 1964; Franklin D. Roosevelt, "State of the Union Address," January 11, 1944.

83. Bill Moyers, "What a Real President Was Like: To Lyndon Johnson the Great Society Meant Hope and Dignity," *Washington Post*, November 13, 1988. 포크너의 글에 나타나는 백인 쓰레기의 자부심 조작에 대해서는 다음 자료를 참조하라. John Rodden, "'The Faithful Gravedigger': The Role of 'Innocent' Wash Jones and the Invisible 'White Trash' in Faulkner's *Absalom, Absalom!*," *Southern Literary Journal* 43, no. 1 (Fall 2010): pp.23~38, esp. p.23, p.26, pp.30~31; Jacques Pothier, "Black Laughter: Poor White Short Stories Behind *Absalom, Absalom!* and *The Hamlet*," in *William Faulkner's Short Fiction*, ed. Hans H. Skei (Oslo: Solum Forlag, 1977), pp.173~184, esp. p.173. 『어느 남부 사람 남부를 발견하다』를 집 필하고 거의 30년이 흐른 뒤에 조너선 대니얼스는 남부에서 아메리칸드림이라는 실현되지 않은 약속에 대한 글을 썼다. '신남부(New South)'는 여전히 '구남부(Old South)'였고, 가난한 백인과 흑인은 똑같이 가난한 상태로 남아 있었다. "눈이 있는 사람이라면 누구도 남부에서 소외당한 불행한 사람들이 유색인종뿐이라고 생각할 수 없었다." Daniels, "The Ever-Ever Land," *Harper's Magazine* (April 1965): pp.183~188.

84. 공화당의 선거운동용 비난 영상에 대해서는 다음 자료를 참조하라. Nan Robertson, "G.O.P. Film Depicts 'Moral Decay,'" *New York Times*, October 21, 1964; Mann, *Daisy Petals and Mushroom Clouds*, pp.94~95. 빌리 카터의 유명한 논평에 대해서는 다음 자료를 참조하라. "You'll Have to Pardon Billy," *Milwaukee Sentinel*, February 17, 1977; John Shelton Reed, *Southern Folk, Plain and Fancy: Native White Social Types* (Athens: University of Georgia Press, 1986), p.38. 맬컴 엑스에 대해서는 다음 자료를 참조하라. William E. Leuchtenburg, *The White House Looks South: Franklin D. Roosevelt, Harry Truman, and Lyndon B. Johnson* (Baton Rouge: Louisiana State University Press, 2005) p.327.

85. 엘비스의 캐딜락에 대해서는 다음 자료를 참조하라. Joe Hyams, "Meet Hollywood's Biggest Spenders," *This Week Magazine*, February 25, 1962. 골드워터 측에서 제작한 영상은 존슨이 자기 차를 고속으로 몰면서 맥주를 마셨다는 이야기에 토대를 두고 있지만, 창밖으로 맥주 캔을 던졌다는 내용은 추가된 것이다. LBJ의 거친 운전, 새끼돼지를 안고 카메라 앞에서 자세를 취했다는 부분에 대해서는 다음 자료를 참조하라. "Presidency: 'Mr. President, You're Fun,'"

Time (April 3, 1964): pp.23~24. 미국 문화에서 차와 관련된, (조상으로부터 탈피라는) 자유의 상징적인 의미에 대해서는 다음 자료를 참조하라. Deborah Clark, *Driving Women: Fiction and Automobile Culture in Twentieth-Century America* (Baltimore: Johns Hopkins University Press, 2007), p.165.

86. 풀브라이트와 맥거번에 대해서는 다음 자료를 참조하라. Albert Lauterbach, "How Much Cutback for Consumers," *Challenge* 6, no. 7 (April 1958): pp.72~76, esp. p.72; Joseph Green, "Events & Opinions," *The Clearing House* 32, no. 8 (April 1958): pp.485~486; "Presley Termed a Passing Fancy," *New York Times*, December 17, 1956. 엘비스의 '광란의 춤'에 대해서는 다음 자료를 참조하라. Bosley Crowther, "The Screen: Culture Takes a Holiday: Elvis Presley Appears in 'Love Me Tender,'" *New York Times*, November 16, 1956.

87. Robertson, "G.O.P. Film Depicts 'Moral Decay.'" 엘비스의 불량한 방식 때문에 플로리다주 잭슨에 있는 어느 교회 신도들은 엘비스의 영혼을 위해 기도를 올리기도 했다. "Elvis a Different Kind of Idol," *Life* (August 27, 1956): pp.101~109, esp. pp.108~109. 엘비스는 비행 청소년의 아이돌로 간주되었다. Martin Gold, *Status Forces in Delinquent Boys* (Ann Arbor, MI: Institute for Social Research, 1963), p.104; Eugene Gilbert, "Typical Presley Fan Is a 'C' Student; Aloof, Indifferent," [New Orleans] *Times-Picayune*, March 14, 1958. 열심히 일해서 사회계층의 사다리를 올라가려고 노력하는 삶에 경의를 표하지 않는 애팔래치아 사람들에 대해서는 다음 자료를 참조하라. Roscoe Griffin, "When Families Move . . . from Cinder Hollow to Cincinnati," *Mountain Life and Work* (Winter 1956): pp.11~20, esp. p.16, p.18. 나태한 생활의 유혹에 대해서는 다음 자료를 참조하라. Damon Runyon, "My Old Home Town—The Passing of Crazy Bill," *Milwaukee Sentinel*, September 8, 1957; Eller, *Uneven Ground*, p.26.

88. 마이클 해링턴(Michael Harrington)은 글에서 다음과 같이 말했다. "그러나 가난한 사람들이 빈곤한 진짜 이유는 그들이 부모, 지역, 산업, 인종이나 민족까지 모든 것을 잘못 택해 태어나는 실수를 했기 때문이다. 일단 그런 실수를 했다면, 그들은 의지와 도덕성의 화신이 될 수는 있겠지만, 대부분은 그들만의 미국을 벗어날 기회는 결코 갖지 못할 것이다." Michael Harrington, *The Other America: Poverty in the United States* (Baltimore: Penguin, 1962), p.21. 또 다른 연구자는 유전적인 능력을 강조하는 여러 비유를 활용했다. 그는 가난한 사람들은 '능력의 혜택을 받지 못한' '경제적 약자'이고, '불충분한 세습재산'을 가지고 있다고 말했다. Oscar Ornati, "Affluence and the Risk of Poverty," *Social Research* 31, no. 3 (Autumn 1964): pp.333~346, esp. pp.341~345; Eller, *Uneven Ground*, p.101.

89. John Kenneth Galbraith, *The Affluent Society*, 40th anniversary ed. (Boston:

Houghton Mifflin, 1999), pp.235~237; Harrington, *The Other America*, pp.9~14, p.18, p.34.

90. Lewis H. Lapham, "Who Is Lyndon Johnson?," *Saturday Evening Post* (September 9, 1965): pp.21~25, pp.65~67, pp.70~72, esp. p.66, p.71. 부유한 백인을 'big ones' 라고 부르는 관용어, 가난한 백인도 땅과 존경을 갈구한다는 내용에 대해서는 다음 자료를 참조하라. Jack Temple Kirby, "Black and White in Rural South, 1915~1954," *Agricultural History* 58, no. 3 (July 1984): pp.411~422, esp. p.418; "Johnson's Rare Word: 'Caliche,' a Soil Crust," *New York Times*, January 5, 1965; "Politics Was Johnson's Work, Rest, and Relaxation," [Clearfield, PA] *Progress*, January 24, 1973; Ryan Greene, "Sideglances in the Mirror," *Gilmer* [TX] *Mirror*, May 26, 1966.

91. James Reston, "Paradox and Reason," *New York Times*, January 21, 1965.

92. Lyndon Johnson, "Remarks to Students Participating in the U.S. Senate Youth Program," February 5, 1965, *Public Papers of the Presidents: Johnson*, pp.148~151, esp. p.150.

11장

1. Mary Bernstein, "Identity Politics," *Annual Review of Sociology* 31 (2005): pp.47~74, esp. p.49, p.53, p.64. 메리 루이스 애덤스(Mary Louis Adams)는 "정체성 정치가 특정 억압에 대한 분석뿐만 아니라 해당 집단의 독특함에 대한 찬미까지 포함한다는 사실에 주목해야 한다"라고 주장했다. "There's No Place Like Home: On the Place of Identity in Feminist Politics," *Feminist Review*, no. 31 (Spring 1989): pp.22~33, esp. p.25; Douglas C. Rossinow, *The Politics of Authenticity: Liberalism, Christianity, and the New Left in America* (New York: Columbia University Press, 1998); Mathew D. Lassiter, *The Silent Majority: Suburban Politics in the Sunbelt South* (Princeton, NJ: Princeton University Press, 2006), p.1, p.3.

2. Joseph Bensman and Arthur J. Vidich, "The New Middle Classes: Their Culture and Life Styles," *Journal of Aesthetic Education* 4, no. 1 (January 1970): pp.23~39, esp. pp.24~25, p.29.

3. Anne Roiphe, "'An American Family': Things Are Keen but Could Be Keener," *New York Times Magazine*, February 18, 1973, pp.8~9, pp.41~43, pp.45~47, pp.50~53, esp. p.8, p.47, pp.50~53.

4. Thomas Lask, "Success of Search for 'Roots' Leaves Alex Haley Surprised," *New York Times*, November 23, 1976; Paul D. Zimmerman, "In Search of

a Heritage," *Newsweek* (September 27, 1976): pp.94~96. 심지어 국회도서관에서 헤일리의 책을 소설이 아니라 계보학으로 분류해놓을 정도였다. David Henige, "Class as GR Instead?," *American Libraries* 31, no. 4 (April 2000): pp.34~35.

5. 헤일리의 아프리카 관련 조사의 문제점을 폭로한 최초의 설득력 있는 비판자는 마크 오타웨이(Mark Ottaway)였다. Mark Ottaway, "Tangled Roots," *Sunday Times* (London), April 10, 1977, 17, 21. 그리오(griot)[서아프리카에서 과거 부족의 구전 설화를 이야기나 노래로 들려주던 전승 시인, 역사 구송자], 즉 집안의 스토리텔러가 신뢰할 수 없으며, 질문자에게 자신이 듣고 싶어 하는 말만 해주었다고 주장하는 아프리카 연구자가 그의 이런 결론을 재확인해주었다. (헤일리는 해당 인터뷰를 녹음하지 못했고, 자신이 원하는 정보와 모순되는 정보가 나오는 경우, 그런 내용을 무시하고, 단 한 사람의 정보제공자에게만 의지했다.) Donald R. Wright, "Unrooting Kunta Kinte: On the Perils of Relying on Encyclopedic Informants," *History in Africa* 8 (1981): pp.205~217, esp. 206, pp.209~213. 오타웨이의 비판에 대한 헤일리의 대응, 쿤타 킨테가 살았다는 마을의 비현실적인 묘사에 대한 그의 이론적 근거에 대해서는 다음 자료를 참조하라. Robert D. McFadden, "Some Points of 'Roots' Questioned: Haley Stands by the Book as a Symbol," *New York Times*, April 10, 1977. 전문 사학자들은 헤일리의 주장에 다양한 반응을 보였다. 하버드 대학교 오스카 핸들린(Oscar Handlin)은 헤일리의 책을 '사기'라고 불렀고, 노예연구 전문가인 존스홉킨스 대학교 윌리 리 로즈(Willie Lee Rose) 교수는 "시대착오적인 내용이……너무 많아서 온전한 신뢰가 중요한 핵심 문제들의 신빙성을 야금야금 갉아먹고 있다"라는 결론을 내렸다. Israel Shenker, "Some Historians Dismiss Report of Factual Mistakes in 'Roots,'" *New York Times*, April 10, 1977.

6. 『뿌리』에 나오는 여러 오류에 대한 가장 꼼꼼한 설명을 보려면 역사학자와 계보학자가 공동집필한 다음 자료를 참조하기 바란다. Gary B. Mills and Elizabeth Shown Mills, "'Roots' and the New 'Faction': A Legitimate Tool for Clio?," *Virginia Magazine of History and Biography* 89, no. 1 (January 1981): pp.3~26, esp. pp.6~19. (자신의 조상이 다른 노예보다 우월하다고 묘사한) 헤일리의 계급 편견에 대해서는 다음 자료를 참조하라. Mills and Mills, "'Roots' and the New 'Faction,'" 25; James A. Hijiya, "Roots: Family and Ethnicity in the 1970s," *American Quarterly* 30, no. 4 (Autumn 1978): pp.548~556.

7. 거짓말쟁이 헤일리에 대해서는 다음 자료를 참조하라. Stanley Crouch, "The Beloved Fraud of 'Roots,'" *Garden City Telegram*, May 9, 2011; ABC 방송국에 홍보한 시점에 대해서는 『뿌리』를 미니시리즈로 만든 브랜든 스타더드(Brandon Stoddard)의 부고를 참조하라. *Washington Post*, December 29, 2014.

8. James A. Michener, *Chesapeake* (New York: Random House, 1978), pp.158~159, p.161.

9. Ibid., p.325, p.803, p.822, p.826, pp.842~845, pp.854~855; Tom Horton, "Michener's 'Chesapeake' Revisited Novel," *Baltimore Sun*, October 24, 1997.

10. Nancy Isenberg and Andrew Burstein, "Adamses on Screen," in *A Companion to John Adams and John Quincy Adams*, ed. David Waldstreicher (Malden, MA: Wiley-Blackwell, 2013), pp.487~509; 다음 책에 나오는 부어스틴의 서론을 참조하라. Jack Shepherd, *The Adams Chronicles: Four Generations of Greatness* (Boston: Little, Brown, 1975), xxxi; and Hijiya, "Roots," p.551.

11. Pete Hamill, "The Revolt of the White Lower Middle Class," *New York* (April 14, 1969): pp.24~29; Philip Shabecoff, "A Blue-Collar Voter Discusses His Switch to Nixon," *New York Times*, November 6, 1972; Richard Nixon, "Address Accepting the Presidential Nomination at the Republican National Convention in Miami Beach, Florida, August 8, 1968," in John T. Woolley and Gerhard Peters, *The American Presidency Project at UC Santa Barbara*, http://presidency.ucsb.edu/ws/index.php?pid=25968; Scott J. Spitzer, "Nixon's New Deal: Welfare Reform for the Silent Majority," *Presidential Quarterly* 42, no. 3 (September 2012): pp.455~481, esp. pp.458~462, p.471, p.473, p.477; Rick Perlstein, *Nixonland: The Rise of a President and the Fracturing of America* (New York: Scribner, 2008); Lassiter, *The Silent Majority*, p.234, p.236; Michael Novak, *The Rise of the Unmeltable Ethnics* (New York: Macmillan, 1972), p.4, p.30, p.53, p.60, pp.70~71, p.81, pp.258~260; Matthew Frye Jacobson, *Roots Too: White Ethnics Revival in Post~Civil Rights America* (Cambridge, MA: Harvard University Press, 2006), pp.44~45, p.190.

12. Washington syndicated NEA (Newspaper Enterprise Association) columnist Bruce Biossat, "White Poor in US Forgotten Masses," *Gadsden* [AL] *Times*, September 14, 1969; Biossat, "Poor White Dilemma," *Sumter Daily Item*, May 24, 1967; "White Tar Heels Poor, Too," *Spring Hope* [NC] *Enterprise*, November 2, 1967; Marjorie Hunter, "To the Poor in South Carolina, Free Food Stamps Are a Source of Satisfaction and Embarrassment," *New York Times*, May 18, 1969. 복지권 운동의 역할에 대해서는 다음 자료를 참조하라. Premilla Nadasen, *Welfare Warriors: The Welfare Rights Movement in the United States* (New York: Routledge, 2005); Felicia Kornbluh, *The Battle for Welfare Rights: Politics and Poverty in Modern America* (Philadelphia: University of Pennsylvania Press, 2007); "The Work Ethic," *New York Times*, November 6, 1972; Gaylord Shaw, "Welfare Ethic Advocates Hits; Leads to Vicious Cycle of Dependency—Nixon," [New Orleans] *Times-Picayune*, September 4, 1972; "Transcript of the President's Labor Day Address," *New York Times*, September 7, 1971.

13. Marcus Klein, "Heritage of the Ghetto," *Nation* (March 27, 1976): pp.373~375, esp. p.373.

14. 1940년대부터 1970년대까지 NASCAR에서 일어난 변화에 대해서는 다음 자료를 참조하라. Daniel, *Lost Revolutions*, pp.94~97, pp.108~110, pp.118~120. 돌리 파튼에 대해서는 다음 자료를 참조하라. "People Are Talking About: Dolly Parton," *Vogue* (October 1, 1977): pp.300~301. '세련되고 멋진 레드넥'에 대해서는 다음 자료를 참조하라. Patrick Huber, "A Short History of Redneck: The Fashioning of a Southern White Masculine Identity," *Southern Cultures* 1, no. 2 (Winter 1995): pp.145~166, esp. p.159. 레드넥 컨트리 음악에 대해서는 다음 자료를 참조하라. Joe Edwards, "He's a Redneck," *Reading* [PA] *Eagle*, August 12, 1976; Joe Edwards, "'Redneck' Doesn't Have to Be Offensive," *Gadsden* [AL] *Times*, March 25, 1983. 『백인 쓰레기 요리』에 대해서는 다음 자료를 참조하라. Sylvia Carter, "He's Proud to Be 'White Trash,'" *Milwaukee Journal*, December 29, 1986.

15. Robert Basler, "Dolly Parton: Fittin' into Floozydom Comfortably," [Lafayette, LA] *Advertiser*, April 24, 1986; Emily Satterwhite, *Dear Appalachia* (Lexington: University of Kentucky Press, 2011), p.131, p.172, pp.174~175.

16. Lillian Smith, "White Trash" (ca. 1964 or 1965) and "The Poor White's Future" (ca. 1964), Lillian Eugenia Smith Papers, Box 41, ms. 1283 A, and Box 43, ms. 1238 A, Hargrett Rare Book and Manuscript Library, University of Georgia Libraries, Athens; Huber, "A Short History of Redneck," 161.

17. Robert Sherrill, "The Embodiment of Poor White Power," *New York Times Magazine*, February 28, 1971. 1968년에는 마틴 루서 킹이 조직한 '푸어피플스 캠페인(Poor People's Campaign)'의 애팔래치아 지역 대표단 소속 시위자들이 알링턴의 버드 집 앞에서 항의시위를 벌이기도 했다. John Yago, "Poor Encountered a Slick Senator," *Charleston Gazette*, June 24, 1968; Sanford J. Ungar, "The Man Who Runs the Senate: Bobby Byrd: An Upstart Comes to Power," *Atlantic Monthly* (September 1975): pp.29~35, esp. p.35; Robert C. Byrd, *Robert C. Byrd: Child of the Appalachian Coalfields* (Morgantown: West Virginia University Press, 2005), 42, 53, pp.219~221, p.223, p.228, pp.235~237, pp.244~245.

18. 「타임」의 표지와 다음 기사를 참조하라. "New Day A'Coming in the South," *Time* (May 31, 1971): pp.14~20, esp. pp.14~16. 월리스에 대해서는 다음 자료를 참조하라. Dan T. Carter, "Legacy of Rage: George Wallace and the Transformation of American Politics," *Journal of Southern History* 62, no. 1 (February 1996): pp.3~26, esp. pp.10~12, p.26; Randy Sanders, "'The Sad Duty of Politics':

Jimmy Carter and the Issue of Race in His 1970 Gubernatorial Campaign," *Georgia Historical Quarterly* 76, no. 3 (Fall 1992): pp.612~638, esp. pp.620~621, pp.623~625; James Clotfelter and William R. Hamilton, "Electing a Governor in the Seventies," in *American Governor in Behavioral Perspective*, eds. Thad Beyle and J. Oliver Williams (New York: Harper & Row, 1972), pp.32~39, esp. p.34, p.36.

19. Sanders, "'The Sad Duty of Politics,'" p.632~633.

20. 디키가 애팔래치아 산지 출신이라는 이미지를 꾸며낸 것에 대해서는 다음 자료를 참조하라. Satterwhite, *Dear Appalachia*, pp.149~150, pp.508~511; Henry Hart, "James Dickey: The World as a Lie," *The Sewanee Review* 108, no. 1 (Winter 2000): pp.93~106; Harkins, Hillbilly, p.209. 회고록에서 디키의 아들 크리스토퍼는 아버지가 자기 삶에 대해 끊임없이 거짓말을 하려고 했다고 이야기했다. 아들의 회고록(『해방의 여름 : 아버지와 아들의 회고록(*Summer of Deliverance : A Memoir of Father and Son*)』)에 대한 서평은 다음 자료를 참조하라. David Kirby, "*Liar and Son*," *New York Times*, *August 30, 1998*; 제임스 디키의 자기중심주의에 대해서는 다음 자료를 참조하라. Benjamin Griffith, "*The Egomaniac as Myth Maker*" (*The One Voice of James Dickey: His Letters and Life, 1970~1997*에 대한 서평), *Sewanee Review* 117, no. 1 (Winter 2009): vi~viii.

21. 소설에서 디키는 바비를 '통통한 분홍이'라고 묘사하고 소리를 지르고 울부짖는 다고 표현했다. 또한 디키는 루이스의 대사를 통해 네 남자가 시련을 견디기 위해 내면의 본능을 활용해야 한다는 생존제일주의 정신을 표출한다. 그러나 바비는 강간으로 인한 '불명예'를 극복하지 못한다. James Dickey, *Deliverance* (Boston: Houghton Mifflin, 1970), p.54, pp.121~122, p.126, p.135, p.167; Christopher Ricks, "Man Hunt," *New York Review of Books* 14, no. 8 (April 23, 1970), pp.37~40, esp. p.40; Walter Clemmons, "James Dickey, Novelist," *New York Times*, March 22, 1970. 성적 성격을 지니는 트라우마와 세 생존자 사이의 약속에 대해서는 다음 자료를 참조하라. Linda Ruth Williams, "Blood Brothers," *Sight and Sound*, September 1994, pp.16~19. '남색을 좋아하는 힐빌리'에 초점을 맞춘 리뷰에 대해서는 다음 자료를 참조하라. Vincent Canby, "The Screen: James Dickey's 'Deliverance' Arrives," *New York Times*, July 31, 1972.

22. 드루는 촌사람들에게 연민을 보여주었을 뿐 아니라, 원시적인 생존법칙보다 법을 옹호한 유일한 인물이기도 하다. Dickey, *Deliverance*, p.68, p.70, 137; Anil Narine, "Global Trauma at Home: Technology, Modernity, 'Deliverance,'" *Journal of American Studies* 42, no. 3 (December 2008): pp.449~470, esp. p.466. 백치천재에 대해서는 다음 자료를 참조하라. Hal Aigner, "'Deliverance' by John Boorman," *Film Quarterly* 26, no. 2 (Winter 1972~73): pp.39~41, esp. p.41.

23. 이런 '희귀종'의 발견에 대해 울프는 글에서 이렇게 말했다. "스스로도 발견한 사실이 거의 믿기지 않겠지만, 이들 애팔래치아 산골 출신 촌뜨기 종자들(소수의 희귀종)은 디트로이트에……속도를 부여했다……그리고 자동차 업계는 세대 전체에게……속도를 당신의 것이라며 제시할 수 있었다." Tom Wolfe, "The Last American Hero Is Junior Johnson. Yes!" *Esquire* (March 1965): pp.68~74, 138, pp.142~148, pp.150~152, pp.154~155, esp. p.71, p.74, p.147, p.155.

24. Andrew Horton, "Hot Car Films & Cool Individualism or, 'What We Have Here Is a Lack of Respect for the Law,'" *Cinéaste* 8, no. 4 (Summer 1978): pp.12~15, esp. 14; and James Poniewozik, "What Did The Dukes of Hazzard Really Say About the South?," *Time* (July 2, 2015).

25. Wolfe, "The Last American Hero," p.71, p.74, p.144.

26. James Wooten, *Dasher: The Roots and Rising of Jimmy Carter* (New York: Summit Books, 1978), p.280, pp.346~347, pp.354~356; James Wooten, "The Man Who Refused to Lose: James Earl Carter Jr.," *New York Times*, July 15, 1976.

27. 카터가 판사 휴고 블랙(Hugo Black)과 에스테스 키포버에게 느낀 동류의식에 대해서는 다음 자료를 참조하라. Anthony Lewis, "Jimmy Carter: Southern Populist," *Morning Record*, June 4, 1976. 카터의 '통나무 오두막' 선거운동 방식에 대해서는 다음 자료를 참조하라. Frank Jackman (of the New York Daily News), "Profile: Who Is Jimmy Carter?" [St. Petersburg, FL] *Evening Independent*, July 15, 1976. 카터가 올맨 브러더스 덕을 본 부분에 대해서는 다음 자료를 참조하라. Wayne King, "Rock Goes Back to Where It All Began: Rock Goes South," *New York Times*, June 20, 1976. 문제의 라디오 광고에 대해서는 다음 자료를 참조하라. Eli Evans, "The Natural Superiority of Southern Politicians," *New York Times*, January 16, 1977. 카터가 스스로를 '성공한 백인 쓰레기'라고 표현한 것에 대해서는 다음 자료를 참조하라. Charles Mohr, "Reporter's Notebook: Enigmatic Side of Carter," *New York Times*, July 1, 1976. 앤드루 영의 말은 흑인 사회를 겨냥한 것이었다. 흑인 사회에서는 카터를 비판하는 많은 이들이 그를 '크래커' '레드넥'으로 불렀다. 그리고 카터 자신도 스스로를 레드넥이라고 불렀다. Paul Delaney, "Many Black Democratic Leaders Voice Doubt: Fear and Distrust About Carter," *New York Times*, July 6, 1976. 다른 정치평론가들은 카터가 레드넥이 아니기 때문에 카터를 새로운 남부의 '새로운 뿌리'라고 간주했다. James Wolcott, "Presidential Aesthetics: You've Seen the Movie ('Nashville'), Now Meet the Candidate—Jimmy Carter," *Village Voice*, January 19, 1976.

28. Roy Blount Jr., *Crackers: This Whole Many Angled Thing of Jimmy, More Carters, Ominous Little Animals, Sad Singing Women, My Daddy and Me* (New York: Knopf, 1980),

p.210, p.221. 노먼 메일러(Norman Mailer)는 민주당 전당대회에서 공개된 카터의 유명한 미소 패러디물을 다룬 선거운동 영상에 대한 글을 썼다(「매드 매거진(Mad Magazine)」의 표지에 등장하는 허구의 인물인 알프레드 E. 뉴먼의 미소가 대표적이다). Norman Mailer, "The Search for Carter," *New York Times Magazine*, September 26, 1976, pp.20~21, pp.69~73, pp.88~90, esp. p.69. 심지어 카터의 치과의사를 다룬 AP 통신의 뉴스도 있었다. Fred Cormier, "That Famous Carter Grin Doesn't Need Toothpaste," *Ocala Star-Banner*, February 7, 1980.

29. 자신의 뿌리에 대한 카터의 끈질긴 집착에 대해서는 다음 자료를 참조하라. John Dillin, "Jimmy Carter: Forces in His Life," *Boca Raton News*, August 1, 1976 (「크리스천 사이언스 모니터」에 실린 내용을 전재) ; Robert D. Hershey Jr., "Carter's Family Linked to Royalty by British Publication on Peerage," *New York Times*, August 12, 1977. 자신의 뿌리에 대한 카터의 관심에 대해서는 다음 자료 역시 참조할 만하다. Wooten, *Dasher*, p.62. 카터 집안의 식민지 버지니아 유산에 대한 '세부내용'들이 알렉스 헤일리의 그것만큼이나 불확실하고 개연성이 낮다는 사실에 대해서는 다음 자료를 참조하라. Douglas Brinkley, "A Time for Reckoning: Jimmy Carter and the Cult of Kinfolk," *Presidential Studies Quarterly* 29, no. 4 (December 1999): pp.778~797, esp. p.781. 조지아 출신이라는 카터의 뿌리가 그의 자아 형성에서 결정적일 정도로 중요한 역할을 했다는 데 대해서는 다음 자료를 참조하라. F. N. Boney, "Georgia's First President: The Emergence of Jimmy Carter," *Georgia Historical Quarterly* 72, no. 1 (Spring 1988): pp.119~132, esp. p.119, p.123.

30. Phil Gailey, "Meet Billy Carter," [St. Petersburg, FL] *Evening Independent*, July 15, 1976; Huber, "A Short History of Redneck," 158. 빌리 카터의 이동식 주택 판매에 대해서는 다음 자료를 참조하라. "Billy Carter," [Henderson, NC] *Times-News*, September 23, 1981; Stanley W. Cloud, "A Wry Clown: Billy Carter, 1937~1988," *Time* (October 10, 1988): p.44.

31. Blount, *Crackers*, p.93, pp.131~132.

32. 슈럼에 대해서는 다음 자료를 참조하라. Mary McGrory, "Ex-Carter Speech Writer Says Jimmy Lies," *Boca Raton News*, May 9, 1976. 빈민 여성들에 대해서는 다음 자료를 참조하라. David S. Broder, "Life Isn't Fair," *Telegraph*, July 25, 1977. 카터는 복지와 관련해서도 동일한 이분법을 보여주었다. 가난한 시골 여성들에게 더욱 많은 건강보험 혜택이 돌아가야 한다고 주장하면서, 동시에 정부가 '모든 문제를 해결해줄' 수는 없다고 강조하는 식이었다. 「뉴욕타임스」의 한 기자가 지적한 것처럼 카터의 남부 보수주의는 '사회적 불평등에 대한 어느 정도의 숙명론과 타고난 계층을 북부 자유주의자들보다 선뜻 받아들이는' 전

통에서 자유롭지 않았고 오히려 그것의 일부였다. ; Hendrick Smith, "Carter's Political Dichotomy: Beliefs Rooted in Southern Democratic Traditions Seem to Counteract His Compassion for the Poor," *New York Times*, July 16, 1977; Andrew R. Flint and Joy Porter, "Jimmy Carter: The Re-Emergence of Faith-Based Politics and the Abortion Rights Issue," *Presidential Studies Quarterly* 35, no. 1 (March 2005): pp.28~51, esp. p.39.

33. 토끼 사건과 관련된 대표적인 이야기들을 보려면 다음 자료를 참조하라. Jack W. Germond and Jules Witcover, "Laughing with the President—Or at Him," *St. Petersburg Times*, September 1, 1979; "Banzai Bunny 'Just a Quiet Georgia Rabbit,'" *Montreal Gazette*, August 31, 1979; "Carter and Peter Rabbit," *Lewiston Evening Journal*, August 31, 1979; Louis Cook, "About the Rabbit . . . ," *Bangor Daily News*, August 31, 1979; Valerie Schulthies, "Monster Rabbits Strike Terror in Many a Heart," *Deseret News*, September 1, 1979; Ralph de Toledano, "The Great Rabbit Caper," *Lodi* [CA] *News-Sentinel*, September 20, 1979. 이야기를 들려주는 카터에 대해서는 다음 자료를 참조하라. "Questions Get Tough When Carter Meets the Press," *Palm Beach Post*, August 31, 1979; "A Tale of Carter and the 'Killer Rabbit'; President Orders Photograph," "Carter Describes Foe: 'Quiet Georgia Rabbit,'" and "Rabbit Photo Kept Secret," *New York Times*, August 29, August 31, and September 5, 1979. 토끼와의 결투 장면을 담은 '가장 선명한 사진' 공개에 대해서는 다음 자료를 참조하라. "The Famed Rabbit Attack," *Gainesville* [FL] *Sun*, June 23, 1981. 포크송 가수 톰 팩스턴(Tom Paxton)은 가짜 결투 혹은 싸움이라는 주제를 활용하여 '나는 토끼가 싫어요'라는 제목의 풍자적인 노래를 만들었다. "카터 대통령은 위기를 모면했지. 노를 가지고 물을 튀기니, 토끼가 헤엄쳐서 가버렸네. '지미는 영웅이었네. 뼛속 깊이 느껴져' 라고 존 폴 존스가 가사에서 말했네."

34. 레이건의 아일랜드 방문에 대해서는 다음 자료를 참조하라. Jacobson, *Roots Too*, pp.16~17. 카터 도서관 헌정식에서 연설을 하면서 레이건은 카터의 개인사를 '남부 이야기'라고 불렀는데, 레이건이 대표하는 것과는 분명하게 반대되는 것이었다. Frederick Allen, "Jimmy Carter, a Son of the South Who Bore the Region's Burdens," [Wilmington, NC] *Star-News*, October 5, 1986. 레이건의 연기기술과 낸시 레이건의 '돼지우리' 소문에 대해서는 다음 자료를 참조하라. Bob Schieffer and Gary Paul Gates, *The Acting President* (New York: E. P. Dutton, 1989), p.170, p.181, p.375. 키티 켈리(Kitty Kelly)는 낸시 레이건은 '카터 일가가 복도에서 소를 몰고 다니는 청바지 입은 얼간이들이라도' 되는 양 펄쩍 뛰면서 '품격의 복원'을 바랐다고 썼다. Kitty Kelley, *Nancy Reagan: The Unauthorized*

Biography (New York: Simon & Schuster, 1991), 296~297. 레이건의 훈련된 '미디어 반사'에 대해서는 다음 자료를 참조하라. Lance Morrow, "The Decline of Oratory," *Time* (August 18, 1980): p.76, p.78, esp. p.76.

35. Patrick Buchanan, "Reagan Offers Hope to Blacks," *Chicago Tribune*, September 2, 1980.

36. Blount, *Crackers*, 5. 백악관에 간 베이커에 대해서는 다음 자료를 참조하라. Dudley Clendinen, "Spurred by White House Parley, TV Evangelists Spread Word," *New York Times*, September 10, 1984. '약탈 전파 클럽'에 대해서는 다음 자료를 참조하라. Sandy Grady, "Camera Double-Crossed Bakker," *Spokane Chronicle*, September 22, 1989. 45년 형 선고에 대해서는 다음 자료를 참조하라. June Preston, "Bakker Given 45 Years, $500,000 Fine for Fraud," *Schenectady Gazette*, October 25, 1989. 1987년 PTL은 미국 TV 시장 85퍼센트에 해당하는 165개 지역 방송국에 방송을 내보냈다. Charles E. Shepard, *Forgiven: The Rise and Fall of Jim Bakker and the PTL Ministry* (New York: Atlantic Monthly Press, 1989), p.239.

37. '성경학교 중퇴자'라는 표현에 대해서는 다음 자료를 참조하라. Preston, "Bakker Given 45 Years"; 베이커 부부의 초호화 생활에 대해서는 다음 자료를 참조하라. Elizabeth LeLand, "Jim and Tammy Bakker Lived Life of Luxuriant Excess," *Ocala Star-Banner*, May 24, 1987; Richard N. Ostling, "Of God and Greed: Bakker and Falwell Trade Charges in Televangelism's Unholy Row," *Time* (June 8, 1987): pp.70~72, p.74, esp. p.72. 트레일러 생활과 훗날의 무절제에 대해서는 다음 자료를 참조하라. Shepard, *Forgiven*, p.35, p.110, p.133, p.180, p.201, p.249, p.264, p.551.

38. 짐 베이커가 종교적인 메시지에서 빈민계급 출신이라는 자신의 배경을 활용한 것에 대해서는 다음 자료를 참조하라. Richard N. Ostling, "TV's Unholy Row: A Sex-and-Money Scandal Tarnishes Electronic Evangelicalism," *Time* (April 6, 1987): pp.60~64, p.67, esp. p.62. 번영신학에 대해서는 다음 자료를 참조하라. "Jim Bakker," in Randall Herbert Balmer, *Encyclopedia of Evangelicalism* (Waco, TX: Baylor University Press, 2004), pp.50~52; Axel R. Schafer, *Countercultural Conservatives: American Evangelicalism from the Postwar Revival to the New Christian Right* (Madison: University of Wisconsin Press, 2011), 125. 짐과 태미가 진행하는 쇼의 '싸구려 같은' 속성에 대해서는 다음 자료를 참조하라. Brian Siang, "Jim & Tammy Faye's Fall from Grace Is Perfectly Clear," *Philadelphia Inquirer*, April 8, 1987.

39. 태미 페이의 약물중독에 대해서는 다음 자료를 참조하라. "Tammy Bakker Treated," [New Orleans] *Times-Picayune*, 1986; Ostling, "Of God and Greed," p.72. 베이커 목사의 성추문과 제시카 한의 폭로에 대해서는 다음 자료를

참조하라. Associated Press story, "Playboy Interview with Jessica Hahn," [Spartanburg, SC] *Herald Journal*, September 22, 1987; Horace Davis, "Hahn's Story—In Hahn's Words," *Lakeland* [FL] *Ledger*, October 9, 1987; "Fletcher Says Bakker Bisexual," *Gadsden* [AL] *Times*, December 5, 1988; "As He Faces Likely Indictment, New Sex Accusation: Bakker Says Christianity in Disarray," *Ellensburg* [WA] *Daily Record*, December 5, 1988; "Bakker Defrocked by Assemblies of God," *Lodi* [CA] *News-Sentinel*, May 7, 1987; Montgomery Brower, "Unholy Roller Coaster," *People*, September 18, 1989, pp.98~99, pp.102~104, p.106, esp. p.104; Mary Zeiss Stange, "Jessica Hahn's Strange Odyssey from PTL to Playboy," *Journal of Feminist Studies in Religion* 6, no. 1 (Spring 1990): pp.105~116, esp. p.106; "The Jessica Hahn Story: Part 1," Playboy, November 1987, pp.178~180; "The Jessica Hahn Story: Part 2," *Playboy*, December 1987, p.198; "Jessica: A New Life," *Playboy*, September 1988, pp.158~162.

40. 매달 1일 헌금을 내라는 호소를 내보냈다는 내용에 대해서는 다음 자료를 참 조하라. Montgomery, "Unholy Roller Coaster," 106; Nicholas Von Hoffman, "White Trash Moves Front and Center," *Bangor Daily News*, April 8, 1987. 호프 먼의 사설은 'T.V. 복음주의자들(T.V. Evangelicals)'이라고 쓰인 종이를 들고 있는 사탄이 부하들과 만나는 장면을 담은 만화와 나란히 실렸다. 만화에서 사탄은 이렇게 말하고 있다. "그럼 되었다. 적대적 인수합병은 시도하지 않을 것이다. 우리가 고려하기에는 문제의 기업은 너무 추잡하다." 텔레비전 전도사들의 쇼 를 보는 전형적인 시청자들에 대해서는 다음 자료를 참조하라. Barry R. Litman and Elizabeth Bain, "The Viewership of Religious Television Programming: A Multidisciplinary Analysis of Televangelism," *Review of Religion* 30, no. 4 (June 1989): pp.329~343, esp. p.338. 텔레비전 전도사들을 장려했던 레이건 대통령에 대해 서는 다음 자료를 참조하라. Jeffrey K. Hadden, "The Rise and Fall of American Televangelism," *Annals of the American Academy of Political and Social Science* 527 (May 1993): pp.113~130, esp. p.126.

41. "Tammy Faye Bakker," in R. Marie Griffith, "The Charismatic Movement," in *Encyclopedia of Women and Religion in North America*, eds. Rosemary Skinner Keller and Rosemary Radford Reuther (Bloomington: University of Indiana Press, 2006), 463; Shepard, *Forgiven*, pp.6~7, pp.30~31, pp.152~153; William E. Schmidt, "For Jim and Tammy Bakker, Excess Wiped Out a Rapid Climb to Success," *New York Times*, May 16, 1987.

42. 돌리 파튼은 로이 블런트에게 자신이 외모를 과장되게 꾸미는 이유가 어려

서 자신은 아무것도 없었고, 돈이 생기면 '전신에 온통 발라야지'라고 생각했기 때문이라고 말했다. Roy Blount Jr., "Country's Angels," *Esquire* (March 1977): pp.62~66, pp.124~126, pp.131~132, esp. p.126; Pamela Wilson, "Mountains of Contradictions: Gender, Class, and Region in the Star Image of Dolly Parton," *South Atlantic Quarterly* 94, no. 1 (Winter 1995): pp.109~134, esp. p.110, p.112, p.125; Pamela Fox, "Recycled 'Trash': Gender and Authenticity in Country Music Autobiography," *American Quarterly* 50, no. 2 (June 1998): pp.234~266, esp. pp.258~259; Dolly Parton, *My Life and Other Unfinished Business* (New York: HarperCollins, 1994), p.59.

43. Griffith, "Tammy Faye Bakker," 463. 헤리티지 USA 기념품 가게에서 675달러에 팔렸던 태미 페이 베이커 인형에 대해서는 다음 자료를 참조하라(제조업자가 그녀 몫으로 500달러씩을 주었다). "Tammy Faye Dolls Selling for $500," [Wilmington, NC] *Star-News*, May 19, 1987.

44. Roger Ebert, "Tammy Faye's Story Captured in Documentary," January 24, 2000, RogerEbert.com; Renee V. Lucas, "The Tammy Look: It's Makeup by the Numbers," Philly.com, April 8, 1987.

12장

1. Margo Jefferson, "Slumming: Ain't We Got Fun?," *Vogue* (August 1, 1988): pp.344~347; Mike Boone, "Magnum's Oh, So English Chum Higgins Is Really a Texas Redneck," *Montreal Gazette*, June 19, 1982.

2. Lewis Grizzard, "In Defense of Hillbillies and Rednecks," [Burlington, NC] *Times-News*, December 3, 1993. 그리자드의 명성에 대해서는 다음 자료를 참조하라. "Columnist Grizzard Dies After Surgery," [Schenectady, NY] *Daily Gazette*, March 22, 1984. 애정 어린 표현이 되어가는 '레드넥'이라는 단어에 대해서는 다음 자료를 참조하라. Clarence Page, "Getting to the Root of Redneck," *Chicago Tribune*, July 16, 1987; and Larry Rohter, "To Call a Floridian a 'Cracker' in Anger May Be a Crime," *New York Times*, August 19, 1991.

3. Celia Riverbark, "'Hey, Do You Know Me?': The Definition of Redneck Depends on Your Point of View," [Wilmington, NC] *Star-News*, August 23, 1993.

4. Stacy McCain, "One Thing Gingrich Is Not, Is a Redneck," *Rome* [GA] *News-Tribune*, November 27, 1994; in syndicated column "Hart to Heart," Jeffrey Hart, "What's Behind David Duke?," *Gadsden* [AL] *Times*, October 31, 1991.

5. 슈트의 두 번째 책의 평자는 이렇게 지적했다. "슈트의 글에 남부 사람들

이 등장하는 경우, 우리는 그들을 가난한 백인 쓰레기로 부를 수 있다." Mary Davenport, "Chute Novel Finds White Trash Up North," [Wilmington, NC] *Star-News*, May 29, 1988. 학자들은 이런 유의 책을 '남부 시골소설'이라고 분류했는데, 앨리슨의 경우는 타당하지만, 슈트가 다룬 대상이 메인주의 시골 가구들인 것을 고려하면 남부라는 지역 명칭을 붙이는 것이 정확하다고 보기는 힘들다. 장르에 대한 논쟁과 이들 소설가가 계급 '내부에서' 글을 쓰는 방식에 대해서는 다음 자료를 참조하라. Erik Bledsoe, "The Rise of Southern Redneck and White Trash Writers," *Southern Cultures* 6, no. 1 (Spring 2000): pp.68~90, esp. p.68.

6. Carolyn Chute, *The Beans of Egypt, Maine* (New York: Ticknor & Fields, 1985), pp.10~11, p.21, pp.23~25, p.92, p.100, pp.114~116, pp.122~124, pp.134~135, p.156, p.174, p.189.

7. Ibid., pp.135~136, p.165, p.175, pp.177~179, p.181, p.192.

8. Ibid., p.3, pp.46~47, p.122, p.116.

9. Ibid., p.3.

10. Peter S. Prescott, "A Gathering of Social Misfits: Six New Novels Take a Walk on Life's Weirder Shores," *Newsweek* (February 25, 1985): p.86; David Gates, "Where the Self Is a Luxury Item," *Newsweek* (June 13, 1988): p.77. 슈트는 자신이 '이들과 아주 가깝다고' 강조하면서 이들을 '우리 사람들'이라고 불렀다. Ellen Lesser and Carolyn Chute, "An Interview with Carolyn Chute," *New England Review and Bread Loaf Quarterly* 8, no. 2 (Winter 1985): pp.158~177, esp. p.161, p.174. 슈트가 자신의 빈곤 경험을 강조한 다른 인터뷰를 보려면 다음 자료를 참조하라. Donald M. Kreis, "Life Better for 'Beans of Egypt' Author Carolyn Chute," *Lewiston* [ME] *Daily Sun*, March 6, 1985; Katherine Adams, "Chute Dialogics: A Sidelong Glance from Egypt, Maine," *National Women's Studies Association Journal* 17, no. 1 (Spring 2005): pp.1~22.

11. Lesser and Chute, "An Interview with Carolyn Chute," p.158, p.160, pp.164~167, p.177. '공동저자'로서 슈트의 남편에 대해서는 다음 자료를 참조하라. Dudley Clendinin, "Carolyn Chute Found Her Love and Her Calling in Maine," *Gainesville* [FL] *Sun*, February 3, 1985. 슈트 남편의 영향에 대해서는 다음 자료를 참조하라. "Illiterate Mate Inspires Maine's Carolyn Chute," [Lewiston, ME] *Sun Journal*, September 16, 1991. 메인주의 빈곤에 대한 현실적인 초상에 대해서는 다음 자료를 참조하라. Leigh McCarthy, "Carolyn Chute Took a Bum Rap on Poverty," *Bangor* [ME] *Daily News*, September 24, 1985.

12. 1985년에 슈트는 자신을 레드넥과 구별했다. 슈트는 글에서 이렇게 말했다. 낭독회를 진행하면서 "(레드넥이) 아닌 사람들을 만날 기회가 있었다. (이때 그녀

는 손으로 자기 목을 툭툭 쳤다.) 나는 레드넥들이 나타나도 개의치 않을 것이다. 아무 문제없다. 다만 그들이 내 집 창문 밖에서 이빨을 닦는 모습을 보고 싶지 않을 뿐이다". Lesser and Chute, "An Interview with Carolyn Chute," 163. 그러나 2000년 슈트는 글에서 이렇게 말했다. "그러나 레드넥이라는 사실, 노동자 계급(혹은 더 정확하게는 '동족 계급')이라는 사실이 나는 자랑스럽다." "An Interview with Carolyn Chute," *New Democracy Newsletter* (March~April 2000), in Newdemocracy world.org; Charles McGrath, "A Writer in a Living Novel," *New York Times*, November 3, 2008; Carolyn Chute, *The Beans of Egypt, Maine: The Finished Version* (San Diego: Harcourt Brace & Co., 1995), p.273, p.275; Gregory Leon Miller, "The American Protest Novel in a Time of Terror: Carolyn Chute's Merry Men," *Texas Studies in Literature and Language* 52, no. 1 (Spring 2010): pp.102~128, esp. p.103; Dwight Gardner, "Carolyn Chute's Wicked Good Militia," Salon.com, February 24, 1996.

13. 슈트는 루번 빈의 미성숙한 행동이 사회성 결여에서 나온다고 설명한다. 그는 "아이 같은 수준에 있는데, 지능이 아니라 정서적인 발전에서 그렇다". Lesser and Chute, "An Interview with Carolyn Chute," 169. 슈트는 또한 다른 인터뷰에서 최저임금이 진정한 남성의 분노를 유발하는데, 여자들이 남자보다 그런 상황을 잘 견딘다고 말했다. "Chute's Book Is a Real American Classic," [Norwalk, CT] *Hour*, February 21, 1985.

14. Dorothy Allison, *Bastard Out of Carolina* (New York: Plume, 1992), p.12, pp.22~24, p.69, pp.80~81, p.91, pp. 98~99, p.123.

15. Ibid., 102. 슈트 역시 정부에서 나눠주는 식료품 할인구매권을 사용할 때 느끼는 수치심에 관해 이야기했다. "그러나 작은 상점에서는 사람들이 못되게 군다. 식료품 할인구매권이라니, 우웩. 이런 식이다. (그런 반응으로) 그들은 원하는 목적을 달성한다. 나는 그 가게에 다시는 가고 싶지 않았고, 너무나 창피했다. 정말로 가는 것이 두려웠다. 마이클과 나는 식료품 할인구매권을 받을 자격이 되는데도 받지 않은 적이 여러 번 있다. 너무 창피하다고 느껴졌기 때문이다." Lesser and Chute, "An Interview with Carolyn Chute," 169.

16. Allison, *Bastard Out of Carolina*, p.309.

17. 클린턴의 7월 4일 독립기념일 연설에 대해서는 다음 자료를 참조하라. William Jefferson Clinton, "What Today Means to Me," *Pittsburgh Post Gazette*, July 4, 1993.

18. Ibid. 계부에게 대들었던 클린턴의 일화에 대해서는 다음 자료를 참조하라. Ron Fournier, "Early Lessons Serve Him Well," *Beaver County* [PA] *Times*, January 20, 1993. 홍보 영화 〈호프에서 온 남자(The Man from Hope)〉에 대해서는 다음 자료를 참조하라. David M. Timmerman, "1992 Presidential Candidate Films:

The Contrasting Narratives of George Bush and Bill Clinton," *Presidential Studies Quarterly* 26, no. 2 (Spring 1996): pp.364~373, esp. p.367.

19. Mike Feinsilber, "But Others Say, 'You're No Thomas Jefferson,'" *Prescott* [AZ] *Courier*, January 17, 1993.

20. 클린턴을 가난한 물납소작농으로 서술한 내용에 대해서는 다음 자료를 참조하라. Todd S. Purdum, "If Kennedy's Musical Was 'Camelot,' What's Clinton's?," *New York Times*, January 17, 1993. 1992년 7월 21일, 클린턴이 일리노이주 센트레일리아에서 노새 조지와 함께 찍은 AP 통신의 사진을 보라. Brian Resnick, "Campaign Flashback: Bill Clinton in Summer '92," *National Journal*; and Josh O' Bryant, "Well-Known Democratic Mule of Walker Dies," *Walker County* [GA] *Messenger*, May 14, 2008.

21. Roy Reed, "Clinton Country: Despite Its Image as a Redneck Dogpatch, Arkansas Has Long Been a Breeding Ground of Progressive Politics," *New York Times Magazine*, September 6, 1992; Peter Applebome, "Suddenly Arkansas's Being Noticed, but a First Glance Can Be Misleading," *New York Times*, September 26, 1992; Hank Harvey, "Arkansas Needs Clinton's Candidacy," *Toledo Blade*, October 4, 1992; Molly Ivins, "Clinton Still a Kid from Arkansas," [Wilmington, NC] *Star-News*, July 15, 2004; Randall Bennett Woods, J. William Fulbright, *Vietnam, and the Search for a Cold War Foreign Policy* (Cambridge: Cambridge University Press, 1998), p.280.

22. David Grimes, "Put Bubba in White House," *Sarasota Herald-Tribune*, July 21, 1992; Nancy Kruh (Dallas Morning News) syndicated in [Spokane, WA] *Spokesman Review*, February 14, 1993; Michael Kelly, "A Magazine Will Tell All About Bubba," *New York Times*, February 4, 1993.

23. 그린버그가 '뺀질이 윌리'라는 표현을 사용한 것과 관련해서는 다음 자료를 참조하라. Paul Greenberg, "Truth Catches Slick Willie," *Tuscaloosa News*, February 19, 1992; Paul Greenberg, "Why Yes, I Did Dub Bill Clinton 'Slick Willie,' but Then, He Earned It," [Fredericksburg, VA] *Free Lance-Star*, June 28, 2004; "Just Why Is Slick Willy So Smooth?," [Burlington, NC] *Times-News*, April 6, 1992; Sandy Grady, "Clinton's Biggest Enemy Is Image of 'Slick Willie,'" *The Day* [New London, CT], April 16, 1992; Martin Schram, "Wherever Bill Clinton Goes, Slick Willie Is Sure to Follow," *Rome* [GA] *News-Tribune*, April 6, 1992; Walter D. Myers, "'Slick Willie' Clinton Inherits the Woes of Tricky Dick," [Bend, OR] *Bulletin*, April 2, 1992.

24. Schieffer and Gates, *The Acting President*, p.180. 콜로라도주 여성 하원 의원 퍼

트리샤 슈로더(Patricia Schroeder)가 레이건에게 '테플론 입힌 대통령'이라는 별명을 지어주었다. Steven V. Roberts, "Many Who See Failure in His Policies Don't Blame Their Affable President," *New York Times*, March 2, 1984; Donald Kaul, "Slick Willie Starts to Look Like Barney Fife," [Wilmington, NC] *Star-News*, February 11, 1993.

25. 클린턴이 엘비스 프레슬리 노래를 부른 부분에 대해서는 다음 자료를 참조하라. "Elvis Presley Sighting in Clinton Campaign," *Allegheny Times* [PA], April 3, 1992. 클린턴의 보좌진은 폴 사이먼(Paul Simon)의 노래 「그레이스랜드(Graceland)」를 활용해 연설 전에 후보를 소개하기도 했다. "Elvis Running," *Ellensburg* [WA] *Daily Record*, April 3, 1992. 기자들이 클린턴을 부르는 별명이 엘비스였던 부분에 대해서는 다음 자료를 참조하라. John King, "Slick Willie's Calling on Elvis," *Lodi* [CA] *News-Sentinel*, May 4, 1992; "Clinton Inaugural: He'd Invite Elvis," *Gainesville* [FL] *Sun*, May 1, 1992. 엘비스의 영혼과 교감하는 클린턴에 대해서는 다음 자료를 참조하라. "Clinton Enjoying His Lead: He's Finding Time to Joke About Elvis," *Reading Eagle*, October 22, 1992. 취임 행진에 참석한 엘비스 대역 연기자에 대해서는 다음 자료를 참조하라. "'Elvis' to Perform in Grand Parade for Clinton," *New Straits Times* [Singapore], December 16, 1992. 부시가 엘비스 대역 연기자를 고용한 것과 〈아세니오 홀 쇼〉에 대해서는 다음 자료를 참조하라. Daniel Marcus, *Happy Days and Wonder Years* (New Brunswick, NJ: Rutgers University Press, 2004), p.156, pp.166~167.

26. '엘비스는 미국이다'와 보다 온건 성향의 투표자를 끌어들일 수단으로 동원된 엘비스 이미지에 대해서는 다음 자료를 참조하라. "Elvis and Bill: Southern Boys with Thangs in Common" [Wilmington, NC] *Star-News* (reprinted from the *Economist*), August 18, 1996; and Marcus, *Happy Days*, p.155, p.158.

27. Bill Maxwell, "'Seen as 'White Trash': Maybe Some Hate Clinton Because He's Too Southern," [Wilmington, NC] *Star-News*, June 19, 1994. 레이건과 교황 요한 바오로 2세에 대해 신나게 떠드는 누넌, 그녀가 책에서 말하는 두 남자에 대해서는 다음 자료를 참조하라. Kenneth L. Woodward, "'John Paul the Great,' by Peggy Noonan," *New York Times*, December 18, 2005; Helen Eisenbach, "Looking for Mr. Right," *New York* (September 1, 2004); 레이건을 당을 초월한 사랑받는 아버지 같은 존재로 보는 거겐과 누넌의 견해에 대해서는 다음 자료를 참조하라. Marcus, *Happy Days*, p.83; Peggy Noonan, *What I Saw at the Revolution: A Political Life in the Reagan Era* (New York: Random House, 1990), p.127.

28. Maxwell, "Seen as 'White Trash.'"

29. '뺀질이 윌리'라는 욕설의 부활에 대해서는 다음 자료를 참조하라. Jack

Germond and Jules Witcover, "Clinton's Deposition Reveals Reputation as 'Slick Willie,'" *Reading* [PA] *Eagle*, March 12, 1998. 윌리엄 러셔(William Rusher)는 클린턴은 백인 쓰레기이며, "이제 우리는 클린턴의 도덕적 추악함과 형사상 위법행위 기록에 아칸소 트레일러 공원과 직결되는 근본적인 천박함까지 더해야 한다"라고 주장했다. William Rusher, "White Trash in the White House," *Cherokee County* [GA] *Herald*, February 7, 2001; Jack Hitt, "Isn't It Romantic?," *Harper's Magazine* (November 1998): pp.17~20, esp. p.17; "Second White House Response to Starr," *Washington Post*, September 12, 1998.

30. Marianne Means, "But Bill Clinton's No Thomas Jefferson," [Wilmington, NC] *Star-News*, November 7, 1998; Thomas J. Lucente Jr. "No Comparison for Clinton and Jefferson," *Lawrence Journal-World*, November 20, 1998; Georgie Anne Geyer, "Clinton and Jefferson: An Odd Comparison," *Victoria Advocate*, November 12, 1998. 클린턴이 제퍼슨에게 DNA 증거에 대해서는 걱정하지 말라고 말하는 내용을 담은 만화가 가이어(Geyer)의 기사와 함께 실려 있다. "사람들은 신경 안 써요!!"라는 말과 함께. Andrew Burstein, Annette Gordon-Reed, and Nancy Isenberg, "Three Perspectives on America's Jefferson Fixation," *Nation* (November 30, 1998): pp.23~28.

31. Jeffery Jackson, "Understanding Clinton: The King Is Dead; Long Live the King," *Nevada Daily Mail*, August 19, 1999.

32. Toni Morrison, "The Talk of the Town," *New Yorker* (October 5, 1998): pp.31~32, esp. p.32.

33. Kathleen Parker, "Democratic Race Seems to Be Bill vs. Oprah," *The Item*, December 1, 2007. 앤드루 영은 클린턴이 버락 오바마보다 많은 흑인 여성들과 잠자리를 했다는 노골적인 평을 내놓기도 했다. Eric Lott, "The First Boomer: Bill Clinton, George W., and Fictions of State," *Representations* 84, no. 1 (November 2003): pp.100~122, esp. p.101, p.108, p.111.

34. Frank Rich, "Palin and McCain's Shotgun Marriage," *New York Times*, September 7, 2008; Erica Jong, "The Mary Poppins Syndrome," *Huffington Post*, October 4, 2008; Eliza Jane Darling, "O Sister! Sarah Palin and the Parlous Politics of Poor White Trash," *Dialectical Anthropology* 33, no. 1 (March 2009): pp.15~27, esp. p.19, p.21. 레드넥 마을로서 알래스카 와실라에 대해서는 다음 자료를 참조하라. Jill Clarke of the Associated Press, "Alaskan Views of Clinton Reflect Those in the Lower 48," [Schenectady, NY] *Daily Gazette*, January 16, 1999.

35. Monica Davey, "Palin Daughter's Pregnancy Interrupts G.O.P. Convention Script," *New York Times*, September 2, 2008; Stephanie Clifford,

"Readers See Bias in Us Weekly's Take on Sarah Palin," *New York Times*, September 8, 2008; Maureen Dowd, "My Fair Veep," *New York Times*, September 10, 2008; David Firestone, "Sarah Palin's Alaskan Rhapsody," *New York Times*, December 9, 2010.

36. 페일린이 밝혀진 15만 달러보다 '수만 달러'를 더 썼고, 남편 옷에 2~4만 달러를 썼다는 사실이 추가로 밝혀졌다. "Hackers and Spending Sprees," *Newsweek* (November 5, 2008); Darling, "O Sister! Sarah Palin," 24.

37. Sam Tanenhaus, "North Star: Populism, Politics, and the Power of Sarah Palin," *New Yorker* (December 7, 2009); pp.84~89, esp. p.89.

38. Maureen Dowd, "White Man's Last Stand," *New York Times*, July 15, 2009; 그레첸 윌슨에 대해서는 다음 자료를 참조하라. Nadine Rubbs, "'Redneck Woman' and the Gendered Poetics of Class Rebellion," *Southern Cultures* 17, no. 4 (Winter 2011): pp.44~77, esp. p.56, and endnote 24 on page 69. 힐빌리이자 프리마 돈나로서 페일린에 대해서는 다음 자료를 참조하라. Gail Collins, "A Political Manners Manual," *New York Times*, November 8, 2008.

39. Justin Elliot, "Trig Trutherism: The Definitive Debunker: Salon Investigates the Conspiracy Theory: Is Sarah Palin Really the Mother of Trig Palin?," Salon.com, April 22, 2011.

40. 페일린의 북부 억양에 대해서는 다음 자료를 참조하라. Jesse Sheildlower, "What Kind of Accent Does Sarah Palin Have? Wasillan, Actually," Slate.com, October 1, 2008; Dick Cavett, "The Wild Wordsmith of Wasilla," *New York Times*, opinion ator.blogs.nytimes.com, November 14, 2008.

41. William Egginton, "The Best or Worst of Our Nature: Reality TV and the Desire for Limitless Change," *Configurations* 15, no. 2 (Spring 2007): pp.177~191, esp. p.191; David Carr, "Casting Reality TV, No Longer a Hunch, Becomes a Science," *New York Times*, March 28, 2004; Jim Ruttenberg, "Reality TV's Ultimate Jungle: Simulated Presidential Politics," *New York Times*, January 9, 2004; Brenda R. Weber, *Makeover TV: Selfhood, Citizenship, and Celebrity* (Durham, NC: Duke University Press, 2009), pp.143~144.

42. 〈덕 다이너스티〉는 항의 때문에 취소된 리얼리티 TV 쇼인 〈진짜배기 베벌리 힐빌리스(The Real Beverly Hillbillies)〉의 수정버전이었다. *Appalachian Journal* 31, no. 3/4 (Spring/Summer 2004): p.438; Jonah Goldberg, "'Duck Dynasty,' Unreal Outrage," *New York Post*, December 20, 2013.

43. Mary Elizabeth Williams, "What Will It Take for TLC to Dump 'Honey Boo Boo'?," Salon.com, October 23, 2014; Jenny Kutner, "'Honey Boo Boo' Star

Mama June Reveals Father of Two Daughters Is a Sex Offender," Salon.com, November 13, 2014.

44. Thomas Sowell, *Black Rednecks and White Liberals* (San Francisco: Encounter Books, 2005), p.1, pp.5~9, pp.14~15, p.29, p.51; James B. Stewart, "Thomas Sowell's Quixotic Quest to Denigrate African American Culture: A Critique," *Journal of African American History* 91, no. 4 (Autumn 2006): pp.459~466. Grady McWhiney, *Cracker Culture: Celtic Ways of the Old South* (Tuscaloosa: University of Alabama Press, 1988). 맥휘트니의 작업은 백인 빈민층을 하나의 종족으로 바꾸고, 그들이 예전에도, 지금도 하나의 계급이라는 사실을 부정하려는 저돌적인 움직임의 또 다른 예이다. 관련하여 맥휘트니는 "크래커는 경제적 상태를 의미하지 않는다. 오히려 문화를 말한다"고 주장했다. *Cracker Culture*, xiv.

45. Charlotte Hays, *When Did White Trash Become the New Normal? A Southern Lady Asks the Impertinent Question* (Washington, DC: Regnery, 2013), p.7, p.9, p.11, p.45, p.172; Hays, "When Did White Trash Become Normal?," *New York Post*, November 2, 2013.

에필로그

1. Carl Davis et al., *Who Pays? A Distributional Analysis of the Tax Systems of All 50 States*, 3rd. ed. (Washington, DC: Institute on Taxation and Economic Policy, 2009), p.2.

2. Jill Lepore, "Fixed: The Rise of Marriage Therapy, and Other Dreams of Human Betterment," *New Yorker* (March 29, 2010).

3. Sean McElwee, "The Myth Destroying America: Why Social Mobility Is Beyond Ordinary People's Control," Salon.com, March 7, 2015; Lisa A. Keister and Stephanie Moller, "Wealth Inequality in the United States," *Annual Review of Sociology* 26 (2000), pp.63~81, esp. p.72. 한 학자는 글에서 "아메리칸드림을 원한다면 덴마크로 가야 한다"라고 말했다. 또한 미국인은 부의 불평등을 극도로 과소평가한다. 그러면서도 (국가를 밝히지 않고) 미국과 스웨덴의 부의 재분배를 비교하는 표를 보여주면 응답자들은 압도적으로 스웨덴을 선택한다. Tim Koechlin, "The Rich Get Richer: Neoliberalism and Soaring Inequality," *Challenge* 56, no. 2 (March/ April 2013): pp.5~30, esp. pp.16~17, p.20.

4. Bryce Covert, "The First-Ever Bill to Help Low-Income Moms Afford Diapers," *Think Progress*, August 13, 2014, thinkprogress.org. 공화당원들의 대가족 찬양은 우생학을 지지했던 대통령 시어도어 루스벨트와 여섯 자녀와의 비교로 이어졌다. Amy Bingham, "Presidential Campaign: Big GOP Families Lining

Up to Fill White House," ABC News, June 21, 2011, abcnews.go.com. 자녀의 수만이 아니라 롬니와 헌츠맨 자녀들의 지배종족다운 외모 역시 관심을 끌었다. 「애틀랜틱」 잡지 기자인 스콧 스토슬(Scott Stossel)은 트위터 피드에서 "헌츠맨의 딸들과 롬니의 아들들이 만나 자녀를 낳아야 한다"는 농담을 했다. Paul Harris, "Republican Candidates Seek Strength in Numbers to Show Off Family Values," *Guardian*, January 7, 2012.

5. Paul Krugman, "Those Lazy Jobless," *New York Times*, September 22, 2014; "Gingrich Says Poor Children Have No Work Habits," ABC News, December 1, 2011, abcnews.go.com.

6. "Billy Redden—Deliverance," YouTube, https://www.youtube.com/watch?v= PBgxdROTTrE; Cory Welles, "40 Years Later, 'Deliverance' Causes Mixed Feelings in Georgia," Marketplace.org, August 22, 2012; "Mountain Men: A Look at the Adaptation of James Dickey's Novel," *Atlanta Magazine*, September 2, 2011.

찾아보기

알려지지 않은 미국 400년 계급사

펴낸날	초판 1쇄 2019년 4월 8일
	초판 3쇄 2021년 7월 6일

지은이	낸시 아이젠버그
옮긴이	강혜정
펴낸이	심만수
펴낸곳	(주)살림출판사
출판등록	1989년 11월 1일 제9-210호

주소	경기도 파주시 광인사길 30
전화	031-955-1350 팩스 031-624-1356
홈페이지	http://www.sallimbooks.com
이메일	book@sallimbooks.com

ISBN	978-89-522-4046-0 03900

※ 값은 뒤표지에 있습니다.
※ 잘못 만들어진 책은 구입하신 서점에서 바꾸어 드립니다.

이 도서의 국립중앙독서실 출판예정도서목록(CIP)은 서지정보유통지원시스템 홈페이지
(http://seoji.nl.go.kr)와 국가자료종합목록시스템(http://www.nl.go.kr/kolisnet)에서
이용하실 수 있습니다.(CIP제어번호: CIP2019010828)

기획 노만수